記憶される西周史

松井嘉徳著

朋友書店

凡　例

一、本書は、『周代國制の研究』に改訂收錄されたものを除く作品を公刊年月順に配列している。

一、卷末には遺稿一篇を收めた。

一、漢字は原則的に正字（舊字・繁體字）に統一した。

一、原載版において縱組のものは橫組に改めた。それにともなってアラビア數字・漢數字を適宜改めている。

一、原載版の圖版は割愛した。

一、出土文字資料の隸定・訓讀、漢文の訓讀などは原則的に原載版に從った。そのため同じ資料でも本書を通じた隸定・訓讀の統一はなされていない。

一、明白な誤字・脱字、體例の不統一などは斷りなく改めた。

一、註は文末註に統一した。

一、引用文獻目錄は、原則的に日文（著者名五十音順）・中文（著者名拼音順）の順に統一した。

一、原載書・誌への轉載許可願は、版元もしくは編者がこれを行った。

目　次

井人人妄鐘……………………………………………………………………………… 1
西周土地移讓金文の一考察…………………………………………………………… 12
松丸道雄著「西周後期社會にみえる變革の萌芽—曶鼎銘解釋問題の初步的解決—」……… 33
圖版解說・釋文………………………………………………………………………… 36
泰山刻石・琅邪臺刻石譯注…………………………………………………………… 45
鄭の七穆—春秋世族論の一環として—……………………………………………… 51
邑人考…………………………………………………………………………………… 67
西周時期的"國"………………………………………………………………………… 73
『史記』そして司馬遷………………………………………………………………… 79
解說……………………………………………………………………………………… 82
たった一行の記錄……………………………………………………………………… 89
經巡る王………………………………………………………………………………… 91
吳虎鼎銘考釋—西周後期、宣王朝の實像を求めて—……………………………… 110
記憶される西周史—逨盤銘の解讀—………………………………………………… 137
はじまりの記憶—銘文と詩篇のなかの祖考たち—………………………………… 161
Wesrtern Zhou History in the Collective Memory of the People of the Western Zhou:
　　　　An Interpretation of the Inscription of the "Lai Pan" ……………… 185
鳴り響く文字—青銅禮器の銘文と聲—……………………………………………… 227
西周史の時期區分について…………………………………………………………… 243
土口史記著『先秦時代の領域支配』………………………………………………… 254
周王の稱號—王・天子、あるいは天王—…………………………………………… 259
顧命の臣—西周、成康の際—………………………………………………………… 277
豐田久著『周代史の研究—東アジア世界における多樣性の統合—』…………… 302
佐藤信彌著『西周期における祭祀儀禮の研究』…………………………………… 312
伊藤道治先生をしのぶ………………………………………………………………… 322
金文通解　吳虎鼎……………………………………………………………………… 326
西周史稿………………………………………………………………………………… 335

著作年譜………………………………………………………………………………… 366

後記……………………………………………………………………………………… 368

井人人妄鐘

1

　井人人妄鐘は、本館所藏の第1器を含めて傳世品3器・出土品1器の計4器が知られている。

　本館所藏の第1器は、阮元1804に邢叔鐘として著錄されるのを初見とするが、「器、所在を知らず、趙晉齋（趙魏）所藏の搨本に據りて摹入す」、「此、鉦閒に係るの銘、辭意未だ畢わらず、或いは已に剝落せるか、知る可からざるなり」というように、鉦閒の銘のみを著錄し、鼓左の銘を缺いている。本器の銘全體が始めて著錄されたのは、吳榮光1842であり、その後、徐同柏1886・吳式芬1895・劉心源1902・方濬益1935などに著錄され、世閒に知られるようになった。

　一方、本器の所藏については、吳式芬1895は「山東諸城劉氏（劉喜海、1793～1852）藏」といい、方濬益1935は桐城の吳廷康の言を引いて「此の鐘、畢尙書（畢沅、1730～1797）之を長安に得、將に曲阜に送詣せんとするも、因循して未だ果たさず。後烏程の張蘭渚中丞（張師誠、1784～1830）の得る所となる、蓋し、官に入りて後、之を庫中より出す者ならん。湖郡、粵寇の亂を經て、此の器所在を知らず」といい、さらに「光緒辛巳（1881年）、濬益…濰に在り、壽卿編修（陳介祺、1813～1884）を里第に訪ぬ、此の鐘、却火より出、近くまた壽卿に歸すを知る」という。畢沅・張師誠・劉喜海の藏を經て、太平天國の亂の後、陳介祺の所藏に歸したものであろう。陳氏は淸末の著名な金石家で、本器は所謂「陳氏十鐘」の一として知られるようになり、またこの時、陳氏によって始めて器上の銹が剔出されたという。本器が住友氏の所藏に歸したのは、大正6年1月のことであり、原田統太郎氏より購入したものである。なお、畢沅については、錢泳『履園叢話』卷二に、本器を朝廷に奏進したが、重くて乾淸門に運び入れることが困難であり、遂に返還されるに至った、という逸話を傳える。

　本器は、通高65.0cm.・銑閒37.4cm・鼓閒25.5cm・舞縱23.4cm・舞橫30.3cm・重さ34.0kg。全體に褐綠色の蝦蟇斑銹があり、篆閒に有舌虺龍の斜格文、鼓面に有舌長鼻で顧首の一對の虺龍文、舞上及び甬に竊曲文をあしらう。その器形は、本館所藏の虢叔旅鐘や陝西省扶風縣齊家村出土の柞鐘などに近い。

　銘文は、鉦閒4行・鼓左3行で

　　（鉦閒）
　　井人々妄曰覭盌文且
　　皇考克瞖厥德曇屯
　　用魯永冬于吉妄不
　　敢弗帥用文且皇考

（鼓左）
　　穆々秉德
　　妄寏々聖
　　趩趩處

とある。銘文の釋讀は後に行なうが、本器の銘は銘文全體の前半部にあたる。
　第2器は、吳大澂 1918 に邢人鐘として著錄されるのを初見とする。器は、「窓齋自藏」というように、吳大澂の所藏器であったが、方濬益 1935 が「潘伯寅（潘祖蔭、1833～1870）藏」ということから、以前は潘祖蔭の所藏品であったと思われる。現在、本器は上海博物館の所藏に歸し、器影は上海博物館 1964 にみえる。器は、通高 69.5cm・銑間 38cm・鼓間 29cm・舞縱 26.5cm・舞橫 32.8cm・重さ 38kg。第 1 器よりやや大きいが、文樣・銘文は同じである、
　第 3 器は、端方 1909 に端方所藏の穌父大林鐘として著錄されるのを初見とする。鄒安 1916 は「前銘二器、後銘一器。鐘名、各釋一ならず。…一銘分ちて二器に列ぬること、古金文此の例有り。第三器、陶齋續錄に寶室鐘と名づく。近く王徵君靜安始めて其の文第二器と接するを發明す」といい、王國維によって銘文前半部との接合が發見されたとする。銘文前半部と併せて著錄されたのは、吳大澂 1918 が最初である。現在、本器は東京の書道博物館の所藏に歸しており、器影は梅原 1959-62 にみえる。
　器は、通高 70.0cm・銑間 39.3cm・鼓間 28.8cm・舞縱 24.5cm・舞橫 31.0cm。文樣は第 1 器・第 2 器と同じである。
　銘は鉦間 4 行・鼓左 2 行で

　　（鉦間）
　　宗室諱妄乍穌父大
　　𧆌鐘用追考侃前々文
　　人々其嚴才上敼橐々降
　　余厚多福無疆妄其
　　（鼓左）
　　萬年子々孫
　　永寶用言

とある、前述の如く、銘文全體の後半部にあたる.
　第 4 器は、1966 年冬に陝西省扶風縣齊鎭村東で發見された新出の器である。器影及び拓本は、周文 1972 及び陝西省考古研究所等 1980 にみえる。出土狀況の詳細は不明であるが、同坑の器として西周晩期の用享鐘、鏤空花座豆が著錄されており、或いは窖藏の器であるのかも知れない。
　器は、通高 54cm・甬高 16cm・銑間 32.5cm・鼓間 22cm・舞縱 19cm・舞橫 27.5cm・重さ 36.25kg。前 3 器に較べてやや小振りである。文樣は、基本的に前 3 器と同じであるが、鼓右に鷥鳥文をあしらうところが異なる。
　銘は鉦間 4 行・鼓在 4 行で

（鉦間）
處宗室緯妄乍䵼
父大𧆠鐘用追考々
侃前々文人々其嚴才上
鼓彙々降余厚多福
（鼓左）
無疆妄
其萬年
子々孫永
寶用亯

とある。基本的には第3器の銘と同じであるが、1行目第1字の處字が多いこと、2行目第3字の薔字が異なること、同第7字の考字に重點が附されていること、などの異なる點も指摘できる。

本器の發見によって、井人人妾鐘は前銘2器・後銘2器となり、2組の器と考えられなくもないが、この第4器は文樣・銘文において稍々異なる所があり、或いは第3組目の後半に相當するのかも知れない。何れにせよ、本器が陝西省扶風縣より出土したことは、井人人妾鐘の理解にとって大きな意義をもつものである。なお、本器は現在、寶雞市博物館に所藏されている。

2

以上、井人人妾鐘4器について簡單な紹介を行なったが、4器の銘文を總合すると、井人人妾鐘の銘文は次のようになる。

井人人妾曰、顯淑文祖皇考、克哲厥德、得純用魯、永終于吉、妾不敢弗帥用文祖皇考穆々秉德、妾憲々聖趣、虔處宗室、緯妄作䵼父大薔鐘、用追孝、侃前文人、前文人其嚴在上、鼓々彙々、降余厚多福無疆、妾其萬年、子々孫々、永寶用享。

以下、既存の考釋を紹介しつつ、銘文の釋讀を行なう、

井人人妾曰

銘文は井人人妾の自述形式をとる。自述形式の銘は、西周前期の也簋・孟簋にみえるほか、師望鼎・叔向父禹簋・禹鼎・大克鼎・瘐簋、さらに鐘では單伯鐘・虢叔旅鐘・梁其鐘・瘐鐘甲などにみえる。祖考の德を顯彰するものが多い。

井人人妾は、人字の下に重點、女字の上に重點を加えた字體で書かれ、從來異說が多い。阮元 1804 の邢叔母、徐同柏 1886 の邢節毎、孫詒讓 1888 の井人母を初めとして、他に以下のような釋讀が存在する。

(1) 井匚妦。劉心源 1902 は「此の銘、井は地、匚は姓、妦は名」という。
　(2) 井人佞。呉大澂 1919 は「妦、邢人の名、疑うらくは卽ち佞の省。人字重文、或いは借りて妦の旁に作る。しからざれば卽ち人下當に重文有るべからざるなり」という。孫詒讓 1903 はこれに從い、柯昌濟 1916 もその可能性を認める。
　(3) 井人妦。鄒安 1916・柯昌濟 1916・郭沫若 1935d 等。人字の下の重點を重文記號とせず、また字割ともしない。中國の著錄は多くこの說に從う。
　(4) 井人人妦。容庚 1935。
　(5) 井仁妦。郭沫若 1932・于省吾 1943・白川 1970 等。白川氏に「金文に某人を冠して氏號を稱する例なく、…字は說文に仁字の古文としてあげるものと形近く、仁であろう。…從って作者は邢の仁妦という人物である」、「金文において地名下につづけて某人というものは概ね徒隷の屬で、氏姓あるものの稱ではない」という。
　以上の諸說について詳論を加える餘裕を持たないが、人字の下に重點を加えた字は、明らかに重文である「前文人」の人字と同じ字體であること、近出の五祀衛鼎に「井人倡屖」なる人物がみえ、井人某という稱が存在したこと、同じく五祀衛鼎に參有司として「邑人趩」「頌人邦」の名がみえ、某人と地名を冠した稱が必ずしも徒隷の屬とはいえないこと、の三點をもって、(4) の容庚 1935 の說に從い井人人妦と讀むべきであろう。また井の地望に關しては、郭沫若 1935d は河南省溫縣の邢丘とするのであるが、第 4 器が陝西省扶風縣より出土したことから、陝西省の井との關聯を考慮する必要があると考えられる。この問題については、後に改めて述べる豫定である。

顯淑文祖皇考、克哲厥德、得純用魯、永終于吉

　「顯淑」は文祖皇考を稱美する語。顯字は尹に從い、阮元 1804 は㬎、孫詒讓 1888 は顆と隷定するが、顯の異體字である。この尹に從う字は、麥尊・追簋・史頌簋・大克鼎・虢季子白盤・史牆盤・瘋鐘丁にみえる。白川 1970 に「不顯はこの字を用いない。用字上の區別があったのであろう」という。また淑字については、方濬益 1935 が詳しく論じている。
　「克哲厥德」の語は、番生簋・梁其鐘にみえ、師望鼎に「哲厥德」、大克鼎に「淑哲厥德」という似た表現がある。いずれも祖考を稱美する語である。本銘の哲字は貝に從うが、ほかに心・雪・悳に從う字體がある。口に從う字體は金文にはみえず、後起のものであると思われる。『說文解字』二篇上口部に「誓、知也」、同十篇下心部に「悊、敬也」という。
　「得純用魯」の得字は、貝と手とに從い、師望鼎・大克鼎・虢叔旅鐘・梁其鐘に「得純亡敃」、史牆盤に「得純」としてみえる。「得純」を劉心源 1902 は賁純、呉式芬 1895・方濬益 1935 は貫純と隷定し、郭沫若 1935a は貫純とした上でこれを渾厚敦篤の意味をもつ渾沌とする。また、得字を德字の假借とし德純とする說も存在する（唐蘭 1978）。いずれもこれを一語とみなすわけであるが、金文には善鼎・士父鐘・瘋鐘甲・瘋鐘戊などに、萬年・永命などの語と竝置される「純魯」という語もある。本銘の「得純用魯」はこの「純魯」を意識している表現と思われ、次の「永終于吉」の語と考え合せれば、得用純魯の互文として祖考の永命・永終をいうものと考えられる。
　「永終于吉」の「永終」は、『論語』堯曰篇に「天祿永終」、『詩經』周頌・振鷺に「庶

幾夙夜、以永終譽」としてみえる。堯日篇の古注は永く終くと解釋し、新注は永遠に絶滅終息すると解釋するのであるが、本銘にあっては明らかに前者の意味である。以上、祖考の德・永命を顯彰する句である、

妾不敢弗帥用文祖皇考穆々秉德、妾憲々聖趚、寁處宗室、

　首句は、癲鐘甲「癲不敢弗帥祖考秉明德」、梁其鐘「梁其肇帥型皇祖考秉明德」、叔向父禹簋「肇帥型先文祖共明德、秉威儀」などに近い表現で、祖考の德に倣うことをいう。
　「憲々」について、郭沫若 1935d は、『詩經』大雅・假樂の「假樂君子、顯々令德」を『中庸』に「嘉樂君子、憲々令德」と引くことを證據として、顯々と同じであるとする。これに對して、白川 1970 は「次の聖趚が名詞であり、上に妾を主語として取るのであるから、憲々は述語的によむべきであり、おそらく眷々などに當る語であろう」という。
　「聖趚」の趚字は、字書にみえず、異說が多い。吳式芬 1895・柯昌濟 1916 は器、孫詒讓 1903・于省吾 1943 は䚋すなわち鄂、吳闓生 1933 は喪、劉心源 1902・于省吾 1943 は爽とするほか、郭沫若 1935d は高尚の尙或いは薰善の薰であろうとし、白川 1970 は「字は喪に從い走に從う。行爲的な意味を示す字形であるから、その踪跡をいう字であろう」という。この趚字及び「聖趚」という語は近出の史牆盤「德趚得純」・癲鐘戊「癲、趚々、夙夕聖趚、追孝于高祖辛公・文祖乙公・皇考丁公龢薔鐘」にみえ、新たな論議をよんだ。唐蘭 1978・裘錫圭 1978・李學勤 1978・黃然偉 1980 などは、于省吾 1943 に從って趚字を爽とし、『說文解字』三篇下爻部の「爽、明也」の義とする。また、徐仲舒 1978 は、これを臧とし、善の義とする。以上の諸說は、訓點の異なる劉心源 1902 を除いて、「聖趚」を形容詞或いは副詞とする說と、白川 1970 のように名詞とする說の二つに大別できるであろう。
　癲鐘戊「夙夕聖趚」の「夙夕」は、「夙夜」とも書かれ、金文においては「夙夜を敬しみ」というように名詞として使用される場合が多いが、ほかに師䢅鼎「夙夕して先祖の烈德に摶め由り」・恆簋「夙夕して朕が命を灋つること勿れ」など副詞的に使用される。しかし、目的語をとる用法はみあたらず、「夙夕聖趚」の「聖趚」を名詞として「夙夕」の目的語とするのは困難であると思われる、「聖趚」の意味は明確ではないが、副詞的に讀むべきであろう。したがって、本銘の「憲々聖趚」の語も副詞句として、次の「寁處宗室」にかかるものと考えておく.
　「寁處宗室」の寁字を、孫詒讓 1903 は奄、劉心源 1902 は邕、柯昌濟 1916 は離と隸定するが、いずれも文義に合わない。寁字は、秦公簋「畯寁在位」・秦公鐘「畯寁在天」・晉姜鼎「作寁爲亟」・猷簋「作寁在下」にみえ、郭沫若 1935e は、『詩經』豳風・狼跋の「狼跋其胡、載寁其尾」の寁字とし、踏の義であるとする。また、白川 1970 は「留處の意であろう」といい、張政烺 1980 は『詩經』小雅・節南山の「尹氏大師、維周之氏」の氏字とし、本の義であるとする。今、白川氏の說に從っておく。
　「宗室」は、過伯簋「用作宗室寶障彝」・善鼎「用作宗室寶障」・豆閉簋「用于宗室」・師瘨簋「享于宗室」などにみえ、祀廟のあるところである。「宗室」の語は、また『詩經』召南・采蘋に「于以奠之、宗室牖下、誰其尸之、有齊季女」としてみえ、その序に「大夫の妻、能く法度に循うなり、能く法度に從えば、則ち以て先祖に承け、祭祀を共すべし」

という。「宗室」の祭と女性との關わりをいうのであるが、金文においても、尹姞鼎「穆公作尹姞宗室于繇休」と、女性の作器者尹姞と「宗室」の關わりをいうほか、新出の強伯諸器の附耳鼎・方鼎に、意味は不明であるが、「井姬眔亦烈祖考夌公宗室□」といい、やはり女性の井姬と「宗室」の關わりが窺える。本銘に「寏處宗室」という井人人妾の妾字は女に從う字であり、或いは女性であるのかも知れない。

緯妾作龢父大蠺鐘、用追孝、侃前文人、前文人其嚴在上、鼓々𩰨々、降余厚多福無疆、妾其萬年、子々孫々、永寶用享。

　鐘銘の末辭で、宗周鐘・猶鐘・虢叔旅鐘・師㝨鐘などに似た表現がある。
　「龢父」を郭沫若 1935d は師龢父すなわち共伯和のこととし、井人人妾は共伯和の子であろうとする。陳夢家 1945・吳其昌 1936 をはじめとする中國の研究者は多くこの説に從う。これに對して、白川 1970 は「銘辭の全體は共和期執政の人を頌するものとしては適わしくない」、「本器についていえば、この龢父を伯龢父・師龢父と一人とする確證はなく、器の時期も必らずしも厲末共和に下るものではない」という、本銘の構成及び用語は、虢叔旅鐘・梁其鐘・師㝨鐘・猶鐘などの共和期以前の鐘に近く、その時期の一定の形式を踏まえているものと思われる。白川氏の説に從うべきであろう。
　「大蠺鐘」の蠺字は林字と通用し、『左傳』襄十九に「季武子以所得於齊之兵，作林鐘」という。鐘については、この「大蠺鐘」の他に、寶鐘・龢鐘・協鐘・寶龢鐘・龢蠺鐘・大寶協龢鐘などさまざまな表現がある、
　「侃」は「喜侃」で、士父鐘・師㝨鐘・癲鐘戊などにみえる。

　以上によって、井人人妾鐘の銘文は次のように訓讀できる。

　　井人人妾曰く、顯淑なる文祖皇考、克く厥の德を哲にし、純を得て用て魯に、吉に永終たり。妾、敢て文祖皇考の穆々として德を秉るに帥用せずんばあらず。妾、憲々聖趡として、寏まりて宗室に處る。緯に妾、龢父の大蠺鐘を作り、用て追孝し、前文人を侃しましむ。前文人、其れ嚴として上に在り、鼓々𩰨々として、余に厚き多福無疆を降す。妾、其れ萬年、子々孫々、永く寶用して享せよ。

　文は有韻で、郭沫若 1935d に「德・德：之部入聲。吉・室：至部。上・疆・享：陽部」の韻を指摘する、さらに、白川 1970 は「他にも入・年：眞韻。趡・鐘：東韻、また考・考・魯なども聲韻近く、殆んど句ごとに聲の諧和を求めているようである」という。

3

　先に井の地望に關して、第4器が陝西省扶風縣から出土したことから、陝西省の井との關聯を考慮する必要のあることを指摘した。
　陝西省の井については多數の關係器が知られており、それらについての研究も多く、陳

夢家1956や樋口隆康1963には、それについての專論もある。そのすべてを紹介することは困難であるが、ここでは主に新出の器による新しい知見を紹介しつつ、井人人妄鐘の位置づけを行ないたい。

まず、陝西の井の關係器を、新出の器も含めて、井に關する稱謂によって分類すると、以下のようになる[(1)]。

(1) 井伯：長由盉・師虎簋・五祀衛鼎・七年趙曹鼎・永盂・豆閉簋・師毛父簋・利鼎・殺簋・井伯甗・井伯鐘
(2) 司馬井伯：師𩵦簋・師奎父鼎・走盤
(3) 井叔：免簋・免𣪘・𧧿鼎・弭叔簋
(4) 咸井叔：趩𣪘
(5) 鄭井叔：康鼎・鄭井叔康盨・鄭井叔蒦父鬲・鄭叔蒦父鬲・鄭井叔鐘・鄭井叔甗
(6) 鄷井叔：鄷井叔簋
(7) 井季：季𩵦簋・井季𪓰尊・井季𪓰卣・井季𪓰鼎
(8) 井姬：井姬鬲・白田父簋・彊伯諸器
(9) 井人：五祀衛鼎・大克鼎・井人人妄鐘
(10) 井邦：禹鼎
(11) 井・井邑：散氏盤・大克鼎
(12) 井（銘末）：白章父鼎・叔男父匜

これらの稱謂のうち、從來知られていなかったのは(6)鄷井叔である。鄷井叔簋は、1978年に陝西省扶風縣法門寺齊村の窖藏から發見された西周晩期の器で、「鄷井叔作伯姬障殷、其萬年子々孫々永寶用」の銘をもつ（羅西章 1979・陝西省考古研究所等 1980）。この器の出現によって、井叔に關する稱謂は(3)井叔・(4)咸井叔・(5)鄭井叔・(7)季𩵦簋にみえる井季の父の井叔に加えて(6)鄷井叔の、五つが存在することになった。

ここで、從來の井叔に關する研究を一瞥すると、郭沫若1935b・cは、(5)康鼎の井叔康を(3)𧧿鼎の井叔と同一人としたうえで、(5)鄭井叔の鄭を『漢書』地理志の京兆尹鄭縣すなわち西鄭、(4)咸井叔の咸を鄭玄『詩譜』に「宣王封母弟友於宗周畿内咸林之地」という咸林すなわち所謂南鄭とし、西鄭・咸林は井叔の舊封であるとする。また、(3)免簋の井叔も𧧿鼎の井叔と同一人として、これらの井叔を懿孝期に斷代する。また、1959年に陝西省藍田縣より出土した(3)弭叔簋については、同出の詢簋との關係からこれを宣王期より若干早い時期のものとするのであるが、井叔については何ら言及しておらず、他の井叔との關係をどのように考えているかは知りがたい（郭沫若 1960）。陳夢家1956は、咸・鄭の地望については若干異なるものの、(3)井叔（弭叔簋は扱われない）・(4)咸井叔・(5)鄭井叔が同一人である可能性を認め、(3)(4)を共懿期、(5)を懿王或いはそれ以後とする。さらに、(7)季𩵦簋にみえる井季の父井叔を昭王或いはそれ以前として、(3)(4)(5)の井叔とは別人とする。一方、樋口1963は主に器形の觀點から、(3)免𣪘・(4)趩𣪘・(7)井季𪓰卣・井季𪓰尊を西周中期初頭、(3)弭叔簋・(5)康鼎を西周晩期の時器とし、郭沫若1935b・c・陳夢家1956とは異なる見解を示した。また、白川1975は、(3)免簋・免𣪘・(4)趩𣪘を共王期、(3)𧧿鼎・弭叔簋・(5)康鼎を孝王期の時器とし、また白川1969には「郭氏は

曶鼎の井叔を本器（康鼎）の奠井叔康と一人とみて時期を推定しているが、奠井の器には必らず奠井と記している。井叔の名はまた免器にもみえるが、これも時期が異なり、曶鼎の井叔とも一人でない、咸・奠のほかに、別に井叔の一家があったようである」という。

　以上のように諸説一致しないが、その理由の一つは、(3)井叔・(4)咸井叔・(5)鄭井叔を同一人とみなしうるか否かということであった。この點に關して、(6)酆井叔の出現は大きな意味をもつ。從來、(5)鄭井叔が(3)井叔と同一人であると考えられてきた理由は、(3)免簠に「王在鄭」といい、(3)井叔と鄭との關係が豫想されたためであったが、(6)酆井叔は(3)井叔とこのような關係がなく、また(4)咸井叔・(5)鄭井叔とも銘文上の關聯を見出しがたい。さらに、酆井叔簋は後期の器であり、中期初頭と考えられる(3)免簋・免觶・(4)趞觶とも時代を異にする。從って、(6)酆井叔は(3)井叔・(4)咸井叔・(5)鄭井叔と明らかに別人であり、酆という地名を冠して稱されるのは、その地に食封を持つ井叔として、他の井叔と區別するためのものであったと考えられるのである。そうであるならば、(4)咸井叔・(5)鄭井叔も(3)井叔と結びつけて考える必然性はなく、それぞれ咸・鄭に食封を持つ井叔として、他の井叔と區別されていたとすべきであろう。樋口 1963 は、器形を斷代の規準として、(4)咸井叔を中期初頭、(5)鄭井叔を晩期とするが、從うべきであろう。

　以上のことから、井叔は地名を冠さない(3)井叔・(7)季魯簋の井季の父井叔と、(4)咸井叔・(5)鄭井叔・(6)酆井叔との二つに大別することができるのである。咸と鄭の地望をどのように考えるかはおくとしても、(4)(5)(6)の井叔が地名を冠して稱されるのは、彼らが井一族の本貫の地を離れて他の地に食封を持っており、本貫の地の井叔と區別する必要があったためであり、その本貫の地の井叔こそ地名を冠さない(3)井叔・(7)井季の父井叔であると考えられるのである。

　井一族の本貫の地は、(12)散氏盤にみえる井邑であろう。散氏盤は、矢から散への土地移讓を記すものであり、その中に「眉井邑田」として井邑の名がみえる、王國維 1927 は、散を寶雞市西南の大散關にあて、矢をその東とし、さらに井について「井、もと國名。彞器中、井人・井季・井伯・井叔・井侯有り。…此の時、井の地矢・散二國に屬し、而も克鼎を作るの克もまた井の田を得。蓋し已に井國無からん」という。矢については、寶雞市北方の隴縣を中心として矢關係器が多く出土し、矢の根據地もその方面であると考えられるに至っているが（盧連成・尹盛平 1982）、散・井の地望は一般に承認されており、井邑は隴縣から寶雞市に至って渭水に注ぐ汧水流域に存在したであろうと考えられている（劉節 1936）。新出の(8)弭伯諸器は、この井邑の地望比定の傍證となるであろう。弭伯諸器は、1975年に寶雞市から大散關に至る途中の茹家莊で發掘された西周中期初の窖藏から出土したものである（寶雞茹家莊西周發掘隊 1976）。例えば、鼎に「弭伯作井姬用鼎」というように、この墓葬は昭穆期の弭伯と井姬夫婦のものであり、昭穆期に茹家莊一帶を領有していた弭伯一族と井一族の間に婚姻關係があったことがわかる。婚姻關係をもってただちに地望比定の根據とはなしえないとしても、井一族の本貫の地井邑を汧水流域に存在したものと考えてよいであろう。この井邑を本貫とする井一族は、少なくとも昭穆期には存在したことになるが、(12)散氏盤や大克鼎の銘文に井邑の田やその構成員が他の氏族に分割されていることが記されており、夷厲期頃にはかなり動搖していたものと考えられる[(2)]。

　次に、(1)井伯・(2)司馬井伯・(3)井叔・(7)井季及びその父井叔の斷代にも言及してお

く必要があろう。(1)井伯・(2)司馬井伯・(7)井季は、井叔のように異なる稱謂をもたないが、(3)井叔と同樣に井一族の本貫の地井邑にいたと考えられるからである。

(1)井伯は、長由盉に穆王の生稱がみえ、さらに七年趞曹鼎と同じ作器者の十五年趞曹鼎に共王の生稱がみえることから、穆共期に存在したことは確實である。しかし、すべての井伯をこの時期とするか否かという問題に關しては、異なる見解が存在する。郭沫若 1935b・c・陳夢家 1956 などは、すべての井伯を同一人とみなし、斷代の規準としたのであるが、樋口 1963 は、全瓦文の無臺簋型の器形をもつ師虎簋・豆閉簋を厲宣期に下げ、兩器にみえる井伯を他の井伯とは別人であるとするのである。新出の五祀衛鼎・永盂の出現は、この問題をさらに複雜なものとした。この兩器、特に永盂の銘文には、井伯をはじめ榮伯・益公・師俗父・趞仲など斷代研究上重要な人物が名をつらね、彼らを指標とするグループをどのように結びつけるかという問題が、永盂の斷代とも關聯して議論されている。例えば、唐蘭 1972a・b は永盂の井伯を他の井伯と同一人とみなし、器を共懿期のものとするのに對し、白川 1978 は器を夷王期のものとし、この井伯を共王期の共伯とは別人とするのである、今、この問題に結論を下すことは無理であるが、伊藤 1973 に「邢(井　一筆者補う)伯のグループは、いろいろな面で、時代的なまとまりを持っている」と指摘するように、共王期を中心とした時期の人物とするのが妥當であると思われる。また、新出の殳簋(天津市文物管理處 1979)に「王在師司馬宮大室」としてみえる師司馬宮は、(2)司馬井伯關係器の師𧷽簋にみえ、(2)司馬井伯は、郭沫若 1935b・c・陳夢家 1956 の說に從って、(1)井伯と同一人と考えてよいであろう。

(3)井叔についての斷代はすでに紹介したが、その中で最も大きく諸說がくいちがうのは彔叔である。この器の斷代は、銘文中にみえる師宋・彔伯・彔叔の關係、他の彔關係器との關係、同出の詢簋との關係などを考慮する必要があり、說の分れる原因となっているのであるが、他の井叔との關聯を考慮して中期のものとすべきであると考える。

最後に、(7)井季については、陳夢家 1956 はこれを昭穆期あたりの人物とし、樋口 1963 も說を同じくする、從うべきであろう。

以上、新出の器による知見を中心として、陝西の井を概觀した。假說的な要素もままあるが、陝西の井の動向は次のようになるであろう。

汧水流域に存在したと考えられる井邑を本貫とする井一族は、昭穆期からその存在が確認され、共王期を中心とした時期に井伯(司馬井伯)、それより稍々遲れる時期に井叔が登場し、關係器の銘文からわかるように、當時の執政者として活躍した、しかし、散氏盤・大克鼎の銘文によると、夷厲期には動搖していたものと思われる。また、本貫の地を離れて他所に食封を持つ井一族として、中期の咸井叔、後期の鄭井叔・酆井叔が見出され、陝西省に限ってみても、井一族が廣範な地域に存在したことが窺えるのである。

共和期以前、おそらく虢叔旅鐘・梁其鐘などに近い時期のものと考えられる井人人妄鐘は、少なくとも 4 器存在し、かつその形制も他の鐘に勝るとも劣らない雄偉なもので、作器者井人人妄の勢力を窺わしめる。しかし、その銘文は、祖考を顯彰し、その德に倣うことをいうのみであり、例えば虢叔旅鐘「對天子魯休揚」・梁其鐘「梁其敢對天子丕顯休揚」のように周王との結びつきをいうものとは、若干雰圍氣を異にするように感じられるのである。先に陝西の井一族の動向について述べたが、西周中期には王朝の執政者を出しなが

ら、夷厲期に至って動搖しつつあった一族の影が、或いはこの銘文に讀みとれるのであろうか。

註
(1) 許俊臣 1983 に、中生父鬲「中生父作井孟姬寶鬲、其萬年子々孫々永寶用」が紹介された。報告によると、この器は西周中期以後のものである。
(2) 大克鼎に「汝に井㝬の芻人を賜い、耤せて汝に井人の量に奔れる(あわ)を賜う」という。

参考文獻
【日文】
伊藤道治 1973「永盂銘考」、『神戸大學文學部紀要』2。
梅原末治 1959-62『日本蒐儲支那古銅精華』。
白川靜 1969「康鼎」、『金文通釋』卷三上。
── 1970「井編鐘」、『金文通釋』卷三下。
── 1975「西周斷代と年曆譜二」、『金文通釋』卷五。
── 1978「永盂」、『金文通釋』卷六。
樋口隆康 1963「西周銅器の研究」、『京都大學文學部研究紀要』7。又『展望アジアの考古學』、1983。
【中文】
寶雞茹家莊西周發掘隊 1976「陝西省寶雞市茹家莊西周墓葬發掘簡報」、『文物』1976-4。
陳夢家 1945『西周年代考』。
── 1956「西周銅器斷代」6：387免簋、『考古學報』1956-4。
端方 1909『陶齋吉金續錄』。
方濬益 1935『綴遺齋彝器款識考釋』。
郭沫若 1932『兩周金文辭大系』。
── 1935『兩周金文辭大系圖錄攷釋』、又增訂本、1957。
　　　　a 師望鼎(圖錄63、攷釋80)
　　　　b 康鼎(圖錄71、攷釋84)
　　　　c 免簋(圖錄79、攷釋89)
　　　　d 井人妄鐘(圖錄140、攷釋150)
　　　　e 秦公簋(圖錄228、攷釋247)
── 1960「弭叔簋及訇簋考釋」、『文物』1960-2。
黃然偉 1980「西周史墻盤銘文釋義」、『池田末利博士古稀記念東洋學論集』。
柯昌濟 1916『韡華閣集古錄跋尾』。
李學勤 1978「論史墻盤及其意義」、『考古學報』1978-2。
劉節 1936「古邢國考」、『禹貢』4-9。
劉心源 1902『奇觚室吉金文述』。
盧連成・尹盛平 1982「古矢國遺址、墓地調查記」、『文物』1982-2。
羅西章 1979「陝西扶風發現西周厲王時𢻰簋」、『文物』1979-4。
裘錫圭 1978「史墻盤銘解釋」、『文物』1978-3。
容庚 1935『海外吉金圖錄』。

上海博物館 1964『上海博物館藏青銅器』、上海人民美術出版社。
陝西省考古研究所等 1980『陝西出土商周青銅器』(三)、文物出版社。
孫詒讓 1888『古籀拾遺』。
── 1903『古籀餘論』。
唐蘭 1972a「永盂銘文考釋」、『文物』1972-2。
── 1972b「《永盂銘文考釋》的一些補充」、『文物』1972-11。
── 1978「略論西周微史家族窖藏銅器群的重要意義」、『文物』1978-3。
天津市文物管理處 1979「天津市發現西周殳簋蓋」、『文物』1979-2。
王國維 1927「散氏盤考釋」、『觀堂古金文考釋』。
吳大澂 1918『愙齋集古錄』。1896 序。
── 1919『愙齋集古錄釋文謄稿』。
吳闓生 1933『吉金文錄』。
吳其昌 1936『金文曆朔疏證』。
吳榮光 1842『筠清館金文』。
吳式芬 1895『攈古錄金文』。
許俊臣 1983「甘肅慶陽地區出土的商周青銅器」、『考古與文物』1983-3。
徐同柏 1886『從古堂款識學』。
徐仲舒 1978「西周牆盤銘文箋釋」、『考古學報』1978-2。
于省吾 1933『雙劍誃吉金文選』。
── 1943「釋聖趣」、『雙劍誃古文雜釋』、『雙劍誃殷契駢枝三編』附。
── 1964「略論西周金文中的"六𠂤"和"八𠂤"及其屯田制」、『考古』1964-3。
阮元 1804『積古齋鐘鼎彝器款識』。
張政烺 1980「周厲王胡簋釋文」、『古文字研究』3。
周文 1972「新出土的幾件西周銅器」、『文物』1972-7。
鄒安 1916『周金文存』。

(『泉屋博古館紀要』第 1 卷、1984 年 3 月)

西周土地移譲金文の一考察

はじめに
一　裘衛諸器の分析
二　「田」と里
三　散氏盤の分析―「田」と邑
おわりに

はじめに

　1975年に陝西省岐山縣董家村の窖藏中より發見された三年衛盉・五祀衛鼎・九年衛鼎を中心とする裘衛諸器は、それらに關する論考の數からも十分窺えるように、學界の大きな注目を集めた[1]。そこに記されている銘文は、おそらくは『周禮』天官・司裘に相當するであろう職掌を持った裘衛なる人物の所領の形成に關するものであり、その考察を通して西周時代の土地制度を探りうるものであったからである。
　『周禮』秋官・司約の「凡そ大約劑は宗彝に書す」という語を引くまでもなく、青銅器は宗廟において子々孫々に及ぶまで永く寶用されるものであり、そこに鑄込まれた金文は一種の文書として機能するはずのものである。このように金文に文書としての機能を認めるならば、そこに一定の形式の存在を想定することは當然認められるであろう。實際、西周初期の貝朋を中心とした賜與を記す「寶貝賜與形式金文」や中期以後に多見する車・服の賜與を伴う策命を記す「官職車服策命形式金文」といった形式が指摘されており[2]、それ以外にも「以…告」という訴訟に關する書式も指摘されているのである[3]。
　したがって、土地の移譲という契約的要素の強い内容を持つ裘衛諸器やその他の土地移譲關係金文も文書として一定の形式を具えるものと考えられる[4]。本稿ではその形式に注目することによって當時の土地移譲を考察し、さらにそこから移譲される土地の支配・管理の形態を探っていきたい。

一　裘衛諸器の分析

　三年衛盉・五祀衛鼎・九年衛鼎は土地移譲に關する長文の銘を持つのみならず、裘衛という同一人物によって作器され、かつその製作年代も接近したものであり、從來の金文史料では爲しえなかった嚴密な文書形式の比較が可能である。
　最初に五祀衛鼎の銘文をあげ、その文書形式を指摘してゆく。

(1)隹（唯）正月初吉庚戌。	(1)これ正月初吉庚戌。
(2)衛以邦君厲告于井伯・伯邑父・定伯・	(2)衛　邦君厲を以て井伯・伯邑父・定

虩伯・伯俗父曰、厲曰：余執襲王邲工、于邵大室東逆營二川。曰、余舍女田五田正。廼訊厲曰、女貯田否。廼廼許曰、余審貯田五田。井伯・伯邑父・定伯・虩伯・伯俗父廼講、使厲誓。	伯・虩伯・伯俗父に告げて曰く、「厲曰く、『余 襲（共）王の邲工を執り、邵大室の東逆（北）に于て、二川を營せり』。曰く、『余 汝に田五田を舍して正さん』」と。廼ち厲に訊して曰く、「汝、田を貯するや否や」と。厲廼ち許して曰く、「余 審らかに田五田を貯せん」と。井伯・伯邑父・定伯・虩伯・伯俗父廼ち講り、厲をして誓わしむ。
(3)廼命參有司、司土邑人趙・司馬頌人邦・司工陶矩・内史友寺芻、帥履裘衞厲田四田。	(3)廼ち參有司、司土たる邑人趙・司馬たる頌人邦・司工たる陶矩・内史友たる寺芻に命じ、帥いて裘衞の厲の田四田を履ましむ。
(4)廼舍寓于厥邑、厥逆疆眔厲田、厥東疆眔散田、厥南疆眔散田眔政父田、厥西疆眔厲田。	(4)廼ち寓を厥の邑に舍す。厥の逆（北）疆は厲の田に眔び、厥の東疆は散の田に眔び、厥の南疆は散の田と政父の田とに眔び、厥の西疆は厲の田に眔ぶ。
(5)邦君厲眔付裘衞田、厲叔子夙、厲有司繛季・慶癸・燹表・荊人敢・井人偈屖。	(5)邦君厲が眔に裘衞に田を付すは、厲の叔子たる夙、厲の有司たる繛季・慶癸・燹表・荊人敢・井人偈屖なり。
(6)衞小子者其饗綱。	(6)衞の小子たる者其饗綱す。
(7)衞用作朕文考寶鼎、衞其萬年、永寶用。	(7)衞用て朕が文考の寶鼎を作る。衞それ萬年、永く寶用せよ。
(8)隹王五祀。	(8)これ王の五祀。

　文首の(1)及び文末の(8)は紀年。(8)の如く文末に紀年をいう形式は西周初期に多い。この「王五祀」を共王とするかそれ以後の王とするかは、文中の「襲（共）王の邲工」の理解をも含めて説の分かれる所であり、俄に結論を出し難い問題であるが、何れにせよ西周中期の時器であることは確實である。

　(2)は「以…告」という訴訟に關する書式をとり、裘衞が邦君厲の言をもって井伯・伯邑父等の西周王朝の執政者に提訴することをいう。それによると、邵大室の東北で行なわれた土木工事に伴う損害の賠償として、邦君厲から裘衞へ「田五田」の移讓が約されたのである[5]。「汝、田を貯するや否や」との執政者による訊問に對し、邦君厲は「余審らかに田五田を貯せん」と土地の移讓を確認する。その上で「誓」が行なわれ、この裁判は完了する。

　(3)は(2)の裁判を承けて、參有司等の西周王朝の王官が移讓される土地の疆界の確認を行なうことをいう。土地の移讓に王官が關與することは三年衞盉にもみえ、王權が王臣閒の土地移讓に對して關與しえたことが知られる。また、(2)において「田五田」と記された土地がここでは「田四田」となっており、(2)の裁判において王權の關與のもとに變更があったものと考えられる。以上が本銘に記された土地移讓の原因及び先行する手續きで

ある。
　(4)は移讓される土地の疆界をいう。「厥逆（北）疆眔厲田…（厥の北疆は厲の田に眔び、…）」という疆界の表現は、師永に對する土地の賜與をいう永盂に「疆眔師俗父田（疆は師俗父の田に眔ぶ）」というのと同樣である。散・政父の「田」と疆界を接する邦君厲の「田」の東南部の「田四田」が移讓されたのである。また「廼ち寓を厥の邑に舍す」の寓は、史牆盤「武王則命周公、舍寓于周卑處。（武王則ち周公に命じ、寓を周に舍して處らしむ。）」やほぼ同文の癲鐘丙にみえ、居處をいうと考えられる[6]。居處を邑に與えることと「田四田」を移讓することが如何なる關聯を持つのかということは、邑と「田」の關係を探る重要な鍵となるが、それについては第三章で言及する。
　(5)及び(6)は土地移讓手續きへの參加者をいう。これは先行する諸論文の等しく認める所であるが、具體的に誰が如何なる役割りを擔ったのかという點については一致した見解が得られていない。本稿ではこの部分を(5)・(6)に分けて解釋するのであり、その理由及びその意味を説明する必要があろう。
　まず(6)「衛小子者其」と稱される人物が登場するが、三年衛盉・九年衛鼎にもこれに相當する部分がある。それらを銘文の共通部分に注目する形で示すと、次のようになる。

	(A)	(B)	(C)	(D)
五祀衛鼎			衛小子者其饗䚨	
三年衛盉	眔受田燹趞	衛小子㯱逆	者其饗	
九年衛鼎	眔受	衛小子家逆	者其　　䚨	衛臣䚨胐

　(C)をみると「者其」が一致している。五祀衛鼎にのみ「者其」に「衛小子」が冠されるのは、この器に(B)に相當する部分がなく、「者其」より以前に「衛小子」と稱される人物が記されないためであり、三年衛盉・九年衛鼎の「者其」も實は「衛小子者其」が省略されたものであることが知られるのである。「者其」に續く「饗」は饗宴の義であり、「䚨」も唐蘭の指摘する如く饗宴に附隨する儀禮をいう[7]。三器は「饗䚨」・「饗」・「䚨」と表現が異なるものの、すべて衛の小子者其が饗宴を執り行なったことをいうのである。このように(C)は「人名（衛小子者其）―動詞（饗䚨）」の語順をとっており、他の(B)・(D)も同樣の語順をとるものと考えられる。
　(B)は三年衛盉「衛小子㯱」・九年衛鼎「衛小子家」が人名、「逆」が動詞となる。逆は『説文解字』辵部に「逆、迎なり」という如く迎と通用する字で、その例は金文・文獻を通して多見する。ただし、この場合のように土地の移讓に關わる用例は見出し得ず、具體的にどのような行爲であったかは不明とせざるを得ない。おそらくは土地の移讓手續きに參加した人々を何らかの儀禮で「迎え」、饗宴に導くことをいうのであろう。(D)も「衛臣䚨」が人名、「胐」が儀禮と考えられるが、その義は明らかでない。
　次に(A)の「眔」については『説文解字』目部に「眔、目相及ぶなり」といい、郭沫若はそれを承けて「及」や「與」の義であるとする[8]。從來この字は and もしくは with の義とされてきたのであるが、この場合はまさに「…に及ぶ」の義とすべきである。金文にその用例を搜すと、先に言及したように五祀衛鼎「厥逆疆眔厲田（厥の北疆は厲の田に眔び）」や永盂「疆眔師俗父田（疆は師俗父の田に眔ぶ）」という用例があり、三年衛盉は「田を燹・

- 14 -

趞に受けるに眾び」、九年衛鼎は「受けるに眾び」と讀むことができる。すなわち兩器は土地の移讓に際して受領者裘衛の小子・臣が「逆」・「饔𩜶」・「胏」という一聯の儀禮を行なうことをいうのである。五祀衛鼎(6)は最も省略が多いが、他の二器と同様に受領側の行爲を言うものと考えられる。

五祀衛鼎(6)が受領側の行爲をいうのであるならば、これに先行する(5)が譲渡側の行爲をいうであろうことはもはや説明を要しない。「邦君厲が眾に裘衛に田を付すは」という句で始まるこの一文は、土地の譲渡者邦君厲が彼の叔子夙と有司𦋊季・慶癸・燹表、荊人敢・井人倡犀と共に、移讓される土地の疆界設定及び付與を行なうことをいう。このように土地の移讓に際して、讓渡側がその土地の疆界設定を行なうことは他の金文にもみえる。西周中期の倗生簋にいう。

(1)隹正月初吉癸巳。王在成周。	(1)これ正月初吉癸巳。王　成周に在り。
(2)格伯取良馬乘于倗生。厥貯卅田。則析。格伯遝。	(2)格伯　良馬乘を倗生に取る。厥の貯は卅田なり。則ち析す。格伯遝う。
(3)殹妊彶佮人從格伯安彶甸。殷人𦁂𥑪谷杜木・原谷旅桑、涉東門。	(3)殹妊と佮人　格伯に從いて甸に安彶す。殷人　𥑪谷の杜木・原谷の旅桑を𦁂ぎて、東門に涉る。
(4)厥書史戠武立𢽁成壁。	(4)厥の書史たる戠武　立𢽁成壁す。
(5)鑄保殷、用典格伯田。其萬年、子々孫々、永保用。	(5)保殷を鑄て用て格伯の田を典す。それ萬年、子々孫々、永く保用せよ。

格伯が倗生から良馬を四頭「取」り、その代償として「三十田」が格伯から倗生に移讓される次第を記す銘文の(3)が疆界設定（「甸に安彶す」）のことをいう[9]。殹妊・佮人・殷人が如何なる人物であるかは不明とせざるを得ないものの、讓渡者格伯が疆界設定を行なうことを明記している。また後に全文をあげる西周中期の大簋は、王命によって𧊒𡤊が「𧊒𡤊里」と稱される土地を大に移讓することを記すものであり、そこにおいても「豕以𡤊履大賜里（豕と𡤊　大の賜わりし里を履む）」と𧊒𡤊が周王の使者善夫豕と共に土地の疆界設定を行なうことを明記している。

五祀衛鼎(5)・(6)は土地の移讓手續きへの参加者をいうものであるが、少なくとも銘文上においては(5)は讓渡側による土地の疆界設定、(6)は受領側による「逆」・「饔𩜶」などの一聯の儀禮をいうものとして、區別されていることが理解できるのである。

最後に(7)は作器をいう。ここでは單に「衛用て朕が文考の寶鼎を作る。衛それ萬年、永く寶用せよ」というのみであるが、先にあげた倗生簋(5)には「保殷を鑄て用て格伯の田を典す」とその文書としての機能を明記している[10]。五祀衛鼎の場合も同様の意味をもつものと考えられる。

以上のことから、五祀衛鼎の銘文は、紀年(1)・(8)、土地移讓の原因及び先行する手續き(2)・(3)、移讓される土地の疆界(4)、讓渡側による土地の疆界設定(5)、受領側による一聯の儀禮(6)、作器(7)、という構成をもつことになる。

次いで、九年衛鼎をみていく。九年衛鼎の銘文も五祀衛鼎と同様にいくつかの部分に分けることができる。その銘文は以下の如くである。

- 15 -

(1) 隹九年正月既死霸庚辰。王在周駒宮、格廟。眉敖者膚爲使見于王。王大黹。	(1) これ九年正月既死霸庚辰。王　周の駒宮に在り、廟に格(いた)る。眉敖の者膚　使と爲りて王に見(いた)ゆ。王大いに黹す。
(2) 矩取眚車・較・䝿靷・虎幃・貄幃・畫轉・鞭・席鞃・帛轡乗・金鑣䤩。舎矩姜帛三兩。廼舎裘衛林𩵋里、叡厥隹顏林。	(2) 矩　眚車・較・䝿靷・虎幃・貄幃・畫轉・鞭・席鞃・帛轡乗・金鑣䤩を取る。矩姜に帛三兩を舎す。廼ち裘衛に林𩵋里を舎す。叡、それこれ顏の林なり。
(3) 我舎顏陳大馬兩。舎顏姒虡咠。舎顏有司壽商貈裘、盉幃。	(3) 我　顏陳に大馬兩を舎す。顏姒に虡咠を舎す。顏の有司たる壽商に貈裘を、盉に幃を舎す。
(4) 矩廼眔遟鄰、命壽商眔啻曰、講履付裘衛林𩵋里。則乃成夆四夆。顏小子具叀夆、壽商闑。	(4) 矩廼ち遟の鄰におよび、壽商と啻に命じて曰く、「講(はか)りて、裘衛に林𩵋里を履み付せ」と。則ち乃ち夆を成すこと四夆なり。顏の小子たる具これ夆じ、壽商闑す。
(5) 舎盉冒梯䟽皮二・□皮二・䜌舄涌皮二・朏帛金一鈑、厥虡喜皮二。舎遟虎幃・璆賁・曩靷、東臣羔裘、顏下皮二。	(5) 盉に冒梯䟽皮二・□皮二・䜌舄涌皮二・朏帛金一鈑を、厥の虡に喜皮二を舎す。遟に虎幃・璆賁・曩靷を、東臣に羔裘を、顏に下皮二を舎す。
(6) 眔受、衛小子家逆、者其𩰪、衛臣𩰪胐。	(6) 受けるに眔び、衛の小子たる家逆(むか)え、者其𩰪(ただ)し、衛の臣たる𩰪胐す。
(7) 衛用作朕文考寶鼎。衛其萬年、永寶用。	(7) 衛用て朕が文考の寶鼎を作る。衛それ萬年、永く寶用せよ。

　文首の紀年(1)に次いで、(2)は土地移讓の原因をいう。矩が裘衛から車馬具一式を「取」り、さらに裘衛が矩姜(矩の妻であろう)に帛三兩を贈ることにより、その代償として裘衛に「林𩵋里」と稱される土地が移讓されるのである。この「林𩵋里」が林字を冠するのは、「叡、それこれ顏の林なり」と銘文にいう如く、「顏林」と稱される林をその主要な構成要素とするからであろう[11]。

　(3)は裘衛(「我」)から顏陳、顏姒(顏陳の妻であろう)、顏陳の有司壽商・盉への贈與をいう。これは先の五祀衛鼎にはみられないものであり、この贈與が如何なる意味をもつものであるかは後に改めて言及する。

　(4)は讓渡側による疆界設定をいう。讓渡者矩が遟の鄰に出向き、啻と顏陳の有司壽商とに疆界設定を命じるのである。疆界設定は土地の四至に標識をたてる(「夆を成すこと四夆なり」)ことによって行なわれるが、實際にそれを擔當した者として銘文に記されるのは顏陳の小子具のみであり、有司壽商がそれを確認している。

　(5)は盉、その配下の虡(『周禮』地官・山虡及び澤虡に相當する者であろう)、遟、東臣、顏への贈與をいう。これも五祀衛鼎にはみられないが、その意味は大簋の銘文より明らかとなる。大簋にいう。

(1)隹十有二年三月既生霸丁亥。 (2)王在糷侲宮。王呼吳師召大、賜䚄䙴里。 (3)王命善夫豖曰䚄䙴曰、余既賜大乃里。䙴賓豖璋帛束。䙴令豖曰天子、余弗敢懟。 (4)豖以䙴履大賜里。 (5)大賓。賓豖凱璋・馬兩、賓䙴凱璋・帛束。 (6)大拜稽首、敢對揚天子丕顯休、用作朕皇考剌伯䵼殷。其子々孫々、永寶用。	(1)これ十有二年三月既生霸丁亥。 (2)王　糷侲宮に在り。王　吳師を呼び大を召して、䚄䙴の里を賜う。 (3)王　善夫豖に命じて䚄䙴に曰わしめて曰く、「余既に大に乃_{なんじ}の里を賜えり」と。䙴　豖に璋・帛束を賓_{おく}る。䙴　豖をして天子に曰わしむ、「余敢て懟_{おし}まず」と。 (4)豖と䙴　大の賜わりし里を履む。 (5)大賓る。豖に凱璋・馬兩を賓り、䙴に凱璋・帛束を賓る。 (6)大拜して稽首し、敢て天子の丕顯なる休に對揚し、用て朕が皇考剌伯の䵼殷を作る。それ子々孫々、永く寶用せよ。

「䚄䙴里」の移讓に際して、䚄䙴が疆界設定を行なう((4))ことの意味については既に言及した。ここでは周王の使者となる善夫豖に注目してみよう。善夫豖は大簋に記された一聯の手續きのなかで、(3)と(5)の二囘贈與を受けている。䚄䙴が行なう(3)の贈與は周王の使者に對してなされるものであるが、大が行なう(5)の贈與は、䚄䙴も共にそれを受けることから明らかなように、(5)に先立つ(4)「豖と䙴　大の賜わりし里を履む」という、疆界設定に對してなされるものである。九年衛鼎(5)の贈與も(4)の疆界設定の直後に記されており、大簋(5)の贈與と同じく疆界設定に對するものであると考えられる。そこで贈與に與っている盉・その配下の虞、遷、東臣、顏は、(4)の疆界設定の條にはみえないものの、移讓される土地の疆界設定を行なった者であることが知られるのである。すなわち九年衛鼎に記された土地移讓において讓渡側として土地の疆界設定を行なった者は、讓渡者矩、遷、如何なる人物か不明の啻と東臣、顏陳、顏陳の有司壽商・盉、その配下の虞、顏陳の小子具ということになる。

(6)は五祀衛鼎の所で既に說明したように、受領者裘衛の小子家・者其と臣䵼による一聯の儀禮をいう。また(7)にいう作器も五祀衛鼎と同樣の意味をもつものであろう。

以上、九年衛鼎の銘文をみてきたが、その構成は五祀衛鼎とは若干異なるものの、紀年(1)、土地移讓の原因(2)、讓渡側による土地の疆界設定(4)、受領側による一聯の儀禮(6)、作器(7)という如く、五祀衛鼎にみられた要素を含んでいることが知られる。

最後に、三年衛盉の銘文は以下の如くである。

(1)隹三年三月既生霸壬寅。王再旂于豐。 (2)矩伯庶人取瑾璋于裘衛。才八十朋、厥貯其舍田十田。矩或取赤琥兩・麀䩋・賁韐一。才廿朋、其舍田三田。	(1)これ三年三月既生霸壬寅。王　旂を豐に再ぐ。 (2)矩伯の庶人瑾璋を裘衛に取る。才(財)は八十朋、厥の貯にそれ田十田を舍す。矩或赤琥兩・麀䩋・賁韐一を取る。才(財)は十朋、それ田三田を舍すと。

(3) 裘衛廼眔告于伯邑父・榮伯・定伯・琼伯・單伯。	(3) 裘衛廼ち伯邑父・榮伯・定伯・琼伯・單伯に眔告す。
(4) 伯邑父・榮伯・定伯・琼伯・單伯廼命參有司、司土散邑・司馬單旟・司工邑人服。	(4) 伯邑父・榮伯・定伯・琼伯・單伯廼ち參有司、司土たる散邑・司馬たる單旟・司工たる邑人服に命ず。
(5) 眔受田燹・趙、衛小子𧻗逆、者其饗。	(5) 田を燹・趙に受ける眔び、衛の小子たる𧻗逆（むか）え、者其饗す。
(6) 衛用作朕文考惠孟寶盤、衛其萬年、永寶用。	(6) 衛用て朕が文考惠孟の寶盤を作（つく）る。衛それ萬年、永く寶用せよ

　矩伯の庶人が瑾璋を「取」り、さらに矩伯が赤琥などを「取」ったことに對する代償として、矩伯から裘衛に「田十田」・「田三田」が移讓されることをいう。本銘の重要な點については既に言及しており、ここで逐一分析することはしないが、そこには紀年(1)、土地移讓の原因(2)、王官の關與(3)・(4)、受領側による一聯の儀禮(5)、作器(6)という要素を見出しうるのである。裘衛諸器三器の銘文は多少の出入はあるものの、基本的に同じ要素をもつものであり、この要素は先にあげた倗生簋・大簋にも大略含まれている。土地移讓を記す金文の文書としての形式であったと考えられる。本文末の附表を參照されたい。

二　「田」と里

　前章では五祀衛鼎と九年衛鼎の銘文の分析を中心として、土地移讓を記した銘文がその文書としての形式において基本的に一致することを指摘した。しかしこの二器の銘文を仔細に檢討すると、移讓される土地の疆界設定を行なう讓渡側の人閒の構成に相違があることに氣附くのである。五祀衛鼎の場合、邦君厲から裘衛に移讓される「田四田」の疆界設定を行なった者は、讓渡者邦君厲とその叔子夙、有司䚡季・慶癸・燹表・荊人敢・井人偈屖であった。今これをその身分關係でみると、

　　　邦君厲 ─┬─ 厲の叔子
　　　　　　　└─ 厲の有司

となる。これに對して九年衛鼎の場合、矩から裘衛に移讓される「林𦀓里（顔林）」の疆界設定を行なった者は、讓渡者矩、㴲、如何なる人物か不明の啻と東臣、顔陳、顔陳の有司壽商・盉、その配下の虞、顔陳の小子具であった。矩が顔陳の有司壽商らに命じている（九年衛鼎(4)）ことからわかるように、顔陳及び彼の有司らは矩の配下にあるわけで、彼らの身分關係は㴲・啻・東臣を除くと、

　　　矩 ─ 顔陳 ─┬─ 顔陳の小子
　　　　　　　　　└─ 顔陳の有司 ─ 厥の虞

となる。有司は「職務的主從關係」をもつ者、小子は「血緣的主從關係」をもつ者の稱であり[12]、叔子も小子に類する者と考えられ[13]、彼らを「屬僚」と表現するならば、疆界設定を行なう讓渡側の人閒の構成は、五祀衞鼎の場合は讓渡者邦君厲と彼の「屬僚」となるのに對し、九年衞鼎の場合は顔陳と彼の「屬僚」が讓渡者矩に從屬するという重層的な關係を示すことになる。受領側は裘衞諸器三器を通して受領者裘衞の小子・臣と稱される人閒のみが登場することを考えれば、讓渡側にみられるこの相違は單なる記載の省略によるものではなく、移讓される土地—五祀衞鼎「田四田」、九年衞鼎「林昚里（顏林）」—の支配・管理形態の違いを反映しているものと理解するのが最も整合的であろう。このことを確認するために、以下に西周金文にみえる「田」及び里をみていく。

五祀衞鼎「田四田」の如く「田若干田」或いはそれに近い表現をとる「田」は、先にあげた㒭生簋「三十田」や三年衞盉「田十田」・「田三田」という例があるほか、西周前期の旗鼎、

　　王姜賜旗田三于待□。師虩酭兄。…（王姜　旗に田三を待□に賜う。師虩　酭りて兄（まつ）る（おく）る。）

に「田三」という表現がみられる。王姜から旗に對して待□所在の「田三」が賜與されるのであり、この種の表現としては最も早いものである。「酭兄」については說が分かれているが[14]、今は師虩が「田三」の賜與に何らかの形で關わるものと考えておく。

西周中期の例としては、曶鼎の第三段に、

　　昔饉歲、匡衆厥臣廿夫寇曶禾十秭。以匡季告東宮。東宮廼曰、求乃人、乃弗得、汝匡罰大。匡廼稽首于曶、用五田、用衆一夫曰□、用臣曰疐曰朏曰奠。曰、用茲四夫稽首。…（昔、饉し歲に、匡の衆たる厥の臣廿夫　曶の禾十秭を寇せり。匡季を以て東宮に告ぐ。東宮廼ち曰く、「乃（なんじ）の人を求めよ、もし得ざれば、汝匡の罰大なり」と。匡季廼ち曶に稽首するに、五田を用てし、衆の一夫□と曰うを用てし、臣の疐と曰い、朏と曰い、奠と曰うを用てす。曰く、「茲の四夫を用て稽首せん」と。）

と、匡季の衆二十夫の寇禾事件をめぐる裁判を記す。「匡季を以て東宮に告ぐ」という提訴の辭を承け、贖罪として匡季から曶に對して「五田」と「四夫」を引き渡すことが決定されるのである。さらに省略した後半部において二囘目の提訴が行なわれ、賠償として「禾廿秭」・「田二」・「臣一夫」の引き渡しが匡季に命ぜられている。「田」は訴訟に對する贖罪・賠償として移讓されるのである。また卯への策命を記す卯簋は、

　　榮季入右卯、立中廷。榮伯呼命卯曰、…略…賜于乍一田。賜于宮一田。賜于隊一田。賜于𢦏一田。…（榮季入りて卯を右け、中廷に立つ。榮伯呼びて卯に命じて曰く、「…略…乍に一田を賜う。宮に一田を賜う。隊に一田を賜う。𢦏に一田を賜う」と。）

と、乍・宮などの地にそれぞれ「一田」が賜與されることをいう。卯は榮伯によって策命されるように榮伯の臣であり、周王の陪臣の地位にあることが注意される。

西周後期の例としては、

> 敔簋　…王格于成周大廟。武公入右敔、告禽。馘百訊四十。王蔑敔曆、使尹氏受。
> …略…賜田于敆五十田、于早五十田。…（王　成周の大廟に格る。武公入りて敔を右け、禽を告ぐ。馘百・訊四十なり。王　敔の曆を蔑し、尹氏をして受けしむ。…略…田を敆に五十田、早に五十田を賜う。）
>
> 不嬰簋　…伯氏曰、不嬰、汝小子、汝肇誨于戎工。賜汝弓一矢束臣五家田十田。用從乃事。…（伯氏曰く、「不嬰、汝小子なるも汝肇めて戎工に敏む。汝に弓一矢束・臣五家・田十田を賜う。用て乃（なんじ）の事に從え」と。）

の二器をあげることができる。兩器ともに武功に對する賜與をいうが、敔簋の敆・早の地に與えられる「五十田」はこの種の表現としては最も多いものである。

ここにあげた例と先の五祀衛鼎・倗生簋・三年衛盉から、次の二點を指摘することができるであろう。第一に、「田」は卯簋の「一田」から敔簋の「五十田」に至るまでの樣々な數量となること。この「一田」を井田制の百畝とする説も存在するが[15]、これらの「田」がすべて同じ規準で量られていたとする證據は見出し難いと思われる。しかし、この「田若干田」という表現から何らかの人爲的な區劃の存在を想定することは十分に可能であり、その疆界が五祀衛鼎「厲の北疆は厲の田に眔び、…」の如く示されるのもその證左となる。第二に、「田」は樣々な身分閒において樣々な原因で賜與或いは移讓されうるものであること。その結果、「田」は周王から陪臣に至るまでの者に、その身分を問わず領有されることになる。

「田若干田」という表現からは以上のことが指摘できるのであるが、「田」の支配・管理形態は窺うことができない。それを探る手掛りとして西周後期の大克鼎の銘文をみてみよう。その第二段は、克への策命とそれに伴う賜與を記す。

> …王呼尹氏册命善夫克。王若曰、…略…賜汝田于埜。賜汝田于渒。賜汝井家遬𦈡田于㽙、以厥臣妾。賜汝田于康。賜汝田于匽。賜汝田于䧙原。賜汝田于寒山。賜汝史小臣靈籥鼓鐘。賜汝井遬𦈡人、䢦賜汝井人奔于䁹。…（王　尹氏を呼びて善夫克に册命せしむ。王　若（したが）いて曰く、「…略…汝に田を埜に賜う。汝に田を渒に賜う。汝に井家遬𦈡の田を㽙に賜い、厥の臣妾とともにす。汝に田を康に賜う。汝に田を匽に賜う。汝に田を䧙原に賜う。汝に田を寒山に賜う。汝に史小臣・靈籥・鼓鐘を賜う。汝に井遬𦈡人を賜い、䢦（あわ）せて汝に井人の䁹に奔りしを賜う。…」と。）

克に賜與される「田」の所在を示す埜・渒などの地名は、䧙原が『詩經』大雅・公劉にみえる溥原に比定されることから岐山周邊の地であろうと考えられているが[16]、それらの地に賜與された「田」が如何なる支配・管理形態をもつものであったかは地名のみから探りようがない。ただし、㽙の地に存在する「井家𦈡田」と稱される「田」は、𦈡字をどのように理解するかはおくとしても[17]、「厥の臣妾とともにす」という如く臣妾を伴って賜與されており、そこから「田」の支配・管理形態を窺うことができるものと思われる。

臣妾は、西周前期の復尊「匽侯賞復冋衣臣妾貝。…（匽侯　復に冋衣・臣妾・貝を賞す。）」

の如く賜與の物件となるほかに、

> 伊簋　…王呼令尹封册命伊、𠭰官嗣康宮王臣妾百工。…（王　令尹封を呼びて伊に册命し、𠭰せて康宮の王の臣妾・百工を官嗣せしむ。）
> 師嫠簋　伯龢父若曰、…略…余命汝死我家、𠭰嗣我西扁東扁僕馭百工牧臣妾。…（伯龢父　若いて曰く、「…略…余　汝に命じて我が家を死めしめ、𠭰せて我が西扁東扁の僕馭・百工・牧・臣妾を嗣めしむ。…」と。）

の二例が知られている。伊簋の康宮は揚簋・𩰫从攸鼎など多くの金文にみえ、宗周におかれた大廟であると考えられ、師嫠簋の西扁東扁は郭沫若によれば軍隊の構成に關する語である[18]。臣妾は大廟や軍隊に屬し、周王や伯龢父によって命ぜられた彼らの「屬僚」によって管理されているのである。一方、臣妾と並記される百工も、

> 蔡簋　…王呼史年册命蔡。王若曰、…略…命汝眔𦥑、𠭰定對各、死嗣王家外内、毋敢又不聞。嗣百工、出入姜氏命。…（王　史年を呼びて蔡に册命せしむ。王　若いて曰く、「…略…汝と𦥑とに命じ、𠭰せて對各を定め、王家の外内を死嗣せしむ。敢て聞せざること又母れ。百工を嗣め、姜氏の命を出入せよ。…」と。）
> 公臣簋　虢仲命公臣、嗣朕百工。…（虢仲　公臣に命ず、「朕が百工を嗣めよ。…」と。）

という如く、周王・虢仲などに屬し、その「屬僚」によって管理されている。以上の例から直ちに臣妾の身分を決定することはできないとしても、大廟や軍隊に屬し、隷屬度の強いかたちで管理されていたものと考えることは可能であろう[19]。

大克鼎の臣妾も「井家𠞩田」に屬するものとして隷屬度の強いかたちで管理されていたと考えられ、この臣妾を伴って賜與される「田」そのものも同樣の物件として、強い管理を受けていたものと思われる。「井家𠞩田」が周王から克に賜與されるのは、賜人の條に「井遺𠞩人」・「井人の𪏮に奔りし」者が記されることから考えて、何らかの原因で動搖した井氏の支配から離れたためであろうと推測されるが、この「田」が井氏の支配下にあった際には、井氏の「屬僚」によって臣妾と共に支配・管理されていたものと考えられるのである。また宂鼎、

> 趙仲命宂𠭰嗣鄭田。…（趙仲　宂に命じて𠭰せて鄭の田を嗣めしむ。）

にみえる「鄭田」も、趙仲の「屬僚」である宂によって管理される「田」であり、大克鼎の「井家𠞩田」と同樣の支配・管理形態をもつものであろう。

周王のもとにも同樣の支配・管理形態をもつ「田」が存在したことは、「田」が周王による賜與の物件となっていることからも推測できるのであるが、その具體的な例としては西周後期の揚簋、

> …王呼内史史光册命揚。王若曰、揚、作司工、官嗣量田甸眔司㞢眔司次眔司寇眔

- 21 -

司工司。…（王　內史史光を呼びて揚に册命せしむ。王　若したがいて曰く、「揚よ、司工と作り、量田の甸と司应と司次と司寇と司工の司を官嗣せよ。…」と。）

をあげることができる。揚への策命として「量田」におかれた甸（『周禮』天官・甸師などに相當する）以下の諸官の管理を命ずるのである。これらの官の具體的な職掌は不明とせざるを得ないが、「量田」と稱される「田」が王官による管理を受けていたことは窺えるであろう。また、

　　令鼎　王大藉農于諆田。…（王大いに諆田に籍農す。）
　　𢨛簋　…王曰、𢨛、命汝作司土、官嗣藉田。…（王曰く、「𢨛よ、汝に命じて司土と
　　　　作し、藉田を官嗣せしむ。…」と。）

の二器は共に藉田をいう。藉田は、『國語』周語上の記事からも窺えるように本來は神事的耕作であったが[20]、西周中期の𢨛簋にみられる如く、次第に王室の直營地として王官によって管理される「田」に變質していったものと考えられる[21]。
　以上のことから、「田」は「田若干田」と稱される如く人爲的な區劃をもち、周王から陪臣に至るまでの者に領有され、彼らの「屬僚」によって管理・經營される土地であったことが知られる。五祀衛鼎の邦君厲から裘衛に移讓される「田四田」もまさにそのような土地であり、移讓前は邦君厲の「屬僚」によって管理・經營されていたのである。「田四田」の移讓に際して、讓渡側として土地の疆界設定を行なうのが讓渡者邦君厲と彼の「屬僚」であるのは、その土地の移讓前の支配・管理形態に對應したものと見做しうるであろう。
　それでは、九年衛鼎「林𥏞里（顏林）」の里はどうであろうか。里の關係金文としては先にあげた大簋のほかに、成周に關するものとして、

　　令彝　…明公朝至于成周、徣命。舍三事命。眔卿事寮眔諸尹眔里君眔百工。眔諸
　　　　侯侯甸男、舍四方命。既咸命。…（明公朝に成周に至り、命を徣いだす。三事の命を舍
　　　　す。卿事寮と諸尹と里君と百工とともにす。諸侯、侯・甸・男とともに、四方の命を
　　　　舍す。既にことごとく咸く命ず。）
　　䚦簋　王曰、䚦、命汝嗣成周里人眔諸侯大亞。…（王曰く、「䚦よ、汝に命じて成周
　　　　里人と諸侯大亞とを嗣めしむ。…」と。）

の二例がある。西周前期の令彝は、成周における周公子明保の「舍命」をいい、そのうちの「三事命」に關して「里君」が登場する。「三事」とは、『尙書』酒誥「越在外服、侯・甸・男・衛、邦伯。越在內服、百僚・庶尹・惟亞・惟服・宗工、越百姓・里居（君）」の「內服」─王畿─を指し、令彝の「里君」は酒誥では「百姓・里居（君）」と記される[22]。一方、後期の䚦簋は䚦への策命をいい、䚦の監督の對象として「成周里人」がみえる。この「里君」・「成周里人」は、既に先學の指摘する如く、諸文獻にみえる成周に遷された「殷頑民」に相當するものである[23]。彼らは宗周に置かれた「西六師」に對して「殷八師」・「成周八師」と稱される軍隊を構成するのであるが、この軍隊が西周時代を通して存在するこ

とから、それを維持・補充するために共同體的組織を強く殘して里居していたものと考えられている[24]。また史頌簋、

　　王在宗周。命史頌省蘇。𠂤友里君百姓帥䚄盩于成周。…（王　宗周に在り。史頌に命じて蘇を省せしむ。𠂤友・里君・百姓　帥䚄して成周に盩う。）

は、史頌による蘇の通省に際して、蘇の「𠂤友」と「里君・百姓」が成周に會盟することをいう。蘇の「里君・百姓」は令彝の「里君」や𣄰簋の「成周里人」に相當するもので、やはり共同體的性格をもつものとして、いわば首長と一般構成員の關係にあったものと思われる[25]。このように里が共同體的性格をもつものであるならば、西周前期の召圜器、

　　休王自穀使賞畢土方五十里。…（王の穀よりして畢・土方の五十里を賞せしむるを休す。）

にみえる畢・土方に存在した「五十里」は[26]、『爾雅』釋言に「里、邑なり」という如く邑に近い存在であろうと考えられ、宜侯夨簋「厥□邑三十有五」や㝬鎛「二百有九十有九邑」に相當するものと思われる。

　九年衛鼎「林𦎫里（顏林）」もやはり共同體的性格をもつものであり、その移讓に際して疆界設定を行なう人間の構成が重層的な關係を示すのは、里を構成するものとそれを總體的に支配するものという關係を反映しているものと思われる。すなわち、「林𦎫里」が「顏林」とも稱されることからわかるように、この土地を管理・經營しているのは顏陳と彼の「屬僚」であり、彼らは既に一定の階層分裂を經てはいるものの、依然として共同體的性格を保持していたと考えられる。これに對して、「林𦎫里（顏林）」の讓渡者矩はこの土地の上位の支配權を有するのであり、裘衛に移讓されるのもこの上位の支配權であった。

　結論を繰り返すならば、土地移讓に際して疆界設定を行なう人間の構成は、その土地を管理・經營する主體が誰にあるのかということを反映するものである。すなわち九年衛鼎「林𦎫里（顏林）」は矩から裘衛に移讓される土地であるが、その地を實際に管理・經營するのは讓渡者矩の「屬僚」ではなく、共同體的性格を殘す顏陳とその「屬僚」であるのに對し、五祀衛鼎「田四田」は讓渡者邦君厲の「屬僚」が土地を管理・經營するという異なった形態を示すのであった。裘衛はこの二器に記された土地移讓によって支配・管理形態の異なる土地を獲得することになる。移讓後、「田四田」は彼の「屬僚」によって管理・經營されるのに對し、「林𦎫里（顏林）」は依然として顏陳と彼の「屬僚」によって管理・經營され、裘衛は新たに自分の支配下に入る彼らに對して何らかの恩寵を示す必要があった[27]。それが九年衛鼎(3)にみえる顏陳・顏姒・顏陳の有司壽商・盉に對する贈與であり、これに相當する部分が五祀衛鼎に見出し得ないのは當然のことである。

三　散氏盤の分析―「田」と邑

　周知の如く、西周の土地移讓金文として最も詳細な内容をもつのは西周後期の散氏盤で

ある。この器に関しては既に多くの研究がなされてはいるものの、そこに記された矢から散へ移譲される土地の支配・管理形態に限ってみても、未だ共通の見解が得られていないように思われる。本章では、先の裘衛諸器等の分析によって得られた結論に基づいてこの銘文を分析し、そこに記された土地の支配・管理形態を考察したい。

　先ず散氏盤の文書としての形式を指摘する必要がある。散氏盤の銘文は次の如くである。

(1)用矢戡散邑、廼卽散用田。	(1)矢の散邑を戡てるを用て、廼ち散に卽えるに田を用つ。
(2)眉、自瀗、渉以南至于大沽一封。以陟二封、至于邊柳。復渉瀗、陟雩、叡蒙險。以西封于□城楮木、封于芻逨、封于芻道。內陟芻、登于厂淲、封割枋・除陵・剛枋、封于罺道、封于原道、封于周道。以東封于□東疆、右還封于眉道。以南封于□逨道。以西至于堆莫。眉井邑田、自根木道、左至于井邑封道。以東一封、還以西一封。陟剛三封。降以南封于同道。陟州剛、登枋、降棫二封。	(2)眉は、瀗よりし、渉りて以て南し、大沽に至りて一封す。以て陟りて二封し、邊柳に至る。復た瀗を渉り、雩に陟り、蒙險に叡ぶ。以て西して□城の楮木に封じ、芻逨に封じ、芻道に封ず。內りて芻に陟り、厂淲に登り、割枋・除陵・剛枋に封じ、罺道に封じ、原道に封じ、周道に封ず。以て東して□の東疆に封じ、右還して眉道に封ず。以て南して□逨道に封ず。以て西して堆莫に至る。眉の井邑の田は、根木道よりし、左して井邑の封道に至る。以て東して一封し、還りて以て西して一封す。剛に陟りて三封し、降りて以て南して同道に封ず。州剛に陟り、枋に登り、棫に降り二封す。
(3)矢人有司眉甸鮮・且・散・武父・西宮襄、豆人虞丂・泉貞・師氏右眚、小門人譱、原人虞荓・淮・司工虎孝・𢆶豐父、堆人有司刑・丂。凡十有五夫、正眉矢舍散田。	(3)矢人の有司にして眉の甸たる鮮・且・散・武父・西宮襄、豆人の虞たる丂・泉たる貞・師氏たる右眚、小門人の譱、原人の虞たる荓・淮・司工たる虎孝・𢆶たる豐父、堆人の有司たる刑・丂。凡そ十有五夫、眉の矢が散に舍したる田を正す。
(4)司土𦰩寅、司馬罺墨、邦人司工騩君、宰德父、散人小子眉甸戎・散父・效果父・□之有司橐・州蓴・悆从𨸏。凡散有司十夫。	(4)司土たる𦰩寅、司馬たる罺墨、邦人の司工たる騩君・宰たる德父、散人の小子にして眉の甸たる戎・散父・效果父、□之有司たる橐・州蓴・悆从𨸏。凡そ散の有司十夫。
(5)唯王九月、辰在乙卯。	(5)これ王の九月、辰は乙卯に在り。
(6)矢俾鮮・且・𢆶旅誓曰、我既付散氏田器、有爽實、余有散氏心賊、則爰千罰千、傳棄之。鮮・且・𢆶旅則誓。廼俾西宮襄・武父誓曰、我既付散氏濕田・牆田、余有爽變、爰千罰千。西宮襄・武父則誓。	(6)矢　鮮・且・𢆶旅をして誓わしめて曰く、「我既に散氏に田器を付したり。爽實すること有り、余に散氏を心賊とすること有らば、則ち爰千罰千、傳してこれを棄てよ」と。鮮・且・𢆶旅則ち誓う。廼ち西宮襄・武父をして誓わしめて曰く、「我既に

	散氏に濕田・牆田を付したり。余に爽變有らば、寽千罰千ならん」と。西宮襄・武父則ち誓う。
(7) 厥受圖矢王。于豆新宮東廷。	(7) 厥の圖を授けるは矢王なり。豆の新宮の東廷に于てす。
(8) 厥左執縹史正仲農。	(8) 厥の縹を左執するは、史正たる仲農なり。

　文首の(1)は土地移讓の原因をいう。矢が「散邑」を侵害したため、その賠償として散に土地が移讓されるのである。この部分は、五祀衛鼎(2)、九年衛鼎(3)などに相當する。

　(2)は移讓される土地の疆界をいう。矢から散へ移讓される土地は、「眉」・「眉井邑田」に二分されており、それぞれ詳細にその疆界を記す。この記述に基づいて矢から散へ移讓される土地の復原をめざす試みもなされているが[28]、記述には具體的距離などは記されておらず、從ってその土地の大要は知り得るとしても完全な復原は困難である。特に疆界設定の基準となる「芻道」・「原道」・「眉道」等と稱される道は、それぞれ芻・原・眉という地名によって名附けられたものと考えられるが、それらの地名が移讓される土地に含まれるか否かはこの部分の記述のみから判斷することはできない。

　(3)及び(4)は、土地の移讓手續きへの參加者をいう。從來この兩部分は共に疆界設定を行なう人間を記したものと理解されてきたのであるが、第一章で指摘したように銘文上では讓渡側・受領側に明確な役割り分擔があり、本銘も同樣であると考えられる。從って讓渡者矢の有司で始まる(3)は讓渡側の疆界設定を行なった人間を記し、「眉の矢が散に舍したる田を正す」と疆界設定をいう一句は、次の(4)にもかかるのではなく、この(3)にのみかかるものである。これは五祀衛鼎(5)及び九年衛鼎(4)に相當する。一方、「凡そ散の有司十夫」と總括される(4)は受領側の人間をいい、彼らは裘衛諸器の受領者裘衛の小子家・**緐**・者其及び臣朏と立場を同じくする。「凡そ散の有司十夫」と受領者、散の「屬僚」であることを明確にいうこと、またその中に「散人の小子」と小子が登場することは裘衛諸器の受領側の人間と同じであり、「逆」・「饗豳」などの具體的行爲が記されないのは、それが省略されているものと考えられる。この部分は、五祀衛鼎(6)及び九年衛鼎(6)に相當する。

　(5)の「これ王の九月、辰は乙卯に在り。」の紀年に續く(6)は(3)に、「散人有司眉田」として名のみえる鮮・且・武父・西宮襄と散に代ったと考えられる豐旅の五人による「誓」が二間に分けて記される。それぞれ「田器」・「濕田・牆田」の移讓を確認し、萬一違約があった場合には「寽千罰千」（罰金及び鞭千）が課せられるという刑罰の豫告の自誓の形をとっている。「濕田・牆田」が何を指すかは明確ではないが、「田器」は耕作農具一切を指すものであり、土地の移讓はそれに附隨する農具をも含むものであったことが知られる。

　(7)は、豆の新宮の東廷において、讓渡者矢（ここでは「矢王」と稱される）が移讓される土地の地圖を給付することをいう[29]。これは他の土地移讓金文に見出し得ないものであるが、『禮記』曲禮上「獻田宅者操書致」の正義に「田宅は土に著く、故に板圖書畫を以て之を致す」という如く、土地の移讓に際しては一般に行なわれたものと思われる。

　(8)の「縹」は契要のことであり[30]、史正の官である仲農がこの契約に立會い、その履

行を確認することをいう。これも土地移讓金文にその類例を見出し難いものであるが、或いは鬲从盨の「厥右鬲从善夫克(厥の鬲从を右けるは善夫克なり)」がこれに相當するのかも知れない。

　以上のように、散氏盤は(1)〜(4)の銘文前半部において第一章で指摘した土地移讓金文の形式を既に具え、(5)〜(8)の後半部は他に類例を見出し得ないものであった。この後半部は、土地の移讓手續きの中でこれをどのように位置づけるかという問題を含めて、興味深い內容をもつものであるが[31]、本章の直接の關心からはずれるのでこれ以上の言及は避ける。

　それでは、矢から散へ移讓される「眉」・「眉井邑田」は如何なる支配・管理形態をもつ土地であろうか。先に五祀衞鼎「田四田」・九年衞鼎「林昏里(顏林)」について考察し、前者は讓渡者邦君厲と彼の「屬僚」によって管理・經營される土地であるのに對し、後者は顏陳と彼の「屬僚」によって管理・經營される土地の上位の支配權を讓渡者矩が有するという異なる形態をもつことを指摘したのであるが、その違いは銘文においては疆界設定を行なう人間の構成にあらわれるのであった。從って散氏盤の「眉」・「眉井邑田」の支配・管理形態は、讓渡側の人間を記した(3)の分析を通して知ることができるのである。

　(3)に記された十五人は、「矢人」・「豆人」・「小門人」・「原人」・「淮人」の如く「某人」という表現で大別される[32]。このうち「原人」の原・「淮人」の淮は、土地の疆界をいう(2)に「原道に封ず」・「淮莫に至る」としてみえ、さらに「豆人」の豆は(7)に「豆の新宮の東廷に于てす」とあり、銘文にはみえない小門をも含めて移讓される土地に含まれる地名であると考えられる。また(4)の「散人小子眉甸」の散が(1)に「散邑」としてみえるように、散氏盤の銘文においては「人」と「邑」が對應して使用され、讓渡側の「矢人」「豆人」などと稱される人々もそれぞれ矢邑・豆邑などの邑の人間を指すと考えられる。

　讓渡側の最初に記された「矢人有司眉甸」とは、有司が「職務的主從關係」をもつ者の稱であることから、讓渡者矢と「職務的主從關係」をもつ矢邑の人間で、具體的な職掌が眉の甸官である者をいう。彼らが「有司眉甸」と一見官職の重複した肩書をもつのは、矢一族が西周初以來の雄族で多くの有司と廣い支配地を有していたため[33]、特に眉の甸官であることを記す必要があったためであると考えられる。このように、矢から散へ移讓される土地の疆界設定を讓渡者矢の有司である「矢人有司眉甸」が行なうのは、五祀衞鼎において讓渡者邦君厲の「屬僚」が疆界設定を行なうのとその立場を同じくする。讓渡側の人間の構成は移讓される土地の支配・管理形態を反映するのであるから、散氏盤に記された土地の中には五祀衞鼎の「田四田」と同じ支配・管理形態、すなわち支配者の「屬僚」によって管理・經營される土地が含まれていたことが知られるのである。

　一方、「豆人」・「原人」・「小門人」・「淮人」と稱される人間は、矢の有司である「矢人有司眉甸」と竝記され、彼らとは異なる立場で疆界設定を行なったものと考えられる[34]。先に述べたように、彼らの邑は移讓される土地に含まれると考えられ、この度の移讓は彼らの邑に對する上位の支配權が矢から散へ移讓されるということになる。このように上位の支配權が移讓される際、邑はどのような行動をとるのか。時代は下るが『春秋左氏傳』成公三年に次のような記事がある。

　　秋、叔孫僑如　棘を圍む。汶陽の田を取り、棘服せず。故に之を圍めり。

汶陽の田が齊から魯へ返還されるにあたり、そこに含まれる棘邑がこれに服さず、叔孫僑如によって攻撃されたことをいう。この記事は、棘邑に對する支配權が移讓される際、その結果はどうあれ棘邑がその移讓に對して主體的に抵抗しえたことを示している。增淵龍夫氏の研究で知られる河內の陽樊・原などの邑においても同樣のことを認めうるのである[35]。例えば『春秋左氏傳』僖公二十五年に、

之（晉侯）に陽樊・溫・原・欑茅の田を與う。晉是に於て始めて南陽を啓く。陽樊服せず、之を圍む。…乃ち其の民を出す。…冬、晉侯　原を圍み、三日の糧を命ず。原降らず。命じて去らしめんとす。…一舍を退くに、原降る。原伯貫を冀に遷す。

と、周王から晉文公への賜與に對して陽樊・原の二邑が抵抗することをいう。ここにおいても、これらの邑が上位の支配權の移讓に對して主體的な行動をとっているのである。散氏盤の「豆人」・「原人」等の人閒は、まさに上位の支配權の移讓に對し主體的行動をとりうるものとして、移讓される土地の疆界設定を行なっていると考えられる。これは『爾雅』釋言に「里、邑なり」という如く、九年衛鼎の「林眚里（顏林）」に對する上位の支配權が矩から裘衛へ移讓されるのに際し、その土地を管理・經營する顏陳と彼の「屬僚」が疆界設定を行なうのと立場を同じくするものである。すなわち豆邑・原邑などの邑に對する總體的支配權が矢から散へ移讓されるのである[36]。受領側が「凡そ散の有司十夫」と明確に受領者散の有司であることをいうのに對し、讓渡側が「凡そ十有五夫」とその總數をいうにとどまるのは、讓渡側に矢の有司と「豆人」・「原人」等という異なる立場をもつ者が含まれることに由來するものと考えられる。

散氏盤に記された讓渡側の疆界設定を行なう人閒の分析により、矢から散へ移讓される土地は、「矢人有司眉甸」と稱される讓渡者矢の有司によって管理・經營される部分と、豆邑・原邑などの邑を總體的に支配する部分に大別されることが明らかになったと思われるが、ここで改めて移讓される土地の疆界をいう散氏盤(2)をみると、移讓される土地は「眉」と「眉井邑田」の二地に區別されており、この區別が讓渡側の人閒構成から推定される管理・經營形態とどのように關わるのかが問題となる。「眉」は豆邑・原邑などを含んだ大地名であると考えられるが、「眉井邑田」とは如何なる土地を指すのであろうか。

散氏盤(1)に「散邑」といい、それに對應する形で(4)に「散人小子眉甸」の如く「散人」が登場することから考えて、「井邑」の構成員は井人と稱されるはずである。また、移讓される土地に含まれる豆邑・原邑などの人閒である「豆人」・「原人」等がこの移讓に主體的存在として關わっている以上、「眉井邑田」が移讓されることを明確に記される井人は同樣に移讓に關わるものと考えられる。ところが、讓渡側の人閒には井人は登場せず、しかも讓渡側の人閒は「凡そ十有五夫」と總括されていることから、彼ら井人が省略されている可能性は全くないのである。先に述べたように、上位の支配權の移讓に對し邑の構成員が主體的存在として關わるのであれば、「眉井邑田」はそのような人閒をもたない土地と考えざるを得ない。すなわち、「眉井邑田」とは、眉にあった井邑の土地が井邑から分斷されることによってその主體的管理者を失い、おそらくは讓渡者矢の有司「矢人有司眉甸」によって管理・經營される土地に變質したものと考えられるのである。「田」は支配

者の「屬僚」によって管理・經營される土地の稱であり、この「眉井邑田」が特に「田」を附して稱せられるのは以上のような理由に基づくものであろう[37]。

散氏盤の銘文からは、邑によって主體的に管理・經營されていた土地が分斷され、他者の「屬僚」によって管理・經營される土地に變質することが知られるのであるが、このことは曶鼎の第二段によっても窺うことができる。曶鼎第二段は泐損多く通釋を得がたい部分もあるが、曶と限との閒になされた「五夫」の賣買契約に關する提訴とその結果についての記述であると考えられている[38]。その銘文にいう。

> …曶則拜稽首、受茲五夫曰陪曰恆曰籍曰□曰眚。使夽以告䚄。廼俾□以曶酒及羊絲三寽、用致茲人。曶廼誨于䚄…曰、必常俾處厥邑、田厥田。䚄則俾復命曰、諾。
> （曶則ち拜し稽首して、茲の五夫、陪と曰い・恆と曰い・籍と曰い・□と曰い・眚と曰うを受く。夽をして以て䚄に告げしむ。廼ち□をして曶の酒及び羊・絲三寽を以て、用て茲の人を致さしむ。曶廼ち䚄に誨（おし）えて…曰く、「必ず常に厥の邑に處り、厥の田を田つくらしめよ」と。䚄廼ち復命せしめて曰く、「諾せり」と。）

陪・恆・籍・□・眚と稱される「五夫」の賣買が完了したのち、彼らの新たな支配者である曶から彼らの管理者であった䚄（曶の訴訟の相手であった限の「屬僚」であろう）に對して「必ず厥の邑に處り、厥の田を田つくらしめよ」という要請がなされている。彼ら「五夫」は「厥の邑に處り」という如く自らの邑に居住してはいるものの、賣買契約の物件として限から曶に移讓されることからわかるように、もはや邑の構成員としてその土地の管理・經營に主體的に關わる存在ではありえない。それ故に彼らの耕作する土地は「厥の田を田つくらしめよ」の如く「田」と稱されるのである。

第一章で扱った五祀衛鼎の土地の疆界をいう(4)に、「田四田」の移讓に際して「廼ち寓を厥の邑に舍す」と邑に寓（居處）を與えることをいうのは、この散氏盤や曶鼎第二段から窺える邑が分斷されて「田」に變質していくという情況を踏まえることによって、初めて理解することができるのである。

おわりに

以上の考察によって得られた結論は次の如くである。

裘衛諸器・倗生簋・大簋・散氏盤等の土地移讓金文は、その記述に出入はあるものの、基本的に紀年・土地移讓の原因・土地の疆界・讓渡側による土地の疆界設定・受領側による一聯の儀禮・作器という文書形式をもつものであった。

移讓される土地の支配・管理形態は、銘文上では疆界設定を行なう讓渡側の人閒の構成に反映される。具體的には、五祀衛鼎「田四田」の移讓に際してはその土地を管理・經營していた讓渡者邦君厲の「屬僚」が疆界設定を行なうのに對し、九年衛鼎「林𦧄里（顏林）」の移讓は里に對する上位の支配權の移讓であり、疆界設定はその土地を共同體的性格を殘して主體的に管理・經營していた顏陳と彼の「屬僚」が行なうのであった。また散氏盤の矢から散に移讓された土地は、そこに記された讓渡側の人閒の分析から、讓渡者矢の「屬

僚」によって管理・經營されていた土地と豆邑・原邑などを總體的に支配する土地の二種に區別されることが知られるのであった。また、さらに重要なこととして、「眉井邑田」と稱される土地は「井邑」が分斷されることによってその主體的管理者を失った「田」に變質したものであることが指摘できるのであった。

支配者の「屬僚」によって管理・經營される「田」は邑の分斷によってのみ形成されるものではなく、例えば未墾地の開墾などによっても形成されたものと考えられるが、この「田」は先に指摘したように周王から陪臣に至るまで等しく領有しえたものであり、「封建」とは異なった小規模な經營を可能にするものであった(39)。このような土地經營の普及は、例えば陪臣の地位の上昇など西周王朝の構造自體に深刻な影響を與えたと思われるが(40)、そのより廣汎な影響及び王權のそれへの對應、さらに「田」を形成させるに至った社會構造などについては、本稿で言及することができなかった。今後の課題としたい。、

また本稿で扱った地域は陝西省を中心とする西周の王畿のみであり、東方の「封建」諸侯との關聯及びそこを中心舞臺として展開する春秋時代との關聯も併せて今後の課題となる。

附表

	五祀衛鼎	九年衛鼎	三年衛盉	倗生簋	大簋	散氏盤
紀年	1・8	1	1	1	1	5
原因	2	2	2	2	2	1
被讓渡者への贈與		3				
王官の關與	3		3・4		3	
疆界	4					2
疆界設定	5	4		3	4	3
疆界設定に對する贈與		5			5	
受領側の饗應	6	6	5			4
誓						6
授圖						7
確認				4(?)		8
作器	7	7	6	5	6	

表中の數字は、本文中に引用した各銘文の段落に附されたものである。

註

(1) 龐懷清・吳鎭烽・雒忠如・志儒「陝西省岐山縣董家村西周銅器窖穴發掘簡報」、林甘泉「對西周土地關係的幾點新認識―讀岐山董家村出土銅器銘文―」、唐蘭「陝西省岐山縣董家村新出西周重要銅器銘辭的釋文和注釋」(以上『文物』1976年第5期)。唐蘭「用青銅器銘文來研究西周史―綜論寶雞市近年發現的一批青銅器的重要歷史價值―」、周瑗「矩伯、裘衛兩家族的消長與周禮的崩壞」(以上『文物』1976年第6期)。伊藤道治「裘衛諸器考―西周期土地所有形態に關する私見―」(『東洋史研究』第37卷第1號)。白川靜『金文通釋』(以下『通釋』)第49輯11、裘衛盉(『白鶴美術館誌』、1978年)。趙光賢「從裘衛諸器銘看西周的土地交易」(『周代社會辨析』、人民出版社、1980年)。黃盛璋「衛盉・鼎中"貯"與"貯田"及其牽涉的西周田制問題」(『文物』1981年

第9期)。李學勤「西周金文中的土地轉讓」(『光明日報』1983年11月30日)など。
(2) 貝塚茂樹『中國古代史學の發展』(『貝塚茂樹著作集』第4卷、中央公論社、1977年) 142～143頁。
(3) 伊藤道治「裘衞諸器考」(前揭誌)、同「西周時代の裁判制度について」(『三十周年記念論集 神戸大學文學部』、1979年) など。
(4) 裘衞諸器に關する諸研究の中心課題の一つは、五祀衞鼎「貯田五田」・三年衞盉「才八十朋、厥貯其舍田十田」などにみえる「貯」の解釋であったが、本稿は黃盛璋「衞盉・鼎中"貯"與"貯田"及其牽涉的西周田制問題」(前揭誌)の說に從う。
(5) 伊藤道治「裘衞諸器考」(前揭誌)。
(6) 唐蘭「略論西周微史家族窖藏銅器群的重要意義—陝西扶風新出牆盤銘文解釋—」(『文物』1978年第3期) など。
(7) 唐蘭「陝西省岐山縣董家村新出西周重要銅器銘辭的釋文和注釋」(前揭誌)。
(8) 郭沫若「臣辰盉銘考釋」(『金文叢考』器銘考釋、人民出版社、1954年)。
(9) 過去この器は格伯簋とも稱されたが、「三十田」に對する權利が格伯から倗生に移讓、從って作器者は倗生であることは、五祀衞鼎との比較によって明らかである。このことは既に唐蘭「用靑銅器銘文來研究西周史」(前揭誌)、黃盛璋「衞盉・鼎中"貯"與"貯田"及其牽涉的西周田制問題」(前揭誌) などが指摘している。また「旬に安彶す」とは、『通釋』第20輯112、倗生殷に「按行定界」と釋するのに從うべきであろう。
(10) 郭沫若『兩周金文辭大系圖錄攷釋』(以下『大系』) 81葉、格伯簋に「用典格伯田、典如今言記錄或登錄」という。
(11) 伊藤道治「裘衞諸器考」(前揭誌)。
(12) 木村秀海「西周金文に見える小子について—西周の支配機構の一面—」(『史林』64卷6號)。
(13) 龐懷清・吳鎭烽・雒忠如・志儒「陝西省岐山縣董家村西周銅器窖穴發掘簡報」(前揭誌) 注(21)。
(14) 『通釋』第48輯5、旗鼎に諸說を紹介する。
(15) 例えば、唐蘭「陝西省岐山縣董家村新出西周重要銅器銘辭的釋文和注釋」(前揭誌)。
(16) 『通釋』第28輯167、大克鼎。
(17) 『大系』121葉、大克鼎は「井・匍・遝、均國族名」といい、伊藤道治『中國古代王朝の形成』(創文社、1975年)「邑の構造とその支配」は「もと邢侯の領內の豳地方の匍という所にある田」(193頁) という。これに對し『通釋』第28輯167、大克鼎は「匍はおそらく繫縛の字であろうが、繫屬の關係を示すものであろう」という。俄には結論を得がたいが、白川說がすぐれると思われる。
(18) 『大系』114葉、師毀殷。
(19) 『通釋』第47輯「西周史略」に「康宮王臣妾百工」を「神殿經濟的なもの」(166頁) とする。また籾山明「秦の隸屬身分とその起源—隸臣妾問題に寄せて—」(『史林』65卷6號) も西周期の臣妾に言及する。
(20) 谷口義介「西周時代の籍田儀禮」(『立命館文學』430～432號)。
(21) 白川靜『詩經研究・通論篇』(朋友書店、1981年)「農事詩の研究」314頁・331～332頁。
(22) 伊藤道治『中國古代王朝の形成』(前揭)「參有嗣考」。
(23) 例えば、陳夢家「西周銅器斷代」(二)(『考古學報』第10册) 19、令方彝。
(24) 白川靜「釋師」(『甲骨金文學論集』、朋友書店、1973年) 260～261頁。

(25)『通釋』第 24 輯 138、史頌𣪘。
(26)『通釋』第 9 輯 45、召圜器。
(27)伊藤道治「裘衞諸器考」(前掲誌)。
(28)例えば、『書道全集』(平凡社、1954 年) 第 1 卷、191 頁、散氏盤。
(29)「厥受圖矢王(厥の圖を授けるは矢王なり)」は、楊樹達『積微居金文說』卷一、散氏盤三跋に「或矢王授圖之倒文」という如く、厥字が主語に先行する動詞(動詞句)を導くものと考えられる。散氏盤(8)の「厥左執縷史正仲農(厥の縷を左執するは史正たる仲農なり)」のほか、永盂の「厥眔公出厥命井伯…(厥の公と厥の命を出すは井伯…なり)」や「厥率舊、厥疆宋句(厥の率(ひき)いるは舊なり、厥の疆するは宋句なり)」などもその例とすることができる。特に最後の一例は不明の句とされてきたのであるが、唐蘭『永盂銘文解釋』的一些補充―幷答讀者來信」(『文物』1972 年 第 11 期) に「分田的事、率領者是舊、定疆界的是宋句」と釋するのに從うべきである。土地の賜與に際しても疆界設定が行なわれることが知られる。
(30)『大系』129 葉、矢人盤。
(31)松丸道雄「西周青銅器製作の背景」(『西周青銅器とその國家』、東京大學出版會、1980 年) 115 頁。
(32)讓渡側の人間を「矢人有司」の語によって先ず總括するという說は、(一)讓渡側と受領側とが區別される書式で、片や「矢人有司…凡十又五夫」、片や「…凡散有司十夫」と總括の方法が異なるのは不自然であり、(二)受領側に「散人小子眉甸」という表現があり、これは「矢人有司眉甸」に對應したものと考えられ、(三)「凡散有司十夫」で總括される受領側に「𩁹人」・「散人」が同等の立場で竝記されており、讓渡側の「矢人」・「豆人」等も同樣であると考えられる、の三點をもって從い難い。
(33)盧連成・尹盛準「古矢國遺址、墓地調查記」(『文物』1982 年第 2 期)。
(34)五祀衞鼎に讓渡側の人間として「荊人敢」・「井人倡屖」が登場するが、彼らは「𢈔有司」と稱され、散氏盤の受領側「散有司」と稱される「𩁹人」等と同じ身分であり、讓渡側の「豆人」・「原人」等とは異なると考える。
(35)增淵龍夫『中國古代の社會と國家』(弘文堂、1960 年)「先秦時代の封建と郡縣」。
(36)『通釋』第 47 輯「西周史略」147 頁は、豆人・原人などの理解は本稿と異なるが、「この土地移讓は、いわばその總體的所有關係のままで上位所有權のみが移動するものと解される。」という。
(37)散氏盤(1)の「廼ち散に卽えるに田を用てす」の「田」は、「矢人有司眉甸」によって管理・經營される土地と、豆邑・原邑などを總體的に支配する土地の兩方を含んでおり、本稿にいう支配者の「屬僚」によって管理・經營される「田」とは異なる概念となる。これはおそらく、本文に引いた『春秋左氏傳』成公三年の棘邑を含む「汶陽田」に相當するもので、邑を包含するいわば廣義の「田」ともいうべきものと考えられる。しかし、五祀衞鼎「田四田」の如く「田若干田」と稱される「田」や、散氏盤「眉井邑田」・舀鼎「處厥邑、田厥田」の如く邑と對立して用いられる「田」が廣義の用法であるとは考え難く、これらは支配者の「屬僚」によって管理・經營されるいわば狹義の「田」として、廣義の「田」とは區別されるべきである。
(38)『通釋』第 23 輯 125、舀鼎。伊藤道治『中國古代王朝の形成』(前掲)「邑の構造とその支配」200～208 頁、など。
(39)西周時代の土地經營に異なる形態が存在したであろうことは、白川靜『詩經研究・通論篇』(前

掲）「農事詩の研究」334 頁、『通釋』第 46 輯「西周史略」49 頁、伊藤道治「裘衞諸器考」（前掲誌）54 頁、等に既に指摘されている。

(40) 『通釋』第 47 輯「西周史略」149 頁。

A STUDY OF LAND TRANSFER ON WESTERN ZHOU BRONZE INSCRIPTIONS

Bronze inscriptions of the Western Zhou dealing with land such as the various vessels by Qiu Wei 裘衞, Peng Sheng Gui 倗生簋, Da Gui 大簋, San Shi Pan 散氏盤, etc. are basically documents consisting of the date, the reason for land transfer, the boundaries of land, the establishment of them by the enfeoffing side, and the specific rituals and the casting of the vessel by the feoffee. These inscriptions show the whole organization of land transfer.

The structure of rulership and administration of the enfeoffed territory can be seen in the organization of the enfeoffing side, who undertook the establishment of the boundaries of land. For example, it is quite clear in the inscription on the Wu-si-Wei Ding 五祀衞鼎 that *tian* 田, the land, was under immediate administrative management of the enfeoffing side. On the other hand, according to the Jiu-nian-Wei Ding 九年衞鼎, it is obvious that *li* 里 was a land with a stratified structure of administration and rulership.

The land described in the inscription of San Shi Pan was a combination of these two types. The territory mentioned here, Mei-jing-yi-tian 眉井邑田, had possibly suffered a destruction of the cooperative management system of *yi* 邑 and gradually deteriorated to a *tian*

（『東洋史研究』第 43 卷第 1 號、1984 年 6 月）

松丸　道雄　著
西周後期社會にみえる變革の萌芽
―曶鼎銘解釋問題の初步的解決―
(『東アジア史における國家と農民：西嶋定生博士還暦記念』、
山川出版社、1984 年 11 月）

　曶鼎は曶への策命と曶の關わる二つの訴訟事件（松丸氏は百寽消滅事件・寇禾事件と名づけられる）を三段に分かって記す特異な銘文構成をとり、その二つの訴訟事件も他に類例を見ない特殊なものである。從って、本銘を考察の對象とする松丸氏の論考は、その特異な銘文構成をもたらす本器の製作事情の解明と、二つの訴訟事件の分析・復原という二重の課題を負うことになる。第一の課題、すなわち本器の製作事情の解明は、辨偽問題に關する研究を經て、氏が提唱されるに至った彝器の製作事情―製作主體と國家權力との關わり方―の解明という問題設定の延長上に位置づけうることは言を俟たない[1]。これに對し第二の課題、すなわち訴訟事件の分析・復原は、法制史研究としてその位置づけを求めうるであろう。本銘が法制史研究家の注目を集めていることは、本論文注(21)に言及される仁井田陞氏の研究によって知られるが、他に滋賀秀三氏が、本銘には直接言及しないものの、秦漢以降の「行政の一環としての裁判」とは異なった「自立的基盤を有する勢力と勢力との間」の「主張の爭いに對する裁定」の例として西周銅器を舉げられることも想起されるべきである[2]。
　本論文の構成にあっては、「はじめに」及び第三節「曶鼎銘から見た西周後期の社會、および曶鼎の製作事情」が第一の課題にあてられ、第一節「百寽消滅事件の顛末」及び第二節「寇禾事件の顛末」が第二の課題にあてられている。各節での考察は多岐にわたり、この場でそのすべてに言及することは困難であるので、ここでは主に第二の課題に對する松丸氏の考察（特に訴訟手續）を紹介し、併せて若干の私見を述べることで評者としての責をはたしたい。本銘を歷史研究家の史料として供することを金文學者の任務として強調される氏の考えを是とするからである。
　第一の訴訟事件、百寽消滅事件を氏は「曶側が五夫を被告匡に賣却後、代價の百寽が、匡から支拂われて曶に届けられる途中、仲介人の手を經ているうちに行方不明になってしまったことに發すると思われる係爭」と解釋される。氏が復原された訴訟手續は以下の如く整理しうるであろう。

　(1)原告（曶）の代理人（小子𣪘）による井叔への提訴
　(2)原告側證人（限）の證言
　(3)被告（匡）及び被告側證人（效父）の證言
　(4)井叔による判決及び事後處理
　(5)判決後に行なわれた原告と被告との私的な取り決め

この訴訟手續復原の中で特に注目されるのは、原文で「〔曶〕使厥小子䛌、以限訟于井叔」と書かれる部分の解釋である。從來、「甲以乙訟（告）于丙」という文例は、原告甲が被告乙を丙に訴える意であると解釋されてきたのであるが[3]、氏は「以」字が金文の用例にあっては「…をひきいて」「…とともに」の如き意味をもつこと、(4)(5)の手續に於て曶と䛌のみが登場すること等を根據として、「甲以乙」の乙は原告側證人であり、この部分を、原告曶（代理人小子䛌）は、原告側證人限とともに（限をひきいて）、井叔に訟（告）せり、と釋すべきと主張されるのである。以下の論證の紹介は割愛せざるを得ないが、結論としてこの訴訟事件は、「䛌が、農業奴隷を田地から切り離して、經濟的には下降しつつあった貴族層（曶─評者）よりこれを金錢をもって購おうとし」、それに對して「支配貴族の焦燥感が權力を後盾として惹き起した事件」として把握されるのである。
　第二の訴訟事件、寇禾事件は、匡に所屬する衆・臣二十夫が曶の禾十秭を盜んだことに端を發する事件である。その經過は氏に據れば以下の如く整理されるであろう。

(1)原告（曶）による東宮への提訴─原告側證人（匡季）をともなう。
(2)事實審理を目的とした、東宮による被告（匡）への犯人（衆・臣二十夫）提出命令
(3)被告（匡）による原告（曶）への「示談」提示
(4)「示談」內容を不滿とした原告（曶）による再提訴
(5)東宮による判決

ここに於ても、原文で「以匡季告東宮」と書かれる匡季を原告側證人と見做し、被告匡とは別人であると考えられるのである。そして「當然、一族と考えうる匡と匡季」が被告と原告側證人という對立する立場をとることから「舊來の族的結合が弛緩して崩壞過程に向かうとともに新しい經濟關係に基づく人的結合が形成されていく」當時の社會情況を讀みとられるのである。
　以上の紹介によっても明らかなように、「甲以乙訟（告）于丙」の解釋は、訴訟手續の復原のみならず、當時の社會構造の理解にとって重要な意味をもつものである。ここで曶鼎以外の訴訟記錄をもつ銘文を一瞥すれば、「甲以乙」の乙を被告と考えざるを得ないものが存在しており、氏も本論文注(11)でそのことに言及されている。氏はその全面的檢討を他日に期しておられるが、ここに若干の私見を述べておきたい。『春秋左氏傳』襄公十年に、周王の卿士王叔陳生と伯輿が政を爭い、晉の士匄の仲裁を仰ぐという事件がある。その際、

　　王叔之宰與伯輿之大夫瑕禽、坐獄於王庭、士匄聽之。（王叔の宰、伯輿の大夫瑕禽
　　と、獄に王庭に坐す。士匄之を聽く。）

と、兩者の代理人はともに王庭に出廷しており、當時の訴訟（杜注　獄訟也）にあっては、その主體（或は代理人）はともに出廷することを知りうるのである。この例をもってすれば、金文の「甲以乙訟（告）于丙」の乙が訴訟主體─被告─であることと、「以」字が「…をひきいて」「…とともに」の義をもつこととは、必ずしも矛盾するものではないと考え

られる[4]。「甲以乙訟（告）于丙」は、原告甲が被告乙をひきつれて、（乙とともに）丙に訴えでる、と解釋しえないであろうか。一案としてここに示しておきたい。

　松丸氏の多岐にわたる論考に對して、評者の力量不足故に、きわめてかたよった論文評となってしまった。また内容を十分に理解しえなかった點も多々あるのではないかと危惧している。氏の御海容を願う次第である。最後に、本論文を契機としてより活潑な議論が展開されんことを期待しつつ筆を擱きたい。

註
(1)「西周青銅器製作の背景」「西周青銅器中の諸侯製作器について」（『西周青銅器とその國家』所收）。
(2)「清朝時代の刑事裁判」（『清代中國の法と裁判』所收）87～89頁。
(3) 伊藤道治「西周時代の裁判制度について」（『三十周年記念論集神戸大學文學部』所收）等。
(4) 楊樹達『詞詮』卷九、與字條(11)介詞、用同「以」。

（『法制史研究』35卷、1986年3月）

圖版解說・釋文

噩叔簋

西周前期　高 18.5cm　口徑 18.1cm　上海博物館藏　拓本

　通高 18.5 センチ、西周前期に屬する四耳・方座の簋で、口沿部には圓渦夔紋、圈足には饕餮紋、方座には鳥紋をあしらっている。また、方座の內側には鈴が取り附けられており、搖すると音がする仕掛である。
　噩（鄂）の名は、殷の甲骨文に殷王の田獵地として見えており、さらに『史記』殷本紀には、紂王の時代に九侯・西伯昌（周文王）とともに鄂侯が三公に任じられたことが記されている。一方、西周金文には、噩季奞父簋・噩侯弟厤季卣・尊・噩侯簋・噩侯馭方鼎・禹鼎などの噩（鄂）關係器が知られている。噩侯簋には「噩侯作王姞媵毁」とあり、噩（鄂）が周王室と通婚の關係を持つ姞姓の國であったことがわかる。また、西周後期の禹鼎には、噩侯馭方が南淮夷・東夷を牽いて反亂を起こし、南國・東國を席捲したが、禹に牽いられた周の正規軍六師・八師などによって征討され、生け捕りにされたことが記されている。

〔釋文〕
噩（鄂）弔（叔）乍（作）／寶䵼彝
　　鄂叔　寶䵼彝を作る

〔參考文獻〕
「近年來上海市從廢銅中搶救出的重要文物」（『文物』1959 年 10 期）。『上海博物館藏青銅器』。『金文通釋』51 輯。

𣪘古方尊

西周前期　高 21.8cm　口徑 20.1cm　上海博物館藏　拓本

　口沿部が圓形、胴部及び圈足が方形の有肩尊。このいわゆる天圓地方の器形は西周前期に特有のものである。口沿部には蕉葉饕餮紋・鳥紋、胴部には饕餮紋、圈足には鳥紋が施され、器體四角の透かしのはいった羽狀の稜や、肩の四つの象形の犧首などの造形は、通高 21.8 センチという小型の器ながらも極めて優れたものである。
　本銘は、𣪘古が行旅用の器を作ったことを記す僅か 4 字の銘文であるが、𣪘關係の傳世品としては、ほかに𣪘甗（三代 5.6）・𣪘簋（三代 6.34）の 2 器の存在が知られている。𣪘の名は、殷の甲骨文に殷王の田獵地として見えており、『水經注』沁水條に郯の名が見える

ことから、現在の河南省修武縣附近であろうと考えられている。

〔釋文〕
嗀古/乍（作）旅
　　嗀古　旅を作る

〔參考文獻〕
『卜辭綜述』。『上海博物館藏青銅器』。『中國古青銅器選』。

魯司徒仲齊盤

西周中期　山東省曲阜縣魯國故城出土（1978）　　高 10.3cm　口徑 38.6cm　曲阜縣文物管理委員會藏　拓本

　1977 年より 1978 年にかけての魯國の都曲阜城の調査において、孔子廟の北、孔林神道西に位置する望父臺地區の 48 號墓より發見された。通高 10.3 センチの淺腹の盤で、盤の外壁に竊曲紋、圈足に垂鱗紋、盤の外底に菱形の格子紋が施されている。また、二つの把手の上には寢そべった牛が配され、盤の三足はしゃがんだ人物が盤を後ろ手で支える造形となっている。
　曲阜城內には西周前期より春秋・戰國時代に及ぶ墓葬が存在するが、これらの墓葬はその樣式・副葬品などによって甲組と乙組の二群に大別される。甲組は腰坑など殷的な樣式をもつのに對して、乙組は周が天下を統一する以前の陝西省の周人墓の樣式と共通している。魯の建國にあたって魯公に率いられた周人のほかに、現地人や殷人がその支配下に組み込まれたことは『春秋左氏傳』や『史記』に記されており、樣式を異にする二群の墓葬の存在はそれらの文獻史料に述べられたことを裏附けるものといえる。本器が發見された 48 號墓は乙組に屬する西周中期の墓葬で、本器を含めて 14 器の青銅禮器が埋葬されていたが、うち 7 器が魯の嗣徒である仲齊の作器にかかるものである。嗣徒とは土地・人民を司る高官であり、本器の作器者仲齊は魯宗室の成員であろうと推定されている。

〔釋文〕
魯嗣徒中（仲）齊/肇乍（作）般（盤）、其萬/年、永寶用言（享）
　　魯の嗣徒仲齊　肇めて盤を作る。それ萬年、永く寶として用い享せん。

〔參考文獻〕
『曲阜魯國故城』。

伯車父盨乙

西周後期　陝西省岐山縣賀家村出土（1973）　　高 10.2cm　口長 22.7cm　陝西省博物館藏

拓本

　1973 年、陝西省岐山縣賀家村の西周墓の墳土中より發見された。この墓はすでに盗掘をうけていたが、伯車父盨甲（銘文は「其萬年永寶用」とあり用字が多い）と熒有嗣耇鼎が伴出している。通高 10.2 センチ、口長 22.7 センチ、口幅 18.2 センチ、口沿部に重環紋、腹部に瓦紋を施した西周後期の盨で、腹中底部に 11 字の銘文が備わり、伯車父が行旅用の盨を作ることをいう。盨とは穀類を盛る容器である。

　本器の發見に先立つ 1960 年に、賀家村東 2 キロの扶風縣召陳村で西周期の窖藏から 19 器の青銅器が發見され、そのなかに散伯車父鼎 4 器、散車父簋 5 器、散車父壺・散氏車父壺各 1 器が含まれていた。本器の作器者である伯車父はこれらの器の作器者である散（伯・氏）車父と同一の人物であろうと考えられている。散氏は西周王朝の王畿に據點をもつ雄族で、散氏盤・散伯卣・散伯簋・散伯匜・散姫鼎・散季簋などの傳世器が知られている。特に散氏盤は矢から散への土地移讓を記した銘文をもち、當時の土地經營を考察するうえで極めて重要な史料となっている。

〔釋文〕
白（伯）車父乍（作）旅盨、/其萬年永寶
　伯車父旅盨を作る。それ萬年、永く寶とせん。

〔參考文獻〕「陝西岐山賀家村西周墓葬」（『考古』1976 年 1 期）。「扶風莊白大隊出土的一批西周銅器」（『文物』1972 年 6 期）。『陝西出土商周青銅器』1・3。『金文通釋』第 24 輯・48 輯。

衞簋

西周中期　陝西省岐山縣賀家村出土（1973）　高 15cm　口徑 21cm　陝西省博物館藏　拓本

　1973 年、陝西省岐山縣賀家村で發見された西周墓の副葬品である。この墓はすでに盗掘をうけていたが、伴出品には西周中期の庚嬴鼎のほかに、戈・矛の武器、さらに銜・鑣などの馬具があった。

　本器は犧首・珥をもつ兩耳の簋で、口沿部と圈足に雲雷饕餮紋をあしらっている。器形よりみて西周中期のもので、内底には衞が父庚を祀る彝器を作る旨を記した 7 字の銘文が備わっている。作器者の衞については、1975 年に賀家村より 1 キロほど離れた岐山縣董家村で發見された裘衞諸器（本書所收の衞簋・衞盉など）の作器者裘衞と同一人物である可能性がある。

〔釋文〕
衞乍（作）父庚/寶障彝

衛　父庚の寶障彝を作る。

〔參考文獻〕
「陝西岐山賀家村西周墓葬」（『考古』1976 年 1 期）。『陝西出土商周青銅器』1。

召卣

西周前期　高 22.6cm　口徑縱 9.9cm　橫 13.9cm　上海博物館藏　拓本

　通高 22.6 センチ、紋樣は無く、器蓋と提梁の兩端に犧首を配するのみである。器蓋にそれぞれ 7 行 46 字の銘文が備わっている。本器と同銘の尊が存在するが、陳夢家の「西周銅器斷代」によれば、ともに 1948 年に北京で見いだされ、1951 年に上海の文物管理委員會の所藏に歸した。現在は兩器とも上海博物館に所藏されている。
　銘文の大意は、召が伯懋父より神事に用いる白馬を賜り、その光榮を祖先に及ぼして、旅宮である團宮において用いる彝器を作る、というものである。作器者召は燕に封建された召公奭の子孫であろうと考えられ、召卣・召尊のほかに召圜器（三代 13.42）を殘している。銘文中の炎師は、西周前期の令簋にも見え、山東省郯城縣附近とする説があるが、必ずしも確定的ではない。また伯懋父の名は、小臣謎簋・小臣宅簋・師旂鼎・御正衛簋・呂行壺に見え、周初の東方遠征の總帥であったことが知られる。

〔釋文〕
唯九月、才（在）炎𠂤（師）、甲/午、白（伯）懋父賜（賜）䚘（召）/白馬每（敏）黃

髟散（微）、用/▨　　、不（丕）柸䚘（召）、多用追/于炎不（丕）替白（伯）懋父/啓、䚘（召）
萬年永/光、用乍（作）團宮𦅫（旅）彝
　これ九月、炎の師に在り。甲午、伯懋父　召に白馬の敏黃・髟微なるを賜う。用て▨
せよと。丕柸なる召多く用て炎に丕替なる伯懋父の啓を追う。召　萬年永光ならんことを。用て團宮の旅彝を作る。

〔參考文獻〕
『商周金文錄遺』277。陳夢家「西周銅器斷代」2（『考古學報』第 10 册）。『上海博物館藏青銅器』。『金文通釋』第 8 輯。

衛簋

西周中期　陝西省岐山縣董家村出土（1975）　高 23cm　口徑 22.6cm　岐山縣文化館藏　拓本

　1975 年、陝西省岐山縣董家村の銅器窖藏から、本器ならびに衛盉を含む裘衛關係器 4

器、さらに虢仲・公臣・此の關係器など 37 器に及ぶ靑銅器が出土した。

裘衞諸器は、五祀衞鼎に龏(共)王の名が見え、さらに五祀衞鼎・衞盉に井伯・榮伯・定伯ら西周中期の銘文に頻見する人物が登場することなどから、西周中期の器群と考えることができる。唐蘭は他の裘衞 3 器を共王期に斷代したうえで、本器の紀年「二十七年」を穆王の年代としている。本器は、器蓋それぞれに 7 行 73 字の銘文をもち、裘衞が王より禮服などを賜與され、その恩寵に對して忠誠を誓い、そのことを祖父を祀る彝器に記す旨が述べられている。

〔釋文〕

佳廿又(有)七年三月旣生霸戊/戌、王才(在)周、各(格)大室、卽立(位)、南/白(伯)入右裘衞入門、立中廷、/北鄉(嚮)、王乎(呼)內史、易(賜)衞䵼巿・朱黃(璜)・縊(鑾)、衞拜頴(稽)首、敢對𥎦(揚)/天子不(丕)顯休、用乍(作)朕文且(祖)/考寶𣪕、衞其子々孫々、永寶用

これ廿有七年三月旣生霸戊戌、王　周に在り。大室に格(いた)り、位に卽く。南伯入りて裘衞を右(たす)けて門に入り、中廷に立ちて北嚮す。王　內史を呼び、衞に䵼巿・朱璜・鑾を賜う。衞　拜して稽首し、敢えて天子の丕顯なる休を對揚し、用て朕が文祖考の寶𣪕を作る。衞はそれ子々孫々、永く寶として用いん。

〔參考文獻〕

「陝西省岐山縣董家村西周銅器窖穴發掘簡報」。唐蘭「陝西省岐山縣董家村新出西周重要銅器銘辭的譯文和注釋」(以上『文物』1976 年 5 期)。伊藤道治「裘衞諸器考」(『東洋史研究』第 37 卷第 1 號)。『金文通釋』第 49 輯。『陝西出土商周靑銅器』1。

衞盉

西周中期　陝西省岐山縣董家村出土 (1975)　高 29cm　口徑 20.2cm　拓本

前掲衞簋などとともに、陝西省岐山縣董家村の銅器窖藏から出土した裘衞諸器の一つである。通高 29 センチ、蓋沿と器頸部に菱紋をあしらい、蓋內に 12 行 132 字の銘文を備えている。盉とは鬱金の煮汁と酒を混ぜ合わせるための器であるが、盤と組み合わせて手を洗い淸める際にも使用された。本器の銘文に盤と書かれるのは、そのことに由來している。

銘文の大意は、矩伯の庶人が裘衞から玉器・禮服などを取り、その代償として田十田・田三田が裘衞に移讓されることになった。裘衞はそのことを周王朝の執政たちに報告して確認を求め、執政たちは役人を派遣してその移讓を確認させた。土地の移讓手續きの終了後、受領者裘衞の配下が移讓に關わった者に饗應を行ない、裘衞はその經過を父を祀る彝器に書き記す、というものである。同出の五祀衞鼎・九年衞鼎にも裘衞が關わった別の土地移讓の經緯が記されており、これらの銘文によって西周時代の土地經營の實際を知ることができるようになった。

〔釋文〕

隹三年三月既生霸壬寅、/王再旂于豐、矩白（伯）庶人取/菫（瑾）章（璋）于裘衞、才（財）八十朋、厥貯/其舍田十田、矩或（又）取赤虎（琥）/兩・麀韋兩・韋（賁）鞈一、才（財）廿朋、其/舍田三田、裘衞廼龏告于/白（伯）邑父・榮白（伯）・定白（伯）・䧹白（伯）・單/白（伯）、白（伯）邑父・榮白（伯）・定白（伯）・䧹白（伯）・單/白（伯）廼令（命）參有嗣、嗣土㪔（微）邑・嗣/馬單旟・嗣工邑人服、眔/受田燹・趞、衞小子㸃逆、/者其鄉（饗）、衞用乍（作）朕文考惠/孟寶般（盤）、衞其萬年、永寶用

　これ三年三月既生霸壬寅。王　旂を豐に再ぐ。矩伯の庶人　瑾璋を裘衞に取る。財は八十朋、厥の貯にそれ田十田を舍す。矩また赤琥兩・麀韋兩・賁鞈一を取る。財は廿朋、それ田三田を舍すと。裘衞廼ち伯邑父・榮伯・定伯・䧹伯・單伯に龏告す。伯邑父・榮伯・定伯・䧹伯・單伯廼ち參有嗣、嗣徒たる微邑・嗣馬たる單旟・嗣工たる邑人服に命ず。田を燹・趞に受くるに眔（およ）び、衞の小子たる㸃逆え、者其饗す。衞　用て朕が文考惠孟の寶盤を作る。衞は、それ萬年、永く寶として用いん。

〔參考文獻〕

伊藤道治「裘衞諸器考」（『東洋史研究』第 37 卷第 1 號）。『金文通釋』第 49 輯。趙光賢「從裘衞諸器銘看西周的土地交易」（『西周社會辨析』）。松井嘉德「西周土地移讓金文の一考察」（『東洋史研究』第 43 卷第 1 號）。

頌鼎

西周後期　高 30.8cm　口徑 32.8cm　上海博物館藏　拓本

　頌鼎には、同銘の 3 器の存在が知られているが、本書に收めるのは上海博物館に所藏されているものである。本器は通高 30.8 センチ、二弦紋をほどこした立耳獸足の鼎で、西周後期の器である。本器は 15 行 151 字の銘文を備えているが、他の同銘 2 器は銘文の行數がそれぞれ 16 行（三代 4.38、故宮博物院所藏）、14 行（三代 4.37）となっており、本器とは異なっている。

　銘文は、頌が成周におかれた貯（屯倉の類であろう）二十家の管理を命ぜられ、それに對して周王より禮服・車馬具などが賜與されることを記す、いわゆる策命金文である。（一）周王が太廟に親臨し、（二）受命者が右者に導かれて所定の位置につき、（三）王が命書を史官に代讀させ、（四）受命者に下賜品が與えられ、（五）受命者は拜首稽首して、これらを受け取って退出し、（六）再び入場して瑾璋を返納する、という當時の策命儀禮の次第が克明に記錄されている。作器者である頌は相當な勢力を持った人物であったらしく、鼎とほとんど同文の壺 2 器、簋 10 銘（器蓋そろったもの 2 器、他に 3 器 3 蓋銘）のほかに、史頌簋 8 銘・史頌鼎 2 器・史頌匜 1 器・史頌簠 1 器・史頌盤 1 器が傳わっている。

〔釋文〕

隹三年五月既死霸甲戌、/王才（在）周康邵宮、旦、王各（格）大/室、卽立（位）、宰弘右

頌入門、立/中廷、尹氏受（授）王令（命）書、王乎（呼）/史虢生、册令（命）頌、王曰、頌、令（命）/女（汝）官嗣成周貯廿家、監嗣/新寤（造）貯、用宮御、賜女（汝）玄衣/黹（黻）屯（純）・赤市・朱黄（衡）・䜌（鑾）旂・攸勒、/用事、頌拜𩒹（稽）首、受令（命）册、佩/㠯（以）出、反（返）入瑾（瑾）章（璋）、頌敢對𥛔（揚）/天子不（丕）顯魯休、用乍（作）朕皇/考龏弔（叔）・皇母龏姒寶䵼鼎、/用追孝、䧹（祈）匃康龢屯（純）右（佑）、通𤯌（祿）永令（命）、頌其萬年䁮（眉）壽、/畍臣天子、霝（靈）冬（終）、子子孫々、寶用

　これ三年五月既死霸甲戌。王　周の康邵宮に在り。旦に王　大室に格（いた）り、位に卽く。宰弘　頌を右（たす）けて門に入り、中廷に立つ。尹氏　王に命書を授く。王　史虢生を呼び、頌に册命せしむ。王曰く、頌よ、汝に命じて成周の貯廿家を官嗣し、新造の貯を監嗣せしむ。用て宮に御（もち）いよ。汝に玄衣黹純・赤市・朱衡・鑾旂・攸勒を賜う。用て事えよ、と。頌拜して稽首し、命册を受け、佩びて以て出で、瑾璋を返入す。頌敢えて天子の丕顯なる魯休を對揚し、用て朕が皇考龏叔・皇母龏姒の寶䵼鼎を作る。用て追孝し、康龢純祐、通祿永命ならんことを祈匃す。頌はそれ萬年眉壽にして、眅（なが）く天子に臣となり、靈終ならんことを。子々孫々、寶として用いん。

〔參考文獻〕
『兩周金文辭大系圖錄攷釋』。『上海博物館藏靑銅器』。『金文通釋』第 24 輯。

師寰簋

西周中晚期　高 27 cm　口徑 22.5 cm　上海博物館藏　拓本

　師寰簋には、清代の著名な收藏家である葉志詵（1779～1863）および潘祖蔭（1830～1890）の舊藏にかかる器蓋そろったものと、端方（1861～1911）舊藏の器だけのものの 2 器が知られている。本書に收めたのは、器蓋のそろった器で、現在は上海博物館に收藏されている。通高 27 センチ、蓋沿と器口沿に竊曲紋、胴部に瓦紋、圈足に垂鱗紋を施した兩耳三足の大型の簋である。器蓋にそれぞれ銘文を備えているが、器銘は 10 行 117 字、蓋銘は 10 行 113 字と若干の相違がある。釋文では器銘によって蓋銘の缺を補っておいた。
　文頭の「王若曰」は周王の命令を史官が代讀するもの。本來、淮夷は周王朝の賦貢の臣であったが、賦貢を拒否するにいたった。そこで師寰に齊巿・左右虎臣などを率い、淮夷の酋長冉らを征討することを命じたのである。淮夷が周王朝の賦貢の臣であったことは、兮甲盤（三代 17.20）にもみえている。師寰はこの命令を果しおえ、淮夷の士女羊牛吉金を俘獲し、後男（世子？）を祀る彝器を作ったのである。郭沫若は、師寰を『詩經』小雅の采芑篇に蠻荊を征討したとして謠われる方叔であろうと考えているが、金文にみえる人物を文獻史料中の人物に比定するのは愼重を要する。

〔釋文〕
王若曰、師寰叕（父）、淮尸（夷）繇我/員晦臣、今敢博厥衆叚、反〔厥〕工吏、/弗速（積）我東國（國）、今余肇令（命）女（汝）、達（率）〔齊〕巿・/曩𡙗・樊尿・左右虎臣、正（征）

淮尸（夷）、/卽賢（質）厥邦嘼（酋）、曰冉、曰𮎰、曰鈴、曰達、師袁虔不豕（墜）、夙夜卹厥牆/事、休旣又（有）工（功）、〔折〕首執嘯（訊）、無諆徒馭（馭）、/歐孚（俘）士女羊牛、孚（俘）吉金、今余弗叚/組、余用乍（作）朕後男鑪隙/殷、其萬年、孫々子々、永寶用言（享）

王若のごとく曰く、師袁父よ、淮夷はもと我が貫賄の臣なり。今敢えてその衆叚を博し、その工吏を反せしめ、我が東國に積あらざらしむ。今余肇めて汝に命じ、齊市・曩棽・僰尸・左右虎臣を率（ひき）いて、淮夷を征せしむ。卽きてその邦の酋、冉と曰い、𮎰と曰い、鈴と曰い、達と曰うを質（ただ）せ、と。師袁、虔しみて墜（おと）さず、夙夜その牆事を卹（つつし）み、休にして旣に功有り。折首執訊あり、無諆なる徒馭あり。士女羊牛を歐俘し、吉金を俘れり。今余、叚組せず。余用て朕が後男鑪の隙殷を作る。それ萬年、孫々子々、永く寶として用い享せよ。

〔參考文獻〕

『兩周金文辭大系圖錄攷釋』。『積微居金文說』。『上海博物館藏靑銅器』。『金文通釋』第29輯。

史墙盤

西周共王　陝西省扶風縣莊白家出土（1976）　　高16.2cm　口徑47.3cm　拓本

1976年、陝西省扶風縣莊白家の靑銅器窖藏より發見された。胴には垂冠分尾の鳥紋、圈足には竊曲紋をあしらい盤底に18行284字の銘文を備えている。

銘文の內容は、前半部分で周王朝の歷代の王、文王・武王・成王・康王・昭王・穆王・共王の事績を記し、後半部分で自身の一族の來歷を記すという、從來の金文史料には見られない貴重なものである。本銘によれば、史墙の高祖は微國に在ったが、武王が殷を滅ぼして天下を掌握するに及び、その子烈祖が武王に朝見服事して、周地に居處を賜った。その後、微氏は乙祖・亞祖祖辛・文考乙公と續き、史墙に至っている。銘文の內容から史墙はほぼ穆王・共王の時代の人物であろうと推定される。また本器が發見された窖藏からは、103器に及ぶ靑銅器がともに出土しているが、銘文中の稱謂や銘文末の圖象記號などによって、折（4器）・豐（6器）・墙（3器）・𤰈（41器）の關係器が一族の器群であると考えられている。このうち、𤰈は史墙の次代の人物であり、史墙は𤰈の器においては父丁（文考・皇考丁公）と呼ばれている。また折は史墙盤の亞祖祖辛（𤰈器では高祖・高祖辛公）、豐は史墙盤の文考乙公（𤰈器では皇祖・亞祖・文祖乙公）にそれぞれ比定されている。

〔釋文〕

曰古文王、初歖（𢇍）龢（和）于政、上帝降懿德、大甹（粵）、/匍（敷）有上下、迨（會）受萬邦、繇圉武王、遹征四方、/達（撻）殷畎（畯）民、永不巩（鞏）、狄（逖）虘亡（微）、伐尸（夷）童、寍（憲）聖/成王、ナ（左）右綬緐剛鯀、用肇（肇）敳（徹）周邦、𣃁（淵）悊（哲）/康王、兮尹啻（億）彊（疆）、宖（弘）魯邵（昭）王、庚（廣）敲（能）楚荊、隹/

穽（狩）南行、胾（祇）覭（顯）穆王、井（型）帥宇誨、䨲（申）宓（寧）天子、天子/虘㱃（續）文武長剌（烈）、天子眉（眉）無匄、䜌祁上下、亟/嶽逗（桓）慕、昊炤（炤）亡吴（斁）、上帝司夒、[字]（尤）保受（授）天子/綰（綰）令（命）、厚福、豐年、方䜌（蠻）亡不䁝見、青（靜）幽高/且（祖）、才（在）散（微）霝（靈）處、雩武王旣戈殷、散（微）史剌（烈）且（祖）、/廼來見武王、武王則（則）令周公舎圖（宇）于周、卑處、/甬（勇）叀（惠）乙祖、迷匹厥辟、遠猷㝬（腹）心子鳳、㱃（粦）/明亞且々（祖祖）辛、䵼毓（育）子孫、繁（繁）䘏多釐（釐）、㰋角㷉光、義其禋（禋）祀、舒屖（遲）文考乙公、遽（遽）趡（爽）早（得）屯（純）、/無諫䢉（農）啬（穡）、戉（歲）晉（稼）隹辟、孝叕（友）史墙、夙（夙）夜不㝈（墜）、其日蔑曆、墙弗敢取、對䇂（揚）天子不（丕）顯、休令、用乍（作）寶簠彝、剌（烈）且（祖）文考、弋㝠（貯）受（授）墙/爾䵼、福襃（懷）䘏祿（祿）、黃耆、彌生、龕事厥辟、其萬年、永寶用、

日古なる文王、初めて政に繄和せり。上帝　懿德を降して大いに㝬まり、上下を敷有し、萬邦を會せ受けしめたり。紹圄なる武王、四方を通征し、殷の畯民を撻ち、永く翦れあらざらしむ。虘・微を逑ざけ、夷童を伐ちたり。憲聖なる成王、左右は綴歸剛鯀にして、用て肇めて周邦を徹めたり。淵哲なる康王、分しみて億疆を尹めたり。弘魯なる昭王、廣く楚荊を能らげ、これ狩して南行せり。祗顯なる穆王、宇いなる　誨　に型り帥い、申ねて天子を寧んじたり。天子　虘しみて文武の長烈を纘ぎ、天子　眉にして　匄　無し。上下を䜌祁し、亟しみて桓いなる　慕　を獄め、昊炤にして斁く亡し。上帝は司夒し、尤に天子に綰命、厚福、豐年を保授し、方蠻も䁝見せざるなし。靜幽なる高祖、微の靈き處に在り。武王旣に殷に戈つに雩び、微の史たりし烈祖、廼ち來たりて武王に見ゆ。武王は則ち周公に令して宇を周に舍えて處らしめたり。勇惠なる乙祖、厥の辟を迷匹し、遠く猷りて腹心子鳳す。粦明なる亞祖祖辛、子孫を䵼育し、繁䘏多釐、㰋角㷉光にして、義く其れ禋祀せり。舒遲なる文考乙公、遽爽にして純を得、農穡に諫めらるること無く、歲ごとに稼を隹れ辟む。孝友なる史墻、夙夜も墜さず、それ日に蔑曆せらる、墻敢えて取らず、天子の丕顯なる休令を對揚し、用て寶簠彝を作る。烈祖文考、弋らず墻に爾䵼、福懷、䘏祿、黃耆、彌生を貯授し、厥の辟に事えるに龕しめられんことを。それ萬年、永く寶として用いん。

〔参考文献〕
「陝西扶風莊白一號西周青銅器窖藏發掘簡報」。唐蘭「略論西周微史家族窖藏銅器群的重要意義」。裘錫圭「史墻盤銘解釋」。李仲操「史墻盤銘文試釋」（以上、『文物』1978年3期）。徐中舒「西周墻盤銘文箋釋」。李學勤「論史墻盤及其意義」（以上、『考古學報』1978年2期）。劉啟益「微氏家族銅器與西周銅器斷代」（『考古』1978年5期）。『金文通釋』第50輯。黃然偉「西周史墻盤銘文釋義」（『池田末利博士古稀記念東洋學論集』）。于豪亮「墻盤銘文考釋」（『古文字研究』7）。『陝西出土商周青銅器』2。

（『中國書道全集　第1巻　殷・周・秦・漢』、平凡社、1988年10月）

泰山刻石・琅邪臺刻石譯注

泰山刻石

　　下線部は『史記』卷六秦始皇本紀によって補った。

<u>皇帝臨立</u>[1]、作制明<u>法</u>、<u>臣下脩飭</u>[2]、廿有六年、初幷<u>天下</u>[3]、<u>罔不賓服</u>[4]、窺訓遠黎[5]、登茲泰山[6]、<u>周覽東極</u>[7]、從臣思迹、本原事業、<u>祗誦功德</u>[8]、治道運行[9]、者產得宜[10]、<u>皆有法式</u>[11]、大義著明[12]、陲于後嗣、順承勿革、皇帝躬聽[13]、旣平天下、不懈於治、夙興夜寐[14]、建設長利[15]、（革）<u>專隆敎誨</u>[16]、訓經宣達[17]、遠近畢理、咸承聖志、貴賤分明、男女體順、愼遵<u>職事</u>[18]、昭隔內外[19]、靡不清淨、施于昆嗣[20]、化及無窮、遵奉遺詔、<u>永承重戒</u>、皇帝曰[21]、金石刻盡始皇帝<u>所爲也</u>、<u>今襲號</u>、而金石刻辭不稱始皇帝、其於久遠也、如後嗣爲之者、不稱成功<u>盛德</u>、丞相臣斯[22]、臣去疾[23]、御史大夫臣德[24]、昧死言、臣請具刻詔書金石刻、因明白矣、臣昧死請[25]、制曰、可[26]、

　皇帝は立に臨み、制を作り法を明かにし、臣下は脩め飭う。廿有六年、初めて天下を幷せ、賓服せざるもの罔し。窺ら遠黎を訓り、茲の泰山に登り、周く東極を覽る。從臣は迹を思い、事業を本原し、祗みて功德を誦す。治道は運行し、者產は宜しきを得、皆な法式有り。大義は著明にして、後嗣に垂れ、順承して革むる勿からしむ。皇帝躬ら聽にして、旣に天下を平らげ、治に懈らず、夙に興き夜に寐ね、長利を建設し、專ら敎誨を隆んにす。訓經宣達し、遠近畢く理まり、咸な聖志を承く。貴賤は分明にして、男女は體（禮）順し、愼んで職事に遵う。昭かに內外を隔て、清淨ならざるは靡く、昆嗣に施して、化は無窮に及ぶ。遺詔を遵奉し、永く承け重く戒めん。皇帝曰く、金石の刻は盡く始皇帝の爲りし所なり。今、號を襲ぐも金石の刻辭は始皇帝と稱せず。其の久遠に於けるや、後嗣の之を爲りし者の如くならん。成功の盛德を稱するにあらず、と。丞相臣斯、臣去疾、御史大夫臣德、昧死して言う。臣請う、具さに詔書を金石の刻に刻し、因りて明白にせん。臣昧死して請う、と。制して曰く、可なり、と。

　皇帝は位につかれるにあたって、制度を作り、法典を明らかにしたまい、臣下はこれを修め整えた。二十六年（前221）に初めて天下を併合し、服従しないものはなくなった。皇帝は親しく遠方の人民を巡幸され、この泰山に登り、あまねく東方のはてまでもご覽になる。附き從う臣下たちはその功績の迹を思い、事業の本源をたずね、つつしんでその功德を稱えまつる。天下を治める道は天地と運行をともにし、諸々の產物は宜しきを得て、すべて方式にかなっている。大義は明らかにして、後世に垂れ示され、承け順って改めることがないように。
　皇帝は御身自ら聰明にあらせられ、旣に天下を平定され、政治に怠ることなく、早朝に起きて深夜に床に就き、長久の利益を建て設け、專ら敎誨を盛んにしたまう。敎訓となる

べき常法は宣べ達せられ、遠近はことごとく治まり、皆な皇帝の聖志を承け體した。いまや貴賤の別は明らかとなり、男女は禮を守って亂れず、愼んで各々の職事に從っている。朝廷の内外を明確に區別して、清淨でないものはなく、後世の子孫に施して、皇帝の德化は無窮に及ぶ。後世の者は皇帝の遺詔を遵奉し、永久にこれを承けて重く戒めとすべきである。

　二世皇帝はいう、「金石の刻文はことごとく始皇帝の作られたものである。今、朕は皇帝の稱號をついだが、金石の刻辭は皇帝と刻むのみで始皇帝とは稱していない。後世になると後嗣の皇帝が作ったかの如く誤るであろう。始皇帝の成功の盛德を稱することにはならない」と。

　丞相の臣李斯、臣去疾、御史大夫の臣德らは、死を恐れずに申し上げた、「臣ら請い願いますに、ただいまの詔書をつぶさに金石に刻んで、この由を明らかにいたしたいと思います。臣ら死を恐れずに請い奉ります」と。二世皇帝は制可して、「よろしい」といわれた。

〔注釋〕
1　皇帝臨立　皇帝號の成立については、『史記』秦始皇本紀に「丞相綰、御史大夫劫、廷尉斯等皆曰、昔者五帝地方千里、其外侯服夷服、諸侯或朝或否、天子不能制。今陛下興義兵、誅殘賊、平定天下、海内爲郡縣、法令由一統。自上古以來未嘗有、五帝所不及。臣等謹與博士議曰、古有天皇、有地皇、有泰皇、泰皇最貴。臣等昧死上尊號、王爲泰皇。命爲制、令爲詔、天子自稱曰朕。王曰、去泰、著皇、采上古帝位號、號曰皇帝。他如議。制曰、可」とある。
2　臣下脩飭　脩飭はととのえおさめる。『易經』雜卦「則飭也」の注に「飭、整治也」とある。
3　廿有六年、初幷天下　秦王政（始皇帝）の二十六年、紀元前221年にあたる。『史記』秦始皇帝本紀に「二十六年、…秦使將軍王賁從燕南攻齊、得齊王建、秦初幷天下」とあり、齊を滅ぼして天下統一が完成した。なお、『史記』秦始皇本紀に引く泰山刻石（以下、『史記』泰山刻石）はこの紀年を「二十有六年」に作るが、『容齋隨筆』は、「諸銘毎稱年、皆當作廿字、卅字。太史公誤易之、或後人傳寫之訛耳。以諸銘皆四字一句也」と述べている。
4　罔不賓服　賓服は來り從うこと。『管子』小匡に「東夷西戎南蠻北狄中諸侯國、莫不賓服」とある。
5　覥翮遠黎　『史記』泰山刻石は「親巡遠方黎民」に作る。『史記』秦始皇本紀に「更名民曰黔首」とあるように、秦では民衆は黔首と呼ばれていた。從って、黎民の字句は適當ではなく、梁玉繩『史記志疑』は「案、始皇更名民曰黔首、故諸銘中皆稱黔首、不應泰山刻石忽言黎民。且銘皆四言、亦不應此獨六字爲句、疑有誤」と述べている。遠黎とは遠方の人民、『爾雅』釋詁下に「黎、衆也」とある。
6　登茲泰山　泰山は五嶽の一。岱山・岱宗・東嶽ともいう。五嶽の數え方については數説あるが、『爾雅』釋山によれば「泰山爲東嶽、華山爲西嶽、霍山爲南嶽、恆山爲北嶽、嵩高爲中嶽」となる。始皇帝は二度目の巡行（始皇帝二十八、紀元前219年）で泰山に至り、この地で封禪を行っている。その間の事情については、『史記』秦始皇本紀に、「二十八年、始皇東行郡縣、上鄒嶧山、立石、與魯諸儒生議、刻石頌秦德。議封禪望祭山川

之事。乃遂上泰山、立石、封、祠祀。下、風雨暴至、休於樹下、因封其樹爲五大夫。禪梁父、刻所立石」とある。

7 　周覽東極　東極は東方のはて。周覽の語は『史記』會稽刻石「親巡天下、周覽遠方」に見えている。

8 　從臣思迹、本原事業、祗誦功德　始皇帝の功績・功德の滅び去ることを恐れ、その事績を尋ね讚えて、記錄することをいう、功德とは功績と德業。類似の表現は、『史記』琅邪臺刻石「群臣相與誦皇帝功德、刻于金石、以爲表經」、之罘刻石「群臣誦功、請刻于石、表垂于常式」、會稽刻石「群臣誦功、本原事跡、追首高明」などに見える。

9 　治道運行　治道とは天下を治める道。『韓非子』詭使に「聖人之所以爲治道者三、一曰利、二曰威、三曰名。夫利者所以得民也。威者所以行令也。名者上下之所同道也」とある。

10 　者產得宜　『史記』琅邪臺刻石には「節事以時、諸產繁殖」の表現が見える。

11 　皆有法式　法式は形式・法度。『韓非子』主道「大不可量、深不可測、同合刑名、審驗法式、擅爲者誅、國乃無賊」とある。

12 　人義著明　『史記』泰山刻石は「大義休明」に作る。『爾雅』釋詁下に「休、美也」とあり、休明とは立派で明かなこと。大義とは優れた義、『呂氏春秋』分職に「湯武…天下稱大仁大義」とある。

13 　皇帝躬聽　『史記』泰山刻石は「皇帝躬聖」に作る。聽・聖兩字とも耳・壬に從っており、字形を誤ったものであろうが、ともに明察・聰明の意味がある。『戰國策』秦策「王何不聽乎」の正解に「聽猶察也」という。

14 　夙興夜寐　朝は早くから起き、夜は遅く寝て、激務に勵むこと。『詩經』小雅小宛に「夙興夜寐、毋忝爾所生」とある。

15 　建設長利　長利とは長久の利益。『韓非子』備內に「苦民以富貴人、起勢以藉人臣、非天下長利也」とある。

16 　專隆教誨　教誨とはおしえ。『詩經』小雅小宛に「教誨爾子、式穀似之」とある。

17 　訓經宣達　訓經とは教訓となるべき常法。『說文解字』三上に「訓、說教也」とある。

18 　貴賤分明、男女體順、慎遵職事　男女體順を『史記』泰山刻石は「男女禮順」に作る。『史記』琅邪臺刻石の「尊卑貴賤、不踰次行、姦邪不容、皆務貞良、細大盡力、莫敢怠荒」、『史記』碣石刻石の「男樂其疇、女修其業、事各有序」なども同樣の表現である。

19 　昭隔內外　『史記』集解に「徐廣曰、隔一作融」という。その場合は朝廷の內外を融和するという意味になるが、一應刻石拓本に從い、朝廷の內外を明確に區分する意味にとっておく。

20 　施于昆嗣　『史記』泰山刻石は「施于後嗣」に作る。昆は子孫、『釋名』釋親屬に「來孫之子曰昆孫。昆、貫也。恩情傳達、以禮貫連之耳」という。

21 　皇帝曰　この句以下は二世皇帝による刻石。その閒の事情について、『史記』秦始皇本紀に「二世與趙高謀曰、朕年少、初卽位、黔首未集附。先帝巡行郡縣、以示彊、威服海內。今晏然不巡行、卽見弱、毋以臣畜天下。春、二世東行郡縣、李斯從。到碣石、並海、南至會稽、而盡刻始皇所立刻石、石旁著大臣從者名、以章先帝成功盛德焉」とある。また、『史記』封禪書には「二世元年、東巡碣石、並海南、歷泰山、至會稽、皆禮祠之、而刻勒始皇所立石書旁、以章始皇之功德」とある。

22 　丞相　丞相は秦武王二年（前 309）にはじめて置かれた。天子を助けて萬機を統べる

官職、秦では左右の丞相が置かれていた。『漢書』百官公卿表上に「相國、丞相、皆秦官、金印紫綬、掌丞天子助理萬機、秦有左右」とある。卿斯は李斯、楚上蔡の人。秦の天下統一後、始皇帝・二世皇帝の左丞相として國政を擔當、文字の統一などの政策を實行した。本碑を含む刻石は李斯の筆になるものとされている。李斯は始皇帝の死に際して、二世皇帝胡亥の擁立に重要な役割を果たしたが、その二年に二世皇帝の怒りに觸れ、三族を誅滅する極刑に處せられた。『史記』卷八十七に列傳がある。

23 臣去疾　右丞相の去疾、『史記』集解によれば姓は馮。『史記』秦始皇本紀に「三十七年十月癸丑、始皇出游。左丞相斯從、右丞相去疾守」とある。二世皇帝の二年に李斯・馮劫とともに皇帝の怒りに觸れ、自殺した。

24 御史大夫臣德　御史大夫は副丞相の地位にあたる。『漢書』百官公卿表上に「御史大夫、秦官、位上卿、銀印青綬、掌副丞相」とある。臣德は二世刻石にその名が見えるのみで、如何なる人物か詳細はわからない。

25 昧死言　昧死とは蒙昧で死罪を犯すこと。上奏文の常套句として使用された。蔡邕『獨斷』に「漢承秦法、群臣上書言昧死言」とある。

26 制曰、可　皇帝の認可が與えられたことをいう。前引『史記』秦始皇本紀に「丞相綰、御史大夫劫、廷尉斯等皆曰、…臣等昧死上尊號、王爲泰皇。命爲制、令爲詔、天子自稱曰朕。王曰、去泰、著皇、采上古帝位號、號曰皇帝。他如議。制曰、可」とある。また、蔡邕『獨斷』には「詔書者、…下有司曰制、天子答之曰可」という。

琅邪臺刻石

刻文はほとんど失われているが、『史記』秦始皇本紀にその文が保存されている、下線部はそれによって補った。

<u>維二十八年、皇帝作始、端平法度、萬物之紀、以明人事、合同父子、聖智仁義、顯白道理、東撫東土、以省卒士、事已大畢、乃臨于海、皇帝之功、勸勞本事、上農除末、黔首是富、普天之下、摶心揖志、器械一量、同書文字、日月所照、舟輿所載、皆終其命、莫不得意、應時動事、是維皇帝、匡飭異俗、陵水經地、憂恤黔首、朝夕不懈、除疑定法、咸知所辟、方伯分職、諸治經易、舉錯必當、莫不如畫、皇帝之明、臨察四方、尊卑貴賤、不踰次行、姦邪不容、皆務貞良、細大盡力、莫敢怠荒、遠邇辟隱、專務肅莊、端直敦忠、事業有常、皇帝之德、存定四極、誅亂除害、興利致福、節事以時、諸產繁殖、黔首安寧、不用兵革、六親相保、終無寇賊、驩欣奉教、盡知法式、六合之內、皇帝之土、西涉流沙、南盡北戶、東有東海、北過大夏、人跡所至、無不臣者、功蓋五帝、澤及牛馬、莫不受德、各安其宇、</u>

<u>維秦王兼有天下、立名爲皇帝、乃撫東土、至于琅邪、列侯武城侯王離、列侯通武侯王賁、倫侯建成侯趙亥、倫侯昌武侯成、倫侯武信侯馮毋擇、丞相隗林、丞相王綰、卿李斯、卿王戊、五大夫趙嬰、五大夫楊樛從、與議於海上、曰、古之帝者、地不過千里、諸侯各守其封域、或朝或否、相侵暴亂、殘伐不止、猶刻金石、以自爲紀、古之五帝三王、知教不同、法度不明、假威鬼神、以欺遠方、實不稱名、故不久長、其身未歿、諸侯倍叛、法令不行、今皇帝幷一海內、以爲郡縣、天下和平、昭明宗廟、體道行德、尊號大成、群臣相與誦皇帝功</u>

德、刻于金石、以爲表經、
　五大夫…、五大夫楊樛、…皇帝曰、金石刻、盡始皇帝所爲也、今襲號而金石刻辭不稱始皇帝、其於久遠也、如後嗣爲之者、不稱成功盛德、丞相臣斯、臣去疾、御史大夫臣德、昧死言、臣請具刻詔書金石刻、因明白矣、臣昧死請、制曰、可。

　維れ二十八年、皇帝は始めを作し、法度を端平し、萬物これ紀まる。以て人事を明かにし、父子を合同し、聖智仁義ありて、道理を顯白す。東のかた東土を撫し、以て卒士を省み、事已に大いに畢り、乃ち海に臨む。皇帝の功、本事を勤勞し、農を上び末を除き、黔首これ富めり。普天の下、心を搏らにし志を揖め、器械は量を一にし、書の文字を同じくす。日月の照らす所、舟輿の載する所、皆な其の命を終え、意を得ざるは莫し。時に應じて事を動かすは、是れ維れ皇帝、異俗を匡飭し、水を陵り地を經たり。黔首を憂恤し、朝夕懈らず、疑を除き法を定め、咸な辟くる所を知る。方伯は職を分ち、諸治は經に易く、舉錯必ず當り、畫の如くならざるは莫し、皇帝の明は、四方を臨察し、尊卑貴賤は、次行を踰えず。姦邪は容れられず、皆な貞良を務め、細大力を盡し、敢えて怠り荒むことなし。遠邇辟隱、專ら肅莊を務め、端直敦忠にして、事業に常有り。皇帝の德は、四極を存定し、亂を誅して害を除き、利を興して福を致す。事を節するに時を以てし、諸產は繁殖し、黔首安寧にして、兵革を用いず。六親あい保んじ、終に寇賊無く、驩欣として教を奉じ、盡く法式を知る。六合の内は、皇帝の土、西は流沙を渉り、南は北戸を盡し、東は東海を有ち、北は大夏を過り、人迹の至る所、臣ならざる者無し。功は五帝を蓋い、澤は牛馬に及び、德を受けざるは莫く、各おの其の宇に安んず。
　維れ秦王天下を兼有し、名を立てて皇帝と爲り、乃ち東土を撫して、琅邪に至る。列侯武城侯王離、列侯通武侯王賁、倫侯建成侯趙亥、倫侯昌武侯成、倫侯武信侯馮毋擇、丞相隗林、丞相王綰、卿李斯、卿王戊、五大夫趙嬰、五大夫楊樛從い、ともに海の上に議して曰く、古の帝なる者は、地は千里に過ぎず。諸侯各の其の封域を守り、或は朝し或は否らず。相侵して暴亂し、殘伐は止まざれども、猶お金石に刻して、以て自ら紀と爲せり。古の五帝三王は、敎の同じからず、法度の明かならざるを知る。威を鬼神に假りて、以て遠方を欺き、實は名に稱わず、故に久長ならず。其の身未だ歿せざるに、諸侯は倍叛し、法令は行れず。今、皇帝は海内を幷一し、以て郡縣と爲し、天下は和平なり。宗廟を昭明にし、道を體し德を行い、尊號は大成す。群臣相い與に皇帝の功德を誦し、金石に刻し、以て表經と爲さん。
　五大夫…五大夫楊樛…（以下、泰山刻石に同じ）

　これ二十八年、秦王は初めて皇帝と稱され、法度を正し公平にして、萬物がよくおさまり、以て人事を明らかにして、父子を和親ならしめたまう。皇帝は聖智にして仁義あり、道義を明らかにされた。東のかた東郡を巡幸して、士卒を省視され、その事が大いに畢って、今ここ琅邪の海に臨まれる。皇帝の功績は、國の本たる農事に謹み苦勞し、農を尊んで商を除き、人民はここに豐かになった。天下の萬民は心をもっぱらにして志を一にし、すべての器械は度量衡を一にし、書は文字を同じくした。日月の照らすところ、舟車の通じるところ、皆な皇帝の命に從い、その意を體しないものはない。時宜に應じて事を處理されるのは、これ皇帝である。異民族の風俗を正し整えるため、水をわたり陸地を巡歷される。人民を憂えあわれんで、朝夕怠ることなく、疑わしきを處罰から除き、法令を定め

られたので、皆な避けるところを知って罪を犯さなくなった。地方長官は職務を分掌し、すべての政治は常に平明で、その行動は必ず當を得ており、整齊分明でないものはない。皇帝の明察は四方にあまねく、尊卑貴賤はそれぞれの分を踰えることはない。姦邪は世に容れられず、皆な貞良ならんことに務め、細大となく力を盡くして、敢えて怠りすさむことはない。遠近、僻遠の隱れた異民族さえ、もっぱら嚴肅莊重に務め、正直で忠誠なものも、事業には變わらぬ常道がある。皇帝の仁德は、四方のはてまでも安定させ、天下を亂すものを誅し、害をなすものを除き、天下に福利をもたらす。事物を調節するのに時宜を以てし、諸々の產物は繁殖し、人民は安寧にして、兵器を必要としない。一族は互いに助けあい、ついに寇賊の患(わざわい)もなく、よろこんで教えを奉じ、ことごとく方式を知る。天下の内はすべて皇帝の領土であり、西は流沙をこえ、南は北戸の地を盡くし、東は東海をたもち、北は大夏の國を過ぎ、人跡の至るところ、臣下でないものはない、皇帝の功業は五帝をおおい、恩澤は牛馬にまで及び、その惠德を受けないものはなく、おのおのその居に安んじている。

　そもそも秦王は天下を兼ね併せ、名を立てて皇帝となられたので、東郡を巡幸し、琅邪の地に至られた。列侯の武城侯王離、列侯の通武侯王賁、倫侯の建成侯趙亥、倫侯の昌武侯成、倫侯の武信侯馮毋擇、丞相の隗林（狀）、丞相の王綰、卿の李斯、卿の王戊、五大夫(ごだいふ)の趙嬰(ちょうえい)、五大夫の楊樛(ようきゆう)が附き從う。皆なともに海のほとりで議していう、「古の帝は、その地は千里にすぎない、諸侯は各々その封ぜられた地方を守って、あるものは入朝し、またあるものは入朝しなかった。互いに侵略しあって暴亂し、そこない伐つことをやめなかったが、それでもなお金石に刻んで、自らの德を紀則とした。古の五帝三王は、その教令が同じでなく、法度の明らかでないことを知り、鬼神の威をかりて、遠方を欺いた。その實は天下平定の名にそわず、それ故その治世は長久なものとはならなかった。その身がまだ歿しないまえに、諸侯は背き、法令は行われなくなった。今、皇帝は海内を平定して郡縣とされ、天下は平和となった。宗廟の威靈を明らかにし、道義を體して仁德を行われ、皇帝の尊號はここに實にかなって大成した」と、群臣はあいともに皇帝の功德を頌え、これを金石に刻んで、後世の儀表としようとするものである。

　五大夫…五大夫楊樛…

［注釋］
1　五大夫…五大夫楊樛　『史記』琅邪臺刻石の「五大夫趙嬰、五大夫楊樛」に相當する。五大夫とはいわゆる二十等爵の第九爵。『漢書』百官公卿表上に「爵、一級曰公士、二上造、三簪裊、四不更、五大夫、六官大夫、七公大夫、八公乘、九五大夫、十左庶長、十一右庶長、十二左更、十三中更、十四右更、十五少上造、十六大上造、十七駟車庶長、十八大庶長、十九關内侯、二十徹侯。皆秦制、以賞功勞」とある。
2　皇帝曰…　これより以下は二世皇帝の刻文。泰山刻石の注釋を參照。

（『書論』第 25 號、1989 年 7 月）

鄭の七穆
―春秋世族論の一環として―

はじめに
第1章　鄭七穆の成立
第2章　公位繼承問題と穆族（七穆）との關係
第3章　穆族（七穆）の存在意義
おわりに

はじめに

　「七穆」の語は『春秋左氏傳』（以下『左傳』）襄公二十六（前547）年に見えている。時の鄭伯簡公が子展（罕氏）をともない、齊侯とともに晉に赴いた際、叔向が子展を評して、「鄭の七穆、罕氏はそれ後に亡びん者なり、子展は儉にして壹なり」と述べた言葉がそれである。この七穆に施された杜預の注は、

> 鄭穆公の十一子、子然・二子孔の三族は已に亡び、子羽は卿とならず。故に唯だ七穆と言うのみ。

というものであるが、陸德明の『經典釋文』はこれをさらに敷衍し、穆公の子として公子去疾・公子喜・公子騑・公子發・公子嘉・公子偃・子豐・子印（公子舒）・子羽・子然・士子孔（公子志）の11人の名を擧げ、うち子然と二子孔（公子嘉と公子志）および子羽を除いた七人の家が七穆となったとするのである。

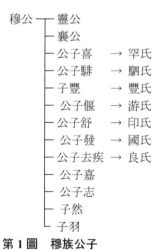

第1圖　穆族公子

　第1圖[(1)]に示したように、穆公の公子としては13人の存在が知られているが、そのうち靈公[(2)]（大子夷）と襄公（公子堅）は公位を繼承したために除外され、のこる11名のなかから、杜預や陸德明の說くように、子然・公子嘉・公子志・子羽の四族が除かれて七穆となる、というのが一般的な理解とすべきであろう[(3)]。

　この七穆は魯の三桓氏と並び稱されるように、諸侯公室に出自する春秋期の代表的な世族として知られている。その意味で七穆に言及する論考は多いけれども、その多くは個別的なケース・スタディーに終始し、とりわけ七穆構成員のなかで最も著名な子產の政治思想あるいは業績に關心が集中しているのである[(4)]。勿論これら諸業績の價値を認めないわけではないが、七穆を鄭國史のなかに構造的に位置

づけ、さらには春秋世族全體のなかで評價するという視點がこれらの業績には乏しいと感じざるをえない。本稿では東周史の全體的把握の一環として鄭の七穆を取りあげ、特にその成立に關する個別的な檢討を踏まえたうえで、春秋世族の問題の一端にせまってみたいと思う。

第1章　鄭七穆の成立

　顧棟高『春秋大事表』卷二十五「鄭執政」表には、『左傳』全記載年にわたっての鄭の執政者が記されている。そのうち穆公公子として最初に登場するのは、前600年から前583年まで「執政」の地位にあったとされる公子去疾で、そのあと公子喜（前582～570）・公子騑（前569～563）・公子嘉（前563～554）と穆公の公子が續き、更にその後に續く「執政」もすべて七穆出身の徒によって占められているのである[5]。この表によるならば、鄭の執政者はすでに前6世紀初頭の去疾「執政」から七穆によって獨占されたかのようであるが、實際にはこの表のように執政者を原則一人に限定し、それを時代順に配列するという方法には無理がある。たとえば、公子去疾の「執政」が前600（宣公九、以下特に斷らない限りは魯公の紀年）年にかけられるのは、この年に鄭が楚師を破り、喜ぶ國人をよそに去疾が一人國の先行きを案じた、という『左傳』宣公九年の記事に對應するのであろう。しかし、もとよりこの記事の内容から去疾を鄭の「執政」とみなすことができようはずがない[6]。さらに前「執政」公子歸生の死亡はその翌年のことと記録されるが（『左傳』宣公十）[7]、彼の死亡に先だって「執政」の地位交替があったことを示す記述をみいだすことはできない。また去疾が前597（宣公十二）年に楚への質となっているのも、彼を「執政」とするかぎり理解しづらい事件である。他の「執政」についても同じような問題點を指摘できるが、「鄭執政」表のもつ問題點は去疾の一例でもって充分に明らかになったものと思われる。要するに、「鄭執政」表は鄭政權の所在を大まかに知るには便なものではあろうが、それに依據して七穆の政權掌握過程を明らかにし得る性質のものではない。
　ここで改めて七穆の政權掌握過程をあとづける必要がある。以下、穆公の公子およびその子孫を穆族と呼ぶこととするが[8]、襄公（前604～587）期・悼公（前586～585）期に若干の穆族の名をみいだせるものの、穆族の主な活動期は成公（前584～571）期以降に集中している。以下には成公期以降の政治過程を辿ることによって、穆族の政權掌握および七穆の成立を述べることとする。

　前582（成公九）年、時の鄭伯成公が楚に二心をもったとして晉に拘留される事件が起こった。國君不在の異常事態のなか、新たに君主を立てるかのごとく振る舞って成公を取り戻そうとする公孫申（叔申）

```
襄公 ┬ 悼公 ┬ 僖公
     │      ├ 公子班 ─ 孫叔
     ├ 成公 ┤
     │      └ 子駟  ─ 孫知
     └ 公子繻
```
第2圖　襄族・成族

の計略に端を發し、ことはその翌年に成公の子公子班（子如）が成公の兄弟公子繻[9]を擁立する事態にまで發展した（第2圖參照）。
　まもなく公子繻は殺されて成公の太子髠頑（僖公）が立ち、公子班は許に出奔、さらに成公が歸國することで事態は一旦收束したが、前578（成公十三）年、鄭への歸還を圖っ

た公子班が穆族の公子舒・子羽を殺害したことで事態は再び惡化し、穆族の公子騑は國人を率いて公子班・子駹・孫叔・孫知を殺害するにいたった。第2圖に示したように、公子繻は襄族に、公子班・子駹・孫叔・孫知は成族に屬している。この抗爭は成公不在に端を發した公位繼承爭いとしての性格を有しているが、その一方で公子繻・公子班を中核とする襄族・成族と大子髡頑（僖公）を支持する穆族との間の權力抗爭としての性格をあわせもっていると評價することができるのである。

　前571（襄公二）年の成公の死亡記事に續いて、「子罕（公子喜）は國に當たり、子駟（公子騑）は政を爲し、子國（公子發）は司馬となる」という記述がみられることから、成公の殘りの治世は、襄族・成族の勢力を退けた穆族が政權を擔當していたものと考えられる。「當國」とは君事を攝行すること（同年杜預注）、あるいは權柄を掌握すること（同年『左氏會箋』）の謂である。成公を嗣いで鄭伯の位に就いたのは僖公（大子髡頑）であったが、前566（襄公七）年、この僖公は公子騑によって殺害され、その子簡公がわずか五歲で鄭伯の位を繼承することとなった。先君の弒殺、五歲の幼君の卽位にともない、政權は鄭伯を傀儡化した公子騑を中心とする穆族の手中に收められたものと考えられる。

　公子騑を中心とした穆族の政權掌握、さらには鄭伯の傀儡化は他の公子の反撥を招いた。前565（襄公八）年、「鄭の群公子」が公子騑を謀るが、逆に公子騑が子狐・子熙・子侯・子丁を殺害し、孫擊・孫惡が衞に出奔するという事件が起きている。孫擊・孫惡は子狐の子であるとされるものの（同年杜預注）、その子狐を始めとした「群公子」の系譜は定かではない。この事件は穆公の死亡（前606年）から數えても旣に40年以上隔たっており、ここにいう「群公子」とは穆公以降の襄公・悼公・成公・僖公に出自する公子達と考えるのが妥當であろう[10]。とすれば、この事件は先の穆族と襄族・成族との對立抗爭と同じく、穆族が自らと同じ原理によって誕生してくる襄族以降の公族勢力を打破し、政權を獨占的に掌握しようとする過程での事件とみなすことができる。ここにおいて穆族の政權掌握はほぼ完成したのであろう、「鄭の六卿」という表現が登場し、そこに公子騑・公子發・公子嘉・公孫輒（子耳、良氏）・公孫蠆（子蟜、游氏）・公孫舍之（子展、罕氏）の穆族が名を聯ねるのは、この事件の翌年前564年のことである[11]。

　以上、穆族の政權掌握過程をたどり、「鄭の六卿」に至ったのであるが、六卿の構成と七穆のそれとの間には若干のずれがある。すなわち七穆に含まれない公子嘉（孔氏）が六卿の一人として數えられる一方で、七穆に含まれる印氏・豐氏の二氏の名がみえないのである。七穆の成立にはなお穆族内部の權力抗爭を經なければならず、前563（襄公十）年のいわゆる西宮の難がその抗爭の開始となった。當時、鄭の政權は「當國」の公子騑・司馬の公子發・司空の子耳・司徒の公子嘉の手中にあったが、これに反撥した尉氏・司氏・侯氏・堵氏・子師氏の五族が「公子の徒」とともに公子騑・公子發・子耳を西宮で捕らえてこれを賊殺したのである。「公子の徒」とは『左傳』襄公十年の杜注に「（襄）八年に子駟（公子騑）の殺せしところの公子熙などの黨」とあるように穆族によって先に政權から排除された「群公子」の一派であり、尉氏をはじめとした五族は後に述べるように鄭の異姓大夫の家柄を中心としている。「群公子」および五族は穆族の政權掌握に對していわば最後の抵抗を試みたのである[12]。この内亂は穆族の子西（駟氏）・子產（國氏）・子蟜（游氏）によってまもなく鎭壓されたが、權力は政權中樞で唯一生き殘った公子嘉の手に歸すこととなり[13]、『左傳』襄公十九年には「鄭子孔（公子嘉）の政を爲すや專らなり、國人こ

れを患い、すなわち西宮の難と純門の師とを討ず」との記載がみられるのである。「純門の師」とは前555（襄公十八）年、鄭を攻撃した楚の令尹公子午と結んで公子嘉が「諸大夫を去らんと欲」した事件を指している。より一層の權力集中を圖った公子嘉の企て（杜預注「欲專權」）は子展・子西によって阻止され、その翌年、公子嘉は國人を率いた子展・子西によって殺されることとなるのである。またその際に、公子嘉に近かった子革（子然の子）・子良（公子志の子）も楚に出奔し[14]、子展が「國に當たり」、子西が「政を聽く」體制が成立した。ここに穆族のなかから孔氏（公子嘉）・然氏（子革）・大季氏（子良）が脱落し、七穆が成立することとなる[15]。「はじめに」冒頭で引用した叔向の「鄭の七穆」云々の語はこの結果を承けたもので、前547年すなわちこの事件の7年後に語られているのである。

　以上、鄭七穆の成立を辿ってきたが、それは鄭伯に出自する他の公族（及び異姓大夫）の排除を通しての穆族の政權掌握、そして穆族内部における權力淘汰の二段階を經て達成されたものと整理することができる。そしてこの整理をふまえたうえで我々は改めて次のように問わなければならない。すなわち、鄭の世族は何故に穆族でなければならないのか、という問いである。章を改めて鄭の政治史の中にこの問いを位置づけることにしよう。

第2章　公位繼承問題と穆族（七穆）との關係

　前605年の靈公弑殺をうけ、同じく穆公の子である公子堅が鄭伯の位に卽いた。襄公である。その卽位をめぐって『左傳』宣公四年には次のような説話が記録されている。

> 鄭人　子良を立てんとす。辭して曰く、賢を以てすれば、則ち去疾足らず。順を以てすれば、則ち公子堅長ぜり、と。すなわち襄公を立つ。襄公まさに穆氏を去りて子良を舍かんとす。子良可かずして曰く、穆氏よろしく存すべきは、則ち固より願いなり。もしまさにこれを亡ぼさんとせば、則ちまた皆な亡びん。去疾何をか爲さん、と。すなわちこれを舍き、皆な大夫と爲す。

これは穆氏（穆族）成立の端緒を記した有名な説話であるが、公子去疾（子良）が長幼の序に從って公子堅に鄭伯の位を譲ったこと[16]、同出の穆族を排除しようとした襄公を去疾が諫め、結果として穆族は皆な大夫となったこと、が去疾の賢人譚として語られているのである。本章ではこの襄公卽位をめぐる事件を鄭國の歴史のなかに位置づけ、穆族（七穆）の成立が公位繼承問題のなかで語られる意味を探ってみることにする。

　初代の鄭伯桓公の子としては第二代の鄭伯武公が知られるのみであるが、その武公には第三代鄭伯莊公とその同母弟共叔段の二子の存在が知られている[17]。母武姜の寵愛をうけた共叔段は、やがてその勢力を擴大して兄莊公に反旗を翻すことになった。『春秋』の冒頭に記された有名な事件、共叔段の亂である。紙幅の都合上、反亂の詳細に立ち入ることは避けるが、この事件の結末は『春秋』に「鄭伯　段に鄢に克つ」と記録され、『左傳』はこの事件について「『二君』の如し、故に克つと曰う」との解釋を施している。鄭伯およびその弟を「二君」にたとえるこの解釋は、鄭伯の地位が極めて不安定なものであった

こと、換言すれば、先代の鄭伯に同じく出自する兄弟の地位、權力は極めて接近したものであり、場合によっては公位繼承者の變更すら可能であったことを示唆しているかのようである。事實、武族に續く莊族そして文族において、公位繼承をめぐって激しい抗爭が繰り廣げられるのである。

```
莊公 ┬ 公子忽
     ├ 子亹
     ├ 鄭子
     ├ 公子突
     ├ 子人
     └ (七子)
```

第 3 圖　莊族公子

前 701（桓公十一）年の莊公の死をうけて始まった莊族（第 3 圖參照）の公位繼承抗爭は 20 年にも及び、その間「公位」は公子忽（昭公）・公子突（厲公）・昭公・子亹・鄭子・厲公へと移っていった。ここにその抗爭すべてをあとづけることはできないので、それぞれの「卽位」の事情を第 1 表として示すことにする[18]。

第 1 表　莊族公子の「卽位」事情

「鄭伯」	擁立者	擁立の事情	出典
公子忽（昭公）	祭仲	初、祭封人仲足有寵於莊公、莊公使爲卿。爲公娶鄧曼、生昭公、故祭仲立之。	桓十一
公子突（厲公）	祭仲	宋雍氏女於鄭莊公、曰雍姞、生厲公。雍氏宗、有寵於宋莊公、故誘祭仲而執之、曰、不立突、將死。亦執厲公而求賂焉。祭仲與宋人盟、以厲公歸而立之。	桓十一
昭公	？	厲公出奔…昭公入。	桓十五
子亹	高渠彌	初、鄭伯將以高渠彌爲卿。昭公惡之、固諫、不聽。昭公立、懼其殺己也、辛卯、弑昭公、而立公子亹。	桓十七
鄭子	祭仲	齊人殺子亹、而轘高渠彌。祭仲逆鄭子于陳而立之。	桓十八
厲公	傅瑕	鄭厲公自櫟侵鄭、及大陵、獲傅瑕。傅瑕曰、苟舍我、吾請納君。與之盟而赦之。六月甲子、傅瑕殺鄭子及其二子、而納厲公。	莊十四

時の「鄭伯」にとって多くの同出の公子の存在が脅威となり、その地位を危うくしていたことは明らかである[19]。しかし、鄭伯の地位を危うくした要因は單にそれだけにとどまるものではなく、莊族の公位繼承の經緯から更にいくつかの要因を指摘することができる。まず第一に列國の公位繼承への介入がある。公子忽（昭公）が卽位する以前、齊との婚姻を斷った話が『左傳』桓公十一年に記錄されているが、その際に祭仲は、

　　必ずこれを取れ。君に內寵多し、子に大援無くんば、まさに立たざらん。三公子
　　皆君なり。

と、これを諫めている。ここにいう「大援」とは、文脈からいって齊の支持を指しており、公位繼承に列國の影響があったことを示唆している。祭仲の言は「三公子」すなわち公子突・子亹・鄭子の卽位を先取りした言辭であり、その史料的價値をあまり高く見積もることはできないけれども、昭公に續く厲公の卽位に宋の意向が強く影響していること、さらに齊が子亹を殺害して鄭の公位繼承に介入していること[20]は第 1 表に示したとおりであり、鄭の公位繼承に列國の「大援」を含めた介入があったことは疑うべくもない。

公位繼承に關わる第二の原因としては、異姓大夫の關與を擧げることができる。昭公お

よび厲公の最初の卽位、さらに鄭子の卽位に關わった祭仲[21]は、「祭の封人」から鄭莊公の卿になったと傳えられる（『左傳』桓公十一）。厲公はこの祭仲の專制を打破せんとし、逆に都を追われる結果となるが（『左傳』桓公十五）、この事件は祭仲が强力な權力を保持し、公位繼承に決定的な影響力をもっていたことを示しているといえよう。また昭公を殺害し子亹を擁立した高渠彌についても、鄭莊公が彼を卿にしようとしたこと、昭公との關係が惡く、結果として昭公殺害に至ったことが記されている（『左傳』桓公十七）[22]。厲公復辟に關わった傅瑕を鄭の執政者とする記載はみあたらないが、異姓大夫が公位繼承に關與しえた點については先の二例と同樣である。

以上、鄭伯の地位を不安定なものとした二つの要因を指摘したが、この兩者は互いに別個の要因として機能していたものではない。宋の介入によって實現した厲公の最初の卽位が、具體的には祭仲への壓力によって實現したように、兩者は時に絡まりあいながら公位繼承に關わったのである。換言するならば、鄭伯の地位はその時々の國外・國內の政治狀況に搖さぶられるものであった。

なおここで鄭の「大子」についても觸れておく必要がある。莊公の死後、まず鄭伯の位についた公子忽は大子（『左傳』桓公六）とも世子（『春秋』桓公十五）とも記されている。大子の稱は『左傳』隱公元年に初見し、魯隱公についで卽位する桓公を指して使用されている[23]。そもそも隱公は幼少の異母兄弟桓公が卽位するまでの「つなぎ」として位にあったとされるように[24]、『左傳』において大子は公位の繼承者たるべき者の意で用いられているのである。また世子の稱について杜預は「大子之盛者」（『春秋』桓公十五）との注を施すが、要するに大子と同樣に公位の繼承豫定者の稱謂であることにかわりはない。『春秋』あるいは『左傳』の記述に從えば、公子忽は莊公についで鄭伯の位に卽くべきものとされていたと考えられる。彼が莊公の死後まず最初に鄭伯の位に卽いたのは、その大子の地位に由るものということができよう。從って、鄭にあっては旣にこの時期に「大子制」が成立していたということになるが、旣に述べたように大子（卽位のあとは鄭伯）の地位が現實には極めて不安定なものであったということは、この大子制が公位繼承を安定させる機能を未だ擔ってはおらず、實際には形式的なものであったにすぎないということを示している。

厲公に次ぐ文公の卽位（前672）の經緯は明らかではないが、その次世代の文族（第4圖參照）は再び公位繼承をめぐって大きく搖れ動いた。その間の事情を年表として示すと第2表のようになる。

```
文公 ┬ 大子華
     ├ 公子蘭
     ├ 子臧
     ├ 公子士
     ├ 公子瑕
     └ 子俞彌
```

第4圖　文族公子

第2表　文族諸公子をめぐる事件

年代	事件（及び出典）	春秋大事
前644	文公　大子華を殺害（僖公十六・宣公三） 子臧　宋に出奔？（僖公二十四）	
前643		齊桓公卒
前636	子臧　陳宋の閒に殺害さる（僖公二十四・宣公三）	周　王子帶亂 晉文公卽位
?	公子士　楚に朝聘し殺害さる（宣三）	
?	文公　群公子を追放（宣公三）	

	公子蘭　晉に出奔（僖公三十・宣公三）	
前632		城濮役、踐土盟
前630	公子蘭　大子となる（僖公三十・宣公三）	
前629	公子瑕　楚に出奔（僖公三十一）	
前628	文公卒（僖公三十二）	晉文公卒
前627	公子蘭（穆公）卽位 公子瑕　復鄭失敗（僖公三十三）	

　指摘すべき點は、文族の抗爭がほぼ文公の治世中に展開したことである。これには文公の治世（前672〜628）が長かったことも影響を與えているのではあろうが[25]、先の莊族での指摘を踏まえるならば、公位繼承問題への列國の介入が早くも文公の在位中に始まったためと考えられる。年表にも示したように、前643年の齊桓公死亡にともなう齊の霸者體制の崩壞から、前632年の踐土の盟における晉霸業確立に至る時期[26]は、鄭文族の公位繼承爭いの展開とほぼ重なりあっている。この間、鄭は晉・楚兩國の閒を搖れ動き、その政治的動搖は後繼者問題に直接の影響を與えた。公子蘭（穆公）の卽位に至る過程がそのことを最も端的に示している。『左傳』僖公三十（前630）年には、

　　初め鄭の公子蘭　晉に出奔し、晉侯に從いて鄭を伐つ。…鄭の石甲父・侯宣多、
　　逆えて以て大子と爲し、以て成ぎを晉に求む。晉人これを許す。

とあり、公子蘭の立大子ひいては鄭伯卽位が晉の軍事的介入によるものであったことが理解される。公子蘭立大子の翌年（前629）、公子瑕が楚に出奔する理由を『左傳』は「鄭の洩駕は公子瑕を惡み、鄭伯もまたこれを惡」んだからだと說明するが（僖公三十一）[27]、穆公が卽位した前627年に楚がこの公子瑕を鄭に送り込もうとしたのは、穆公を通して鄭に影響力を行使しえた晉に對する對抗手段であったと考えられる（『左傳』僖公三十一）。とすれば、楚が朝聘してきた公子士を毒殺したのも、やはり同じく晉・楚對立の文脈において理解することができるであろう[28]。

　文族の公位繼承には異姓大夫の影響も指摘できる。先に引用した『左傳』僖公三十年には公子蘭の立大子に石甲父・侯宣多の關與があったことが記されていた。この事件は『左傳』宣公三年にもみえ、そこでは更に孔將鉏の關與があったとの記載がみられる。文族諸公子と異姓大夫との關係は他にも指摘することができる。楚に出奔した公子瑕が洩駕に惡まれていたことはすでに記した。前644年に殺される大子華の場合をみてみると、前653（僖公七）年の甯母の盟において、彼は齊桓公に對して、

　　洩氏・孔氏・子人氏の三族、實に君命に違えり。君もしこれを去りて以て成ぎを
　　爲さば、我は鄭を以て內臣と爲らん。

との發言をしたと傳えられる。この發議は管仲によって阻止され、大子華はこのために鄭に罪を得ることとなったとされるが、ここに洩氏・孔氏・子人氏の三族と大子華との對立を讀みとることができるであろう[29]。以上に記した異姓大夫の事跡はあまり明らかではな

いが、彼らの動向が公位繼承に影響を與えていたことは確かである[30]。また大子位が不安定なものであったことも大子華の事例から知ることができる。その點は莊族の大子忽（昭公）と同樣であるが、大子華の場合は父鄭伯の在位中に誅殺され、代わって公子蘭が新たに大子とされたことが特徵的である。すでに述べたように公子瑕の出奔が父鄭伯の憎惡にかけられ、子臧の殺害も同じく父鄭伯の憎惡にかけられるように[31]、父鄭伯の意向——それは必ずしも個人的感情のレベルにとどまるものではない——が大子を含む諸公子の地位を左右することもありえたのである。

　穆公の死（前606）後、大子夷（『左傳』文公十七）が鄭伯の地位を嗣いだ[32]。靈公である。しかし靈公は早くも卽位の年に公子歸生・公子宋によって弒殺され（『左傳』宣公四）、その地位は同じく穆族に屬する襄公（公子堅）に引き繼がれた（第１圖參照）。本章冒頭に引用した『左傳』宣公四年の記事はこの事件にかけられ、そこにおいて穆族の成立が說明されていたのである。本章での議論を踏まえつつ、改めてその內容を檢討することにしよう。

　宣公四年の記事は、襄公が同出の穆族勢力を排除しようとしたこと、しかし結局は穆族は大夫となって殘ったこと、の二つの事件が公子去疾の賢人譚によって接續されたものであった。鄭伯（あるいは大子）の地位が同出の諸公子によって脅かされ不安定なものであったことは本章の議論から既に明らかであり、襄公が同出の穆族を排除しようとしたことは、その危險性が依然意識されていたことを示すものとして理解しやすい。一方、同出の諸公子が大夫とされることはこの文脈からは理解しづらい。去疾の賢人譚が用意される所以であろう。しかし、鄭伯（大子）の地位に異姓大夫が關わってきたという本章での記述を踏まえるならば、この問題は異姓大夫から同姓大夫へと政權の比重が移行していったことを示すものとみなしうる。異姓大夫の動向が鄭伯の地位を左右するものであり、兩者が個々の關係によって結合するものであるならば、逆に鄭伯の交代が異姓大夫層の變化を伴うことも充分豫想される。穆公の立大子および卽位に深く關わった侯宣多が穆公の三年（前625）に反亂をおこしたと傳えられるのは[33]、鄭伯の交代に伴う異姓大夫の運命に關して示唆的である[34]。まさにこのような異姓大夫の個別性・非聯續性を克服する一つの手段として、公室に出自する大夫層が要請されたのであろう。穆公期に重要な役割を果たす公子歸生と公子宋が靈公を弒殺した事件は、負の方向をもつものの、公子が政權中樞に關わった事件であり、その延長上に穆族の大夫化があるものと考えられる。第１章で論じたように、穆族（七穆）の政權掌握過程の第一段階は後出の（かつ同じ原理で出現してくる）公族、ならびに異姓大夫を排除することであった。穆族以降に出自を異にする公族勢力間の抗爭がみられるようになるのは、異姓大夫に代わって公室に出自する同姓大夫がまさにこの時期に政權の中樞に位置し始め、新たな權力抗爭を繰り廣げ始めたことを示すものに他ならない。

第３章　穆族（七穆）の存在意義

　周王室に出自する鄭は、王朝の卿士としての側面と外諸侯としての側面をあわせもつ國であった[35]。建國の祖桓公は司徒、つづく武公・莊公は王朝の卿士と傳えられ、鄭は東遷期および春秋初期における王朝の秩序回復にあって重要な役割を果している[36]。この王

朝の卿士としての機能は文公までまがりなりにも引き繼がれたものと思われるが[37]、その一方で鄭は外諸侯としての側面をより強め、經傳に記された鄭の事跡の多くは他の外諸侯と何ら相違するところがなくなりつつあった。『史記』十二諸侯年表に鄭が數え上げられるのも、そのような鄭の動向と無關係ではない。

　周王室の東遷に始まる東遷期、さらにそれに引き續く春秋期において、有力諸侯の疆域擴大が進展し、それが諸侯間の從屬關係・同盟關係を形成したことは吉本道雅氏が指摘するところである[38]。氏の關心は主に「霸者體制」の成立へと向かうが、この「國際的」狀況を一國の政治體制の問題として捉えるならば、疆域の擴大に關してはその支配方法が問題となるとともに、支配スタッフの人的供給源さらにはその政治的統合のあり方が課題となるであろう。一方の諸侯間の國際關係の成立については、自國の外交姿勢についての政治的意志決定のあり方が當面の課題となってたちあらわれてくる。この兩者は人的結合の結節點、意志決定の中核を必要とし、權力はその求心性を高めることとなるが、當該時期においてこの機能を擔い得るものは正統的（傳統的）權力の保持者としての公位繼承者以外にはありえない[39]。

　外諸侯としての性格を強めつつある鄭もまさにこのような一般的趨勢のなかにあり、その權力構造の變化もこの歷史的文脈のなかにおいて理解すべきである。例えば外交政策の決定についてみてみるならば、前655（僖公五）年の首止の會への鄭の不參加について、『左傳』はこれを、

　　王　周公をして鄭伯を召さしめて曰く、吾、女を撫みて以て楚に從わしめ、これ
　　を輔くるに晉をもってせん、以て少しく安かるべし、と。鄭伯　王命を喜ぶ。

の如く、これを鄭伯文公の判斷によるものと記している。また前612年の扈の會の後、鄭が楚との盟を受け入れるのも、「晉は與するに足らざるなり」との穆公の判斷によるものと記されている（『左傳』宣公元）。この二つの外交政策の例は、鄭伯が政策決定の中核に位置することを示している。穆族の權力掌握後、このような外交政策の決定が穆族にかけて記されている[40]ことを思えば、この時期に鄭伯權力が「集中」していたことを知り得るのである。さらに前571（襄公二）年の成公卒を契機として、それまでの外交政策を變更して楚から離れて晉に從おうとした諸大夫に對し、公子騑が「官命未だ改まらず」（杜預注「不欲違先君命」）とその動きを牽制しえたのも、實質的には穆族の政權掌握過程のなかにあっても依然鄭伯の命が最終的なものと認識されていたことを示している。

　このように權力が鄭伯に「集中」するのはその支配スタッフの問題とも關聯する。第2章で言及した文公期の異姓大夫についてみてみると、公子蘭（穆公）の立大子を支えた石甲父・侯宣多・孔將鉏の三人は、文公とともに王子帶の亂を避けて氾に居を遷していた周襄王に謁見し、その「官・具」を整えたと記錄されている（『左傳』僖公二十四）。穆族の政權掌握以降、聘禮などの儀禮において鄭伯に附き從う者が穆族の構成員に限定されることに比較すれば、この三人の異姓大夫は齊桓公における管仲、晉文公における趙衰・狐偃の如く、鄭文公と個別的關係を結ぶ「ブレーン」としてその政權を支えていたのではないかと考えられる。またこの三人とは別に、文公期の「爲政」としてさらに叔詹・堵叔・師叔といった異姓大夫の名も記錄されている（『左傳』僖公七）[41]。齊桓公・晉文公がこのよ

うな異姓大夫による「ブレーン」政治を展開し得たのは、兩者の卽位に先立つ國内での公位繼承抗爭の結果、いわゆる公子・公孫といった公室勢力を失っていたという歷史的前提によるものとされている[42]。鄭文公の場合についても、彼に先立つ莊族の抗爭の結果としてほぼ同樣の狀況を想定し得るものと思う[43]。過去の國君に出自する「某族」が政治的勢力を有していたことが『左傳』にしばしば言及されるが、このような「某族」勢力は權力の「集中」においては阻碍要因として機能するものであり、そのような勢力の存在を前提とした文公の「ブレーン」政治は權力の「集中」に對應する一つの形態として理解し得るのである[44]。

しかし、このような權力の「集中」は、その一方で公位繼承をめぐる抗爭を國家にとってより致命的な問題に押し上げる。公位繼承者およびその政治スタッフの交代は國家政策の拔本的變更を伴う可能性を祕めているのである。鄭の莊族・文族の抗爭に列國が介入したのも、公位繼承問題のもつこのような政治的意味を拔きにしては理解し得ない。大子制の存在は公位繼承に一定の秩序を與え、公位繼承をめぐる抗爭を回避する役割を擔っていたのであろう。しかし現實には、鄭莊公の大子として位を嗣いだ昭公がその地位を逐われ、文公の大子華が殺害されるなど、大子制は鄭において抗爭回避の機能を充分に果していたとはいいがたい。齊桓公の死後、大子昭を含めた諸公子の公位繼承抗爭がおこり、桓公の遺體が60日間も放置されたと傳えられるのは、大子制のみでは公位繼承をめぐる抗爭を完全に抑えきれなかったことを一層強烈に印象づけるのである[45]。

穆族（七穆）の成立に先立つ權力構造を以上のように理解できるとすれば、穆族の成立は公位繼承をめぐる抗爭を回避するという歷史的課題を負っていることになる。また權力の「集中」をもたらした諸要因—すなわち疆域の擴大と國際的從屬・同盟關係の形成—は依然機能しつづけるものである以上、穆族は權力の「集中」を何らかの形態で維持するという課題を同時に負わなければならないであろう。以下に穆族成立以降の鄭の歷史を辿り、これらの課題がいかに克服されていくのかを檢討することにする。

襄公の卒後、その子悼公が鄭伯の地位を嗣いだ。その卽位についての記錄は何ら殘されておらず、公位繼承抗爭の形跡を見いだすことはできない。穆公や靈公の例からすれば、大子として鄭伯の地位を嗣いだものと考えられる。しかし、その在位期間は短く（前586〜585）、鄭伯の地位は同じく襄公の公子である成公に引き繼がれ、前582年、この成公が晉に拘留されるという事件がおこる。それを機に穆族と襄族・成族の抗爭が公位繼承問題をからめつつ展開し、穆族による權力掌握がすすんでいったことは旣に第1章で述べた。その間注目すべきは成公の大子髠頑の動向で、公子繻の難のあと成公復位まで鄭伯に立てられたと記される（『左傳』成公十）一方で、成公復位後には再び大子として登場していることである（『左傳』成公十七）。これは大子髠頑の「卽位」が非常時の危機回避策として容認され、父公復位後の地位がそれによって否定されないこと、すなわち大子の地位が相對的に安定してきたことを示していると考えられる。この大子髠頑（僖公）は卽位後まもなく穆族の公子騑に殺害され、鄭伯の地位は時に五歲の簡公に引き繼がれた。明確な記載はないものの、わずか五歲の鄭伯の卽位を正當化しえたのは現實にはそれが穆族の權力掌握の手段であったとしても、先君の「大子」としての正當な公位繼承者としての地位以外には考えられない。簡公に續く定公・獻公・聲公の卽位はそれぞれ先君の次世代に公位が引き繼がれていったものである。彼らの卽位についての混亂を傳える記錄が全く存在して

いないのは、如上の議論を踏まえれば先君の大子として公位を繼承したためであったと想像される。大子の卽位は穆族の權力掌握と並行するかたちで常態化していったことになるが、大子位のみで公位繼承抗爭を阻止しえなかったことは既に逑べた通りである。公位繼承抗爭の終焉には、より本質的な要因があるはずである。

注目すべきは、僖公が公子騑に殺害されたあと、その子簡公の卽位に關して何ら抗爭の記錄がないことである。第1章で逑べたように、簡公卽位後の鄭の群公子の亂は「子騑（公子騑）を謀る」ものであり、公位繼承に關聯づけられてはいない。これは先君の殺害、追放がただちに新たな公位繼承抗爭に結びついた莊族とは際立った對照をなしている。もはや鄭の權力抗爭は鄭伯（あるいは大子）を軸として展開するのではなく、彼らを取り卷く勢力自體の權力抗爭となっているのである。穆族（七穆）の權力掌握過程が、他の公族の排斥、穆族內部の權力抗爭として展開したのは、その間の事情を端的に示している。鄭伯はその正統的地位ゆえに支配機構の中心に位置してはいるものの、その實、權力そのものからは遊離しつつあったのである。換言すれば、鄭伯に「集中」すべき權力は空洞化しつつあったといえよう[46]。鄭伯の地位が權力から實質的に遊離することは、その繼承抗爭を政治的にほとんど無價値なものとするであろう。大子制の常態化、公位繼承抗爭の終焉は、このようにして實現したものと考えられるのである。

權力抗爭に最終的に打ち勝った穆族（七穆）は、空洞化した權力を實質的に擔う存在であった。彼らの存在意義は文公の「ブレーン」に代表されるような大夫の個別性・非聯續性を克服する事にもあったが、彼らはその課題を穆族による繼續的權力掌握という方法で克服したのである。そしてこの穆族による繼續的權力掌握を實現するためには、彼らに遲れて登場してくる諸公族集團の排除は必要不可缺なものであった[47]。

おわりに

權力の「集中」を維持しつつも、同時に公位繼承抗爭に集約される個別的・非聯續的權力構造を克服する、鄭公室に出自する穆族（七穆）の果たした歷史的意義は以上のように要約することができるであろう。このことを鄭伯の側からみるならば、鄭伯は權力の空洞化によって權力構造から切り離されることになる。しかしそのことは鄭伯の地位を直ちに無意味化したのではなく、逆に權威の源泉としての機能が強調されることで、その地位を相對的に安定させることとなったのではないかと考える[48]。

鄭穆族（七穆）はこのように公位繼承者を取り卷くかたちで構築された權力を擔うものとして登場したのであるが、人的供給源の觀點からみれば、穆族（七穆）のように公室に出自する勢力のみがこのような權力の唯一の擔い手となるのではない。晉の世族のように、それは公室とは異姓の者であってもよかったのである。しかし、晉の異姓世族の場合、晉における公子・公孫の制度的排除がその歷史的前提となっていたことも同時に忘れてはならない。春秋期の世族について重要なことは、それが公室の同姓か異姓かということではなく、まさに世族という名の示すように、族的結合によって權力掌握が維持されていたということである[49]。權力の主要な部分が族的結合によって媒介されているところに當該時期の權力構造の特徵があり[50]、またそれは同時に限界として克服されるべきものとなるの

である。

註
(1) 常茂徠『増訂春秋世族源流考』鄭世系圖に從い作成した。以下の系譜も同樣。
(2) 最初は幽公と諡されたが、のち靈公に改められた。『左傳』宣公十「鄭子家卒。鄭人討幽公之亂、斲子家之棺、而逐其族。改葬幽公、諡之曰靈」。
(3) 『増訂春秋世族源流圖考』鄭世系圖もこの考えに從う。ただし、この說に異論がないわけではない。駱賓基「鄭之"七穆"考」(『文獻』第 21 輯揭載、北京、1985 年)は鄭七穆を、嫡系の大子夷(靈公)、庶系の長子公子堅(襄公)、庶族の賢者公子良、「同生」の罕氏・駟氏・豐氏の三兄弟、少妃所生の子貉(夏姬の同母兄)としている。しかし、公位繼承者を穆族に數えるなど、充分に說得力のある說とはなっていない。
(4) 宇都木章「鄭の七穆—子產の立場を中心として」(『中國古代史研究』第 3 所收、東京、昭和 53 年);山田利一『中國古代思想研究序說 子產の生涯と思想』(大阪、昭和 53 年)などが代表的なものである。
(5) 宇都木、註(4)前揭論文。
(6) 「鄭執政」表宣公九(鄭襄公五)年條には、「案是年子良始見傳、當是歸生已老、不任事、故明年歸生卒、而卽討其罪、是子良爲之也」との理解が示される。しかし、子良(去疾)の「始見」と歸生の「老」、及び子良の「執政」との閒にはいかなる論理的聯關も存在しない。
(7) 紙幅の關係上、以下の論考において史料の引用は最小限にとどめざるをえない。諸氏の御理解を乞う次第である。
(8) 「某族」が政治的壓力をもつ團體であったことは『左傳』にしばしば見えている。本論においても、この「族」を分析の單位とする。なお以下の文中にあって、襄公の公子およびその子孫を襄族、成公の公子およびその子孫を成族と呼ぶのも、同樣の稱謂法である。
(9) 『史記』鄭世家には成公の庶兄とある。
(10) 『左傳』昭公二十八に「是鄭穆少妃姚子之子、子貉之妹也。子貉早死、無後」との記述がある。杜預・『春秋會要』卷一世系・『増訂春秋世族源流圖考』鄭世系圖等に從い、本論ではこの子貉を靈公と考える。從って靈族は存在しないことになる。なお悼族・僖族についての記事も存在しないが、一應候補として擧げておくことにする。
(11) これ以降、鄭伯子弟の名を目にすることはほとんどなくなる。このことは穆族の政權掌握過程と並行するかたちで、國政の擔い手さらには世族の供給源としての鄭伯子弟の役割が終焉したことを物語っているといえよう。
(12) 『左傳』襄公十には、內亂の原因について「初、子駟與尉止有爭、將禦諸侯之師、而黜其車。尉止獲、又與之爭。子駟抑尉止曰、爾車非禮也。逐弗使獻。初、子駟爲田洫、司氏・堵氏・侯氏・子師氏皆喪田焉。故五族聚群不逞之人、因公子之徒以作亂」と說明される。
(13) 『左傳』襄公十に「子孔知之、故不死」とある。宇都木、註(4)前揭論文が指摘するように、公子嘉はあらかじめこの內亂に關係し、それを利用して子駟などの勢力を一掃しようとした可能性がある。とまれこの「西宮の難」は結果的に「子孔當國」の狀況を生みだした。
(14) 『左傳』襄公十九「子然・子孔、宋子之子也。士子孔、圭嬀之子也。圭嬀之班亞宋子、而相親也、二子孔亦相親也。僖之四年、子然卒。簡之元年、士子孔卒。司徒孔實相子革・子良之室、三室如一、故及於難。子革・子良出奔楚」。

(15) 子羽は前578年の公子班の亂に際して死亡しており、その後の羽氏はほとんど文獻に姿をみせない。
(16) 『史記』鄭世家に「堅者、靈公庶弟、去疾之兄也」とある。ただし集解の徐廣が引く十二諸侯年表には「靈公庶兄」とあったという。
(17) 鄭國初期の政治史については、松井嘉徳「周王子弟の封建―鄭の始封・東遷をめぐって」(『史林』第72卷第4號掲載、京都、平成元年) 參照。
(18) 『左傳』と『史記』の記載には說話傳承を異にすると思われる相違點が認められるが、表では一應『左傳』の記載に從うことにし、『史記』の記載は必要に應じて注記するにとどめる。
(19) 『左傳』莊公十四には、厲公を擁立した傅瑕の「莊公之子猶有八人、若皆以官爵行賂勸貳而可以濟事、君其若之何」という言葉が記錄され、同出兄弟の存在が脅威であったことが述べられている。
(20) 『史記』鄭世家には齊が子亹を殺害した理由として、「子亹自齊襄公爲公子之時、嘗會鬬、相仇。…子亹至、不謝齊侯、齊侯怒、遂伏甲而殺子亹」との說話が記載されている。
(21) 『史記』鄭世家には「厲公出居邊邑櫟、祭仲迎昭公忽」と記され、昭公復辟にも祭仲が關わったとする。
(22) 『史記』鄭世家には「渠彌與昭公出獵、射殺昭公於野」との說話が記錄されている。
(23) 『左傳』隱公元「冬十月庚申、改葬惠公。公弗臨、故不書。惠公之薨也、有宋師、大子少、葬故有闕、是以改葬」。杜預注に「以桓(公)爲大子、故隱公讓而不敢爲喪主。隱攝君政、故據隱而言」とある。
(24) 『左傳』隱公に「生桓公而惠公薨、是以隱公立而奉之(桓公)」とある。
(25) ちなみに、莊公は前743から701年まで鄭伯の位にあり、治世の長さからすれば文公と大差無い。從って、治世の長さは公子の後繼爭いの時期を決定する主要な要因ではない。
(26) この間の事情については、吉本道雅「春秋齊霸考」(『史林』第73卷第2號掲載、京都、平成2年) 參照。
(27) 『左傳』宣公三にも「洩駕惡瑕、文公亦惡之、故不立也」と同樣の記述がある。
(28) 『左傳』宣公三「(文公) 又娶于江、生公子士。朝于楚、楚人酖之、及葉而死」。この事件が何年のことかは明示されないが、前636(僖公二十四)年に公子士の名が見えており、それよりは後の事件となる。ここでは一應、踐土の盟による晉の霸業確立以前の楚・晉對立の文脈の中に位置づけておく。
(29) 洩氏・孔氏・子人氏のうち、子人氏は嚴密には莊公公子の子人に出自する公族であるが、さほど重要な役割を擔ってはおらず、ここではとりたてて區別しない。
(30) いま假定的にこれら異姓大夫を一つにまとめ、それに對する諸公子の立場を左側に支持、右側に對立として示すと次のようになる。

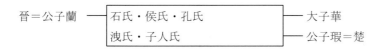

大子の位が大子華から公子蘭に移ること、公子蘭と公子瑕が敵對する晉・楚についたことは、この圖に整合的である。また楚に毒殺された公子士は洩氏と軍事行動をともにしており(『左傳』僖公二十・二十四)、そのことを支持關係にあるものとみなすならば、公子士は諸大夫の左側す

なわち楚とは對立する側に位置することとなり、楚の行動を説明することができる。

(31)『左傳』僖公二十四「鄭子華之弟子臧出奔宋、好聚鷸冠。鄭伯聞而惡之、使盜誘之。八月、盜殺之于陳・宋之間」。

(32)『左傳』文公十七には、子家（公子歸生）の言として「寡君之嫡夷」との表現も見える。

(33)『左傳』文公十七「鄭子家使執訊而與之書、以告趙宣子、曰、寡君卽位三年、召蔡侯而與之事君。九月、蔡侯入于敝邑以行。敝邑以侯宣多之難、寡君是以不得與蔡侯偕。十一月、克滅侯宣多、而隨蔡侯以朝于執事」。

(34)吉本、註(26)前揭論文にも「國君交代が大夫交代の契機となった」ことが指摘されている（99頁）。

(35)松井、註(17)前揭論文參照。

(36)吉本道雅「周室東遷考」（『東洋學報』第71卷第3・4號揭載、東京、平成2年）、および吉本、註(26)前揭論文參照。

(37)王子帶の亂に際して襄王が鄭の氾に難を逃れるのは、鄭の王卿士としての機能に由來するものと考えられる。松井嘉德「周王朝の王畿について」（『古史春秋』第6號揭載、京都、平成元年）を參照。また『左傳』僖公二十八「丁未、獻楚俘于王、駟介百乘、徒兵千。鄭伯傅王、用平禮也」の鄭伯文公について、楊伯峻『春秋左傳注』は「傅、相也。當行獻俘禮時、鄭文公周襄王之上相、亦猶周平王之於晉文侯仇、以鄭武公爲相。…鄭武公所以傅平王者、時武公爲平王卿士也。今鄭文公所以傅襄王者、以晉文命其各復舊職也」との解釋を施している。

(38)吉本、註(26)前揭論文、および註(36)前揭論文。

(39)春秋初期にあって、國君交代が政情の轉機となり、個別的な同盟關係が、さらに諸侯間の人格的な關係によって維持されていた、とする吉本、註(26)前揭論文の指摘もここで想起すべきである。

(40)初期の例としては前565（襄公八）年に楚が鄭に侵攻した際に「子駟・子國・子耳欲從楚、子孔・子蟜・子展欲待晉」とあり、前564（襄公九）年に楚と同盟する際には「子孔・子蟜曰、與大國（晉）盟、口血未乾而背之、可乎。子駟・子展曰、吾盟固云、唯彊是從、今楚師至、晉不我救、則楚彊矣。…背之、可也。乃及楚平」とある。

(41)『史記』鄭世家は叔詹を「文公之弟」とし、常茂徠『增訂春秋世族源流圖考』鄭世系圖はこれに從っている。しかし、梁玉繩『史記志疑』卷二十三に「詹爲文公弟、未聞」とあるように、この說は確實なものではない。ここでは杜預『春秋釋例』卷八世族譜鄭條などに從い、叔詹を「雜人」としておく。

(42)小野澤精一「晉の文公說話にみられる霸者の性格について」（『東京大學敎養學部人文科學群紀要』46 國文學漢文學13 揭載、東京、昭和43年；同「齊の桓公說話の思想史的考察—特に桓公政權成立過程における管仲との結びつきをめぐって」（『創立百周年記念二松學舍大學論集中國文學篇』揭載、東京、昭和52年）。兩論文とも『中國古代說話の思想史的考察』（東京、昭和57年）に所收。

(43)鄭は西周最末期の「封建」にかかる國であり、公族勢力の蓄積が少なかったことも一因となるであろう。

(44)異姓大夫の個別的「ブレーン」化だけが、當該期の權力「集中」に對應する唯一の形態ではないであろう。a：宇都木章「魯の三桓氏の成立について（一）」（『中國古代史研究』第4所收、東京、昭和51年）、およびb：同「魯の三桓氏の成立について（二）」『中國古代史研究』第5所收、

東京、昭和57年）が述べるところの三桓氏成立以前の魯の「公室政治」もまた、時の魯公の「家族」（公の兄弟たる公子・從祖兄弟たる公孫。宇都木、註(44)a 前掲論文、232 頁）による政治體制である以上、時の魯公にとっては個別的な存在である。また安倍道子「楚の王位繼承法と靈王・平王期」（『史學』第57巻第1號掲載、東京、昭和62年）によれば、楚では郟敖期の王子圍まで、子囊の例外を除いて、すべて楚子の一世代上の者が令尹になっている。この場合も國君の一世代上の公室構成員という意味において、やはり個別的である。

(45) 『左傳』僖公十七、また『說苑』權謀篇「齊桓公死六十日、蟲出於戶而不收」。

(46) 簡公以後の鄭伯については會盟参加などの記事が主だったものとなり、國家の重要な政策決定などはすべて子產を代表とする七穆にかけられて記錄されているのである。鄭伯個人の政治的決定力はもはや重要視されず、彼らは政治的に無力化し、「鄭伯」として記號化されているにすぎない。

(47) 宇都木、註(44)b 前掲論文によれば、魯三桓氏の確立過程において、文公・宣公期には公子・公孫が桓族・莊族にほぼ限定されること、莊族との對抗のなかから三桓氏が最終的に權力を掌握するにいたること、が指摘されている。鄭穆族（七穆）の政權掌握過程とのあいだに一定の類似を認めることができるであろう。

(48) 安倍、註(44)前掲論文には、楚靈王・平王期に王位の子への繼承の常態化、令尹との同世代化によって、「同世代の公子達の序列化」がすすむなかで、「王の地位は最も上に固定化・特殊化され、さらにやがては神格化の相さえ帶びるようになる」との指摘がある。本稿との關聯において興味深い。

(49) 晉の六卿體制が「擬制的宗法的秩序」に裏づけられたものであることは、花房卓爾「春秋時代・晉の軍制―三軍の人事構成」（『廣島大學文學部紀要』第38巻（2）掲載、廣島、昭和53年）、および「春秋時代・晉の軍事組織―三軍の人事規定」（『廣島大學文學部紀要』第39巻掲載、廣島、昭和54年）が指摘している。また齊における田氏が、その權力掌握過程にあって族的結合を強固に維持していたことは、太田幸男「齊の田氏について―春秋末期における邑制國家體制崩壞の一側面」（『歷史學研究』第350號掲載、東京、昭和44年）、および「田齊の成立―齊の田氏について・その二」（『中國古代史研究』第4所收、東京、昭和51年）が指摘している。

(50) 穆族構成員が司馬・司空・司徒などの「官制」上の地位を占めていたことは事實であるが、「當國」「爲政」などの「官制」とはさしあたり無關係な地位がより重要であったことも事實である。當該期の權力構造において、「官制」上の地位は二義的な意味しか有していなかったということができるであろう。

THE QIMU 七穆 MINISTERS IN THE STATE ZHENG 鄭: A MINISTERIAL FAMILY UNDER THE LATER ZHOU 周 DYNASTY

In this paper, the author discusses the establishment of the Qimu ministers in the state of Zheng and their historical significance as the ministerial family of a clan under the Later Zhou Dynasty. The following is the summary of my study:

1. The process of the establishment of the Qimu ministers was divided into two phases: First, the Mu family came into power by excluding other Lords' families, ministers and senior

officials, and then the family members began to vie among themselves for power.

2. In the early ages of the Later Zhou Dynasty territorial expansion by the various Lords, and subordinated or allied relations among them resulted in the centralization of power by the Lord of the state of Zheng. This turned state politics into private business, and also made the succession to the throne a fatal political problem.

3. In the early ages of the Later Zhou Dynasty the throne of the state of Zheng was unstable because of the intervention from the successive Lords' families, ministers and senior officials, and the Lords of other states. The Qimu ministers who were from the families of the Lords of the state of Zheng were known as a threat to the throne. However, by holding power exclusively and continuously, the Mu family overcame the uneasy relations with the Lords of the state of Zheng, the ministers and the senior officials, and Lords of the other states. This established the historical functions which made the state of Zheng relatively stable in politics.

(『古代文化』第44巻第1號、1992年1月）

邑人考

一

　西周金文にみえる「邑」についてのまとまった研究として、伊藤道治氏の「甲骨文・金文に見える邑」[1]を擧げることに異論は少ないであろう。氏はその論考において西周金文にみえる「邑」の用例を、[1]「多くの場合『邑人』という語で使用される」固有名詞としての「邑」、[2]「新たに洛邑に建設された成周城をさすと考えられ」る「新邑」、[3]鄙に所在した「小聚落」としての普通名詞の「邑」の三つに分類された[2]。このうち[2]の「新邑」と[3]普通名詞としての「邑」は、その規模に違いはあるとしても、いずれも人の居住する都城聚落を意味しており、いわゆる邑の一般的な理解に近いものといえる。一方、主に「邑人」の語で使用される[1]の「邑」について、伊藤氏はこれを「特定の地名」と考え、併せて『逸周書』に邑考なる人物が登場することを指摘された。しかし、後に述べるように、この「邑人」についての解釋には、伊藤氏の見解を含めて多くの異說があり、なお一層の檢討が必要であると思われる。また筆者自身もかつてこの「邑人」に言及したことがあるが[3]、その際には「邑人」についての見解を提示しえず、いわば將來の課題として保留したという經緯もある。本稿は、筆者自身の課題という意味も含めて、この「邑人」の意味内容の解明を目指すものである。

二

　本稿での議論を始めるにあたって、まず「邑人」に關する銘文を示しておく[4]。

(1) 永盂：（盆）公廼命奠嗣士函父・周人嗣工𤔲・亞史師氏邑人奎父・畢人師同、付永厥田。（1969、孫 6293）

(2) 五祀衛鼎：（井伯・伯邑父・定伯・𤕫伯・伯俗父）廼令參有嗣：嗣土邑人趞・嗣馬頵人邦・嗣工陶矩、内史友寺䝨、帥履裘衛厲田四田。（1975、孫 1215）

(3) 詢簋：今余令汝啻官嗣邑人先虎臣、後庸：西門夷・京夷・𩁹夷、師等側新：□華夷・由□夷・𢊋人、成周走亞：戍秦人・降人・服夷。賜…（1959、孫 2612）

(4) 三年衛盉：伯邑父・榮伯・定伯・𤕫伯・單伯廼令參有嗣：嗣土微邑・嗣馬單𣄴・嗣工邑人服。（1975、孫 4070）

(5) 此鼎・簋：王呼史翏、册令此曰、旅邑人善夫。賜…（1975、孫 1202-04・2595-2602）

(6) 師𤸫簋：先王既令汝、今余唯䌛先王令、令汝官嗣邑人師氏。賜…（1963、孫 2577-78）

(7) 師晨鼎：王呼作册尹、册令師晨、足師俗父、嗣［邑］人隹小臣善夫守□官犬眔奠人善夫官守友。賜…（孫 1201）[5]

- 67 -

(8) 師酉簋：王呼史牆、册令師酉、嗣乃祖啻官邑人虎臣・西門夷・𥝨夷・秦夷・
京夷・卑身夷・新。賜…（孫 2582-85）

　さて「邑人」についての諸見解のうち、最初に檢討・批判すべきは「邑人」を一種の官名とする考えである。「邑人」を獨立した語彙と見做す考えは(7)師晨鼎を著錄する『吉金文錄』（1933 年）や『雙劍誃吉金文選』（1933 年）に既にみえているが[6]、その「邑人」を明確に官名と主張するに至ったのは、陳夢家『殷虛卜辭綜述』（1956 年）第 9 章「政治區域」（324 頁）[7]での研究を承けた楊寬「論西周金文中"六𠂤""八𠂤"和鄉遂制度的關係」（『考古』1964-8）[8]においてであった。いま楊氏の見解を要約するならば、(7)師晨鼎銘において師晨が嗣るべく命令された對象を、「眔」字で結合される二つの部分に分け、

　　邑人雈小臣善夫守□官犬
　　奠人　　　善夫官守友

との對應關係から、「邑人」を「奠人」と同じ範疇に屬する語彙と考える。さらに、陳氏の所說に從って「奠人」を「甸人」すなわち『周禮』の遂人に相當する官職と見做すことで、同樣に「邑人」も『周禮』の鄉大夫に相當する官職であるとの結論を導いているのである。しかし、この「邑人」官名說の前提となる陳氏の「奠人」＝「甸人」說についていえば、金文史料にみえるすべての「奠」字を檢證した場合、(7)師晨鼎銘の「奠」字のみを「甸」と解釋しなければならない必然性を見いだすことはできない[9]。「邑人」官名說は、その主たる論理的根據を失っているといわざるをえないであろう。さらに、近年發見された―從って陳・楊兩氏の檢討の對象とはならなかった―(1)永盂・(2)五祀衛鼎・(4)三年衛盉各銘においては、「邑人」の上にさらに嗣土・嗣工などの官名[10]が冠されており、「邑人」を官名とした場合には官名が重複するという新たな問題を生むことになる。張亞初・劉雨『西周金文官制研究』（1986 年）が、楊氏の「邑人」官名說を支持しながらも、(2)五祀衛鼎・(4)三年衛盉にみえる「邑人」を「城邑之人」と解釋せざるを得なかった理由もここにある。

　ところで張・劉兩氏が採らざるを得なかった「城邑之人」との解釋は、實は「邑人」官名說とは別の有力な見解として以前から主張されていたものであった。この場合、「邑人」はとりあえずは「邑」に所屬する、あるいは「邑」に出自する「人」を示す語彙として理解されてきたのである。筆者自身もこの點に關しては異論がないが、その場合この「邑」が如何なる實態を指しているのかという點については、なお檢討の餘地が殘されているように思うのである。いま「邑」の實態に關する諸家の見解を擧げてみるならば、先に紹介した特定地名とする伊藤說の他に、王室直領地[11]、王の直領地「豐苑」[12]、周邑・王邑・周王宮室[13]などの見解が提示されている。「邑」を王朝に所屬（あるいは直屬）する土地と考える點については諸家一致するが、その實態に關してはそれぞれに微妙なニュアンスの差があるといわざるを得ない。この點に關して、章を改めて筆者自身の見解を示すこととする。

三

　改めて前章で引用した銘文をみるとき、「邑人」という語には、[1]「某（父）」という人名が續く用法（(1)(2)(4)）と、[2]人名以外の語彙が續く用法（(3)(5)(6)(7)(8)）の二通りの用法が存在することに氣づく。以下にはこの二通りの用法の存在を手がかりに、「邑人」ひいては「邑」の實態に迫っていきたいと思う。

　まず[1]の人名が續く用法について、(1)(2)(4)の各銘において「邑人某（父）」と對應關係をもつ人名を拔き出してみると、

　(1)永盂：邑人奎父―畢人師同[14]
　(2)五祀衛鼎：邑人趞―顏人邦・陶矩
　(4)三年衛盉：邑人服―微邑・單旟

との結果を得ることができる。「某人」という表現をとる以上、「邑」が畢あるいは顏と同じ範疇に屬する語彙であることは認めざるを得ない。畢あるいは顏が特定の地名（固有名詞）であるならば、「邑」もやはり特定の地名であろうとする伊藤氏の見解は、まさにこの點を主要な根據としているのである[15]。しかしここで強調しておくべきは、「邑人」が畢人・顏人と對應關係をもつということは、「邑」が畢・顏と同じく固有名詞であるということを必ずしも意味しないということである。この對應關係からさしあたり確認できることは、「邑人」なる語が畢人・顏人と同樣に、いわば固有名詞的あるいは特定的に人名「某（父）」にかかっているという事實だけである[16]。

　次いで「邑人某（父）」の「邑人」の如く、人名「某（父）」にかかる語彙を西周金文中より拾いだしてみると、士・大史・大師・大祝・小子・小臣・內史（友・尹・尹氏）・史・嗣土（嗣徒）・嗣馬・嗣工・吏・臣・走馬・邦君・作册（尹）・牧・師・宰・有嗣・御正・御史・善夫・虞などの語彙を得ることができる[17]。これらの語彙のうちには、嗣土・嗣馬・嗣工のような官名が含まれるとともに、その一方で、「血緣的主從關係」を表す「稱號的稱謂」と考えられる小子[18]のような身分的稱謂も含まれている。當時の權力が官系統と血緣關係を含む身分體系とによって媒介されていたように[19]、人名「某（父）」の地位も官名あるいは身分的稱謂によって表現されていたと考えるべきである。そして先の議論で「邑人」官名說を否定した以上、「邑人」は一種の身分を示す語彙として理解されなければならないであろう。

　次いで「邑人」の第2の用法に目を轉じ、「邑人」に續く語彙として現れる善夫（(5)）・師氏（(6)）・虎臣（(8)）について考えてみることにする。まず師氏・虎臣が當時の軍旅の構成單位であったことは、たとえば㽙簋「㽙遂有嗣・師氏奔追、御戎于𣪘林、博戎𢦏」（孫2613）や㽙鼎「王用肇使乃子㽙、遂虎臣御淮戎」（孫1206）の銘文から明らかである。これら師氏あるいは虎臣の語には、今みたように單獨で使用される場合のほか、左右師氏[元年師旋簋（孫2572）・成周師氏[彔㽙卣]・左右虎臣[師袁簋（孫2603）・師克盨（孫2855-54）]・前虎臣[(3)詢簋]のように、「左右」「前」あるいは「成周」といった語が冠せられる場合がある。「左右」の語は、師氏・虎臣のほかに走馬に冠される用例があり[20]、まさに軍旅

編成上での左・右を示す語彙であると考えられる。「前」も同樣の語彙であることは說明を要しないであろう。また「成周」が地名であることはいうまでもないが、成周師氏と熟した場合には成周走亞［(3)詢簋］・成周八師［臣壺（孫 5294）］と同じく、成周の地に駐屯する（あるいは成周の居民によって構成される）師氏を示しており、やはり軍旅編成に關する語彙であると考えられる。ここに至って、「邑人」も軍旅構成に關する語彙として師氏・虎臣にかかっているのではないかとの推測が可能になるが、その一方で「邑人」が師氏・虎臣などと竝記される一種の身分的集團である可能性が依然殘っていることも認めざるを得ない[21]。(5)此鼎（簋）にみえる「邑人善夫」の語についても、「邑人」を善夫にかかる語とする考えと、善夫と竝記されたものとみる考えがあり[22]、師氏・虎臣の場合と同樣に二つの解釋の可能性の間を搖れ動いているのである。

　いま、この「邑人善夫」と同樣に、「某人」＋官名の構成をとる語彙を前章の銘文より檢索してみると、(1)永盂「周人嗣工」と(7)師農鼎「奠人善夫」の2例を得ることができる。このうち「奠人善夫」は「邑人善夫」と同樣に二通りの解釋の可能性をはらんでいるが、一方の「周人嗣工」についていえば、①永盂銘において「周人」を嗣工と竝記される獨立した語彙と見做すことはできない。「周人」の語は官名嗣工にかかり、その職掌範圍を限定する語彙として理解しなければならないのである[23]。そしてこの「周人嗣工」なる官名の存在を踏まえるならば、「邑人善夫」の「邑人」も膳夫の職掌範圍を示す語として理解すべきであろうと考えられる。「邑人」は一種の身分的集團として善夫の職掌範圍を示しているのであり、師氏・虎臣などの軍旅關係語彙の前に置かれる場合には、その出自・所屬などを示す語彙として機能する、というのが筆者の現在の考えである[24]。

四

　『說文解字』は邑字について「邑、國也」との說解を施している。この場合の「國」が城垣に圍まれた都城を意味していることはいうまでもないが、城垣と人の坐した姿からなるとされる「邑」もやはり同じ意味内容をもつ文字なのである。一方、金文史料にみえる國（ないし或）字には都城という意味はなく、專ら一定の領域を指す概念として使用されており、文獻史料の「國」とは直接的に結びつかない。白川靜氏が「邑・國は古今の稱である」と指摘したように[25]、文獻史料の「國」に對應する金文は「邑」であり、その限りにおいて「邑人」は「國人」なのである[26]。

　春秋期の國人を分析した吉本道雅氏によれば[27]、國人とは「國」以外の「疆域」の成員と區別される「國」の成員であり、身分的な兵役（さらには軍賦）の負擔者であったとされる[28]。既に述べたように、西周期の「邑人」は一種の身分を示す語彙であり、師氏・虎臣などの軍旅に冠されてその出自・所屬を示す機能をもっていた。「邑人」について知りえることはわずかにこれだけであるが、逆にこのわずかな知識は「邑人」を春秋期の國人に相當する語彙と考えることを支持してもいるのである。そしてさらに、春秋期の國人が「國」以外の「疆域」の成員との區別を前提とした語であったことを踏まえるならば、「邑人」が畢人・頌人など王朝の領域内の都城聚落名を冠した語彙と同樣の機能を擔うことの意味も自ずと明らかになる。「邑人」の具體的な内容は不明とせざるをえないが、少なく

とも「邑人」とは王朝の「國」の居民（あるいはその一部）に重なる語彙であり、從って固有名詞的あるいは特定的に人名にかかることができるのである。

　與えられた紙幅も盡きた。西周期の「邑」に關しては、他に「五邑」の問題など論ずべき課題もあるが、その點に關しては稿を改めたいと思う。

註
(1)『研究』第33號（神戸大學文學會1964年）、のち「邑の構造とその支配」として『中國古代王朝の形成』（1975年）に再録。
(2)『中國古代王朝の形成』185頁。
(3)拙稿「西周期鄭（奠）の考察」（『史林』69卷4號、1986年）。
(4)本文での引用は必要最小限にとどめ、各銘文の後に發見年、孫稚雛『金文著錄簡目』（1981年）の編號を附しておいた。なお各器の斷代については、諸家必ずしも一致しないが、ここでは一應、林巳奈夫『殷周時代青銅器の研究』（1984年）の斷代を參照して各銘文を配列した。
(5)師晨鼎銘の［邑］字は上部の口のみを殘し、『兩周金文辭大系圖録攷釋』あるいは『金文通釋』などはこれを邑字には釋さないが、ここでは一應これを「邑人」關係金文として取り扱う。
(6)『吉金文錄』1.22 師晨鼎條は「足師俗、嗣邑人惟小臣善夫守□官虎」の「惟」を「與也」と訓じる。また『雙劍誃吉金文選』下1.15 師晨鼎條は「正師俗嗣邑人、唯小臣善夫守□官犬、眔鄭人善夫官守友」との句讀を施している。
(7)陳夢家『西周銅器斷代』6（『考古學報』1956-4）93 師晨鼎には「邑奠猶城郊」との指摘がある。
(8)楊寛『古史新探』（1965年）「試論西周春秋閒的鄉遂制度和社會結構」第3章「西周時代的"六自""八自"和鄉遂制度的關係」も同様の内容である。
(9)拙稿「西周期鄭（奠）の考察」（前掲）において「奠」に關する金文史料を網羅的に示したが、「奠」はすべて地名（國名）の鄭として理解できる。また『金文通釋』師晨鼎（125）には「金文には別に旬の字があり、奠を旬に假借して用いる例はない」との指摘がある。
(10)吉本道雅「西周冊命金文考」（『史林』74卷5號、1991年）に指摘するように、嗣土・嗣馬・嗣工は參有嗣を構成し、かつその職掌を水平的に分割している。その意味において、これらを一應「官僚」と認めてよいであろう。
(11)『金文通釋』此鼎（補11）。
(12)木村秀海「西周官制の基本構造」（『史學雜誌』第94編第1號、1985年）。
(13)侯志義『西周金文選編』（1990年）師𩛥段・詢段・此鼎條。
(14)周人嗣工屋は某人―官名―人名という書式をとっており、邑人奎父・畢人師同とは書式が異なっている。
(15)他に甲骨文に固有名詞と考えられる邑がみえることも氏の根據の一つである。
(16)「邑人某（父）」と對應關係をもつ人名として、さらに陶矩・微邑・單𣄴の3名の名が擧げられることにも注意する必要がある。これらの人名が、いわゆる姓・名からなるものか否か、にわかには斷じ難いが、假に微氏・單氏の存在からこれらの人名を姓・名からなるものとして理解すると、「邑人」の語は姓に相當する機能をもつことにもなる。
(17)地名・氏族名などの固有名詞、および伯仲叔季などの排行は除外した。これら語彙の檢索には、さしあたり呉鎭烽『金文人名彙編』（1987年）が便利である。
(18)木村秀海「西周金文に見える小子について―西周の支配機構の一面」（『史林』64卷6號、1981

(19) 拙稿「西周期鄭（奠）の考察」（前掲）。
(20) 元年師兌簋（孫2608）・三年師兌簋（孫2607）。
(21) 令鼎「王射、有嗣眔師氏・小子、嚋射」（孫 1179）のように、小子は身分的集團として有嗣などと列擧される場合がある。
(22) 最近の中國での研究を例に擧げれば、侯志義『西周金文選編』（前掲）は「他是管理衆邑人的善夫官」との理解を示し、唐蘭『西周靑銅器銘文分代史徴』（1986年）は「意譯爲…排列邑人和善夫們的次序」との理解を示している。
(23) 拙稿「西周期鄭（奠）の考察」（前掲）。
(24) 侯志義『西周金文選編』（前掲）師𩛥𣪘條に「『邑人師氏』言周邑中之充師氏者」との指摘がある。
(25) 白川靜『說文新義』（1970年）卷6。
(26) 『金文通釋』塑盨（184）において「みな邑居していたので邑人ともいう。春秋期に國人と稱するものと語義が近い」との指摘がある。
(27) 「春秋國人考」（『史林』69卷5號、1986年）。
(28) 吉本氏は國人に含まれうる具體的な身分として、諸侯、卿大夫の上層（世族）、大夫の下層、士、工・商を擧げている。

（『中國出土文字資料の基礎的研究』、科研費報告書、1993年3月）

西周時期的"國"

一

有關厲王出彘,《國語·周語》上作了這樣的記載[1]:

厲王虐,國人謗王。邵公告曰,民不堪命矣。王怒,得衞巫,使監謗者,以告,則殺之。國人莫敢言,道路以目。王喜,告邵公曰,吾能彌謗矣,乃不敢言。邵公曰,…。王不聽,於是國莫敢出言。三年,乃流王於彘。…彘之亂,宣王在邵公之宮,國人圍之。…(邵公)乃以其子代宣王,宣王長而立之。

以上描寫了"國人"因忍受不了厲王的暴虐,最後把厲王驅逐出去,以至影響到選接班人的事。在《春秋左氏傳》裡也常可看到類似於上述的事,當時統治者的命運要受"國人"動向的支配。由於這個原因,當時的統治者們都不得不非常注意"國人"的動態。事實上儘管以上引用已省略了一部分,但是邵公諫厲王的語言正充滿了這種擔心。

如果對上文作以上一般的理解的話,那麼,我們就可以看到這樣一個具有重要意義的事實,即在西周時期的原始資料的金文中,沒有"國人"的詞彙。當然青銅彝器與《左傳》、《國語》不同,它不是記錄"歷史"的媒體,因此我們可以認為:它幾乎沒有留下有關"國人"動向的這一"歷史事實"的記錄。儘管這樣,我並不認為金文中沒有"國人"是有充分理由的。

在金文中,是否有相當於"國人"的詞彙?如果有的話,那麼它是什麼樣的詞彙?以下我想就這些問題進行探討。

二

據探討《左傳》"國人"的吉本道雅的"春秋國人考"[2]的研究:所謂"國人"即"國"(諸侯居住的邑)的成員,它不同於"國"統治不到的"疆域"(鄙·野)的成員。眾所周知,文獻資料裡的"國"不是邦國的領域概念,而指被城牆圍起來的都城。另外,西周時期金文裡的"國"(以及"或")字類似於彔卣的"淮夷敢伐內國"[3]、毛公鼎的"康能四或",是專用在一定領域的詞彙。它沒有文獻中的都城聚落的"國"的意思。

在金文中表示都城聚落的詞彙是"邑"。可以這樣認為:冟尊(孫 4461)的"大邑商"直接是指殷的都邑,噭士卿尊(孫 4433)·臣卿鼎·簋(孫 1009·孫 2300)的"新邑"是指周代初期建設的成周。此外鬲从盨(孫 2852)、昏鼎(孫 1219)的"邑"是指統治領域內的聚落[4]。正如《說文解字》解釋的"邑,國也"那樣,"邑"和"國"是"古今之稱"[5],金文中的"邑人"就是文獻中的"國人"。

以下列舉包括"邑人"詞彙的金文:

（１）永盂：（益）公廼命奠嗣士函父・周人嗣工𠯑・亞史師氏邑人奎父・畢人師同，付永厥田。（1969、孫 6293）
（２）五祀衛鼎：（井伯・伯邑父・定伯・䣛伯・伯俗父）廼令參有嗣：嗣土邑人趙・嗣馬頌人邦・嗣工陶矩，內史友寺芻，帥履裘衛厲田四田。（1975、孫 1215）
（３）詢簋：今余令汝啻官嗣邑人先虎臣，後庸：西門夷・京夷・𥄎夷、師笭側新：□華夷・由□夷・𤔲人・成周走亞：戍秦人・降人・服夷。賜…（1959、孫 2612）
（４）三年衛盉：伯邑父・榮伯・定伯・䣛伯・單伯廼令參有嗣：嗣土微邑・嗣馬單旟・嗣工邑人服。（1975、孫 4070）
（５）此鼎・簋：王呼史翏、冊令此曰，旅邑人善夫。賜…（1975、孫 1202-04・2595-2602）
（６）師𩵦簋：先王既令汝，今余唯䌛先王令，令汝官嗣邑人師氏。賜…（1963、孫 2577-78）
（７）師晨鼎：王呼作冊尹，冊令師晨，足師俗父，嗣"邑[6]"人隹小臣善夫守□官犬眔奠人善夫官守友。賜…（孫 1201）
（８）師酉簋：王呼史墻，冊令師酉，嗣乃祖啻官邑人虎臣・西門夷・𥄎夷・秦夷・京夷・弁身夷・新。賜…（孫 2582-85）

以下本人想依據這些銘文[7]來對西周時期的"邑人"乃至"邑"的實態進行一些探討。

三

在"邑人"的各種解釋中，首先必須要探討的是楊寬的"邑人"官名的解釋[8]。楊氏鑑於上述（７）的師晨鼎銘的"邑人隹小臣善夫守□官犬"與"奠人善夫官守友"是相對應的關係，認爲"邑人"與"奠人"是屬於同一個範疇的詞彙。同時他又根據陳夢家的見解[9]，把"奠人"看成"甸人"、即相當於《周禮》中的遂人的官職，得出了"邑人"也同樣相當於《周禮》中的鄉大夫官職的結論。但是，如果我們在"邑人"的史料中加上近年發現的永盂、五祀衛鼎和三年衛盉（均未成爲陳、楊的研究對象）的話，那麼楊氏的"邑人"官名的主張已經站不住腳了[10]。在這些金文裡，"邑人"上面還冠有嗣土、嗣工等官名。假如我們持"邑人"官名的見解，那豈不就發生官名重複的新問題了嗎？張亞初、劉雨的《西周金文官制研究》雖然同意楊氏的"邑人"官名的解釋，但對上述（２）的五祀衛鼎、（４）的三年衛盉的"邑人"不得不指出"邑人可能是城邑之人而言，似不宜釋爲官名"。

張、劉兩氏不得不作出的"城邑之人"的解釋與"邑人"官名是不同的。其實這種觀點在這之前已被提出。根據這種解釋，"邑人"可以理解爲屬於"邑"的、或出自於"邑"的人。筆者對此沒有異議。不過，對"邑"卻有各種不同的見解，例如：特定地名[11]、王室直領地[12]、王的直領地"豐苑[13]"、周邑、王邑、周王宮室[14]等等。

如果對前一章引用的金文資料進行分析的話，我們發現"邑人"有三種用法。第一種是用在"某（父）"前面（如（１）（２）（４）），第二種是用在人名以外的詞彙前面（如（３）（５）（６）（７）（８））。有關第一種用法，我們從（１）（２）（４）的銘文中，可以找出

以下與"邑人某(父)"相對應關係的人名：

 (1) 永盂：邑人奎父－畢人師同[15]
 (2) 五祀衛鼎：邑人趙—顔人邦・陶矩
 (4) 三年衛盉：邑人服－微邑・單旟

　　與畢或顔修飾"某人"一樣，"邑"也是特定的地名。持這種見解的人正是依據了上述的對應關係[16]。然而，在這裡有必要強調的是"邑人"與畢人、顔人的對應關係並不意味"邑"與畢、顔一樣，是特定的地名。在這個對應關係裡，目前能確認的只是"邑人"與畢人、顔人一樣是作爲固有或特定的名詞來修飾人名"某(父)"的這一事實[17]。

　　另外，在金文史料中，類似於"邑人某(父)"的"邑人"那樣的、修飾人名"某(父)"的詞彙比比皆是，例如：士、大史、大師、大祝、小子、小臣、內史(友、尹、尹氏)、史、嗣土(嗣徒)、嗣馬、嗣工、吏、臣、走馬、邦君、作册(尹)、牧、師、宰、有南御正、御史、善夫、虞等[18]。在以上的詞彙中，既有嗣土、嗣馬、嗣工那樣的官名，也有反映"血緣主從關係"的"稱號的稱呼"，即類似小子那樣的身份稱呼[19]。當時的權力是以官系統、血緣關係等身份體系爲媒介的[20]，因此，人名"某(父)"的地位也是通過官名或身份稱呼來反映的。如果以上議論的"邑人"官名的見解一旦被否定，那麼"邑人"必須要作爲一種反映身份的詞彙來理解。

　　下面再看一下"邑人"的第二種用法。這種用法，"邑人"修飾的詞彙，如師氏(6)、虎臣(8)在當時是軍旅的構成單位。這點只要看一下彧簋的"彧達有嗣、師氏奔追，御戎于䦰林，博戎馘"(孫2613)、彧鼎的"王用肇使乃子彧，達虎臣御淮戎"(孫1206)的銘文就可以一清二楚。這些師氏、虎臣除了能單獨使用外，還可以在前面加上"左右"、"前"或"成周"等，構成左右師氏［元年師旗簋(孫2572)］、成周師氏［彔彧卣］、左右虎臣［師袁簋(孫2603)、師克盨(孫2855-54)］、前虎臣［(3)詢簋］。"左右"不僅冠在師氏、虎臣前面，而且在有些文中還冠在走馬前面[21]。它是軍旅編制上表示左、右的詞彙。"前"也是同樣的詞彙，這裡不需要再說明了。另外，"成周"毫無疑義是地名。成周師氏如同成周走亞［(3)詢簋］、成周八師［沓壺(孫5294)］一樣是表示駐屯在成周地方(或由成周居民所組成)的師氏。可以認爲：它仍然是與軍旅編制有關的詞彙。現在我可以作這樣的推測，即"邑人"也是作爲與軍旅構成有關的詞彙修飾在師氏、虎臣前的。不過另一方面也不可否定"邑人"是與師氏、虎臣等記錄在一起的一種身份集團。這種可能性現在依然存在[22]。有關此鼎(簋)的"邑人善夫"，有二種解釋。一種是"邑人"修飾善夫，另一種是"邑人"與善夫同時寫在一起[23]。這與師氏、虎臣一樣，二種可能性都有。

　　現在我們如果從前面一章的金文中找與邑人善夫同樣性質的、"某人"加官名構成的詞彙的話，那麼就可以發現二例，即(1)的永盂的"周人嗣工"和(7)的師晨鼎的"奠人善夫"。奠人善夫與邑人善夫一樣也有二種可能性。另外，有關周人嗣工，我們不能把(1)的永盂銘中的"周人"看成是與嗣工記錄在一起的、獨立的詞彙。"周人"我們應該要理解成是修飾官名嗣工、限定職務範圍的詞彙[24]。假如周人嗣工的官名存在的話，那麼邑人善夫的"邑人"也應該理解成是表示善夫職務範圍的詞彙[25]。筆者認爲："邑人"作爲一種身份集團，表示善夫職務的範圍；它如果放在師氏、虎臣等與軍旅有關的詞彙的前面時，則表示軍旅的出身和所屬。

四

　　吉本氏列舉了春秋時期具體能包括在"國人"身份中的諸侯[26]、卿大夫的上層（世族）、大夫的下層、士、工、商等[27]，同時他還把"國人"看成是身份兵役的負擔者。如上所述，西周時期的"邑人"是表示一種身份的詞彙。如果它加在師氏、虎臣等軍旅前，則表示其出身、所屬。有關"邑人"目前如道的只有這一點。反過來說這一點知識證實著"邑人"相當於春秋時期的"國人"。另外，如果春秋時期的"國人"是區別"國"以外"疆域"的成員的話，那麼"邑人"與冠在王朝領域內的都城聚落名前的畢人、頒人的詞彙一樣，其意思是十分清楚的。"邑人"的具體內容雖然還不明，但是"邑人"與王朝的"國"的居民（或其中一部分）是重複的詞彙，所以它能作為固有或特有名詞來修飾人名。

　　如果承認西周時期的"邑人"就是春秋時期的"國人"的話，那麼與"邑人"不同的"五邑"又成了新問題。以下是金文中的"五邑"的例子。

　　（９）羖簋：內史尹冊賜…，用大備于五邑□。（孫 2545）
　　（１０）柞鐘：仲大師右柞，賜…，五邑佃人事。柞拜手對揚仲大師休，用作大林鐘。（孫 6433-39）
　　（１１）元年師兌簋：王呼內史尹，冊令師兌，足師龢父，嗣左右司馬・五邑司馬，賜…（孫 2608-09）
　　（１２）鄦簋：王呼內史，冊令鄦，王曰，鄦，昔先王旣命女作邑，秚五邑祝。今余隹䊪纛乃命，賜…（孫 2586-87）

　　這些"五邑"究竟是指什麼呢？
　　如果認為西周時期的"邑"就是春秋時期的"國"的話，那麼"五邑"也就意味著"五國"，卽周王居住（或能居住）的五個"國"。許倬雲在《西周史》裡就"五邑"問題指出："五邑為哪五個都邑，不可考。…西周在西方的都邑，曾有岐下、程、豐、鎬、西鄭、槐里六處，若其中五處算五邑都邑，未嘗不可能。…不過，金文中常見荅京，是否當列入五邑之中亦未可知"[28]。許氏列舉的地名是否正確，這裡暫且不談。不過列舉的幾個王朝"國"的地名都是事實。筆者贊成許氏的"其中五處算五邑都邑"的見解。正如過去指出的那樣，周王是周內服地區政治、軍事和經濟據點（包括所謂王都的都邑）的統治者[29]。也許這些據點內的五個地區特地稱為"五邑"的吧。當然這個"五邑"的具體地點現在不可能找出來。但是"五邑"這個詞彙出現在西周的後期[30]，可以認為這是當時王朝的政治、經濟和軍事據點經過某種序列化的結果。

　　許氏還暗示"五邑也可能是首都附近有離宮別苑的地區"[31]。我認為把"五邑"僅僅解釋成"有離宮別苑的地區"是十分消極的。"五邑"在積極的方面應該理解成王朝的五個"國"[32]。換而言之，周王朝是具有複數的都城的國家。

註
(1) 此事《史記・周本紀》也有記載。
(2) 吉本道雅 "春秋國人考"（《史林》69卷5號，1986年）。

(3) 有關各個金文著錄，附上孫稚雛《金文著錄簡目》(1981 年) 的編號。
(4) 伊藤道治"甲骨文、金文裡的邑"(《研究》神戶大學文學會 33、1964 年)，以後以"邑的結構及其統治"再次登載於《中國古代王朝的形成》(1975 年) 中。
(5) 白川靜《說文新義》(1970 年) 卷 6。
(6) 師晨鼎銘的"邑"字只留下了上面口的部分，郭沫若的《兩周金文辭大系圖錄攷釋》、白川靜的《金文通釋》等不把這個字解釋成邑。這裡暫且把它作為"邑人"關係的金文。
(7) 有關各種器皿的斷代，諸家眾說紛紜。這裡參照林巳奈夫的《殷周時代青銅器的研究》(1984 年) 的斷代，配列各種器皿。另外在各種銘文後面，除了附上孫氏的編號外，還附上了各器的發現的年月。
(8) 楊寬《論西周金文中"六自""八自"和鄉遂制度的關係》(《考古》1964 年，第 8 期)。此外《古史新探》(1965 年)、《試論西周春秋間的鄉遂制度和社會結構》第三章［西周時代的"六自"、"八自"和鄉遂制度的關係］的內容也同樣。
(9) 陳夢家《西周銅器斷代》6 (《考古學報》1956 年，第 4 期)。另外《殷墟卜辭綜述》(1956 年) 第 9 章"政治區域"的第 3 節"邑與鄙"(324 頁) 也闡明了同樣的見解。
(10) 對西周金文中的"奠"字進行全面的探討後，仍找不出應該把師晨鼎的"奠"字理解成"甸"的必然性。金文史料裡的"奠"字全都可以理解成地名 (國名) 的"鄭"。只要陳氏的"奠人"等於"甸人"的主張通不過，當然楊氏的主張也是站不穩腳的。
(11) 伊藤道治《甲骨文、金文裡的邑》(同前)。
(12) 白川《金文通釋》此鼎 (補 11)。
(13) 木村秀海《西周官制的基本構造》(《史學雜誌》第 94 卷第 1 號，1985 年)。
(14) 侯志義主編《西周金文選編》(1990 年) 師瘨簋、詢簋、此鼎條。
(15) 周人辭工屋采用某人、官名、人名的形式，邑人奎父、畢人師同是不同的形式。
(16) 此外，在甲骨文中能看出固有名詞的邑也是氏的根據之一。
(17) 作為與"邑人某 (父)"有對應關係的人名，還應該注意可以列舉出的陶矩、微邑和單旗等三人的人名。這些人名究竟是姓、還是姓名，一時間很難判斷。假如把這些人名理解成微氏、單氏、那麼"邑人"就相當姓的作用。
(18) 不包括地名、氏族名等固有名詞以及伯仲叔季等排行。在這些詞彙索引中，目前方便的是吳鎮烽的《金文人名彙編》。
(19) 木村秀海《有關西周金文中的小子—西周統治機構的一面》(《史林》64 卷 6 號，1981 年)。
(20) 拙稿《西周時期鄭 (奠) 的考察》(《史林》69 卷 4 號，1986 年)。
(21) 元年師兌簋 (孫 2608-09)、三年師兌簋 (孫 2607)。
(22) 如令鼎的"王射，有嗣眔師氏、小子、鄉射"(孫 1179) 那樣，小子有時被作為身份集團，在有嗣中列舉。
(23) 侯志義主編的《西周金文選編》(同上) 揭示"他是管理眔邑人的善夫官"；唐蘭的《西周青銅器銘文分代史徵》揭示"意譯為……排列邑人和善夫們的次序"。
(24) 拙稿《西周時期鄭 (奠) 的考察》(同上)。
(25) 如善夫山鼎中有"王曰，山，令汝官嗣猷獻人于晃"那樣，善夫的職務中也包括"人"的管理。
(26) 《春秋經》限於宣公五年以前。
(27) 缺乏具體事例。
(28) 許倬雲《西周史》(聯經出版事業公司，臺北，1984 年) 第 7 章"西周政府組織"。另外 *Western Zhou*

  Civilization(Cho- yun Hsu and Katheryn M. Linduff, 1988, Yale University Press)參照 247～8 頁。
(29) 拙稿《西周時期鄭（奠）的考察》（同上）。另外《關於"縣制"追溯的議論及其關聯問題》（出版中）。
(30) 根據林巳奈夫的《殷周時代青銅器的研究》（同上）的斷代，四器均爲西周後期以後的。
(31)《金文通釋》(187) 元年師兌簋裡的"五邑的名義的意思不爲人知。假如有祝、有甸人、置有走馬的話，那會使人認爲是周都附近的王室直轄地，與宗教性的禮儀有關"一文屬於同一見解。
(32) "五邑"是王朝的"國"與注(10)的柞鐘裡的仲大師統治下的"五邑佃人"並不矛盾。岐周裡的"國"裡有內服諸侯的領地。

（『西周史論文集』、陝西人民教育出版社、1993 年 6 月）

『史記』そして司馬遷

　司馬遷の『史記』に接する人々には、おおよそ二通りの關心の持ち方があるように思われる。一つは、司馬遷が『史記』にこめた歴史意識あるいは價値觀といったものを讀みとろうとする關心のありかた。父・司馬談の遺命を承け、腐刑の屈辱に耐えて『史記』を完成させた司馬遷は、どのような思いを『史記』にこめたのか。古來批判も多い項羽本紀・呂太后本紀や陳涉世家、游俠列傳などの存在、列傳第一の伯夷列傳にみえる「天道、是か非か」という問いかけ、あるいは太史公自序にこめられた司馬遷の思いなどをめぐって、彼の心性を語ろうとする多くの言說が繰り廣げられてきている。そして他の一つは、『史記』のベースとなったより古い資料に對する關心。甲骨文から復元された殷王朝の系譜と基本的に一致する殷本紀の記述や、鴻門の會の息詰まる緊張を活寫する項羽本紀の記述など、『史記』は先行するさまざまな種類の資料を利用して編まれた總合的な書物である。司馬遷はいかなる資料を手にしており、それらをいかなる基準によって取捨選擇して、本紀・表・書・世家・列傳からなる『史記』を完成させていったのか。いわば歷史書としての『史記』の成立についての言說の多くがこの關心に屬するであろう。

　もちろん、上に述べた二つの關心のありかたは完全に別のものではない。司馬遷の歷史意識・價値觀といったものは、彼に先行する諸文獻の存在を拔きにしては語れないし、資料の取捨選擇もまた彼の歷史意識・價値觀を拔きにしては語れないであろう。しかし、それでもなお、第一の關心がもっぱら司馬遷個人へと向かっていくのに對して、第二の關心は『史記』という書物そのものへと向かっていくというように、兩者の間にはかなり顯著な指向性の差違があるように思われるのである。

　吉本道雅著『史記を探る—その成り立ちと中國史學の確立』は、その書名が端的に示すように、『史記』という書物へと向かう第二の關心に屬している。本書の關心ならびに目的は、序言における「『史記』の先秦部分がいかなる資料をどのように用いて編纂されたのか、そして、今日の時點で『史記』がいかなる研究資料たりうるのかという問題を中心に、これを先秦史の立場から論じ、そうした限定的だが極めて具體的な視點を踏まえた上で『史記』という書物の特質をわたくしなりに述べてみることにする」という一文に端的に要約されていると言えよう。本書を構成する

　　『史記』と先秦史の資料
　　『史記』の材料
　　『史記』以前の歷史認識
　　『史記』と『春秋』
　　『史記』と戰國史

の五つの章は、まさにその關心・目的に添うかたちで配置されている。

「『史記』の先秦部分がいかなる資料をどのように用いて編纂されたのか」という問いに、著者は先秦期文獻の歷史言語學的な分析でもって答えようとする。先秦期文獻の語彙・語法のレベルまでたちいって、諸文獻の相互關係を確認し、その成立年代を確定してゆくこの研究方法は、漢代以降の文獻の成立・傳承に重點を置くいわゆる中國文獻學に比べてあまりメジャーな存在ではなかった。しかしながら、本書を一讀すればたちどころに了解されるはずであるが、この歷史言語學的な分析こそ實に豐かで實り多い成果をもたらす研究分野なのである。司馬遷が『史記』に採用し、ある意味では我々の「常識」となっている中國古代史の枠組み、たとえば夏・殷・周の三王朝の交代や、春秋・戰國の時代區分などがいつどのようにして成立し『史記』へと流れ込むのか、といった事柄は、先秦期文獻の歷史言語學的分析の成果抜きにしては語り得ない。現在の日本において、この分野はまさに著者の獨壇場ともいえる觀があるが、これに加えて、金文・木簡などの出土文字資料が縱橫に活用されることで、本書の記述はさらに厚みを増し、確實性を増している。
　さらに、歷史言語學的に分析された先秦期の諸文獻が『史記』にどのようにくみこまれていったのかということを追究することは、『史記』そのものの資料的價値、著者の序言を借りるならば「今日の時點で『史記』がいかなる研究資料たりうるのかという問題」を見定めることに聯なっていく。『史記』の春秋以前の記述は、系譜資料を軸として、戰國期に成立し、司馬遷の時代にはかなり普及していた諸文獻を適宜配列したものにすぎないこと、逆に戰國以降の記述は、生にちかい一次資料や口碑傳承などの多樣な資料が利用されていることが主張されている。
　しかしながら、本書の特徵はその歷史言語學的な分析にのみあるのではない。先秦期とくに春秋期に對する著者のすぐれた見通しが、本書に從來の『史記』關聯書籍にはない厚みを與えている。春秋期を特徵づけている霸者や世族の支配體制、そしてそれらを軸とした諸侯國間の國際秩序の形成・崩壞などについても、著者は數多くの論考を著し學界をリードしている。楚世家の歷史言語學的分析のみならず、楚國の公位繼承法の變化や世族の消長をもふまえて繰り廣げられる楚の建國や「稱王」の問題についての議論は、『史記』の記述に基礎をおき、それを基本的に歷史的「事實」と認めてきた從來の楚國史研究に對する重大な異議申し立てとなっている。また、『史記』五帝本紀にみえる堯・舜の傳承が、『論語』においてはじめてみえることを、孔子當時の魯をめぐる國際狀況から說明するくだりも、歷史言語學的分析のみならず、春秋期の歷史的展開に深い造詣をもつ著者ならではの記述となっている。
　史部の筆頭に位置づけられ、以後の正史の基礎となった『史記』を著した司馬遷。彼の果たした歷史的意味は大きくその存在を過小に評價することは、もちろん許されることではない。しかしながら、逆に司馬遷をあまりに過大評價することにも、我々は愼重であらねばならない。司馬遷は自らを史實の傳承をより重視する春秋學の系譜に位置づけたこと、入手した原資料に餘り手を加えることなく『史記』を順次編纂していったことなど、本書で示される司馬遷の姿は、彼がなによりも「史」官であったことを強く印象づけている。從來、司馬遷の獨創とされ、それ故に批判もあった呂太后本紀や陳涉世家が、實は前漢初期にあってはむしろ一般的な認識であり、彼はそれを踏襲したにすぎないという指摘もまた、漢代に生きた「史」官としての司馬遷の姿を我々に強く印象づける。從來の司馬遷個人へと向かう言說のなかには、彼に對する強いシンパシーを表明するものも少なからず存

在するが、本書で示された漢代の「史」官としての實像をふまえないシンパシーは、司馬遷には無關係な一方的な「ひいき」にすぎない。

　本書は、「『史記』の先秦部分がいかなる資料をどのように用いて編纂されたのか」という、一見遠回りの議論を通じて、司馬遷の實像を描き出すことに成功しているように思う。『史記』を歷史言語學的に分析するという作業を經てはじめて、司馬遷が彼以前にあった諸文獻・諸思想の何を踏襲したのか、そして司馬遷の主體的なオリジナリティーがどこにあるのかということが明らかとなるのである。前漢武帝期の儒學官學化以前の、思想史・學術史の上では古代とされる前漢初期にあって、司馬遷はその時代を支配した濃厚な黃老思想の雰圍氣のなかで史書の形式をもちいて諸學を統一したのであった。そしてその『史記』執筆の究極の目標は、堯・舜以降、夏・殷・周・秦と續く四王朝の繼續的な興亡の歷史とは一線を劃する、まさに人類發生以來の未曾有の王朝としての漢王朝を記述することにあった。そこに描かれる司馬遷の姿は、前漢初期に生を受け、その時代の雰圍氣を色濃く受けた漢人としての司馬遷であり、漢代史の記述という目標に向かってさまざまな資料を編み上げていく「史」官としての司馬遷である。そこには後代の一方的な「ひいき」や「そしり」とは無關係の等身大の司馬遷がいる。

（『東方』189號、1996年12月）

解説

　春秋戰國時代に題材を求めた歷史小說を次々と發表されている宮城谷昌光氏は、『重耳（ちょうじ）』（1993 年、講談社刊）の「あとがき」でこう述べられている。「重耳について知ったのは十三年前である。はじめは海音寺潮五郎氏の本で知り、ついで司馬遷の『史記』で知った。その後『春秋左氏傳』『國語』と讀みすすんでいったが、ともあれ、中國の故事にかぎりない興味をもたせてくれたのが重耳の流亡とかれの事績であるといってよい。そのころの自分は、心にはずみがなかった。なにを書けばよいのか、迷いに迷っていたし、讀書にも熱がはいらなかった。が、重耳はそんな心をはずませてくれた。――おもしろい。と、心底からおもった」。

　かつて、中國の歷史のなかで「おもしろい」時代といえば、項羽と劉邦の抗爭期であり、流沙のかなたの樓蘭・敦煌の時代であり、曹操・劉備・孫權あるいは諸葛孔明・關羽・張飛らの活躍する『三國志』の時代、そして蒼き狼チンギス汗の時代あたりが大方の相場であったように思うが、いまや春秋戰國時代もまたその仲閒入りをはたし、重耳・晏子・樂毅（がっき）・孟嘗君（もうしょうくん）といった新たなヒーローを次々と世に送り出すようになった。もとより、春秋戰國の亂世を生き拔くためのさまざまな權謀術數や、孔子・孟子・荀子・孫子あるいは老莊といった諸子百家の思想は、はるか以前より人々の心を引きつけてやまなかったけれども、それとはやや異なって、現代社會は春秋戰國時代を生き拔いた人々をより身近に感じ、心はずみたいという衝動に驅られているのかもしれない。ヒーローがその時代の雰圍氣を映し出す鏡のような存在であるとするならば、重耳・晏子・樂毅・孟嘗君などの人生に共鳴する現代の日本は、どこかしら春秋戰國の世に似ているのだろうか。

　本書が人物往來社から『東洋の歷史』の第二卷として出版されたのは、今をさる三十數年前、1966 年のことである。「もはや戰後ではない」から十年、1964 年には東海道新幹線が開通し、東京オリンピックが開催され、この年 1966 年には、日本の總人口が一億人を突破している。また中國では、文化大革命の激動の十年が始まろうとしている年であった。井上靖『樓蘭』（1959 年）・『蒼き狼』（1959 ～ 60 年）がすでに世に問われ、やがて司馬遼太郎『項羽と劉邦』（原題『漢の風　楚の雨』、1977 ～ 79 年）が人氣を博すであろう時代であった。そして當時の中國史研究もまた、本書最終章「統一近し」の「あとがき」において內藤戊申氏が「今日は社會經濟史全盛期の末期というところであろう」と評されたように、まさに「全盛期」というにふさわしい狀況にあったのである。

　戰後の中國史研究は、中國を停滯した社會と考えがちであった戰前の停滯史觀の克服から始まった。おもにマルクス主義史學やマックス・ウェーバーなどの影響をうけた研究者達は、中國史のなかに世界史の普遍的法則をみいだそうと懸命の努力を重ねており、たとえば古代・中世・近世・近代といった時代區分を中國史にどのようにあてはめるかといった問題をめぐって幾多の論爭を展開しつつも、それぞれの研究分野では次々と目覺ましい成果を發表していった。春秋戰國時代についてみても、「邑」と呼ばれていた城郭都市を

ギリシア・ローマのポリスと對比させ、この「邑」を中核とした都市國家群がやがて春秋戰國の抗爭期をへて領域國家へと再編され、さらには秦漢帝國へと展開していくという見通しはすでに提出されていた。今日の中國史研究の基礎は、ほぼこの時代には確立しており、まさに「社會經濟史の全盛期」というにふさわしい時代であった。本書の各執筆者もまた、その「全盛期」を支えてこられた研究者であり、その筆致が躍動的であるとともに野心的な試みを數多く含んでいるのは、まさに彼らがその「全盛期」に身をおいていたからなのであろう。1966年からすでに三十數年をへて、内藤氏のいう「全盛期の末期」を遠く過ぎ去ってしまったいま、個々の領域における研究は確かに精緻化し數多くの成果を產みだしてはきたが、逆に中國史學界全體をおおう熱氣のようなものがどこかしら失せてしまったとき、「全盛期」の熱氣を傳える本書が改めて刊行されることの意義はおおきい。

しかしながら、やはりそうはいっても三十數年の歲月は長い。この間、次々と發表されてきた考古學の成果、とりわけ出土文字史料の增加は、確實に春秋戰國時代についての知識を增してきたし、その知識の增加が研究の發展をうながしてきたこともまた當然といえば當然のことであった。本書でもいくどか言及される楊寬氏の代表的著作『戰國史』の初版（上海人民出版社刊）が世に問われたのは1955年のことであったが、それ以來この書は新たな知識の增加に對應すべく、1980年の第一次增訂版（上海人民出版社刊）、1997年の第二次增訂版（臺灣商務印書館刊）と版を改めて今日に至っている。この間、基本的な體裁はひきつがれてはいるものの、初版の二十數萬字は第一次增訂版において四十二萬字へとほぼ倍增し、第二次增訂版ではさらに多くの增補と改訂が加えられ、『戰國史』は總ページ數740におよぶ大著へと成長してきた。この『戰國史』の成長こそ、この間の中國古代史研究の發展を端的に示しているのである。われわれは、本書が世に問われた60年代にくらべて、はるかに多くの知識を手にしているのであり、その知識にもとづいて本書の記述を補っておく必要があるだろう。以下には、春秋戰國時代にかかわる出土文字史料、考古學的發見などを紹介することとし、わたしに課せられた「解說」の責めをふさぐことにしたい。なお『戰國史』の著者楊寬氏については、自傳『歷史激流　楊寬自傳—ある歷史學者の軌跡』（西嶋定生監譯・高木智見譯、1995年、東京大學出版會刊）が翻譯・出版されていることを申し添えておこう。『戰國史』の成長過程は、同時に楊寬氏個人の苦惱と成長の歷史でもあったことを、われわれはその壯絕な人生の記錄から讀みとることができるはずである。

出土文字史料

さて、春秋戰國時代にかかわる文字史料には靑銅器や石などに書かれた金石文のほかに、竹片・木片に文字の書かれた木簡（正確には竹は竹簡、木は木牘というが、日本では一般に木簡と總稱される）や、絹地に文字の書かれた帛書といったものがある。本書の出版以前にもこれらの史料のいくつかは知られており、たとえば戰前に湖南省長沙市子彈庫の戰國楚の墓から出土したとされる帛書や、1953年に同じく湖南省長沙市仰天湖の戰國楚墓から出土した木簡、あるいは1957年に安徽省壽縣で發見された戰國楚の通行證である鄂君啟節などが本書でも紹介されている。しかし、その後の考古學の進展はまさに目をみはるも

のがあり、現在のわれわれは當時とは比較にならないほどの大量かつ重要な出土文字史料を手にしているのである。以下、本書の記述にかかわりのふかい出土史料のいくつかを紹介することにしよう。

　ちょうど本書が出版されようとしていた1965年から66年にかけて、山西省侯馬市東郊で400あまりの豎坑が發掘され、そこから石板・玉板に書かれた盟書約5,000件が發見された。盟書が發見された侯馬は春秋中期以降に晉の都がおかれた土地であり、さらに盟書にみえる中行寅（中行文子・荀寅）は、本書「臥薪嘗膽」の「大夫權を爭う」で紹介されている晉の内亂（紀元前497～490年）の中心人物の一人であった。侯馬盟書はこの内亂に際して用いられた盟書と考えるのが一般的である。春秋時代は霸者などによる會盟がさかんにおこなわれた時代であった。その儀式の次第については本書でも「犠牲の牛の左耳をきり、その血でもって、盟書（あるいは載書ともいう）、すなわち條約書をかき、そのときの主宰者である盟主が、その血をすすり、順次參加の諸侯が血をすすって、盟書を朗讀し、その約束を守ることを神に誓う」と紹介されているが、實際の侯馬盟書は血で書かれた血書ではなく朱書（一部は墨書）であった。さらに盟書からは、盟への參加者が從來考えられていた以上に多數にのぼること、盟書の書體は多樣であり多數の書き手（參盟者とは別人）の存在が想定できることなど、文獻史料からは知ることができなかった多くの情報をえることができた。まさに初めて知られた盟書の實物資料として、その學術上の價値ははかりしれない。また1979年から82年にかけて、河南省溫縣からも侯馬盟書と同時期の盟書が發見されており、盟書の實物資料はさらに増加している。

　次いで1972年、山東省臨沂縣銀雀山の漢代墓（銀雀山1號墓）から大量の竹簡が發見された。この墓は、出土した貨幣などから推定して、紀元前140年から紀元前118年頃、すなわち前漢武帝の時代のものと考えられている。『史記』を著した司馬遷とほぼ同時代である。この銀雀山1號墓からは、『尉繚子』『六韜』といった兵書や『晏子』『管子』などが記された竹簡を含む4,942枚の竹簡が出土したが、そのなかでもっとも注目を集めたのは、そこに從來から知られていた『孫子』とは別の第二の『孫子』がみいだされたことであった。本書でもたびたび言及されているように、兵法家孫子には春秋時代末に吳の闔廬に仕えていた孫武と、その子孫で戰國時代前半に齊の威王に仕えていた孫臏という二人の人物がいたと傳えられている。確かに、漢代の圖書目錄である『漢書』藝文志にも「吳孫子兵法八十二卷、圖九卷」「齊孫子兵法八十九卷、圖四卷」という二つの書籍が記錄されていたのだが、のちに『齊孫子兵法』が失われてしまったために、二人の孫子と一つの『孫子』の關係をめぐってさまざまな解釋が生じるようになってしまった。本書で紹介されている「孫武という人の實在性は、かなり疑わしい」「從來孫武の著とされた兵法書の『孫子』は、實は戰國時代前半の齊の孫臏のものであろう」といった說もその解釋の一つである。しかしながら、銀雀山から新たに發見された11,000字あまりの『孫子』には孫子と齊の威王や田忌との問答が記されており、この孫子が戰國齊に仕えていた孫臏であり、この『孫子』こそ失われていた『齊孫子兵法』であることは疑いのない事實と考えられるようになった。逆にいえば、從來から知られていた『孫子』は孫臏のものではなく、『漢書』藝文志にみえていた『吳孫子兵法』であるということが、銀雀山1號墓の發掘によって確定したのである。ただし注意しておくべきは、現行の『孫子』が『吳孫子兵法』であったということと、春秋時代後期に孫武という人物が實在していたということとは、別の次元

に屬する問題であるということである。「孫武という人の實在性は、かなり疑わしい」というように孫武の實在が疑われるのは、春秋史の基本的史料である『春秋左氏傳』にその名が一回も登場しないこと、あるいは本書「時代は動く」の冒頭で紹介されている孫武の唯一の記録、すなわち『史記』孫子列傳に記録された宮女に對する軍事訓練が後世の歩兵密集隊形を前提とした話であることなどによるが、銀雀山の二つの『孫子』の發見によってもその疑問は何ら解決していないのである。われわれが確認できることは、とりあえずは前漢時代に孫武・孫臏のものとされる二つの兵書が確實に存在していたという事實だけであると考えておくのが、やはり無難な判斷であろう。なお、宮女に對する軍事訓練の逸話は銀雀山１號墓から出土した竹簡にもみえており、「見吳王」篇と名附けられている。『史記』孫子列傳とこの「見吳王」篇の内容をくらべてみると、「見吳王」篇の方がより詳しく、『史記』はそれを簡略にした記述となっている。おそらく司馬遷は、「見吳王」篇のようなかたちで傳承されてきた孫武の逸話を採用し、それを『史記』に書きとどめたのであろう。われわれは銀雀山『孫子』の發見から、『史記』執筆當時の史料のあり方を垣間見ることができるのである。

　銀雀山漢墓が發掘された1972年から74年にかけての時期、湖南省長沙市馬王堆ではまさに世紀の發掘がすすめられていた。1972年に發掘された馬王堆１號墓からは、いまだ皮膚に彈力を殘す女性の遺體が發見され、世界中の注目を集めることとなった。寫眞などで、この女性の「濕屍」をご覽になった方も多いだろう。ついで翌年からは、２號墓・３號墓が發掘され、２號墓からは「利蒼」の文字が刻まれた印章、３號墓からは「十二年二月乙巳朔戊辰」という日附の記された木牘が發見された。これらの史料から、馬王堆の墓葬は前漢時代の長沙國の宰相であった利蒼とその一族のものであり、２號墓は呂后二（紀元前186）年に死亡した利蒼、３號墓は文帝十二（紀元前168）年に埋葬された利蒼の子、１號墓は文帝二年から數年後に亡くなった利蒼の妻の墓葬であろうと考えられている。２號墓はすでに盜掘にあっていたためにめぼしい出土品はなかったが、１號墓からは利蒼の妻の昇天を描いた有名な帛畫が出土し、３號墓からは埋葬品のリストを記した遺策（竹簡403枚・木牘７枚）などのほかに、28種類もの帛書が出土した。この帛書には、『長沙國南部圖』『駐軍圖』といった地圖や、『五十二病法』『養生圖』『導引圖』といった醫學・方術關係の書、さらに『五星占』『相馬經』などの占術にかかわる書などがふくまれていたが、春秋戰國時代について重要なのは、甲本・乙本と區別された二種類の『老子』、および『春秋事語』『戰國縱橫家書』と名附けられた帛書が出土したことである。

　老子については、本書の「傍觀者の哲學―老子と莊子―」に詳しいが、その著作とされる『老子』（『老子道德經』とも呼ばれる）は一時期一人の手によって成立したものではない。馬王堆から發見された二種類の帛書『老子』のうち、甲本『老子』は漢の高祖劉邦の諱である「邦」字を避けていないことから前漢初期の寫本、乙本は高祖劉邦の諱「邦」字は避けているが三代皇帝文帝の諱「恆」字は避けておらず、甲本よりもやや遅れる時代の寫本と考えられている。『老子』が『道德經』とも呼ばれるのは、現行の『老子』81章が上篇「道經」と下篇「德經」に分かたれているからであるが、甲本『老子』では「道經」と「德經」の前後が逆になっており、81章の章分けもなされていない。乙本『老子』もまた「德經」「道經」の順にならぶことや章分けがなされていない點で甲本と一致するものの、文字にかなりの異同があり、甲本とは別系統の寫本であろうとされている。戰國時代

から秦漢にかけて書かれた『呂氏春秋』や『韓非子』などに引用される老子の語と現行の『老子』とのあいだには語句の異同があり、從來より現行の『老子』の成立は前漢時代にまで降るであろうとされてきた。馬王堆出土の帛書『老子』甲本・乙本はまさに成立過程にあった『老子』の姿を今日に傳えているのである。馬王堆の發掘後、さらに『老子』の發見は續いた。1993 年、湖北省荊門市郭店の紀元前 300 年頃の戰國楚墓から、竹簡に書かれた三種類の『老子』が新たに發見されたのである。この郭店『老子』の文章の並び方は現行の『老子』や馬王堆『老子』とも大きく異なっており、そこにはもはや「道經」「德經」という篇分けもみとめることができない。戰國時代にまでさかのぼる『老子』寫本の發見によって、『老子』の研究は從來とは全く異なる、新たな次元へと展開しつつある。

　一方、『春秋事語』『戰國縱橫家書』と名附けられた帛書は、それぞれ春秋時代・戰國時代の故事が集められたものである。『春秋事語』は、縱約 23 センチ（漢代の一尺に相當する）、橫約 74 センチの絹帛に、97 行、約 3,000 字が書き記され、全體で 16 の章からなっている。たとえば、第 23 章には本書「尊王攘夷の旗じるし」でふれられる「宋襄の仁」の故事が記されているように、この書は『春秋左氏傳』や『國語』に類したものであるが、從來の書籍にはみられない貴重な內容を含んでいる。また『戰國縱橫家書』は、縱約 23 センチ、橫約 192 センチの絹帛に、325 行、約 11,000 字が書き記されたものである。書は全體で 27 章に分かたれ、その內容の一部は『戰國策』あるいは『史記』と重なるものの、16 の章は從來どこにも記錄されていなかった故事からなっており、とくに戰國時代の遊說家であった蘇秦の書簡や談話が大量に保存されていた。本書の「合從連衡」でも述べられているように、『史記』蘇秦列傳などに保存された蘇秦についての記錄は、一族の蘇代・蘇厲との混同を含めてかなり混亂していたが、『戰國縱橫家書』の發見によって蘇秦の活動時期は蘇秦列傳の記述よりもおくれ、その死は張儀の死から約 25 年あと、燕の將軍樂毅が齊を攻擊したころに齊への謀反の罪によって處刑されたものと考えられるにいたっている（楊寬、1997 年增訂版『戰國史』）。これらの出土文字史料の發見は、『春秋左氏傳』『戰國策』『史記』といった古文獻からは知ることができなかった知識を確實に增加させており、とくに最終的には『史記』へとまとめあげられてゆく「古代史」の編纂過程についての議論を活潑なものとしている。『史記』に含まれている大量の年代矛盾の解明を含め、『史記』によって與えられていたわれわれの春秋戰國時代に對する「常識」がいかに形成されてきたかという問題についても、今後ますます議論は白熱し發展していくことであろう。

　春秋戰國時代にかかわる文字史料としては、ほかに 1975〜76 年に湖北雲夢縣睡虎地秦墓から發見された秦の法律を含むいわゆる雲夢秦簡や、戰國楚の領域から發見される大量の楚簡など、貴重な史料がなお數多く存在している。しかしながら、われわれはこのあたりで出土文字史料をはなれ、春秋戰國時代にかかわる考古學的發見へ目を轉ずることにしよう。

都城にかかわる考古學的發見

　春秋戰國時代、とくに戰國時代は巨大都市の時代であった。本書「商業都市の誕生」で述べられているように、齊の臨淄（山東省淄博市）・燕の下都（河北省易縣）・魯の曲阜（山

東省曲阜縣）などといった一邊數キロにおよぶ城壁で圍まれた巨大な都城が各地に成立し、『戰國策』に記された臨淄のように多數の人口をかかえ商業的にも繁榮していたにちがいない。本書が出版された 1960 年代は、これら巨大な都城の遺構調査と發掘がようやく本格化し、都城の全體像が確認されつつあった時期にあたるが、その內部の實態はいまだ正確にはわかっていなかった。その後の考古學的調査の進展は、都城內部に宮殿や道路、あるいは鑄銅・冶鐵・製陶・製骨などの工房跡や住民の居住區、さらには墓葬區までもが含まれていたことをあきらかにし、これらすべてを幅數十メートルにもおよぶ強固な城壁がとりかこむという、巨大な空閒の實態をわれわれに示しつつある。たしかに商業の發達といった側面は無視できないであろう。しかしながら、それのみでは墓葬區までをも包み込む空閒の巨大さ、あるいは護城坡までをも附加した強固な城郭の存在を説明することはできない。やはりそこには、戰國時代の軍事的緊張、すなわち戰車戰から歩兵戰へという戰爭の變化、攻城戰などを含む總力戰の一般化という軍事的な要因、さらにはそれを統率する強力な權力の存在を考えざるをえないように思われる。籠城に必要なものすべてを圍い込む強固な城壁と、その城壁をめぐる敵・味方の攻防、そのような狀況のもとで本書「はたらくものの哲學—墨子と許子—」で紹介される墨子の「防禦部隊」「築城技術家集團」はうまれたのであり、その「非戰」の主張もやはり實踐的な意味をもって主張されえたのであろう。

　齊の臨淄・燕の下都・魯の曲阜、あるいは趙の邯鄲（河北省邯鄲市）・楚の紀南城（湖北省江陵縣）といった都城とともに、西方秦の都城の實態もあきらかになりつつある。秦は春秋時代の德公元（紀元前 677）年に雍（よう）（陝西省鳳翔縣）に都を築き、戰國時代の獻公二（紀元前 383）年には櫟陽（やくよう）（陝西省富平縣）、孝公十二（紀元前 350）年には咸陽（陝西省咸陽市東北）へと都を遷していった。雍城の發掘は 1959 年頃から始められ、東西 3.3 キロ、南北 3.2 キロの城壁と城內の宗廟跡・氷室跡などが確認されている。さらに雍城の南側一帶からは、秦公 1 號墓と名附けられた大墓を中心とする春秋時代の秦王の墓葬區が發見されている。秦公 1 號墓は地下に東西 60 メートル、南北 39 メートル、深さ 24 メートルの墓室をうがち、東西へとのびるスロープ狀の墓道をあわせて全長 300 メートルにもおよぶ巨大なもので、現在知られている先秦時代最大の陵墓である。春秋五霸の一人にもあげられる穆公（繆公とも書く、在位紀元前 660 〜 21 年）が亡くなったとき、177 人もの家臣が殉死したと傳えられているが、この景公（在位 577 〜 37 年、穆公の玄孫）の墓と考えられる秦公 1 號墓からも 180 體以上の殉葬者が發見され、その權力のすさまじさを今日に傳えている。次の都である櫟陽は咸陽よりさらに東、黃河をはさんで對峙していた魏との、前線ともいえる場所に位置している。この地に都が遷された紀元前 4 世紀前半は、まさに秦と魏との對立が本格化する時期であり、櫟陽への遷都はその軍事的緊張下でのできごとであった。この櫟陽でも近年發掘がすすみ、東西 1.8 キロ、南北 2.2 キロの城壁が確認されている。秦の最後の都となった咸陽でもまた、渭水北の河岸段丘上から遷都當時に建築された宮殿の基段がいくつか發見されている。とくに 1 號宮殿遺址と名附けられた版築の基段は、東西 60 メートル、南北 45 メートル、現高 6 メートルの規模をほこっている。咸陽に城壁があったかどうかはあきらかではないが、渭水北岸の段丘上に建ち並ぶ廣大な宮殿群は、その君主權の絶大さを示してあまりあるものであったろう。

　都城そして宮殿が現世の權力を示す裝置であるとするならば、陵墓は死後の權力裝置と

いうことができるかもしれない。さきに紹介した秦公1號墓の墓主は、あの世へ180人もの人閒達をつれさり、死後の世界における奉仕を期待したのであろう。また本書「世は戰國、領土國家の時代」冒頭で紹介されている河南省輝縣固圍村の大墓（戰國時代後期の魏の王墓と推定される）から出土した華麗な副葬品もまた、死後の世界で墓主に供されるものであったろう。さらに1970年代、湖北省隨縣で發見された紀元前5世紀の曾侯乙墓からは、總重量2.6トン、計65個の青銅製編鐘をはじめとして、總數15,000件あまりの副葬品が出土しているし、河北省平山縣で發見された紀元前4世紀末の中山王墓では、三段の臺形狀にもられた南北110メートル、東西92メートル、高さ15メートルの封土のうえに、囘廊をめぐらせた三層の建築が築かれていたと考えられている。曾侯乙墓の曾國は文獻史料に記錄がなく、中山國も紀元前4世紀には周圍の強國に對抗しうる勢力を保持していたものの、「胡服騎射」で有名な趙の武靈王の攻擊をうけて衰え、紀元前3世紀の初めに滅亡した小國であった。その小國ですら、これだけの副葬品を埋葬し、巨大な陵墓を營むことができたのである。紆餘曲折をへながらも中央集權化の道を歩んできた權力者達は、その都城・宮殿あるいは陵墓によって、自らの權力を誇示していたのであった。

　いささか春秋戰國時代の權力者の榮華に目を奪われすぎたかもしれない。たしかに、宮殿あるいは陵墓の巨大さ豪華さは人の目を引きやすいが、權力者だけが歷史の主役ではあるまい。1995年、山西省高平市の近郊から多數の戰死者を埋葬した竪坑がいくつか發見された。發掘された1號屍骨坑に埋葬されていたのはすべて男性、三十歲前後で平均身長は約170センチであるという。多くの人骨には刀傷や矢傷がみとめられ、戰死したのちに坑に埋められていた。紀元前260年の長平の戰いで秦に殺された趙の兵士達であろうといわれている。彼らもまた歷史をすすめてきた主人公である。春秋戰國時代の歷史は、秦始皇帝による統一へとむかっていく歷史として語られることが多いが、彼ら戰死した兵士にとっては、それが自明のことであったはずはないだろう。始皇帝の統一へという一種必然的なすじみちを想い描いているのは、結果を知っている後世のわれわれだけであり、殺され埋められた兵士を含む當事者達は、生き殘るためのさまざまな可能性をひたすら追求しつづけていただけではないのだろうか。始皇帝の統一、そして皇帝による專制的支配の開始という事件は、春秋戰國時代がはらんでいた幾多の可能性のなかのたった一つにすぎないのではないか。そう考えるとき、春秋戰國時代とはどこかしら出口を見いだすことのできなかった時代であったように思われてくる。さまざまな可能性を試しながらも、自分たちの行く末はだれにもわからない。どこか現代の日本に似ていると思うのは勘ぐりすぎだろうか。

　　　　　　　　　　　（『中國文明の歷史2 春秋戰國』、中央公論新社、2000年3月）

たった一行の記録

『春秋』『戰國策』

　周王朝が都を東の成周（河南省洛陽）に遷した「東遷」（紀元前770年）から秦始皇帝の天下統一（前221年）までの約550年間は、一般に春秋戰國時代と呼ばれている。周王朝の「東遷」以前を西周時代と呼ぶのであれば、「東遷」以降は東周時代と呼ばれるべきなのだが、こちらの方はあまり通りがよくない。よく知られているように、春秋戰國時代という名稱は、それぞれの時代を代表する『春秋』および『戰國策』というふたつの書物の名に由來している。『春秋』とは、周王朝の諸侯であった魯國（山東省曲阜）の年代記であり、魯の隱公元年（前722）から哀公十四年（前481）までの記録が年代順に配列されたものである。一方の『戰國策』は、蘇秦・張儀といった遊說家（縱橫家）たちの策謀を秦策・齊策といったように國別に集めたものだが、こちらは『春秋』とは對照的に記事の年代についてほとんど關心を示さない。

記録か經典か

　『春秋』の記述は極めて簡潔である。たとえば『春秋』の冒頭、隱公元年には「元年春、王正月」「三月、公邾の儀父と蔑に盟す」などといった記事が竝んでいるだけである。『春秋』とは本來、魯國の「史」官によって記録された事實の集積（「史」記）であるにすぎず、「史」官とは歷史家というよりも、むしろ記録官というべき存在であった。
　やがて『春秋』は魯國出身の孔子によって編纂された儒教の經典（『春秋經』）と考えられるようになっていく。孔子の手になる以上、その簡潔な記述にも深遠な意味がこめられているに違いない。
　隱公元年の「王の正月」という記事は、何故に周王の正月のみを記録し、隱公の卽位に言及しないのだろうか。邾國の君主は何故に「邾の儀父」と記されるのだろうか。そこにこめられている深遠な意味（『春秋』の大義）の解釋をめぐって、「經」の注釋書である「傳」が成立してくるのである。
　戰國時代に成立した『春秋公羊傳』『春秋穀梁傳』『春秋左氏傳』を春秋三傳という。このうち『公羊傳』と『穀梁傳』はもっぱら「經」文の筆法の解釋に終始したが、『左氏傳』は春秋時代にかかわる大量の記録を用いて「經」文の大義を解き明かそうとした。この『左傳』の出現によって、『春秋』は「經」としての地位を維持しつつも、再び「史」（記録）の方向へと囘歸していったといえるだろう。

フィクションを含む記録

　『戰國策』とは戰國時代の遊說家たちの策の書という意味である。前漢の終わり頃、劉向という人物が『國策』『國事』『短長』『事語』などと呼ばれていた宮中祕藏の書物を整理し、それらの錯亂・重複を正したうえで、國別に整理して三十三卷の書としたのである。

「その事は『春秋』以後を繼ぎ、楚・漢の起こるにおよぶまで、二百四十五年閒の事なり」と序文にあるように、この書は『春秋』の記述を引き繼ぎ、ほぼ項羽・劉邦の時代にいたるまでの策謀の數々を記錄している。

たとえば蘇秦の合従策や張儀の連衡策といった策謀は、戰國時代を語るうえで無視することができない事件であろう。『戰國策』はそのような戰國時代の策謀を最も詳細に記錄した書物なのではあるが、同時にそこには歷史上ありえない架空の策謀の記事を見出すこともできる。

『戰國策』の記事はすでに記錄としての「史」の範圍を越えており、虛實とりまぜた遊說家の策謀の書として「諸子百家」の範疇にまで踏みこんでいるのである。

『春秋』を繼ぐ

『春秋』『春秋左氏傳』あるいは『戰國策』（というよりも『戰國策』のもととなった宮中祕藏の書物）は、やがて司馬遷の『史記』（前91年頃完成）に大量の情報を提供することとなるが、その『史記』もまた「『春秋』を繼ぐ」書であった。ただしそれは、『戰國策』のように『春秋』の記述を引き繼ぐことではなく、『春秋』にこめられた精神そのものを引き繼ぐことであった。

中國における「歷史」書の成立を『史記』に求めることができるならば、「史」と「經」のあいだを搖れ動いた『春秋』、そして「史」と「諸子百家」の中閒に位置した『戰國策』は、『史記』の出現をまって「歷史」としての「史」へと接續されていくことになる。

（『週刊朝日百科　世界の文學』103、2001年7月）

經巡る王

一　秦の始皇帝から
二　周王と「四方」
三　殷王の遠征と田獵
四　「四方」から「天下」へ
五　再び秦の始皇帝へ

一　秦の始皇帝から

　紀元前221年に「天下」を統一し、中國史上最初の皇帝となった秦始皇帝に殘されていたのは旅また旅の人生であった。紀元前220年の西方への巡狩に始まり、以後、前219年・218年・215年と東方・南方あるいは北方への巡狩は續き、前210年の第五次巡狩の途上、沙丘（河北省平鄕縣）の地で始皇帝はその生涯を閉じることとなった。始皇帝が沙丘で崩御したのち、その巡狩に隨行した趙高あるいは李斯らの陰謀によって長子扶蘇は自殺へと追いやられ、代わって卽位した二世皇帝胡亥の登場とともに秦は崩壞への坂道を一氣に轉がりおちてゆく。秦帝國とはまさしく始皇帝一人の帝國であったが、その帝國のすべてを背負った始皇帝は、何故にその死を賭してまで旅を續けなければならなかったのだろうか。
　不老不死を追求するため、名山に登って領内を「國見」し、自然・人民に對して呪術的支配を加えるため、地方官の地方統治を權威づけ安定させるため、みずからの支配の正當性をアピールするため、…。始皇帝の巡狩にはさまざまな解釋が與えられてきた。そのいずれもがおそらくは事實の一端を言い當ててはいるのだろうが、始皇帝はみずからのため、あるいはみずからが築き上げた帝國のためにだけ死を賭して旅を續けていたのだろうか。言い方を換えれば、始皇帝の巡狩とは中國古代史の文脈から切り離された、きわめて個人的・個別的な事件なのであろうか。
　みずからの支配領域を「經巡る王」。目を始皇帝以前に轉ずるとき、われわれはそこに日々の田獵を卜われていた殷王、あるいは繰り返しその支配地を經巡っていた周王の姿を認めることができる。また儒敎の經典においても、帝王はその支配領域を巡狩すべきことが規定されている。經巡る王とは、中國古代史の文脈のなかに確實に存在していた支配者の姿であった。始皇帝をこの中國古代の經巡る王の系譜に位置づけてみること、本稿の目的はここにある。
　まずは、秦に先行する周王朝の王たちの行動を觀察することから始めよう。

二　周王と「四方」

晉侯蘇鐘の銘文

　1990年代に山西省曲沃縣北趙村晉侯墓地の8號墓から出土した晉侯蘇鐘は、8鐘2セット計16鐘からなる編鐘である。銘文は編鐘全16鐘に聯續する刻銘で、全體で355字、西周期屈指の長銘である。作器者の晉侯蘇は『史記』晉世家にみえる晉の獻侯籍と同一人物とされ[1]、この編鐘は西周後期の厲王（在位前857～42年）あるいは宣王（在位前827～782年）[2]期のものと考えられている。銘文には周王および晉侯蘇の夙夷征討の戰果、ならびに晉侯蘇の戰功に對する周王からの恩賞が記錄されているが、靑銅器銘史料からみるかぎり、この度の征討活動は西周期を通じても最大規模のものであった。銘文の内容は、ほぼ次のとおりである。

　　周王の三十三年、王はみずから東國・南國を邎省（いっせい）された（王親邎省東國・南國）[3]。正月既生霸戊午の日、王は宗周から步し、二月既望癸卯、成周に入城された。二月既死霸壬寅、王は征討軍のしんがりとして出發し、三月方死霸、□に到着され、そこから別行動をとられた。王はみずから晉侯蘇に命ぜられた、なんじの軍團を率いて、左から□をくつがえし、北から□をくつがえし、夙夷を伐て、と。晉侯蘇は首級120・捕虜23人の戰果を擧げた。王は匋城に到着し、みずから軍團を邎省された（王親邎省自）。王は晉侯蘇の軍團に到着し、馬車から降りたのち位に卽いて南面し、みずから晉侯蘇に命ぜられた、西北隅より匋城を敦伐（とんばつ）せよ、と。晉侯は亞旅・小子らを率いて、先陣を切って突入し、首級100・捕虜11人の戰果を擧げた。王が到着されると、おそれおののいた夙夷は逃げ去っていった。王は晉侯蘇に命ぜられた、大室小臣・車僕らを率いて、彼らを捕逐せよ、と。晉侯は首級110・捕虜20人の戰果を擧げた。また大室小臣・車僕らは首級150・捕虜60人の戰果を擧げた。
　　王は戻って成周の公族整（せいたいきゅう）自宮におられた。六月初吉戊寅の日の早朝、王は大室に到着して位に卽かれた。王は善夫の官を呼び、晉侯蘇を召し出せ、と命令された。晉侯蘇は門に入って、中庭の所定の位置につき、王はみずから馬四匹を晉侯蘇に賜った。（以下、省略）

　銘文の内容は、上の引用に示したように、夙夷征討の戰果を記錄した前段と、成周歸還後の晉侯蘇への恩賞を記錄した後段に分けることができる。後段はさらに晉侯蘇への二度目の恩賞賜與、さらに編鐘製作に對する晉侯蘇の願望へと續くが、引用が長くなるので省略した。

王の行動記錄

　この晉侯蘇鐘は晉侯蘇がみずからの戰功とそれに對する周王からの恩賞を記念し、あわせて祖先を祭ることを目的として製作したものである。しかしながら、銘文を仔細に觀察すると、そこには晉侯蘇の戰功ならびに周王からの恩賞に對する關心とともに、周王の所

在地についての執拗なまでの關心をみいだすこともできるはずである。上に引用した部分に限ってみても、「周王の三十三年、王はみずから東國・南國を通省された」以下、

  正月既生霸戊午の日、王は宗周から歩し、
  二月既望癸卯、成周に入城された。
  二月既死霸壬寅、王は征討軍のしんがりとして出發し、
  三月方死霸、□に到着され、そこから別行動をとられた。
  王は匓城に到着し、みずから軍團を通省された。
  王は晉侯蘇の軍團に到着し、馬車から降りたのち位に卽いて南面し、
  王が到着されると、おそれおののいた夙夷は逃げ去っていった。
  王は戻って成周の公族整㠯宮におられた。
  六月初吉戊寅の日の早朝、王は大室に到着して位に卽かれた。

のように、周王の行動は逐一記録され、作器者である晉侯蘇の所在地がほとんど言及されないのと際立った對照をなしている。この周王の所在地への執拗なまでの關心については後に改めて檢討を加えるが、ここではいましばらく晉侯蘇鐘銘に記録された周王の行動についての觀察を續けることにしよう。
 「正月既生霸戊午の日、王は宗周から歩し」「二月既望癸卯、成周に入城された」といった表現にみえている既生霸あるいは既望は月の滿ち缺けを表す「月相」と呼ばれ、ほぼ現在の「週」に相當するものである[4]。月相に續く戊午・癸卯は干支による日附の表示。晉侯蘇鐘銘によれば、周王は卽位三十三年正月の第二「週」戊午に宗周（陝西省西安）を出發し、二月第三「週」癸卯に成周（河南省洛陽）に到着したこととなる。甲子から始まり癸亥で終わる 60 通りの干支の順序において、戊午は 55 番目、癸卯は 40 番目に登場するので、戊午 55 の宗周出發から癸卯 40 の成周到着までには 46 日を要したこととなる[5]。
 さて、二月既望癸卯 40 の日に成周に到着した周王は、二月既死霸壬寅 39 に東方の夙夷征討へと出發し、遲くとも六月初吉戊寅 15 には成周に歸還している。この間、約 100 日におよぶ夙夷征討の行軍中、周王は匓城や晉侯蘇の軍團を經巡り、逐次晉侯蘇に對して攻擊の命令を發していたのであった。成周歸還後の六月初吉戊寅、周王は晉侯蘇への恩賞賜與の儀禮に臨み、さらに先の引用では省略したが、戊寅 15 から 9 日後の丁亥 24、12 日後の庚寅 27 にも儀禮が執り行われている。銘文最後の日附である（六月）庚寅以後の周王の行動については何一つ知ることができないが、いま假にこの日から往路と同じく 46 日を要して宗周に戻ったと想定しても、周王が宗周に歸還するのは正月既生霸戊午の出發から數えて約 200 日後のこととなる。實際には、戊寅の日にただちに宗周へ向けて出發することはなかったであろうから、周王の宗周歸還はさらに遲れることとなるだろう。周王はその卽位三十三年目の年の大半を宗周以外の地で過ごしていたのである[6]。

周王朝の支配領域

 少なくとも 200 日近くにおよんだ周王の移動は、晉侯蘇鐘銘の冒頭において「周王の三十三年、王はみずから東國・南國を通省された」と總括されていたが、これと同じく、周王の移動を「通省」という語彙で表現する青銅器銘に厲王胡（鈇）の自作器と考えられる

宗周鐘銘がある。

> 王は文王・武王の經營されし疆土を遹省された（王肇遹省文武勤疆土）。南國𫝀子はわが領土に侵攻し、王は征伐して至り、その都を伐たれた。𫝀子は和平を求め、來たり迎えて王に見えた。南夷・東夷のともに見えたものは、二十六邦であった。…われは天上の先王を嗣いで、宗周の鐘を作り、鳴り響く鐘の音で先王を地上にお導きする。先王は天上に居られて、われに多福を降され、わが子孫を嘉せられ、長壽を極めしめられんことを。馱よ、それ萬年までも、永く四國を保たんことを。

　南國𫝀子の率いる反亂を征討した周王の行動は、銘文冒頭において「王は文王・武王の經營されし疆土を遹省された」と總括されており、そこにみえる「文王・武王の經營されし疆土」とは、西周前期の大盂鼎銘において「先王の授けられたまいし民と授けられたまいし疆土（先王授民授疆土）」とも表現された王朝の支配領域のことであった。
　周王朝の支配領域が王朝の開祖である文王・武王にかけて語られていたことは、周王に仕えた記錄官であった史牆の作器にかかる西周中期の史牆盤銘

> 文王は初めて政を治め整えられた。上帝は大いなる德を降してこれを護られ、上下を保ち、萬邦を受けしめられた（合受萬邦）。武王は四方を遹正（征）し（遹正四方）、殷の民を伐ちはらい、永遠に恐れがないようにされた。（以下、省略）。

の一文からも知ることができる。歷代周王の事績を回顧するという特異な內容で知られる史牆盤銘において、「萬邦」の領有は文王にかけられ、「四方」という領域觀念は武王にかけて回顧されているのである[7]。そして文王・武王を嗣ぐ歷代の周王たちもまた、この「萬邦」「四方」を領有する支配者として、たとえば西周中期の盠方彝（方尊）銘

> 天子よ、萬年もわが萬邦を保たれますように（萬年保我萬邦）。

や、後期の南宮乎鐘銘

> 天子よ、萬年眉壽にして、永く四方を保たれますように（㽙永保四方）。

などのように、その臣下たちからの言祝ぎを受け續けたのであった。
　開祖たる文王・武王にかけて言說化された周王朝の支配領域は、時に「四方」と呼ばれ、時に「萬邦」と呼ばれたのであるが、そのうち東方・南方・西方・北方からなる「四方」は、後に述べるように殷代から引き繼いだ領域觀念であった。一方の「萬邦」は王朝の支配領域を構成していた邦國の修辭的總稱であり、先にみた宗周鐘銘に「南夷・東夷のともに見えたものは、二十六邦であった」とあったように、いわゆる夷狄の邦國をも含む觀念であったと考えられる。そしてさらに、「萬年もわが萬邦を保たれますように」「永く四方を保たれますように」といった言祝ぎの言葉を參照するならば、宗周鐘銘「馱よ、それ萬年までも、永く四國を保たんことを」にみえる「四國」、すなわち東國・南國・西國・北

國もまた王朝の支配領域を指し示す言葉であったと考えることができるだろう。

周王の遹省

王朝の支配領域たる「四方」あるいは「四國」「萬邦」、すなわち「文王・武王の經營されし疆土」への「遹省」という行爲は「遹正」とも書かれ[8]、あるいは單に「遹」「省」とも記されたが[9]、先の晉侯蘇鐘銘や宗周鐘銘でみたように、それは軍事的活動をも含みうる査察行爲というべきものであった[10]。たとえば、先にも引いた大盂鼎銘に

> 王は言われた。盂よ、…わがために先王の授けられたまいし民と授けられたまいし疆土とを遹省せよ（于我、其遹省先王授民授疆土）。

とあるように、遹省という行爲は王命を受けた臣下たちによって擔當されることもありえたが、大盂鼎銘に「わがために（于我）」とあるように、その本質はあくまでも周王自身の移動と査察にあったと考えるべきである。歷代周王の事績を回顧した史牆盤銘に「武王は四方を遹正し」と記された武王の「四方」への遹正は歷史的事實ではなく、回顧的に言及された架空の「事實」であるにすぎない[11]。しかしながら、「文王・武王の經營されし疆土」としてみずからの支配領域を言說化した周人は、同時に開祖武王の遹正をも言說化していたのであり、その支配領域を嗣ぐべき歷代の周王たちもまた、武王に始まる遹省（遹正）を行うべく運命づけられていたのである。

周王の所在地

周王はその支配領域を遹省すべく運命づけられた經巡る王であった。先に晉侯蘇鐘銘を檢討した際に、周王の所在地への執拗なまでの關心に注意を拂っておいたが、そのことはなにも晉侯蘇鐘銘にのみあてはまることではない。西周の全時代を通して、「王は宗周におられた（王在宗周）」「王は成周におられた（王在成周）」「王は周におられた（王在周）」といった周王の所在地に言及する靑銅器銘をいくつも探し出すことができる。たとえば、西周後期の頌鼎（簋・壺）銘

> 三年五月旣死霸甲戌の日、王は周の康昭宮におられた。早朝、王は大室に到着して位に卽かれた。宰引は頌を導いて、門に入り、中庭の所定の位置についた。尹氏が王に命令書をわたし、王は史虢生を呼んで、頌に册命させられた。（以下省略）。

は、周（陝西省岐山縣・扶風縣一帶）の康昭宮において執り行われた頌への册命儀禮の次第を記錄している。周は岐山山麓の周原に位置する周王朝發祥の地であったが、その地にもまたさまざまな儀禮施設が配され、西周期を通じて「都」としての機能を擔っていた。晉侯蘇鐘銘から導かれたデータを援用するならば、宗周の西方約100キロメートルに位置する周までの移動にもやはり數日は要したであろう。歷代の周王は宗周・成周や周といった王朝の「都」を何日・何十日もの日數を費やしながら經巡り、それらの地に存在した「廟」や「宮」においてさまざまな儀禮を執り行っていたのである。

さらに、周王が儀禮を執り行う地は「都」に限定されるものでもなかった。西周中期の師虎簋銘

　　元年六月既望甲戌の日、王は杜庭（とろう）におられ、大室に到着された。井伯は師虎を導いて入り、中庭の所定の位置について、北を向いた。王は內史呉を呼んでいわれた、虎に册命せよ、と。（以下省略）。

に記録された虎への册命儀禮は、杜庭の大室で執り行われたと記録されるが、この杜庭の「庭」とは離宮のごときものであったろうと考えられている。たとえば西周中期の靜方鼎銘に

　　十月甲子の日、王は宗周におられた。師中と靜とに命じ、南國を省し、その庭を檢分させられた。…（八）月既望丁丑、王は成周の大室におられ、靜に命ぜられた。（以下省略）。

とあるように、この離宮は「南國」すなわち「四國」（「四方」）の地にまで展開しており、周王の通省に際してその活動據點となっていたものと考えられる。周王は「都」や離宮といった諸々の地を經巡り、さまざまな儀禮を執り行う支配者であった。それゆえ、周人たちは常に周王の所在地に強い關心を拂い續けていたのである。そしてその關心は、西周前期の厚趠方鼎銘「王が成周に來られた年（隹王來格于成周年）」のように、時として周王の所在地によって特定の年を指し示す大事紀年となり、青銅彝器の上に記錄されることとなったのである。

三　殷王の遠征と田獵

殷代における「方」

　周王朝の支配領域を指し示していた「四方」という觀念は、殷代より引き繼いだものであった。殷代における「方」の用例[12]は、土方・舌方・盂方・召方・人方といった方國を指し示す用例と、方位ならびに當該方位の土地あるいはその土地神を指し示す用例に大別することができる。方國は「南邦方」（『合集』20576[13]）「三邦方」（『合集』36530）のように「邦方」と記されることもあり、それらを總稱する場合には「多方」（『合集』28008 など）という言葉が使用された。一方、方位ならびに當該方位の土地・土地神を指し示す用例には「それ雨を東方にいのらんか（其奉雨于東方）」（『合集』30173）などといった用例があるが、東方・南方・西方・北方を總稱する「四方」という觀念もまた、たとえば「それ四方に侑せんか（其侑于四方）」（『合集』30394）といった卜辭が知られているように、すでにこの時期に成立し西周期へと引き繼がれていった。

　甲骨文にみえる「四方」と「多方」との關係は、西周期の青銅器銘における「四方」と「萬邦」との關係に相當するだろうが、この方國の總數について陳夢家は第一期武丁期の方國 28、武丁期以降に登場する方國 10 の名を擧げ、島邦男は 51 の方國を數え上げてい

る⁽¹⁴⁾。その後『合集』による甲骨史料集成の成果をうけた饒 宗頤(じょうそうい)は、そこからおよそ100近い方國の名を檢出するに至っている⁽¹⁵⁾。これら方國の大多數は殷に敵對する勢力であったが⁽¹⁶⁾、その征討活動について殷王自身の關與をうかがうことができるものとしては、第一期の土方・舌方、第四期の召方⁽¹⁷⁾、第五期の人方といった方國の存在が知られている。

殷王の人方遠征

これらの方國のうち、もっとも豐富な史料を殘しているのは第五期の人方である。人方への征討活動は、殷末の青銅彝器である小臣艅尊銘

> 丁巳の日、王は夒曰を省せられた。王は小臣艅に夒の貝を賜った。王が人方遠征より歸還されるとき（隹王來正人方）、王の十五年の肜祭の日。

に記錄されるほか、甲骨文にも多數の記錄が殘されている。董作賓(とうさくひん)を嚆矢として、その後も陳夢家・島邦男・李學勤・丁驌(ていしゅく)など多くの研究者によって、その曆譜ならびに遠征行程の復元が試みられてきたが⁽¹⁸⁾、いま陳夢家の研究に從うならば、それは王の十祀（年）九月甲午 31 に始まり、十一祀五月癸丑 50⁽¹⁹⁾に終了する 260 日閒にもおよぶ遠征であった⁽²⁰⁾。

人方遠征にかかわる卜辭では、その往路においては「正人方」、歸路においては上に引いた小臣艅尊銘にもみえる「來正人方」という表現が用いられたが、この閒たとえば

> 癸亥に王が卜(と)う。貞う、旬（次の10日閒）にわざわいなきか。九月に在り。王は人方を征し、雇に在り（癸亥、王卜、貞[旬亡]畎、在九月、王正人方、在雇）。（『合集』36485）
> 己巳に王が卜(うらな)う。危に在りて貞う、今日 攸に歩するに、わざわいなきか。十二月に在り（己巳、王卜、在危貞、今日歩于攸、亡災、在十月又二）。（『合集』36825）
> 乙巳 42 に卜う。…王 田するに…亡…兕二十又…人[方]遠征から歸る（乙巳卜…王田…亡…兕廿又…來正人[方]）。
> 丙午 43 に卜う。商に在りて貞う、今日 樂に歩するに、わざわいなきか（丙午卜、在商貞、今日歩于樂、亡災）。
> 己酉 46 に卜う。樂に在りて貞う、今日 王は喪に歩するに、わざわいなきか（己酉卜、在樂貞、今日王歩于喪、亡災）。
> [庚]戌 47 に卜う。□に在りて貞う、今日 王は□に歩するに、わざわいなきか（[庚]戌卜、在□貞、今日王歩于□、亡災）。（『合集』36501）

といった卜辭が示すように、殷王の所在地ならびに移動は「在□」「在□、歩于□」といった書式でもって逐一記錄されていたのである。これらの卜辭における王の所在地への關心のありかたは、先にみた西周期の青銅器銘のそれに通ずるものがあると考えることができるだろう。

「歩」と「省」

　ところで、上に引いた卜辭にみえていた「今日　攸に歩す」の「歩」という行爲は、第二節でみた晉侯蘇鐘銘の「王は宗周から歩し、…成周に入城された（王歩自宗周、…王入格成周）」にもみえており、さらに文獻史料の『尚書』召誥篇「王は朝に周より歩し、豐に至られた（王朝歩自周、則至于豐）」などにも記錄されていた行爲であった[21]。さらに注目すべきは、殷王の人方遠征ならびにその行程における「歩」という行爲は、小臣艅尊銘によるならば、殷王の「省」という行爲ともかかわっており、それと同樣の關係を晉侯蘇鐘銘においてもみいだすことができるということである。晉侯蘇鐘銘は200日にもおよぶ夙夷遠征を記錄したものであったが、宗周からの「歩」で始まるその全行程は、銘文の冒頭において「王はみずから東國・南國を遹省された」との表現によって總括されていたのであった。

　第五期の人方遠征の記錄から推定される「省」と征討活動との關係は、實は第一期武丁期の土方・䂣方征討にかかわる卜辭においてもみいだすことができる。第一期の土方・䂣方への征討は、

　　　沚ᤲ（しわく）が告げていう。土方は我が東鄙を征し、二邑にわざわいを與えた。䂣方もまたわが西鄙の田を侵した（沚ᤲ告曰、土方正于我東鄙、戈二邑、䂣方亦侵我西鄙田）。（『合集』6057）

と記錄された土方・䂣方による侵略行爲に端を發したものだが、この侵略行爲に對して、たとえば

　　　庚申にトう。㱿が貞う、今春　王は土方を省（せい）せんか。…有らんか（庚申ト、㱿貞、今春王省土方…有…）。（『合集』6398）
　　　庚申にトう。㱿が貞う、今春　王は土方を徣伐せんか（庚申ト、㱿貞、今春王徣伐土方）。（『合集』6399）
　　　戊午にトう。㱿が貞う、今春　王は土方を征せんか（戊午ト、㱿貞、今春王正土方）。（『合集』6441）

といったような殷王の親征をも含む貞卜が繰り返し行われたのである。

　たとえば『合集』6398・6399に記錄された貞卜にみえる「徣」字は、循あるいは德などとも釋される文字であるが[22]、聞一多がこれについて「省はあるいは徣に作る」との判斷を下していることに從ってよいものと思う[23]。この徣字にはほかに「徣正」（『合集』7231）といった用例もあり、征討活動に關聯する文字であったことはわかるが、聞がそれらの用例に基づいて徣字に征伐の意味を與えたことは再考を要するだろう、聞が「およそ『鄙を省す』の文字はすべて省に作り、『方を徣す』の文字はすべて徣に作る」と指摘するように、徣字は方國との結びつきが強い文字であり、「彳」を構成要素とするのは方國への移動の意味を附加するためではないかと考えられる[24]。「彳」を除いた「省」字について聞が巡視との字義を與えているように、この徣字もまた巡視の意味を擔っており、その巡視が時として征伐あるいは田獵という行爲に結びつくものと考えておくべきであろう[25]。第

一期の土方・昌方征討における「徣」・あるいは第五期人方遠征における「省」といった殷王の行爲は、西周期の周王の「四方」への通省に聯なる行爲であったと考えることができそうだが、聞なども指摘するように殷代の「省」には田獵とのかかわりが強く認められるという特徴がある。その檢討を踏まえたうえで兩時代を比較することにしよう。

殷王の田獵

甲骨文に殷王の田獵にかかわる貞卜が大量に含まれていることはつとに研究者の注目を集め、とくにそこに記錄された地名の比定については、王國維や林泰輔をはじめとして、陳夢家・島邦男・李學勤あるいは鍾柏生など、多數の研究が蓄積されてきた[26]。ここでは先行する諸研究の成果をうけつつも、同時に田獵地の比定をめぐって新たな見解を示した松丸道雄の所説を紹介し[27]、あわせて爾後の考察の手がかりとすることにしたい。

殷王の田獵にかかわる卜辭を松丸は「王田卜辭」「王徣卜辭」「その他の田獵卜辭」の三類に分けている。第一類「王田卜辭」は卜辭主文に「田」字を用いる田獵に關する貞卜のすべてであり、第二類「王徣卜辭」は「田」字とほとんど同樣の用例をもつ「徣」字を用いる貞卜である。この徣字は踐あるいは過などとも釋されるが、ここでは松丸の字釋に從っておく。最後に第三類「その他の田獵卜辭」に分類されるのは、逐・獸（＝狩）・射・網などの文字を用いて狩獵そのものの具體的行爲に關する貞卜を行うものである。これら三類に區分された田獵卜辭の時期的變化については、

> 第一期：第三類に屬する田獵卜辭が壓倒的に多く、第一類「王田卜辭」も「王往于田（王　田に往く）」や「王出于田（王　田に出づ）」などの表現を用い、のちに定形化する「王田卜辭」の形式をとっていない。
> 第二期：ほとんどが第一類卜辭となり、「王田、亡災（王田するに、わざわいなきか）」「王田于□、亡災（王　□に田するに、わざわいなきか）」といった形式が一般的となる。
> 第三期：第一類卜辭では「王其田、亡災（王それ田するに、わざわいなきか）」「王其田、往來亡災（王それ田するに、往來にわざわいなきか）」という形式が一般化する。
> 第四期：「災」字にかわって「𢦏」字が用いられるようになり、あわせて「干支卜、王其徣于□、亡𢦏（干支にトう。王それ□に徣するに、わざわいなきか）」といった第二類「王徣卜辭」が急增する[28]。
> 第五期：第一類卜辭は「干支、王卜貞、田□、往來亡災（干支に、王トいて貞う。□に田するに、往來にわざわいなきか）」という書式に定形化し、第二類卜辭は「干支卜貞、王徣于□、往來亡災（干支にトいて貞う。王　□に徣するに、往來にわざわいなきか）」という書式に定形化する。

といった變化が指摘されている。そしてさらに松丸は、第五期の定形化した「王田卜辭」「王徣卜辭」に習見し、さらに第二期・第三期にもみえる「往來亡災」という定型句の存在に注目するのである。

第一期・第二期の田獵卜辭にみえる「往于田」が田獵地に赴く意味であること、すなわ

ち「田に往く」と讀むべきことに疑問の餘地はなく、「來」字については、先に述べたように人方遠征を記録した卜辭に「來正人方」という歸路を示す用例があった。「往來亡災」の定型句をもつ田獵卜辭にみえる地名は、その出發點から1日のうちに往復可能な範圍内に存在していたと考えるべきであり[29]、殷王がそれらの田獵地を次々と經巡り、はるか遠方の地にまでその足跡を印したと考える地名比定の方法は否定されるべきである。この松丸の見解に從うならば、殷王の田獵地は限られた領域に集中していたと考えるべきものとなるが、「往來亡災」の定型句は田獵卜辭のほかにも、たとえば

　　壬申に卜いて貞う。王　召に歩するに、往來にわざわいなきか（壬申、卜貞、王歩于召、往來亡災）。（『合集』36695）
　　己亥に卜いて貞う。王　省するに、往來にわざわいなきか（己亥、卜貞、王省、往來亡災）。（『合集』36361）

といった殷王の「歩」あるいは「省」といった行爲についての貞卜にも登場している。「王召に歩する」にみえる召は田獵卜辭に習見する地名であり、「歩」「省」もまた限られた領域に對する行爲でありえたのである。

　松丸は田獵卜辭に殷王の所在地ないしは貞卜地が記されていないことに注意を促し、その理由を「かならず王の常住の地から出發し、そこへ歸ってくることが自明であったために」ことさら記録されることはなかったとしたうえで、その「常住の地」を殷王朝の都、すなわち河南省安陽市の殷墟に求めた[30]。確かに、先にみた人方遠征における殷王の所在地への執拗な言及と對比すれば、殷王の所在地にほとんど關心を示さない田獵卜辭の日常性は明白である。しかしながら、これらの田獵卜辭が「常住の地」、すなわち殷王朝の都で貞卜されたという主張は推測の域を出るものではないだろう[31]。たとえば、一定の範圍の田獵區で日常的に田獵が行われていた場合でも、殷王の所在地に言及しないという事態は發生しえたはずである。張光直などが指摘するように[32]、殷王の田獵地の比定をめぐつては、これを殷王朝の都の近傍に求める松丸の見解のほかに、黄河北岸の河南省沁陽一帶にこれを求める見解、さらに殷王朝の支配領域全域にわたっていたとする見解が鼎立している。第三の考え方は松丸の研究によって排除しうるとしても、第二の見解と松丸の見解に強いて優劣をつけようとすることは、甲骨文にみえる地名の比定作業の困難さからしても、さほど實りの多い議論ではないように思われる。ここでは田獵地の地望比定の議論に深入りすることはせず、代わりに松丸がその論考で指摘し、さらに李學勤にもほぼ同様の指摘がある田獵日の規則性に注目してみたい。

田獵日の成立

　松丸によるならば、第一期から第二期にかけては田獵日に關する規則はまったく存在せず、場合によっては聯日田獵の貞卜が繰り返されることもありえた。ところが、第二期のある時期に至って、田獵を十干の乙・戊・辛の3日に限定して行う風習が生じ、第三期にはこれに壬日が加えられ、十干のうちの4日が田獵日となった。第四期ではこれがそのまま踏襲され、第五期に至ると、さらに丁日が加えられて5日が田獵日となり、さらに「王後卜辭」では己日・庚日もこれに加えられるようになる[33]。松丸は續いて、第四期・第五

期の約100年間において、田獵日と定められた1旬（10日）中の4日ないしは6日のうち、ほぼ半數は實際に田獵を實施していたのであろうとの推測を示すが、その當否はおくとしても、規則性をもって田獵が貞卜されるという事實（田獵が實際に實行されたかどうかは不明）そのものが、殷王の田獵が言説化され構造化されていたことを示している。規則性をもって貞卜されることによって言説化されていた殷王の田獵、さらには「歩」「省」といった行爲の對象となっていたのは特定の地に限定された田獵區であり、「四方」あるいは方國への「省」という行爲が日常的に言説化されることはなかった。

　すでに指摘されているように、方國への殷王の遠征はその侵攻に對する防禦的な行爲にすぎず(34)、その支配もまた周王朝が文王・武王にかけてこれを言説化したような段階には到達していなかったと考えられる。「天下」觀念に先行する「四方」觀念は確かに殷代に成立し、かつ「それ四方に侑せんか」といった卜辭が示すように、それへの關心はもちろん存在していたのではあるが、その支配が言説化され、かつ王の移動によって實效性を與えられるようになるのは、周王朝の出現をまつ必要があったといわねばならないだろう。

四　「四方」から「天下」へ

東周期の王室

　紀元前8世紀、王室の分裂をともないつつ周王朝はその「都」を東方の成周へと遷し、時代は東周期（春秋戰國時代）へと移行していった。王朝の權力は諸侯國の擡頭によってその實質を失い、周王は文王・武王より引き繼いだ天子としての權威のみを保持する存在として、歷史の表舞臺から次第にその姿を消してゆく。東周期にかかわる記錄の主要な關心が諸侯國の動向に集中し、周王への關心が失われてゆくことは致し方ないことではあるが、それでもなおわれわれはそのわずかに殘された記錄から、かつてその支配領域を經巡っていた周王の末裔たちの動向をうかがうことはできるのである。

　春秋期、周の王室は王位繼承をめぐる内亂をしばしば經驗した。おもだった内亂としても惠王（在位前676～653年）とその叔父王子頽との抗爭、襄王（在位前652～619年）とその弟王子帶との抗爭、景王（在位前544～520年）の崩御を契機とする王子猛（悼王）・王子匄（敬王）・王子朝兄弟三人の抗爭、といった内亂を擧げることができるが、これらの内亂に際して、時の王たちはしばしばその難を逃れて「都」成周を離れることとなった。

　前675年に勃發した王子頽の亂に際し、惠王は王朝の卿士であった鄭伯の援助をえて成周を脱出し、櫟さらに鄔へとその居處を遷した。櫟は鄭の「別都」とされる地で、かつて鄭の内亂に際して鄭伯が居住したとされる堅城である。また鄔は前712年に鄭から周へと讓られた王家の所領であった。さらに前636年に王子帶の亂が勃發したときも、襄王は最初王家の所領である坎欿へと避難し、いったん成周に戻ったあと、ふたたび鄭領の氾へとその居處を遷している。惠王・襄王ともに、内亂に際して王家の所領および卿士であった鄭伯の所領へと難を逃れていたことが觀察できるだろう。

王權の象徵

　氾の地にあった襄王に對して、鄭伯は周王の居處の役人と調度を整えた（省視官・具于

汜）が、これと同様の行爲は平時における周王の巡狩（巡守）に際しても觀察することができる。王子穨の亂の平定後、惠王は卿士虢公の所領へと巡狩し、虢公は珤の地に「王宮」を造營した（王巡虢守、虢公爲王宮于珤）と記錄されている。周王の赴いた地に「王宮」が造營されることは、王子帶の亂の平定後、前632年に晉文公によって主催された踐土の盟においても確認でき（作王宮于踐土）、その「王宮」において周王への朝見あるいは諸侯との會盟儀禮が執り行われたのである。「王宮」は別に「王所」「王庭」とも記されるが、この施設は朝見や會盟など周王の政治能力を機能させるためのものであり、逆にそのような施設が設けられることによってはじめて周王はその政治能力を發揮することができたのである。

珤の地に設けられた「王宮」あるいは踐土の地に設けられた「王宮」を參照するならば、襄王が鄭領の汜に居處を遷したとき、その地の役人・調度（官・具）が整えられた意味も自ずから明らかとなるだろう。鄭伯は襄王の「官・具」を整えることによって、襄王の政治能力が機能しうる場を設定していたのであり、そのことによって襄王の正當性を主張しようとしていたのである。先にみた王子穨の亂に際しても、鄔に難を逃れた惠王が成周の「寶器」をもちだした（遂入成周、取其寶器而還）ことが記錄されている。「寶器」が周王の政治能力を象徵することは明らかであり、その「寶器」を所持することによって惠王は自らの正當性を主張していたのである。

第二節において、西周期の青銅器銘に記錄された周王の所在地を檢討し、周王は「都」や離宮といった諸々の地を經巡る支配者であったとの見解を示しておいた。周王はそれらの地に設けられた「廟」や「宮」などの施設においてさまざまな儀禮を執り行い、王朝の秩序を維持していたのであったが、前673年に珤の地に設けられた「王宮」、あるいは前632年に踐土の地に設けられた「王宮」もまた、この西周期の「宮」の系譜に聯なるものであったと考えることができるだろう。そしてさらに、惠王が難を逃れた櫟や鄔、襄王が難を逃れた坎欿や汜といった地にもまた、その「宮」の系譜に聯なる施設が備えられていたと想定できるはずである。

「四方」觀念の後退

前520年に勃發した內亂は、景王の三人の王子、王子猛（悼王）・王子匄（敬王）・王子朝を主役としつつ、前516年に一應の終焉を迎えるまで、王朝內の諸勢力・諸侯などを卷き込みつつ複雑な展開をたどることとなった。ここでは逐一かれらの居處を追跡することはしないが、かれらの移動範圍は成周からその東方に位置する鞏までのおおよそ50キロメートル程度の廣さに收まってしまう。一時期王子朝が西王、敬王（王子匄）が東王と呼ばれたように、この內亂はまさに王室を二分する熾烈なものであったが、その內亂の舞臺は、この廣さ50キロメートル程度のささやかなものでしかなかった。實際、先の王子穨の亂で惠王が鄭領の櫟に逃れ、王子帶の亂で襄王が同じく鄭領の汜に逃れたこと、あるいは王子穨の亂の後、惠王が虢に巡狩していたことを想起してみても、この度の內亂における主役たちの移動範圍は著しく縮小している。この移動範圍の縮小は、王朝の卿士であった虢が前655年に滅亡し、同じく卿士であった鄭が次第にその立場から離脫し一般の諸侯へと變質していった過程と併行しており[35]、春秋期の周王はもはや王家の所領あるいは卿士の所領にしか移動できない支配者に變質していたのである。虢が滅亡し、鄭が王室から

離脱していったのち、周王あるいはその對抗者たちに殘されていたのは、もはや 50 キロメートル程度の廣がりしかもたないわずかばかりの領域でしかなかった。かつて周王の移動すべき領域として言説化され、かつその移動によって實效性を與えられていた「四方」は、いまや現實の周王の移動を望むべくもない理念的な領域觀念へと後退していった。そして、この實效性を失いつつあった「四方」觀念に代わって、戰國中期の前 4 世紀ごろ、新たな領域觀念として「天下」という觀念が言説化されてくる[36]。この「天下」觀念こそ、まさに新たな支配者に支配されるべき領域を盛るための新しい皮袋となるものであった[37]。

「天下」觀念の誕生

　方千里の王畿（國畿・甸服[38]）として同心方狀に展開する「天下」觀念についてはさまざまな言説が繰り廣げられたが、渡邊信一郎によるならば、それら諸々の言説は「擴大する天下」と總括しうる推移をたどっていった[39]。戰國時代から漢代にかけて「天下」が包攝する領域は方三千里・方五千里・方萬里へと廣がってゆき、やがては全世界をも意味する領域觀念へと成長してゆくのである。しかしながら、この「擴大する天下」にあっても、たとえば戰國末の秦で成立した『呂氏春秋』審分覽愼勢篇に

　　古の王者は、天下の中心を選んで王畿とし、王畿の中心を選んで宮殿を建て、宮
　　殿の中心を選んで宗廟を建てた（古之王者、擇天下之中而立國、擇國之中而立宮、擇
　　宮之中而立廟）。

とあるように、その支配者は「天下」の中央に位置すべきものというイメージを與えられ續けていたのである。

　西周期に宗周・成周・周といった「都」や離宮を經巡り、それらの地に設けられた「廟」「宮」といった施設で儀禮を執り行っていた周王の姿と比較したとき、この「天下」觀念における支配者の中央志向は顯著である。戰國の世にあって、各諸侯國はその軍事能力を高めるためにさかんに築城を行ったが、佐原康夫によれば、そこには「巨大な國都の成立と中小城郭の爆發的增加」という二つの潮流が認められるという[40]。「天下」觀念が語られつつあるとき、その眼前で展開していたのは「君主が百官を從えて住む都城の下に行政的・軍事的に多數の都市が從屬する、という都市の政治的二元化」という現實であった。「新しい皮袋」としての「天下」觀念に盛り込まれるべき支配者のイメージとは、なによりもまず百官や強大な軍團を從え、巨大な國都に居住して中央集權化への道を突き進む支配者のイメージであった。しかしながら、それと同時に戰國の人びとはかつて遠方の地にまでその足跡を印した周王の記憶を依然保持しており[41]、なおかつ方三千里・方五千里・方萬里へと擴大し續ける「天下」觀念になんらかの實效性を與える必要もあったに相違ない。この中央に定位しようとする支配者のイメージと經巡る支配者の記憶とのせめぎあいのなかから、たとえば『尚書』舜典篇に

　　舜は五年に一度ずつ天下を巡守され、諸國の君主たちは四年ごとに帝に朝見する
　　（五載一巡守、群后四朝）。

と記されるような、古代聖王の定期的な巡狩が言説化されてくるのではないだろうか。

始皇帝と「天下」

　かつて周王の邁省によって實效性を與えられていた「四方」觀念に代わって登場した「天下」觀念は、古代聖王の定期的巡狩によって言説レベルでの實效性を與えられるに至ったといえるかもしれない。しかしながら、分裂・抗爭の戰國期にあって、當時の君王のいずれかがこの「天下」を巡狩すること、すなわち新たな「天下」觀念に現實的な實效性を與えることは不可能であり、その實現には分裂の收束、すなわち「天下」の統一をまたなければならなかった。「卽位の二十六年、皇帝は天下を併合した（廿六年、皇帝盡幷兼天下）」とみずからの「天下」統一を宣言した秦始皇帝が、その「天下」統一の翌年から始めた巡狩とは、まさにいまだ言説のレベルにとどまっていた「天下」觀念に初めて現實的な實效性を與えようとした行爲であったと評價できるだろう。『史記』秦始皇本紀二十六年條に

　　天下を分かって以て三十六郡と爲し、…地は東は海および朝鮮に至り、西は臨洮・羌中に至り、南は北嚮戸に至り、北は（黃）河に據りて塞（長城）を作り、陰山にそって遼東に至る（分天下以爲三十六郡、…地東至海曁朝鮮、西至臨洮・羌中、南至北嚮戸、北據河爲塞、並陰山至遼東）。

とあるように、「天下」は秦始皇帝の統一をまって初めて具體的な領域として語られうるものとなったのであり、始皇帝はその「天下」に實效性を與えるべく、死を賭してまでの旅へと出發するのである。

五　再び秦の始皇帝へ

　紀元前210年7月に始皇帝が崩御した沙丘の地には、戰國期の趙より引き繼いだ離宮が存在していた。湖北省雲夢縣の龍崗6號墓から出土した秦代の竹簡に「沙丘苑中の風茶者…」（195簡）という記録が殘されており、秦代の沙丘には禁苑が存在していたことが確認できる。そして、その禁苑に附隨する離宮において始皇帝はその生涯を閉じたのであろうとされている。鶴閒和幸は、この沙丘の離宮をはじめとして、燕の碣石宮や齊の東觀、楚の雲夢の離宮、あるいは舊戰國君主の離宮が始皇帝の巡狩の行動據點となり、馳道という皇帝專用道路もまた中央とこれら離宮を直結させようという構想から整備されていったと推定している[42]。

　鶴閒の推定に從うならば、始皇帝の巡狩とは「天下」の各地に點在した禁苑ならびに離宮を經巡る旅であったが、そこには「都」や離宮を經巡っていた西周期の周王たちの行動を彷彿させるものがあるように感じられる。始皇帝の登場に先立って、言説のレベルにおける領域觀念はすでに「四方」から「天下」へとシフトしていたが、その一方で始皇帝は「經巡る王」としての記憶を過去から引き繼いでもいた[43]。「天下」の中央を志向する支配者とその支配領域を經巡ろうとする支配者。かつて古代聖王の定期的巡狩という言説で調整されていたせめぎあいを、今度は生身の始皇帝が擔おうとしたとき、始皇帝とかれの

帝國は引き裂かれ、その悲劇が始まったといえるのかもしれない。

註
(1)『史記』晉世家「獻侯籍」の索隱に「『系本』および譙周はともに蘇に作る」とあり、獻侯籍の名が「蘇」とも記錄されていたことがわかる。
(2)前841年以前の歷代周王の在位年數は正確にはわからない、ここでは一應、陳夢家『西周年代考』（上海、商務印書館、1945）の判斷に從っておく。なお、歷代周王の在位年數にかかわる諸說は朱鳳瀚・張榮明『西周諸王年代研究』（貴陽、貴州人民出版社、1998）にまとめられている。
(3)本文で「國」字に釋した文字は青銅器銘では「或」字に作られている。この字は「域」とも釋しうるが、ここでは「國」字をあてることとする。
(4)月相は初吉・既生霸・既望・既死霸の四つを基本とする。その解釋についてはいまだ定說を得ないが、おおよそ現在の週に相當するとする四分說と、月のある特定の日を指し示すとする定點說に二分することができる。ここでは四分說に從っておいた。
(5)ただし、註(6)に述べるように晉侯蘇鐘銘の曆日記事には問題があり、成周到着を「二月既望癸卯」としない考え方もありうる。いま假に宗周～成周閒を46日かけて移動したとすると、宗周～成周閒はおおよそ500キロメートルあるので、周王の移動距離は1日平均10～11キロメートルとなる。もちろん1日平均10～11キロメートルというのは、46日閒每日移動し續けたと考えた場合の計算値であるにすぎず、たとえば移動中の滯在などを想定しなければならないだろうから、實際の移動速度がこの數値を上回ること想像に難くない。ちなみに、田中柚美子「左傳に見える軍行―戎・狄硏究の一助として―」（『三上次男博士頌壽記念東洋史・考古學論集』、京都、朋友書店、1979）は、『春秋左氏傳』の記述を根據として、春秋時代の平時の往來は1日平均35～38キロメートル、平時の軍隊の1日の行軍距離は約24キロメートルと推定している。
(6)しかしながら、事態はいま少し複雜である。晉侯蘇鐘銘に記錄された豐富な曆日記事は西周期の曆譜解明の重要な手がかりとなりうるものではあるが、その際に最大の問題となっているのが、成周到着の「二月既望癸卯40」が夙夷征討出發の「二月既死霸壬寅39」に1日先行することである。單純に考えた場合、癸卯40から次の壬寅39までには59日あり、これを同年・同月に配置することは不可能である。この問題の解決をめぐって議論は百出するのであるが、その解決には、①癸卯・壬寅のいずれか（あるいは兩方）を誤りとして、これを同月のなかに配置しようとする方法と、②癸卯・壬寅の日附を尊重して、二月既望癸卯・二月既死霸壬寅が配置されうる年を探し出す、という二つの方法が考えられる。前者の場合、周王の行動は本文のそれと大差ないものとなるが、後者の場合、二月既望癸卯と二月既死霸壬寅の閒には少なくとも1年以上の時閒差が想定され、周王の成周滯在期閒は大幅に伸びることとなる。
(7)史牆の一代後の㝬が作った㝬鐘銘には「文王は初めて政（まつりごと）を治め整えられた。上帝は大いなる德を降してこれを護られ、四方を保ち、萬邦を受けしめられた（匍有四方、合受萬邦）」とあり、「四方」「萬邦」の兩觀念とも文王にかけて回想されている。
(8)本文に擧げた史牆盤銘のほかに、西周後期の小克鼎銘に「王命善夫克、舍命于成周、遹正八𠂤之年（王　善夫克に命じ、命を成周に舍き、八𠂤を遹正せしめたまう年なり）」とある。
(9)「遹」に作る例としては、西周後期の克鐘（鎛）銘に「王親命克、遹涇東、至于京𠂤（王親ら克に命ず、涇東を遹して、京𠂤に至れ、と）」とある。「省」に作る例は多數存在するが、ここでは西周後期の史頌鼎（簋）銘「王在宗周。命史頌省蘇（王　宗周に在り。史頌に命じて蘇を省せ

しむ）」を舉げておこう。
(10) 白川靜『説文新義』卷二下（神戸、白鶴美術館、1969）「遹」條に「遹省・遹正は何れも軍事的な目的をもつ査察行爲をいう」とある。
(11) 陳夢家註(2)前揭書の推定によるならば、武王の在位は前 1027 年から前 1025 年までである。武王は殷征討後に宗周に戻ったあと、ほどなく崩御しており、「四方」の地へ出向いた事實は確認できない。
(12) 方字の原義については、これを耒(すき)の象形とする説が一般的である。ただし白川靜『説文新義』卷八下（神戸、白鶴美術館、1971）「方」條では、これを「人を架してこれを祭梟とする意味である」と解釋する。
(13) 甲骨文については郭沫若主編・中國社會科學院歷史研究所編『甲骨文合集』（北京、中華書局、1977～1982）（以下『合集』と省略）の著錄番號を附記する。甲骨文は一般的に第一期：盤庚・小辛・小乙・武丁、第二期：祖庚・祖甲、第三期：廩辛・康丁、第四期：武乙・文丁、第五期：帝乙・帝辛の五期に斷代される。『合集』に著錄された甲骨文は著錄番號 1 から 22536 が第一期、22537 から 26878 が第二期、26879 から 31968 が第三期、31969 から 35342 が第四期、35343 から 39476 が第五期に相當する。
(14) 陳夢家「方國地理」（『殷虛卜辭綜述』、北京、科學出版社、1956）、島邦男「殷の方國」（『殷墟卜辭研究』、弘前、中國學研究會、1958）。
(15) 饒宗頤「地名」（『甲骨文通檢』第 2 冊、香港、中文大學出版社、1994）。
(16) 伊藤道治『中國古代王朝の形成―出土資料を中心とする殷周史の研究』（東京、創文社、1975）には「方を附して呼ばれる國は、殷に屬する、或いは殷と親密な關係にあった國を示す場合には使用されず、殷に侵入し、或いは殷の征伐を受ける國、卽ち殷の外敵を意味する言葉として使用されているのである」（62 頁）との指摘がある。また李學勤『殷代地理簡論』（臺北、木鐸出版社、1959）にも「稱"方"者大多是商的敵人、但也有服屬於商的、如武丁時代的興方、武乙時代的危方」（61 頁）との指摘がある。
(17) 許進雄「修定武乙征召方日程」（『古文字研究』第 20 輯、北京、中華書局、2000）は、第四期武乙期の召方征討にかかわる甲骨文を多數收集し、その過程を復元している。武乙の召方征討がその親征をともなっていたことは、たとえば「丁未貞、王正召方、在□卜、九月」（『合集』33022）の「在□」といった表現によって知ることができる。
(18) 董作賓『殷曆譜』（北京、中國書店、1945）、陳夢家註(14)前揭書、島邦男註(14)前揭書、李學勤註(16)前揭書、丁驌『夏商史研究』（臺北、藝文印書館、1993）。人方遠征は淮水流域、すなわち殷の東南方面への遠征として復元されることが一般的であるが、これを西方への遠征と考える論者もおり、その行程復元はいまだ定説を得る段階には達していない。
(19) ただし、陳が「癸丑」と讀んだ日附は、「癸亥」と解釋されることが一般的である。丁驌註(18)前揭書377 頁參照。
(20) 李學勤註(16)前揭書は、陳夢家が十一祀五月にかかるとした卜辭を小臣艅尊銘に記された十五祀の人方遠征時のものとし、この度の人方遠征を十祀九月甲午 31 から十一祀四月癸酉 10 までの 220 日間として復元している（41 頁・59 頁）。
(21) ほかに『尙書』畢命篇「王朝步自宗周、至于豐」や武成篇「王朝步自周、于征伐商」などにも「步」という行爲が記錄されている。
(22) この字の字釋ならびに意味をめぐる諸説については、髙嶋謙一・松丸道雄編『甲骨文字字釋綜

覽』第 2 篇 0199（東京、東京大學東洋文化研究所、1993）を參照のこと。
(23) 聞一多「釋省宿」（『古典新義』、北京、古籍出版社、1956）。
(24) 白川靜『說文新義』卷四上（神戶、白鶴美術館、1970）「省」條に「彳」に從うものは軍事的通省であることを示したもので、省の聲義を承ける字である」というのに從ってよいであろう。
(25) 聞は「省」あるいは「宿」字の字義として、①巡視、②田獵、③征伐の三つを擧げるが、晉侯蘇鐘銘において夙夷征討を含む一聯の行動が「通省」と總括されるように、この三つの字義は必ずしも整然と區別できるものではない。「省」字が「目」に從う文字である以上、やはり巡視をその本義と考えておくべきであろう。
(26) 王國維「殷墟卜辭中所見地名考」（『雪堂叢刊』、北京、北京圖書館出版社、1915）や林泰輔「龜甲獸骨文に見えたる地名」（『斯文』第 1 卷 3 號、東京、1920）。鍾柏生『殷商卜辭地理論叢』（臺北、藝文印書館、1989）。
(27) 松丸道雄「殷墟卜辭中の田獵地について―殷代國家構造研究のために―」（『東洋文化研究所紀要』第 31 册、東京、1963）。
(28) 第二類「王徃卜辭」の增加は實際には第三期から認められる。
(29) 貝塚茂樹『京都大學人文科學研究所藏甲骨文字』（京都、京都大學人文科學研究所、1960）本文篇 668～669 頁にも同樣の指摘がある。また伊藤道治「甲骨文字研究の現狀」（「甲骨學」第 9 號、東京、1961）を參照のこと。
(30)「再論殷墟卜辭中的田獵地問題」（『盡心集』、北京、中國社會科學出版社、1996）において、松丸は田獵地の所在をめぐる自說の方法論を再確認するが、同時に「常住の地」すなわち殷王朝の都の所在地については、宮崎市定「中國上代の都市國家とその墓地―商邑は何處にあったか―」（『東洋史研究』第 28 卷第 4 號、京都、1970）ならびにその補遺（1970）および秦文生「殷墟非殷都考」（『鄭州大學學報』1985 年第 1 期、鄭州、1985）の主張をうけ、田獵地の「中心」を安陽市殷墟の南東約 50 キロメートルに位置する河南省湯陰縣附近とする新たな見解を示している。
(31) 松丸は第四期王徃卜辭が「王徃」の目的地を決定するために行われた貞卜であることを示した後、その貞卜の地が常に同一箇所であったとする假定について、「この點を、この群の卜辭の分析のみから論證するのは困難である」（94 頁）とのコメントを附している。
(32) Chang Kwang-Chi, *Shang Civilization,* New Haven, 1980.
(33) 李學勤註(16)前揭書には「大體說來、在文丁以前（第二期〜第四期 松井補う）、商王獵日以乙・戊・辛・壬爲常、丁日爲變。帝乙・帝辛時（第五期）略予放寬、以乙・丁・戊・辛・壬爲常、庚日爲變」（214 頁）との指摘がある。
(34) 白川靜「殷の基礎社會」（『立命館創立五十周年記念論文集 文學篇』、京都、1951）に「この二方に對する征伐も、奴隸の取得という積極的なものではなく、むしろ防禦的なものであったであろう」（『白川靜著作集』第 4 卷、東京、平凡社、2000、401 頁）との指摘がある。また陳夢家註(14)前揭書にも「由此可見當時商王國是以宗主的保護小邦的形式出伐、它和族邦與國的關係是如此的」（312 頁）といった指摘がある。
(35) 前 632 年に晉が城濮の戰いで獲得した楚の捕虜等を周王に獻上する際、鄭文公が周王を介添えしたとの記錄が『春秋左氏傳』僖公二十八年にみえる。これが鄭が王朝の卿士として登場する最後の記事である。
(36) 平勢隆郎『中國古代紀年の研究―天文と曆の檢討から―』（東京、汲古書院、1996）224〜228 頁。平勢はこの「天下」觀念の出現にあたって天蓋を極上からみおろす視點が關聯すると推定す

るが、關口順「天下觀念の成立とその思想史的意義」(『埼玉大學紀要』第35卷、浦和、1999)が指摘するように、「天下」觀念に高位からの視點がつきまとっていると考えなければならない必然性はないように思われる。

(37) 安部健夫「中國人の天下觀念」(1956)。引用部分は本論を再錄する『元代史の研究』(東京、創文社、1972)の462頁。

(38) 『孟子』萬章篇に「天子之制、地方千里、公侯皆方百里、伯七十里、子男五十里。凡四等」、同告子篇にも「天子之地方千里。不千里、不足以待諸侯。諸侯之地方百里。不百里、不足以守宗廟之典籍」とあり、天子が方千里をその所領とするのは周王朝の制度であったとの認識が示されている。

(39) 渡邊信一郎「天下の領域構造―戰國秦漢期を中心に―」(『京都府立大學學術報告人文・社會』第51號、京都、1999)。

(40) 佐原康夫「春秋戰國時代の城郭について」(『古史春秋』第3號、京都、朋友書店、1986)、『漢代都市機構の研究』(東京、汲古書院、2002)に再錄。

(41) 戰國時代に成立した『春秋左氏傳』の昭公十二年條には楚の右尹子革の「昔穆王欲肆其心、周行天下、將皆必有車轍馬跡焉」という臺詞が記されている。また、西晉時代に現代の河南省汲縣の戰國魏王墓から『穆天子傳』と名附けられた書籍が發見された。この書は周の穆王がはるか西方にあった西王母の國へ赴いた際の旅行記の體裁をとっている。穆王の旅行は史實に反するが、戰國期に周王の移動が增幅された姿で記憶されていたことを示しているだろう。

(42) 鶴間和幸「秦始皇帝長城傳說とその舞臺―秦碣石宮と孟姜女傳說をつなぐもの―」(『東洋文化研究』1號、東京、1999)。

(43) 春秋時代中期の秦國靑銅器銘には、たとえば秦公鐘銘「秦公、其㭗龢在位、膺受大命、眉壽無疆、匍有四方、其康寶」といったように、西周期の周王と類似した表現でもって秦公の「四方」領有が言祝がれている。また、戰國期に秦國で製作されたと考えられる石鼓文には田獵にかかわる內容が多く含まれている。小南一郎「石鼓文製作の時代背景」(『東洋史研究』第56卷第1號、京都、1997)を參照のこと。

參考文獻

松丸道雄・永田英正『ビジュアル版世界の歷史5 中國文明の成立』(東京、講談社、1985)

尾形勇・平勢隆郎『世界の歷史2 中華文明の誕生』(東京、中央公論社、1998)

貝塚茂樹・伊藤道治『古代中國―原始・殷周・春秋戰國―』(東京、講談社學術文庫、2000)、『中國の歷史1 原始から春秋戰國』(東京、講談社、1974)の再刊。

水野清一編『中國文明の歷史1 中國文化の成立』(東京、中央公論新社、2001)、『東洋の歷史1 中國文化の成立』(東京、人物往來社、1966)の再刊。

白川靜『甲骨文の世界―古代殷王朝の構造―』(東京、平凡社、1972)、『白川靜著作集』第4卷(東京、平凡社、2000)に再錄。

白川靜『金文の世界―殷周社會史―』(東京、平凡社、1971)、『白川靜著作集』第5卷(東京、平凡社、2000)に再錄。

松丸道雄『西周靑銅器とその國家』(東京、東京大學出版會、1980)

伊藤道治『中國古代國家の支配構造―西周封建制度と金文―』(東京、中央公論社、1987)

楊寬『西周史』(臺北、臺灣商務印書館、1999)(上海、上海人民出版社、1999)

貝塚茂樹編『中國文明の歷史2　春秋戰國』（東京、中央公論新社、2000）、『東洋の歷史2 春秋戰國』（東京、人物往來社、1966）の再刊。

李學動（五井直弘譯）『春秋戰國時代の歷史と文物』（東京、研文出版、1991）

楊寬『戰國史（增訂版)』（臺北、臺灣商務印書館、1997）

籾山明『秦の始皇帝―多元世界の統一者―』（東京、白帝社、1994）

鶴間和幸『秦漢帝國へのアプローチ』（東京、山川出版社、1996）

鶴間和幸『秦の始皇帝―傳說と史實のはざま―』（東京、吉川弘文館、2001）

松井嘉德『周代國制の研究』（東京、汲古書院、2002）

稻葉一郎「秦始皇の巡狩と刻石」、（『書論』第25號、津、1989）

桐本東太「不死の探求―始皇帝巡狩の一側面―」（『中國古代史研究』第6、東京、研文出版、1989）

大櫛敦弘「後漢時代の行幸」（『人文科學研究』第7號、高知、2000）

仁藤敦史「古代王權と行幸」（『古代王權と祭儀』、東京、吉川弘文館、1990）、『古代王權と官僚制』（京都、臨川書店、2000）に再錄。

原武史『可視化された帝國―近代日本の行幸啓―』（東京、みすず書房、2001）

ファーガス・ミラー（井上文則譯）「システムとしてのローマ帝國」（『史林』第83卷第3號、京都、2000）

（『古代王權の誕生1 東アジア編』、角川書店、2003年1月）

吳虎鼎銘考釋
―西周後期、宣王朝の實像を求めて―

はじめに
第一章　吳虎鼎銘の作器者
第二章　吳虎鼎銘に記錄された土地賜與
第三章　吳虎鼎の斷代―宣王期靑銅器群の抽出
おわりに

はじめに

　吳虎鼎は、1992 年、陝西省長安縣縣城から約 2 キロ南に位置する申店鄉徐家寨村の南で發見された。「黑河引水」作業中にブルドーザーによって掘り出されたために破壞され、その出土狀況は不明という[1]。現在は長安縣文化館に收藏されている（王世民・陳公柔・張長壽〔1999〕）。

　吳虎鼎は、通高 41 センチ、重さ 15.4 キロ、立耳、平沿、半球形の深腹に蹄足をもつ靑銅器で、口沿下には夔鳳紋に變形した竊曲紋と一道の弦紋、腹底三足の閒には三組二道の弦紋が施されている。口沿下には 24 センチの斷裂があり、さらに蹄足一本がはずれていたが、「早年」に鑄掛けられており、その際の「銅片」が殘存するという。また、鼎底には分厚い煤が附着しており、この靑銅器がかつて實用器として使用されていたことを示している。ただし、その使用時期、あるいは蹄足が鑄掛けられた時期などについては、出土狀況が不明のためか、何一つ判斷が示されていない。

　吳虎鼎の型式學的斷代については、李學勤〔1998〕が毛公鼎（2841・IIIB[2]）とのプロポーションの近さを指摘し、あわせて、口沿下に施された竊曲紋が伯梁其蓋（4446〜7・IIIB）や虢季子白盤（10173）のそれと近いことを指摘している。『考古與文物』編輯部〔1998〕の座談參加者もこの指摘を支持しており[3]、型式學的斷代において本器が西周後期後段に屬することに異論はない。林巳奈夫〔1984〕の型式分類に從えば、鼎九型の西周 IIIA 〜 B といったところだろう[4]。

　ここまでの話ならば、西周後期後段の靑銅器の實例が一つ增えただけで、『考古與文物』誌上に座談が揭載されることもなかったであろうが、この吳虎鼎の運命は、1997 年に 164 文字の銘文が確認されたことで一變した。「十又八年十又三月旣生霸丙戌」という年・月・月相・干支の四要素を具えた紀年のほか[5]、「周康宮夷宮」「剌王」といった重要な語彙を含む銘文の確認は、吳虎鼎を中國史學界の重要プロジェクト「夏商周斷代工程」西周期部門の花形靑銅器とするに充分であった。『考古與文物』誌上に李學勤〔1998〕や座談を含むいくつかの論考が揭載されたのは、それから閒もなくのことである。

第一章　呉虎鼎の作器者

　呉虎鼎は、厲王奔彘から「共和」の混亂ののち、周王朝を中興したとされる宣王の在位十八年の紀年をもち、靑銅器銘編年を支える標準器の一つと考えられるようになる。呉虎鼎銘についての關心は、何よりもまずこの點に集中しているが、このことについては第三章で論ずることとし、ここ第一章では、この靑銅器の作器者「呉虎」をめぐる問題を考えることにしたい。呉虎鼎銘には、靑銅器銘の編年問題のほかにもまだ、多くの論ずべき問題が含まれている。最初に呉虎鼎銘全文を示すが、印刷の繁雜さを避けるために、銘文は可能な限り通用の字體に改めた。

　　隹十又八年十又三月既生霸丙戌、王在周康宮徲宮、道入右呉虎、王命膳夫豐生・
　　司工雍毅、申剌王命、取呉□舊疆、付呉虎、厥北疆□人眔疆、厥東疆官人眔疆、
　　厥南疆畢人眔疆、厥西疆荼姜眔疆、厥俱履封、豐生・雍毅・伯道・內土寺棻、
　　呉虎拜稽首天子休、賓膳夫豐生璋・馬匹、賓司工雍毅璋・馬匹、賓內司土寺棻璧・
　　瑗、書尹友守史、酒賓史貢韋兩、虎拜手稽首、敢對揚天子丕顯魯休、用作朕皇祖
　　考庚孟尊鼎、其子々孫々、永寶。
　　これ十又八年十又三月既生霸丙戌、王　周の康宮徲宮に在り。道入りて呉虎を右
　　く。王　膳夫豐生・司工雍毅に命ず、剌王の命を申ね、呉□の舊疆を取り、呉虎
　　に付せ、と。その北疆は□人ともに疆し、その東疆は官人ともに疆し、その南疆
　　は畢人ともに疆し、その西疆は荼姜ともに疆す。その俱に封を履むは、豐生・雍
　　毅・伯道・內司土寺棻なり。呉虎　天子の休に拜稽首し、膳夫豐生に璋・馬匹を賓
　　り、司工雍毅に璋・馬匹を賓り、內司土寺棻に璧・瑗を賓る。書するは尹の友守
　　たる史、すなわち史に貢韋兩を賓る。虎拜手稽首し、敢えて天子の丕顯なる魯休
　　を對揚し、もって朕が皇祖考庚孟の尊鼎を作る。それ子々孫々までも、永く寶と
　　せん。

　「王　膳夫豐生・司工雍毅に命ず、剌王の命を申ね、呉□の舊疆を取り、呉虎に付せ、と」「虎拜手稽首し、敢えて天子の丕顯なる魯休を對揚し」といった表現から、この靑銅器の作器者が呉虎（虎）であることは閒違いない。この靑銅器は今後も呉虎鼎と呼ばれるべきものなのではあるが、李學勤〔1998〕は、この呉虎の「呉」について、これを氏族名とは考えずに、官名の「虞」、すなわち『周禮』地官に登場する山虞・澤虞といった官名の「虞」に讀もうとする。李氏は、呉虎鼎の作器對象「朕が皇祖考庚孟」について、これを皇祖（亡祖）庚孟と皇考（亡父）庚孟の二人を略記したものか、あるいは皇祖考（亡祖・亡父）と庚孟（虎の庶長兄？）の併記のいずれかであろうとし、そのいずれであったとしても、呉虎の氏族名は庚氏でなければならないと主張している。李氏は、西周期に呉（虞）氏が存在していたことを認めているが、呉虎が庚氏に屬している以上、呉虎の「呉」は官名の「虞」ということになるのである[(6)]。

　たしかに李氏が指摘するように、「皇祖考庚孟」という表現は特異なものではあるが、その點にのみ注目して、ただちに呉虎の氏族名を庚氏とすることにも議論の飛躍がある。

たとえ、呉虎の「呉」が官名「虞」に由來するとしても、司馬氏の例を舉げるまでもなく、官名が氏族名に援用されることは起こりえたはずである[7]。李氏の議論は、呉虎の「呉」が氏族名でありえないことを確認したうえではじめて成り立つ議論であろうが、李氏にその確認作業を行った形跡は認められない。

　北京の故宮博物院に 2 器、上海博物館に 1 器所藏されているという青銅器に呉㠱父簋（3980～2）がある。その銘文は、

　　呉㠱父作皇祖考庚孟尊簋、其萬年、子々孫々、永寶用。
　　呉㠱父　皇祖考庚孟の尊簋を作る。それ萬年、子々孫々までも、永く寶用せん。

という簡單なものだが、ここに作器對象として呉虎鼎銘と同じ「皇祖考庚孟」が登場している。先にみたように、「皇祖考庚孟」という表現は特異なものであり、なおかつ、作器者「呉㠱父」は「呉虎」と同じく「呉」を冠した稱謂である。青銅器の器影を確認しえないが、『殷周金文集成』の判斷を尊重すれば、西周後期のものとなる。

　筆者はさきに、松井〔2002〕の第Ⅲ部第一章「西周の氏族制」第二節「稱謂のヴァリエイション」において、1960 年に陝西省扶風縣召陳村の西周期窖藏から出土した散氏關係器にみえる稱謂を檢討し、そこに、

　　散伯車父＝伯車父＝散車父＝散氏車父

といった稱謂のヴァリエイションがあることを指摘した。そしてさらに、この稱謂のヴァリエイションを兮甲盤銘（10174・ⅢB）に登場する「兮伯吉父」「兮甲」に適用すれば、

　　兮伯吉父＝伯吉父＝兮吉父＝吉父（膳夫吉父）＝兮甲

という稱謂のヴァリエイションを得ることができ、かつ、それぞれに對應する青銅器銘が存在することを確認した（178～83 頁）。いま、作器對象「皇祖考庚孟」を共有し、さらに年代的にも矛盾しない呉㠱父簋の「呉㠱父」と呉虎鼎の「呉虎」を、この兮伯吉父のヴァリエイションに從って配置すれば、伯仲叔季孟の排行を確認する手立てはないものの、

　　呉〔排行〕㠱父＝〔排行〕㠱父＝（A）呉㠱父＝㠱父（(B) 呉㠱父）＝呉虎

というように、この二つの稱謂をそのヴァリエイションのなかに配置することができる。兮伯吉父の事例から考えて、傍線（A）は呉氏の㠱父を意味し、傍線（B）は呉（虞）という官名を帶びる㠱父ということになる。この段階では、いまだ呉㠱父の「呉」を氏族名とするか官名とするかの判斷をくだすことはできないが、呉㠱父という稱謂が用いられる呉㠱父簋銘がその「皇祖考庚孟」に對する作器にのみ言及する短銘であることに注目したい。

　かつて指摘したように、西周王朝の秩序は、周王と受命者との閒に發生する個人の「名」を媒介とした職事命令（「行政」）の秩序と、排行をともなう稱謂によって表現される氏族

制の秩序によって支えられていた。この二つの秩序は、周王とのかかわりを明記しようとする長文の青銅器銘と、一族内での祭祀をもっぱら念頭においた短文の青銅器銘という、タイプの異なる二種類の青銅器銘を生み出していたのである（松井〔2002〕202頁）。164文字からなる呉虎鼎銘は、「王 周の康宮㣇宮に在り。道入りて呉虎を右く」といった記述が示しているように、公的な儀禮を記録した長文の青銅器銘に屬しており、呉虎の「虎」は彼の「名」であったと判断できる。一方の呉㝬父簋銘は、それとは對照的に、一族内での祭祀を念頭においた短文の青銅器銘であり、そこに記された呉㝬父という稱謂は、松井〔2002〕第Ⅲ部第一章に示した「某某父」表（184頁）の虢碩父や虢宮父に類する稱謂であったと考えられる。呉㝬父の「呉」、さらには呉虎の「呉」は、虢碩父や虢宮父の「虢」と同様に氏族名と考えてよく、これを敢えて官名の「呉（虞）」に讀む必要はないと判断したい[8]。

李氏は西周期に呉（虞）氏が存在していたことを認めており、その證として師西簋（4288～91・ⅢB）と同簋（4270～1）の二銘を擧げていた[9]。師西簋銘の「王在呉、格呉大廟（王 呉に在り。呉の大廟に格る）」は、經巡る周王の所在地の一つに呉、さらに「呉の大廟」があったことを示してはいるが、これをもってただちに呉氏の存在を證明することはできない。一方の同簋銘

  隹十又二月初吉丁丑、王在宗周、格于大廟、榮伯右同、位中廷、北嚮、王命同、
  左右呉大父、司場・林・呉（虞）・牧。
  これ十又二月初吉丁丑、王 宗周に在り。大廟に格る。榮伯 同を右け、中廷に
  位し、北嚮す。王 同に命ず、呉大父を左右け、場・林・虞・牧を司れ、…と。

に登場する呉大父は、呉㝬父と同じく「呉某父」の稱謂に屬しており、呉氏の構成員であったと判断することはできる[10]。西周中期頃の人物であった呉大父は、同簋銘に「呉大父を左右け、場・林・虞・牧を司れ」とあるように、「虞」職にかかわりをもっており、その氏族名「呉」は、あるいは官名の「呉（虞）」に由來するのかもしれない。「呉」を冠する名には、ほかに呉師や呉姫といった稱謂も知られているが、呉氏、さらには地名としての呉との關係は必ずしも明らかではない[11]。

以上のことから、呉虎鼎の作器者についての李學勤〔1998〕の説には從いえないと考えるが、李氏がこだわった「皇祖考庚孟」という表現には、やはり依然として檢討すべき問題が殘っているように思われる。以下にしばらく、この問題を考えることにしよう。

林巳奈夫〔1983〕に從えば、「皇祖考」という語彙が登場するのは西周後期（西周Ⅲ期）以降のことである。たとえば、單伯昊生鐘銘「單伯昊生曰、丕顯皇祖・剌考、逑匹先王、爵勤大命、余小子肇帥型朕皇祖考懿德、用保奠（單伯昊生曰く、丕顯なる皇祖・剌考は、先王を逑匹し、大命に爵勤せり。余小子はここに朕が皇祖考の懿德に帥型し、もって保奠せり）」（82）では、「皇祖・剌考」と併記された祖先が、文章の後段で「皇祖考」と一括されている。皇祖考とは亡父を含む二人以上の祖先を一括して表現する語彙であり、一人の人物を指し示すことはなかったと考えられる[12]。しかしながら、ほぼ唯一の例外となる可能性をもつ銘文に仲枏父簋銘があり、その第1器（4188）には、

仲爯父大宰南申厥辭作其皇祖考𢼸王監伯尊簋、用享用孝、用賜眉壽、純祐康勵、萬年無疆、子々孫々、永寶用享。
仲爯父大宰南申厥辭　その皇祖考𢼸(夷)王監伯の尊簋を作る。もって享しもって孝し、もって眉壽、純祐康勵、萬年無疆を賜らんことを。子々孫々までも、永く寶用し享せん。

のように、作器對象として「皇祖考夷王監伯」という名が記されている[13]。仲爯父簋は河南省南陽近郊から出土した申國關係器であり（崔慶明〔1984〕、張曉軍・尹俊敏〔1992〕）、作器對象がその「祖」夷王と「考」監伯の二人だとは考えづらく、「夷王の監伯」とでも讀むべき人物であったのではないかと思われる[14]。仲幾父簋銘「仲幾父使幾使于諸侯・諸監（仲幾父　幾をして諸侯・諸監に使いせしむ）」（3954）が明記するように、「監」は「侯」と併記しうる一種の稱號であり、周初「三監」の「監」に聯なる稱號であったと考えられる[15]。さらに注意すべきは、仲爯父簋第 2 器（4189）銘では作器者の名が「南申伯大宰仲爯父厥辭」と記され、銘文の混亂が認められることである。青銅器銘作成者あるいは製作工房の拙劣さが感じられ、本來は「皇祖夷王監伯」あるいは「皇考夷王監伯」と記すべきところを、「皇祖考」という語彙に引きずられて「皇祖考夷王監伯」と記してしまった、という可能性を考えておいてよいのではないかと思う。

吳虎鼎銘そして吳朰父簋銘の「皇祖考庚孟」についても、同じような事態を想定してよいはずであり、これを敢えて李學勤〔1998〕のように「祖」庚孟と「考」庚孟の二名の併記（そしてその省略）と理解する必要はないだろう[16]。そしてさらに、これを「皇祖考・庚孟」といった作器對象の併記、あるいは「皇祖庚孟」「皇考庚孟」の誤記と讀んだとしても、この「庚孟」は、周平卣銘「隹□月既生霸乙亥、周平鑄旅寶彝、用享于文考庚仲、…（これ□月既生霸乙亥、周平　旅寶彝を鑄り、もって文考庚仲を享し、…）」（5406・ⅡB ～ ⅢA）の「文考庚仲」と同樣に、「庚〔排行〕」という形式をとった死者の稱であった可能性が高いものと考えられる[17]。いずれにせよ、この作器對象の表記のみを判斷材料として、一氣に所屬氏族の問題を議論することには、抵抗を覺えざるをえないのである。

第二章　吳虎鼎銘に記錄された土地賜與

吳虎鼎作器の契機となったのは、周王の命による吳虎への土地賜與であった。周王からの恩寵として土地の賜與があったことは、大克鼎銘（2836・ⅢB）をはじめとする複數の青銅器銘が證言しているが、吳虎鼎銘は、土地賜與にかかわる一聯の手續きが詳細に記載されている點で重要である。第一章冒頭に示した銘文のうち、土地の賜與に關係する部分を手續きごとに分けて示そう。

①これ十又八年十又三月既生霸丙戌、王　周の康宮𢼸宮に在り。道入りて吳虎を右(たす)く。
②王　膳夫豐生・司工雍毅に命ず、剌王の命を申ね、吳□の舊疆を取り、吳虎に付せ、と。

③その北疆は□人ともに疆し、その東疆は官人ともに疆し、その南疆は畢人ともに疆し、その西疆は荼姜ともに疆す。
④その俱に封を履(とも)むは、豐生・雍毅・伯道・内司土寺桒なり。
⑤吳虎 天子の休に拜稽首し、膳夫豐生に璋・馬匹を賓(おく)り、司工雍毅に璋・馬匹を賓り、内司土寺桒に璧・瑗を賓る。
⑥書するは尹の友守たる史、すなわち史に𩰘韋兩を賓る。

吳虎鼎銘①②は、土地賜與にかかわる儀禮および執行命令。王の在位十八年十三月既生霸丙戌の日、道(伯道[18])に導かれて周の康宮𢕬宮に參内した吳虎に土地の賜與が告げられ、膳夫豐生・司工雍毅に對して土地賜與の執行命令がくだされたのである。これに類する手續きは、大簋銘（4298〜9・ⅢB）

隹十有二年三月既生霸丁亥、王在𩰫𢕬宮、王呼吳師、召大、賜趞曶睽里、王命膳夫豕、曰趞曶睽曰、余既賜大乃里、睽賓豕璋・帛束、睽命豕曰天子、余弗敢吝、豕以睽履大賜里、大賓豕害璋・馬兩[19]、賓睽害璋・帛束、大拜稽首、敢對揚天子丕顯休、用作朕皇考剌伯尊簋、其子々孫々、永寶用。
(a)これ十又二年三月既生霸丁亥、王 𩰫𢕬宮に在り。王 吳師を呼び、大を召さしめ、趞曶睽の里を賜う。(b)王 膳夫豕に命じ、趞曶睽に曰(なんじ)わしめて曰く、余既に大に乃(なんじ)が里を賜えり、と。睽 豕に璋・帛束を賓る。睽 豕に命じて天子に曰わしむ、余敢えて吝(おし)まず、と。(c)豕は睽と以(とも)に大の賜わりし里を履(おく)む。大 豕に害璋・馬兩を賓り、睽に害璋・帛束を賓る。大拜稽首し、敢えて天子の丕顯なる休を對揚し、もって朕が皇考剌伯の尊簋を作る。それ子々孫々までも、永く寶用せん。

にも記錄されており、𩰫𢕬宮における(a)「王 吳師を呼び、大を召さしめ、趞曶睽の里を賜う」との儀禮が、吳虎鼎銘①に相當するものと考えられる。大簋銘傍線(b)は、土地の舊「領有者[20]」である趞曶睽に對する王命の傳達（「余既に大に乃が里を賜えり」）と、その王命を了承した旨の返答（「余敢えて吝まず」）からなり、その間に王命を傳達した膳夫豕に對する趞曶睽からの贈與の記事が插入されている[21]。吳虎鼎銘②に相當する部分ではあるが、ここには舊「領有者」への王命の傳達が記錄されており、吳虎鼎銘②とはいささか趣を異にしている。吳虎鼎銘にも「吳□の舊疆」との記述があり、賜與される土地の舊「領有者」は意識されているが、舊「領有者」への王命傳達を示唆する記述はない。明確なことはわからないが、吳□がすでに死亡しており土地との關係が絶たれていたか、もしくは、賜與される土地がこの段階で周王の直接的な領有下に入っていたという可能性が考えられるだろう。

西周中期の永盂銘（10322・Ⅱ）も師永（永）への土地の賜與を記錄しているが、吳虎鼎銘・大簋銘とは異なり、土地賜與にかかわる儀禮が舉行された場所には言及しない。

隹十又二年初吉丁卯、益公内、即命于天子、公廼出厥命、賜畀師永厥田陰陽洛、疆眔師俗父田、厥眔公出厥命、井伯・榮伯・尹氏・師俗父・遣仲、公廼命鄭司土

函父・周人司工眉・亞史師氏邑人奎父・畢人師同、付永厥田、厥率舊、厥疆宋句、永拜稽首、對揚天子休命、永用作朕文考乙伯尊盂、永、其萬年、孫々子々、永其率寶用。
(ア)これ十又二年初吉丁卯、益公内りて、命に天子に即く。公すなわちその命を出だし、師永にその田を陰陽洛に賜う。疆(たま)は師俗父の田に眾(およ)ぶ。(イ)その公とその命を出だせしは、井伯・榮伯・尹氏・師俗父・遣仲なり。(ウ)公すなわち鄭司土函父・周人司工眉・亞史師氏たる邑人奎父・畢人師同に命じて、永にその田を付せしむ。(エ)その率いるは舊、その疆するは宋句なり。永拜稽首し、天子の休命を對揚す。永もって朕が文考乙伯の尊盂を作る。永よ、其れ萬年、孫々子々までも、永くそれ率いて寶用せん。

　傍線(ア)(イ)には、益公を筆頭とする「執政團」(井伯・榮伯・尹氏・師俗父・遣仲)が王命を取り次ぐ次第が記録されている。吳虎鼎銘①・大簋銘傍線(a)に相當するが、周王への言及は間接的なものとなっている。
　永盂銘傍線(ウ)は、公(益公)による土地賜與の執行命令。實際の土地賜與を擔當する鄭司土函父・周人司工眉・亞史師氏邑人奎父・畢人師同という人名が列擧されている。吳虎鼎銘②に相當する部分であり、兩者ともに「吳虎に付せ」「永にその田を付せしむ」といった執行命令をともなっている。李學勤〔1998〕は、吳虎鼎銘②に登場する膳夫豐生・司工雍毅を王官とはみなさず、賜與される土地に屬する官と考えようとしているが(22)、土地賜與の手續きから考えて、膳夫豐生・司工雍毅の役割は永盂銘の鄭司土函父・周人司工眉以下の人物に相當するはずである。鄭司土・周人司工について筆者はさきに、鄭に職掌を限定された司土、周人に職掌を限定された司工との解釋を示したが(松井〔2002〕78〜81頁)、それと同樣に、吳虎鼎銘②の膳夫豐生・司工雍毅もやはり王官と考えるべきである。
　吳虎鼎銘③「その北疆は□人ともに疆し、その東疆は官人ともに疆し、その南疆は畢人ともに疆し、その西疆は茮姜ともに疆す(厥北疆□人眾疆、厥東疆官人眾疆、厥南疆畢人眾疆、厥西疆茮姜眾疆)」は、賜與された土地の境界設定を記錄する。北・東・南・西の順で土地の境界を確定する手續きは、厲(邦君厲)から裘衞(衞)への土地移讓を記錄した五祀衞鼎銘(2832・IIB)にも記錄されており、そこには、

　　(井伯・伯邑父・定伯・𢼸伯・伯俗父)廼命參有司：司土邑人逋・司馬頌人邦・司工附矩、內史友寺芻、帥履裘衞厲田四田、廼舍寓于厥邑、厥逆疆眾厲田、厥東疆眾散田、厥南疆眾散田眾政父田、厥西疆眾厲田。
　　(井伯・伯邑父・定伯・𢼸伯・伯俗父)すなわち參有司：司土邑人逋・司馬頌人邦・司工附矩、內史の友たる寺芻に命じ、帥いて裘衞の厲の田四田を履ましむ。すなわち寓をその邑に舍(あた)う。その逆(きた)疆は厲の田に眾(およ)び、その東疆は散の田に眾び、その南疆は散の田と政父の田に眾び、その西疆は厲の田に眾ぶ。

のように、やはり北・東・南・西の時計廻りに境界を接する「田」が記錄されている。たしかに、吳虎鼎銘の「厥北疆□人眾疆」といった表現は五祀衞鼎銘の「厥逆疆眾厲田」に近く、李學勤〔1998〕のように「眾」字を「およぶ」と訓ずる解釋があるのも故なしとは

しないが⁽²³⁾、「その北疆は、□人　疆に眾ぶ」という訓讀にはやはり無理がある。「眾」字は五祀衞鼎銘後段

> 邦君厲眔付裘衞田、厲叔子夙、厲有司申季・慶癸・𦉼表・荊人敢・井人偈屖。
> 邦君厲が眾に裘衞に田を付すは、厲の叔子夙、厲の有司申季・慶癸・𦉼表・荊人敢・井人偈屖なり。

のように「ともに」と訓じ、「疆」字は永盂銘傍線(ェ)「厥率舊、厥疆宋句（その率いるは舊、その疆するは宋句）」のように動詞に讀むべきであろう⁽²⁴⁾。吳虎に賜與された土地と□人・官人・畢人・荼姜との關係はよく分からないが、吳虎鼎銘③は、北・東・南・西の境界設定に□人・官人・畢人・荼姜が加わったという事實のみを記録していると考えるべきである⁽²⁵⁾。

　吳虎鼎銘④「その俱に封を履むは、豐生・雍毅・伯道・内司土寺𦮃なり」は、吳虎に賜與された土地の境界確認をいう。「封」は散氏盤銘「眉、自瀗、涉以南、至于大沽一封。以陟二封（眉は、瀗よりし、涉りて以て南し、大沽に至りて一封す。以て陟りて二封し）」(10176・II)の「一封」「二封」のように、土地の境界線上に築かれた境界標識を指している。大簋銘傍線(c)「豖は睽と以に大の賜わりし里を履む」で王官の膳夫豖が土地を「履」んでいるのと同様に、吳虎鼎銘④においても、①に登場する伯道（道）ならびに②に登場する（膳夫）豐生・（司工）雍毅が土地を「履」んでいる⁽²⁶⁾。「内司土」は永盂銘の「鄭司土」に近い表記であり⁽²⁷⁾、内司土寺𦮃もやはり王官の一人と考えてよいだろう。

　この内司土寺𦮃という人名が吳虎鼎銘④で初めて銘文に登場する以上、吳虎鼎銘⑤「吳虎　天子の休に拜稽首し、膳夫豐生に璋・馬匹を賚り、司工雍毅に璋・馬匹を賚り、内司寺𦮃に璧・瑗を賚る」に記録された贈與は、④の境界確認を承けたものと考えざるをえない⁽²⁸⁾。同樣の贈與は、大簋銘傍線④「大　豖に害璋・馬兩を賚り、睽に害璋・帛束を賚る」にもみえていたが、この贈與もまたそれに先立つ傍線(c)「豖は睽と以に大の賜わりし里を履む」を承けた贈與でなければならないだろう⁽²⁹⁾。

　吳虎鼎銘⑥「書するは尹の友守たる史、すなわち史に貢韋兩を賚る」は、史による土地賜與の記録と、それに對する贈與。「友守」の語は、大鼎銘「大以厥友守（大　その友守を以う）」(2803・IIIA)にみえており、師晨鼎銘「鄭人膳夫・官守友」(2817)の「官守友」もそれに類したものと考えられる。頌鼎（簋・壺）銘に「尹氏授王命書、王呼史虢生、冊命頌（尹氏　王に命書を授く。王　史虢生を呼び、頌に冊命せしむ）」(2827〜9,4332〜9,9731〜2・IIIB)とあるように、尹（尹氏）や史は命書などの文書を取り扱う官である。吳虎鼎銘によれば、彼ら記録官は土地の賜與にかかわる記録をも擔當していたのである。散氏盤銘「厥左執緐、史正仲農（その緐を左執せしは、史正たる仲農なり）」は、史官が土地移讓の確認にもかかわっていたことを傳えている⁽³⁰⁾。

　以上、吳虎鼎銘に記録された土地賜與の手續きを確認してきた。かつて松井〔1984〕で西周期の土地移讓の手續きを考察し、その一覽表を作成したが、今回の新たな知見に基づいて表を補訂したい⁽³¹⁾。表の上3銘は周王からの土地賜與の手續きを示しているが、その案件にあずかった王官が土地境界の確認にまでかかわっていたと考えられる點が重要である。周王からの職掌指示は具體的かつ個別的であり、指示を受けた人物は、その任務をま

	賜與儀禮	執行命令	王命傳達	境界
吳虎鼎	隹十又八年十又三月既生霸丙戌、王在周康宮夷宮、道入右吳虎	王命膳夫豐生・司工雍毅、申剌王命、取吳□舊疆、付吳虎		
大簋ⅢB	隹十有二年三月既生霸丁亥。王在糳侲宮。王呼吳師、召大、賜趞睽里	王命善夫豕、曰趞睽曰、余既賜大乃里。賓豕璋・帛束。睽命豕曰天子、余弗敢吝		
永盂Ⅱ	隹十又二年初吉丁卯、益公內、即命于天子、公廼出厥命、賜畀師永厥田陰陽洛、…厥眾公出厥命、井伯・榮伯・尹氏・師俗父・遣仲	公廼命鄭司土䍙父・周人司工眉・亞史師氏邑人奎父・畢人師同、付永厥田		疆眾師俗父田
五祀衛鼎ⅡB		井伯・伯邑父・定伯・䵼伯・伯俗父…廼命參有司：司土邑人逋・司馬頯人邦・司工附矩、內史友寺芻、帥履裘衛厲田四田。廼舍寓于厥邑		厥逆疆眾厲田、厥東疆眾散田、厥南疆眾散田眾政父田、厥西疆眾厲田
九年衛鼎ⅡB		矩廼眾潏鄰、命壽商眾裔曰、諱履付裘衛林晉里、叡、厥隹顏林		
三年裘衛盉Ⅲ		伯邑父・榮伯・定伯・䵼伯・單伯廼命參有司、司土微邑・司馬單旟・司工邑人服		眾受田㵖・趞
散氏盤Ⅱ				眉、自瀘、涉以南、陟二封、…。眉井邑至于井邑封道。以封、陟剛三封…
倗生簋ⅢA				

- 118 -

境界設定	境界の確認	境界確認への贈與	受領側の儀禮	記錄
厥北疆□人眔疆、厥東疆官人眔疆、厥南疆畢人眔疆、厥西疆荓姜眔疆	厥俱履封、豐生・雍毅・伯道・內司土寺夆	吳虎拜稽首天子休、賓膳夫豐生璋・馬匹、賓司工雍毅璋・馬匹、賓內司土寺夆璧・瑗		書尹友守史、𠧧賓史賁韋輩兩
豕以睽履大賜里。		大賓豕害璋・馬兩、賓睽害璋・帛束		
厥率舊、厥疆宋句	○	○		
邦君廣眔付裘衛田、廣叔子夙、廣有司申季・慶癸・燹表・荊人敢・井人倡㞢	○	○	衛小子者其饗䱷	
則乃成夆四夆、顔小子具惠夆、壽商□		舍盉冒梯羝皮二・選皮二・□舄筍皮二・朒帛金一鈑、厥虞喜皮二。舍濂虎官・甕萃・□□、東臣羔裘、顔下皮二	眔受、衛小子家逆、者其䱷、衛臣□朒。	
	○	○	衛小子䅒逆、者其饗。	
至于大沽一封、以田、自根木道、左東一封、還以西一	矢人有司眉甸鮮・且・微・武父・西宮襄、豆人虞丂・泉貞・師氏右省、小門人繇、原人虞㤖・淮、司工虎孝・龠豐父、雁人有司荊・丂、凡十有五夫、正眉矢舍散田		司土逆寅、司馬𢊾星、邍人司工鯨君、宰德父、散人小子眉甸戎・微父・効㮯父、襄之有司橐・州蒙・攸从㬆、凡散有司十夫。	厥左執縷、史正仲農
格伯履、殹妊及□人、從格伯、按及甸、殷人𦀚零谷杜木原谷㱿桑、涉東門				厥書史戠武

っとうする義務を負っていたのである(32)。かつて西周期の「司」職の檢討を通じて、西周期の「行政」が具體的かつ個別的な職掌の集積として立ち現れることを示したが(松井〔2002〕154頁)、周王からの土地賜與にあずかる人物の行動もまた、その「行政」の一部を構成していたといえるだろう。以上のことから、永盂銘に記録された土地の賜與にあたっても、永盂銘傍線(ウ)「公すなわち鄭司土䈊父・周人司工㝬・亞史師氏たる邑人奎父・畢人師同に命じて、永にその田を付せしむ」に土地賜與にあずかる王官が列擧されている以上、彼らが最終段階で境界の確認をおこない、永からの贈與を受けていたであろうことが推定できる。また表の下5器は周王からの土地賜與の案件ではないが、五祀衞鼎銘と三年裘衞盉銘(9456・Ⅲ)の執行命令の欄には參有司といった王官の關與が記録されている。彼らもまた、土地移讓の最終段階において、土地の境界確認をおこなっていたと考えてよいだろう。

第三章　吳虎鼎の斷代―宣王期靑銅器群の抽出

　吳虎鼎が學界の注目を集め、靑銅器銘編年を支える標準器と考えられるようになったのは、その銘文に「十又八年十又三月既生霸丙戌」という年・月・月相・干支の四要素を具えた紀年が記され、かつ「周康宮夷宮」「剌王」といった重要な語彙を含んでいたからである。

　土地賜與の儀禮が執り行われた「周康宮夷宮」の名は、此鼎(簋)銘(2821～3、4301～10・ⅢA)ならびに成鐘銘(陳佩芬〔2002〕)にもみえており、さらに𦧝從鼎(簋)銘(2828、4278・ⅢB)には「周康宮夷大室」、害簋銘(4258)には「㝙宮」という語彙がみえている。かつて唐蘭〔1962〕は、この「周康宮夷大室」「㝙宮」について、これを康宮に附屬する夷王の宗廟と考え、𦧝從鼎(𦧝攸从鼎)を夷王の子である厲王期の靑銅器と判斷した(33)。唐氏は同時に、康宮に附屬する他の宗廟にも言及しており、克鐘銘(204～8・Ⅲ)にみえる「周康剌宮」の「剌宮」を厲王の宗廟と考えたのである(34)。吳虎鼎銘の出現は、「周康宮夷宮」の事例がさらに一つ増えたことを意味したが、同時に、「申剌王命(剌王の命をかさね)」の「剌王」が厲王を指していると考えられることが重要であった。厲王の命をかさねることができるのは、厲王より後の周王でなければならず、かつ在位年數が十八年を超えるのは宣王だけである(35)。吳虎鼎は宣王在位十八年十三月の紀年をもつ宣王期標準器としての地位を獲得したのである。

　しかしながら、「剌王」の問題、さらには宣王期曆譜の問題は、2003年1月19日に陝西省眉縣楊家村の窖藏から發見された吳逨關係器の出現によって全く新しい段階に入ることになる(36)。徑1.6×1.8メートル、高さ1.1メートルの窖穴(37)から發見された計27件の靑銅器(鼎12・鬲9・方壺2・盤1・盉1・匜1・盂1)にはすべて銘文が具わっており、とりわけ四十二年逨鼎(2件)・四十三年逨鼎(10件)・逨盤と名づけられた靑銅器には、それぞれ281字・316字・373字という西周期屈指の長銘が鑄込まれていた(李學勤〔2003〕)。これらの靑銅器銘については、いずれ稿を改めて論ずる必要があるだろうが、ここではとりあえず、本稿で必要な事柄のみに限って考察を加えることにしたい。

　まず「剌王」については、逨盤銘に歷代周王の一人としてその名が記録されていること

が確認された。

> 逨曰、丕顯朕皇高祖單公、桓桓克明哲厥德、夾召文王・武王、撻殷、膺受天魯命、匍有四方、竝宅厥勤疆土、用配上帝。
> 逨曰く、丕顯なる朕が皇高祖單公、桓桓としてよくその德を明哲にし、文王・武王を夾召し、殷を撻ち、天の魯命を膺受し、四方を匍有せり。ならびにその勤めたまえる疆土に宅りて、もって上帝に配さる。

との書き出しで始まる逨盤銘は、以下、逨の皇高祖公叔・皇高祖新室仲・皇高祖惠仲盠父・皇高祖零伯・皇亞祖懿仲・皇考共叔が歴代の周王：成王、康王、昭王、穆王、共王・懿王、考王（孝王）・㷣王、剌王に忠勤を勵んだことを回顧し、次いで、それら祖先の事績を引き繼いだ逨が「天子」より恩寵を賜ったことを記錄している。史牆盤銘（10175・Ⅱ）を彷彿させる逨盤銘に記錄された歴代周王の名は、『史記』周本紀をはじめとした文獻史料と一致しており（王輝〔2003〕など）、「㷣王」は夷王、「剌王」は厲王、そして逨が仕えた「天子」は宣王を指すものと考えられる。

逨盤と同出の四十二年逨鼎と四十三年逨鼎は、ともに年・月・月相・干支の四要素を具えた紀年をもっている。四十二年逨鼎銘は、

> 隹四十又二年五月既生霸乙卯、王在周康穆宮、旦、王格大室、卽位、司工散右呉逨、入門、位中廷、北嚮、尹氏授王册書、王呼史淢、册釐逨、王若曰、…。
> これ四十又二年五月既生霸乙卯、王　周の康穆宮に在り。旦、王　大室に格り、位に卽く。司工散　呉逨を右け、門に入り、中廷に位し、北嚮す。尹氏　王に册書を授く。王　史淢を呼び、逨に册釐せしむ。王若く曰く、…。

と、周康穆宮における册命儀禮の次第を記錄し、一方の四十三年逨鼎銘は、

> 隹四十又三年六月既生霸丁亥、王在周康宮穆宮、旦、王格周廟、卽位、司馬壽右呉逨、入門、位中廷、北嚮、史淢授王命書、王呼尹氏、册命逨、王若曰、…。
> これ四十又三年六月既生霸丁亥、王　周の康宮穆宮に在り。旦、王　周廟に格り、位に卽く。司馬壽　呉逨を右け、門に入り、中廷に位し、北嚮す。史淢　王に命書を授く。王　尹氏を呼び、逨に册命せしむ。王若く曰く、…。

のように、その翌年六月の周康宮穆宮における儀禮を記錄している。四十二年・四十三年という在位年數を想定しうるのは、西周中期の穆王を除けば、宣王のみであり[38]、なおかつ兩銘には「周康宮穆宮（周康穆宮）」「史淢」といった共通の語彙がみいだせる。宣王期曆譜の復元研究の最重要史料となるべき銘文の發見であった。宣王期曆譜の復元研究は、「王三十又三年」「正月既生霸戊午」などの紀年をもつ晉侯蘇鐘銘の發見を一つの契機として活況を呈しはじめた[39]。次いで、呉虎鼎銘「十又八年十又三月既生霸丙戌」、さらに四十二年逨鼎・四十三年逨鼎銘の出現を迎えることになったが、史料の増加は直ちに曆譜復元の完成を約束するものではなく、逆に從來の復元案のあやうさを浮かび上がらせる結果をもたらした。宣王期曆譜復元にかかわる議論は多岐にわたるが、そのなかでとりわけ

重要であり、かつ深刻な問題は、文獻史料で遡りうる最古の年代である「共和」の取り扱いを含めた宣王在位年の確定である。厲王奔彘を承け、前841年に始まり前828年まで續いたとされる「共和」の時代が獨立したものではなく、宣王の在位年數に含められていたのではないかという可能性が議論されはじめており[40]、場合によっては、從來の傳統的な編年觀を根底から覆す議論になりかねない[41]。『考古與文物』編集部〔2003〕の座談に参加した王占奎が告白しているように、現段階で曆譜の復元を行うことは時期尚早といえるのかもしれない[42]。

　西周期の曆譜を復元し、青銅器銘の紀年をそれに當てはめて實年代を得ようとする研究方法は、今後とも繼續されるべきものではあろうが、同時にそれは、右にみたように多くの問題を含む方法でもある。宣王期の標準器とされる吳虎鼎銘の「十又八年十又三月既生霸丙戌」という紀年についても、前810年（夏商周斷代工程専家組〔2000〕表八）や前824年（王占奎〔2003〕）といった實年代が提唱されているように、曆譜復元のみを根據として青銅器銘の編年を行い、西周史を再構成するという研究方法には、やはりそれなりの限界があるといわざるをえない[43]。郭沫若が『兩周金文辭大系圖錄攷釋』の序文でいみじくも語っているように、青銅器銘に記載された紀年の合う合わないを求めることは、「消極的な副證」であるにすぎないのかもしれない[44]。

　上記の現狀認識を踏まえたうえで、ここでは、青銅器銘斷代研究のもう一つの傳統的方法である「群別研究法[45]」を採用し、吳虎鼎銘や四十二年逨鼎・四十三年逨鼎銘といった宣王期標準器を中心とする青銅器群の抽出を試みることにしたい。曆譜を用いないこの方法は、一見迂遠なもののようにみえるかもしれないが、曆譜復元研究のあやうさ、その恣意的適用を回避することによって、今後の斷代研究のための一つの手掛かりを確保しておく試みとはなるだろう。

　群別研究の結果は次頁の表のように示すことができる。表の上に、宣王期標準器となる吳虎鼎銘と四十二年逨鼎・四十三年逨鼎・逨盤銘を置き、それら青銅器銘にみえる語彙については、表左段に人名、右段に施設名・地名・組織名・氏族名などを配列した。表左段に配置された人名のほうが、同名異人の可能性を完全に否定できないにせよ、より個別性が強いものと判断している。

　さて、●印で示した宣王期標準器群にみえる語彙について、それぞれの青銅器群を求めていくならば、吳虎鼎銘と逨盤銘の厲王については、克鐘（鎛）銘「隹十又六年九月初吉庚寅、王在周康剌（厲）宮（これ十又六年九月初吉庚寅、王　周の康厲宮に在り）」（204〜8、209・III）の一文をみいだすことができる。唐蘭〔1962〕が指摘したように、剌宮とは厲王の宗廟の謂いであり、厲王の宗廟を利用することができるのは、宣王・幽王の二王しかいない。なおかつ、幽王の在位年數が十一年と考えられる以上[46]、この「十又六年九月初吉庚寅」の紀年は宣王期のものと判断できるのである。そして、この克鐘（鎛）銘を介して、大克鼎・膳夫克盨（4465・IIIB）・小克鼎（2796〜2802・IIIB）といった◎印で示した「克（膳夫克）」青銅器群[47]と宣王期標準器群を結びつけることができる。師克盨（4467〜8）については、その作器者師克と「克（膳夫克）」青銅器群との關係が必ずしも明確ではなかったが、師克盨銘にみえる

王若曰、師克、丕顯文武、膺受大命、匍有四方、則繇隹乃先祖考、有爵于周邦。

王若く曰く、師克よ、丕顯なる文武、大命を膺受し、四方を匍有したまえり。則
　　ちもとこれ乃が先祖考、周邦に爵有り。

という表現が、四十二年逑鼎・四十三年逑鼎銘「王若曰、逑、丕顯文武、膺受大命、匍有四方、則繇隹乃先聖祖考、夾召先王、爵勤大命、奠周邦」、逑盤銘「王若曰、逑、丕顯文武、膺受大命、匍有四方、則繇隹乃先聖祖考、夾召先王、爵勤大命」とほとんど同じであり、宣王期晚期に多用された表現であったことが確認できるようになった。克（膳夫克）と師克の關係は、たとえば、「丕顯文武」という語彙を共有する詢簋（4312・IIB）の作器者詢と師詢簋（4342）の作器者師詢の關係[48]と同樣に考えることが可能となったのである。
　ついで、四十二年逑鼎・四十三年逑鼎銘に登場する史減については、裘盤（鼎）銘（10172、2819）

　　隹廿又八年五月既望甲寅、王在周康穆宮、旦、王格大室、卽位、宰頵右裘、入門、
　　位中廷、北嚮、史辦授王命書、王呼史減、册賜裘…。
　　これ廿又八年五月既望甲寅、王　周の康穆宮に在り。旦、王　大室に格り、位に
　　卽く。宰頵　裘を右け、門に入り、中廷に位し、北嚮す。史辦　王に命書を授く。
　　王　史減を呼び、裘に…を册賜せしむ。

に、同一名を確認することができる。さらに裘盤（鼎）の作器者裘は、克（膳夫克）と師克、あるいは詢と師詢の關係から推して、師裘簋（4313～4・IIIB）の作器者師裘と同一人物とみなすことが可能となるはずである。附言すれば、西周中期頃よりその存在が確認できる虎臣について、師克盨銘とこの師裘簋銘にのみ「左右虎臣」という語彙がみえることも、兩器の同時代性を傍證することになるだろう。
　最後に、大克鼎銘「王在宗周、旦、王格穆廟、卽位、申季右膳夫克、入門、位中廷、北嚮（王　宗周に在り。旦、王　穆廟に格り、位に卽く。申季　膳夫克を右け、門に入り、中廷に位し、北嚮す）」に儀禮の右者として登場する申季は、伊簋銘（4287・IIIB）

　　隹王廿又七年正月既望丁亥、王在周康宮、旦、王格穆大室、卽位、申季內右伊、
　　位中廷、北嚮。
　　これ王の廿又七年正月既望丁亥、王　周の康宮に在り。旦、王　穆大室に格り、
　　位に卽く。申季內りて伊を右け、中廷に位し、北嚮す。

でも、儀禮の右者として登場している。「申季」青銅器群が、「克（膳夫克・師克）」青銅器群を介して、宣王期標準器群に接續すると考えることができる。
　以上、宣王期標準器群にみえる人名を介して結ばれる青銅器群を確認してきた。表からみてとれるように、厲王・逑・史減・克（膳夫克・師克）・裘（師裘）・申季で結ばれる14器の青銅器群[49]は、人名に關する限り、他の青銅器との關係をもたない閉じた系を構成している。なおかつ、表の右段に目を轉ずるならば、この系が周康宮穆宮（周康穆宮）や穆大室といった穆王の宗廟と強い親和性をもっていることが確認できる[50]。宣王朝における穆王の評價については、のちに改めて觸れることにしたい。

- 123 -

記憶される西周史

	紀年	虢仲*	南仲*	史翏	師穌父*	兮伯吉父*	鄂侯馭方*	叔向父禹*	武公	申季	襃	克	史淢	逨*	厲王
呉虎鼎	18														●申厲王命
四十二年逨鼎	42												●	●	
四十三年逨鼎	43												●	●	
逨盤														●	●
克鐘（鎛）ⅢB	16												◎		◎周康厲宮
襃盤（鼎）	28										◎		◎		
大克鼎ⅢB									◎			◎膳夫克			
膳夫克盨ⅢB	18											◎膳夫克			
小克鼎ⅢB	23											◎膳夫克			
師克盨												◎師克			
師襃簋ⅢB											◎師襃				
伊簋ⅢB	27									◎					
禹鼎ⅢB							○	○禹	○						
多友鼎							○	○向父							
南宮柳鼎ⅢA								○							
敔簋								○							
不嬰簋							○馭方								
鄂侯馭方鼎							○								
翏生盨ⅢB															
兮甲盤ⅢB	5					○									
虢季子白盤	12														
師螢簋ⅢB	11				○										
此鼎（簋）ⅢA				○											
無重鼎ⅡB			○司徒南仲	○											
駒父盨	18		○南仲邦父												
虢仲盨ⅢA		○													
晉侯蘇鐘	33														
史密簋															
宗周鐘Ⅲ＝厲王															

横軸方向に複数の共通語彙をもたない青銅器銘は省略した（従って、表は必ずしも網羅的ではない）。また、項目の*印は後期青銅器銘に他の事例があることを示している。

周康夷宮*	周康穆宮	歷	玁狁	尹氏*	周廟	京𠂤	八𠂤	左右虎臣	淮夷*	角	南國	東國	東夷	六𠂤*	王在成周	宣榭
●																
	●周康穆宮		●	●												
	●	●		●	●											
	◎周康穆宮															
				◎												
	◎周康穆宮			◎												
							◎									
								◎								
								◎	◎			◎				
	◎周康穆宮大室															
		○				○			○南淮夷		○	○	○			
			○		○											
				○					○南淮夷					○		
		○														
								○								
									○南淮夷	○						
									○南淮夷							
			○													○
○				○												
						○										
									○南淮夷							
									○南淮夷					○		
											○	○		○		
									○南夷			○				
									○南夷		○		○			

表の右段について、さらに檢討をすすめるならば、右の14器の青銅器群は、歷・玁狁・尹氏・京𠂤・八𠂤・淮夷・南國・東國・東夷といった語彙を介して、禹鼎（2833・ⅢB）以下の青銅器と接續している。しかしながら、表の下端に厲王自作器である宗周鐘（260・Ⅲ）が登場するように、禹鼎以下の青銅器の年代は宣王期との直接的な結びつきを弱めていくことになる。たとえば、武公・叔向父禹・鄂侯馭方で結ばれる禹鼎・多友鼎（2835）・南宮柳鼎（2805・ⅢA）・敔簋（4323）・不𡢁簋（4328〜9）・鄂侯馭方鼎（2810）の青銅器群は、人名に關しては閉じた系となっており、他の青銅器とのかかわりをもたない。かつ、禹鼎銘は自述形式の「禹曰」、鄂侯馭方鼎銘は「王南征」で始まる青銅器銘であり、それ以外の多友鼎銘「唯十月」、南宮柳鼎銘「隹王五月初吉甲寅」、敔簋銘「隹王十月」「隹王十又一月」、不𡢁簋銘「唯九月初吉戊申」はすべて王の在位年數に言及しないために[51]、その製作年代を直接決定するすべがないのである。

　多友鼎銘や不𡢁簋銘にみえる玁狁の名は『詩經』小雅にも保存されており、出車では南仲の遠征[52]、六月では尹吉甫[53]、采芑では方叔[54]の遠征が歌われている。玁狁遠征を記す兮甲盤銘の作器者兮伯吉父（兮甲）は、第一章で示したように、「兮伯吉父＝伯吉父＝兮吉父＝吉父（膳夫吉父）＝兮甲」という稱謂のヴァリエイションをもっていたが、この兮伯吉父（膳夫吉父）が小雅・六月の尹吉甫と同一人物である可能性は高く（松井〔2002〕205頁、註24）、兮甲盤銘の「五年三月既死霸庚寅」が宣王期の曆譜に屬する蓋然性は認めてもよい。しかしながら、「玁狁」青銅器群すべてを宣王期に斷代しうる確證はなく、群全體にはもうすこし緩やかな時代の幅をもたせておく必要があるだろう[55]。

　同樣のことが淮夷（南淮夷・南夷）あるいは南國にかかわる青銅器群にいえることは、その群が宗周鐘を含むことからも明らかである。群別研究法の立場からすれば、「王三十又三年」「正月既生霸戊午」といった紀年をもつ晉侯蘇鐘の斷代をめぐって厲王期說と宣王期說が並存するのは、この群に與えられるべき時代の幅にもかかわっていることになる。淮夷の動搖と、それに對する征討活動は、𢦚馭卣銘「王命𢦚曰、叡、淮夷敢伐內國、汝其以成周師氏、戍于古𠂤（王　𢦚に命じて曰く、ああ、淮夷敢えて內國を伐つ、汝それ成周師氏を以い、古𠂤に戍れ、と）」（5420・ⅡB）など、西周中期の青銅器銘に記錄されたあと、厲王期頃から宣王期にかけて再び王朝の關心事となるのである。

　「玁狁」青銅器群や「淮夷（南淮夷・南夷）」青銅器群などから讀みとれることは、厲王期頃から宣王期にかけて王朝の秩序が動搖しつつあり、禹鼎銘

　　禹曰、…烏虖、哀哉、用天降大喪于下國、亦唯鄂侯馭方率南淮夷・東夷、廣伐南國・東國、至于歷、內、王廼命西六𠂤・殷八𠂤、曰、撲伐鄂侯馭方、勿遺壽幼。
　　禹曰く、…ああ、哀しいかな。天の大喪を下國に降すをもって、またこれ鄂侯馭方南淮夷・東夷を率いて、南國・東國を廣伐し、歷に至り、內る。王すなわち西六師・殷八師に命じて、曰く、鄂侯馭方を撲伐し、壽幼も遺すこと勿れ、と。

にいう「天の大喪を下國に降す」危機が強く意識されていたということである。師袁簋銘「王若曰、師袁、叞、淮夷繇我帛晦臣（王若く曰く、師袁よ、ああ、淮夷はもと我が帛晦の臣）」や兮甲盤銘「王命甲、政司成周四方積、至于南淮夷、淮夷舊我帛晦人、毋敢不出其帛・其積・其進人（王　甲に命ず。成周四方の積を政司し、南淮夷に至れ。淮夷はもと我が帛晦の人な

り。敢えてその員・その積・その進人を出さざる毋れ)」といった表現からは、かつての秩序を回復し維持しようとした宣王朝の支配意思を讀みとることができるだろうし、それが宣王の「中興」の本質であったのかもしれない。しかしながら、もしその「中興」が、禹鼎銘の「鄂侯馭方を撲伐し、壽幼も遺すこと勿れ」といった敵對勢力の徹底的征討をも含意するものであったのならば、夷狄の「邦」をも含む「萬邦」の集合體として認識されていた王朝の秩序は、同時にそれとは相容れないベクトルを内包していたことになる。

おわりに

　西周後期、特に宣王期の研究は、呉虎鼎そして呉逨關係器の出現によって新たな段階に入ったといえる。「十又八年十又三月既生霸丙戌」「四十又二年五月既生霸乙卯」「四十又三年六月既生霸丁亥」といった紀年は、文獻史料で遡りうる最古の年代—前841年—以降に屬しており、これらの紀年を配置しうる曆譜の復元は、青銅器銘史料と文獻史料を接合するための重要な作業となるはずである。しかしながら、その作業は同時に、「共和」のあつかいをも含め、西周後期の歴史の根本的な見直しを要求するものとなるだろう。

　懿王→孝王→夷王といった世代の逆行を含む王位繼承の混亂のあと、厲王奔彘から「共和」の時代へと、王朝中樞の政治的混亂は覆うべくもなく、同時に、獵狁・鄂侯・淮夷の離叛が相次いだことによって、王朝が極度の緊張を強いられていたことは想像に難くない。師克盨銘や四十二年逨鼎・四十三年逨鼎銘、さらには逨盤銘などの宣王期標準器銘に「丕顯なる文武、大命を膺受し、四方を匍有したまえり」といった文王・武王による王朝創建を回顧する表現が多用されるのは、文王・武王に聯なる王統を再確認することによって、宣王朝の正統性を主張し、眼前の危機的狀況を乗りこえていこうとする言說のあらわれであったと考えられる[56]。

　宣王期標準器群と周康宮穆宮（周康穆宮）や穆大室といった穆王宗廟とのあいだに親和性があることはすでに指摘したが、この現象を宣王朝の正統觀の問題として考えることはできないだろうか。第三章で觸れた逨盤銘は呉逨の祖先の名と歴代周王の名を列擧したものであったが、ここで改めて兩系譜のかかわりを示せば、

という關係に示すことができる。呉逨の家系八代に十一代十二人の周王が對應することになるが、興味深いのは、文王・武王とともに、昭王・穆王、共王・懿王、孝王・夷王の三組各二人の王が呉逨の祖先一人ずつに對應していることである。事實を傳えているというよりはむしろ、作爲的な操作を感じさせる系譜であり[57]、さらに昭王・穆王以下の周王の

組み合わせは、世代を逆行した王位繼承を含むことを無視すれば、卽位順に昭王・穆王の關係を反復しているようにみえる[58]。いわゆる「昭穆制」の意味については諸説あるが[59]、逨盤銘に記された昭王・穆王以下の周王の配列には、その「昭穆制」に近い配慮を感じるし、その配列に從えば、宣王は「穆」の輩次に屬しているのである[60]。

　西周中期（共王期）の史牆盤銘に「弘魯昭王、廣能楚荊、隹狩南行（弘魯なる昭王、廣く楚荊を能らげ、これ狩りして南行せり）」と記錄されているように、昭王は南方楚荊への遠征を行っており、なおかつ、『春秋左氏傳』僖公四年「昭王南征而不復」や『竹書紀年』「(昭)王南巡不返」（『太平御覽』卷八百七十四引）といった文獻史料を參照すれば、その遠征は昭王の死をもたらした可能性が高い。昭王から穆王への王位繼承はなんらかの混亂をともなっていた可能性があり、そのことは、厲王から宣王への「共和」をはさんだ王位繼承の混亂を聯想させる。宣王期標準器群と穆王宗廟との親和性とは、自らの正統性を穆王のそれに重ねた宣王朝の言說のあり方を示しているように思える。さらにいうならば、玁狁・淮夷などの離叛に苦しんだ宣王朝の人々にとって、淮夷や犬戎遠征などの說話で彩られていく穆王朝こそ、自らの正統性の據り所とするに相應しい時代だったのではなかっただろうか[61]。

　文王・武王、あるいは穆王に自らの正統性を重ねたこの時代は、同時に、眼前の危機的狀況を克服するための權力集中が進行した時代でもあった。宣王期標準器の一つである逨盤銘には、逨が指示された職掌について、次のような記述がある。

　　王若曰、逨、…今余隹經乃先聖祖考、申橐乃命、命汝疋榮兌、䎽司四方吳（虞）・林、用宮御。
　　王若く曰く、逨よ、…今、余はこれ乃が先聖祖考を經い、乃が命を申橐し、汝に命じて榮兌を足け、四方の虞・林を䎽司し、宮御に用いしむ。

四十三年鼎銘ならびに逨鐘銘にもほぼ同樣の記述があるが、逨が周王より指示された「四方の虞・林」の「四方」とは周王朝の全支配領域を指す領域觀念である。「四方の虞・林」とは、文字どおりに解せば全支配領域の山林藪澤の管轄を意味することになり、修辭性の強い表現であったと考えなければならないだろうが（松井〔2002〕158 頁、註 32）、逆にそのような表現が用いられたこと自體、個別具體的な職掌指示によって成り立っていた西周期の「行政」が、少なくともその上層において變質しつつあったことを示しているように思える。

　第三章の表には共通する語彙が無いために編入されなかったが、宣王期標準器の一つとされる毛公鼎銘もやはり、四方擾亂に對する王朝の危機意識を記錄している。

　　王曰、父厝、巳曰、及茲卿事寮・大史寮、于父卽尹、命汝䎽司公族雩參有司・小子・師氏・虎臣雩朕執事。
　　王曰く、父厝よ、すでに曰く、この卿事寮・大史寮に及び、父において卽きて尹せ、と。汝に命じて公族と參有司・小子・師氏・虎臣と朕が執事とを䎽司せしむ。

とは、その危機意識のなかで周王が毛公（父厝）に指示した職掌であり、卿事寮・大史寮を監察すること、ならびに公族および參有司（司土・司馬・司工）・小子・師氏・虎臣などの管轄が命じられている。楊寬〔1984〕は、この卿事寮と大史寮を「西周中央政權」の「兩大官署」と考えているが、その當否をおくとしても、卿事寮と大史寮が當時の重要な官署であったことはまちがいない[62]。公族以下の管轄とあわせて、毛公に強大な權限が付託されたことを讀みとることはできる。第三章の表に登場する武公や師龢父（伯龢父）もまた強大な權力を保持しており[63]、かつて西周中期の永盂銘や五祀衛鼎銘などで觀察できた「執政團」の存在は、もはや明確なかたちで確認できなくなる[64]。

　宣王期標準器群に屬する大克鼎銘は、周王から膳夫克へ賜與された土地のリストを記録しており、その中に「井家𤔲田」と表記される土地が含まれている。「井家の𤔲田」あるいは「井家の𤔲の田」と讀むべき土地であり、かつて井「家」に屬していた土地が、「王家」を經て、膳夫克へと賜與されたものである（松井〔2002〕104〜105頁・119頁、註16）。井氏は西周中期の「執政團」を構成していた有力な家系の一つであったが、西周後期にはさほど靑銅器を殘さなくなり[65]、春秋期には完全に記録から姿を消してしまう。大克鼎銘に記録された「井家𤔲田」とは、井氏沒落の過程で井「家」から「王家」へとその所屬をかえた土地を指しているのではないかと考えられる。特定の人物への權力集中は、同時に權力鬪爭の敗北者を生み出していたはずであり、それは土地の再分配という現象をもたらすことになったであろう。吳虎鼎銘に記録された周王からの土地賜與も、「吳□の舊疆を取り、吳虎に付せ」という執行命令をともなっていた。この「吳□の舊疆」として記録された土地もまた、そのような再分配の結果として吳虎の領有下に入ったものと考えられる。『考古與文物』編輯部〔1998〕の座談に參加した曹瑋がいうように[66]、それは土地の再分配によって表現される秩序の再構築であり、宣王「中興」の一つの側面を示しているはずである。

註
(1) 吳虎鼎については、『考古與文物』1998年第3期に報告・釋文・論考が掲載されている。李學勤は別に「吳虎鼎研究的擴充」と題された論文の發表をアナウンスしているが、未見。
(2) 以下、靑銅器の引用については、その初出にあたって『殷周金文集成』（中國社會科學院考古硏究所、1984〜94）の著錄番號と林巳奈夫〔1984〕の斷代案を附す。
(3) 王輝「器形・紋飾皆有西周晚期特點」、曹瑋「吳偉鼎雙立耳、半球形腹、腹深、三蹄形足、是西周晚期典型的形制之一、相似的還有多友鼎・此鼎」。
(4) 王世民・陳公柔・張長壽〔1999〕では、康鼎（2786・ⅢA）・南宮柳鼎（2805・ⅢA）とともに鼎Ⅴ型一式に分類されている。
(5) 四要素を具える靑銅器銘は、現在、吳虎鼎銘等を含めて、71件知られている。
(6) 李學勤〔1998〕「"吳虎"非吳氏。師西簋云"王在吳、格吳大廟"、吳卽在今山西平陸之虞、是西周實有吳（虞）氏、但吳虎祖考是庚氏、因此、"吳"當讀爲虞衡之虞、是官名。同簋有"吳大父"、職司場林吳（虞）牧、就是虞官」「"朕皇祖考庚孟"、也可有兩種理解。可能虎的祖・父兩代均稱"庚孟"、如春秋時晉國"趙孟"之比。也可能祖・考和庚孟爲不同人、庚孟乃虎的庶長兄。我覺得前者更近理一些。無論如何、虎這一家是庚氏。金文有庚季・庚姬・庚姜・庚嬴等、說明庚氏在西周幷不少見、且頗顯赫」。

(7)『春秋左氏傳』隱公八年「無駭卒。羽父請謚與族。公問族於衆仲。衆仲對曰、天子建德、因生以賜姓。胙之土、而命之氏。諸侯以字爲謚、因以爲族。官有世功、則有官族、邑又如之。公命以字爲展氏」。

(8) ここで「判斷したい」と書いたのには理由がある。というのは、膳夫吉父鬲銘「膳夫吉父作京姬尊鬲、其子々孫々、永寳用」（700〜4・III）や、膳夫梁其簋銘「膳夫梁其作朕皇考惠仲・皇母惠妣尊簋、用追享孝、用匃眉壽、眉壽無疆、百子千孫、子々孫々、永寳用享」（4047〜51）、膳夫伯辛父鼎銘「膳夫伯辛父作尊鼎、其萬年、子々孫、永寳用」（2561・IIIB）、膳夫旅伯鼎銘「膳夫旅伯作毛仲姬尊鼎、其萬年、子々孫、永寳用享」（2619）などのように、一族内での祭祀を念頭においた短文の青銅器銘でありながら、作器者の名に官名が冠されている事例が少數ながら存在するからである。「某某父」表で示した事例を無意味化するものとは考えないが、特に、本文でも言及した「膳夫吉父」という稱謂の存在は、吳忞父の「吳」についての判斷（氏族名の「吳」か、官名の「吳（虞）」かという判斷）を論理的には不可能にしてしまう。そのために「判斷したい」との表現を用いたのではあるが、逆に「吳」を官名「吳（虞）」とすべき積極的な證據を發見することができない以上、吳忞父の「吳」を敢えて李學勤〔1998〕のように官名の「虞」と考える必要はないと判斷したのである。

(9) 註(6)參照。

(10) ただし、吳忞父（吳虎）と吳大父が同一の氏族に屬していたか否かを檢證する手立てはない。

(11) 吳師は第二章で言及する大簋銘（4298〜9・IIIB）に登場する。吳姬については、吳姬媵匜銘「自作吳姬媵匜（吳姬の媵匜を自作す）」（10186）の吳姬は生稱、伯頵父鼎（簋）銘「伯頵父作朕皇考遲伯・吳姬寳鼎（簋）、…（伯頵父 朕が皇考遲伯・吳姬の寳鼎（簋）を作る。…）」（2649・4027）の吳姬は死者の稱である。また、銘文がはっきりとはしないが、吳王姬鼎という青銅器の存在も知られている（王長啟〔1990〕）。さらに、第三章で言及する四十二年逨鼎・四十三年逨鼎等の作器者吳逨は、四十三年逨鼎銘や逨鐘銘に「䎽司四方吳（虞）・林（四方の虞・林を䎽司し）」という表現がみえること、同出の青銅器に單叔鬲や單五父方壺が含まれることなどから判斷して、單氏に屬し、「虞」職を帶びていた人物であったと考えられる。

(12) 癲鐘銘「癲桓々、夙夕聖𣉚、追孝于皇祖辛公・文祖乙公・皇考丁公龢林鐘、用昭格喜侃、樂前文人、用祈壽、匃永命綽綰、猶祿純魯、必皇祖考高對爾剌、嚴在上、…（癲桓々として、夙夕聖𣉚にして、皇祖辛公・文祖乙公・皇考丁公に追孝する龢林鐘（を作る）。もって昭格喜侃して、前文人を樂しましめ、もって壽を祈り、永命綽綰、猶祿純魯を匃む。必ず皇祖考は爾しき剌に高對し、嚴として上に在り、…）」（246・III）も、皇祖考が複數（この場合は三人）であることを示しているだろう。また、禹鼎銘（2833・IIIB）「聖祖考幽大叔・懿叔」の「聖祖考」も、同一人物の作器にかかる叔向父禹簋銘（4242・IIIB）に「皇祖幽大叔」とあることから、「祖」幽大叔と「考」懿叔の二人を指していることがわかる。『禮記』曲禮下「祭王父曰皇祖考、王母曰皇祖妣、父曰皇考、母曰皇妣、夫曰皇辟」では、皇祖考を王父（祖父）の稱とするが、この規定を積極的に支持する青銅器銘は確認できない。

(13)「禕王」が「夷王」であることについては、第三章で論ずる。

(14) 張曉軍・尹俊敏〔1992〕は「仲爯父厥辭是周夷王燮的孫子、厲王胡之弟監伯的兒子、和周宣王靜是兄弟行」と主張するが、「皇祖考夷王監伯」という表記を、禹鼎銘「聖祖考幽大叔懿叔」と同樣に「祖」夷王と「考」監伯の併記と讀むには、表現が異なりすぎている。

(15) 張亞初・劉雨〔1986〕49頁、汪中文〔1999〕183頁。

(16) 註(6)參照。
(17) たとえば、三年衛盉銘「衛用作朕文考惠孟寶盤（衛もって朕が文考惠孟の寶盤を作る）」（9456・III）にみえる「惠孟」もまた、「庚孟」と同樣に排行「孟」をともなう死者の稱であるが、「惠」を衛（裘衛）の氏族名とする議論は存在しない。
(18) 李學勤〔1998〕は吳虎を儀禮の場に導く右者について、「"道內"爲人名、下文稱"伯道內"、又省稱內、揣系名"內"、字"伯道"」と主張する。しかしながら、册命儀禮における「入右」「內右」の用例は多數存在しており、「道入りて吳虎を右く」と讀むべきである。
(19) 大簋第 2 器銘（4299）は、「大賓豕害璋・馬兩」を「大賓、賓豕害璋・馬兩」に作る。ここでは、第 1 器銘に從う。
(20) 趣睽の立場については、これを小領主とする考え方や、公邑の里君とする考え方などがありえるだろうが（伊藤道治〔1987〕167～8 頁）、いずれにせよ、大簋銘は、その支配權（領有權）が趣睽から大に移ることを記錄している。
(21) 史頌鼎（簋）銘「隹三年五月丁巳、王在宗周、命史頌省蘇、…蘇賓璋・馬四匹・吉金（これ三年五月丁巳、王　宗周に在り。史頌に命じて蘇を省せしむ、…蘇　璋・馬四匹・吉金を賓る）」（2487～8、4229～36・IIIB）にみえる蘇から史頌への贈與は、王命の傳達（查察行爲としての省もその範疇に入るだろう）に對する受命側の贈與と考えるべきである。作册罍卣銘「王姜命作册罍、安夷伯、夷伯賓罍貝・布（王姜　作册罍に命じて、夷伯を安んぜしむ。夷伯　罍に貝・布を賓る）」（5407・IB）、小臣守簋銘「王使小臣守使于夷、夷賓馬兩・金十鈞（王　小臣守をして夷に使いせしむ。夷　馬兩・金十鈞を賓る）」（4289～81）も同じように解釋することができる。
(22) 李學勤〔1998〕「"伯道內司徒寺粦"、卽下文"內司徒寺粦"、當爲伯道所屬的司徒。他與豐生・雍毅合爲三有司、但身分有所不同。這樣看來、豐生・雍毅恐怕也不是朝廷的膳夫・司空、而是邑膳夫（邑宰）和司空」。
(23) 李學勤〔1998〕「"眔"用法同"及"。所及之田、分別屬于囗人・官人・畢人和荅姜、均爲個人」。『考古與文物』編輯部〔1998〕の座談に參加する王輝・周曉陸氏らもこの解釋を共有しており、さらに、畢人・官人・荅姜らが土地の境界設定にかかわることをもって、この土地の所在地を確定しようとしている。
(24) 唐蘭〔1972〕に「分田的事、率領者是舊、定疆界的是宋句」と解釋するのに從うべきである。
(25) 「囗人・官人・畢人」という表記は、あるいは五祀衛鼎銘の「荆人敢・井人倡屖」に類するものかもしれない。
(26) 馬承源〔1991〕に「根據西周銅器銘文的記載、西周貴族在轉移土地的佔有權或使用權的時候、通常要踏勘一次四界、實地把土地的範圍正式確定下來。這種踏勘地界的行爲爲就叫做『履』」とある。なお、馬氏も指摘しているように、中國の學界では、散氏盤銘にみえる「眉」字をこの「履」字に讀む考え方が主流をなしつつある（たとえば、李學勤〔1990〕195 頁など）。たしかに、散氏盤銘の「眉」字を「履」字に讀む可能性は考慮されるべきであろうが、それでもなお、散氏盤銘の「封于眉道」という一文にみえる「眉」は地名でなければならない。なお、平勢隆郎〔1998〕・同〔2001〕は、散氏盤銘の「眉」字を「靈的威壓の儀禮」（〔2001〕36 頁）と解釋するが、「履」あるいは「眉」字がみえる他の青銅器銘にも、中國學界での學說の存在にも言及しない。
(27) この內司土を芮司土と讀む考え方もあるが、いずれにせよ、この官名は司土に「內」ないしは「芮」字を冠したものである。
(28) 伯道（道）が贈與の對象とならない理由はよくわからない。あるいは、伯道とは吳氏に屬する

呉伯道であり、呉虎と同族ゆえに贈與の對象からはずれたのかもしれない。
(29) 膳夫豕が境界確認を行うのは、伊藤道治〔1987〕が主張するように（168頁）、彼が王命を傳達する使者であるからではない。呉虎鼎銘で境界確認を行っている（膳夫）豐生・（司工）雍毅・伯道（道）は、賜與儀禮の段階からこの案件にあずかっており、それ故に最終段階でこの土地の境界確認を行うのである。大簋銘の膳夫豕もまた、王命の傳達というかたちでこの土地の賜與にかかわっており、その關與ゆえに土地の境界確認をおこない、大からの贈與を受けるのである。
(30) 五祀衞鼎銘「すなわち參有司：司土邑人逋・司馬頌人邦・司工附矩、內史の友たる寺㤣に命じ、帥いて裘衞の厲の田四田を履ましむ」において、參有司とともに「內史友」が登場するのは、土地にかかわる記錄を擔當するからかもしれない。また膳夫克盨銘「隹十又八年十又二月初吉庚寅、王在周康穆宮、王命尹氏友史趛、典膳夫克田人（これ十又八年十又二月初吉庚寅、王　康穆宮に在り。王　尹氏の友たる史趛に命じ、膳夫克の田人を典せしむ）」（4465・ⅢB）の「尹氏友」も、これに類した表記であろう。
(31) 松井〔1984〕の表では、「紀年」「原因」「作器」の項目があったが、ここでは省略した。また、散氏盤銘にのみ記錄がある「誓」「授圖」の項目も省略した。
(32) そしておそらくは、それに伴う「取り分」を得ていたのである。
(33) 「隽攸从鼎說：『王在周康宮・太室』、而害簋說：『王在犀宮』、『犀』跟『㝨』是一個字、通作『夷』（《詩經・四牡》『周道倭遲』、韓詩作『威夷』）、那末、『康宮』裡的『夷太室』、也就是『康宮』裡『夷宮』的『太室』」（125頁、頁數は『唐蘭先生金文論集』の頁數）。「隽攸从鼎說：『王在周康宮㝨太室』、也是厲王時器」（162頁）。
(34) 「現在『康宮』裡所包括的恰恰也是五個宮、卽『康宮』・『昭宮』・『穆宮』・『㝨宮』・『剌宮』、正巧是康王・昭王・穆王・夷王・厲王五個人」（126頁）、「克鐘說：『王在周康剌宮』、『剌』字金文一般作爲『烈』字用、『剌祖』・『剌考』就是『烈祖』・『烈考』、…『烈』字與『厲』通、…所以『剌宮』就是『厲宮』、跟『昭宮』・『穆宮』・『犀宮』等一樣、『厲宮』就是厲王的宗廟」（163頁）。また、「周康剌宮」にかかわる論爭については、陳邦懷〔1972〕を參照のこと。
(35) 穆曉軍〔1998〕に「又銘文中提及"申剌王命"、剌王指周厲王、能够申厲王之命者、唯有宣王。宣王之後、幽王在位不足十八年、平王時既已東遷、所以吳虎鼎當爲宣王時器」と述べるのが標準的な理解だろう。平勢隆郎〔1996〕を補った平勢隆郎〔2001〕は、この呉虎鼎を平王十八（前753）年にかけるが、もしそうだとすれば、同じく平王期と判斷している虢季子白盤や虎簋などとともに、何故にこれらの青銅器が陝西境內に殘されたのかといった問題を解決する必要があるだろう。
(36) 呉逨關係器の發掘報告・釋文・論考等は『考古與文物』2003年第3期、ならびに『文物』2003年第6期に掲載されている。とりわけ、『文物』2003年第6期は呉逨關係器特集號の觀を呈しており、この發見が學界にもたらした興奮の大きさを示して餘りある。また、陝西省文物局・中華世紀壇藝術館〔2003〕もこの器群を紹介している。
(37) この窖穴（洞）は、縱橫4.7×2.5メートル、深さ7メートル以上の豎穴の底南壁から掘り込まれている。從來知られていなかった構造をもち、青銅器窖藏の目的や意味を考えるうえでも重要な發見である。『文物』編輯部〔2003〕に參加する李伯謙・張懋鎔・徐天進等がこの問題に言及している。
(38) 朱鳳瀚・張榮明〔1998〕「西周諸王年代諸說一覽表」（432頁）を參照のこと。
(39) 夏商周斷代工程專家組〔2000〕によれば、斷代工程課題7「西周列王的年代學研究」の專題には、(28)「晉侯蘇鐘專題研究」・(29)「西周金文曆譜的再研究」といった課題が竝んでいる。

(40) 王占奎〔2003〕に「更爲重要的是、由于四十二年逨鼎的曆日不合于傳統認爲的宣王四十二年（BC786）而合于共和以來的四十二年（BC800）、爲宣王紀年起自共和元年的觀點提供了重要的證據」とある。この問題については、すでに王占奎〔1996〕〔2002〕の議論があったが、呉虎鼎銘の出現を承けた張培瑜・周曉陸〔1998〕もまた「無共和元年、共和執政在宣王積年之中的觀點値得重視」との見解を示している。王輝〔2003〕も逨盤銘に記錄された歷代周王にかかわって、「盤銘厲王之後、卽是"天子"、亦卽宣王、幷未提到共和。這大概可以理解爲厲王奔彘之後、雖有共伯和"干王位"攝王政之事、但幷無共和紀年」と述べている。また逆に、唐蘭〔1962〕などのように、「共和」を厲王の在位年數に含めるという可能性も考えられており、四十二年逨鼎・四十三年逨鼎銘の紀年を厲王（「共和」）のものとする主張もみられるが、その場合、たとえば「王、周の康穆宮に在り」の「王」が誰を指しているのかという問題が生じる（『文物』編輯部〔2003〕劉懷君筆談參照）。

(41) 「共和」を獨立した時代と考える場合でも、宣王の卽位年が『史記』記載の前827年より、一年あるいは二年遲れるのではないかという可能性も考えられている。朱鳳瀚・張榮明〔1998〕所收の夏含夷「西周諸王年代」、あるいは平勢隆郎〔1996〕、張培瑜〔2003〕などを參照のこと。

(42) 『考古與文物』編集部〔2003〕王占奎先生說：「但我總的感覺是、現在要把西周列王年問題解決了、還爲時過早、等更多的四要素俱全的銅器出土、也許從中可以將現在難以論定的問題解決了、然後才能進行擬年、幷提出令人信服的西周列王年表」。

(43) 淺原達郎〔1986〕は、曆譜復元の質的な困難さを指摘している。

(44) 「據此等器物爲中心以推證它器、其人名事跡每有一貫之脈絡可尋。得此、更就文字之體例、文辭之格調、及器物之花紋形式以參驗之、一時代之器大抵可以踪跡、卽其近是者、于先後之相去要必不甚遠。至其有曆朔之紀載者、亦于年月日辰閒之相互關係、求其合與不合、然此僅作爲消極之副證而已」。

(45) 貝塚茂樹〔1946〕に「金文の各器文に現れる共通の人名・地名或は史實などを手掛りとして、若干個ずつの金文を群として取り扱い、その群中の年代の明瞭な金文を標準として群全體の金文の年代を決定しようとする方法」（122頁、頁數は『貝塚茂樹著作集』第4卷所收の頁數）と定義されている。

(46) 朱鳳瀚・張榮明〔1998〕「西周諸王年代諸說一覽表」（432頁）を參照のこと。

(47) ともに、1890年に陝西省扶風縣法門寺任村で出土したと傳えられる。林巳奈夫〔1984〕同時作銘青銅器表116。

(48) 詢簋の作器對象「文祖乙伯・同姬」と師詢簋の「朕剌祖乙伯・同益姬」は同一人物を指すと考えられる。また、兩簋銘とも紀年を銘文の最後に記す形式を採用しており、同一人物の作器にかかる青銅器であったと判斷できる。

(49) 表では省略したが、呉逨關係器には他に、やはり眉縣で發見された逨鐘（劉懷君〔1987〕）が存在する。

(50) 大克鼎銘「王　宗周に在り。旦、王　穆廟に格り、位に卽く」にも、宗周の穆廟が登場している。

(51) 表で省略した叔向父禹關係器銘を加えても、この特徴にかわりはない。周王の在位年數に言及しない青銅器銘はこれ以外にも相當數知られており、この「武公・叔向父禹・鄂侯馭方」青銅器群に屬する青銅器銘すべてが周王の在位年數に言及しないことが有意な特徴であるかどうかはよくわからない。あるいは「共和」の問題にかかわる可能性があるのかもしれない。

(52) 小雅・鹿鳴之什・出車「…王命南仲、往城于方、出車彭彭、族旒央央、天子命我、城彼朔方、赫赫南仲、玁狁于襄、…赫赫南仲、薄伐西戎、…赫赫南仲、玁狁于夷」。『漢書』古今人表は、この南仲を宣王期の人物とする。

(53) 小雅・南有嘉魚之什・六月「…玁狁匪茹、整居焦穫、侵鎬及方、至于涇陽、織文鳥章、白旆央央、元戎十乘、以先啟行、戎車既安、如輊如軒、四牡既佶、既佶如且閑、薄伐玁狁、至于大原、文武吉甫、萬邦爲憲、…」。『今本竹書紀年』は、これを宣王五年にかけ、「五年夏六月、尹吉甫帥師伐玁狁、至于大原」と記している。

(54) 小雅・南有嘉魚之什・采芑「…蠢爾蠻荊、大邦爲讎、方叔元老、克壯其猶、方叔率止、執訊獲醜、戎車嘽嘽、嘽嘽焞焞、如霆如雷、顯允方叔、征伐玁狁、蠻荊來威」。

(55) 宣王期標準器群に屬する四十二年逨鼎銘「汝隹克型乃先祖考、□玁狁、出捷于井阿、于歷□」もまた玁狁に言及しているが、これを「汝これよく乃が先祖考の玁狁に□し、出でて井阿に、歷□に捷つに型(のっと)り」と讀んだ場合には、逨の先祖考の事績を回顧する一文となり、時代を確定する史料にならない。『後漢書』西羌傳注に引かれる『竹書紀年』の「夷王衰弱、荒服不朝、乃命虢公率六師、伐太原之戎、至于俞泉、獲馬千匹」「厲王無道、戎狄寇掠、乃入犬丘、殺秦仲之族。王命伐戎、不克」「及宣王立、四年、使秦仲伐戎、爲戎所殺。王乃召秦仲子莊公、與兵七千人、伐戎破之、由是少却」といった記事も、王朝秩序の動搖が長期にわたっていたことを示唆しているだろう。

(56) 周王朝創建を歌う「說話詩」や古傳承をもつ世族の「傳承詩」が西周後期、宣王期あたりに成立したことについては、白川靜〔1981〕第八章「雅頌詩篇の展開」二「大雅詩篇の展開」を參照のこと。

(57) たとえば、夏商周斷代工程專家組〔2000〕「夏商周年表」（86〜8頁）は、三組各二王の在位年數について、昭王十九年・穆王五十五年、共王二十三年・懿王八年、孝王六年・夷王八年という數値を提示している。歷代周王の在位年數をめぐる諸說については朱鳳瀚・張榮明〔1998〕「西周諸王年代諸說一覽表」（432頁）を參照されたいが、そこに擧げられたいずれの說を採るにせよ、三組各二王と吳逨の祖先一人を對應させる系譜は「きれい」すぎる。

(58) 逨盤銘に記された歷代周王の事績を列擧すれば、文王・武王（撻殷、膺受天魯命、匍有四方）、成王（方狄不享、用奠四國・萬邦）、康王（方懷不廷）、昭王・穆王（延政四方、撲伐楚荊）となるが、それ以下の共王・懿王、孝王・夷王の事績については何の言及もなく、ただ二王が組み合わされているだけという印象を受ける。ちなみにこれは、共王・懿王・孝王・夷王についての文獻史料の相對的少なさにも對應しているだろう。

(59) たとえば、王建新〔1988〕は、「昭穆」は「朝暮」の意味であり、世代交替は朝日夕日・晝夜・陰陽などの交替・變化に通じるとする。

(60) 劉懷君・辛怡華・劉棟〔2003〕にも、同樣の指摘がある。

(61) 戎生鐘の發見によって、從來、戰國期とされていた『穆天子傳』の成立時期が春秋前期にまで遡りうる可能性が議論されはじめている。李學勤〔1999〕を參照のこと。

(62) 西周期官制の「復元」を試みる木村秀海〔1985〕や張亞初・劉雨〔1986〕などにおいても、卿事寮・大史寮には諸官を統轄する地位が與えられている。

(63) 禹鼎銘に記錄された鄂侯馭方征討では、武公の戎車百乘・馭二百・徒千が動員されている。また師龢父（伯龢父）は、師獸簋銘（4311）に「伯龢父若曰」といった、周王に匹敵する表現をともなって登場している。番生簋銘（4326・ⅢA）にも「王命、䚮司公族・卿事・大史寮（王命ず、

公族・卿事・大史寮を尹司し)」という記述があるように、この時期には特定の人物への權力集中が觀察できるようになる。

(64)『詩經』小雅・節南山之什・十月之交に「皇父卿士、番維司徒、家伯維宰、仲允膳夫、棸子內史、蹶維趣馬、楀維師氏」と當時の「執政者」の名が列擧されている。十月之交成立の時期については、そこに記された日食の同定など異論も多いが（齊藤國治・小澤賢二〔1992〕）、假にこれを西周末期のものと考えても、卿士皇父の權力は他の者を壓倒している。

(65) 松井〔2002〕第Ⅲ部第二章「分節する氏族」に示した「井にかかわる稱謂」表（126 ～ 8 頁）參照。

(66)『考古與文物』編輯部〔1998〕曹瑋：「自共王之後、王册封大臣的銅器、句式已經格式化。大致有物（服・飾・旂・兵器・圭瓚等）・人和土田。較爲常見的是第一類和第二類。第三類僅見大克鼎、其銘曰、…、除大克鼎之外就是吳虎鼎了。不賜土、說明當時無土可賜、或可賜土極少。至宣王又錫土則反映了國人暴動後、一部分貴族逃離王畿之地、至宣王時、將這部分土地通過 "王錫" 的秩序、賜給這些貴族的後代或是其他有功的貴族、吳虎當是其中一人。大概反映了 "宣王中興"」。

參考文獻

【日文】

淺原達郎 1986「西周金文と曆」(『東方學報』京都第 58 册)

伊藤道治 1987『中國古代國家の支配構造―西周封建制と金文』(中央公論社)

貝塚茂樹 1946『中國古代史學の發展』(弘文堂。のち『貝塚茂樹著作集』第 4 卷、中央公論社、1977 に再錄)

木村秀海 1985「西周官制の基本構造」(『史學雜誌』第 94 編第 1 號)

齊藤國治・小澤賢二 1992『中國古代の天文記錄の檢證』(雄山閣)

白川靜 1981『詩經研究通論篇』(朋友書店。のち『白川靜著作集』第 10 卷、平凡社、2000 に再錄)

林巳奈夫 1983「殷―春秋前期金文の書式と常用語句の時代的變遷」(『東方學報』京都第 55 册)

―― 1984『殷周時代靑銅器の研究―殷周靑銅器綜覽一』(吉川弘文館)

平勢隆郎 1996『中國古代紀年の研究―天文と曆の檢討から』(汲古書院)

―― 1998「殷周時代の王と諸侯」(『岩波講座世界歷史』3、岩波書店)

―― 2001『よみがえる文字と呪術の帝國』(中央公論新社)

松井嘉德 1984「西周土地移讓金文の一考察」(『東洋史研究』第 43 卷第 1 號)

―― 2002『周代國制の研究』(汲古書院)

【中文】

陳邦懷 1972「克鎛簡介」(『文物』1972 年第 6 期)

陳佩芬 2000「新獲兩周靑銅器」(『上海博物館集刊』第 8 期)

崔慶明 1984「南陽市北郊出土一批申國靑銅器」(『中原文物』1984 年第 4 期)

『考古與文物』編輯部 1998「吳虎鼎銘座談紀要」(『考古與文物』1998 年第 3 期)

『考古與文物』編集部 2003「寶雞眉縣楊家村窖藏單氏家族靑銅器群座談紀要」(『考古與文物』2003 年第 3 期)

李學勤 1990『中國古代漢字學の第一步』(原題『古文字學初階』、小幡敏行譯、凱風社)

―― 1998「吳虎鼎考釋―夏商周斷代工程考古學筆記」(『考古與文物』1998 年第 3 期。のち『夏商周年代學劄記』、遼寧大學出版社、1999 に再錄)

―― 1999「戎生編鐘論釋」(『文物』1999 年第 9 期)
―― 2003「眉縣楊家村新出青銅器研究」(『文物』2003 年第 6 期)
劉懷君 1987「眉縣出土一批西周窖藏青銅樂器」(『文博』1987 年第 2 期)
劉懷君・辛怡華・劉棟 2003「四十二年・四十三年逑鼎銘文試釋」(『文物』2003 年第 6 期)
馬承源 1991「西周銅器銘文中的『履』」(『甲骨文與殷商史』第 3 輯)
穆曉軍 1998「陝西長安縣出土西周吳虎鼎」(『考古與文物』1998 年第 3 期)
陝西省文物局・中華世紀壇藝術館 2003『盛世吉金―陝西寶雞眉縣青銅器窖藏』(北京出版社)
唐蘭 1962「西周銅器斷代中的『康宮』問題」(『考古學報』1962 年第 1 期。のち『唐蘭先生金文論集』、紫禁城出版社、1995 に再錄)。
―― 1972「《永盂銘文解釋》的一些補充―并答讀者來信」(『文物』1972 年第 11 期。のち『唐蘭先生金文論集』、紫禁城出版社、1995 に再錄)
王長啟 1990「西安市文物中心收藏的商周青銅器」(『考古與文物』1990 年第 5 期)
王輝 2003「逑盤銘文箋釋」(『考古與文物』2003 年第 3 期)
王建新 1988「中國先秦昭穆制について」(『泉屋博古館紀要』第 5 卷)
王世民・陳公柔・張長壽 1999『西周青銅器分期斷代研究』(文物出版社)
王占奎 1996「周宣王紀年與晉獻侯墓考辨」(『中國文物報』1996 年 7 月 7 日)
―― 2002「再論共和紀年問題―附論僰侯對與司徒的關係」(『晉侯墓地出土青銅器國際學術研討會論文集』、上海書畫出版社)
―― 2003「西周列王紀年擬測」(『考古與文物』2003 年第 3 期)
汪中文 1999『西周冊命金文所見官制研究』(國立編譯館)
『文物』編輯部 2003「陝西眉縣出土窖藏青銅器筆談」(『文物』2003 年第 6 期)
夏商周斷代工程專家組 2000『夏商周斷代工程 1996-2000 年階段成果報告・簡本』(世界圖書出版公司)
楊寬 1984「西周中央政權機構剖析」(『歷史研究』1984 年第 1 期。のち『西周史』、臺灣商務印書館、1999 に再錄)
張培瑜 2003「逑鼎的月相紀日和西周年代」(『文物』2003 年第 6 期)
張培瑜・周曉陸 1998「吳虎鼎銘紀時討論」(『考古與文物』1998 年第 3 期)
張曉軍・尹俊敏 1992「談與"申"有關的幾個問題」(『中原文物』1992 年第 2 期)
張亞初・劉雨 1986『西周金文官制研究』(中華書局)
周曉陸・穆曉軍 1998「吳虎鼎銘錄」(『考古與文物』1998 年第 3 期)
朱鳳瀚・張榮明 1998『西周諸王年代研究』(貴州人民出版社)

(『史窗』第 61 號、2004 年 2 月)

記憶される西周史
―逨盤銘の解讀―

はじめに
第一章　二つの王統譜
第二章　單一族の系譜
第三章　康王獨尊
第四章　周王の記憶
おわりに

はじめに

　2003年1月19日、陝西省寶雞市眉縣楊家村の窖穴から27件の青銅器が出土した[1]。鼎12・鬲9・方壺2・盤1・盉1・匜1・盂1からなるこの青銅器群にはすべて銘文が備わっており、なかでも四十二年逨鼎（2件）・四十三年逨鼎（10件）・逨盤（1件）と名づけられた青銅器には、それぞれ281字・316字・372字という西周期屈指の長銘が刻されていた。372字からなる逨盤銘は、「逨曰く」との書きだしで始まる自述形式の前半部分と、「王若く曰く」で始まる册命儀禮を記録した後半部分からなるが、その前半部分は、皇高祖單公から始まる逨の祖先たちが歴代周王に仕えてきたことを記す極めて異例な内容となっている。銘文が言及する周王は、文王・武王・成王・康王・昭王・穆王・共王・懿王・考王（孝王）・𩰬王（夷王）・剌王（厲王）の十一王と、逨が仕える「天子」の計十二王で、この「天子」が宣王を指すことは疑いない。逨盤と共に出土した四十二年逨鼎「四十又二年五月既生霸乙卯」と四十三年逨鼎「四十又三年六月既生霸丁亥」の二つの紀時もまた、宣王の在位年數を四十六年と傳える文獻史料と矛盾しない[2]。

　文王から數えれば、紀元前771年の幽王の滅亡まで、西周王朝には十三人の王が在位したことになる。この間、第八代懿王の死後、懿王の父共王の弟孝王が卽位し、その死後には懿王の太子であった夷王が卽位するという王位繼承の混亂があったことを『史記』は傳えており[3]、それに從えば、文王から幽王までは十二世代となる。逨盤銘は、この十二世代・十三王のうち、現「天子」である宣王を含む十二王の在位に言及しており、青銅器銘によって直接的にその實在を確認できない王は幽王一人を殘すのみとなった。「父」「祖」あるいは「兄」といった殷王の續柄に言及する甲骨史料と比較したとき、周王それぞれの續柄を示す情報が含まれていない憾みはあるものの、十二人の周王を在位順に記す逨盤銘の出現によって西周王朝の「王統譜」はほぼ確實なものとなったのである。

　かつて王國維は「紙上の材料」と「地下の材料」を併用する「二重證據法」を提唱し、甲骨史料あるいは竹簡・木牘史料においてその論證能力の高さを示したが[4]、逨盤銘の出現によって、西周王朝の王統譜もようやくその洗禮を受けることができるようになった。

王國維が主張するように、二重證據法が地下の新材料によって「紙上の材料を補正することができる⁽⁵⁾」可能性を祕めているのならば、地下の新材料たる逨盤銘は紙上の材料に如何なる補正を加えることができるのだろうか。

第一章　二つの王統譜

　逨盤の發見に先立つこと約 25 年、1976 年 12 月に陝西省扶風縣莊白一號窖藏からもう一つの「王統譜」が出土している。總計 103 件、有銘青銅器 74 件からなるいわゆる微氏家族青銅器群の一つ史牆盤（10175・II）である⁽⁶⁾。盤面に鑄込まれた 284 字の銘文は、中央の空白部によって前後二段に分割されており、その前段部分は歷代周王の事績、後段（嚴密には前段最後の 3 文字目から）は微氏一族の記述に當てられている。歷代周王の事績を記す銘文前段を示せば、

　　　曰古なる文王、初めて政に龡龢せり。上帝、懿德を降して大いに甹り、上下を匍有し、萬邦を合わせ受けしめたり。翻圉なる武王、四方を遹征し、殷を撻ち、畯民は永く恐るることなく、虘・微を狄ざけ、夷童を伐ちたり。憲聖なる成王、左右は柔會剛鯀にして、用てここに周邦を徹めたり。淵哲なる康王、遂しみて億疆を尹したり。弘魯なる昭王、廣く楚荊を能め、これ狩りして南行せり。祗顯なる穆王、訏いなる 誨 に型帥い、離ねて天子を寧んじたり。天子 圛 みて文・武の長剌を屬ぎ、天子、眉にして 匂 無し。上下を寒祁し、亟 みて逌いなる 慕 を𤯍め、昊炤にして炅く亾し。上帝は嗣燕し、尤に天子に縮命・厚福・豐年を保授し、方蠻も妣見せざるは亾し。

となり、文王・武王・成王・康王・昭王・穆王と、史牆が仕える「天子」すなわち共王の計七王に及ぶ西周王朝の王統譜が記錄されていたのである。

　作器者史牆の祖先に言及する銘文後段は、この前段部分と對の關係にあり、「曰古なる文王」や「翻圉なる武王」といった表記と同じく 2 文字からなる形容句を伴いつつ、「靜幽なる高祖」「微の史たる剌祖」「勇惠なる乙祖」「棻明なる亞祖祖辛」「舒遲なる文考乙公」「孝友なる史牆」と表記される微氏家族六代の事績を記錄する。ただし、微氏の祖先と歷代周王との直接的なかかわりに言及することはほとんどなく、「武王、既に殷を戈つにおいて、微の史たる剌祖、すなわち來たりて武王に見ゆ。武王、則ち周公に命じ、寓を周に舍きて、處らしめたり」の一文によって、「微の史たる剌祖」が武王克殷期に周に歸屬した人物であったことを知りうるのみである。

　一方、西周王朝の歷代十二王の在位に言及する逨盤銘の前半部分は、逨の祖先たちと歷代周王とのかかわりを執拗に記述しようとする。その部分の讀み下しを示そう。

　　　逨曰く、丕顯なる朕が皇高祖單公、趞々として克くその德を明哲にし、文王・武王を夾召し、殷を撻ち、天の魯命を膺受し、四方を匍有せり。竝びにその勤めたまえる疆土に宅りて、用て上帝に配さる。ここに朕が皇高祖公叔、克く成王を逨

匹し、大命を成受し、方く不享を狹ざけ、用て四國・萬邦を奠めたり。ここに朕が皇高祖新室仲、克くその心を幽明にし、遠きを柔らげ邇きを能め、康王を會召し、方く不廷を懷けたり。ここに朕が皇高祖惠仲盠父、政に鰲鰍し、獻に成る有り、用て昭王・穆王を會け、政を四方に延き、楚荊を撲伐せり。ここに朕が皇高祖零伯、その心を龏明にし、□服を墜さず、用て共王・懿王に辟えたり。ここに朕が皇亞祖懿仲、敏めて諫々とし、克くその辟考王・犀王を匍け保ち、周邦に成る有り。ここに朕が皇考共叔、穆々趨々として、政に鰍詢し、德に明陵にして、剌王を亯佐せり。逨は肇めて朕が皇祖考の服を佾び、夙夜を虔み、朕が死事を敬めり。ゆえに天子は多く逨に休を賜る。天子よ、それ萬年無疆、黃耇に耆るまで、周邦を保奠し、四方を諫辥せられんことを、と。

皇高祖單公に始まり、皇高祖公叔・皇高祖新室仲・皇高祖惠仲盠父・皇高祖零伯・皇亞祖懿仲・皇考共叔と續く一族七代が、それぞれ文王・武王、成王、康王、昭王・穆王、共王・懿王、考王（孝王）・犀王（夷王）、剌王（厲王）に仕え、さまざまな勳功を擧げてきたこと、作器者である逨は彼等「皇祖考」のあとを繼いでその職責につとめ、「天子」すなわち宣王の恩賜に浴したことが記されている。歴代周王と自らの祖先の事績を前段・後段に分かって記述していた史牆盤銘と較べたとき、逨盤銘にはもはや兩者を分かつ意志はなく、逆に自らの祖先の勳功を誇示するために周王が利用されているとの印象を受ける(7)。祖先それぞれの勳功を歴代周王とのかかわりにおいて示そうとしたことで、結果的に我々に西周王朝の王統譜を傳えることとなったといえるだろう。

いま、史牆盤銘と逨盤銘によって知りうる歴代周王と兩家系との關係を示せば、表 1 のようになる(8)。歴代周王の事績を一人一人語っていた史牆盤銘と較べたとき、逨盤銘には文王と武王、昭王と穆王、共王と懿王、孝王と夷王の八王が二人ずつの四組とされ、それぞれ逨の皇高祖單公・皇高祖惠仲盠父・皇高祖零伯・皇亞祖懿仲に對應させられているという特徴があることは容易にみてとれる。一族の勳功を歴代周王とのかかわりにおいて誇示しようとする逨盤銘の性格から考えて、逨の祖先と歴代周王との對應關係は多分に修辭的なものとせねばならないだろうが、そうであればなおさら、何故にこの四組八王の組み合わせが選擇されたのか、あるいは逆に、何故に成王・康王・厲王は單獨で登場するのかということが問われなければならないだろう。

表 1

史牆盤	周王	逨盤
高祖		
	文王	皇高祖單公
剌祖	武王	
乙祖	成王	皇高祖公叔
	康王	皇高祖新室仲
亞祖祖辛		
	昭王	皇高祖惠仲盠父
文考乙公	穆王	
史牆	共王	皇高祖零伯
	懿王	
	孝王	皇亞祖懿仲
	夷王	
	厲王	皇考共叔
	宣王	逨

逨盤銘が一組とした文王と武王は、ともに王朝の創建にかかわる王ではあったが、兩者

- 139 -

の事績は本來區別されるべきものであった。成王五年の紀年をもつ㝬尊（6014・IA）、

> 王、宗小子に京室に誥げて曰く、…ゆえに文王はこの大命を受けたまえり。これ武王は既に大邑商に克ち、則ち天に廷告して曰く、余はそれこの中國に宅り、これより民を辥（おさ）めん、と。

に記された王言や、康王期に屬する大盂鼎（2837・IB）、

> 王若（か）く曰く、丕顯なる文王、天の有する大命を受けたまえり。武王に在りては、文の作せし邦（くに）を嗣ぎ、その 匿（かくれたる） を闢（ひら）き、四方を匍有し、その民を畯正したまえり。

の王言のように、文王は大命（天命）を受けた王、武王は大邑商（殷）を倒し「四方を匍有」した王として、この二王の事績は嚴密に區別されていたのである。西周中期の共王期に草された史牆盤銘の王統譜もまた、「曰古なる文王、初めて政に鏧龢せり。上帝、懿德を降して大いに甹（まも）り、上下を匍有し、萬邦を合わせ受けしめたり」「繛圉なる武王、四方を遹征し、殷を撻ち、畯民は永く恐るることなく、虘・微を狄ざけ、夷童を伐ちたり」のように、基本的に㝬尊銘や大盂鼎銘以來の傳統的言說を踏襲している。
　しかしながら、「天子」すなわち共王について、史牆盤銘が「圐みて文・武の長剌を屭（つつし）ぎ、天子、眉にして 匃（わざわい） 無し」と記すように、文王・武王を併記して「文・武」と統言する言說もまた同時に存在していた。この「文・武」を統言する言說は、『尚書』の最古層に屬する洛誥篇に「予小子を以て文・武の烈を揚げ」「文・武の勤教に迷わず」「誕いに文・武の受民を保んじ亂め」「これ周公誕いに文・武の受命を保んず」として保存されているが[9]、青銅器銘では、西周中期の詢簋「王若く曰く、詢よ、丕顯なる文・武、命を受けたまえり」（4312・IIB）・師詢簋「王若く曰く、師詢よ、丕顯なる文・武、天命を俘受し、殷民を奕則したまえり」（4342）や、乖伯簋「王若く曰く、乖伯よ、朕が丕顯なる祖文・武、大命を膺受したまえり」（4331）といった用例にまでさかのぼることができる。青銅器銘上では、西周中期頃に、文王・武王の事績を分かとうとする言說が次第に背後に退いていき、「文・武」二王統言の言說が主流を占めるようになるのである。史牆の一代後の瘨の作器にかかる三式瘨鐘銘（251～56・III）に「曰古なる文王、初めて政に鏧龢せり。上帝、懿德を降して大いに甹（まも）り、四方を匍有し、萬邦を合わせ受けしめたり。武王の既に殷を伐つにおいて、微の史たる剌祖、來りて武王に見ゆ」とある。史牆盤銘とほぼ同じ内容を記そうとするものの、本來武王に屬すべき「四方を匍有」すとの事績が文王にかけられ、文王と武王の事績を嚴密に區別する意識が稀薄になりつつあったことを示している。
　厲王自作器である宗周鐘銘（260・III）の「文・武の勤めたまえる疆土」という表現もまた、「文・武」二王の統言を前提として、その支配領域を言說化している。
　逨に對する册命儀禮を記錄した逨盤銘の後半部分は、

> 王若（か）く曰く、逨よ、丕顯なる文・武、大命を膺受し、四方を匍有したまえり。則ちもとこれ乃（なんじ）が先聖祖考、先王を夾召し、大命に爵勤せり。

- 140 -

との書きだしで始まる。文王・武王が大命（天命）をお受けになり、四方を領有されたとの歴史認識が示されるとともに、逨の「先聖祖考」たちが先王をよく補佐してきたことが稱揚されている。四十二年逨鼎銘と四十三年逨鼎銘に記されている「逨よ、丕顯なる文・武、大命を膺受し、四方を匍有したまえり。則ちもとこれ乃が先聖（祖）考、先王を夾召し、大命に爵勤し、周邦を奠めたり」との王言もまた逨盤銘と全く同じ認識を共有しており、同時代の師克盨「王若く曰く、師克よ、丕顯なる文・武、大命を膺受し、四方を匍有したまえり。則ちもとこれ乃が先祖考、周邦に爵有り。王の身を扞禦し、爪牙と作れり」（4468）にもほぼ同じ表現がみえている。すでに「文・武」統言の言説に慣れ親しんでいた宣王期の周人たちは、「丕顯なる文・武、大命を膺受し、四方を匍有したまえり（丕顯文武、膺受大命、匍有四方）」という常套句を共有していたのである[10]。

逨盤銘は、皇高祖單公が文王・武王を補佐し、「殷を撻ち、天の魯命を膺受し、四方を匍有」したことを誇示するが、それは文王・武王を一組として王朝の創建を語ろうとする當時の言説をふまえたものであり、そこに歴史的事實を正確に記録しようとする史官の心性を期待すべきではないだろう。逨は自らの皇高祖單公が實際に文王・武王に仕えていたことを記録しようとしているのではなく、當時受け入れられていた言説を利用して、そこに皇高祖單公の勲功を挿入しようとしているにすぎないのである。

第二章　單一族の系譜

逨盤銘は一族の系譜が文王・武王期にまでさかのぼると主張するが、逨が屬していた單一族の動向がはっきりしてくるのはせいぜい西周の中頃からである。1975年に岐山縣董家村の窖藏から發見された三年裘衞盉（9456・Ⅲ）は、矩伯と裘衞とのあいだに土地をめぐる係爭があり、裘衞がそのことを訴え出た經緯を記録しており、そこに、

裘衞、すなわち伯邑父・榮伯・定伯・㵣伯・單伯に訖告す。伯邑父・榮伯・定伯・㵣伯・單伯、すなわち參有辭：嗣土微邑・嗣馬單旗・嗣工邑人服に命じ、眔に田を厲・趙に受けしむ。

とあるように、裘衞の訴えをうけて裁決をくだした執政團の一人として單伯の名を確認することができる[11]。揚簋「王、周の康宮に在り。旦、大室に格り、位に卽く。嗣徒單伯内りて揚を右く。王、内史史年を呼び、揚に册命せしむ」（4292）に册命儀禮の右者として登場する嗣徒單伯もまた、三年裘衞盉の單伯との關係は明らかではないものの、ほぼ同時代の單一族に屬する人物である。さらに單伯昊生鐘（82）・昊生鐘（105）・單昊生豆（4672）を遺した單伯昊生や、單伯原父簋（737）の作器者單伯原父も單一族の構成員である。單伯昊生鐘銘の「丕顯なる皇祖・剌考、先王を逨匹し、大命に爵勤せり」の「爵勤大命」という表現は、逨盤銘や四十二年逨鼎銘・四十三年逨鼎銘、さらには毛公鼎銘にもみえており、西周後期に特有の表現である。西周の中頃にその地位を確立した單伯家は、西周後期までその勢力を保持していたと考えられる。

一方、逨盤が出土した楊家村の窖穴からは、單五父方壺・叔五父匜・單叔簋が出土して

- 141 -

おり、そのうち、單五父と叔五父という二つの作器者名は、單叔五父＝叔五父＝單五父という稱謂のヴァリエイションに收まる[12]。單叔五父（單五父・叔五父）は、「叔」の排行によって單一族の他の分節と區別されていた人物であり、單叔鬲の單叔もおそらくは同一人物である。この單叔五父と逨の關係は明らかにしがたいが、同じ窖穴から出土したことを評價するならば、逨はこの單叔家に屬していた可能性が高い。いずれにせよ、西周後期、單一族は少なくとも單伯家と單叔家という二つの分節に分かれていたことになる[13]。

　逨盤銘に記された逨の祖先と周王との對應關係（表1）を參照するならば、單一族の動向がはっきりしてくるのは、逨の二代前の皇亞祖懿仲、あるいはその前の皇高祖零伯あたりからでしかなく[14]、それ以前の單一族については、わずかにオーストラリア・メルボルン市のヴィクトリア美術館が所藏する西周前期の乳釘紋方鼎「叔、單公の寶障彝を作る」（2270）の銘文が知られているだけである。逨盤の發見以來、「單公」の名が記されたこの青銅器に注目が集まるようになったが、最初にこの青銅器を紹介した李學勤は、作册大方鼎（2758～61・IB）に似たこの方鼎に登場する單公を、單邑に封じられたとされる成王の少子臻だと考えていた[15]。しかしながら、單一族の始祖を成王の少子臻とする傳承は根據がうすいとされているし[16]、逨盤銘自體も一族の出自を成王に求めようとはしていない。一方、この方鼎の作器者「叔」を成王に「仕えた」第二代皇高祖の公叔とし、作器對象の「單公」を文王・武王に「仕えた」初代皇高祖單公と考えようとする論考もみられるが[17]、この方鼎を康王・昭王期のものと考えた李學勤の年代觀への反證は示されていない。いずれにせよ、この青銅器銘によって皇高祖單公が文王・武王に「仕えた」とする逨盤銘の主張を支えることはできないだろう。さらに、1956年に眉縣李家村の窖藏から出土した盠駒尊/方尊/方彝（6011～12・II/6013・IIB/9899～9900・II）の作器者盠を、逨盤銘の皇高祖惠仲盠父に比定しようとする主張もみられるが、この兩者を結びつけているのは、兩者が「盠」字を共有することと、盠駒尊の作器對象である文考大仲が皇高祖惠仲盠父の一代前の皇高祖新室仲と「仲」字を共有すること、および出土地の近さであり、そのいずれも確定的な證據とは言いがたい。盠諸器の存在によって、皇高祖惠仲盠父の實在を證明することもやはり無理である。皇高祖單公や皇高祖惠仲盠父をめぐるこれらの議論はすべて、逨盤銘が歷史的事實を記錄しているに相違ないという前提（あるいは期待）を共有しているが、「文・武」二王を統言して王朝の創建を語ろうとする「記憶」の場にこの青銅器銘が位置していることを忘れてはならないだろう。

　そもそも、皇高祖單公・皇高祖公叔・皇高祖新室仲・皇高祖惠仲盠父・皇高祖零伯・皇亞祖懿仲・皇考共叔と記された逨の祖先のなかで、「皇高祖」が五人も登場すること自體が異樣である[18]。史牆盤銘や、二式㝬鐘「㝬曰く、丕顯なる高祖・亞祖・文考、克くその心を明らかにし、尹□の威義を足け、用て先王に辟えたり」（247～50・IIIA）、あるいは西周後期の大簋「大、障簋を作り、用て高祖・皇考に享す」（4125）、楚公逆鐘「楚公逆、その先高祖考夫壬四方首を祀る」（『近出』97）、さらには春秋後期の叔夷鐘銘（275）の「夷、その先舊及びその高祖に典らんとす」のように、高祖に言及する青銅器銘はいくつか存在しているものの、そのいずれも逨盤銘のように複數の高祖の名を列舉することはない[19]。複數の祖先名を列したいのならば、たとえば史牆盤銘の剌祖・乙祖あるいは一式㝬鐘銘（246・III）や盠方彝銘の文祖といった稱號も使用しえたはずである。逨盤銘が「皇高祖」という稱號を好むのは、自らの家系の勳功を誇示し、祖先それぞれの至高性を強調したい

ためであったろうが[20]、逆に「皇高祖」の稱號を濫發することによって、この系譜は馬脚を現してしまったように思われる。

　西周から東周への激動のなかで多くの有力氏族が斷絶していったが、單一族はそれを乘りこえ、東周王朝の卿士として文獻史料にその名を留めることに成功した。王室を二分する大反亂となった王子朝の亂（前 520 ～ 516 年）において、悼王・敬王を補佐し、最終的な勝利を勝ち取ることに貢獻した單穆公など、單一族は有力な卿士を輩出しているものの、その出自については、『國語』周語中の「今、朝や不才と雖も、周に分族有り」という單朝（單襄公）の言葉が遺されているのみである。「分族有りとは、王の族親なり」と韋昭注にいうように、單一族には周王室の分族であるという傳承があったのかもしれないが、實際のところ先の成王少子臻說を除けば、單一族の始祖にかかわる傳承は何一つ確認できない。

　同じく東周期にまで生きのびた虢一族が、『春秋左氏傳』僖公五年「虢仲・虢叔は王季の穆なり、文王の卿士と爲り、勳は王室に在りて、盟府に藏さる」のように、王季の子輩（すなわち文王の兄弟）虢仲・虢叔に始まるという始祖傳承を遺しえたことに較べれば、單一族の始祖傳承のあやうさは覆うべくもない。そもそも、先に述べたように、逨盤銘が誇示した一族の系譜には周王室の分族であることを示そうとする意志はなく、その意味で、單一族は自らの始祖傳承の形成に失敗したといえる。

　それでは逆に、なぜ逨はこのような系譜を銘文に記そうとしたのだろうか。逨盤銘後半に記錄された册命儀禮において、宣王は「汝に命じて榮兌を足（たす）け、四方の虞・林を𦙍嗣し、宮御に用いしむ」との王命を發している。榮兌を補佐し、「四方の虞・林」を管轄せよとの命令であり、四十三年逨鼎「昔、余は既に汝に命じて榮兌を足け、四方の虞・林を𦙍嗣し、宮御に用いせしめたり」や、1985 年に楊家村から出土した、同じく逨の作器にかかる逨編鐘「天子、朕が先祖の服（おも）を經い、多く逨に休命を賜い、四方の虞・林を𦙍嗣せしめたまう」（『近出』106 ～ 09[21]）にも同樣の王命が記錄されている。「四方の虞・林」とは、文字通りに解釋すれば、王朝の全支配領域の山林藪澤を意味することになり、いかにも修辭的な表現と考えるべきものであろうが[22]、それでもやはり、そのような王命を宣王から引き出しえた逨の權勢の大きさを示しているように思われる。楊家村窖穴から出土した 27 件の青銅器のうち、確實に逨の作器にかかるものは 14 件あり、四十二年逨鼎の第 1 器は通高 51 センチ、重さ 35.5 キロ、第 2 器は通高 57.8 センチ、重さ 46 キロに達し、四十三年逨鼎も通高 58 センチ、重さ 44.5 キロの第 1 器を筆頭に 10 器が聯ねられている。逨盉も通高が 48 センチあり、おそらく西周期で最大級の大きさをほこっている。さらに逨編鐘の第 1 器は通高 65.5 センチ、重さは 50.5 キロに達している。厲王の自作器である宗周鐘が通高 65.6 センチ、㝬簋（4217・IIIA）が通高 59 センチ、重さ 60 キロであるのと比較しても、さして遜色のない青銅器群である。おそらく、一臣下が作りえた青銅器群としては最大級のものであり[23]、逨の有していた權勢の大きさを示してあまりある。

　いかなる理由によってこのような權勢をもつに至ったのかは判然としないが、逨は宣王朝を支える最有力者のひとりであったはずである[24]。そして、「四方の虞・林」を管轄せよと宣王に言わしめ、巨大な青銅器群を聯ねて自らの權勢を誇示しえた逨が最後にしなければならなかったのが、自らの家系の始まりを文王・武王に結びつけ、王朝創建という輝かしい「記憶」に單一族をかかわらせることではなかったのだろうか[25]。おそらくは王朝

創建期にまでさかのぼりえない、あるいはさほどたいしたことはなかった一族の系譜を文王・武王の「記憶」に結びつけた結果、實際の系譜とのあいだに生じたであろう齟齬を調整しなければならなくなる。文王と武王が一組なのだから、それ以後の周王にも二王統言の言説を用いることで、逑はその齟齬を調整しつつ、同時に祖先の數を「節約」できたはずである。

第三章　康王獨尊

　逑盤銘に記された逑一族の系譜は、歴史的事實を記録しようとしたものではなく、逑の權勢を背景として一族の勳功を誇示しようとした「作られた歴史」だと考えるべきであろう。逑盤銘に遺された王統譜は、この「作られた歴史」に現實味を與えるための重要な道具立てであり、文王と武王を一組として王朝の創建を語る「記憶」の場でその有效性を發揮しえたものであった。文王と武王を一組とする言説を利用しつつ、逑はさらに昭王・穆王、共王・懿王、孝王・夷王の三組六王に自らの祖先を對應させていったのではないかと考えたわけだが、そう考えるならば、逆に成王・康王・厲王の三王が何故に二王統言を免れ單獨で登場するのか、その理由を示す必要がある。厲王と組み合わされるべき宣王は、逑盤銘が草された時點では現「天子」であったので、厲王は單獨で登場せざるをえなかったとすれば、問題となるのは、成王と康王が何故に一組とされなかったのかということである[26]。

　青銅器銘研究の立場からいえば、康王は難しい問題をかかえている王である。册命儀禮などを記録する青銅器銘には、「王、□に在り」や「王、□に格る」といった書式によって周王の所在に言及するものが多い。たとえば四十二年逑鼎、

> これ四十又二年五月既生霸乙卯、王、周の康穆宮（周康穆宮）に在り。旦、王、大室に格り、位に卽く。嗣工散、虞逑を右け、門に入り、中廷に位し、北嚮す。尹氏、王に釐書を授く。王、史淢を呼び、逑に册釐せしむ。王若く曰く、…。

には、王（宣王）が「周康穆宮」にいて、早朝「大室」にいたったことが記録され、翌四十三年の紀時をもつ四十三年逑鼎は、この「周康穆宮」を「周康宮穆宮」と表記している。このような「康□宮」あるいは「康宮□宮」といった康宮諸宮と康王との關係をどのように考えるべきか。學界を數十年にわたって惱ませてきた「康宮問題」である。

　西周前期の令方尊/方彝（6016・IB/9901・IB）は、康宮の名が記録される最古級の青銅器である。

> これ八月、辰は甲申に在り。王、周公の子明保に命じ、三事・四方を尹さしめ、卿事寮を授く。丁亥、矢に命じて周公の宮に告げしむ。公命じ、徣でて卿事寮を同めしむ。これ十月月吉癸未、明公、朝に成周に至り、命を徣だす。三事の命を舍くに、卿事寮と諸尹と里君と百工とともにし、諸侯：侯・旬・男とともに、四方の命を舍け、と。既わり咸く命ず。甲申、明公、牲を京宮に用い、乙酉、牲を康

- 144 -

宮に用う。咸く既わり、牲を王に用う。明公、王より歸る。

八月甲申 21、周王は周公の子である明保（明公）に三事（王室行政）と四方（封建諸侯）を治めるべく、卿事寮の總攬を命じた。命をうけた明公は、その 60 日後の十月癸未 20 に成周に至り、三事の命令と四方の命令を傳達しおえ、その翌日、甲申 21 の日に犧牲を京宮に用い、乙酉 22 には康宮において犧牲を用い、その後、王（王所？）にも犧牲を用いたのである。成周には少なくとも「京宮」と「康宮」と呼ばれた二つの「宮」が存在したことになるが、唐蘭はこの京宮を太王（古公亶父）・王季・文王・武王・成王の宮廟、康宮を康王の宮廟だと考え、令方尊/方彝を昭王期のものだと主張した。さらに唐氏は、他の青銅器銘にみえる康昭宮・康穆宮・康宮穆大室・康剌宮といった康宮諸宮もそれぞれ昭王・穆王・夷王・厲王の宮廟であり、康王以降の歷代周王の宮廟は康宮の存在を前提として秩序づけられていたと考えたのである[27]。

この唐氏の主張に異を唱えたのが、令方尊/方彝を成王期のものと考える郭沫若や陳夢家であった。郭氏は、これら諸宮の名は「孤證單文」の嫌いがあり、唐氏の解釋を支える傍證に缺けること、西周諸王のなかで何故に康王の宮廟だけが「獨尊」であるのかわからないこと、などを指摘したうえで、京や康あるいは昭・穆・剌といった文字は「懿美の字」として宮室の名に使用されたのだと主張した[28]。一方、陳氏は、宮・寢・室・家といった語は生人居住の建物を指しており、先祖鬼神のための廟や宗・宗室とは區別されるべきことを主張し、唐氏の康宮＝康王宮廟說を否定した[29]。そしてこれらの反論に對して、唐氏が再反論を試みたのが 1962 年に發表された「西周銅器斷代中的"康宮"問題」である[30]。第一章「分岐所在和問題的重要性」で、自說と郭・陳兩氏の主張との相違點を整理したのち、第二章「爲什麼說『康宮』是康王之宮」では改めて自說を再確認しつつ、令方尊/方彝銘の康宮はやはり康王の宮廟であること、康宮に言及する他の青銅器銘の檢討からも康宮を康王の宮廟と考えてよいこと、古文獻の記載からも康宮が康王の宮廟であることが證明できること、周代の宗法制度においては昭と穆とを區別することから、康宮は康王の宮廟であり、昭・穆兩宮は昭王・穆王の宮廟だといえること、といった主張が展開されている。第三章「關于『宮與廟有分別』的討論」は、陳夢家に對する反論。「宮」は建築群の總名であり、その內部に廟や寢・大室を含みうること、康宮は康廟・康寢とも呼ぶことができ、康王の生前に建築された可能性があることなどが主張される。第四章「部分西周青銅器的斷代問題」は、康宮諸宮の記載に基づいて青銅器の制作年代を確定しようとする試み。康宮の名が記された青銅器は康王より前にさかのぼりえないし、以下、康昭宮・康穆宮・康宮禕大室・康剌宮といった康宮諸宮の名がみえる青銅器も同様である。この試みは、のちに『西周青銅器銘文分代史徵』（1986 年）としてまとめられ、中華書局より上梓された。

康宮＝康王宮廟說の提唱、郭・陳兩氏の反論、唐氏の再反論と展開した「康宮問題」は、その後も賛同・反對の兩說をそれぞれ生み出しつつ、最終的な決着をみないまま今日にいたった[31]。表 2 に示したように、この間、康宮諸宮に言及する青銅器銘は增加し、周康宮穆宮・周康禕宮・周康宮禕といった新たな宮名も確認されるなど、郭氏のいう「孤證單文」の時代は去りつつあったが、さりとて決定的な史料も發見されないまま[32]、2003 年の逨盤銘の出現を迎えることとなる。

- 145 -

表2　康宮諸宮ならびにその關聯施設

王在	青銅器銘	林斷代	『集成』・他
康宮	令方尊／方彝	IB	6016・前期／9901・前期
康宮・大室	*卯簋	IIB	4259・中期
康宮	康鼎	IIIA	2786 中期後期
康宮・齊伯室	*敔簋		『近出』483・中期
康宮大室	君夫簋		4178・中期
康宮	*衞簋	IIIA	4209-12・中期
康宮	*楚簋		4246-9・後期
周康宮・大室	*輔師嫠簋	IIB	4286・後期
周康宮・大室	休盤	IIIA	10170・中期
周康宮・大室	揚簋	IIIA	4294-5・後期
周康宮	*夾簋		張光裕 2002・後期
周康宮・大室	*申簋		4267・中期
周康宮・大室	*師頴簋		4312・後期
周康宮新宮・大室	望簋		4272・中期
周康昭宮・大室	頌鼎／簋／壺	IIIB	2827-9／4332-9／9731-2・後期
周康昭宮・大室	*趩鼎		2815・後期
周康穆宮	善夫克盨	IIIB	4465・後期→宣王
周康穆宮・大室	袁鼎／盤		2819／10172・後期→宣王
周康穆宮・大室	*四十二年逨鼎		→宣王
周康宮穆宮・周廟	*四十三年逨鼎		→宣王
周康宮・穆大室	伊簋	IIIB	4287・後期→宣王
周康宮㝬大室	鬲從鼎／簋	IIIB	2818・後期／4278・後期
周康宮㝬宮・大室	*此鼎／簋	IIIA	2821-3／4303-10・後期
周康宮㝬宮	*吳虎鼎		『近出』364・後期→宣王
周康㝬宮	*戎鐘		陳佩芬 2000・厲王
周康刺宮	克鐘／鎛	III	203-8／209・後期→宣王
周康寢	師遽方彝	II	9897・中期
康廟	南宮柳鼎	IIIA	2805・後期
周・康廟	元年師兌簋	IIIB	4274-5・後期
康	*應侯見工鐘	III	107-9・中後期

*印は唐蘭 1962 以降に發見された青銅器を示す。

張光裕 2002：「新見西周『夾』簋銘文說釋」（『第三屆國際漢學會議論文集古文字與商周文明』）
陳佩芬 2000：「新獲兩周青銅器」（『上海博物館集刊』8）

すでに見てきたように、一族の勳功を誇示しようとする逨盤銘には歷代周王の王統譜が記録されており、そのうち、剌王（厲王）の名は 1997 年に銘文が確認された呉虎鼎（『近出』364）に次ぐ 2 例目の發見となり(33)、考王（孝王）・𢕌王（夷王）二王の名はこの逨盤銘によって初めて確認されたのである。そして、その𢕌王（夷王）の「𢕌」字が周康𢕌宮・周康宮𢕌宮あるいは周康宮𢕌大室の「𢕌」字と一致し、剌王（厲王）の「剌」字が周康剌宮の「剌」字と一致したことによって、康宮𢕌大室・康剌宮をそれぞれ夷王・厲王の宮廟と考えた唐蘭の主張は、確定的な證據を得ることとなった。康宮諸宮のなかに夷王・厲王の宮廟が確認された以上、康昭宮・康穆宮（康宮穆宮）も同樣に昭王・穆王の宮廟と考えるべきであり、それら康宮諸宮の基礎となる康宮もまた、それに强いて「懿美の字」などといった別解を與える必要はなく、他の康宮諸宮と同樣に康王の宮廟と考えるべきものとなろう。康宮の名がみえる最古級の青銅器であった令方尊/方彝を西周 IB に斷代し、同じく令の作器にかかる令簋（4300〜01）を IIA に斷代する林巳奈夫の斷代案もこれに矛盾しない。

　共王・懿王・孝王にかかわる施設の存在は知られていないが、康王の宮廟である康宮の存在を前提として、康宮諸宮が秩序づけられていたことは間違いない。康宮あるいは康王は確かに「獨尊」であった。

　それでは、何故、康宮あるいは康王は「獨尊」なのだろうか。かつて郭沫若が突きつけたこの疑問に對して、唐蘭は次のように答えた。

　西周初年、武王・成王と康王は多くの諸侯を封建した。『春秋左氏傳』昭公二十六年に「昔、武王、殷に克ち、成王、四方を靖んじ、康王、民を息わせ、並に母弟を建て、以て周に蕃屛とせり」とあるように、封建された武王の母弟はその父文王を祀り、成王の母弟は武王を祀り、康王の母弟は成王を祀った。文王・武王・成王は京宮で祀られているので、京宮は周王室と同姓諸侯共通の宗廟となる。ところが、康王以後になると、領土の分配はほぼ完了し、諸侯の封建を行うことができなくなる。その結果、康王以後の宗廟は周王室だけのものとなり、康宮「獨尊」の狀況が出現する、と。康王は母弟を封建しえた最後の王であると同時に、その子輩を封建しえなかった最初の王でもある。諸侯封建における康王の劃期性に注目することで、唐氏は康宮あるいは康王の「獨尊」を說明しようとしたのである。しかしながら、康王を周王室だけの宗廟の始祖とみなし、そこに康宮「獨尊」の理由を求めた唐蘭は、康王の子昭王以來、康宮が「獨尊」の地位に在り續けたと考えざるをえなくなる。その結果、唐氏は康宮の聯續性に關心を奪われ、令方尊/方彝にみえていた成周の康宮と表 2 の輔師㝨簋以下にみえる「周康宮」を區別できなくなってしまうのである。

　應侯見工鐘（107・III）に「これ正二月初吉、王、成周より歸る。應侯見工、王を周に遺（おく）る。辛未、王、康に格る」とあるように、成周と周は排他的な關係にあり、兩者を區別しない唐蘭の主張は成立しえない。周の地望をめぐっては諸說あるけれども、これを岐周の周原一帶に求める考え方が最も說得的であることについてはかつて述べたことがある(34)。「周の康宮」は林斷代の IIB あたりからその存在を確認できるようになるが、ほぼ同時代の吳方彝（9898）には成王の「大室」である周成大室がみえ、𢀛鼎（2838）には穆王の「大室」である周穆王大室がみえている。また𢀛壺（9727）には、その所在地を確定することはできないけれども、成王の宮廟と考えられる成宮の名がみえている。周の康宮に言及す

- 147 -

る青銅器銘が多いことは事實だが、そのことはただちに康宮の「獨尊」を意味するものではない。實は唐蘭も氣がついていたのだが、康昭宮や康穆宮などの康宮諸宮が出揃うのは厲王・宣王期、林斷代のⅢAからⅢBにかけての時期であり(35)、その康宮諸宮に秩序を與える康宮が「獨尊」の地位を獲得するのもやはり同じく厲王・宣王期であったと考えるべきである。康宮そして康王は終始「獨尊」の地位にあったのではなく、厲王・宣王期にその「獨尊」たることを確認され、康宮諸宮の秩序の中にその地位を具現させるのである。

　四十二年逑鼎や四十三年逑鼎といった宣王期標準器群と周康宮穆宮（周康穆宮）・周康宮穆大室といった穆王宮室とのあいだに親和性があることから、宣王期の周人が穆王に自らの正統性を重ねていたのではないかと述べたことがあるが(36)、周人たちはその周康宮穆宮や周康宮穆大室の中に康王の「獨尊」を認めていたのである。逑盤銘が康王を成王と一組とせず、獨尊の王として自らの祖先に對應させようとしたのは、盤銘が草された當時の周人たちにとって康王が「獨尊」であったことに照應しているだろう。

第四章　周王の記憶

　逑盤銘は祖先それぞれの勳功を歴代周王とのかかわりにおいて示そうとしていた。康王に「仕えた」皇高祖新室仲について、盤銘は、

　　ここに朕が皇高祖新室仲、克くその心を幽明にし、遠きを柔らげ邇きを能め、康
　　王を會召し、方く不廷を懷けたり。

と記しており、康王が「方く不廷を懷け」た王として宣王期の周人たちに記憶されていたことを傳えている。「不廷」とは王朝に來貢せぬ勢力をいい(37)、厲王自作器である五祀𫗦鐘（358）や毛公鼎など、厲王・宣王期以後にその用例が確認できるようになる語彙である(38)。厲王・宣王期の青銅器銘には、玁狁や淮夷（南淮夷・南夷）への遠征をいうものが多く、禹鼎（2833〜4・ⅢB）には、南淮夷・東夷を巻き込んだ鄂侯馭方の反亂も記録されている(39)。毛公鼎銘が「䛐々たる四方、大いに縱れて靜らかならず」と嘆くように、この時期、王朝が支配秩序崩壊の危機にさらされていたことは想像に難くなく、逆にそうであればこそ、厲王自作器である𫗦簋に記された「朕が心は、四方に墜ぶ」との王言や、兮甲盤「王、甲に命ず。成周四方の積を政嗣し、南淮夷に至れ。淮夷は舊と我が貫畮の人なり。敢えてその貫・其の積・其の進人を出さざる毋れ」（10174・ⅢB）にみえる南淮夷に對する支配意思の表明など、王朝の支配秩序の回復が強く志向されるようになる。そして、その時、かつて王朝に靡かぬ「不廷」を懷けた王として回顧されたのが康王であった。

　武王の崩御後、いわゆる三監の亂をはじめとした諸反亂が勃發し、成王や周公旦がその鎭壓にあたったことは古文獻の等しく傳えるところである(40)。青銅器銘においても、大保簋「王、彔子聖を伐つ」（4140・ⅠA）・小臣單觶「王の後□、商に克ちて、成𠂤に在り」（6512・ⅠA）、あるいは康侯簋「王、商邑を朿伐す。命を康侯に祉だし、衞に鄙つくらしむ」（4059・ⅠA）が、三監の亂の鎭壓、ならびにその後の衞の封建に言及している。逑盤銘は成王に「仕えた」皇高祖公叔について、

- 148 -

ここに朕が皇高祖公叔、克く成王を逑匹し、大命を成受し、方く不享を狄ざけ、
　　用て四國・萬邦を奠めたり。

と記していたが、「方く不享を狄ざけ」の「不享」とは來貢せざる勢力を意味しており(41)、それは具體的には三監の亂鎭壓などの記憶を踏まえているのだと思われる。成王期に屬しうる軍事活動には、ほかに剛劫尊/卣「王、楚を征す」(5977・IA/5383)・禽簋「王、楚侯を伐つ」(4041・IB)や、塱方鼎「これ周公、ここに東夷・豐伯・薄姑を征伐し、咸く戈つ」(2739)・旅鼎「これ公大保、來たりて反夷を伐てし年」(9728)などがあるが、康王期の宜侯矢簋「王、武王・成王の伐てる商圖を省し、徣でて東國の圖を省す」(4320・IB)が、康王の省（通省）すなわち軍事的査察行爲の對象を「武王・成王の伐てる商圖」と「東國の圖」に分かつように、それはなお武王克殷の延長上にあるものと認識されていた。史牆盤銘は成王の事績を「左右は柔會剛鯀にして、用てここに周邦を徹めたり」、康王の事績を「遂しみて億疆を尹したり」と記録しており、「周邦を徹めたり」と「億疆を尹したり」とは對句の關係にある。「左右は柔會剛鯀」の意味はよくわからないが、史牆盤銘は成王の事績がほぼ「周邦」に限定されるとの認識を示している(42)。それに對して、康王の事績は「億疆」にかけられ、その支配領域のさらなる擴大を示唆している(43)。逑盤銘の「方く不廷を懷けたり」との聯續性をみてとることができるだろう。

　周王朝の本格的な征討活動が記録されるのは、林巳奈夫がIBからIIBに斷代する青銅器銘においてである。大盂鼎（IB）と同じ盂の作器にかかる小盂鼎（2839）は、鬼方を遠征した盂が、「馘（酋）二人、獲馘四千八百□十二馘、俘人萬三千八十一人、俘馬□□匹、俘車卅兩、俘牛三百五十五牛、羊卅八羊」「馘（酋）一人、獲馘二百卅七馘、俘人□□□人、俘馬四匹、俘車百□兩」に及ぶ捕虜・首級・鹵獲品を獻上したことを記録しており、この時期に西周期最大規模の征討活動があったことを傳えている(44)。

　　これ五月、王、斥に在り。戊子、作册折に命じ、望土を相侯に睍り、金を賜い、
　　臣を賜わしむ。王の休を揚す。これ王の十又九祀、用て父乙の隣を作る、それ永
　　く寶とせよ。

と、在位十九年の年に王が斥に在り、相侯に望土の地を賜ったことを記録する折尊/觥/方彝（6002/9303・IB/9895・IB）の作器者作册折は、史牆盤に記録された史牆の亞祖祖辛であり(45)、これを成王期にまで溯らせることはできない（表１參照）。林斷代のIBを勘案すれば、康王期のものとしてよいであろうが、この斥の地では別に、夷伯の安撫(46)、趞への采土の賜與(47)が行われていたことが記録されている。大量の捕虜の捕獲、あるいは采土の賜與、さらに宜侯矢簋「王、宜の宗社に位し、南嚮す。王、虎侯矢に命ず。曰く、ああ、宜に侯たれ」に記録された虎侯矢の宜への移封など、康王期の青銅器銘には本格的な征討活動の開始と支配領域の擴大を示唆するものが多い(48)。宜侯矢簋は康王が「武王・成王の伐てる商圖」と「東國の圖」を省（通省）したことを傳えていたし、大盂鼎、

　　王曰く、盂よ、すなわち召夾して、戎を死嗣せよ。罰訟を敏み諫み、夙夕し我
　　一人を召け、四方に烝たらしめよ。我において、それ先王の授けられたまいし民

- 149 -

と授けられたまいし疆土とを適省せよ。

では、盂が康王にかわって「先王の授けられたまいし民と授けられたまいし疆土」を適省することが命ぜられている。「四方」と「我一人」すなわち「王身」は、王の移動（適省）を介して結びつき、「王身」から「四方」に至る王朝秩序の言説化が始まりつつあった[49]。

　林斷代のⅠBの時期に本格化した軍事活動は、續くⅡA・ⅡBの時代へと引き繼がれていく。䕩鼎「これ王、東夷を伐つ」（2740・ⅡA）の東夷や、令簋「これ王ここに楚伯を伐ちて、炎に在り」・過伯簋「過伯、王に從いて反荊を伐つ」（3907・ⅡA）の楚荊、あるいは師旂鼎「師旂の衆僕、王の于方を征するに從わず」（2809・ⅡB）の于方については、周王自身による遠征活動が記錄され[50]、さらに伯懋父・伯辟父・伯雍父（師雍父）といった人物がこの時期の軍事活動を擔っていたことが知られている[51]。また班簋「王、毛公に命ず、邦冢君・土馭・戜人を以いて、東國の瘄戎を伐て、と。…三年、東國を靜む」（4241・ⅡA）・明公尊「これ王、明公に命ず、三族を遣わし、東國を伐て、と」（4029）は、この時期に「東國」への征討活動があったことを傳えている[52]。

　「遂しみて億疆を尹し」た康王の事績に次いで、史牆盤銘は昭王の事績を「廣く楚荊を能め、これ狩りして南行せり」と記錄していた。昭王の「南行」が先に引いた令簋銘・過伯簋銘にもみえる楚荊への親征に該當することは疑いないだろう。しかしながら、林斷代ⅡAの青銅器銘には東夷あるいは東國への親征も記錄されていたように、昭王の親征は必ずしも楚荊に限定されたものではなかったはずである。史牆盤銘が昭王の南征にのみ言及するのは、それが昭王の最も記憶されるべき事績であったからであろうが、逆にそのことは昭王の他の事績を記憶の背後へと追いやってしまうことにもなる。

　昭王といえば南征なのであり、その記憶は以後ゆらぐことなく、『春秋左氏傳』僖公四年「昭王、南征して復らず」や、『竹書紀年』の「周昭王十六年、楚荊を伐つ」（『初學記』卷七）・「周昭王十九年、…六師を漢に喪う」（『初學記』卷七）・「周昭王の末年、…その年、王、南巡して返らず」（『太平御覽』卷八百七十四）といった文獻史料へと引き繼がれていくのである。

　東夷・東國への遠征、あるいは呂行壺「伯懋父北征し、これ還る」にみえる伯懋父の「北征」など、林斷代のⅡAからⅡBにかけての青銅器銘に記錄されていた征討活動は、南征と強く結びついてしまった昭王に屬しえない記憶となり、昭王に前後する王との親和性を強めていくことになるだろう。穆王について史牆盤銘は「訏いなる誨に型帥い、籲ねて天子を寧んじたり」と抽象的な事績しか書きえなかったが、二王統言の言說を用いる逑盤銘は、

　　ここに朕が皇高祖惠仲盞父、政に懿龢し、猷に成る有り、用て昭王・穆王を會け、政を四方に延き、楚荊を撲伐せり。

と記し、昭王・穆王を「四方」あるいは「楚荊」に結びつけようとしている。昭王南征の記憶を踏まえた記述ではあるが、それは同時に、穆王と「四方」とのかかわりを認めようとする表現でもあるだろう[53]。戎生鐘（『近出』27～34）に、

戎生曰く、休しき辞が皇祖憲公、趠々趡々として、その明心を啟き、その猷
　　を廣經にす。よく穆天子の淵靈に稱い、用てこの外土に建ち、蠻戎を通嗣し、用
　　て不廷方を斡む。

とあるように、穆王（穆天子）の記憶は「蠻戎」「不廷方」に結びつけられていくのである(54)。穆王について、『春秋左氏傳』は「塗山之會」（昭公四年）・「周行天下」（昭公十二年）の傳承を記録し、『竹書紀年』は「北征」（『山海經』大荒北經注など）・「西征」（『山海經』西山經注など）・「西征昆侖丘」（『穆天子傳』注など）・「伐楚」（『藝文類聚』卷九など）・「東征・西征・南征・北征」（『開元占經』卷四）といった傳承を傳えている。さらに『國語』周語上と『穆天子傳』には穆王の犬戎遠征も傳えられている。これら穆王をめぐる傳承の豐かさは、昭王の南征と同樣、周人たちが穆王に結びつけていった「四方」外征の記憶にその源を發しているといえるだろう。

　文王・武王、成王、康王、そして昭王・穆王の事績を自らの祖先とのかかわりで「記録」してきた逨盤銘だが、その皇高祖零伯・皇亞祖懿仲については、

　　ここに朕が皇高祖零伯、その心を舞明にし、□服を墜さず、用て共王・懿王に辟
　　えたり。ここに朕が皇亞祖懿仲、戮めて諫々とし、克くその辟考王・獰王を匍け
　　保ち、周邦に成る有り。

と記すのみで、彼等が「仕えた」共王・懿王、孝王（考王）・夷王（獰王）四王の事績になんら言及しようとしない(55)。つとに指摘されているように、共王期頃を境として册命金文が急増し(56)、殷以來の「事」概念から周獨自の「嗣」概念への交代が認められるようになる(57)。貝塚茂樹のいう「寶貝賜與形式金文」から「官職車服策命形式金文」への轉換もまた同じ事象を指しており(58)、それは軍功への恩賞から職掌任命に對する恩賞への變化でもあった。王朝は外征への關心を失っていくが、それは支配秩序の恢復を志向し、靡かぬ「不廷」を懷けた康王に「獨尊」の地位を認めていた後の周人たちにとっては、記憶すべき事柄をもたぬ時代の始まりでもある。逨盤銘の沈默は、二王統言の言説を用いている點を差し引いてもなお、共王期頃に始まる西周文化の轉換によく對應している。

　逨盤銘の沈默は、これら諸王にまつわる記憶の少なさにも對應している。『太平御覽』卷八十五に引かれる西晉・皇甫謐の『帝王世紀』が「周、恭王より夷王に至る四世、年紀明らかならず」と嘆いたように、文獻史料に就いてみても、共王以下の諸王にかかわる記事は貧弱であるといわねばならない。『史記』周本紀は、『國語』周語上に取材した共王の密康公誅滅を記したあと、續く懿王・孝王・夷王については王位繼承の混亂を傳えるのみで、各王の事績を何一つ具體的に記述しえず、ただ「懿王の時、王室遂に衰え、詩人、刺を作す」と記すのがやっとである。周本紀が取材した『國語』周語上は、穆王の犬戎遠征のあと、共王の密康公誅滅をはさんで、一氣に厲王暴虐・奔彘へと話題をとばしており、穆王と厲王にはさまれた四王の記憶の少なさを露呈している(59)。唯一記録された密康公誅滅もまた完全に孤立した傳承であって、共王との必然的な結びつきを缺くとすれば、『國語』そして『史記』周本紀は、これら四王についてほとんど何も語りえていないことになろう(60)。

事情は『春秋左氏傳』『竹書紀年』についてもほぼ同じである。『春秋左氏傳』は共王・懿王・孝王については何も語りえず、夷王についてわずかに「夷王に至りて、王、その身に愆あり、諸侯、並びにその望に走り、以て王の身を祈らざるは莫し」という王子朝の發言を傳えているだけである（昭公二十六年）。『竹書紀年』もまた、懿王元年の日食記事を除けば、共王・懿王・孝王についての遺文はなく、夷王に至ってようやく「夷王二年、蜀人・呂人來たりて瓊玉を獻ず」（『太平御覽』卷八十五など）・「三年、王、諸侯を致し、齊哀公を鼎に烹る」（『太平御覽』卷八十五など）・「夷王、杜林に獵し、一犀牛を得」（『太平御覽』卷八百九十）・「夷王衰弱し、荒服朝せず、乃ち虢公に命じて六師を牽い、太原の戎を伐たしむ」（『後漢書』西羌傳注）といった記事がみられるようになる。五年師旋簋（4216～17・ⅢA）に「王曰く、師旋よ、汝に命じて齊に羞追せしむ」とあり、これをほぼこの頃のものとすれば、夷王あたりから再び周王の軍事活動が記憶されるようになると考えられる。二王統言の言説を用いる逨盤銘は沈默を守ったが、それは逨盤銘の「時代」の幕開けを告げているといえるだろう[61]。

おわりに

　厲王・宣王期には「獨尊」であり、成王との統言を免れていた康王は、その地位を文獻史料に傳えることができなかった[62]。『史記』周本紀が、成王・康王二王の治世を總括して、

　　成・康の際、天下安寧にして、刑錯きて四十餘年用いず。

と記したように、康王はやがて成王と統言され、理想的な安寧の時代の王とみなされるようになる。『太平御覽』卷八十五などに引かれる『竹書紀年』にもこれと同じ記述があるように、成王と康王を一組とし、その治世を安寧とみなす言説は、戰國期には既に普遍的なものとなっていたと思われる[63]。

　康王「獨尊」が忘れられ、成王・康王を統言する言説が成立する契機となったのは、周の東遷であろうと考えられる。成周の地は成王の記憶と強く結びついており[64]、かつ康王「獨尊」を具現していた康宮諸宮はその地になかったからである。『詩經』周頌・昊天有成命に「昊天、成命有り、二后これを受く、成王敢えて康からず、夙夜、命に基づき宥密にす」とある。二后、すなわち文王・武王について成王に言及するこの詩句[65]は、文王と武王を一組とし、かつ成王と康王を別個に扱おうとする逨盤銘と同じ認識を共有しているといえる。しかしながら、同じく周頌・執競「競きを執る武王、競き無けんやこれ烈、不顯なる成・康、上帝これを皇とせり、彼の成・康より、四方を奄有す」に、武王について成王・康王二王の事績がうたわれるように[66]、周頌の時代にはすでに成王と康王を一組とする言説がうまれつつあった。『詩經』三頌の下限を魯僖公（在位 659～27 年）・宋襄公（在位前 650～37 年）にかけて理解する立場をとれば[67]、康王「獨尊」の忘却、成王・康王二王統言の一般化は、逨盤銘からさほど隔たっていない時代に始まりつつあったと思われる。

　先に康王「獨尊」についての唐蘭の說明をみたが、そこで唐氏は『春秋左氏傳』昭公二

- 152 -

十六年の「昔、武王、殷に克ち、成王、四方を靖んじ、康王、民を息わせ、並に母弟を建て、以て周に蕃屏とせり」の一文を引いていた。康王が母弟を封建した王であるとの認識は、『春秋左氏傳』昭公九年「文・武・成・康の母弟を建て、以て周に蕃屏とせり」の一文でも確認することができるが、實際に史料に就いてみれば、あの單一族を除いて、康王の母弟（すなわち成王の子輩）を始祖とする諸侯を確認することはできない。『春秋左氏傳』僖公二十四年の、

> 昔、周公、二叔の咸（やわら）がざるを弔む。故に親戚を封建し、以て周に蕃屏とせり。管・蔡・郕・霍・魯・衞・毛・聃・郜・雍・曹・滕・畢・原・酆・郇は、文の昭なり。邘・晉・應・韓は、武の穆なり。凡・蔣・邢・茅・胙・祭は、周公の胤なり。

という一文が示しているように、諸侯始封の傳承は文王・武王の子輩、あるいは周公旦の子輩へと收斂し、最終的には成王の治世にかけられてしまうのである[68]。康王は周初の封建にその名を聯ねてはいるものの、康王期の封建をめぐる具體的な記憶は失われてしまった。

盂による鬼方遠征、あるいは在位十九年のことと記錄される斥地での一聯の活動など、康王期の軍事活動の記憶もまた文獻史料に傳えられることはなかった。かつて「不廷」を懷けた王として回顧されていた康王は、「民を息わせ」た王へとその姿を變えてしまい、その軍事活動の記憶は康王との結びつきを失っていく。たとえば、『後漢書』西羌傳注に引く『竹書紀年』は、文王の父王季（季歷）が殷王武乙の三十五年に「西落鬼戎」を伐ち、その王20人を捕虜としたと記錄している。王國維「鬼方昆夷玁狁考」（『觀堂集林』）が述べるように、この鬼戎は鬼方のことと考えてよいであろうが、周建國前の王季の時代にこれほど大規模な鬼方遠征があったことを想定することは難しい[69]。康王期の事績であることを忘れられた鬼方遠征が、王季の事績として再利用されているのだろう。穆王の犬戎遠征の傳承もまたそのヴァリアントであるかもしれない[70]。

「天下安寧にして、刑錯きて四十餘年用いず」ということばで成王・康王の治世を總括した『史記』周本紀が、實際に康王について書きえたことは、成王崩御から康王即位にいたる一聯の儀式を主題とする『尚書』周書の顧命・康誥（康王之誥）兩篇の要旨と、畢命篇の書序「康王、作策畢公に命じ、居里を分かちて、周郊を成し、畢命を作る[71]」でしかない。楚世家には『春秋左氏傳』昭公四年に取材した「康王に豐宮の朝有り」という一文が書き留められてはいるが、『史記』は康王の事績をほぼ完全に忘れ去っている。以後、康王は時に貶められることはあっても[72]、その「獨尊」を再び思い出されることはなかった。

註
(1) 陝西省考古研究所・寶雞市考古工作隊・眉縣文化館「陝西眉縣楊家村西周青銅器窖藏」（『考古與文物』2003-3）、同「陝西眉縣楊家村西周青銅器窖藏發掘簡報」（『文物』2003-6）、陝西省文物局・中華世紀壇藝術館『盛世吉金—陝西寶雞眉縣青銅器窖藏』（北京出版社、2003年）など。
(2) 『史記』周本紀「四十六年、宣王崩」。しかしながら、すでに多くの研究者が指摘するように、

「四十又二年五月旣生霸乙卯」と「四十又三年六月旣生霸丁亥」の二つの紀時は曆譜上でうまく接續しない。

(3)『史記』周本紀「懿王崩、共王弟辟方立、是爲孝王。孝王崩、諸侯復立懿王太子燮、是爲夷王」。

(4) 王國維の「二重證據法」については、井波陵一「王國維と二重證據法」(『邊境出土木簡の研究』朋友書店、2003 年) を參照のこと。

(5) 王國維『古史新證―王國維最後的講義』(清華大學出版社、1994 年) に「吾輩生於今日、幸於紙上之材料外、更得地下之新材料、由此種材料、我輩固得據以補正紙上之材料」とある。

(6) 陝西周原考古隊「陝西扶風莊白一號西周青銅器窖藏發掘簡報」(『文物』1978-3)、尹盛平『西周微氏家族青銅器群研究』(文物出版社、1992 年)。なお、青銅器の初出にあたっては、『殷周金文集成』(中華書局、1984〜94 年。以下、『集成』) の著錄番號と林巳奈夫『殷周時代青銅器の研究―殷周青銅器綜覽―』(吉川弘文館、1984 年) の斷代案 (以下、林斷代) を示す。『殷周金文集成』に著錄されていないものについては、適宜『近出殷周金文集錄』(中華書局、2002 年。以下、『近出』) の著錄番號などで補うこととする。

(7)「陝西眉縣出土窖藏青銅器筆談」(『文物』2003-6) において、劉軍社は、史牆盤銘と逨盤銘の關心の相異について「史牆盤側重的是周王的功績、逨盤側重的是單氏家族先祖的事迹」と述べている。

(8) 劉士莪「牆盤・逨盤之對比研究―兼談西周微氏・單公家族窖藏銅器群的歷史意義」(『文博』2004-5) も兩盤銘の比較を意圖した論考であるが、本稿の見解とは異なる。就いて參照されたい。

(9)『尚書』ではほかに、顧命 (康王之命)・文侯之命に「文・武」の表現がみられるが、これら「命」の成立が「誥」に遅れることについては、松本雅明『春秋戰國における尚書の展開』序說 (風間書房、1966。のち松本雅明著作集 12、弘生書林、1988 年に再錄) を參照。

(10) 毛公鼎「王若く曰く、父厝よ、丕顯なる文・武、皇天弘いにその德に厭き、我が有周に配す。大命を膺受し、不廷方を率懷し、文・武の耿光に閒(ただ)されざる亡し」(2841・IIIB) もまた、同じ認識を共有している。

(11) 參有辭の一人として名が擧げられている翩馬單旟もまた、單一族の構成員であろう。

(12) 拙著『周代國制の研究』(汲古書院、2002 年。以下、拙著) 第Ⅲ部・第一章・第二節「稱謂のヴァリエイション」を參照のこと。

(13) 池澤優『『孝』の思想の宗敎學的研究―古代中國における祖先崇拜の思想的發展』(東京大學出版會、2002 年) 第二章「西周春秋時代の孝と祖先崇拜」は、史牆盤銘にみえる高祖・剌祖・亞祖の稱號について、高祖を最大限の出自集團 (maximum lineage) の始祖、剌祖をそこからわかれた大分節 (major lineage) の始祖、そして亞祖をその下の分節 (minor lineage) の始祖とする見解を示している。この見解に從えば、單叔家が單伯家から分節するのは逨の皇亞祖懿仲の代と考えてよいかもしれない。

(14) 單關係器にはほかに、單子伯盨 (4424)・單子伯盤 (10070) がある。『集成』は盨を春秋早期、盤を西周早期 (『殷周金文集成釋文』(香港中文大學中國文化研究所、2001 年) はこれを西周中期に改めている) に斷代するが、春秋時代の單子の存在から考えても、さほど時代はさかのぼらないだろう。また北京市房山縣琉璃河 251 號墓から出土した卣を『集成』は單子卣 (5195) として著錄するが、その字は「單」と讀めない。

(15) 李學勤「論美澳收藏的幾件商周文物」(『文物』1979-12)「維多利亞美術館這件方鼎、造型最接近『商周彝器通考』一二六方鼎、與洛陽馬坡出土的幾件作冊大方鼎也相類似。鼎腹較淺、是它們

的共同特徵。作册大方鼎爲周康王・昭王時器、這件叔方鼎的時代應該相同。這樣看來、鼎銘中的單公很可能是成王的少子臻、也就是第一代的單公」。

(16) 陳槃『不見于春秋大事表之春秋方國稿』貳拾、單條に「或云成王幼子臻、未詳所本。案成王子臻之說已見姓纂、…若單子之有分族于周、則單子自道之矣。成王幼子之說、則存疑可耳」という。『元和姓纂』上平聲・二十五寒條に「單、周成王封少子臻于單邑、爲甸内侯、因氏焉」とある。

(17) 董珊「略論西周單氏家族窖藏青銅器銘文」(『中國歷史文物』2003-4)、朱鳳瀚「陝西省眉縣楊家村出土の逨器と西周貴族の家族形態」(「中國國寶展圖錄」、東京國立博物館・朝日新聞社、2004年)など。

(18) 王瑋「單氏家族銅器群」(『文物』2003-6)、同「"高祖"考」(『文物』2003-9)、あるいは朱鳳瀚「陝西省眉縣楊家村出土の逨器と西周貴族の家族形態」(前掲)などは、第二代の「皇高祖公叔」を「先高祖公叔」と釋讀している。しかしながら、拓本の觀察ならびに展覽會での實見によっても、これを「皇高祖公叔」と讀むことは間違いない。

(19) 高祖の事例ではないが、同一人物の作器にかかる叔向父禹簋「朕が皇祖幽大叔の障簋を作る」(4242・IIIB)と、禹鼎「丕顯にして超々たる皇祖穆公、克く先王を夾召し、四方を奠めたまえり。ここに武公もまた朕が聖祖考幽大叔・懿叔を遐忘したまわず」(2833〜34・IIIB)とでは、「皇祖」號が付與される祖先が異なっている。しかしながら、叔向父禹簋銘で「皇祖」と記された幽大叔が禹鼎銘では「聖祖」とされるように、同一の稱號を複數の祖先に與えることは回避されている。師𩰬鐘「師𩰬自ら朕が皇祖大公・庸公・□公・魯仲・□伯・孝公・朕が剌考…龢鐘を作る」(「扶風巨良海家出土大型爬龍等青銅器」『文物』1994-2)に列擧される祖先名についても、「皇祖」號がすべての祖先にかけられていると考える必要はないだろう。

(20) 皇高祖の「皇」字は、天上の神格を指す「皇天」や「皇上帝」「皇帝」、あるいは周王を指す「皇王」のように、その至高性を示す文字である。

(21) 張光裕「讀西周逨器銘文劄記」(『雪齋學術論文二集』藝文印書館、2004年)は、別に二器の傳世品があるとするが、確認できない。

(22) 四十二年逨鼎や四十三年逨鼎では、逨の名は虞逨と表記される。逨は山林藪澤を管轄する虞職を帶びており、そのために「四方の虞・林」が職掌として指示されるのである。

(23) 同時期の青銅器群としては、ほかに、大克鼎(93.1センチ、201.5キロ)・小克鼎(第1器:56.5センチ、47.9キロ、第2器:34.2センチ、第3器:35.4センチ、第4器:35.2センチ、第5器:不明、第6器:29.5センチ、第7器:不明)・善夫克盨(19.9センチ)・克鐘(第1器:35.9センチ、第2器:54.5センチ、第3器:30.7センチ、第4器:不明、第5器:不明)・克鎛(63.5センチ、38.3キロ)などからなる克關係器や、函皇父關係器などが知られている。

(24) 四十二年逨鼎「余ははじめて長父を建て、楊に侯たらしめ、余は汝に命じて長父を奠めしむ。休にして汝克くその自を奠め、汝これ克く乃が先祖考に型り、玁狁に□し、出でて井阿に曆□に捷つ。汝、戎に敷らず、汝、長父を□し、以て戎を追博し、乃ち卽きて弓谷に宕伐す。汝、執訊獲誠し、器・車馬を俘る」には、逨が楊に封建された長父をたすけ、玁狁を征討したことが記されている。なお、楊への封建については、『新唐書』宰相世系表一下「楊氏出自姬姓、周宣王子尙父封爲楊侯」や『元和姓纂』下平聲・十陽條「一云、周宣王曾孫封楊、爲晉所滅」といった傳承があることを、李學勤「眉縣楊家村新出青銅器研究」(『文物』2003-6)が紹介している。

(25) 白川靜『詩經研究通論篇』(朋友書店、1981年。のち白川靜著作集第10卷『詩經Ⅱ』平凡社、2000年に再錄)第八章「雅頌詩篇の展開」は、「文武受命の一事に、王朝の絶對性を根據づけようと

する雅頌諸篇」が西周後期に成立したと指摘する。
(26) 『古本竹書紀年』（以下、『竹書紀年』）は武王の克殷から幽王の滅亡までを 257 年と傳えている。逨は宣王四十三年の紀時をもつ鼎を作っているので、その年に死亡したとしても、宣王の治世は殘り三年、さらに幽王の治世十一年で滅亡に至る。逨の皇高祖單公が「仕えた」と主張する文王の治世を假に宣王三年・幽王十一年とほぼ相殺するものとすれば、逨一族の世代平均年數は約 32 年になる。成王と康王を一組とし、逨の皇高祖をさらに一人「節約」したとすれば、世代平均年數は約 37 年となる。かなり大きな數字だが、必ずしもありえないものではないこと、吉本道雅「先秦王侯系譜考」（『立命館文學』第 565 號、2000 年）を參照。
(27) 唐蘭「作册令尊及作册令彝銘文考釋」（『國立北京大學國學季刊』4 卷 1 期、1934 年。のち『唐蘭先生金文論集』紫禁城出版社、1995 年に再錄）。王國維「明堂廟寢通考」（『觀堂集林』）にもまた、康宮が康王の廟であるとの指摘がある。
(28) 郭沫若『兩周金文辭大系圖攷釋』（增訂新版、1957 年）令彝條。
(29) 陳夢家「西周銅器斷代」（二）19 令方彝（『考古學報』第 10 册、1955 年。のち陳夢家著作集『西周銅器斷代上册』中華書局、2004 年に再錄）。ただし、その論證の一つとして「在西周金文中有一通例、卽"王才"文語不是王在某地、便是王在某宮・某寢…、從無"王才某廟"的」とあったものが、中華書局本では「在西周金文中有一通例、…。南宮柳鼎有"王才康廟"、但此爲王在康廟册命、非王居于康廟」と改められている。
(30) 『考古學報』1962-1。のち『唐蘭先生金文論集』（前掲）に再錄。唐蘭「論周昭王時代的青銅器銘刻」（『古文字研究』第 2 輯、1980 年。のち『唐蘭先生金文論集』に再錄）下編にも、「康宮問題」に關する言及がある。
(31) 劉正「金文中の廟制に關する研究の一般的な見解と問題點」（『中國思想における身體・自然・信仰』東方書店、2004 年）に「康宮問題」についての學說が紹介されている。杜勇・沈長雲『金文斷代方法探微』（人民出版社、2002 年）もまた、この「康宮問題」に一章を割いている。
(32) たとえば、劉正『金文廟制研究』（中國社會科學出版社、2004）には、「不少學者曾把"徲宮"釋爲"夷宮"、此說或可成立。但目前爲止、還沒有力證證明此說」とあるように、「康宮問題」は決定的な史料に缺けていた。
(33) 拙稿「吳虎鼎銘考釋―西周後期、宣王朝の實像を求めて」（『史窗』第 62 號、2004 年）。
(34) 拙著第一部・第二章・第二節「周王朝の『都』」を參照のこと。
(35) 吉本道雅「西周紀年考」（『立命館文學』第 586 號、2004 年）は、厲王期に康徲宮（康宮徲宮）・康穆宮もしくは康宮の徲大室・穆大室が出現し、宣王期に康宮徲宮のほか、康昭宮・康剌宮が出現するとする。
(36) 拙稿「吳虎鼎銘考釋―西周後期、宣王朝の實像を求めて」（前掲）。
(37) 『春秋左氏傳』隱公十年の「以王命討不庭」のように、文獻史料では「不庭」と表記される。
(38) 塑盨（4469）・戎生鐘（『近出』27 〜 34）・秦公簋（4315・春秋 IIB）・秦公鎛（270）にも「不廷」あるいは「不廷方」の語彙がみえる。
(39) 拙稿「吳虎鼎銘考釋―西周後期、宣王朝の實像を求めて」（前掲）。
(40) 『史記』周本紀は『尚書』諸篇をふまえて、「成王少、周初定天下、周公恐諸侯畔周、公乃攝行政當國。管叔・蔡叔羣弟疑周公、與武庚作亂、畔周。周公奉成王命、伐誅武庚・管叔、放蔡叔。以微子開代殷後、國於宋。頗收殷餘民、以封武王少弟封爲衛康叔。…初、管・蔡畔周、周公討之、三年而畢定、故初作大誥、次作微子之命、次歸禾、次嘉禾、次康誥・酒誥・梓材。…召公爲保、

周公爲師、東伐淮夷、殘奄、遷其君薄姑。成王自奄歸、在宗周、作多方」と記す。
(41)『詩經』商頌・殷武「昔有成湯、自彼氐羌、莫敢不來享、莫敢不來王、曰商是常」の「不來享」がこれに相當する。
(42)大盂鼎銘「武王に在りては、文の作せし邦を嗣ぎ」のように、「周邦」とは文王にかけて語られる周王朝そのものを指している。「四方」は「萬邦」からなり、「周邦」はその一つである。
(43)白川靜「金文補釋」(『金文通釋』第 50 輯、1979 年、のち白川靜著作集・別卷『金文通釋六』平凡社、2005 年) 15 史牆盤は、この「億疆」の「疆」字を「繮索」の「繮」、すなわち綱紀の意に解釋している。しかしながら、靑銅器銘にみえる「疆」字の用例は、「萬年無疆」といった嘏辭を除けば、すべて土地の疆界を意味するものに限られる。
(44)靑銅器銘にみえる鹵獲の一覽は、拙著第一部・第一章・第二節「わが心は四方におよぶ」に示した。
(45)尹盛平『西周微氏家族靑銅器群硏究』(前揭) を參照。
(46)作册睘尊/卣「これ十又九年、王、斥に在り、王姜、作册睘に命じ、夷伯を安んぜしむ」(5989・IB/5407・IB)。
(47)趞尊/卣「これ十又三月辛卯、王、斥に在り、趞に采を賜う」(5992・IB/ 5402・1B)。
(48)大盂鼎は「人鬲の馭より庶人に至る六百又五十又九夫を賜う。夷䣣王臣十又三伯、人鬲千又五十夫を賜う」という人民・隸屬民の賜與があったことを記錄している。宜侯夨簋「宜に在る王人、□又七姓を賜う。鄭の七伯、厥鬲□又五十夫を賜う。宜の庶人六百又□六夫を賜う」にも同じような賜與が記錄されているように、この時期、大量の人民・隸屬民の賜與があった。
(49)王朝秩序については、拙著第一部・第一章「周の領域とその支配」を參照のこと。
(50)周王の親征の一覽は、拙著第一部・第一章・第二節「わが心は四方におよぶ」に示した。
(51)それぞれの關係器で、その軍事活動に言及するものを示せば、伯懋父:小臣謎簋「東夷大いに反き、伯懋父、殷八𠂤を以いて、東夷を征す」(4338 〜 39・IIA)・呂行壺「伯懋父北征し、これ還る」(9689)。伯辟父:競卣「これ伯辟父、成𠂤を以いて東命に卽き、南夷に戍る」(5425・IIB)。伯雍父(師雍父):禹甗「師雍父戍りて、古𠂤に在り」(948・II)・禹鼎「師雍父、道を省し、䣛に至る」(2721・IIB)・泉簋「伯雍父來るに䣛よりす」(4112・IIB)・稱卣「稱、師雍父に從い、古𠂤に戍る」(5411)・彔𢦏卣「王、𢦏に命じて曰く、ああ、淮夷敢えて內國を伐つ、汝それ成周師氏を以い、古𠂤に戍れ、伯雍父、彔の曆を蔑す」(5419 〜 20・IIB)・𢦏尊「𢦏、師雍父に從い、古𠂤に戍るの年」(6008) となる。白川靜『西周史略』第三章・一「康昭期の南征」(『金文通釋』第 46 輯、1977 年、のち白川靜著作集・別卷『金文通釋六』平凡社、2005 年) を參照のこと。なお、白川氏は宗周鐘を昭王自作器とする立場を堅持するが、これは厲王自作器と考えるべきである。
(52)明公尊の作器者明公は、成周の康宮に言及する令方尊/方彝に登場していた「周公の子明保・明公」と同一人物と考えられる。
(53)文王・武王の事績について逨盤銘は「殷を撻ち、天の魯命を膺受し、四方を匍有せり」と記すが、これは文王の事績「天の魯命を膺受し」と武王の事績「殷を撻ち」「四方を匍有せり」をあわせたものである。
(54)李學勤「戎生編鐘論釋」(『文物』1999-9)。
(55)「周邦に成る有り (有成于周邦)」は「有成事」あるいは「有爵于周邦」という表現に類似しており、臣下の勳功を指し示すことばであると考えられる。

(56) 最近のものとしては、小南一郎「西周王朝の成周經營」(『中國文明の形成』、朋友書店、2005年) に、このことについての指摘がある。

(57) 拙著第Ⅲ部・第二章「西周の官制」を參照のこと。

(58) 貝塚茂樹『中國古代史學の發展』(弘文堂、1946年。のち『貝塚茂樹著作集』第4卷、中央公論社、1977年に再錄)。

(59) 『國語』魯語下には「周恭王能庇昭・穆之闕而爲恭、楚恭王能知其過而爲恭」という閔馬父の發言が記されているが、それは共王(恭王)の具體的な事績の記憶に結びついているとはいいがたい。

(60) 周本紀以外では、秦本紀「非子居犬丘、好馬及畜、善養息之。犬丘人言之周孝王、孝王召使主馬于汧渭之閒」、齊太公世家「哀公時、紀侯譖之周、周烹哀公而立其弟靜、是爲胡公。胡公徙都薄姑、而當周夷王之時」、衞康叔世家「頃侯厚賂周夷王、夷王命衞爲侯」、楚世家「當周夷王之時、王室微、諸侯或不朝、相伐。熊渠甚得江漢閒民和、乃興兵伐庸・楊粵、至于鄂」の記事が遺されている。齊太公世家の「周烹哀公」は『竹書紀年』の記事と同じ内容を傳えているが、その他は諸侯在位などの指標として周王が言及されるだけである。

(61) 康宮諸宮に共王・懿王・孝王の宮廟がみえず、夷王(㾓王)の宮廟がみえるのは、あるいはこのことと關係するのかもしれない。ちなみに、逨盤銘は逨の皇考共叔が「仕えた」厲王の事績についても沈默している。厲王の事績を語ることは、ただちにその暴虐・奔彘を想起させることになるだろうから、一族の勳功を誇ろうとする盤銘は、その事績について何も書きえなかったものと思われる。

(62) 沈長雲「論周康王」(『西周史論文集下』陝西歷史博物館、1993年)・同「論成康時代和成康時代的銅器銘刻」(『中原文物』1997-2)は、康王に關する文獻史料と金文史料の相異を問題にしている。

(63) 『荀子』大略篇「文王誅四、武王誅二、周公卒業、至成・康、則案無誅已」もまた成王・康王期の安寧をいう。『國語』周語下「自后稷以來寧亂、及文・武・成・康而僅克安民。自后稷之始基靖民、十五王而文始平之、十八王而康克安之」も同樣であろう。

(64) 成王の洛邑(成周)建設は、『尚書』召誥・洛誥や『逸周書』度邑解などに記錄されている。何尊銘は成周建設を傳える青銅器銘として貴重であるが、そこでは成周建設が武王の遺志であることが強調されている。伊藤道治「周武王と雒邑—何尊銘と『逸周書』度邑」(『內田吟風博士頌壽記念東洋史論集』1978年。のち『中國古代國家の支配構造』中央公論社、1987年に改訂・再錄)を參照のこと。武王と成王を一組とする言說は宜侯夨簋銘にもみえていたが、ほかに林斷代ⅠBの作册大方鼎「公束、武王・成王の祼鼎を鑄る」といった事例がある。かつて、成王は武王と統言される王であったが、西周の中頃から文王・武王統言の言說が優勢となり、かつ康王「獨尊」が認められた結果、成王は孤立した王となってしまう。周の東遷は、周人たちがその成王の記憶を再確認する契機となっただろう。

(65) 『國語』周語下に「叔向告之曰、…且其語說昊天有成命、頌之盛德也。其詩曰、…、是道成王之德也。成王能明文昭、能定武烈者也」とある。鄭箋は「文王・武王受业業、施行道德、成此王功」と解釋し、成王への言及を認めないが、『詩集傳』「二后、文・武也。成王、名誦、武王之子也」に從うべきである。

(66) 『詩集傳』「此祭武王・成王・康王之詩。競、強也。言武王持其自強不息之心、故其功烈之盛、天下莫得而競、豈不顯哉。成王・康王之德、亦上帝之所君也」。ちなみに毛傳は「不顯乎其成大

功而安之也。…自彼成康、用彼成安之道也」と解釈し、鄭箋はこれを「不顯乎其成安祖考之道、言其又顯也。…武王用成安祖考之道、故受命伐紂、定天下爲周」と敷衍する。

(67) 松本雅明『詩經諸篇の成立に關する研究』（東洋文庫、1958 年。のち松本雅明著作集 5・6、弘生書林、1986 年）、白川靜『詩經研究通論篇』（前掲）。

(68) 『史記』三代世表。『春秋左氏傳』昭公十二年「昔、我先王熊繹、與呂伋・王孫牟・燮父・禽父竝事康王」という記事を、『史記』楚世家は成王の時代にかけ、「熊繹當周成王之時、擧文・武勤勞之後嗣、而封熊繹於楚蠻、封以子男之田、姓芈氏、居丹陽」と記す。吉本道雅「先秦王侯系譜考」（前掲）・「古代中國の系譜を讀み解く」（『古代王權の誕生』角川書店、2003 年）を参照。

(69) 『後漢書』西羌傳は『竹書紀年』に據りつつ、王季の征討活動を數多く記している。注に引かれた『竹書紀年』を擧げれば、「武乙三十五年、周王季伐西落鬼戎、俘二十翟王」のほか、「太丁二年、周人伐燕京之戎、周師大敗」「太丁四年、周人伐余無之戎、克之。周王季命爲殷牧師也」「太丁七年、周人伐始呼之戎、克之。十一年、周人伐翳徒之戎、捷其三大夫」となり、王季の時代に「西落鬼戎」以外にも數多くの軍事活動があったことになる。

(70) 吉本道雅「西周紀年考」（前掲）は、『竹書紀年』「周昭王十九年、…喪六師於漢」の記事が、康王在位十九年の斥地での活動の誤傳であろうと考えている。斥地の比定については諸説あり、かつ采土の賜與や夷伯の安撫といった斥地での事績とも一致しないが、あるいは「十九年」の記憶はそうであるかもしれない。

(71) 畢命本文は漢代には傳わらず、現行本畢命は僞古文である。現行本書序には「康王命作册畢、分居里、成周郊、作畢命」とあり、『史記』周本紀とは少し異なっている。

(72) たとえば、周南・關雎についての魯詩說「周衰而詩作、蓋康王時也。康王德缺於房、大臣刺晏、故詩作」の言説は後代に引き繼がれていく。

THE RECALLED HISTORY OF THE WESTERN ZHOU: DECIPHERING THE INSCRIPTION OF LAI PAN

The Lai pan 逨盤, a bronze vessel, discovered in January, 2003 in Yangjia village 楊家村 in Meixian county 眉縣, Shanxi 陝西 records the exploits of twelve monarchs across eleven generations, i.e., kings Wen 文王, Wu 武王, Cheng 成王, Kang 康王, Zhao 昭王, Mu 穆王, Gong 共王, Yi 懿王, Xiao 孝王, Yi 夷王, Li 厲王, and King Xuan 宣王 who was served by Lai. When combined with the Shi-Qiang pan 史牆盤, a vessel, which refers to the reigns from King Wen to King Gong, it is possible to confirm the orthodox lineage of the kings of the Western Zhou by inscriptions on bronze vessels.

The Lai pan highlights the service of the Shan clan 單氏 to the kings of Zhou since Shangong 單公, who had served King Wen and King Wu. However, this assertion is nothing other than the reuse of the claims of the late Western Zhou that recounted the founding of the dynasty by taking Wen and Wu as a single unit. The large size of the group of bronze pieces left by Lai (12 three-legged basins 鼎, 1 four-legged pot 盂, 1 shallow vessel 盤, and 4 bells 鐘) and the inscriptions on them do indicate the influential Lai did serve the court of King Xuan, but the attempt to link his ancestors to the memory of the founders of the dynasty was meant to garner prestige and authority. As a result of extending the family lineage back to the period of the founding of the dynasty, he mimicked the joint record of kings Wen and Wu, and combined King Zhao and Mu, and then King Gong and Yi 懿王, and Xiao and Yi 夷王 on the Lai pan so that each would correspond with one of his ancestors in order to disguise the contradiction with the actual lineage.

Despite this fact, King Cheng and King Kang are not combined in the Lai pan inscription. Each is treated as a separate king corresponding to one of the Lai ancestors. Tang Lan 唐蘭 has previously proposed that the Kang gong 康宮 inscribed on the bronze vessels referred to the mausoleum of King Kang and argued that the Kang gong occupied the leading position among the mausoleums of the kings of Zhou, but because the inscription on the Lai pan does not attempt to combine the two kings, it may be supposed that this is somehow related to the Kang gong's special position. However, this special position of the Kang gong cannot be confirmed immediately after the death of King Kang. Confirmation of such a position can be confirmed only after the ruling order of the dynasty was shaken, when revolts occurred successively in the reigns of King Li and Xuan and when the full-fledged foreign campaigns of King Kang's reign were viewed in hindsight. The inscription on the Lai pan vessel reflects the historical consciousness of the later Western Zhou. The joint record of the foreign expeditions of Kings Zhao and Mu and the silence on the exploits of kings Gong, Yi 懿王, Xiao, and Yi 夷王 were carried on in the later historical sources.

(『東洋史研究』第 64 卷第 3 號、2005 年 12 月)

はじまりの記憶
―銘文と詩篇のなかの祖考たち―

　2003 年に發見された逨盤には、「逨曰く」で導入される自述の銘文として、皇高祖單公から逨に至る單氏八代が文王・武王から宣王に至る周王十二代に代々仕えていたことが語られていた。周人は文王・武王に「はじまりの時」を見出していたが、一方で、自述の銘文などで言及される「先王」と臣下の「祖考」は、固有名を伴わない集合的、非「歷史的」な存在でしかなかった。西周後期、敍事の詩篇が登場し、自述の銘文が固有名をともなった君臣關係を語りはじめるようになると、過去への言說は「歷史的」なものへと變質し、やがて文王・武王の「はじまりの時」以來の具體的な君臣關係を語ろうとする逨盤銘が出現するのである。臣下たちが「はじまりの時」に自らの家系の「はじまり」を見出していったとき、周王はそれをさらに遡及する先公の事績を囘顧し、みずからの正統性を主張しようとする。周人・農耕のはじまりに位置する后稷、豳の地の記憶に結びつけられた公劉、周原の地に結びついて囘顧される古公亶父といった先公たちの敍事詩が歌われ、やがて文王の父とされる王季を接續點として、文王・武王の「はじまりの時」は先公たちの系譜に埋め込まれていく。

はじめに
一　語られる家系
二　はじまりの時
三　「はじまりの時」をこえる先公
王季の末裔―むすびにかえて

はじめに

　人々が自らの「歷史」を記憶し語ろうとするとき、そこにはその記憶を封じ込め、あるいは憑依させるためのモニュメンタルなものが必要だったのではないだろうか。それは王墓あるいは宗廟でもかまわないだろうし、あるいは建國碑・凱旋門といったものでもかまわないだろう。人々がそこに集い、それらを見上げるとき、人々は自らの「歷史」を實感し囘顧することができたはずである。そして「王の二つの身體」といった議論が教えてくれるように、王の身體そのものもまた、王統の「歷史」を引き受け、それを可視化させるための一つの裝置であった。
　しかしながら、そのような有形のものだけではなく、いわば無形のものもまた記憶を封じ込め、憑依させるための入れ物となりえたのではないか。たとえば、さまざまな儀禮の

場で演じられた舞踏劇や廟歌、あるいは語り部たちによる敍事の語りなどもまた、人々がそこに自らの「歷史」の記憶を封じ込める裝置となりえたはずである。本稿が扱う中國古代、西周の時代にもまた、そのような無形の裝置は存在していた。殘念ながら、我々はそれらが實際に演じられていた場に立ち會うことはできないが、それらの文言は、青銅器銘あるいは中國最古の詩集である『詩經』の詩篇として現在にまで傳えられている。

　本稿では、これら青銅器銘・詩篇の分析を通じて、周人たちが自らの「歷史」をどのように記憶していったのかを考えてみようと思うが、その際、次の二つの事柄に留意しておく必要があるように思われる。第一の留意點は、青銅器銘は同時代史料として西周史研究に缺くことのできないものではあるが、その同時代性は必ずしも青銅器銘が第一次史料であることを保證してはいないということである。青銅器銘もまた一種の編纂物である以上、その編纂の過程で語り手あるいは書き手による改編を被っている可能性を排除することはできない。逆に、そのような可能性を探ることで、青銅器銘が語ろうとする「歷史」の生成過程を見極めることができるのではないだろうか。第二の留意點は、『詩經』諸篇の多くが、青銅器銘とは逆に、西周期との同時代性を擔保されていないということである。後にも述べるが、詩篇は儀禮の場で繰り返し演奏され改編を加えられたものであって、詩篇一篇のなかには幾重にもわたる時代の層が積み重なっているものと考えられる。詩篇を歷史學の史料とすることに對するためらいは、そのような詩篇の性質に由來するのであろうが、これら詩篇のなかに「歷史」の記憶が封じ込められていることもまた事實である。押韻・疊詠などといった文學的議論とは別に、「歷史」の記憶を封じ込めるモニュメントとして詩篇を利用できないか。歷史學の立場から、ささやかな試みを行ってみたい。

一　語られる家系

　2003年1月9日、陝西省眉縣楊家村の村民が農作業をしていたとき、高さ十數メートルの斷崖の中程に1メートルほどの穴が口をあけた。中を覗き込んだ農民の目に飛び込んできたのは、高さ57.8センチ、重さ46キロの鼎をはじめとする計27件の青銅器群であった。「盛世吉金」と呼ばれる單氏家族青銅器群の發見である[1]。

　この「盛世吉金」のうち、14件の青銅彝器は逨あるいは虞逨と名乗った人物の作器にかかるが、そのなかの逨盤には373文字からなる西周期屈指の長銘が鑄込まれており[2]、そこから讀みとれる情報は西周史の再考を迫るに十分なものであった[3]。最初に、その譯を示すことにしよう[4]。

　　逨が申し上げます（逨曰）。顯かなるわが皇高祖單公は、その德を愼み、文王・武王を輔弼して、殷王朝を征伐し、天命を受け、四方を領有されました。文王・武王とともに、その支配領域をやすんじ、上帝の御心にかなっておられます。わが皇高祖公叔は、よく成王を補佐し、天命を成就して、まつろわぬ者どもを征伐し、四國・萬邦をさだめられました。わが皇高祖新室仲は、よくその心を幽明にし、遠きを懷け近きを治め、康王を輔弼し、朝貢せぬものをあまねく懷けられました。わが皇高祖惠仲盠父は、爭いごとのない調和した統治を行い、はかりごと

を成就して、昭王・穆王を佐け、政事を四方にひろめて、楚荊を征伐されました。わが皇高祖零伯は、その心を明らかにして職務を全うし、共王・懿王に仕えられました。わが皇亞祖懿仲は、つとめて孝王・夷王を補佐し、周邦に功績をのこされました。わが父上（皇考）共叔は、つつしんで政事を調和させ、德を明らかにして、厲王を補佐されました。わたくし逨は、わが祖先（朕皇祖考）の職務を引き繼ぎ、夙夜怠ることなく、その職務に愼んでおります。それ故、天子（＝宣王）はわたくし逨に多くの恩寵をお授けくださいます。天子よ、それ萬年無疆にして、長壽を全うされ、永く周邦を安定させ、四方をお治めになられますように。

王はかく申された（王若曰）。逨よ、顯かなる文王・武王（丕顯文武）は、天の大命を受け、四方を領有された。なんじの祖先（乃先聖祖考）は、先王を輔弼し、よく大命につとめた。今、余はなんじの祖先を想い、なんじへの命をかさねる。なんじに命ず、榮兌を補佐し、四方の虞・林を管轄し、宮廷の用をまかなえ。なんじに赤芾・幽黃・攸勒をあたえる。

逨は天子の恩寵に對え揚げ、わが祖先（朕皇祖考）の寶陣盤を作り、ご先祖（前文人）をお祀りいたします。ご先祖は天上におられ、下にあるものを慈しみ、逨に多くの幸い、長壽をお授けくださいますように。逨よ、いつまでも天子に仕えんことを。子々孫々まで、永くこの盤を寶とし祭祀をおこなわんことを(5)。

　右に示した逨盤銘は形式上三つの段落に分けることができる。第一段は、「逨曰」で始まるいわゆる自述形式の銘文で、皇高祖單公から逨に至る單氏八代が文王・武王から天子（宣王）までの十二代の周王に仕えたことが語られている。銘文第二段は、「王若曰」によって導かれる王の命令文（册命）。逨が仕えている王（宣王）は、文王・武王が天命を受けて王朝を創建したことを確認するとともに、逨の「祖考」たちが「先王」によく仕えたことを想い、それをうけて逨に「四方の虞・林（山林藪澤）」の管轄を命じている。銘文最後の第三段には、逨が王の恩寵に感謝し、この青銅彝器を作って祖先祭祀をおこなうことが記される。天上にいる祖先たちが逨に数々の幸いをもたらすとともに、子々孫々に至るまでこの祖先祭祀が繼續することを願う嘏辭、すなわち言祝ぎの言葉で銘文は結ばれている。

　逨盤銘の第一段、すなわち逨の自述でもって語られる單氏八代と周王十二代との對應關係は表1のようになるが、かつて論じたように、この對應關係は極めて作爲的・修辭的なものであり、これを無批判に歴史的事實であるとみなすことはできない(6)。たとえば「わが皇高祖零伯は、その心を明らかにして職務を全うし、共王・懿王に仕えられました。わが皇亞祖懿仲は、つとめて孝王・夷王を補佐し、周邦に功績をのこされました」といった表現からもうかがえるように、基本的に單氏一代と周王二代を對應させようとするこの語りの目的は、單一族の具體的な功績を示すことよりは、むしろ單氏と歴代周王との間に結ばれていたであろう君臣關係を確認し

表1

周王	單氏
文王	皇高祖單公
武王	
成王	皇高祖公叔
康王	皇高祖新室仲
昭王	皇高祖惠仲盠父
穆王	
共王	皇高祖零伯
懿王	
孝王	皇亞祖懿仲
夷王	
厲王	皇考共叔
宣王	逨

強調することにあった。單氏は文王・武王期より絶えることなく歴代周王に仕えつづけ、作器者逨もまた彼ら「祖考」にならって天子（宣王）に仕え、天子から多くの恩寵を賜った、逨盤銘第一段はそのことを語ろうとしているのである。

　それでは何故、この逨盤銘第一段に自述形式の銘文が採用されているのだろうか。「逨曰」で始まる銘文第一段は、そもそも一體誰にむかって語られているものなのだろうか。

　　林巳奈夫氏による青銅彝器の型式學的編年に依るならば[7]、銘文冒頭が自述の形式で始まる青銅器銘は西周中期の A 段階あたりから確認できるようになる。沈子也簋銘（4330・IIA[8]）

　　　也が申し上げます（也曰）。うやうやしくぬかづきて、つつしんでわが父上（朕吾考）にお告げします。なんじの孝順なる子（乃鵬沈子）に命じて、周公の宗をつぎ、二公をお祀りさせられました。…[9]

あるいは彧方鼎銘（2824・IIB）

　　　彧が申し上げます（彧曰）。ああ、王は彧の父上甲公（彧辟烈考甲公）のことを想い、なんじの子なる彧（乃子彧）に命じて、虎臣を率いて淮戎の防衛にあたらせられました。彧が申し上げます（彧曰）。ああ、わが父上甲公と母上日庚（朕文考甲公・文母日庚）は、その美善をもって、末永くなんじの子なる彧の心をひろげ、末永く彧の身によりそい、天子に寵愛され、なんじの子なる彧が萬年まで天子にお仕えし、その身にあやまちがないようにされますことを[10]。

がその早い例であるが、たとえば彧方鼎銘に「乃（なんじ）が子」とあるように、作器者[11]が語りかけていたのはその亡き父、亡き母であった。彧方鼎銘には續けて「彧うやうやしくぬかづきて、王命に對え揚げ、母上日庚（文母日庚）の寶障饗彝を作り、…」とあり、この青銅彝器の作器對象が「乃が子」彧の語りかける亡き母日庚であったことを明記している[12]。自述形式の銘文とは、その青銅彝器でもって祭祀される亡き父母に對して語りかける祭祀の文言に淵源をもつものであったと考えることができるだろう[13]。班簋銘（4341・IIA）では、銘文最後に「班拜稽首曰」として作器者班の自述が導入され、そこに、

　　　班うやうやしくぬかづきて申し上げます。ああ、おおいなるわが皇公[14]は、王室の美福をおうけになり、文王・王姒のご子孫（文王・王姒聖孫）に育まれ、高い地位にあって、その功績を成就されました。文王の子孫（文王孫）は、それを模範とせぬものはなく、その功績にならぶものもございません。わたくし班はそのことを忘れることなく、父上・母上（昭考爽）の器を作り、大政となづけます。子々孫々まで、永く寶とするように[15]。

とあるように、この青銅彝器もまた亡き父母の祭祀に供されるものであった。孟簋銘（4162・IIB）「孟が申し上げます。わが父上は毛公・趙仲とともに無需を征服し、毛公はわが父上にその工集團のなかから臣を下賜されました。わが父上の賜りし恩寵に對え揚げ、

- 164 -

この彝器を作ります。子々孫々まで、永く寶とするように（孟曰、朕文考、眔毛公・趙仲、征無譴、毛公賜朕文考臣、自厥工、對揚朕考賜休、用宕玆彝作厥、子々孫々、其永寶）」は作器對象を明示していないけれども、「わが父上の賜りし恩寵に對え揚げ、この彝器を作ります」とあることから、やはり亡き父の祭祀にかかわるものであったと考えることができる。

　自述形式の銘文は西周後期の A 段階あたりから文章の定型化がすすみ、同時に銘文の言及對象が父の世代を越えてより深い世代の祖先にまで及ぶようになっていく[16]。二式瘨鐘銘（247〜250・ⅢA）

　　瘨が申し上げます。顯かなる高祖・亞祖・父上（高祖・亞祖・文考）は、その心
　　を明らかにし、尹□の威儀をたすけて、先王に仕えられました。瘨はご先祖（祖
　　考）にならって、明德をもって夙夜つつしみ、尹氏をおたすけいたします。皇王
　　は、瘨のつとめたるをよみせられ、佩玉をお與えくださいました。ご先祖（文人）
　　の大寶協和鐘を作り、…[17]。

には、瘨の高祖・亞祖・父がその德望をもって先王に仕えたこと、瘨はかれら祖先にならってその職務に努め、周王の恩寵に浴したことが語られている。二式瘨鐘銘が言及する高祖・亞祖が誰を指しているのかは必ずしも明確ではないが、同じく瘨の作器にかかる一式瘨鐘銘（246・Ⅲ）に「皇祖辛公・文祖乙公・皇考丁公」とあるのを參照すれば[18]、それは瘨の曾祖父辛公・祖父乙公を指していることになるだろう[19]。

　二式瘨鐘の作器對象である「文人」は通常「前文人」と記され、天上から降り下って子孫に多福をもたらす文德ある祖先を指している[20]。二式瘨鐘が言及する「皇祖・亞祖・文考」とその作器對象である「文人」との關係はやや抽象的であるが、瘨簋銘（4170〜77・ⅢA）には、

　　瘨が申し上げます。顯かなるご先祖（顯皇祖考）は、威儀を修め、先王に仕えら
　　れました。わたくしはそれにならって夙夜つつしみます。王は瘨のつとめたるを
　　よみせられ、佩玉をお與えくださいました。ご先祖（祖考）の簋を作り、…[21]。

とあり、自述銘文が言及する「顯皇祖考」と作器對象とされる「祖考」はその語彙を共有している。言及される祖先がより深い世代に遡及しても、自述銘文と作器對象との關係は初期の自述銘文のあり方を踏襲しているように思われる。以下、西周後期 A 段階以降の自述銘文を擧げ、自述銘文が言及する祖先と青銅彝器の作器對象との關係を確認してみることにしよう[22]。

單伯昊生鐘（82）	皇祖・烈考・祖考	
井人人妄鐘（109〜112・Ⅲ）	文祖・皇考	和父
戎生鐘（近出27〜34）	皇祖憲公・皇考昭伯	皇祖・皇考
梁其鐘（187〜192・Ⅲ）	皇祖考	皇祖考
虢叔旅鐘（238〜244・Ⅲ）	皇考惠叔	皇考惠叔
師望鼎（2821・ⅢB）	皇考宄公	皇考宄公

禹鼎（2833～4・ⅢB）	皇祖穆公・聖祖幽大叔・懿叔	
叔向父禹簋（4142・ⅢB）	皇考・先文祖	皇祖幽大叔
大克鼎（2836・ⅢB）	文祖師華父	文祖師華父
逨鐘（近出106～109）	皇考	皇考共叔
踐鼎（『考古與文物』2005増刊）	皇高祖師䩗・亞祖師□・亞祖師□・亞祖師僕・王父師彪・皇考師孝	

　一部に作器對象が記されていないもの[23]、あるいは井人人妄鐘銘の和父のように作器者との關係がわからないものも含まれるが、虢叔旅鐘銘の皇考惠叔、師望鼎銘の皇考宄公、大克鼎銘の文祖師華父など、自述銘文が言及する祖先と青銅彞器の作器對象は原則一致していたものと考えることができるだろう。逨盤と同じ逨の作器にかかる逨鐘銘

　　逨が申し上げます。顯かなるわが父上（朕皇考）は、よくその心を明らかにし、ご先祖（先祖考）の德にならい、先王にお仕えになられました。逨はご主君にお仕えし、夙夜怠ることなく、その職務に愼んでおります。天子は、わがご先祖がよくつとめられたことをお想いになり、逨に多くの恩寵を賜り、四方の虞と林とを管轄させられました。
　　逨は天子の顯かなる恩寵に對え揚げ、わが父上共叔（朕皇考共叔）の和鐘を作ります。この鐘を奏でて祭祀をおこない、ご先祖（前文人）をお招きいたします。ご先祖は天上におられ、わたくしに多くの幸い、長壽をお降しくださいますように。逨よ、長命にしていつまでも天子に仕えんことを、子々孫々まで、永久にこの鐘を寶とせんことを[24]。

は、逨の亡き父の德を讚えるものだが、その父とは逨盤銘が厲王に仕えたと記していた共叔にほかならない。「わが父上共叔の和鐘」とは、この鐘がその共叔を祀るために作られたものであることを明言しているのである。
　自述銘文の性格を以上のように考えることができるならば、逨盤銘の第三段にみえる盤の作器對象「わが祖先（朕皇考）」とは、第一段の自述銘文で逨が言及する皇高祖單公から逨の父共叔までの單氏七代の祖先たちであったことになろう。逨は七代の祖先たちにむかって、それぞれの祖先が歴代の周王に仕えてきたことを語りかけるとともに、逨自身もまた彼ら祖先にならって天子（宣王）にお仕えし、その恩寵に浴していることを語っていたのである。

二　はじまりの時

　逨盤銘の第二段は「王若曰」で導入され宣王の命令（冊命）文を記録していた。「逨よ、顯かなる文王・武王（丕顯文武）は、天の大命を受け、四方を領有された。なんじの祖先（乃先聖祖考）は、先王を輔弼し、よく大命につとめた。今、余はなんじの祖先を想い、なんじへの命をかさねる」とあるように[25]、そこでは文王・武王による王朝の創建と、逨

の「祖考」が「先王」に仕えてきたことが確認されていたのであった。かつて論じたように、文王・武王を一組とし、そこに王朝の「はじまり」をかける言説は、たとえば、師詢簋銘（4342）

> 王はかく申された（王若曰）。師詢よ、顯かなる文王・武王（丕顯文武）は、天命を受け、殷の民衆をおいたみになられた。なんじの祖先（乃聖祖考）は、よく先王をたすけ、その爪牙となって、その君を輔弼し、大命をさだめた[26]。

あるいは、乖伯簋銘（4331）

> 王はかく申された、乖伯よ、わが顯かなる祖文王・武王（朕丕顯祖文武）は、大命をお受けになられた。なんじの祖（乃祖）は、自らの國から來たって先王をたすけた[27]。

など、西周の中期頃から確認できるようになり、その後、師克盨（4467〜8[28]）・毛公鼎（2841・IIIB[29]）、そして逨盤（四十二年逨鼎・四十三年逨鼎）といった青銅器銘へと引き繼がれていく。逨盤銘第一段の自述が皇高祖單公を文王・武王の二王にかけて語ろうとするのは、この言説を利用しているのである[30]。

しかしながら、文王・武王による王朝の創建は、本來、文王と武王が別々の役割を擔って成し遂げられたものであったと考えられていた。史牆盤銘（10175・II）に、

> むかしの傳統を大切にされる文王が、調和した統治を行われたとき、上帝はすばらしい德を文王に降し、大きく力添えをされて、文王に天と地とを併せ持たせ、一萬もの邦々をまとめて授けられた。實行力に富む武王は、四方の國々を征服し、殷王朝に打擊をあたえ、民たちを正しく導いた。いつまでも安定が保たれるようにと、虘や微を征伐し、夷や童を征伐された[31]。

とあるように、王朝の創建は文王の受命と武王の克殷という二つの出來事に分かたれていた[32]。第一章でみた班簋銘「おおいなるわが皇公は、王室の美福をおうけになり、文王・王姒のご子孫に育まれ、高い地位にあって、その功績を成就されました。文王の子孫は、それを模範とせぬものはなく、その功績にならぶものもございません」は、王朝の眞の「はじまり」が武王の克殷にあったのではなく、むしろ文王とその妃である王姒に求められていたことを傳えている。

> げにや天の命、ああ穆（ふか）うして已まず、ああ顯かなるかな、文王の德の純（おおい）なる、何を以て我を恤（めぐ）みたもう、われそれこれを受けて、怠らず文王の道に順（したが）わむ、曾孫（すえずえ）これを篤うせよ。（維天之命[33]）
> げに清く光りわたれる、文王の典（のり）、始めて天を祀りてより、今に至るまでそれもて功を成せり、げにわが周の禎（さいわい）なるかな。（維清[34]）

といった『詩經』周頌・清廟之什におさめられた宗廟での廟歌もまた、王朝の「はじまり」を文王に求めており、班簋銘に殘された西周期の言説を保存しているのだと考えられる[35]。

文王・武王の統言によって王朝の「はじまり」に言及していた逨盤銘第二段の王言は、續いて逨の「祖考」と「先王」に言及していた。逨盤銘第一段を知っている我々は、この「祖考」が皇高祖單公・皇高祖公叔・皇高祖惠仲盩父・皇高祖零伯・皇亞祖懿仲・皇考共叔の單氏七代、「先王」とは文王・武王、成王、康王、昭王、穆王、共王・懿王、孝王・夷王、厲王の十一代の周王を指しており、「祖考」と「先王」の君臣關係が具體的に、換言すれば「歷史的」に想起されていたのだろうと推測できる。しかしながら、たとえば先に舉げた師訇簋銘や乖伯簋銘の王言が言及する「祖考」と「先王」もまた、逨盤銘と同様に、個別具體的な周王と祖先の名を念頭に置く「歷史的」な文言であったと考えてよいのだろうか。

「祖考」と「先王」のかかわりに言及する青銅器銘は、逨盤銘第一段と同じ自述の銘文と、逨盤第二段と同じ册命の王言に大別することができる。最初に、逨盤銘と同じくこの兩者を併せもつ虎簋銘（近出491）を檢討することにしよう。

> 王は內史を呼び、虎に册命せよ、と申しつけられた。曰く、なんじの祖先（乃祖考）は先王に仕え、虎臣をつかさどった。今、われは汝に申しつける。なんじの祖先をつぎ（更乃祖考）、師戲をたすけ、走馬馭人と五邑走馬馭人をつかさどれ。…虎うやうやしくぬかづきて、天子の大いなる恩寵に對え揚げます。
> 虎が申し上げます（虎曰）。顯かなるわがご先祖（朕烈祖考）は、こころを明らかにして先王にお仕えになられました。天子はその子孫（厥孫子）をお忘れにならず、官職をお與えくださいました。天子よ、萬年までこの命をかさねられんことを。虎は父日庚（文考日庚）の障簋を作ります。子々孫々まで、永く寶とし、つつしんで宗廟で祭祀をとりおこなわんことを[36]。

銘文第一段の册命の王言では、作器者虎の「祖考」が「先王」に仕えたことが確認されるとともに、虎に「祖考」の職事を嗣ぐことが命じられている。「なんじの祖先をつぎ（更乃祖考）」あるいはこれに類した文言は、たとえば虎簋と同じく虎（師虎）の作器にかかる師虎簋銘（4316・IIB）

> 王は內史吳を呼び、虎に册命せよ、と申しつけられた。王はかく申された。虎よ、先王にあっては、すでになんじの祖先（乃祖考）の職事を命じ、左右戲繁荊をつかさどらされた。今、われは先王の命にならい、なんじに命じてなんじの祖先をつぎ（更乃祖考）、左右戲繁荊をつかさどらせる[37]。

などにも見られる册命の常套句であり、當時の職事が世襲的であったことを示している。虎簋銘の王言は虎に「祖考」以來の世襲的職事を命じており、それをうけて「虎曰」で導入される虎の自述は、虎の「祖考」が「先王」に仕えたこと、周王はその子孫である虎に職事を命じられたことを語っている。册命の王言で確認された「祖考」と「先王」とのかかわりが、虎の「祖考」たちに對する語りのなかで再確認されていることになるが、その

- 168 -

いずれの場においても、「祖考」と「先王」の名が特定されることはない。「はじまりの時」にすら言及しない銘文のなかで、「祖考」と「先王」はその固有名を伴って語られることはなく、集合的な記憶のなかに埋没しているのである。

第一章で舉げた自述銘文についても檢討してみよう。二式瘐鐘銘「瘐が申し上げます。顯かなる高祖・亞祖・父上は、その心を明らかにし、尹□の威儀をたすけて、先王に仕えられました」、瘐簋銘「瘐が申し上げます。顯かなるご先祖は、威儀を修め、先王に仕えられました」の二銘は、瘐の「祖考」が德望をもって「先王」に仕えていたことを語っていた。瘐の高祖・亞祖と呼ばれた「祖考」を先の推測のように瘐の曾祖父辛公・祖父乙公と考えることができるならば、瘐の「祖考」たちはいくぶん個別的に認識されていたといえる。しかしながら、彼らが仕えたであろう周王は「先王」と一括され、その固有名が示されることはない。さらに、自述銘文のなかから「祖考」と「先王」のかかわりに言及するものを抽出すれば、單伯昊生鐘「皇祖・烈考—先王」・梁其鐘「皇祖考—先王」・師望鼎「皇考寍公—先王」・禹鼎「皇祖穆公—先王」、そして逨鐘「皇考—先王」の五つの事例を舉げることができるが、單伯昊生鐘・梁其鐘銘にみえる「先王」は、それぞれの皇祖あるいは皇祖考が誰を指しているのか明記されていない以上、特定の周王に同定することはできない。師望鼎銘の皇考寍公が仕えた「先王」、あるいは禹鼎銘の皇祖穆公が仕えた「先王」は、祖考の名が記されていることによって特定の周王に同定することが可能であったはずにもかかわらず、その具體的な王名が示されることはない。逨鐘銘で逨の亡き父が仕えたとされる「先王」もまた、逨盤銘の自述に從えば厲王を指しているにもかかわらず、その名を用いようはしないのである。册命の王言、あるいは自述の銘文が言及する「祖考」あるいは「先王」は、基本的に固有名をともなわない集合的な「祖考」・「先王」であり、固有名をともなわないことによって、その語りは非「歷史的」なものとならざるをえない[38]。單氏七代と周王十二代との君臣關係を執拗に、かつ「歷史的」に語ろうとする逨盤銘第一段は、一般的な自述銘文のあり方から逸脱しているといわざるをえないだろう。

册命の王言と自述の銘文を併せもつ今ひとつの青銅器銘に大克鼎がある。その第一段は「克曰」で始まる自述銘文、第二段は「王若曰」に導かれる册命の王言だが、その第一段の自述には、

　　克が申し上げます。うるわしわが文祖師華父（朕文祖師華父）は、その心も聰く、
　　はかりごとを安寧にされ、その德を明らかにされました。それゆえ、その君たる
　　共王（厥辟共王）を補佐し、王家をお治めになられました[39]。

とあり、作器者克の祖師華父が共王に仕えていたことが明言されている。大克鼎は逨關係器にやや先行する青銅彝器であり[40]、従って、共王に仕えた祖師華父は作器者克の三代ないしは四代前の祖先であったと考えられる[41]。逨盤銘第一段が言及する祖先の世代深度にはいまだおよばないが[42]、一方で「祖考」と「先王」に固有名が與えられることによって、より逨盤銘に近い「歷史的」な記述へと傾斜していることがわかる[43]。『詩經』大雅・蕩之什・江漢篇に次のようにある。

　　王、召虎に命じたまいぬ、あまねくに王化を布け、そのかみ文王・武王が命うけ

しとき(文武受命)、汝が祖召公はそのまもりなりき、われを小 子(たらわぬもの)と曰うなかれ、汝が祖召公のいさおを嗣ぎて、戎(いくさ)の公(こと)を疾くはげまば、それもと汝に福(さち)をば錫わむと。…
召虎うやうやしくぬかづきて、王のめぐみに對え揚げ、器に銘を刻んで召公をまつり、天子がみいのちことほぎまつる。つとめてやまぬおお君(きみ)の、よきほまれ止むときなし、そのおん德をしきつらね、四方の國にもあまねからむ(44)。

この敍事詩には、文王・武王受命による王朝の創建に際して、召虎の祖召公がその輔弼にあたったことが歌われている(45)。西周の「はじまり」にまで遡って、周王と臣下の君臣關係が「歷史的」に回顧される言說のあり方は、逨盤銘第一段の文王・武王と皇高祖單公の關係を彷彿させる。

かつて周王は「王若曰」の文言によって「顯かなる文王・武王」による王朝の「はじまり」を確認し、そこに起源をもつ王統の正統性を主張していたが、同時に、臣下の「祖考」と「先王」たちとの間に結ばれていたであろう君臣開係はいまだ集合的な記憶でしかなかった。しかしながら、大克鼎銘でみたように自述銘文が「歷史的」な語りに傾斜し、江漢篇のような敍事詩が成立するようになると、王統の正統性を主張していた周王の言說は換骨奪胎され、逨の皇高祖單公がその「はじまり」にかかわり、以下、歷代の單一族もそれぞれの固有名をもって歷代の周王に仕えつづけてきたといった「歷史」が語られるようになる(46)。皇高祖單公から父共叔に至る單氏七代の祖考たちにむかって逨がそれぞれの事績を語りかけ、それを書きとどめた盤がそれら祖考たちの祭祀に供されていたとしても、そのことは逨の自述が「歷史的」事實であることを保證するものではない。逨が祖先たちにむかって語りかけていたのは、その逨の語りかけを聞き、あるいはこの逨盤銘を目にするであろう人々に共有されるべき「記憶」であったというべきである(47)。

三　「はじまりの時」をこえる先公

「わが文祖師華父は、共王を補佐し」あるいは、「わが皇高祖單公は、文王・武王を輔弼し」「わが皇高祖公叔は、成王を補佐し」…と臣下が自らの祖先の勳功を語り、なおかつ、その自述が大克鼎銘や逨盤銘のように「王若曰」の王言を押さえ(あるいは内包して)、文頭に位置するようになったとき、文王・武王の「はじまりの時」は、もはや王家の獨占物ではありえず、周王がそこからただ一人自らの正統性を引き出すことは困難になっていったはずである。臣下たちが王朝の「はじまり」以來の勳功を「歷史的」に語り始めるならば、逆に文王・武王に先立つ先公たちを囘顧し、「はじまりの時」のさらに先なる「歷史」に正統性の淵源を求めようとする語りが要請されてくることになるだろう(48)。

『史記』周本紀は、文王・武王に先立つ先公の系譜を圖1のように傳えている(49)。これら先公のうち、周本紀がその事績に言及するのは后稷・不窋・公劉・古公亶父・季歷(王季)の五名にすぎず(50)、うち圖中の□で圍った后稷・公劉・古公亶父・季歷の記述は『詩經』の詩篇に取材したものである(51)。

```
后稷 ── 不窋 ── 鞠 ── 公劉 ── 慶節 ── 皇僕 ── 差弗 ── 毀隃 ─┐
     └─ 公非 ── 高圉 ── 亞圉 ── 公叔祖類 ─ 古公亶父 ── 季歷 ── 文王 ‥
```
圖1

后稷についてもっともまとまった記憶を伝えているのは、『詩經』大雅・生民之什・生民篇である。

> その初めに周人を生んだのは、こはこれ姜嫄、どのようにして生んだかといえば、よくつつしみよく祀って、子のない禍を拂い去り、天帝の足の親指の迹をふんで心動き、ここに天の恩寵が加わりやどって、載ち娠り載ち夙み、載ち生みなせるもの、これこそ后稷であった。…
> それ后稷の 穡 は、神がこれを相けたもうた、茂った草をうち拂い、ここによいきびを種まけば、あまねく苞く、種つ襃びつ、發きつ穗に出でつ、その實は堅く旨く、たわわにみのった、かくて邰に家居を設けた[52]。

譯文では省略したが、天帝の足跡を踏んで身ごもった姜嫄から生まれた后稷は、その後、路地裏・林中・氷上に置かれるも、そのつど助けられるという周本紀冒頭の有名な説話が續き、次いで幼き時より農耕に親しみ、やがて邰の地に家居を設けたと歌いつがれていく。詩篇後半では、周人たちが后稷の業を嗣いで農耕に勵み、上帝の祭祀を執り行うことが歌われるが[53]、この生民篇での后稷は、周人あるいは農耕のはじまりに位置するとともに、邰という土地の記憶とも結びつけられる先公であった。邰は一般に漆水の下游、陝西省武功縣西南に比定されており[54]、一帶からは先周時代の土器を伴う遺跡（鄭家坡類型）が多く確認され[55]、周人の故地の一つであったと考えられている。

后稷について記憶される公劉を歌うのは大雅・生民之什・公劉篇である。「心の篤い公劉は（篤公劉）で始まる詩句を疊詠する公劉篇は、公劉が百の泉、廣い原をみはらした後、豳の地に館を設けたことを歌う。

> 心の篤い公劉は、その土地廣くまたとおく、日景をはかり岡にのぼり、陰と陽を見はかって、水の流れを見定めた。そのいくさは三軍、低い土地高い原を度り、田を治めて糧をつくった、日の沈む方まで測量り、豳の居はまことに大きかった。
> 心の篤い公劉は、豳の地に館を設けた、渭水の流れを横切って、厲をとり鍛をとり、基を定めて地を理てば、ここに人衆く物豐かに、泉の澗を中にはさみ、過の澗にむかって、衆人密く集うて、芮水のはてまで住みわたった[56]。

豳の地は一般に陝西省涇水中流の彬縣・旬邑縣あたりとされるが[57]、『史記』周本紀が「公劉が死んで、子の慶節が立ち、豳の地に都を定めた（公劉卒、子慶節立、國於豳）」と記すように、豳への遷徙説話にはぶれがあった可能性がある。公劉九代の子孫とされる古公亶父の遷徙を歌う大雅・文王之什・緜篇には「わが周人の生り出でたは、沮漆の川の邊であ

った。古公亶父は、穴居の住居、まだその家も無かった（民之初生、自土沮漆、古公亶父、陶復陶穴、未有家室）」とあり、豳の地に館を設けて住まわったという公劉篇の記憶と明らかに矛盾している。公劉篇が後出のものであることを示唆するが、ここで重要なことは、后稷が邰の地と結びついて記憶されていたのと同様、公劉もまた豳という特定の地に結びついて回顧されようとしていたことである⁽⁵⁸⁾。そしてこの公劉に次いで語られる古公亶父もまた、特定の地周原と結びついて回顧されるのである。

　　古公亶父は、ある朝馬を走らせて、西の流れの岸にそい、岐山の下にやって來て、ここで姜女と、共に住んだ。
　　周の平野はよく肥えて、菫や茶も飴のように甘かった、ここに始めてともに謀り、龜をきざんで灼いて占えば、ここに止まるべしという、そこで家をこの地に築いた。
　　かくて慰んじてここに止まり、右に左に分けて住まわせ、境をかぎり地を分かち、溝を導き畝を作り、西から東まで、のこりなく事を運んだ。
　　さて司空を召し、司徒を召し、宮室を建てさせた、この墨繩もまっすぐに、板をつかねてうち樹てて、廟をおごそかに造った⁽⁵⁹⁾。

「周原膴膴たり」と周原の肥沃さを讃えた大雅・文王之什・緜篇は、次いでその地に宮廟を造営する場面へと移っていく。「もっこでザアザア土をはこび、築板の間にゴウゴウ投げ入れ、これをトントン打ちかため（捄之陾陾、度之薨薨、築之登登）」と版築の作業が活き活きと歌われ、やがてその地に皐門・應門といった城門を構えた宮廟がそびえたつのである。周原の地は青銅器銘では「周」と呼ばれ、西周の最後期に至るまで王朝の「都」の一つであり續け⁽⁶⁰⁾、岐山縣鳳雛村の「宗廟」建築遺址⁽⁶¹⁾のほか、扶風雲塘村・齊鎮村からは品字型の建築群が發見されている⁽⁶²⁾。さら岐山縣縣城の北約 7.5 キロの鳳凰山南麓からは王朝の創建に先立つ先周期（晩期）から西周早期・中期にピークをもつ周公廟遺跡が發見されている⁽⁶³⁾。緜篇には司空や司徒といった後代の官名がみえており、詩篇の成立をさほど古い時代に求めることはできないけれども、古公亶父は周原に展開していたであろう宮廟建築群の最初の造営者として周人に記憶されていたのである⁽⁶⁴⁾。

　『詩經』の詩篇は實際の儀禮の場で演奏されつつ、同時に幾重にもわたって改編を蒙ってきたはずであり、白川靜はその期間を「［詩が］社會的に生きていた時期」と表現している⁽⁶⁵⁾。詩篇の成立期を問うということは、この詩篇の「生命力」をいかに見積もるかということにかかっており、その見積もりによって成立期の判断にも大きなゆれが生じるであろうことは想像に難くない⁽⁶⁶⁾。しかしながら、これらの詩篇に封じ込められた記憶には、やはりその記憶が想起されるべき時期があったのでないかと思われる。本章でみてきた詩篇は、特定の先公と特定の土地とのかかわりを回顧したものであったが、東周期に至り、かつての陝西の故地を訪れることもかなわなくなった周人たちが、邰・豳あるいは周原の地を新たに歌い起こさなければならなかったと考えることには抵抗がある。文王・武王による王朝の創建すら換骨奪胎された王室は、特定の地の記憶を媒體としつつ、先公たちの「歷史」を語ろうとしていったのではないだろうか。史牆盤銘あるいは逑盤銘が一言も觸れようとしなかった豐・鎬京の造營について、大雅・文王之什・文王有聲篇が、

文王、天の命をうけ、この武(いくさ)の功(いさお)あり、崇の國を伐って後、都を豐に作りたまいぬ、文王はほむべきかな。
　城築かんと溝をめぐらし、これに稱いて豐都を作りぬ、その欲を急ぐにあらで、先祖に孝を致さんとてなり、王后(みおや)はほむべきかな。…
　鎬の京鎬池の宮居(みやき)、西よりし東よりし、南よりし北よりし、來たり服さぬものもなし、皇王はほむべきかな、
　卜に問えばこれ王は、鎬京にこそ居るべけれ、龜卜これを定め、武王これを成就しましき、武王はほむべきかな(67)。

と歌うのもまた、その同工異曲なのであろう。
　后稷・公劉・古公亶父、そして文王・武王までもが特定の地と結びついていくなかで、文王の父とされる王季(季歷)は、それとは別の役割を與えられて詩篇に登場してくる。最初に大雅・文王之什・大明篇を引こう。

　摯國の仲女姓は任(じん)、殷の國から、來たり嫁し、周の京(みやこ)に婦(よめ)となり、王季と共に、德を行ない、この大任がみごもって、文王を生み給うた。
　これこの文王は、何事にもよくつつしみ、明らかに上帝に仕えて、數多の福を招き給うた、そのおん德違わずして、四方の國をば受け給うた。…
　かくて天より命は降り、この文王に、周の京に命ぜられた、后(きさき)の德を繼ぎたもうたは、莘國の長女、かしこくも武王を生み給うた、天はこの君を佑け命じて、大殷を伐たしめた(68)。

文王の受命、武王の克殷をモチーフとし、省略した最後の句には武王の軍師であり、齊の始祖となる師尚父(太公望)の名もみえているが、詩篇の歌う時代は文王の「はじまりの時」を超え、王季とその妃大任の婚姻に及んでいる。同じく文王之什の思齊篇「それつつしみ深き大任は、文王のおん母、それいつくしみ深き周姜は、周室の婦(よめ)、大姒このよきほまれをつぎ、百の男子を生みませり(思齊大任、文王之母、思媚周姜、京室之婦、大姒嗣徽音、則百斯男)」は、古公亶父の妃周姜、文王の妃大姒とともに、大任の名を歌うものの、大任はあくまでも文王の母として記憶されているのであり、大明篇の王季は、さらにこの文王の母たる大任の夫であるにすぎない。王季を歌ういまひとつの詩篇である文王之什・皇矣篇をみてみよう。

　皇(おおい)なるかな天帝は、赫(あきら)けく下に臨みたまい、あまねく四方をみそなわして、民の定まるところを求めたもうた、夏・殷の二國が、その政を失えば、四方の國々を、きわめはかり、これに代わるものを指定して、まずその規模を增さむとし、そこで西の方を顧みて、大王に居所を與えたもうた。…
　天帝その山を見給えば、とげある木々は拔かれて、松柏はよく伸びた、かくて天が邦をたてて己れの相手を設けたのは、大伯・王季に始まった、この王季というは、心親しくむつまじく、その兄にむつまじかった、さればその慶を厚くして、これに光を錫うた、祿(さいわい)を受けて永く失わず、四方の國をよく保った。

これこの王季は、天帝その心を度りたもうに、淸く靜かなほまれあり、その德はよく明らかに、よく明らかによく辨え、よく民の君長となり、この大邦に王として、民よく順い親しんだ、その御子文王に至っては、その德さらに遺憾なく、天の祉を受けて、永く子孫に傳えたもうた⁽⁶⁹⁾。

　「天帝（上帝）」「四方の國（四方）」といった、かつて文王・武王の「はじまりの時」にかけられていた言說が、大王（古公亶父）あるいは王季へと遡及しているが、王季の具體的な事績、あるいは王季と結びつく特定の地が歌われることはない。王季は古公亶父と文王を繫ぐ役割しか擔っておらず、それは古公亶父―王季―文王という「系譜」を「歷史的」に語るために必要な接續點でしかなかった⁽⁷⁰⁾。

王季の末裔―むすびにかえて

　かつて周人にとっての「はじまりの時」であった文王は、王季を介して、古公亶父ら先公の系譜に接續されていった。文王は、さらにその先に續いていたであろう系譜のなかに埋め込まれ、やがては「はじまりの時」を示す王であったことを忘れられていくことになるだろう⁽⁷¹⁾。かつて逨盤銘第一段が執拗に自らの家系の勳功を語っていたとき、それでも越えようとしなかった文王・武王の「はじまりの時」を越える者が登場する。『春秋左氏傳』僖公五年條に「虢仲・虢叔は王季の子である（虢仲・虢叔、王季之穆也）」と記された王季の末裔、虢である。

　虢は西周期以來の大族で、虢伯・虢仲・虢叔・虢季、さらには城虢仲・鄭虢仲に分節し、河南省の榮陽、黃河屈曲點東の平陸・陜、ならびに陝西省寶雞といった地域に分散居住していたと考えられる⁽⁷²⁾。その後、虢一族は王朝「東遷」期の混亂を生き拔き、『春秋左氏傳』隱公元（前722）年條、

　　鄭の共叔段の亂に際し、その子公孫滑は衞に出奔した。衞人は、これがために鄭を攻め、廩延を占領した。鄭人は、周王の軍・虢の軍とともに、衞の南郊を攻めた。

で文獻史料に登場し、その後、東周王朝を支える有力な氏族として記錄されていくこととなる。右の隱公元年條を含めて、『春秋左氏傳』が記錄する虢の記事を表2として整理しよう。

表2

紀年	魯公	周王	記事
前722	隱公元	平王四十九	鄭共叔之亂、公孫滑出奔衞。衞人爲之伐鄭、取廩延。鄭人以王師・虢師伐衞南鄙。
前720	隱公三	平王五十一	鄭武公・莊公爲平王卿士。王貳于虢。鄭伯怨王、王曰、無之。故周・鄭交質。…王崩、周人將畀虢公政。

前 718	隱公五	桓王二	曲沃叛王。秋、王命虢公伐曲沃、而立哀侯于翼。
前 715	隱公八	桓王五	夏、虢公忌父始作卿士于周。
前 712	隱公十一	桓王八	冬十月、鄭伯以虢師伐宋。
前 707	桓公五	桓王十三	王奪鄭伯政、鄭伯不朝。秋、王以諸侯伐鄭、鄭伯禦之。王爲中軍、虢公林父將右軍、蔡人・衞人屬焉、周公黑肩將左軍、陳人屬焉。
前 704	桓公八	桓王十六	冬、王命虢仲立晉哀侯之弟緡于晉。
前 703	桓公九	桓王十七	秋、虢仲・芮伯・梁伯・荀侯・賈伯伐曲沃。
前 702	桓公十	桓王十八	虢仲譖其大夫詹父於王。詹父有辭、以王師伐虢。夏、虢公出奔虞。
前 678	莊公十六	僖王四	王使虢公命曲沃伯以一軍爲晉侯。
前 678	莊公十六	僖王四	周公忌父出奔虢。惠王立而復之。
前 676	莊公十八	惠王元	虢公・晉侯朝王、王饗醴、…非禮也。
前 676	莊公十八	惠王元	虢公・晉侯・鄭伯使原莊公逆王后于陳。
前 674	莊公二十	惠王三	（王子頽の亂）冬、王子頽享五大夫、樂及徧舞。鄭伯聞之、見虢叔曰、…。虢公曰、…。
前 673	莊公二十一	惠王四	（王子頽の亂）鄭伯將王自圉門入、虢叔自北門入、殺王子頽及五大夫。
前 673	莊公二十一	惠王四	王巡虢守。虢公爲王宮于玤、王與之酒泉。鄭伯之享王也、王以后之鞶鑑予之。虢公請器、王予之爵。鄭伯由是始惡於王。冬、王歸自虢。
前 668	莊公二十六	惠王九	秋、虢人侵晉。冬、虢人又侵晉。
前 667	莊公二十七	惠王十	晉侯將伐虢、士蒍曰、不可。…。
前 664	莊公三十	惠王十三	王命虢公討樊皮。夏四月丙辰、虢公入樊、執樊仲皮、歸于京師。
前 661	莊公三十二	惠王十五	秋七月、有神降于莘。惠王問諸內史過曰、是何故也。對曰、…內史過往、聞虢請命、反曰、虢必亡矣、虐而聽於神。神居莘六月。虢公使祝應・宗區・史嚚享焉。神賜之土田。史嚚曰、虢其亡乎。…。
前 660	閔公二	惠王十七	虢公敗犬戎于渭汭。舟之僑曰、無德而祿、殃也。殃將至矣。遂奔晉。
前 658	僖公二	惠王十九	晉荀息請以屈產之乘與垂棘之璧假道於虞以伐虢。…虞公許之、且請先伐虢。宮之奇諫、不聽、遂起師。夏、晉里克・荀息帥師會虞師、伐虢、滅下陽。
前 658	僖公二	惠王十九	虢公敗戎于桑田。晉卜偃曰、虢必亡矣。亡下陽不懼、而又有功、…不可以五稔。
前 655	僖公五	惠王二十二	晉侯復假道於虞以伐虢。…八月甲午、晉侯圍上陽。冬十二月丙子朔、晉滅虢、虢公醜奔京師。師還、館于虞、遂襲虞、滅之。

表2を一見して明らかなように、『春秋左氏傳』にみえる虢の記事は大きく二つの時代に分かつことができる。前半は、魯隱公元（前722）年から桓公十（前702）年までで、當時、王朝を支えていた鄭に代わって實權を掌握するようになり、前715年に虢公忌父が卿士となったのち、前702年に虢仲が虞に出奔するまでの時期、後半は魯莊公十六（前678）年から始まり、王子頽の亂平定をはさんだのち、いくつかの滅亡豫言譚を挿入されつつ、僖公五（前655）年の最終的滅亡へと至る時期である。「虢仲・虢叔は王季の子である」との記事は、この僖公五年條に宮之奇の諫言としてみえており、それは「文王の卿士となり、その勳功は盟府に保管されています（爲文王卿士、勳在王室、藏於盟府）」と續けられている。虢仲・虢叔は王季の子として生まれ、兄弟であった文王の輔弼にあたっていたと語られているのである(73)。

　前655年の虢の滅亡後に、虢の始祖說話を語り始める必要はないだろう。西周期にあっては文王・武王の「はじまりの時」がいまだ有效であったとするならば、虢の始祖を王季に求める言說は、王朝の「東遷」期以降の表2に示した時期に成立していったと考えることが最も整合的である。王季を歌う詩篇がその具體的な事績や特定の地とのかかわりを語ろうとしないのは、それら詩篇が王朝の「東遷」後に成立したものであることを示しているように思われる。

```
①平王 ── 洩父 ── ②桓王 ── ③莊王 ── ④僖王 ── ⑤惠王 ── ⑥襄王
          └ ⑦頃王 ┬ ⑧匡王
                   └ ⑨定王
```

圖2

　『春秋左氏傳』が記錄する虢の記事は、周王治世とのかかわりでいうならば、ほぼ桓王（在位前719〜697年）と惠王（在位前676〜653年）の治世に重なっている。圖2に平王以降の東周王朝の系譜を示したが、桓王は平王の孫であり、兩者の閒には卽位できなかった洩父が挾まれている(74)。前707（魯桓公五）年に「王（桓王）が鄭伯から政權を奪い、鄭伯は朝見しなくなった。秋、王は諸侯の軍を率いて鄭を攻擊した」とあるように、桓王はかつて王朝を支えていた鄭を排除しようとし、その權力鬪爭は最終的に兩者の武力衝突をまねくことになった。桓王の權力基盤は必ずしも盤石なものではなく、王權崩壞の危機すらはらんでいたであろう。その時、平王—洩父—桓王という系譜の正統性、すなわち洩父を介して平王に接續する桓王の正統性を主張するために、古公亶父—王季—文王という系譜が想起され、古公亶父に平王が、王季に洩父が重ねられていったのではないだろうか。そして、この桓王朝で實權を掌握しつつあった虢は、この系譜を再び換骨奪胎し、王季を自らの「はじまり」の始祖へと轉用していったのではないか。必ずしも萬全な論考ではないが、一つの試案として示しておきたい。

註
(1) 陝西省文物局・中華世紀壇藝術館編『盛世吉金―陝西寶雞眉縣靑銅器窖藏』（北京出版社出版集團・北京出版社、2003年）。

(2) 西周期の青銅器銘で 350 字を越えるものは、この逑盤銘を除けば、散氏盤（350 字）・晉侯蘇編鐘（355 字）・小盂鼎（約 390 字）・毛公鼎（499 字）しか確認されていない。

(3) 松井嘉德「記憶される西周史―逑盤銘の解讀」（『東洋史研究』第 64 卷第 3 號、2005 年）。

(4) 以下に引用する青銅器銘についても、本稿ではその譯を示すこととする。しかしながら、各銘文の隸定・釋讀については異説も多く、本稿で示した譯もまた一應のものでしかない。

(5) 逑盤「逑曰、丕顯朕皇高祖單公、趠々克明哲厥德、夾召文王・武王。撻殷、膺受天魯命、匍有四方、竝宅厥勤疆土、用配上帝、雩朕皇高祖公叔、克逑匹成王、成受大命、方狄不享、用奠四國・萬邦、雩朕皇高祖新室仲、克幽明厥心、柔遠能犾、會召康王、方懷不廷、雩朕皇高祖惠仲𬎆父、盭和于政、有成于猷、用會昭王・穆王、延政四方、撲伐楚荊、雩朕皇高祖零伯、𤕌明厥心、不墜口服、用辟共王・懿王、雩朕皇亞祖懿仲、諫諫々、克匔保厥辟孝王・夷王、有成于周邦、雩朕皇考共叔、穆々趩々、和詢于政、明陵于德、享佐厲王、逑肇纘朕皇祖考服、虔夙夜、敬朕死事、肆天子多賜逑休、天子、其萬年無疆、耆黃耇、保奠周邦、諫辥四方、王若曰、逑、丕顯文武、膺受大命、匍有四方、則𮃉隹乃能聖祖考、夾召先王、爵勤大命、今余隹經厥乃先聖祖考、龠䐣乃命、命汝疋榮兌、𮃉䚈四方虞・林、用宮御、賜汝赤市・幽黃、攸勒、逑敢對天子丕顯魯休揚、用作朕皇祖考寶障盤、用追享孝于前文人、前文人嚴在上、翼在下、豐豐變變、降逑魯多福、眉壽綽綰、授余康娛純祐、通祿永命、靈終、逑、畯臣天子、子々孫々、永寶用享」。

(6) 武者章「西周王權と王統譜」（『史學』第 75 卷第 1 號、2006 年）は、松井嘉德「記憶される西周史」（前掲）、あるいは松井嘉德「吳虎鼎銘考釋―西周後期、宣王朝の實像を求めて」（『史窗』第 61 號、2004 年）で示したこの解釋を批判する。逑盤銘の記載を「史實」（72 頁）とする前提にたったうえで、「逑盤銘では、『襲王（共王のこと　松井補う）』・『懿王』・『考王（孝王のこと　松井補う）』と父子關係で王位が繼承されていたことになり、西周王朝の王統は、…飽くまでも直系的に受け繼がれていたことになる。嫡長子相續制であったのかは確認できないが、單氏家譜の如く王統は、形の上で父子關係で繼承されていたのである」（67 頁）と述べ、孝王を共王の弟とする『史記』周本紀記載の王統譜を否定する。しかしながら、「十二王と八世代の逑の家系の關係は、不自然であり、何らかの背景を考察すべきである」という趣旨の松丸道雄發言（72 頁）を引いているように、その「不自然」さの由って來るところをこそ考察すべきである。註(47)のファルケンハウゼンの主張も参照されたい。

(7) 林巳奈夫『殷周時代青銅器の研究　殷周青銅器綜覽一』（吉川弘文館、1984 年）。

(8) 以下、青銅器銘の引用にあたっては、その初出に際して『殷周金文集成』（中華書局、1984～94 年。以下『集成』）、あるいは『近出殷周金文集錄』（中華書局、2002 年。以下『近出』）の著錄番號、および林巳奈夫前掲書の編年案を附す。また『集成』『近出』に著錄されないものについては、適宜その出典を示すこととする。

(9) 沈子也簋「也曰、拜稽首、敢𠭯卲告朕吾考、令乃鴅沈子、作綒于周公宗、陟二公」。

(10) 㽅方鼎「㽅曰、烏虖、王唯念㽅辟烈考甲公、王用肇使乃子㽅、率虎臣禦淮戎、㽅曰、烏虖、朕文考甲公・文母日庚、弋休則尚、安永宕乃子㽅心、安永襲㽅身、厥復享于天子、唯厥使乃子㽅、萬年辟事天子、毋有罪于厥身、㽅拜稽首、對揚王命、用作文母日庚寶障彝、用穆々夙夜障、享孝綏福、其子々孫々、永寶茲烈」。

(11) ロータール・フォン・ファルケンハウゼン（吉本道雅譯）『周代中國の社會考古學』（京都大學學術出版會、2006 年）は「獻呈者」との表現を用いるが、本稿ではより一般的な「作器者」の語を用いることとする。

(12) 彧簋（4322・IIIB）に「乃子彧拜稽首、對揚文母福烈、用作文母日庚寶隣簋、卑乃子彧萬年、用夙夜障、享孝于厥文母、其子々孫々、永寶」とあり、この青銅彝器もまた「乃子」彧が亡き母日庚の祭祀に供したものである。

(13) 「乃子」の表現はほかに乃子卣（5306・IA）「乃子作父庚寶障彝」・乃子作父辛甗（924・II）「乃子作父辛寶障彝」・乃子克鼎（2712）「□辛伯蔑乃子克曆、宮絲五十鍰、用作父辛寶障彝」にみえているが、そのいずれも亡き父の祭祀に供される青銅彝器である。

(14) 銘文中の「皇公」が誰を指すのかということについては定説がない。たとえば馬承源主編『商周青銅器銘文選』（文物出版社、1988年）は「班的父考」との注釋を附しているが、白川靜『金文通釋』（白鶴美術館誌第15輯、1966年。のち『白川靜著作集別卷金文通釋二』平凡社、2004年）は、この「皇公」を班簋銘「趩命曰、以乃族、從父征」の「父」、すなわち班の父輩にあたる毛公だと考えている。

(15) 班簋「班拜稽首曰、烏虖、丕丕揚皇公、受京宗懿釐、毓文王・王姒聖孫、登于大服、廣成厥工、文王孫、亡弗懷型、亡克競厥烈、班非敢覓、隹作昭考爽、日大政、子々孫多世、其永寶」。

(16) ファルケンハウゼン前掲書は、この時期に「西周後期禮制改革」があったことを主張し、祖先祭祀に關しては、「動的で狂暴でさえある身振りを中心とする『ディオニソス的な』儀禮から、新しいずっと形式化された『アポロ的』性格の儀式へという…宗教的轉向を暗示する」（48頁）と述べ、注では「トランス狀態で祖先と交流できる宗教的な專門家が、崇拜の對象である祖先との血緣關係によって正當化された非專門家の『尸』に交代したことは、リネージ内部における權力の規則正しい傳承を保證する疑いなく決定的な一歩を踏み出した」と敷衍している。ただし「西周後期」を前850年頃にかけることについては、吉本道雅「解題」に批判がある。

(17) 二式癲鐘「癲曰、丕顯高祖・亞祖・文考、克明厥心、疋尹□厥威儀、用辟先王、癲不敢弗帥祖考、秉明德、圍夙夕、左尹氏、皇王對癲身懋、賜佩、敢作文人大寶協和鐘、…」。

(18) 一式癲鐘「癲趩々、夙夕聖爽、追孝于皇祖辛公・文祖乙公・皇考丁公和林鐘」。

(19) 一式癲鐘・二式癲鐘といった青銅彝器は、1976年12月に陝西省扶風縣の莊白一號窖藏より發見されたいわゆる微氏家族青銅器群に含まれる。ここには後に言及する史牆盤も含まれており、それらの青銅器銘によって、微氏家族の家系は、武王克殷以前の高祖にはじまり、武王克殷以後は、烈祖―乙祖―折（亞祖祖辛・高祖辛公）―豐（乙公・文祖乙公）―史牆（皇考丁公）―癲と續いていたことが確認できる。尹盛平主編『西周微氏家族青銅器群研究』（文物出版社、1992年）を參照のこと。邦文では、池澤優『「孝」思想の宗教學的研究―古代中國における祖先崇拜の思想的發展』（東京大學出版會、2002年）第二章「西周春秋時代の孝と祖先崇拜」に微氏家族青銅器群の總括的な分析がある。

(20) たとえば『尚書』文侯之命「追孝于前文人」の偽孔傳に「以善使追孝於前文德之人」とある。

(21) 癲簋「癲曰、顯皇祖考、嗣威儀、用辟先王、不敢弗帥用夙夕、王對癲懋、賜佩、作祖考簋、…」。

(22) 番生簋（4326・IIIA）は「番生曰」との文言をもたないが、その内容から自述形式とみなしうる。そこで言及される祖先は「皇祖考」と表現されている。

(23) 叔向父禹簋銘「叔向父禹曰、余小子、嗣朕皇考、肇帥型先文祖、恭明德、秉威儀、用黼圉奠保我邦・我家、作朕高祖幽大叔障簋」は、祖考の事績に言及しない點において、自述銘としてはやや異例である。作器の對象とされる高祖幽大叔は、同一人物の作器にかかる禹鼎銘に聖祖幽大叔としてみえている。

(24) 逨鐘「逨曰、丕顯朕皇考、克燅明厥心、帥用厥先祖考聖德、享辟先王、逨御于厥辟、不敢墜、

- 178 -

虔夙夕、敬厥死事、天子經肰先祖服、多賜逨休命、辥嗣四方虞・林、逨敢對天子丕顯魯休揚、用作朕皇考共叔和鐘、鎗々鎗々、雝々雍々、用追孝、昭格喜侃前文人、前文人嚴在上、敦々熙々、降余多福康𤽄、純祐永命、逨、其萬年眉壽、畯臣天子、子々孫々、永寶」。

(25) 逨盤と同出の四十二年逨鼎・四十三年逨鼎にも「王若曰」で導入される王言として「逨、丕顯文武、膺受大命、匍有四方、則繇隹乃聖（祖）考、夾召先王、爵勤大命、奠周邦、余弗遐聖人孫子」といった表現がみえている。

(26) 師詢簋「王若曰、師詢、丕顯文武、俘受天命、亦則殷民、乃聖祖考、克左右先王、作厥爪牙、用夾召厥辟、奠大命」。同一人物の作器にかかる詢簋（4321・ⅢB）もまた「王若曰、詢、丕顯文武受命、則乃祖奠周邦」と、文王・武王の受命と詢の祖先の功績に言及している。

(27) 乖伯簋「王若曰、乖伯、朕丕顯祖文武、膺受大命、乃祖克奉先王、翼自他邦」。

(28) 師克盨「王若曰、師克、丕顯文武、膺受大命、匍有四方、則繇隹乃先祖考、有爵于周邦、干吾王身、作爪牙」。

(29) 毛公鼎「王若曰、父厝、丕顯文武、皇天引厭厥德、配我有周、膺受大命、率懷不廷方、亡不閈于文武耿光」。

(30) 松井嘉德「記憶される西周史」（前掲）。小南一郎『古代中國　天命と青銅器』（京都大學學術出版會、2006 年）は、これを「始原の時」と表現しており、本章の章題はこれを踏まえている。

(31) 史牆盤「曰古文王、初戾和于政、上帝降懿德、大犙、匍有上下、合受萬邦、雩圉武王、遹征四方、撻殷、畯民永不恐、狄盧微、伐夷童」。譯は小南一郎前掲書192頁を參照した。

(32) 同樣の言說は、𪓟尊（6014・ⅠA）「王誥宗小子于京室、曰、昔在爾考公氏克逑文王、肆文王受茲大命、隹武王既克大邑商、則廷告于天、曰、余其宅茲中國、自之辥民」、あるいは大盂鼎（2837・ⅠB）「王若曰、盂、丕顯文王、受天有大命、在武王、嗣文作邦、闢厥匿、匍有四方、畯正厥民」といった成王・康王期の青銅器銘から確認できる。

(33) 『詩經』周頌・清廟之什・維天之命「維天之命、於穆不已、於乎不顯、文王之德之純、假以溢我、我其收之、駿惠我文王、曾孫篤之」。以下、『詩經』の譯は目加田誠『定本　詩經譯注』（目加田誠著作集』龍溪書院、1983 年）に從う。

(34) 『詩經』周頌・清廟之什・維清「維清緝熙、文王之典、肇禋、迄用有成、維周之禎」。

(35) 頌については阮元「釋頌」（『揅經室集』卷一）、王國維「說周頌」（『觀堂集林』卷二）などさまざまな研究があるが、ここでは白川靜『詩經研究通論篇』（朋友書店、1981 年。のち『白川靜著作集詩經 II』平凡社、2000 年）第四章「三頌研究」の見解に從う。「周頌諸篇は西周後期、官職世襲の政治秩序が完成し、周が前王の餘澤のうちにその支配をつづけていた時代の廟歌として、最もふさわしい性格をもっている」（『著作集』368 頁）と白川は指摘しているが、康宮諸宮といった西周期の廟制が確立するのは西周後期をまたなければならず、その指摘は基本的に正しいものと考えられる。

(36) 虎簋「王呼內史曰、冊命虎、曰、在乃祖考、事先王、嗣虎臣、今命汝曰、更乃祖考、疋師戲、嗣走馬馭人眾五邑走馬馭人、…虎敢拜稽首、對揚天子丕不魯休、虎曰、丕顯朕烈祖考、粦明克事先王、肆天子弗忘厥孫子、付厥尚官、天子、其萬年齲茲命、虎用作文考日庚障簋、子孫、其永寶、用夙夜享于宗」。

(37) 師虎簋「王呼內史吳曰、冊命虎、王若曰、虎、載先王、既命乃祖考事、啻官嗣左右戲緐荊、今余隹帥型先王命、命汝更乃祖考、啻官嗣左右戲緐荊」。

(38) 小南一郎前掲書に「現在の周王とその臣下と間の關係は、周王の王系と臣下の家との間で結ば

れてきた、複數形のわれ（余）と複數形のなんじ（汝、乃）との關係の中にあって、きわめて薄い一層にしか過ぎなかった。銘文の中に當代の周王の個別の名が表明されないことも、册命儀禮の根本的な原理が永遠に續く反復にあり、時間が撥無され、歴史的な個人という存在が大きな意味を持たないことの端的な表れなのである」（161頁）といった指摘がある。

(39) 大克鼎「克曰、穆々朕文祖師華父、聰襄厥心、寧靜于猷、淑哲厥德、肆克恭保厥辟共王、諫辥王家」。

(40) 大克鼎と同一人物の作器にかかる克鐘／鎛銘（204～8/209・ⅢI）に「隹十又六年九月初吉庚寅」の日附があり、これは宣王十六年のことを指していると考えられる。松井「吳虎鼎銘考釋」（前掲）參照。

(41) これが當時の祖先祭祀の一應の標準的な深度であったことについては、池澤優前掲書に指摘がある。

(42) 第一章で引いた踐鼎銘には、皇高祖師娶から皇考師孝までの六代の祖先が言及されている。吳鎮烽「踐鼎銘文考釋」（『文博』2007年第2期）に、毛公鼎（林ⅢB）に近い器形だとあり、逨盤とほぼ同じ時代のものと考えることができる。この時期、言及される祖先の世代深度が一層深くなっていく傾向にあったことを示唆するものであろう。なお吳鎮烽「高祖・亞祖・王父考」（『考古』2006年第12期）は踐鼎銘にみえる高祖・亞祖・王父の稱謂を檢討し、「"高祖"和"皇祖"一樣、只是對某一先祖的一種尊稱、不是某一代先祖的專稱。"亞祖"是在記述多位先祖時所使用的詞語、是相對于前一位先祖的稱謂、既不是一個家族"分支立族者"的稱謂、也不是某一代先祖的專稱。"王父"是祖父的別一稱謂、并不是"祖父的昆弟"」と結論づけている。特に亞祖の理解については、從來の多くの研究者と見解を異にしている。今後一層の檢討が必要だろう。

(43) 師訇鼎銘（2830・ⅡB）「王曰、師訇、汝克□乃身、臣朕皇考穆王」には、師訇が王の父穆王に仕えていたことが回顧されている。臣下と祖王の固有名がそれぞれ確認できる事例であるが、これが王言であることには注意が必要であろう。本文に一部引用した史牆盤銘は、銘文前半で文王・武王・成王・康王・昭王・穆王・天子（共王）の事績を記し、後半では高祖・烈祖・乙祖・亞祖祖辛・文考乙公・史牆の微氏家族の事績を記すという「歴史的」な言説であるが、それはこの家系が「史」（記錄官）として王朝に仕えていたことに關係するのであろう。

(44) 『詩經』大雅・蕩之什・江漢「王命召虎、來旬來宣、文武受命、召公維翰、無曰予小子、召公是似、肇敏戎公、用錫爾祉、…虎拜稽首、對揚王休、作召公考、天子萬壽、明明天子、令聞不已、矢其文德、洽此四國」。

(45) 詩篇中に登場する召虎は、五年琱生簋銘（4292・ⅢA）・六年琱生簋銘（4293）・召伯虎盨銘（近出497）にみえる召伯虎であり、詩篇の作者とされる尹吉甫は兮甲盤銘（10174・ⅢB）などの作器者兮伯吉父であったと考えられる。

(46) 白川靜『詩經研究通論篇』（前掲）に「周王室がこのように、自らの神話傳說をその祭祀儀禮の頌詩雅歌として用い、その傳承を誇示するにつれて、王室の周圍にある大族の間にも、その家の傳承を、雅歌として傳えようとする意欲を促したであろう」（578頁）との指摘があり、その例として江漢篇のほかに、大雅・蕩之什の崧高・烝民・韓奕・常武の諸篇が擧げられている。

(47) ファルケンハウゼン前掲書51頁に「青銅器銘文も同様にこうした宗教的文脈の中で機能する。…儀式の過程で青銅器が食物や飲料を盛るのに用いられ、あるいは編鐘が演奏されるときはいつでも、銘文はいわば反響しつづけ、過去の威信を現在のために活性化する。…青銅器銘文は歴史の客觀的な記錄などではなく、銘文が含むいかなる「歴史的」情報も儀禮上の必要を優先して修

正されている可能性がある」との指摘がある。
(48) 白川静『詩經研究通論篇』(前掲)は、これを「周王朝の國家神話構成への要求」(577頁)と呼んでいる。
(49) 周本紀は后稷の時代について、「后稷之興、在陶唐（堯）・虞（舜）・夏（禹）之際」と記している。『國語』周語下に「自后稷之始基靖民、十五王而文始平之、十八王而康克安之、其難也如是」「后稷勤周、十有五世而興」とあり、后稷から文王までが十五代であったことは戰國後期にはすでに言説化されていた。しかしながら、この世代數が『史記』が記述する夏王朝・殷王朝の支配期間と齟齬することは明らかであり、『史記』劉敬叔孫通列傳「[婁] 敬說曰、…周之先自后稷、堯封之邰、積德累善十有餘世。公劉避桀居豳」は、后稷と公劉の間に十數世代のひらきがあったと主張している。近年でも、尹盛平『西周史證』(陝西師範大學出版社、2004年) など、后稷を固有名とせず、十數世代續いた氏族名あるいは官名と考える主張もあるが、后稷を陶唐・虞・夏の際とする記述に盲從する必要はないだろう。
(50) これ以外の先公について、周本紀は「不窋卒、子鞠立」「公劉卒、子慶節立、國於豳。慶節卒、子皇僕立。皇僕卒、子差弗立。差弗卒、子毀隃立。毀隃卒、子公非立。公非卒、子高圉立。高圉卒、子亞圉立。亞圉卒、子公叔祖類立」とその卽位の順を記すのみである。なお高圉・亞圉の名は『春秋左氏傳』昭公七年「衞齊惡告喪于周、且請命、王使郕簡公如衞弔、且追命襄公曰、叔父陟恪、在我先王之左右、以佐事上帝、余敢忘高圉・亞圉」、『國語』魯語上「周人禘嚳而郊稷、祖文王而宗武王、…高圉・大王、能帥稷者也、周人報焉」にみえるが、その系譜上での位置づけは明確ではない。
(51) 不窋の事績について、周本記は『國語』周語上「及夏之衰也、棄稷不務、我先王不窋用失其官、而自竄于戎・狄之閒、不敢怠業、時序其德、纂修其緒、修其訓典、朝夕恪勤、守以敦篤、奉以忠信、奕世載德、不忝前人」の記事に取材している。なお『春秋左氏傳』文公二年には「故禹不先鯀、湯不先契、文・武不先不窋、宋祖帝乙、鄭祖厲王」とあり、文王・武王の祖として、后稷ではなく、不窋の名が擧げられている。
(52) 『詩經』大雅・生民之什・生民「厥初生民、時維姜嫄、生民如何、克禋克祀、以弗無子、履帝武敏歆、攸介攸止、載震載夙、載生載育、時維后稷、…誕后稷之穡、有相之道、茀厥豐草、種之黃茂、實方實苞、實種實褎、實發實秀、實堅實好、實穎實栗、卽有邰家室」。
(53) 后稷を歌う大雅の詩篇には、ほかに蕩之什・雲漢「倬彼雲漢、昭回于天、王曰於乎何辜、今之人、天降喪亂、饑饉薦臻、靡神不舉、靡愛斯牲、圭璧旣卒、寧莫我聽、旱旣大甚、薀隆蟲蟲、不殄禋祀、自郊徂宮、上下奠瘞、靡神不宗、后稷不克、上帝不臨、耗斁下土、寧丁我躬、…」がある。「后稷不克、上帝不臨」とあるように、后稷は上帝と對にされており、上帝と周人を結びつける先公として記憶されていたことを示唆する。
(54) 『史記』周本紀集解に「徐廣曰、今斄鄉在扶風」、正義に『括地志』を引いて「故斄城一名武功城、在雍州武功縣西南二十二里」という。『漢書』地理志上・右扶風・斄の自注に「周后稷所封」とある。
(55) 尹盛平前掲書18頁。小澤正人・谷豐信・西江清高『中國の考古學』(同成社、1999年) 158頁。
(56) 『詩經』大雅・生民之什・公劉「…篤公劉、旣溥旣長、旣景迺岡、相其陰陽、觀其流泉、其軍三單、度其隰原、徹田爲糧、度其夕陽、豳居允荒。篤公劉、于豳斯館、涉渭爲亂、取厲取鍛、止基迺理、爰眾爰有、夾其皇澗、溯其過澗、止旅乃密、芮鞫之卽」。
(57) 『漢書』地理志上・右扶風・栒邑の自注に「有豳鄉、詩豳國、公劉所都」とある。

(58) 周頌・清廟之什・思文「思文后稷、克配彼天、立我烝民、莫匪爾極、貽我來牟、帝命率育、無此疆爾界、陳常于時夏」は、生民篇に比べてより古層に屬する詩篇であるが、そこでは后稷は農耕と結びつくものの、特定の地との結びつきをもたない。
(59) 『詩經』大雅・文王之什・緜「…古公亶父、來朝走馬、率西水滸、至于岐下、爰及姜女、聿來胥宇。周原膴膴、菫荼如飴、爰始爰謀、爰契我龜、曰止曰時、築室于茲。迺慰迺止、迺左迺右、迺疆迺理、迺宣迺畝、自西徂東、周爰執事。乃召司空、乃召司徒、俾立室家、其繩則直、縮版以載、作廟翼翼。…」。
(60) 松井嘉德『周代國制の研究』（汲古書院、2002 年）第 I 部第二章「周王の『都』」。
(61) これらの遺址については、小澤正人・谷豐信・西江淸高前掲書に要を得た紹介がある。
(62) 周原考古隊「陝西扶風縣雲塘・齊鎭西周建築基址 1999～2000 年度發掘簡報」（『考古』2002 年第 9 期）。張雷蓬・仇士華「周原遺址雲塘・齊鎭建築基址碳十四年代研究」『考古』2004 年第 4 期）は、これら建築群の年代を厲王から共和の頃であろうと推定している。
(63) 「周公廟西周墓群重大發現專家談」（『文博』2004 年第 5 期）。徐天進（近藤はる香譯）「周公廟遺跡の近年における成果とその考察」（『陝豫訪古紀行──中國陝西省・河南省地域考察旅行報告』、東洋文庫　中國古代農史研究班編、2007 年）は邦文で讀める最新の報告の一つである。
(64) 古公亶父（大王）と岐周との結びつきを歌う詩篇は、ほかに周頌・淸廟之什・天作「天作高山、大王荒之、彼作矣、文王康之、彼徂矣、岐有夷之行、子孫保之」がある。
(65) 白川靜『詩經硏究通論篇』（前揭）23 頁。
(66) 『詩經』の成立期に關して一定の定點を與える詩篇がないわけではない。國風・召南・何彼襛矣には「平王之孫」が歌われ、小雅・節南山之什・十月之交に歌われる日食は幽王元（前 781）年七月のものであろうと考えられている（齊藤國治・小澤賢二『中國古代の天文記錄の檢證』雄山閣、2002 年など）。松本雅明『詩經諸篇の成立に關する硏究』（東洋文庫、1958 年。のち『松本雅明著作集』弘生書林、1987 年）第六章「年代推定の資料」は、そのような詩篇を用いて『詩經』諸篇の成立年代を推定しようとした試みであり、大雅諸篇について、文王・下武が西周後期初、大明・靈臺・思齊・皇矣・文王有聲がそれに次ぎ、緜・生民は西周末─東周初、それ以外の大部分は東周の作であろうと推定している。もちろん、この主張が鐵案であるわけではなく、たとえば赤塚忠「大雅文王篇・思齊篇の製作年代について」（『日本中國學會報』16、1964 年。のち『赤塚忠著作集五　詩經硏究』、硏文社、1986 年）は、文王・思齊篇の成立を大盂鼎銘に近接した時期、すなわち康王期あたりに求めており、家井眞『『詩經』の原義的硏究』（硏文出版、2004 年）は逆に、『詩經』のような詩の成立を前 4 世紀前半以降に求めている。
(67) 大雅・文王之什・文王有聲「…文王受命、有此武功、既伐于崇、作邑于豐、文王烝哉。築城伊淢、作豐伊匹、匪棘其欲、遹追來孝、王后烝哉。…鎬京辟廱、自西自東、自南自北、無思不服、皇王烝哉。考卜維王、宅是鎬京、維龜正之、武王成之、武王烝哉。…」。
(68) 大雅・文王之什・大明「…摯仲氏任、自彼殷商、來嫁于周、曰嬪于京、乃及王季、維德之行、大任有身、生此文王。維此文王、小心翼翼、昭事上帝、聿懷多福、厥德不回、以受方國。…有命自天、命此文王、于周于京、纘女維莘、長子維行、篤生武王、保右命爾、燮伐大商。…」。
(69) 大雅・文王之什・皇矣「皇矣上帝、臨下有赫、監觀四方、求民之莫、維此二國、其政不獲、維彼四國、爰究爰度、上帝耆之、憎其式廓、乃眷西顧、此維與宅。…帝省其山、柞棫斯拔、松柏斯兌、帝作邦作對、自大伯王季、維此王季、因心則友、則友其兄、則篤其慶、載錫之光、受祿無喪、奄有四方。維此王季、帝度其心、貊其德音、其德克明、克明克類、克長克君、王此大邦、克順克

比、比于文王、其德靡悔、既受帝祉、施于孫子。…」。
(70) 註(64)に引いた『詩經』周頌・清廟之什・天作篇は、大王（古公亶父）と文王を歌うが、王季の存在には言及していない。また魯僖公（在位659〜27年）治世に成立したと考えられる魯頌・閟宮「閟宮有恤、實實枚枚、赫赫姜嫄、其德不回、上帝是依、無災無害、彌月不遲、是生后稷、降之百福、黍稷重穋、植稚菽麥、奄有下國、俾民稼穡、有稷有黍、有稻有秬、奄有下土、纘禹之緒。后稷之孫、實維大王、居岐之陽、實始翦商、至于文武、纘大王之緒、致天之屆、于牧之野、無貳無虞、上帝臨女、敦商之旅、克咸厥功。…」には、姜嫄・后稷・大王（古公亶父）・文武（文王・武王）といった系譜が歌われるが、公劉・王季の名には言及しない、公劉・王季の存在が同姓諸侯の魯にとっては必ずしも必須ではなかったことを示しているといえよう。
(71) 註(70)に引いた『詩經』魯頌・閟宮には「至于文武、纘大王之緒」とあり、文王・武王が大王（古公亶父）の後繼者であるとの認識が示されている。『史記』周本紀が「けだし」という一語を冠しながらも、「王瑞自太王（古公亶父）興」と記すのは故無きことではない。
(72) 松井嘉德前掲書第Ⅲ部第二章「分節する氏族」。
(73) 宮之奇は、この言葉の前に「大伯・虞仲、大王之昭也、大伯不從、是以不嗣」と發言している。虢とともに晉に滅ぼされた虞が大王（古公亶父）の子である大伯・虞仲の末裔であると語っており、ここにも文王の「はじまりの時」を超えようとする言説があったことを窺わせる。虞の滅亡後、この說話が吳の始祖說話として再利用されていったであろうことについては、吉本道雅「吳系譜考」（『立命館文學』第563號、2000年。のち吉本道雅『中國先秦史の研究』京都大學學術出版會、2005年に再錄）を參照されたい。
(74) 『史記』周本紀に「五十一年、平王崩、太子洩父蚤死、立其子林、是爲桓王。桓王、平王孫也」とある。洩父にかかわる記錄はほかに存在しないが、『史記』の記述は何らかの系譜史料に基づくものであろう。

Memories of the Origin of the Western Zhou: Ancestors Described in Bronze Inscriptions and Poetry

The Laipan 逨盤, excavated on January 19, 2003, from a hoard at Yangjiacun 楊家村 (Meixian country, Shaanxi province 陝西省眉縣) describes the service of eight generations of the Shan 單 family, from Shan-gong 單公 to Lai 逨, to the Zhou kings, from King Wen 文王 and King Wu 武王 to King Xuan 宣王. The inscription is in the self-narrative-style, begining with the phrase, "Lai says 逨曰." Although the Zhou people saw King Wen and King Wu as reigning at the "beginning" of the dynasty, "former kings" and the ancestors of the subjects mentioned in the inscription are only mentioned collectively as unhistorical presences without specific names. In the late Western Zhou period, epic poetry appeared and inscriptions in the self-narrative style began to tell of the relations between the sovereign and his subjects using their names, and the statements regarding the past became historical accounts. The Lai pan, which concretely recounts sovereign-and-subject relations since the "beginning" of the Zhou dynasty, then appeared. When their subjects made the "beginning" of their family lineages coincide with the "beginning" of the Zhou dynasty, Zhou kings attempted to assert their legitimacy by recalling the past achievements of far earlier kings, Houji 后稷, Gongliu 公劉, and Gugong-Danfu 古公亶父. The epic poetry of earlier kings, locating Houji at the beginnings of the Zhou people, linking Gong-liu to memories of the land of Bin 豳, or associating Gugong-Danfu with the land of Zhouyuan 周原, were sung. In contrast, specific memories of Wangji 王季, father of King Wen, were not recalled. Wangji's only role was to link King Wen to Gugong-Danfu. This positioning is analogous to that of Xiefu 洩父, who tied King Huan 桓王 with King Ping 平王 of the Eastern Zhou dynasty. It is thought that the genealogy of King Ping — Xiefu — King Huan, which guaranteed the legitimacy of King Huan might reflect the genealogy of Gugong-Danfu — Wangji — King Wen. In using this account, the Guo 虢 clan, which held power during the reign of King Huan, sought the "beginning" of their family line with Wanji. By emphasizing the genealogy of Gugong-Danfu — Wanji — King Wen was "buried" in the genealogy, and the accounts that saw King Wen and King Wu at the "beginning" of the dynasty were forgotten.

(『史林』91 卷 1 號、2008 年 1 月)

WESTERN ZHOU HISTORY IN THE COLLECTIVE MEMORY OF THE PEOPLE OF THE WESTERN ZHOU: AN INTERPRETATION OF THE INSCRIPTION OF THE "LAI PAN"

Introduction
1 Two Royal Genealogies
2 The Genealogy of the Shan Family
3 King Kang, Alone respected
4 Memories of Zhou Kings
Conclusion

Introduction

On January 19, 2003, twenty-seven bronze pieces were excavated from a hoard at Yangjiacun (Meixian county, Baoji city, Shaanxi province).[1] All the bronzes, which include twelve *ding* 鼎, nine *li* 鬲, two *fanghu* 方壺 one *pan* 盤, one *he* 盉, one *yi* 匜, and one *yu* 盂 have inscriptions. Among them, the bronzes labeled "Forty-second-year Lai ding" 逨鼎 (of which there are two pieces), "Forty-third-year Lai ding" (ten pieces), and "Lai pan" 逨盤 (one piece) have inscriptions that are particularly long for inscriptions from the Western Zhou period and run respectively to 281, 316 and 372 characters in length. The inscription of the "Lai pan," containing 372 characters, is divided into two parts, the first part is narrated from Lai's point of view but employs the third-person voice, opening with the phrase, "Lai said." The second part records an appointment (*ceming* 册命) ceremony that opens, "The King said." The very exceptional first part records the service of generations of Lai's ancestors to successive Zhou Kings. The inscription mentions eleven former kings, King Wen 文王, King Wu 武王, King Cheng 成王, King Kang 康王, King Zhao 昭王, King Mu 穆王, King Gong 共王, King Yì 懿王, King Xiao 考(孝)王, King Yí 得王(夷王), King Li 剌王(厲王) and the current "Son of Heaven," whom Lai served, who was undoubtedly King Xuan 宣王. The dates on two of bronze *ding* excavated together with the "Lai pan," i.e. "the 42nd year, the 5th month, after the growing brightness, *yimao* (52nd) day" and "the 43rd year, the 6th month, after the growing brightness, *dinghai* (24th) day" do not contradict the record of King Xuan's reign having lasted 46 years as found in written sources.[2]

This indicates that counting from King Wen, thirteen kings succeeded to the throne in the Western Zhou period before King You's demise in 771 B.C. The *Shiji* records the disputes over the royal succession in this period, stating that after the death of King Yì (the 8th king), King Xiao (the younger brother of King Yì's father, King Gong) succeeded, and after King Xiao's death, King Yí (who had been crown prince under King Yì) succeeded to the throne.[3] According to these accounts, there were twelve generations from King Wen to King You. Among these twelve generations and thirteen kings, the inscription of the "Lai pan" mentions twelve kings including King Xuan, the current "Son of Heaven." King You alone cannot be directly identified from the bronze inscriptions. Unfortunately, there is no information showing the family relationships of the kings to one another such as the use of the terms "*fu*" (father), "*zu*" (grandfather), and "*xiong*" (elder brother) seen in the oracle bones that reveal the family relationships of the Shang kings, however, excavation of the "Lai pan" with its inscription recording twelve Zhou kings and their successive reigns makes the royal genealogy of the Western Zhou dynasty nearly certain. Wang Guowei once proposed using the "double-evidence method" of relying on both "written materials" and "excavated materials" and demonstrated the high reliability of oracle bones and bamboo-wooden strips as evidence.[4] Now, with the excavation of the inscriptions on the "Lai pan," it has finally become possible to test the genealogy of the Western Zhou dynasty by this method. If this method potentially has the "ability to correct written materials" on the basis of newly excavated materials as Wang claimed,[5] what kind of correction can the newly excavated inscription of the "Lai pan" add to the written record of the Western Zhou?

1 Two Royal Genealogies

In December, 1976, about a quarter century before the excavation of the "Lai pan," another "royal genealogy" was excavated from "hoard 1" at Zhuangbai (Fufeng county, Shaanxi province). The genealogy is the inscription of the "Shi Qiang pan" 史牆盤 (10175·II),[6] one of the so-called Wei 微 family bronze assemblages, which contained 103 pieces in total, 74 of which had inscriptions. The inscription cast onto the face of the *pan*, made of 284 characters, is divided into two parts separated by a blank strip; the first part is devoted to the achievements of successive Zhou kings, and the second (strictly speaking, from the 3rd character of the last line of the first part) to a description of the Wei family. The first part reads as follows:

> Accordant with antiquity was King Wen! (He) first brought harmony to government. The Lord on High sent down fine virtue and great security. Extending to the high and low, he joined the ten thousand states. Capturing and controlling was King Wu! (He) proceeded and campaigned through the four quarters, piercing Yin and governing its people. Eternally fearless of the Di (Distant Ones), oh, he attacked the Yi minions. Model and sagely was King Cheng! To the left and right (he) cast and gathered his net and line, therewith opening and integrating the Zhou state. Deep and wise was King Kang! (He) divided command and pacified the borders. Vast and substantial was King Zhao! (He) broadly tamed Chujing; it was to connect the southern route. Reverent and

illustrious was King Mu! (He) patterned (himself) on and followed the great counsels. Continuing and tranquil is the Son of Heaven! The Son of Heaven strives to carry on the long valor of (kings) Wen and Wu. The Son of Heaven is diligent and without flaw, faithfully making offerings to (the spirits) above and below, and reverently glorifying the great plan(s), heavenly, radiantly and incorruptibly. The Lord on High is sacrificed and actually gives to the Son of Heaven an extensive mandate, thick blessings, and abundant harvests. Among the borderland (peoples) and the man-savages, there are none who do not hasten to appear (at court).

In this way, it records a royal genealogy including seven kings in total, that is, King Wen, King Wu, King Cheng, King Kang, King Zhao, King Mu, and the "Son of Heaven," whom Shi Qiang, the donor, served.

The second part of this inscription, mentioning the ancestors of the donor (Shi Qiang) parallels the first section, recording the achievements of six generations of the Wei family, which are characterized by two-character modifiers, just as were the kings, i.e., Wen was "the accordant with antiquity King Wen" 曰古文王 and Wu "the capturing and controlling King Wu" 䎽圉武王, so we see Gaozu called the "pure and retiring Gaozu (the High Ancestor)" 靜幽高祖, and likewise "the Wei scribe Liezu" 微史剌祖, "the happy and helpful Yizu (Ancestor Yi)" 勇惠乙祖, "the clear-eyed and bright Grandfather Xin of the branch lineage" 粦明亞祖祖辛, "the extending and even Wenkao Yigong (my cultured deceased-father, Duke Yi)" 舒遲文考乙公, and "the filial and convivial Shi Qiang (the Scribe Qiang)" 孝友史牆. However, the direct relationship between the successive generations of Wei ancestors and corresponding Zhou kings is scarcely mentioned, except in the following one sentence: "When King Wu had already defeated Yin, the Wei scribe Liezu then came to present himself (in audience) to King Wu. King Wu then commanded the Duke of Zhou to establish (his) residence, let (him) reside," which simply makes clear that "the Wei scribe Liezu" had been a loyal follower of the Zhou during King Wu's conquest of Yin.

On the other hand, the first part of the inscription of the "Lai pan" that mentions the twelve successive reigns of the Western Zhou kings is at pains to describe relations between Lai's ancestors and successive Zhou kings. It reads as follows:

Lai said, illustrious my Huanggaozu (August High Ancestor) Shangong was valiantly willing to make clear and wise his virtue, and supported and assisted King Wen and King Wu. [They] attacked Yin, received the generous mandate, extensively possessed the four quarters. Both settled in the territory for which they had toiled, and thereby were counterparts of the Lord on High. Then, my Huanggaozu Gongshu was willing to assist(?) King Cheng. [He] completely received a great mandate, stayed clear of those everywhere who did not enjoy [Zhou rule], thereby securing a domain in the four directions and the ten thousand states. Then, my Huanggaozu Xinshizhong was willing to make solitary and clear his mind, be gentle with the distant ones and handle the near ones, assisted (?) King Kang. [He] won over those who did not come to court. Then, my Huanggaozu Huizhong Lifu brought harmony to government, gained success for [his] plan, and thereby assisted King Zhao and King Mu. [They] extended [Zhou] rule to the four quarters, assaulting and attacking Chujing. Then, my Huanggaozu Lingbo made intelligent his mind, did not lose X domain, thereby served King Gong and King Yì. Then, my Huangyazu (Subordinate Ancestor) Yizhong was great as possible, willing to assist and protect his lords King Xiao and King Yí. [They] gained success for the Zhou state. Then, dignified and orderly was my Huangkao (August Deceased Father) Gongshu, harmoniously sincere to government, made clear and luxuriant his mind, assisted King Li. Lai [I] firstly continue my Huangkao's duty, morning and night ferociously, take care of my duty to [my] death. Thereby, the Son of Heaven bestowed much grace on Lai [me]. Son of Heaven! Ten thousand years without limit, until with gray hair and wrinkled face, maintain and secure the Zhou state, admonish and govern the four quarters.

This records that seven generations of the family, beginning with Huanggaozu Shangong 皇高祖單公, and followed in order by Huanggaozu Gongshu 皇高祖公叔, Huanggaozu Xinshizhong 皇高祖新室仲, Huanggaozu Huizhong Lifu 皇高祖惠仲盠父, Huanggaozu Lingbo 皇高祖零伯, Huangyazu Yizhong 皇亞祖懿仲, and Huangkao Gongshu 皇考共叔 who served and brought about various achievements for both kings Wen and Wu, King Cheng, King Kang, kings Zhao and Mu, kings Gong and Yì, kings Xiao and Yí, and finally King Li. Lai, the donor, who followed in the footsteps of his "August High Ancestors" succeeded them in their official capacities and enjoyed a bestowal from the "Son of Heaven" (King Xuan). In contrast to the inscription of the "Shi Qiang pan," whose two separate parts had described the achievements of successive Zhou kings and those of the donor's own ancestors separately, the inscription of the "Lai pan" displays no intention of distinguishing the two. On the contrary, it gives an impression of a desire to utilize the Zhou kings to underscore the achievements of Lai's own ancestors.[7] The intention is to highlight each ancestors' achievements in terms of their relationships with successive Zhou kings, but as a result it also tells us of the royal genealogy of the Western Zhou dynasty.

Table 1 illustrates the relation of successive Zhou kings and the two family lines.[8] Compared with the inscription of the "Shi Qiang pan," which describes achievements of successive Zhou kings one by one, the immediately obvious special characteristic of the inscription on the "Lai pan" is that eight kings are combined into four pairs, i.e., King Wen and King Wu, King Zhao and King Mu, King Gong and King Yì, and King Xiao and King Yí, and the pairs are coupled with four generations of Lai's ancestors, Huanggaozu Shangong, Huanggaozu Huizhong Lifu, Huanggaozu Lingbo, and Huangyazu Yizhong. Considering that the characteristic of the inscription of the "Lai pan" was to highlight the family's achievements in relationship to successive Zhou kings, the link between Lai's ancestors and successive Zhou kings was likely a rhetorical devise, and if this is the case, we must ask, why were these four pairs of eight kings selected, and why then do King Cheng, King Kang, and King Li appear alone?

Table 1: The relationships of Zhou kings and the two family lines

The "Shi Qiang pan"	Zhou King	The "Lai pan"
Gaozu 高祖		
	King Wen	Huanggaozu Shangong 皇高祖單公
Liezu 剌祖	King Wu	
Yizu 乙祖	King Cheng	Huanggaozu Gongshu 皇高祖公叔
	King Kang	Huanggaozu Xinshizhong 皇高祖新室仲
Yazu Zuxin 亞祖祖辛	King Zhao	Huanggaozu Huizhong Lifu 皇高祖惠仲盠父
Wenkao Yigong 文考乙公	King Mu	
Shi Qiang 史牆	King Gong	Huanggaozu Lingbo 皇高祖零伯
	King Yì	
	King Xiao	Huangyazu Yizhong 皇亞祖懿仲
	King Yí	
	King Li	Huangkao Gongshu 皇考共叔
	King Xuan	Lai 逨

King Wen and King Wu, whom the "Lai pan" inscription combines into a single pair, were both engaged in the establishment of the dynasty, however, their achievements should be fundamentally distinguished. This is seen in royal edicts of the inscriptions of the "He zun" 冏尊 (6014·IA) (with a date of the 5th year of King Cheng's reign), which reads:

> The king announced zongxiaozi 宗小子 in the Jingshi 京室,…Therefore, King Wen received this great mandate. Thereby, King Wu had already overcome Dayi (grand city) Shang 大邑商, then announced in the court: "Therefore I have settled in this Zhongguo 中國 (central region), will rule populations from here."

and the "Da Yu ding" 大盂鼎 (2837·IB) (dated to King Kang's reign), which reads:

> The king said as follows, "Illustrious King Wen received the mandate the High possessed. As for King Wu, [he] succeeded the state [King] Wen established, opened up its secluded areas, extensively possessed the four quarters, and reformed its populations."

King Wen was the king who received the mandate, and King Wu was the king who conquered the "Dayi Shang" and "extensively possessed the four quarters." The achievements of these two kings are strictly distinguished. The royal genealogy recorded on the inscription of the "Shi Qiang pan," edited during King Gong's reign in the Middle Western Zhou, also basically re-traced the traditional discourse found in the inscriptions of the "He zun" and "Da Yu ding." It reads as follows:

> Accordant with antiquity was King Wen! (He) first brought harmony to government. The Lord on High sent down fine virtue and great security. Extending it to the high and low, he joined the ten thousand states.
> Capturing and controlling was King Wu! (He) proceeded and campaigned through the four quarters, penetrated Yin allowed eminent people to be eternally fearless, kept Lu and Wei away, and attacked the Yi minions.

However, the inscription of the "Shi Qiang pan" describes the "Son of Heaven," i.e. King Gong, in the following manner:

> The Son of Heaven strives to carry on the long valor of (kings) Wen [and] Wu. The Son of Heaven is diligent and without flaw.

This discourse that combined King Wen and King Wu into a single unit "Wen [and] Wu" also existed elsewhere at this time. A similar style of discourse is preserved in the *Luogao,* which is classified as one of the oldest chapters of the *Shangshu*.[9] The following examples are illustrative. "I, notwithstanding my youth, may display a brilliant merit like that of Wen [and] Wu," and "you fail in nothing of the earnest lessons of Wen and Wu," and "greatly preserving the people whom Wen and Wu received," and "then the Duke of Zhou greatly sustained the decree which Wen and Wu had received."

Among bronze inscriptions, we can find similar examples going back to the Middle Western Zhou, such as those on the "Xun gui" 詢簋 (4321·IIB), "The King said as follows, 'Xun! Illustrious Wen [and] Wu received the mandate,'" the "Shi Xun gui" 師詢簋 (4342), "The King said as follows, 'Shi Xun! Illustrious Wen [and] Wu confidently received the mandate, greatly had piety for the Yin people,'" and the "Kuaibo gui" 乖伯簋 (4331), "The King said as follows, 'Kuaibo! Illustrious my ancestors Wen [and] Wu received the great mandate.'"

In these bronze inscriptions, discourse designed to distinguish the achievements of King Wen and King Wu has gradually retreated into the background, and instead a discourse that combines the two kings as "Wen Wu," a compound, has become the order of the day. The inscription of the "Third Xing zhong" 癲鐘 (251-56·III), ordered by Xing who was one generation later than Shi Qiang, reads as follows:

> Accordant with antiquity was King Wen! (He) first brought harmony to government. The Lord on High sent down fine virtue and great security. Extensively possessing the

four quarters, he joined the ten thousand states. When King Wu had already defeated Yin, the Wei scribe Liezu then came to present himself (in audience) to King Wu.

Although the content of the description is nearly identical to the inscription of the "Shi Qiang pan," the achievement "Extensively possessed the four quarters," which originally belonged in the description of King Wu, is now applied instead to King Wen. This indicates that the intent of distinguishing the achievements of King Wen and King Wu had become attenuated. The expression "the territory for which Wen [and] Wu had toiled" in the "Zongzhou zhong" 宗周鐘 (260·III), which was donated by King Li himself, is a rhetorical device that combines the two kings into the compound "Wen Wu," which served as the premise for the discourse on territorial rule.

The latter part of the inscription of the "Lai pan," recording the appointment ceremony of Lai, begins in the following manner.

> The King said as follows, 'Lai! Illustrious Wen [and] Wu received the great mandate and extensively possessed the four quarters, then, originally your old holy ancestors assisted the ancestral kings and achieved their duties by great commands.'

This demonstrates not only a historical recognition that King Wen and King Wu received the mandate and extensively possessed the four quarters, but also refers favorably to great assistance of the "Xiansheng Zukao" 先聖祖考 (old holy ancestors) of Lai. A nearly identical consciousness can be seen in the royal edicts recorded in the inscriptions of the "Forty-second-year Lai ding" and the "Forty-third-year Lai ding," where we see the following.

> Lai, illustrious Wen [and] Wu received the great mandate and extensively possessed the four quarters, then, originally your old holy ancestors assisted the ancestral kings, and achieved their duties by great commands, secured the Zhou state.

We find the almost same language in the contemporary inscription of the "Shi Ke xu" 師克盨 (4468), which reads as follows.

> The King said as follows, 'Shi Ke! Illustrious Wen [and] Wu received the great mandate and extensively possessed the four quarters, then, originally your old ancestors had titles in the Zhou state, guarded the kings' bodies and made themselves their nails and fangs.'

During the reign of King Xuan, the people of Zhou had already grown accustomed to the discourse that treated "Wen [and] Wu" as a unit, and which had become associated with the stock phrase "illustrious Wen [and] Wu received the great mandate, and extensively possessed the four quarters."[10]

The inscription of the "Lai pan" boasts of Huanggaozu Shangong's assistance to King Wen and King Wu when they "attacked Yin, received the generous mandate and extensively possessed the four quarters," which is based on the contemporary discourse combining King Wen and King Wu into a pair when narrating the establishment of the dynasty, and one should not assume that the writer intended to precisely record historical facts. Lai did not intend to record that his ancestor Huanggaozu Shangong actually served King Wen and King Wu, but simply attempted to fit the achievements of Huanggaozu Shangong into the shared discourse current at the time.

2 The Genealogy of the Shan family

The inscription of the "Lai pan" claims that the family's genealogy dated back to the reigns of King Wen and King Wu, however, the activities of the Shan family to which Lai belonged become clear only from the Middle Western Zhou at the earliest. The inscription of the "Third-year Qiuwei he" 裘衛盉 (9456·III), excavated from a hoard at Dongjiacun (Qishan county) in 1975, details the course of a land dispute between Jubo and Qiuwei and records Qiuwei's accusation. It reports the following.

> Qiuwei, then, in a formal statement, reported this to Boyifu, Rongbo, Dingbo, Jingbo, and Shanbo. Boyifu, Rongbo, Dingbo, Jingbo, and Shanbo, then, commanded the canyousi, Situ Wei Yi, Sima Shan Qi, and Sigong Yiren Fu to receive lands at Bin and Fu together.

Here, we find the name of Shanbo 單伯 as one of the ministers who received Qiuwei's appeal and rendered judgment.[11] Situ Shanbo 嗣徒單伯 is seen as a helper at the appointment ceremony recorded in the inscription of the "Yang gui" 揚簋(4292). The inscription reads as follows.

> The king was at the Zhou Kanggong. At dawn [the king] entered the dashi and assumed [his] position. Situ Shanbo entered and helped Yang. The king called out Neishi Shi Nian and let him command Yang with a document.

Although the relation of the Shanbo mentioned here and the Shanbo noted in the "Third-year Qiuwei he" is not clear, it is clear that he was a member of the Shan family from approximately the same period. Furthermore, Shanbo Haosheng 單伯昊生, the donor of the "Shanbo Haosheng zhong" 單伯昊生鐘 (82), the "Haosheng zhong" 昊生鐘 (105), and the "Shan Haosheng dou" 單昊生豆 (4672), and Shanbo Yuanfu 單伯原父, the donor of the "Shanbo Yuanfu li" 單伯原父鬲 (737), were also members of the Shan family. The expression "achieved one's duty by a grand command" *jueqin daming* 爵勤大命 is seen in the inscription of the "Shanbo Haosheng zhong," which reads, "Illustrious Huangzu and Liekao assisted ancestral kings, achieved their duties by grand command." The phrase, which is also seen in the inscriptions of the "Lai pan," the "Forty-second-year Lai ding," the "Forty-third-year Lai ding," and the "Maogong ding," was characteristic of the Late Western Zhou. The Shan family, who seem to have established their position in the Middle Western Zhou, seem to have maintained their power into the Late Western Zhou.

Meanwhile, from the hoard at Yangjiacun where the "Lai pan" was excavated, the "Shan Wufu fanghu" 單五父方壺, the "Shuwufu yi" 叔五父匜, and the "Shanshu li" 單叔鬲 were also excavated, the names of two of the donors of these items, Shan Wufu 單五父 and Shuwufu 叔五父 may be variants of the name Shanshu Wufu 單叔五父.[12] Shanshu Wufu (Shan Wufu, Shuwufu) is a figure who is distinguished from those in other branches of the Shan family by the seniority title "shu" 叔, and the Shanshu seen in the inscription of the "Shanshu li" is perhaps the same person. Although the relation between this Shanshu Wufu and the Lai cannot be clarified, if we judge the fact that these objects were excavated from the same hoard in a positive manner, it appears highly likely that Lai may have belonged to the Shanshu family. In any case, there were at least two branches of the Shan family in the Late Western Zhou, the Shanbo 單伯 and the Shanshu 單叔.[13]

If one refers to the corresponding relationships between Lai's ancestors and the Zhou kings in the inscription of the "Lai pan" (Table 1), one sees that it was only after Huangyazu Yizhong, two generations before Lai himself, or perhaps Huanggaozu Lingbo one generation earlier, that the activities of the Shan family became clear.[14] All that is known of the Shan family prior to this period is an inscription on the "fangding with nipple-nail pattern" (2270) from the Early Western Zhou, held in the National Gallery of Victoria (Melbourne, Australia), which reads, "Shu made (for) Shangong (this) treasured, sacrificial vessel." Since the excavation of the "Lai pan," this bronze inscribed with the name Shangong has begun to attract attention. Li Xueqin, who first introduced this bronze, concluded that the Shangong seen on this *fangding*, which is shaped like the "Zuoce Da fangding" 作冊大方鼎 (2758-61·IB), was Zhen, the youngest son of King Cheng, said to have been invested with Shan town.[15] However, the legend that the first ancestor of the Shan family was Zhen is thought to be groundless,[16] furthermore, the inscription of the "Lai pan" itself does not make the claim that the family originated from King Cheng. Meanwhile, others concluded Shu, the donor of this bronze, was Gongshu, the second generation Huanggaozu, who served King Cheng, and Shangong, the dedicatee, was Shangong, the first Huanggaozu, who served King Wen and King Wu.[17] However, these do not serve as counter evidence to Li's dating of this *fangding* to the reign of King Kang or King Zhao. In any case, this inscription cannot support the claim of the inscription of the "Lai pan" that Huanggaozu Shangong "served" King Wen and King Wu. Furthermore, some have attempted to identify Li 盠, the donor of the "Li quzun" 盠駒尊 (6011-12·II), the "fangzun" 方尊 (6013·IIB), and the "fangyi" 方彝 (9899-9900·II) with Huanggaozu Lifu seen in the "Lai pan," however, the grounds for linking the two are the shared character 盠 (*li*) in their names, the shared character 仲 (*zhong*) in the names of Wenkao (father) Dazhong 文考大仲, the dedicatee of the "Li quzun," and Huanggaozu Xinshizhong, who was one generation prior to that of Huanggaozu Huizhong

- 193 -

Lifu, and the proximity of the excavations, but none of these serves as decisive proof. It is likewise impossible to prove the existence of Huanggaozu Huizhong Lifu by the existence of the Li bronzes. All the conclusions about Huanggaozu Shangong or Huanggaozu Huizhong Lifu share the premise (wishful thinking) that the inscription of the "Lai pan" records historical facts, however, it must not be forgotten that this inscription was lodged in the "collective memory" that narrated the founding of the dynasty and that used the compound Wen [and] Wu when referring to the two kings.

Above all, among those recorded as the ancestors of Lai, i.e., Huanggaozu Shangong, Huanggaozu Gongshu, Huanggaozu Xinshizhong, Huanggaozu Huizhong Lifu, Huanggaozu Lingbo, Huangyazu Yizhong, and Huangkao Gongshu, the fact that five are labeled "Huanggaozu" is itself strange.[18] Although other bronze inscriptions also mentioned a Gaozu, such as the "Shi Qiang pan" and the "Second Xing zhong" 瘋鐘 (247-50·IIIA), which reads, "Xing said, 'Illustrious Gaozu, Yazu, and Wenkao were willing to make clear their minds, and aided Yin[?]'s dignity, and thereby served the ancestral kings,'" or the "Da gui" 大簋 (4125), which states "Da has made a sacrificial *gui*, and thereby sacrifices to Gaozu and Huangkao," and the "Chugong Ni zhong" 楚公逆鐘 (*JC*97) which notes, "Chugong Ni sacrifices to his Xian Gaozukao Furen Sifangshou," from the Late Western Zhou, and in addition, the "Shuyi zhong" 叔夷鐘 (275), from the Late Spring and Autumn period, states, "Yi is going to make Xianjiu and his Gaozu models," but none of these ever lists multiple Gaozu such as found in the inscription of the "Lai pan."[19] If one were to repeat names when listing ancestors, one could expect that Liezu and Yizu would be used, as seen in the inscription of the "Shi Qiang pan," or Wenzu, as seen in the inscriptions of the "First Xing zhong" and "Li fangyi." The preference for the title "Huanggaozu" in the inscription of the "Lai pan" was surely meant to underscore the achievements of the family line, and emphasis the supremacy of each ancestor.[20] However, the overuse of the title "Huanggaozu," on the contrary, reveals the artificiality of his genealogy.

During turbulence of the transition from the Western to the Eastern Zhou, the lineages of many powerful families were severed. However, the Shan family overcame these difficulties and succeeded in leaving records of their names in historical materials. Although the Shan family produced many powerful *qingshi* (dynastic minister) such as Shan Mugong, who assisted King Zhuo and King Qing, and contributed to the final victory in the rebellion of Prince Zhao (520-516 B.C.), which had split the dynasty into two, all that remains regarding their origin are the words of Shan Zhao (Shan Xianggong), "Now, although Zhao, [I], am talentless, [I belong to one of the] branches of the Zhou," which is seen in the "Zhouyu," part 2, of the *Guoyu*. As Wei Zhao commented, "'[one of] the branches of the Zhou' means being a royal relative," and there may have been a tradition that the Shan family belonged to one of the branches of the Zhou, however, we cannot confirm, in fact, the existence of any legend about the founder, except that of Zhen being King Cheng's youngest son, as mentioned above. The legend of the foundations of the Guo family, which likewise survived into the Eastern Zhou, traces their origins to Guozhong and Guoji, Wangji's sons, i.e. King Wen's brothers, as seen in the *Zuozhuan*, the 5th year of Duke Xi which reads, "Guozhong and Guoji were Wangji's sons and King Wen's ministers.

Their merits in the service of the royal house are preserved in the repository of covenants." When this is compared to the legend of the Shan family, the latter's unreliability cannot be denied. Above all, as mentioned above, there was no intention to show in the family's genealogy in the "Lai pan" that they were one of the branches of the Zhou, in this sense, the Shan family failed in forming a foundation legend.

Thus, one must ask, on the contrary, what was the intention of Lai in recording such a genealogy in the inscription? In the appointment ceremony recorded in the second half of the inscription of the "Lai pan," King Xuan issues a royal edict to Lai, asserting, "[I] command you to assist Rong Dui and together administer marshes and forests in the four directions, for the use of the palace." This command to assist Rong Dui and administer marshes (*yu* 虞) and forests (*lin* 林) in the four directions is similar to edicts that are recorded in the "Forty-third-year Lai ding," which reads, "I have already commanded you once to assist Rong Dui and together administer marshes and forests in the four directions, for the use of the palace," and the "Lai bianzhong" 逨 編鐘 (*JC*106-09),[21] also dedicated by Lai, which was excavated at Yangjiacun in 1985 and reads, "The son of Heaven remembers my ancestors' services, and bestows [on me] benevolently many commands, letting [me] together administer marshes and forests in the four directions." If the "marshes and forests in the four directions" were understood literally, it would refer to all marshes and forests within the dynastic domain, and must be understood as so much rhetoric,[22] however, it also demonstrates the great power of Lai in being able to elicit such an edict from King Xuan. Among the twenty-seven bronze pieces excavated from the hoard at Yangjiacun, fourteen pieces were certainly dedicated by Lai himself. The first of the two "Forty-second-year Lai ding" is 51cm high, and weighs 35.5kg, and the second is 57.8cm high, and weighs 46kg. Among the ten pieces of the "Forty-third-year Lai ding," the largest is 58cm high, and weighs 44.5kg. The "Lai he" is 48cm in height, boasting perhaps the maximum-scale of any *he* from the Western Zhou. Furthermore, the first of the bronze assemblages compares favorably to the "Zongzhou zhong," dedicated by King Li, which is 65.6cm in height and weighs 55.5kg, and the "Hu gui," (4317·IIA), which is 59cm in height, and weighs 60kg. It is perhaps the largest scale bronze assemblage that a vassal could have had made,[23] indicating the extent of Lai's great power.

Although it is not clear why Lai had such power, he must have been one of the most powerful supporters of King Xuan's reign.[24] Was it perhaps not the final task of Lai, who was able to have King Xuan command him to administer "marshes and forests in the four directions," and who arranged a series of gigantic bronze assemblages to show off his own power, to connect the origin of his own family line with King Wen and King Wu and link the Shan family to the glorious "memory" of dynastic foundation?[25] As a result of having linked the family genealogy, which could not actually be traced back to the founding of the dynasty and which was probably not very distinguished, to the dynastic genealogy and to the "memory" of King Wen and King Wu, it became necessary to "adjust" contradictions with the real genealogy. As King Wen and King Wu were already paired, Lai could adjust that contradiction by adapting the same discourse style of combining the later Zhou kings into pairs, and "reduce" the number of ancestors at the same time.

3 King Kang, Alone respected

The genealogy of the Lai family recorded in the inscription of the "Lai pan" must not be considered a record of historical facts, but seen instead as an "invented history," designed to underscore the achievements of the family, and created with Lai's power as the backdrop. The royal genealogy inserted into the inscription of the "Lai pan" was an important tool, providing a sense of reality to such an "invented history" and acting as a validating site in the "collective memory" of the dynastic foundation which was narrated in a discourse that combined King Wen and King Wu as a pair. Seeing the rhetorical strategy of combining King Wen and King Wu as a unit, Lai must have hit upon the idea of linking his ancestors with three pairs of six kings, i.e. King Zhao and King Mu, King Gong and King Yì, and King Xiao and King Yí. But if this were the case, one must ask how it is that three kings, Cheng, Kang, and Li, escaped from being combined into pairs and, on the contrary, appear alone? The cause needs explaining. King Li would have been paired with King Xuan, who was the current "Son of Heaven," when the inscription of the "Lai pan" was drafted, so King Li had to appear alone. Then, one problem remains, how to explain why King Cheng and King Kang were not combined as a pair.[26]

From the standpoint of the study of bronze inscriptions, King Kang presents a difficult problem. Many bronze inscriptions, recording appointment and other ceremonies, mentioned the king's location using a formula such as "the king was at X" or "The king arrived at X," for an example, the "Forty-second-year Lai ding" reads as follows.

> It was the 42nd year, fifth month, after the growing brightness, *yimao* (52nd) day; the king was at the Zhou Kangmugong. At dawn the king entered the Dashi and assumed his position. Sigong San helped Yu Lai to enter the gate, stood in the center of the court, and turned to the north. Yinshi presented the king a bestowal document. The king called out to Shi Huo to bestow Lai with a document. The king said as follows...

This records that the king (King Xuan) was at the "Zhou Kangmugong," early in the morning, he entered the "Dashi," but in the inscription of the "Forty-third-year Lai ding," this "Zhou Kangmugong" 周康穆宮 is called the "Zhou Kanggong Mugong" 周康宮穆宮. How are we to understand the relation between the various palaces (*gong*) of the Kanggong and King Kang himself? The problem of the "Kanggong" has troubled scholars for many years.

The Early Western Zhou "Ling fangzun" 令方尊 (6016·B) and "fangyi" 方彝 (991·IB) are the oldest bronzes that record the name of the Kanggong. The inscriptions read:

> It was in the 8th month, the *jiashen* (21st) day, the King commanded Mingbao, son of the Duke of Zhou, to rule the *sanshi* (three administrations) and the *sifang* (four

directions), entrusting [him] with the *qingshiliao*. On the *dinghai* (24th) day, [The king] commanded Ce to make an announcement in the palace of the Duke of Zhou. Gong commanded an announcement be made and the gathering of the *qingshiliao*. It was in the 10th month, *yueji*, the *guiwei* (20th) day, Minggong arrived at Chengzhou in the morning, and announced, "As to the order of *sanshi*, addressed together to *qingshiliao*, *zhuyin*, *lijun*, and *baigong*, and together with *zhuhou*; *hou*, *dian*, and *nan*, address the order of *sifang*." When it was over, [Minggong] ordered all [of] them. On the *jiashen* (21st) day, Minggong made a sacrifice at the Jinggong, and on the *yiyou* (22nd) day, made a sacrifice at the Kanggong. All was concluded, [Minggong] used sacrifice at the Wang [suo?]. Minggong came back from the Wang [gong?].

We see that on the *jiashen* (21st) day of the 8th month, the king of Zhou commanded Mingbao (Minggong), a son of the Duke of Zhou, to unify the *qingshiliao* 卿事寮 to rule the *sanshi* 三事 (royal administration) and the *sifang* 四方 (local rulers). Minggong received the command, then 60 days later, on the *guiwei* (20th) day of the 10th month, arrived at Chengzhou, transmitted commands for the *sanshi* and *sifang*, and on the next day, the *jiashen* (21st) day, made a sacrifice at the Jinggong, on the *yiyou* (22nd) day, and made a sacrifice at the Kanggong, then, also made a sacrifice to the Wang (Wangsuo?). This means there were at least two "gong," one called the "Jinggong" and the other "Kanggong." Tang Lan argued that the Jinggong was the ancestral mausoleum for Taiwang (Gugong Tanfu), Wangji, King Wen, King Wu, and King Cheng, and the Kanggong was the mausoleum for King Kang, thus, he dated the "Ling fangzun" and "Ling fangyi" to King Zhao's reign. Furthermore, Tang argued that the other Kanggong palaces seen in other bronze inscriptions, such as Kangzhaogong, Kangmugong, Kanggong Yídashi, and Kangligong are respectively the mausoleum of King Zhao, King Mu, King Yí, and King Li, and the ordering of the mausolea of successive Zhou kings following King Kang was premised on the existence of the Kanggong.[27]

Objecting to Tang's arguments, Guo Moruo and Chen Mengjia dated the "Ling fangzun" and "Ling fangyi" to King Cheng's reign. Guo pointed out that the names of the palaces were "isolated examples," that there was no evidence supporting Tang's interpretations, and that it was unclear why only the mausoleum of King Kang among successive kings of Western Zhou should be "respected alone." He also argued that the characters *jing* 京 and *kang* 康, as well as *zhao* 昭, *mu* 穆, and *li* 剌 were only "felicitous characters" used for names of mausolea.[28] Meanwhile, Chen argued that words such as *gong* 宮, *qin* 寢, *shi* 室, and *jia* 家 referred to residences of the living and must be distinguished from *miao* 廟, *zong* 宗, and *zongshi* 宗室 which were for the souls of ancestors, and denied Tang's theory that Kanggong was King Kang's mausoleum.[29]

Faced with these arguments, Tang published "The 'Kanggong' problem in dating Western Zhou bronzes" in 1962 in an attempt to make a counterargument.[30] In the first section, "The location of differences and the importance of the problem," he clarified the differences between his own arguments and those of Guo and Chen. Then, in the second part, "Why 'Kanggong' is King Kang's mausoleum," he reaffirmed his own arguments and concluded that the Kanggong seen in the inscriptions of the "Ling fangzun" and "Ling fangyi" was after all King Kang's mausoleum, that an examination of other bronze inscriptions mentioning the Kanggong supported the theory that Kanggong was King Kang's mausoleum, that this also could be proved by accounts in historical materials, that because of distinction between the *zhao* 昭 and *mu* 穆 under the Zhou *zongfa* 宗法 system, the Kanggong could be King Kang's mausoleum, that the Zhaogong and the Mugong were the mausolea of King Zhao and King Mu respectively. In the third section, "Regarding debate on 'the distinction between *gong* and *miao*'," he argued against Chen and concluded that "*gong*" was the general name for buildings that could include *miao*, *qin* and *dashi*, that the Kanggong could also have been called Kangmiao or Kangqin, and that it was possible that it had been built in King Kang's own lifetime. In the fourth section, "Problems of dating of certain Western Zhou bronzes," he tried to date the bronzes on the basis of accounts of the Kanggong. He argued that bronzes inscribed with the Kanggong could not be dated prior to King Kang, and bronzes inscribed with the names of the palaces of Kanggong, such as the Kangzhaogong, Kangmugong, Kanggong Yidashi, and Kangligong, could not either. He later assembled these arguments and published them in 1986.

Table 2: Palaces of the Kanggong and associated institutions

King's location	Bronzes with inscriptions	Hayashi's periodization	YZ and others
Kanggong 康宮	"Ling fangzun/fangyi" 令方尊/方彝	IB	6016E/9901E
Kanggong/Dashi 大室	*"Ji gui" 卲簋	IIB	4259M
Kanggong 康宮	"Kang ding" 康鼎	IIIA	2786M/L
Kanggong/Qiboshi 齊伯室	*"Wu gui" 敔簋		JC483M
Kanggong Dashi	"Junfu gui" 君夫簋		4178M
Kanggong	*"Wei gui" 衛簋	IIIA	4209-12M
Kanggong	*"Chu gui" 楚簋		4246-9L
Zhou Kanggong 周康宮/Dashi	*"Fushili gui" 輔師嫠簋	IIB	4286L
Zhou Kanggong/Dashi	"Xiu pan" 休盤	IIIA	10170M
Zhou Kanggong/Dash	"Yang gui" 揚簋	IIIA	4294-5L
Zhou Kanggong	*"Jia gui" 夾簋		Zhang Guangyu 2002L
Zhou Kanggong/Dashi	*"Shen gui" 申簋		4267M
Zhou Kanggong/Dashi	*"Shi Mou gui" 師穎簋		4312L
Zhou Kanggong Xingong 周康宮新宮/Dashi	"Wang gui" 望簋		4272M
Zhou Kangzhaogong 周康昭宮	"Song ding/gui/hu" 頌鼎/簋/	IIIB	2827-9/4332-9/

/Dashi	壺		9731-2L
Zhou Kangzhaogong/Dashi	*"Ma ding" 趠鼎		2815L
Zhou Kangmugong 周康穆宮	"Shanfu Ke xu" 善夫克盨	IIIB	4465L → King Xuan
Zhou Kangmugong/Dashi	"Yuan ding/pan" 袁鼎/盤		2819/10172L → King Xuan
Zhou Kangmugong/Dashi	*"Forty-second-year Lai ding" 逨鼎		→ King Xuan
Zhou Kanggong Mugong 周康宮穆宮/Zhou miao 周廟	*"Forty-third-year Lai ding" 逨鼎		→ King Xuan
Zhou Kanggong/Mudashi 周康宮・穆大室	"Yi gui" 伊簋	IIIB	4287L → King Xuan
Zhou Kanggong Yidashi 周康宮𢕋大室	"Gezong ding/gui" 鬲從鼎/簋	IIIB	2818/4278L
Zhou Kanggong Yigong 周康宮𢕋宮/Dashi	*"Ci ding" 此鼎/簋	IIIA	2821-3/4303-10L
Zhou Kanggong Yigong	*"Wuhu ding" 吳虎鼎		JC364L → King Xuan
Zhou Kangyigong 周康𢕋宮	*"Cheng zhong" 成鐘		Chen Peifen 2000 → King Li
Zhou Kangligong 周康剌宮	"Ke zhong" 克鐘/鎛	III	203-8/209L → King Xuan
Zhou Kangqin 周康寢	"Shi Ju fangyi" 師遽方彝	II	9897M
Kangmiao 康廟	"Nangong Liu ding" 南宮柳鼎	IIIA	2805L
Zhou/Kangmiao 周/康廟	"First-year Shi Dui gui" 元年師兌簋	IIIB	4274-5L
Kang 康	*"Yinghou Jiangong zhong" 應侯見工鐘	III	107-9ML

*indicates bronzes excavated after the publication of Tang Lan 1962.

The "Kanggong problem," which had begun with Tang's advocacy of the theory that Kanggong was King Kang's mausoleum, involved the arguments of Guo and Chen, and Tang's counterarguments, and later attracted supporting and opposing opinions, continues on today without resolution.[31] As shown in Table 2, during this period, bronze inscriptions mentioning palaces of Kanggong increased in number, the names of palaces such as Zhou Kanggong Mugong, Zhou Kangyigong, and Zhou Kanggong Yigong were newly identified, and the condition of "isolated examples," which Guo had indicated, being corrected, however, definitive source materials were still lacking,[32] when the inscription of the "Lai pan" appeared in 2003. As mentioned above, the inscription of the "Lai pan" recording the genealogy of the successive Zhou

- 199 -

kings was meant to highlight the achievements of Lai's family. Among the kings, the name of King Li, who was identified in 1997 in inscription of the "Wu Hu ding,"[(33)] was the second case of such an identification following the names of King Xiao and King Yí, who were first identified in the inscription of the "Lai pan." Furthermore, the character yi 㝨 of King Yí corresponds with the character in the Zhou Kangyigong, the Zhou Kanggong Yigong, and the Zhou Kanggong Yidashi, and the li 剌 of King Li corresponds with that of the Zhou Kangligong, and thus Tang's argument that the Kanggong Yidashi and the Kangligong were mausolea for King Yí and King Li respectively was provided definitive evidence. As the mausolea of King Yí and King Li have already been confirmed among the palaces of the Kanggong, the Kangzhaogong and the Kangmugong (Kanggong Mugong) should also be identified as the mausolea of King Zhao and King Mu respectively, and there is no need for the Kanggong, the basic term used in names of the various palaces of the Kanggong, to be interpreted as "felicitous characters," but should be understood as the mausoleum of King Kang, just as other palaces of the Kanggong were mausolea. This is not contradicted by Hayashi Minao's dating of the "Ling fangzun" and "Ling fangyi," the oldest bronzes on which the name of the Kanggong is inscribed, to Western Zhou IB, and the "Ling yi," dedicated by the same Ling, to IIA. Although buildings associated with King Gong, King Yì, and King Xiao are as yet unknown, the palaces of Kanggong must undoubtedly have been ordered under the presumption of the existence of the Kanggong as King Kang's mausoleum. The Kanggong or King Kang was certainly "respected alone."

Why then was the Kanggong or King Kang "respected alone?" This question once asked by Guo was answered by Tang in the following manner.

In the Early Western Zhou, King Wu, King Cheng, and King Kang appointed many state rulers. As seen in the *Zuozhuan*, the 26th year of Duke Zhao, which reads:

> Long ago, King Wu subdued Yin, King Cheng secured tranquility through the four quarters, and King Kang gave the people rest. They all invested their full brothers with the rule of states, which might serve as defenses and screens for Zhou.

Thus appointed, the full brothers of King Wu sacrificed to their father, King Wen, King Cheng's full brother sacrificed to King Wu, and King Kang's full brother sacrificed to King Cheng. King Wen, King Wu, and King Cheng were worshipped in the Jinggong, thus, the Jinggong became the common mausoleum of the kings of the Zhou dynasty and state rulers of the same Ji clan. However, after King Kang, when the distribution of territory was almost complete, state rulers could no longer be appointed. Consequently, mausolea after King Kang belonged only to the Zhou kings, and King Kang's "respected-alone" position appeared. King Kang is the last king who could appoint his full brothers as state rulers, and at the same time, he was the first king who could not appoint his son's generation. Tang tried to explain the "respected-alone" position of King Kang or the Kanggong by focusing on King Kang's unprecedented status in terms of appointments of state rulers. However, Tang considered King Kang to be the founder of the mausoleum for only the Zhou kings, explained the "respected-alone" status of the Kanggong on this basis, and was forced to assume that the Kanggong continued to be "respected alone" after the reign of King Zhao, a son of King Kang. Consequently, Tang's interest was concentrated in seeing the continuity of the Kanggong, and he was not able to distinguish the Kanggong in Chengzhou, seen in the inscription of the "Ling fangzun" and "Ling fangyi," and the Zhou Kanggong, seen in the inscriptions of the "Fushili gui" and elsewhere (see Table 2).

As seen in the inscription of "Yinghou Jiangong zhong" 應侯見工鐘 (107·III) that reads: "It was the regular[?] second month, the King came back from Chengzhou, Yinghou Jiangong escorted [him] to Zhou. On the *xinwei* (8th) day, the King arrived at Kang," Chengzhou and Zhou are mutually exclusive. Tang's arguments that did not distinguish the two cannot be maintained. Although several opinions have been proposed about the location of Zhou, I have previously argued that those who situate it in Qizhou around the Zhouyuan area are the most persuasive.[34] The existence of the "Kanggong in Zhou" can first be identified around period IIB of Hayashi's dating, and in almost the same period, the Zhou Chengdashi, the dashi of King Cheng, can be seen in the inscription of the "Wu fangyi" 吳方彝 (9898) and the Zhou Muwangdashi, the dashi of King Mu, can be seen in the inscription of the "Hu ding" 曶鼎 (2838). Although its location cannot be confirmed, the Chenggong which is thought to refer to the mausoleum of King Cheng can be seen in the "Hu hu" 曶壺 (9728). In fact, many bronze inscriptions mention Kanggong in Zhou, but that does not immediately signify the "respected-alone" status of the Kanggong. In fact, as Tang realized, it was only in the reigns of King Li and King Xuan, the period from IIIA to IIIB of Hayashi's dating, that all the palaces of the Kanggong, such as the Kangzhaogong and Kangmugong, appeared,[35] and thus it must also have been in the reigns of King Li and King Xuan that the Kanggong, which determined the order of these palaces, attained its "respected-alone" status. The Kanggong and King Kang did not occupy the "respected-alone" position throughout the period from start to finish and the "respected-alone" status was only confirmed during the reigns of King Li and King Xuan when they came to embody their position in the order of the Kanggong palaces.

Because of the close relationship of the standard bronzes of King Xuan's reign, such as the "Forty-second-year Lai ding" and the "Forty-third-year Lai ding," to King Mu's palaces and halls, such as the Zhou Kanggong Mugong (Zhou Kangmugong) and Zhou Kanggong Mudashi, I had once argued that the people of Zhou may have sought a basis for legitimacy during King Xuan's reign in King Mu's existence,[36] and that they had also recognized King Kang's "respected-alone" position in the Zhou Kanggong Mugong and the Zhou Kanggong Mudashi. The inscription of the "Lai pan" linking one of the author's own ancestors to King Kang, as a solitary king and not pairing him with King Cheng, undoubtedly reflects the Zhou people's recognition of King Kang's "respected-alone" position.

4 Memories of Zhou Kings

The inscription of the "Lai pan" was intended to underscore achievements of each of the author's ancestors in relation to successive Zhou kings. As for Huanggaozu Xinshizhong, who "served" King Kang, it provides the following account.

> Then, my Huanggaozu Xinshizhong was willing to make solitary and clear his mind, be gentle with the distant ones and handle the near ones, assisted(?) King Kang. [He] won over those who did not come to court.

This shows that the people of Zhou in King Xuan's reign remembered King Kang as a king who "won over those who did not come to court." The phrase "*buting*" 不廷 (those who did not come to court) refers to powers who did not come to offer tribute to the dynasty.[37] The term is seen in the inscriptions of the "5th year Hu zhong" 㝬鐘 (258), dedicated by King Li himself, and the "Maogong ding" 毛公鼎, thus its usage can be confirmed from the period after the reigns of King Li and King Xuan.[38] Many bronze inscriptions from the reigns of King Li and King Xuan describe expeditions to Xianyun and Huaiyi (Nanhuaiyi and Dongyi), the inscription of the "Yu ding" 禹鼎 (2833-4·IIIB) also recorded Ehou Yufang's rebellion, in which Nanhuaiyi and Dongyi were embroiled.[39] As is seen in the anguished inscription of the "Maogong ding," which reads: "Distressed are the four quarters! They are in great turmoil and not peaceful," it is easy to imagine that the dynasty faced the crisis of the collapse of ruling order at this time, and one therefore sees, in contrast, a rather strong intention to recover the dynastic ruling order, such as in the royal edict inscribed on the "Hu gui," dedicated by King Li himself, which reads "My mind extends to the four quarters," and the statements of intent to rule Nanhuaiyi inscribed on the "Xijia pan" 兮甲盤(10174·IIIB), reading, "The King commanded Jia, 'Administer the achievements accumulated in the four directions of Chengzhou, reach Nanhuaiyi. Huaiyi were once my people who contributed silk[?] and crops[?]. Do not let them dare not to contribute their silk, their accumulation, and their conscripts[?].'" Thus, King Kang was remembered as a king who once won over "those who did not come to court" and had never submitted to the dynasty.

All the accounts in the historical record agree that after King Wu's death, King Cheng and the Duke of Zhou suppressed the so called "Three Supervisor's Rebellion" and other rebellions that had broken out.[40] Bronze inscriptions such as the "Dabao gui" 大保簋 (4140·IA) state, "The king attacked Luzisheng," the "Xiaochen Shan zhi" 小臣單觶 (6512·IA), which reads, "The king's hou-X overcame Shang, is at the Cheng garrison," and the "Kanghou gui" 康侯簋 (4059.IA), which asserts, "The king attacked Shang city, gave Kanghou an order, let him found a town in Wei" also mention the suppression of the Three Supervisor's Rebellion and the foundation of the Wei state after that. As to Huanggaozu Gongshu who "served" King Cheng, the inscription of the "Lai pan" records as follows.

> Then, my Huanggaozu Gongshu was willing to assist(?) King Cheng. [He] completely received a great mandate, and everywhere stayed clear of those who did not enjoy [Zhou rule], thereby securing domain of the four directions and the ten thousand states.

The "*Buxiang*" 不享 (those who did not enjoy [Zhou rule]) here means those powers who did not come to offer tribute to the dynasty,[41] and this is probably based on the memory of the suppression of the Three Supervisor's Rebellion and other rebellions. Other military campaigns possibly belonging to King Cheng's reign are seen in the "Gangque zun" 剛劫尊 (5977·IA) and "Gangque you" 剛劫卣 (5383), which reads, "The king attacked Chu," the "Qin gui" 禽簋 (4041·IB), which read, "The king attacked Chuhou," the "Cheng fangding" 塑方鼎 (2739), which reads, "Then, the Duke of Zhou therewith attacked Dongyi, Fengbo, and Baogu, suppressed all [of them]," and the "Lü ding" 旅鼎 (9728), which reads, "It was the year Gongdabao came and attacked the rebellious Yi." As in the inscription of the "Yihou Ce gui" 宜侯夨簋 (4320·B), the objects of King Kang's inspection were divided into "the Shang domain" and "the Eastern domain," as seen in the inscription: "The King inspected the Shang domain conquered by King Wu and King Cheng and went out to inspect the Eastern domain," and thus these were still recognized as extension of King Wu's conquest of Yin. In the inscription on the "Shi Qiang pan" that records King Cheng's achievement as, "To the left and right (he) cast and gathered his net and line, therewith opening and integrating the Zhou state," and those of King Kang's as "(He) divided command and pacified the borders," the phrase *che Zhoubang* 徹周邦 (opening and integrating the Zhou state) and *yin yijiang* 尹億疆 (pacified the borders) are parallel, forming a couplet. Although the meaning of "To the left and right (he) cast and gathered his net and line" is not clear, the inscription of the "Shi Qiang pan" shows a recognition that King Cheng's achievements were limited mostly to "the Zhou state."[42] In contrast, King Kang's achievements were related to having "pacified the borders," indicating the further expansion of the domain."[43] We can see continuity with the phrase "[He] won over those who did not come to court" in the inscription of the "Lai pan."

It is on the bronze inscriptions dated to periods IB to IIB by Hayashi that are recorded full-scale military campaigns. The "Xiao Yu ding" 小盂鼎 (2839), and the "Da Yu ding" 大盂鼎 (IB) likewise dedicated by Yu, record that Yu, who after making an expedition to Guifang, presented prisoners, severed heads, and booty, described as "2 chieftains, 4,8X2 severed heads, 13,081 seized prisoners, XX seized horses, 30 seized chariots, 355 seized cattle, 38 sheep," and "one chieftain, 237 severed heads, XXX seized prisoners, 4 seized horses, 10X seized chariots." This inscription demonstrates that the largest-scale military campaign in the Western Zhou happened during this period.[44]

> It was the 5th month, the King was at Gan. On the *wushu* (35th) day, [the King] commanded Zuoce Zhe to bestow Xianghou with the land of Wang, to bestow him with gold, and to bestow him with slaves. [Zhe, I] extolled the King's beneficence. It was the 19th year of the king's reign, herewith [I] made [for] Fuyi a ritual [vessel], may [it]

be eternally treasured.

Zuoce Zhe 作冊折, the donor of the "Zhe zun" 折尊 (6002), the "gong" 觥 (9303·IB), and the "fangyi" 方彝 (9895·IB), whose inscriptions record that the King was at Gan[?] in the 19th year of his reign and bestowed on Xianghou the land of Wang, was Shi Qiang's Yazu Zuxin, who is seen in the inscription of the "Shi Qiang pan,"[45] and this cannot be dated back to King Cheng's reign. Considering the fact that Hayashi dated it to IB, it can probably be dated to King Kang's reign, and in regard to Gan, other bronze inscriptions record the inspection of Yibo,[46] and bestowal of a fief to Qian.[47] Many bronze inscriptions in King Kang's reign show the beginnings of full-scale military campaigns and the enlargement of the domain, marked by the seizure of a great number of prisoners, bestowal of fiefs, and transfer of Huhou Ce's fief to Yi, as recorded in the inscription of the "Yihou Ce gui," which reads, "The king [assumed] [his] position in the zongshe at Yi, facing north. The king commanding Huhou Ce, said, 'Ah! Become the hou of Yi'".[48] The inscription of the "Yihou Ce gui" records that King Kang inspected "the Shang domain conquered by King Wu and King Cheng" and "the Eastern domain," The inscription of the "Da Yu ding" reads:

> The king said, "Yu! Support and assist, for the rest of your life be in charge of arms. Diligently press for punishment and litigation, morning and night help me, the One Man, to make me the ruler of the four directions. For me, then, inspect the people whom the ancestral kings bestowed and the domain (they) bestowed."

This indicates that Yu was commanded to inspect "the people whom the ancestral kings bestowed and the domain (they) bestowed" in place of King Kang. The "four quarters" and "me, the One Man," i.e. "king's body," were linked through king's movement (inspection), the discourse of the dynastic order beginning from the "king's body" and stretching to the "four quarters" was starting to take form.[49]

The military campaigns that had become full-scale operations in the Hayashi's period IB were continued in the succeeding periods, IIA and IIB. Expeditions led personally by the Zhou king were frequently recorded, as seen in those concerning Dongyi, which is seen in the inscription of the "Hui ding" 𧧊鼎 (2740·IIA), which reads, "Then, the king attacked Dongyi," and Chujing, which is seen in the inscriptions of the "Ling gui," 令簋 (4300-4301·IIA) which reads, "Then, the king therewith attacked Chujing and was in Yan," the "Guobo gui" 過伯簋 (3907·IIA), which states, "Guobo attended the king in the attack against the rebellious Jing," and Yufang, which is seen in the inscription of the "Shi Qi ding" 師旂鼎 (2809·IIB), which reads, "Shi Qi's zhongpu did not attend the king's expedition to Yufang,"[50] Furthermore, it was known that figures such as Bomaofu, Bobifu, and Boyongfu (Shi Yongfu) were charged with leading military campaigns in this period.[51] And the inscriptions of the "Ban gui" 班簋 (4341·IIA), which reads, "The king commanded Maogong to command bangzhongjun, tuyu, and tie[?] ren and attack Yan[?] rong in the eastern domain. ...the 3rd year, [they] suppressed the eastern domain," and the

"Minggong zun" 明公尊(4029), which reads, "Then, the king commanded Minggong to dispatch sanzu and attack the eastern domain," record that military campaigns to the "Dongguo (eastern domain)" were carried out during this period.[52]

Following the record of King Kang's achievements, which are described as, "(He) divided command and pacified the borders," the inscription of the "Shi Qiang pan" records King Zhao's achievements in the following manner. "(He) broadly tamed Chujing; it was to connect the southern route." King Zhao's "connecting the southern route" undoubtedly corresponds to expeditions to Chujing personally led by the king that are also seen in the inscriptions of the "Ling gui" and "Guobo gui" quoted above. However, as bronze inscriptions which Hayashi dated to IIA also record expeditions to Dongyi or Dongguo led personally by the king, King Zhao's personal expeditions should not be limited to those to Chujing. The reason why the inscription of the "Shi Qiang pan" only mentions King Zhao's southern expedition could be that it was the most memorable of King Zhao's achievements, but it would have had an adverse effect of displacing memories of his other achievements. When King Zhao was mentioned, it was his southern expedition that promptly came to mind, and memory of it remained unshakeable thereafter and it was adopted in historical materials such as the *Zuozhuan*, 4th year of Duke Xi, "King Zhao made a southern expedition and never came back," and the *Zhushujinian*, which recounts, "In the 16th year of King Zhao of Zhou's reign, (the King) made an expedition to Chujing" (the *Chuxueji* vol. 7), and "In the 19th year of King Zhao of Zhou's reign, (the King) lost six troops on the bank of the Han river" (the *Chuxueji* vol. 7), and "In the last year of King Zhao of Zhou's reign, ...In the year, the King inspected the south and never came back" (the *Taipingyulan* vol. 874).

Memories of the military campaigns recorded in the bronze inscriptions that Hayashi dated to IIA to IIB, such as expeditions to Dongyi or Dongguo, and Bomaofu's "northern expedition," seen in the inscription of the "Lü xinghu," which reads, "Bomaofu made a northern expedition, then came back," could not be assigned to King Zhao, who was strongly linked to the southern expedition, and came to be linked increasingly to the familiarization of the kings before and after King Zhao. As regards King Mu, the inscription of the "Shi Qiang pan" describes only abstract achievements, i.e., "(He) patterned (himself) on and followed the great counsels," but the inscription of the "Lai pan" used a discourse that combines the two kings as a pair. It reads as follows.

> Then, my Huanggaozu Huizhong Lifu brought harmony to government, gained success for [his] plan, and thereby assisted King Zhao and King Mu. [They] extended [Zhou] rule to the four quarters, assaulted and attacked Chujing.

The intention is to link King Zhao and King Mu to "the four quarters" or "Chujing." Although this is an account based on the collective memory of King Zhao's southern expedition, it could also be understood as an attempt to recognize King Mu's relation to "the four quarters."[53]

The memory of King Mu (Mutianzi) came to be linked to "Manrong," and "those areas that did not come to court" as is seen in the inscription of the "Rongsheng zhong" (*JC*27-34), which reads as follows.

> Rongsheng said, "Gracious! My Huangzu Xiangong, valiantly and orderly, opened his bright mind, enlarged and practiced his plan. [He] could be worthy of Mutianzi's profound spirit, herewith founded on this outer land, followed and administrated Manrong, and henceforth suppressed those areas that did not come to court."(54)

As regards King Mu, the *Zuozhuan* records legends of "the meeting at Tushan" (the 4th year of Duke Zhao), "going around the world" (the 12th year of Duke Zhao), the *Zhushujinian* records legends of "the northern expedition" (in the comments of the *Shanhaijing*, the "Dahuangbeijing" and elsewhere), "the western expedition" (in the comments of the *Shanhaijing*, the "Xishanjing" and elsewhere), "the western expedition to Kunlunqiu" (in the commentary on the *Mutianzizhuan* and elsewhere), "the expedition to Chu" (in the *Yiwenleiju* vol. 9 and elsewhere) and "eastern, western, southern, and northern expedition" (in the *Kaiyuanzhanjing* vol. 4). Furthermore, the *Guoyu* and the *Mutianzizhuan* tell of King Mu's expedition to Quanrong. The wealth of legends about King Mu might originate from memories of his expeditions to "the four quarters," which the Zhou people linked to him, just as they linked the southern expedition to King Zhao.

The inscription of the "Lai pan" "recorded" achievements of King Wen and King Wu, King Cheng, King Kang, and King Zhao and King Mu in relation to Lai's own ancestors, however, as to his Huanggaozu Lingbo and Huangyazu Yizhong, it describes only the following:

> Then, my Huanggaozu Lingbo made intelligent his mind, did not lose X domain, and thereby served King Gong and King Yì. Then, my Huangyazu Yizhong was as great as possible, willing to assist and protect his lords King Xiao and King Yí, and gained success for the Zhou state.

The inscription mentions nothing of the achievements of other kings, i.e. King Gong and King Yì, King Xiao and King Yí, whom they served.(55) As previously indicated, appointment inscriptions suddenly increased after the period around King Gong's reign,(56) and the transition from the concept of "*shi*" 事, which was current in the Yin period, to that of "*si*" 嗣 which was unique to the Zhou, has been recognized.(57) The transition from what Kaizuka Shigeki has termed the "precious-shell bestowal style inscriptions" to "official-chariot-clothes appointment style inscriptions," also reflects the same situation,(58) which also amounted to a change from bestowals for military achievement to those of official appointments. The dynasty started to lose interest in expeditions abroad, and for the Zhou people in later times who sought to revive the ruling political order and to recognize the status of King Kang who won over "those who did not come to court" to be "respected alone," and it was also the beginning of the period without matters worthy of being committed to memory. Even if one were discount the use of discourse combining kings into pairs, the silence of the inscription of the "Lai pan" corresponds exactly to changes of the Western Zhou cultures that started around the time of King Gong's reign.

Silence of the inscription of the "Lai pan" also accords with the paucity in the collective memory about these kings. As the *Diwangshiji*, which was edited by Huangfu Bi during the Western Jin period and quoted in the *Taipingyulan*, vol 85, lamented, "During the four generations from King Gong to King Yí, Zhou's dating is not clear," it must be admitted that accounts about successive kings after King Gong in historical materials are lacking. The "Zhoubenji" of the *Shiji,* after recounting King Gong's execution of Duke Kang of Mi, quotes from the *Guoyu*, in regard to the next three kings, King Yì, King Xiao, and King Yí, but only records the confusion in the royal succession, and cannot describe anything of each king's achievement concretely. It barely manages to describe that "In King Yì's reign, the royal family thus became weak, and poets made satires." The "Zhouyu," part 1, of the *Guoyu*, from which the "Zhoubenji" quotes, inserts King Gong's execution of Duke Kang of Mi after King Mu's expedition to Quanrong, and then directly leaps to King Li's tyranny and his exile to Zhi, revealing the paucity of the collective memory of the four kings from King Mu to King Li.[59] The execution of Duke Kang of Mi, the sole event recorded, is also a completely isolated legend, if it were not for the inevitable linkage to King Gong, the *Guoyu* and the *Shiji* would have hardly have accounted for these four kings at all.[60]

The descriptions in the *Zuozhuan* and the *Zhushujinian* are almost identical. The *Zuozhuan* has no account of King Gong, King Yì, or King Xiao at all, and in regard to King Yí, it only records Prince Zhao's statement; "By-and-by, King Yí suffered from an evil disease, and the state rulers all hurried to sacrifice to their hills and rivers, praying for the King's person." (the 26th year of Duke Zhao). The *Zhushujinian* has no accounts about King Gong, King Yì, and King Xiao, with the exception of an account about the eclipse in the first year of the reign of King Yì, and it was only when it came to King Yí did it finally record such incidents as, "in the 2nd year of King Yí's reign, an officer of Shu and one of Lü came and contributed jades," (in the *Taipingyulan*, vol. 85, etc.), "the 3rd year, the King summoned the state rulers, boiled Duke Ai of Qi in a *ding*" (in the *Taipingyulan* vol. 85, etc.), "King Yí hunted at Dulin and caught a rhinoceros" (in the *Taipingyulan* vol. 890), "King Yí's [political power] weakened, [tribes in] the Huangfu did not come to court, and then, [the King] commanded the Duke of Guo to command the six troops and attack Rong in Taiyuan" (in the commentary on the "Xiqiangzhuan" of the *Houhanshu*). The inscription of the "Fifth-year Shi Shi gui" 師㫃簋(4216-17IIIA) states, "The King said, 'Shi Shi! [I] command you to pursue [them] in Qi,'" and if this were from approximately this period, it suggests that Zhou kings' military campaigns were once again committed to memory from about the period of King Yí's reign. Although the inscription of the "Lai pan," which uses discourse that combines kings into pairs, maintains its silence, this still marks the start of the "period" of the inscription of the "Lai pan."[61]

Conclusion

King Kang, who was "respected alone" and exempt from being combined rhetorically with King Cheng during King Li and King Xuan's reigns, was unable to maintain his special position in the historical materials.[62] As the "Zhoubenji" of the *Shiji* generalized about the reigns of the two kings, King Cheng and King Kang, in the following manner, "During reigns of King Cheng and King Kang, all under Heaven was peaceful, punishments were stopped and not used for forty years," King Kang came before long to be paired with King Cheng, regarded as one of ideal kings of a peaceful period. As the same account is seen also in the *Zhushujinian* quoted in the *Taipingyulan* and elsewhere, the discourse combining King Cheng and King Kang as a pair, and regarding their reigns as peaceful, might already have become common in the Warring States period.[63]

The impetus for King Kang's "respected-alone" status being forgotten and the discourse combining King Cheng and King Kang as a pair was probably the transfer of the Zhou to the east. For the location of Chengzhou was strongly linked to the memory of King Cheng,[64] and palaces of Kanggong, which embodied King Kang's "respected-alone" status, were not located there. The "Haotianyouchengming" in the *Zhousong* 周頌 of the *Shijing*, notes:

> Heaven made its determinate appointment, which [our] two sovereigns recovered. King Cheng did not dare to rest, night and day enlarged its foundation by his deep and silent virtue.

This verse that mentions the two sovereigns i.e. King Wen and King Wu, and then mentions King Cheng[65] might share with the inscription of the "Lai pan" the consciousness that combined King Wen and King Wu as a pair and treated King Cheng and King Kang separately. However, seen in the same *Zhousong*, "Zhijing" are the following words.

> The arm of King Wu was full of strength; Irresistible was his ardor. Greatly illustrious were Cheng and Kang, enthroned by God. When we consider how Cheng and Kang grandly held all within the four quarters [of the kingdom].

As can been seen by the fact that the praise for the achievements of the two kings, King Cheng and King Kang, in verse followed that for King Wu,[66] the discourse combining King Cheng and King Kang as a pair had already been created by the period of the *Zhousong*. If we take the position that the lower limit of the three *song* 頌, is the period of Duke Xi of Lu (r. 659-627 B.C.) and Duke Xiang of Song (r. 650-637 B.C.),[67] the forgetting of King Kang's "respected-alone" status and the spread of the discourse combining the two kings, King Cheng and King Kang, as a pair might have started in the period not far removed from that of the inscription of the "Lai pan."

As noted above, Tang Lan explained King Kang's "respected-alone" status, quoting the *Zuozhuan*, the 26th year of Duke Zhao:

> Long ago, King Wu subdued Yin, King Cheng secured tranquility through the four quarters, and King Kang gave the people rest. They all invested their full brothers with the rule of states, which might serve as defenses and screens for Zhou.

The recognition that King Kang was the king who appointed his full brothers as state rulers is seen in the *Zuozhuan*, the 9th year of Duke Zhao, which reads, "Wen, Wu, Cheng, and Kang granted fiefs to their full brothers, that they might be fences and screens to Zhou." However, actually checking historical materials, we cannot find a single ruler of a state whose ancestor was a full brother of King Kang except for the Shan family in question. As seen in the *Zuozhuan*, the 24th year of Duke Xi, below, legends of appointments of state rulers were concentrated on the generations of the sons of King Wen, King Wu, and of the Duke of Zhou, and finally were related to King Cheng's reign.[68]

> Thus the Duke of Zhou, grieved by the want of harmony in the concluding times of the two previous dynasties, raised the relatives of the royal House to be the rulers of states, that they might act as fences and screens to Zhou. The rulers of Guan, Cai, Cheng, Huo, Lu, Wei, Mao, Dan, Gao, Yong, Cao, Teng, Bi, Yuan, Feng, and Xun were sons of King Wen, those of Yu, Jin, Ying, and Han were sons of King Wu, those of Fan, Jiang, Xing, Mao, Zuo, and Cai were sons of the Duke of Zhou.

Although King Kang had been seen as one of the kings who were appointed state rulers, concrete memories of this fact had been lost.

Military campaigns such as Yu's expedition and a series of activities recorded as having occurred in Gan(?) in the 19th year were also not recorded in historical materials. King Kang, who had once been lodged in the collective memory as a king who won over "those who did not come to court," was transformed into a king who "gave the people rest," and his military campaigns were severed from memory of him. For example, the *Zhushujinian* quoted in the commentary of the *Houhanshu* recorded that Wangji (Jili), King Wen's father, attacked "Xiluo Guirong" and seized their twenty kings in the 35th year of the reign of King Wuyi of Shang. As Wang Guowei said in his "Guifang Kunyi Xianyun kao" (in *Guantangjilin*), this Guirong might be Guifang, however, it is difficult to assume such a large scale expedition in Wangji's reign before the foundation of the Zhou.[69] The expedition to Guifang, that had been forgotten as an achievement in King Kang's reign, was probably reused as Wangji's achievement. Legends of King Mu's expedition to Quanrong might also be a variant on this original event.[70]

Actual accounts about King Kang in the "Zhoubenji" of the *Shiji*, that generalized the reigns of King Cheng and King Kang in one sentence that "all under Heaven is peaceful, punishments were stopped and not used for forty years," are only summaries from two chapters of the

Shangshu, the "Guming" and "Kangwangzhigao," which chiefly describe a series of ceremonies, and the "Shuxu" of the "Biming" chapter that records, "King Kang commanded Zuoce Bigong 作冊畢公 to divide communities, organize the suburbs of Zhou, and make the Biming."[71] In addition, the "Chushijia" simply records the single phrase, "[King] Kang held his audience in the Fenggong," which quoted the *Zuozhuan*, the 4th year of Duke Zhao, however, the Shiji almost completely erased King Kang's achievements from the collective memory. Afterward, King Kang might on occasion be disparaged,[72] but his "respected-alone" status was not remembered.

Notes

(1) Shaanxisheng Kaoguyanjiusuo, Baojishi Kaogugongzuodui, and Meixian Wenhuaguan 2003a; 2003b; Shaanxisheng Wenwuju and Zhonghua Shijitan Yishuguan 2003.

(2) The "Zhoubenji" of the *Shiji* states, "In the 46th year of his reign, King Xuan died." However, as many scholars have already pointed out, the two dates "the 42nd year, the 5th month, after the growing brightness, *yimao* (52nd) day" and "the 43rd year, the 6th month, after the growing brightness, *dinghai* (24th) day" cannot be reconciled with any reconstructed calendar.

(3) The "Zhoubenji" of the *Shiji* states, "King Yì died, and Bifang, King Gong's younger brother succeeded to the throne, he is King Xiao. King Xiao died, the state rulers recovered and enthroned Xie, King Yì's crown prince, he is King Yí."

(4) For Wang Guowei's "double-evidence method," see Inami 2000.

(5) Wang Guowei (1925) said, "I was born in the present age, in which I am fortunately able to acquire newly excavated materials in addition to written materials; with these types of materials, I can naturally correct written materials."

(6) Shaanxi Zhouyuan Kaogudui 1978; Yin Shengping 1992. Whenever a bronze piece is mentioned in this article, the registration number of *YZ* and the dating from the scheme of Hayashi 1984 are cited on the first appearance. When a bronze is not registered in *YZ*, I have supplied numbers and information from *JC* or elsewhere.

(7) For the differences in the concerns of the donors of the inscriptions of the "Shi Qiang pan" and the "Lai pan," see Ma Chengyuan *et.al.* 2003. Liu Junshe noted, "The inscription of the "Shi Qiang pan" emphasized the achievements of the Zhou kings, the inscription of the "Lai pan" emphasized the achievements of ancestors of the Shan family."

(8) Liu Shie also attempted to compare these two inscriptions; however, his views differ from those found in this article. For further reference, see Liu Shie 2004.

(9) The expression "Wen Wu" is also seen in other chapters of the *Shangshu*, such as the latter part of the "Guming" (the "Kangwangzhigao") and the "Wenhouzhiming." Concerning the fact that formation of the *ming* 命 was later than the *gao* 誥, see Matsumoto 1966, pp. 1-14.

(10) The same consciousness is shared by the "Maogong ding" 毛公鼎(2841·IIIB) which states, "The king said as follows, 'Fuyin! Illustrious Wen [and] Wu, the August High widely satisfied their virtues, made

us Zhou a counterpart [of him]. [They] received the great mandate, won over states which did not come to court, no one was not connected by the brilliant glory of Wen [and] Wu.'"

(11) Situ Shan Qi 嗣徒單旗, one of the canyousi 參有嗣, may also be a member of the Shan family.

(12) For further reference, see Matsui 2002, pp. 178-188.

(13) Ikezawa (2002: 43-128) concluded that in regard to titles such as Gaozu, Liezu, and Yazu, Gaozu referred to a founder of a "maximum lineage," Liezu a founder of a "major segment" or branch, that grew out of a maximum lineage, Yazu a founder of a minor segment, that grew out of a major segment. On the basis of his conclusion, the Shanshu family may have split from the Shanbo family in the generation of Lai's ancestor Huangyazu Yizhong.

(14) In addition, there are other bronzes related to the Shan family such as the "Shanzibo xu" 單子伯盨 (4424) and the "Shanzibo pan" 單子伯盤 (10070). Although *YZ* dates the xu to the Early Spring and Autumn period, and the pan to the Early Western Zhou (Zhongguo Shehui Kexueyuan 2001 changed the dating it to the Middle Western Zhou), but considering the existence of the Shan family in the Spring and Autumn period, it should probably not be dated that early. Furthermore, *YZ* registered the *you* excavated from Liulihe M251 (Fangshan, Beijing) as the "Shanzi you" 單子卣, however the character cannot be deciphered as "shan."

(15) Li Xueqin (1979) stated," The shape of the fangding held in the National Gallery of Victoria most closely resembles the fangding (126) seen in the *Shang Zhou Yiqi Tongkao*, and it also resembles some pieces of the "Zuoce Da fangding" 作册大方鼎 excavated at Mapo, Luoyang. A relatively shallow belly is their common characteristic. The "Zuoce Da fangding" is dated to King Kang or King Zhao's reign, thus, this "Shu fangding" must be dated to the same period. In this way, the Shangong seen in the inscription of the ding could be Zhen, the youngest son of King Cheng, the first Shangong."

(16) Chen Pan (1970: 20 Shan) states, "Some say, (the founder of the Shan family) is Zhen, the youngest son of King Cheng, however, their origin is not known. ...I think that ...the opinion, that (the founder of the Shan family) is Zhen, the youngest son of King Cheng, was already seen in the [*Yuanhe*] *Xingcuan*, ...If the Shan family was a branch of the Zhou, Shanzi would surely have mentioned it himself. The opinion, that (the founder of the Shan family) is Zhen, the youngest son of King Cheng, is to be doubted." The *Yuanhe Xingcuan*, shangpingsheng, 25 han states, "Shan; King Cheng of Zhou invested Zhen, his youngest son with Shan town, and made him a ruler of territory within the inner domain, thereby (Shan) became the name of the clan."

(17) Dong Shan 2003; Zhu Fenghan 2004 and others.

(18) Cao Wei (2003a; 2003b) and Zhu Fenghan (2004) deciphered the second-generation Huanggaozu Gongshu as Xiangaozu 先皇祖 Gongshu, however, the inscription should be deciphered as Huanggaozu Gongshu based on my observation of its rubbing and having viewed it in an exhibition.

(19) Although they are no examples of the use of Gaozu, the "Shuxiangfu Yu gui" 叔向父禹簋 (4242·IIIB), which reads, "(I, Yu,) make my Huangzu Youdashu's sacrificial *gui*" and the "Yu ding" 禹鼎 (2833-34·IIIB), which was ordered by the same donor and reads "Illustrious valiant Huangzu Mugong was willing to assist ancestral kings, secured the four quarters. Then, even Wugong does not forget my Shengzukao Youdashu and Yishu," use the same title, Huangzu, for two different ancestors. Nevertheless, the use of the same title for more than one ancestor was avoided as in the case of Youdashu who used

the title Huangzu in the inscription of the "Shuxiangfuyu gui," but used Shengzu in the inscription of the "Yu ding." Also as to the names of ancestors listed in the inscription of the "Shi Yu zhong" 師虘鐘 (Gao Xisheng 1994)," (I), Shi Yu, by myself, make my Huangzu Dagong, Yonggong, Xgong, Luzhong, Xbo, Xiaogong, and my Liekao's ...hezhong," it is not necessarily the case that the title "Huangzu" was applied to each ancestor.

(20) The character 皇 (*huang*) of Huanggaozu means supreme, as in 皇天 (huangtian), 皇上帝 (huangshangdi), and 皇帝 (huangdi), meaning the Lord on High, 皇王 (huangwang) referring to the Zhou king.

(21) Zhang Guangyu (2004) stated that another two bronzes were transmitted; however, I have not been able to confirm this.

(22) In the inscriptions of the "Forty-second-year Lai ding" and the "Forty-third-year Lai ding," Lai's name is written as Yu Lai.虞逨. Because Lai held the post of yu 虞, the official who administered mountains, forests, thickets, and marshes, his duty was to control the "marshes and forests" (yulin 虞林) "in the four directions" and he was so designated.

(23) As to other contemporary bronze assemblages, Ke 克, and Hanhuangfu 函皇父 and some others are known. Ke assemblages includes the "Da Ke ding" 大克鼎 (93.1cm, 201.5kg), the "Xiao Ke ding" 小克鼎 (the 1st piece; 56.5cm, 47.9kg. the 2nd piece; 34.2cm, the 3rd piece; 35.4cm, the fourth piece; 35.2cm, the fifth piece; unclear, the sixth piece; 29.5cm, the seventh piece; unclear), the "Shanfu Ke xu" 善夫克盨 (19.9 cm), "Ke zhong" 克鐘 (the 1st piece; 35.9cm, the 2nd piece; 54.5cm, the 3rd piece; 30.7cm, the 4th and 5th pieces; unclear), and the "Ke bo" 克鎛 (63.5cm, 38.3 kg).

(24) The "Forty-second-year Lai ding" records that Lai assisted Zhangfu, who was invested with Yang, to attack Xianyun. The record reads, "I first set up Zhangfu, made him *hou* 侯 (ruler) of Yang, and then I commanded you to secure Zhangfu. Graciously, you could secure his garrison, you, then, could model [yourself] after your ancestors, and [attacked?] Xianyun, made a sortie and defeated Li-X at Jing'a. You did not neglect a battle. You [assisted ?] Zhangfu to pursue Rong, then, caught up with them and exceedingly attacked them in Gonggu. You seized prisoners and severed heads, seized vessels and chariots-horses." In addition, Li Xueqin (2003) introduced descriptions of the investiture in Yang, such as that in the "Zaixiangshixibiao" chapter 1, part 2, of the *Xintangshu*, which states, "the Yang lineage originated from the Ji clan; Shangfu, a son of King Xuan, was invested in Yang," and the *Yuanhe Xingcuan*, Xiapingsheng 10 yang, which states, "Someone said, a great-grandson of King Xuan of Zhou was invested in Yang, and destroyed by Jin."

(25) Shirakawa (1981: 549-647) pointed out the creation of "the *Ya* and *Song* poems that were meant to verify the absolute power of the dynasty by King Wen and King Wu's receipt of the mandate" occurred in the Late Western Zhou.

(26) The *Guben Zhushujinian* records that there were 257 years from King Wu's conquest of Yin to King You's demise. Lai made a ding with the date 43rd year of King Xuan, so if Lai had died this year, King Xuan would have had 3 more years remaining in his reign, and King You's reign lasted 11 more years, until his demise. If the reign of King Wen, whom Lai claimed his Huanggaozu Shangong "served," was used to offset the three years of King Xuan's and eleven years of King You's reign, the average number of years per generation of Lai's family would be about 32 years. If another of Lai's ancestors were

"saved" by combining King Cheng and King Kang into a pair, the average number of years per generation would be about 37 years, a rather large but not impossible figure, see Yoshimoto 2000.

(27) Tang Lan 1934. Wang Guowei also pointed out that the Kanggong was King Kang's mausoleum. See "Mingtang Miaoqin Tongkao" in Wang Guowei 1921.

(28) Guo 1957; the Ling yi.

(29) Chen Mengjia 1957; (2) "19 Ling fangyi." But, one of the grounds for his argument, "Western Zhou bronze inscriptions had a principle, that is, an idiomatic expression 'the king was at X' was used only for 'the king was at some area' or 'the king was at some *gong* or some *qin*' ...and never been used for 'the king was at some miao' was revised in the 2004 edition, with "Western Zhou bronze inscriptions had a principle, ...the inscription of the "Nangong Liu ding" has 'the king was at the Kangmiao,' but this does not mean the king resided at the Kangmiao, but that the king appointed [someone] at the Kangmiao."

(30) Tang Lan 1962. The author also mentioned the "Kanggong problem" in Tang Lan 1980: part 2.

(31) Liu Zheng 2004 introduced the theories about the "Kanggong problem." Du Yong and Shen Changyun 2002 also had a chapter about this problem.

(32) For example, as Liu Zheng (2004) said, "Many scholars interpreted 'Yigong' 羿宮 as 夷宮, this hypothesis can be made, but there is no convincing evidence to prove it" and thus there is no definitive evidence to settle the "Kanggong problem."

(33) Matsui 2004.

(34) See Matsui 2002: 55-88.

(35) Yoshimoto (2004) pointed out that the Kangyigong (Kanggong Yigong) and the Kangmugong or the Yidashi and the Mudashi of the Kanggong appeared in King Li's reign, and the Kangligong and the Kangzhaogong appeared in King Xuan's reign.

(36) Matsui 2004.

(37) It was written as *buding* 不庭 in historical materials such as the *Zuozhuan*, the 10th year of Duke Yin: "With the king's command he was punishing *buding*."

(38) Lexical items such as "*buding*" or "*budingfang*" are also seen in the inscriptions of the "Cheng xu" 埶盨(4469), the "Rongsheng zhong" 戎生鐘 (*JC*27-34), the "Qingong gui" 秦公簋(4315·Spring and Autumn IIB), and the "Qingong zhong" 秦公鐘(270).

(39) Matsui 2004.

(40) The "Zhoubenji" of the *Shiji*, according to chapters of the *Shangshu*, recounts, "King Cheng was too young. Zhou first subjugated all under Heaven. The Duke of Zhou was afraid of the state rulers' rebellion against Zhou. The Duke, then, conducted government affairs and ruled the [Zhou] state. Guanshu and Caishu, the younger brothers [of the Duke] doubted [the Duke's usurpation], and with Wugeng Lufu, rebelled against Zhou. The Duke of Zhou, with a royal edict, attacked and executed Wugeng and Guanshu, exiled Caishu, and as a replacement [for Wugeng], appointed Weizi Kai a successor of Yin, letting him found a state in Song. [The Duke] vastly requisitioned the surviving Yin people, herewith appointed King Wu's youngest brother a ruler of the Wei state, he was Wei Kangshu. ...First, Guan and Cai rebelled against Zhou, and the Duke of Zhou attacked, subjugating them entirely in three years, so he first made the *Dagao*, next made the *Weizizhiming*, then made the *Guihe*, next made the *Jiahe*, then made the *Kanggao*, *Jiugao*, and *Zicai*. ...the Duke of Shao became *bao*, the Duke of Zhou became *shi*, and they

attacked Huaiyi to the east, destroyed Yan, and moved its ruler to Bogu. King Cheng returned from Yan to Zongzhou, where he made the *Duofang*."

(41) "*Bulaixiang*" 不來享 corresponds to the phrase in the *Shangsong*, "Yinwu" of the *Shijing*, "Formerly, in the time of Cheng Tang, Even from the Di and Qiang, They dared not but come with their offerings; [Their chiefs] dared not but come to seek acknowledgement; Such is the regular rule of Shang.".

(42) As is indicated in the inscription of the "Da Yu ding," "On King Wu, [he] inherited the state [King] Wen established," "Zhoubang" (the Zhou state) refers to the Zhou dynasty itself as related to King Wen. The "four quarters" consists of the "wanbang" (ten thousand of states) of which "Zhoubang" was one.

(43) Shirakawa (1979: 15) interpreted the character "*jiang*" 疆 of "*yijiang*" 億疆 in the "Shi Qiang pan" as "*jiang*" 繮 of "*jiangsuo*" 繮索 (official discipline). However, all of the examples of the character "*jiang*" 疆 seen in bronze inscriptions mean only land boundaries, except in prayers such as "*wannian wujiang*" 萬年無疆 (ten thousand years without limit).

(44) For a list of the booty seen in bronze inscriptions, see Matsui 2002: 33-41.

(45) Yin Shengping 1992.

(46) "Zuoce Huan zun" 作册睘尊(5989·IB) and "you" 卣 (5407·IB) "It was the 19th year, the king was at Gan, and Wangjiang commanded Zuoce Huan to inspect Yibo."

(47) "Qian zun" 趞尊 (5992·IB) and "you" 卣(5402·IB) "It was the 13th month, *xinmao* (28th) day, the king was at Gan, and bestowed a fief on Qian."

(48) The inscription of the "Da Yu ding" records the bestowal of populations and serfs as follows: "[The king] bestowed 659 *renli*, from *yu* to *sheren*. [He] bestowed 13 *yisi wangchen* and 1050 *renli*." As the inscription of the "Yihou Ce gui" records a similar bestowal; "[The king] bestowed X7 *xing* of *wangren* located in Yi. [He] bestowed 7 *bo* in Zheng and their X50 *li* . [He] bestowed 6X6 *sheren* in Yi," large numbers of people and serfs were bestowed during this period.

(49) For the dynastic order, see Matsui 2002: 25-54.

(50) For a list of Zhou kings' personal campaigns, see Matsui 2002: 33-41.

(51) Bronze inscriptions mentioning military campaigns related to each person are as follows. Bomaofu: "Xiaochen Su [?] gui" 小臣諫簋 (4338-39·IIA) "Dongyi widely rebelled, and Bomaofu commanded Yinbashi to attack Dongyi;" the "Lü xinghu" (9689), "Bomaofu made an expedition to the north, then, came back." Bobifu: the "Jing you" 競卣 (5425・IIB),"Then, Bobifu commanded the Chengshi to be assigned to duty in the east, and stationed in the Nanyi." Boyongfu (Shi Yongfu): "Yu yan" 禹甗 (948·II), "Shi Yongfu was stationed in the Gushi," the "Yu ding" 禹鼎 (2721·IIB), "Shi Yongfu inspected the route, and reached Fu," the "Lu gui" 彔簋 (4122·IIB), "Boyongfu came from Fu," the "Si[?] you" 穧卣 (5411), "Si attended Shi Yongfu and was stationed at the Gushi," "Luzhong you" 彔䧟卣 (5419-20·IIB), "The king commanded Zhong, 'Ah! Huaiyi dared to attack the inner domain. Let you command the Chengzhou shishi to be stationed in the Gushi.' And Boyongfu commended Lu's achievement," the "Jian[?] zun" 臤尊 (6008), "It was the year when Jian attended Shi Yongfu to be stationed in the Gushi." For further reference, see Shirakawa 1977. By the way, Shirakawa clung to the opinion that the "Zongzhou zhong" was dedicated by King Zhao himself, however, it should be understood as having been dedicated by King Li.

(52) Minggong, the donor of the "Minggong zun," might be the same person as "Mingbao, son of the

Duke of Zhou/ Minggong" who is seen in the inscriptions of the "Ling fangzun/ fangyi."

(53) As to achievements of King Wen and King Wu, the inscription of the "Lai pan" records, "[they] attacked Yin, received the generous mandate, extensively possessed the four quarters." This is a combination of King Wen's achievement of "receiving a generous mandate" and King Wu's of "attacking Yin" and "extensively possessed the four quarters."

(54) Li Xueqin 1999.

(55) The expression "you cheng yu Zhoubang" 有成于周邦 (gained success for the Zhou state) resembles expressions such as "you chengshi" 有成事, or "you jue yu Zhoubang" 有爵于周邦, referring to the achievements of vassals.

(56) Kominami 2005 recently pointed out this fact.

(57) For further reference, see Matsui 2002: 122-160.

(58) Kaizuka 1946.

(59) The "Luyu," part 2, of the *Guoyu* records Min Mafu's remark, "King Gong of Zhou could make up for the losses of King Zhao and King Mu, and thus, got his posthumous title, Gong. King Gong of Chu could recognize his own mistakes, and thus, got his posthumous title, Gong." However, these cannot be linked to memories of King Gong's concrete achievements.

(60) Besides the "Zhoubenji," the *Shiji* has some accounts such as the "Qinbenji," which recounts, "Feizi resided in Quanqiu, liked horses and cattle, and took care of them well. The Quanqiu people told King Xiao about that, and King Xiao summoned him and let him manage a horse ranch between the Qian and Wei rivers." The "Qitaigongshijia" has, "In Duke Ai's reign, Jihou slandered him to Zhou, and Zhou boiled him (Duke Ai) and appointed his younger brother Jing, he was Duke Hu. Duke Hu transferred the capital to Bogu. It was in the reign of King Yí of Zhou." The "Weikangshushijia" states, "Marquis Qing gave King Yí of Zhou a bribe carefully, and King Yí promoted the ruler of the Wei state to marquis." The "Chushijia" notes, "In the reign of King Yí, the dynasty declined, some state rulers did not come to court and attacked one another. Xiongju vastly gained people's concord between the Jiang and Han rivers, and then raised an army to attack Yong and Yangyue, reached E." Although the "Qitaigongshijia" records the same contents, i.e. "Zhou boiled Duke Ai," as the *Zhushujinian*, others only mentioned Zhou kings as indicators of the dates of the reigns of state rulers, etc.

(61) Among palaces of Kanggong, those of King Gong, King Yì, and King Xiao are not mentioned, and only that of King Yí is referred to. This might be related to this fact. Incidentally, the inscription of the "Lai pan" also maintains silence about King Li, whom Gongshu, Lai's Huangkao (father), served. Any mention of the tale of King Li would immediately remind readers of his tyranny and exile to Zhi, so, the inscription could tell nothing about King Li in order to underscore the achievements of Lai's family.

(62) Shen Changyun (1993; 1997) has addressed the differences in descriptions of King Kang between historical materials and bronze inscriptions.

(63) The "Dalüe" chapter of the *Xunzi* notes, "King Wen executed four persons, King Wu executed two persons, the Duke of Zhou completed the dynastic achievements, and when it came to King Cheng and King Kang, they executed no one," and it also tells of the peace and order in the reigns of King Cheng and King Kang. The "Zhouyu," part 3, of the *Guoyu* is similar recording, "From Houji's time, [Zhou kings were willing to] settle confusion, and in the end King Wen, King Wu, King Cheng, and King Kang

could only make people peaceful. Houji first attained the basics for making people peaceful, the 15th king, King Wen, finally subjugated them, and the 18th king, King Kang, could make them peaceful."

(64) King Cheng's establishment of Luoyang (Chengzhou) was recorded in the "Shaogao" and the "Luogao" chapters of the *Shangshu*, and the "Duoluojie" chapter of the *Yizhoushu*. The inscription of the "He zun," which is priceless in its recording the establishment of Chengzhou, emphasizes it was King Wu's dying wish. For further reference, see Ito 1978. The discourse combining King Wu and King Cheng as a pair is also seen in the inscription of the "Yihou Ce gui." Another example is included in "Zuoce Da fangding" 作冊大鼎(IB), which reads, "Gong Shi made guanding for King Wu and King Cheng." King Cheng was at first combined with King Wu as a pair, but after the Middle Western Zhou the discourse combining King Wen and King Wu became dominant, and moreover, as a result of King Kang's "respected-alone" status, King Cheng became an isolated king. Zhou's eastward transfer may have been the impetus for the Zhou people's reconfirmation of King Cheng's memory.

(65) The "Zhouyu," part 3, of the *Guoyu* states, "Shuxiang told this and said, '…In addition, in his conversation, he was pleased with the "Haotianyouchengming", it sung of flourishing virtues.' The verse said, …it finished royal virtues. King Cheng could shed light on King Wen's wisdom, and could settle King Wu's dignity." The *Zhengjian* interprets this as, "King Wen and King Wu inherited [Houji's] achievement, enforced virtues, and finished this royal achievement," it does not mention King Cheng, however, the *Shijizhuan* explains, "Erhou (two sovereigns) refers to King Wen and King Wu. Chengwang (King Cheng) whose name was Song, son of King Wu," which should be understood as correct.

(66) The *Shijizhuan* reads, "This is a poem for sacrificing to King Wu, King Cheng, and King Kang. *Jing* 競 means strong. It means King Wu maintained a mind to strengthen himself without rest, so his flourishing achievements were incomparable under the High. How illustrious it was! The virtues of King Cheng and King Kang are also the reason for which the Lord on the High made them princes." Incidentally, the *Maozhuan* interpreted, "How illustrious his accomplishment of great achievement and stabilization of them were!… 'zi bi cheng kang' 自彼成康 means using that way of accomplishment and stabilization'," and the *Zhengjian* commented on it, saying, "'How illustrious their way of accomplishment and stabilization of their ancestor were!' This means they were still more illustrious. …King Wu used the way of accomplishment and stabilization of their ancestor, so, he received the mandate and attacked Zhou [Yin King], subjugated it under the High and assumed it to [territory of] Zhou. "

(67) Matsumoto 1958; Shirakawa 1981.

(68) See the "Sandaishibiao" of the *Shiji*. The "Chushijia" of the *Shiji* quotes the *Zuozhuan*, the 12th year of Duke Zhao, "Formerly, my ancestral king Xiongyi, with Lüji, Wangsun Mao, Xiefu, and Qinfu, all served together King Kang," but changes the date to King Cheng's reign, writing, "Xiongyi dated to King Cheng's reign. [Zhou] promoted successors of those who served King Wen and King Wu, appointed Xiongyi as the state ruler of Chuman, invested him with a fief for Zi or Nan title. [He belonged to] the Mi clan, and resided in Danyang." For further reference, see Yoshimoto 2000; 2003.

(69) The "Xiqiangzhuan" of the *Houhanshu*, relying on the *Zhushujinian*, records Wangji's many expeditions. The *Zhushujinian* quoted in the commentary recounts in addition to the fact, "in the 35th year of Wuyi, Zhou Wangji attacked Xiluo Guirong, seized 20 di kings," that "in the 2nd year of

Taiding, the Zhou people attacked Yanjingzhirong, Zhou troops were completely defeated," that "in the 4th year of Taiding, the Zhou people attacked Yuwuzhirong, overcome them. Zhou Wangji was appointed as Yin's mushi," and that "in the 7th year of Taiding, the Zhou people attacked Shihuzhirong and overcame them. In the 11th year, the Zhou people attacked Yituzhirong, and defeated their three dafu." This demonstrates that there were many expeditions besides that against "Xiluo Guirong" in Wangji's period.

(70) Yoshimoto (2004) concluded that the *Zhushujinian* passage that reads, "in the 19th year of the reign of King Zhao of Zhou, ...[He] lost six troops at the Han river," is a mistaken record of the activities in Gan in the 19th year of King Kang's reign. Although there are different opinions about the location of Gan, and the loss of troops does not accord with activities such as inspection of Yibo, or bestowal of a fief, "The 19th year" itself might derive from the memory of those activities.

(71) The text of the "Biming" chapter was not transmitted in the Han era, and the current text belongs to false-guwen chapters. The current Shuxu, "King Kang commanded Zuoce Bi 作冊畢 to divided communities, organize suburbs of Zhou, and make the *Biming*" differs slightly from accounts of the "Zhoubenji" of the *Shiji*.

(72) For example, remarks such as that in the *Lushishuo* about the "Guanju", the *Zhounan*, which reads, "Zhou declined, the *Shi* were born. This would have been in King Kang's reign. King Kang lost his virtue in Fang, his ministers satirized that he was carefree, and thus the *Shi* were created," were carried on in later periods.

Bibliography

Japanese

Hayashi Minao 林巳奈夫 1984. *Inshû Jidai Seidôki no Kenkyû: Inshû Seidôki Sôran 1* 殷周時代青銅器の研究―殷周青銅器綜覽一一.Tôkyô: Yoshikawa Kôbunkan.

Ikezawa Masaru 池澤優 2002. *'Kô' no Shisô no Shûkyôgakuteki Kenkyû: Kodai Chûgoku ni okeru Sosen Sûhai no Shisôteki Hatten* 『孝』の思想の宗教學的研究―古代中國における祖先崇拜の思想的發展―. Tôkyô: Tôkyô Daigaku Shuppankai.

Inami Ryôichi 井波陵一 2003. "Ô Kokui to Nijûshôkohô" 王國維と二重證據法. In Tomiya Itaru 冨谷至 (ed.), *Henkyô Shutsudo Mokkan no Kenkyû* 邊境出土木簡の研究, pp. 9-47. Kyôto: Hôyû Shoten.

Itô Michiharu 伊藤道治 1978. "Shû Buô to Rakuyû: Kasonmei to 'Itsushûsho' Takuyû" 周武王と雒邑―冏尊銘と『逸周書』度邑. In Uchida Ginpû Hakushi Shôju Kinenkai 內田吟風博士頌壽記念會 (ed.), *Uchida Ginpû Hakushi Shôju Kinen Tôyôshi Ronshû* 內田吟風博士頌壽記念東洋史論集, pp. 41-52. Kyoto: Dôhôsha. Revised edition in Ito, *Chûgoku Kodai Kokka no Shihai Kôzô* 中國古代國家の支配構造. Tôkyô: Chûôkôronsha, 1987.

Kaizuka Shigeki 貝塚茂樹 1946. *Chûgoku Kodai Shigaku no Hatten* 中國古代史學の發展. Tôkyô: Kôbundô. Also in Kaizuka, *Kaizuka Shigeki Chosakushû*, vol. 4. Tôkyô: Chûôkôronsha, 1977.

Kominami Ichirô 小南一郎 2005. "Seishû Ôchô no Seishû Keiei" 西周王朝の成周經營. In Kominami (ed.), *Chûgoku Bunmei no Keisei* 中國文明の形成, pp. 97-138. Kyôto: Hôyû Shoten.

Liu Zheng 劉正 2004. (trsl. by Taira Akiko 平顯子) "Kinbunchû no Byôsei ni kansuru Kenkyû no Ippantekina Kenkai to Mondaiten" 金文中の廟制に關する研究の一般的な見解と問題點. In Sakade Shôshin Sensei Taikyû Kinenronshû Kankôkai 坂出祥伸先生退休記念論集刊行會 (ed.), *Sakade Shôshin Sensei Taikyû Kinenronshû: Chûgokushisô ni okeru Shintai, Shizen, Shinkô* 坂出祥伸先生退休記念論集—中國思想における身體・自然・信仰, pp.315-346.Tôkyô: Tôhô Shoten.

Matsui Yoshinori 松井嘉德 2002. *Shûdai Kokusei no Kenkyû* 周代國制の研究. Tôkyô: Kyûko Shoin.

―― 2004. "Go Ko Tei Mei Kôshaku: Seishû Kôki, Sen'ôchô no Jitsuzô wo Motomete" 吳虎鼎銘考釋―西周後期、宣王朝の實像を求めて. *Shisô* 史窓 62: 75-98.

Matsumoto Masa'aki 松本雅明 1958. *Shikyô Shohen no Seiritsu ni kansuru Kenkyû* 詩經諸篇の成立に關する研究. Tôkyô: Tôyô Bunko. Also in Matsumoto, *Matsumoto Masa'aki Chosakushû*, vol. 5-6. Tôkyô: Kôsei Shorin, 1986.

―― 1966. *Shunjû Sengoku ni okeru Shôsho no Tenkai* 春秋戰國における尚書の展開, Tôkyô: Kazama Shobô. Also in Matsumoto, *Matsumoto Masa'aki Chosakushû*, vol. 12. Tôkyô: Kôsei Shorin, 1988.

Shirakawa Shizuka 白川靜 1977. "Seishû Shiryaku" 西周史略, *Kinbun Tsûshaku* 金文通釋 46. Also in Shirakawa 2005.

―― 1979. "Kinbun Hoshaku" 金文補釋, *Kinbun Tsûshaku* 金文通釋 50. Also in Shirakawa 2005.

―― 1981. *Shikyô Kenkyû Tsûronhen* 詩經研究通論篇, Kyôto: Hôyû Shoten. Also in Shirakawa 2000.

―― 2000. *Shirakawa Shizuka Chosakushû*,白川靜著作集 vol.10, Shikyô 詩經, part II. Tôkyô: Heibonsha.

―― 2005. *Shirakawa Shizuka Chosakushû*, supplementary volume, *Kinbun Tsûshaku*, vol.6. Tôkyô: Heibonsha.

Yoshimoto Michimasa 吉本道雅 2000. "Senshin Ôkô Keifu Kô", *Ritsumeikan Bungaku* 565: 1-53.

―― 2003. "Kodai Chûgoku no Keifu wo Yomitoku" 古代中國の系譜を讀み解く. In Shoki Ôken Kenkyû Iinkai 初期王權研究委員會(ed.), *Kodai Ôken no Tanjô* 古代王權の誕生, vol.1, pp.258-272. Tôkyô: Kadokawa Shoten.

―― 2004. "Seishû Kinen Kô" 西周紀年考, *Ritsumeikan Bungaku* 586: 57-18.

Zhu Fenghan 朱鳳瀚 2004. (trsl. by Tani Toyonobu 谷豐信) "Senseishô Biken Yôkason Shutsudo no Honki to Seishû Kizoku no Kazoku Keitai" 陝西省眉縣出土の簠器と西周貴族の家族形態. Tôkyô Kokuritsu Hakubutsukan 東京國立博物館 and Asahi Shinbunsha 朝日新聞社 (eds.), *Chûgoku Kokuhô Ten* 中國國寶展, pp. 204-210. Tôkyô: Asahi Shinbunsha.

Chinese

Cao Wei 曹瑋 2003a."Shanshi Jiazu Tongqiqun" 單氏家族銅器群. In Ma Chengyuan 馬承源 *et.al.* 2003.

―― 2003b. "'Gaozu' Kao '" 高祖 " 考, *Wenwu* 2003. 9: 32-34, 59.

Chen Mengjia 陳夢家 1955. "Xizhou Tongqi Duandai" 西周銅器斷代, part 2. *Kaogu Xuebao* 10: 89-142. Also in *Chen Mengjia Zhuzuoji* 陳夢家著作集, *Xizhou Tongqi Duandai*, vol. 1. Beijing: Zhonghua Shuju, 2004.

Chen Pan 陳槃 1970. *Bujianyu Chunqiudashibiao zhi Chunqiu Fangguo Gao* 不見于春秋大事表之春秋方國稿.Taipei: Zhongyang Yanjiuyuan Lishi Yuyan Yanjiusuo.

Chen Peifen 陳佩芬 2000. "Xinhuo Liangzhou Qingtongqi" 新獲兩周青銅器. *Shanghai Bowuguan Guankan* vol. 8: 124-143.

Dong Shan 董珊 2003. "Lüelun Xizhou Shaanxi Jiazu Jiaocang Qingtongqi Mingwen" 略論西周陝西家族窖藏青銅器銘文. *Zhongguo Lishi Wenwu* 2003. 4: 40-50.

Du Yong 杜勇 and Shen Changyun 沈長雲 2002. *Jinwen Duandai Fangfa Tanwei* 金文斷代方法探微. Beijing: Renmin Chubanshe.

Gao Xisheng 高西省 1994. "Fufeng Juliang Haijia Chutu Palong deng Daxing Qingtongqi" 扶風巨良海家出土爬龍等大型青銅器. *Wenwu* 1994. 2: 92-96, 91.

Guo Moruo 郭沫若 1957. *Liangzhou Jinwenci Daxi Tulu Kaoshi* 兩周金文辭大系圖錄攷釋, enlarged new edition. Beijing: Kexue Chubanshe.

Li Xueqin 李學勤 1979. "Lun Mei Ao Shoucang de Jijian Shang Zhou Wenwu" 論美澳收藏的幾件商周文物. *Wenwu* 1979. 12: 72-76.

—— 1999. "Rongsheng Bianzhong Lunshi" 戎生編鐘論釋. *Wenwu* 1999. 9: 75-81.

—— 2003. "Meixian Yangjiacun Xinchu Qingtongqi Yanjiu" 眉縣楊家村新出青銅器研究. *Wenwu* 2003. 6: 66-73.

Liu Shi'e 劉士莪 2004. "Qiang pan, Lai pan zhi Duibi Yanjiu: Jiantan Xizhou Weishi, Shangong Jiazu Jiaocang Tongqiqun de Lishi Yiyi" 牆盤、逨盤之對比研究—兼談西周微氏、單公家族窖藏銅器群的歷史意義. *Wenbo* 2004. 5: 21-27.

Liu Yu 劉雨 and Lu Yan 盧岩 2002. *Jinchu Yin Zhou Jinwen Jilu* 近出殷周金文集錄. Beijing: Zhonghua Shuju.

Liu Zheng 劉正 2004. *Jinwen Miaozhi Yanjiu* 金文廟制研究. Beijing: Zhongguo Shehuikexue Chubanshe.

Ma Chengyuan 馬承源 et. al. 2003. "Shaanxi Meixian Chutu Jiaocang Qingtongqi Bitan" 陝西眉縣出土窖藏青銅器筆談. *Wenwu* 2003. 6: 43-65.

Shaanxisheng Kaogu Yanjiusuo Baojishi Kaogu Gongzuodui 陝西省考古研究所寶雞市考古工作隊 and Meixian Wenhuaguan 眉縣文化館 2003a. "Shaanxi Meixian Yangjiacun Xizhou Qingtongqi Jiaocang" 陝西眉縣楊家村西周青銅器窖藏. *Kaogu yu Wenwu* 2003. 3: 3-12.

—— 2003b. "Shaanxi Meixian Yangjiacun Xizhou Qingtongqi Jiaocang Fajue Jianbao" 陝西眉縣楊家村西周青銅器窖藏發掘簡報. *Wenwu* 2003. 6: 4-42.

Shaanxisheng Wenwuju 陝西省文物局 and Zhonghua Shijitan Yishuguan 中華世紀壇藝術館 2003. *Shengshi Jijin: Shaanxi Baoji Meixian Qingtongqi Jiaocang* 盛世吉金—陝西寶雞眉縣青銅器窖藏. Beijing: Beijing Chubanshe.

Shaanxi Zhouyuan Kaogudui 陝西周原考古隊 1978. "Shaanxi Fufeng Zhuangbai Yihao Jiaocang Fajue Jianbao" 陝西扶風莊白一號窖藏發掘簡報. *Wenwu* 1978. 3: 1-18.

Sheng Changyun 沈長雲 1993. "Lun Zhou Kangwang" 論周康王. *Xizhoushi Lunwenji* 西周史論文集, vol. 2: 954-965. Xi'an: Shaanxisheng Bowuguan.

—— 1997. "Lun Cheng Kang Shidai he Cheng Kang Shidai de Tongqi Mingke" 論成康時代和成康時代的銅器銘刻. *Zhongyuan Wenwu* 1997. 2: 68-75.

Tang Lan 唐蘭 1934. "Zuoce Ling Zun ji Zuoce Ling Yi Mingwen Kaoshi" 作册令尊及作册令彝銘文考釋. *Guoli Beijing Daxue Guoxue Jikan* 4. 1: 21-30. Also in Tang Lan 1995.

—— 1962. "Xizhou Tongqi Duandai zhong de 'Kang Gong' Wenti" 西周銅器斷代中的'康宮'問題. *Kaogu Xuebao* 1962. 1: 21-30. Also in Tang Lan 1995.

—— 1980. "Lun Zhou Zhaowang Shidai de Qingtongqi Mingke" 論周昭王時代的青銅器銘刻. *Guwenzi*

Yanjiu, vol. 2: 12-162. Also in Tang Lan 1995.

—— 1986. *Xizhou Qingtongqi Mingwen Fendai Shizheng* 西周青銅器銘文分代史徵. Beijing: Zhonghua Shuju.

—— 1995. *Tang Lan Xiansheng Jinwen Lunji* 唐蘭先生金文論集. Beijing: Zijincheng Chubanshe.

Wang Guowei 王國維 1921. "Guantang Jilin" 觀堂集林. In *Wang Guowei Yishu* 王國維遺書. Shanghai: Shanghai Guji Shudian, 1983.

—— 1925. "Gushi Xinzheng" 古史新證. In Wang Guowei, *Gushi Xinzheng: Wang Guowei Zuihou de Jiangyi* 古史新證—王國維最後的講義. Beijing: Qinghua Daxue Chubanshe, 1994.

Yin Shengping 尹盛平 1992. *Xizhou Weishi Jiazu Qingtongqiqun Yanjiu* 西周微氏家族青銅器群研究. Beijing; Wenwu Chubanshe.

Zhang Guangyu 張光裕 2002. "Xinjian Xizhou 'Jia' Gui Mingwen Shuoshi" 新見西周'夾'簋銘文說釋. In Zhong Bosheng 鍾柏生 (ed.), *Disanjie Guoji Hanxue Huiyi Lunwenji: Guwenzi yu Shang Zhou Wenming* 第三屆國際漢學會議論文集—古文字與商周文明, pp.107-144. Taipei: Zhongyang Yanjiuyuan Lishi Yuyan Yanjiusuo.

—— 2004. "Du Xizhou Laiqi Mingwen Zhaji" 讀西周逨器銘文劄記. In Zhang Guangyu, *Xuezhai Xueshu Lunwenji* 雪齋學術論文集, vol. 2, pp. 277-284. Taipei: Yiwen Yinshuguan.

Zhongguo Shehui Kexueyuan Kaogu Yanjiusuo 中國社會科學院考古研究所 1984-94. *Yin Zhou Jinwen Jicheng* [YZ] 殷周金文集成. Beijing: Zhonghua Shuju.

—— 2001. *Yin Zhou Jinwen Jicheng Shiwen* 殷周金文集成釋文. Hong Kong: Xianggang Zhongwen Daxue Zhongguo Wenhua Yanjiusuo.

Afterword to the English version

On the publication of the English version of this paper, I would like to express my opinion about another problem, i.e. the periodization of Western Zhou history, which was not argued explicitly in the original version (although it is a necessary outgrowth of my argument).

I will first briefly review the course of the arguments about the periodization of the Western Zhou history in studies in Japan after WWII.

In Japan after WWII, studies on the Western Zhou history began with Kaizuka Shigeki's work in 1946. Kaizuka first introduced Bernhard Karlgren's theory dividing Western Zhou bronze inscriptions into two periods, the former half (the period of the reigns of King Wu, King Cheng, King Kang, King Zhao and King Mu) and the latter half (the period of the reigns of King Gong, King Yì, King Xiao, King Yí, King Li, Gonghe, King Xuan and King You) and then pointed out the existence of Middle Western Zhou bronze inscriptions that had a transitional character bridging the Early and Late Western Zhou bronze inscriptions. Therefore, the Western Zhou bronze inscriptions could be divided into three periods, the Early (covering the reigns of King Wu, King Cheng and King Kang), the Late (covering the reigns of King Gong, King Yì, King Xiao, King Yí, King Li, Gonghe, King Xuan and King You) and the Middle (covering the last years of King Kang's reign and those of King Zhao and King Mu). As the early bronze inscriptions were called "precious-shell-bestowal-style bronze inscriptions" and the later ones were named "official-chariot-clothes-appointment-style bronze inscriptions," the most important merkmal of this periodization is the appearance of the appointment-style bronze inscriptions.

The work of Shirakawa Shizuka (1977), perhaps the sole academic history of the entire Western Zhou era in Japan, described Western Zhou history by dividing it into six stages: one, "The transition from Yin to Western Zhou" (covering the reigns of King Wen and King Wu); two, "Developments in the Early Zhou" (covering the reigns of King Cheng and King Kang); three, "Biyong in Fengjing" (covering the reigns of King Kang, King Zhao and King Mu); four, "The establishment of the political order" (covering the King Gong and King Yì); five, "King Xiao and King Yí's reigns and trends of Huaiyi" (covering the reigns of King Xiao and King Yí); and six, "Vicissitudes of aristocratic society and the collapse of the Western Zhou dynasty" (covering the reigns of King Li, King Xuan and King You). The following is a comparison of the periodizations of Kaizuka, on the left, and Shirakawa, on the right.

Early Western Zhou: "Transition from Yin to Western Zhou"
                              "Developments in the Early Zhou"
Middle Western Zhou: "Biyong in Fengjing"
Late Western Zhou: "Establishment of the political order"
                              "King Xiao and King Yí's reigns and trends of Huaiyi"
                              "Vicissitudes of aristocratic society and the collapse of the Western Zhou dynasty"

Shirakawa likewise adopted the fundamental framework dividing the Western Zhou era into three periods, but he subdivided each period. Especially, the relation between "Biyong in Fengjing" and "the establishment of the political order" correspond nicely with the relation between transitional characteristics of the Middle Western Zhou bronze inscriptions and the appearance of appointment-style bronze inscription that had been pointed out by Kaizuka.

As Yoshimoto Michimasa (2003) has pointed out, scholars studying Yin and Zhou history in Japan after WWII can be divided roughly into three generations. Itô Michiharu, Matsumaru Michio, Higuchi Takayasu and Hayashi Minao formed the second generation of scholars that followed the first generation of Kaizuka and Shirakawa. Although both Itô and Matsumaru did not always explicitly argue periodization, Itô (1987: 13) for example, employed a periodization, distinguishing the Early (the reigns of King Wu, King Cheng and King Kang), the Middle (the reigns of King Zhao, King Mu, King Gong and King Yì) and the Late (the reigns of King Xiao, King Yí, King Li, King Xuan and King You) Western Zhou periods. As can be seen by the fact that he noted many bronze inscriptions of the Early and the former half of the Middle period record military achievements, other events, and bestowals, while many of the inscriptions of the latter half of the Middle and the Late periods record official appointments and bestowals of chariots and clothes by the kings, Itô simply adopted Kaizuka's opinion and emphasized the changes in contents of inscriptions and the epochs reflecting such changes. These epochs, however, do not correspond to the periodization Itô employed and as a result he used terms such as "the former half of the Middle period" and "the latter half of the Middle period." On the other hand, Matsumaru and Takeuchi Yasuhiro (1993) used expressions such as "the Early Western Zhou bronze inscriptions (to about King Zhao's reign)" and "the Middle and Late Western Zhou (from about King Mu's reign)." Although they did not explicitly refer to an epoch between the Middle and Late Zhou, Matsumaru (ed. 1990: 316) described the reigns of King Yí and King Li as the Late Western Zhou, it is clear that they regarded those times as a distinct epoch. Their periodization, however, contains the same problem as that of Itô.

The periodization of Higuchi and Hayashi, who also belonged to the second generation, was based on the chronological study of Chen Mengjia (1945). Chen divided the Western Zhou into three periods based on his estimate of the length of the reigns of Western Zhou kings, resulting in an Early Zhou lasting 80 years (the reigns of King Wu, King Cheng, King Kang and King Zhao), a Middle Zhou lasting 90 years (the reigns of King Mu, King Gong, King Yì, King Xiao and King Yí) and a Late Zhou lasting 87 years (the reigns of King Li, Gonghe, King Xuan and King You). As Higuchi (1963: 19) said, "[Chen] divided them equally creating periods 80-90 years in length, which is convenient in considering the length of each period," and Hayashi (1984: 192) said, "[Chen] divided the 257 years of the Western Zhou into three periods each about 80-90 years in length and roughly as long as [each period of] the Spring Autumn and Warring States periods," Chen's periodization offered periods of equal length suitable for the methodology of archaeological chronology.

As for Hayashi's chronology, Kominami Ichirô (2006) revealed the following episode. In a letter of thanks, Kominami wrote to Hayashi, "You dated bronzes assuming a great gap between stages A and B of the Middle Western Zhou (dating all the bronzes with appointment inscriptions after the stage B of the Middle Zhou). Would it not be more reasonable then to do away with the chronology that assumes a Middle period, and instead divide the Western Zhou into stages A, B and C of the Early period and stages A, B and C of the Late period?" Hayashi telephoned Kominami and asserted, "I could never accept such an opinion." Although Hayashi did not expound the grounds for his rejection, we can discern from their "dialogue" a difference between periodization of Kaizuka (or Shirakawa) that emphasized epochs reflecting changes in content of inscriptions and that of Hayashi (or Higuchi and Chen) that proposed periods of equal length.

Indeed, Hayashi's periodization is the most comprehensive standard in determining the dates of bronzes, and scholars of the third generation, including myself, cannot ignore the fruit of this labor. In fact, Hirase Takao (1994) and Yoshimoto (2004) who have attempted to reconstruct the chronology of the period from the dates of bronze inscriptions, regard Hayashi's dating as an external (and absolute) standard against which to examine their reconstructions of the chronology, and Yoshimoto (1991) and Matsui Yoshinori (2002) have frequently used expressions such as "roughly since the stage B of the Middle period of Hayashi's dating." The completeness of Hayashi's periodization, however, does not refute the *raison d'être* for the periodization of epochs based on the contents of inscriptions. Kominami's bold suggestion of a periodization similar to that of Kaizuka, which provoked Hayashi, contains some truth, even if it may have wounded

Hayashi's feelings.

On the basis of this general review, I would like to express my opinion about the Western Zhou periodization growing out of an interpretation of the inscription of the "Lai Pan." I will first list the stages of historical consciousness of Western Zhou people as seen in the inscription of the "Lai Pan," and then develop a new periodization based on them.

1) The origin of the dynasty was attributed to the two kings, i.e. King Wen and King Wu, and eventually a discourse that combined King Wen and King Wu as a pair grew out of this conception.

2) As for King Cheng and King Kang, there was a conscious attempt to avoid combining them as a pair. King Cheng's achievements, such as the suppression of the Three Supervisor's Rebellion and the building of Chengzhou, were strongly seen as extensions of King Wu's achievements.

3) As the "Kanggong problem" shows, King Kang occupied the position of "founder" in the Western Zhou mausoleum system, and there was a historical consciousness of King Kang's reign as a distinct epoch.

4) As for the three pairs of six kings, i.e. King Zhao and King Mu, King Gong and King Yì, and King Xiao and King Yí, two of the kings, i.e. King Zhao and King Mu, were remembered as "Military Kings," and these memories were carried on in historical sources.

5) In contrast, concrete achievements were not recounted for the two pairs of four kings, i.e. King Gong and King Yì, and King Xiao and King Yí. Later historical sources that have little to say about kings Gong, Yì, and Xiao perhaps inherited the historical consciousness of Western Zhou people.

6) However, historical sources contain rich narratives of the achievements of the kings after King Yí's reign, and as for the "Kanggong problem," the palaces of King Yí and King Li were specified, therefore, King Yí's reign may have been a transitional period bridging the reigns of King Gong, King Yì, and King Xiao and the period after King Li's reign.

These facts surely demonstrate the historical consciousness of three periods, i.e. the reign of King Kang, the reign of King Gong, and the reigns of King Yí and King Li's as distinct epochs. Therefore, on the basis of this historical consciousness of the Western Zhou people, the Western Zhou may be divided into following four periods,

Period I: King Wen, King Wu, and King Cheng
Period II: King Kang, King Zhao, and King Mu
Period III: King Gong, King Yì, King Xiao and King Yí
Period IV: King Li, King Xuan, and King You

If we followed the periodization adopted in the Tang literary studies, i.e. the Early, High, Middle, and Late Tang, we can apply the terminology to the Western Zhou, creating periods running from the Early Western Zhou to the Late Western Zhou. I would like to give a brief description of the character of each period before concluding this afterword.

The first period, i.e. the period of the reigns of King Wen, King Wu, and King Cheng, was the period of the establishment of the dynasty. Two events marked the origin of the Western Zhou dynasty, King Wen's receipt of the Mandate and King Wu's conquest of the Yin. After King Wu's death, the task of the "conquest of the Yin" was inherited by King Cheng. Achievements such as the suppression of the Three Supervisor's Rebellion and the building of Chengzhou were later preserved in the *Shangshu* with an emphasis on memories of Tan, the Duke of Zhou. This likely corresponds to stage A of the Early period in Hayashi's periodization.

The second, i.e. the period of the reigns of King Kang, King Zhao, and King Mu, was remembered as the period of the "Military Kings" by the Western Zhou people of the fourth period. The full-fledged expeditions and conquest activities of King Kang's reign were further developed in the reign of King Zhao and King Mu. The combination of King Cheng and King Kang into a pair was merely the result of the achievements of King Kang having been forgotten. This corresponds to the stage B of the Early period and stage A of the Middle period.

The third, i.e. the period of the reigns of King Gong, King Yì, King Xiao and King Yí, was the period when the appointment-style bronze inscription was established and the dynastic political order was completed. Although this period had few memorable achievements that would be recorded in the fourth period, segmentation of each family proceeded spurred on by appointments, etc., and we can observe confusion regarding the royal succession, and formation of the ministers apparently to compensate for this. This corresponds stage B of the Middle period and stage A of the Late period.

The fourth period, i.e. the reigns of King Li, King Xuan, and King You, was the period when military strains arose, such as the unrest and rebellions of surrounding powers and expeditions against them. Within the government, powerful inner lords, such as Wugong, Bohefu, and Maogong, whose powers exceeded that of kings, appeared, and the dynasty also sought to reconfirm its own orthodoxy. This is the period that Shirakawa (1981) called the period of the "development of the *Ya* and *Song* poems," and palaces of the Kanggong were also ordered in this period. This corresponds to the stages A and B of the Late period in Hayashi's periodization.

The *Tôyôshi Kenkyû* Vol. 64.3, in which the original version of this paper was published, was dated December 31, 2005, and Vol. 66. 4, in which this English version will be printed, will carry the date March 31, 2008. Two years and eight months will have passed between the two publications, and in the interim, the academic world concerned with Western Zhou history and the study of bronzes in Japan has lost two great pioneers. On January 1, 2006, Hayashi Minao died at 80, and on October 30 of the same year, Shirakawa Shizuka died at 96. We of the third generation began our studies under the direction of the second generation, which included Hayashi. During that period, the collected works of Kaizuka Shigeki (*Kaizuka Shigeki Chosakushû*) began to be published (1976), and the sixth and concluding volume of Shirakawa's *Kinbun Tsûshaku* (1980) also came out. These works served as our "textbooks," as we poured over them avidly taking notes. Now that we have lost both Shirakawa and Hayashi, the responsibility imposed us, the third generation, has grown heavier. If as a result of publishing this paper and afterword in English, the contents are examined and criticized, I will feel great pleasure in having borne some small portion of that responsibility.

References

Chen Mengjia 陳夢家 1945. *Xizhou Niandai Kao* 西周年代考. Second printing, Shanghai: Shangwu Yinshuguan, 1955. Also in *Chen Mengjia Zhuzuoji: Xizhou Niandai Kao, Liuguo Jinian* 陳夢家著作集—西周年代考・六國紀年. Beijing: Zhonghua Shuju, 2005.

Hayashi Minao 林巳奈夫 1984. *Inshû Jidai Seidôki no Kenkyû: Inshû Seidôki Sôran 1* 殷周時代青銅器の研究—殷周青銅器綜覽一一.Tôkyô: Yoshikawa Kôbunkan.

Higuchi Takayasu 樋口隆康 1963. "Seishû Dôki no Kenkyû" 西周銅器の研究. *Kyôto Daigaku Bungakubu Kenkyû Kiyô* 7: 1-151. Also in Higuchi et.al., *Tenbô Ajia no Kôkogaku; Higuchi Takayasu Kyôju Taikan Kinen Ronshû* 展望アジアの考古学 樋口隆康教授退官記念論集. Tôkyô; Shinchôsha, 1983.

Hirase Takao 平勢隆郎 1994. "Seishû Kinen ni kansuru Shiron" 西周紀年に關する試論. *Chûgoku Shigaku* 4: 121-138. Also in Hirase, *Chûgoku Kodai Kinen no Kenkyû: Tenmon to Reki no Kentô kara* 中國古代紀年の研究—天文と曆の檢討から. Tôkyô: Kyûko Shoin, 1996.

Itô Michiharu 伊藤道治 1987. *Chûgoku Kodai Kokka no Shihai Kôzô: Seishû Hôken Seido to Kinbun* 中國古代國家の支配構造—西周封建制度と金文, Tôkyô: Chûôkôronsha, 1987.

Kaizuka Shigeki 貝塚茂樹 1946. *Chûgoku Kodai Shigaku no Hatten* 中國古代史學の發展, Tôkyô: Kôbundô. Also in Kaizuka, *Kaizuka Shigeki Chosakushû*, vol. 4. Tôkyô: Chûôkôronsha, 1977.

Kominami Ichirô 小南一郎 2006. *Kodai Chûgoku: Tenmei to Seidôki* 古代中國—天命と青銅器. Kyôto: Kyôtodaigaku Gakujutsu Shuppankai.

Matsui Yoshinori 松井嘉德 2002. *Shûdai Kokusei no Kenkyû* 周代國制の研究, Tôkyô: Kyûko Shoin.

Matsumaru Michio 松丸道雄 (ed.) 1980. *Seishû Seidôki to sono Kokka* 西周青銅器とその國家, Tôkyô: Tôkyô Daigaku Shuppankai.

Matsumaru Michio and Takeuchi Yasuhiro 竹内康浩 1993. "Seishû Kinbun chû no Hôsei Shiryô" 西周金文中の法制史料, In Shiga Shûzô 滋賀秀三 (ed.), *Chûgoku Hôseishi: Kihon Shiryô no Kenkyû* 中國法制史—基本資料の研究, pp. 3-55. Tôkyô: Tôkyô Daigaku Shuppankai.

Shirakawa Shizuka 白川靜 1977. "Seishû Shiryaku" 西周史略, *Kinbun Tsûshaku* 金文通釋 46-47. Also in Shirakawa, *Shirakawa Shizuka Chosakushû* 白川靜著作集, supplementary volume, Kinbun Tsûshaku, vol. 6. Tôkyô: Heibonsha,2005.

—— 1981. *Shikyô Kenkyû Tsûronhen* 詩經研究通論篇, Kyôto: Hôyû Shoten. Also in *Shirakawa Shizuka Chosakushû*, vol.10, Shikyô 詩經, part II. Tôkyô: Heibonsha,2000.

Yoshimoto Michimasa 吉本道雅 1991. "Seishû Sakumei Kinbun Kô" 西周册命金文考, *Shirin* 74.5: 38-66. Revised edition in Yoshimoto, *Chûgoku Senshinshi no Kenkyû* 中國先秦史の研究, Kyôto: Kyôto Daigaku Gakujutsu Shuppankai, 2005.

—— 2003. Review of the *Shûdai Kokusei no Kenkyû* by Matsui Yoshinori, *Shisô* 60: 69-74.

—— 2004. "Seishû Kinen Kô" 西周紀年考, *Ritsumeikan Bungaku* 586: 57-18.

References for English Translation

Falkenhausen, Lothar von 2006. *Chinese Society in the Age of Confucius (1000- 250BC): The Archaeological Evidence*. Los Angeles: Cotsen Institute of Archaeology, University of California.

Legge, James 1865. *The Chinese Classics. Vol. 3: The Shoo King, or Book of Historical Documents*. Hong Kong: University of Hong Kong Press, 1960.

—— 1871. *The Chinese Classics. Vol. 4: The She King*. Hong Kong: University of Hong Kong Press, 1960.

—— 1872. *The Chinese Classics. Vol. 5: The Ch'un Ts'ew with The Tso Chuen*. Hong Kong: University of Hong Kong Press, 1960.

Schuessler, Axel 1987. *A Dictionary of Early Zhou Chinese*. Honolulu: University of Hawaii Press.

Shaughnessy, Edward L. 1991. *Sources of Western Zhou History*. Barkley and Los Angeles: University of California Press.

—— 1997. *Before Confucius: Studies in the Creation of the Chinese Classics*. Albany: State University of New York Press.

—— 1999. "Western Zhou History". In Michael Loewe and Edward L. Shaughnessy (eds.), *the Cambridge History of Ancient China; From the Origin of Civilization to 221 B.C.* Cambridge: Cambridge University Press.

(translated by YOSHIMOTO Michimasa & Michael E. JAMENTZ)

(『東洋史研究』第 66 卷第 4 號、2008 年 3 月)

鳴り響く文字
―青銅禮器の銘文と聲―

はじめに
青銅器銘の出現
記錄の媒體としての青銅禮器
記錄されることば
文字と聲
鳴り響く聲
おわりに―文字の世界へ

はじめに

　青銅器に鑄込まれた（あるいは刻まれた）文字を銘文または金文という。この銘文に何を書きとどめるのか、あるいは誰にむけてどのようなメッセージを發するのかということについて、儒教經典の一つである『禮記』祭統篇は次のように解說する。

　　鼎には銘を施すものだが、銘とは器物によって自己の名を傳えるためのものである。（多くは）自己の名を記して、先祖の功や德を稱え、（わが名と共に）後世に明示するのである。先祖たる者には、（人の常として）美點のないことはなく、缺點もないことはない。しかし銘のたてまえとして、美點を擧げて缺點を擧げないのが、孝子孝孫の心情であって、ただ賢者にして始めて宜しきをえるであろう。このように、銘は先祖の美德・功勞・業績・受賞・名譽などの、世上に好く知られているものから、檢討選擇した事跡を祭器に刻み入れ、自己の名を加え、先祖の祭祀に用いるのである。こうして先祖の功や德を後世に明示するのは孝道を盛んにすることであり、わが身の先祖を慕い、これに從おうとする心を表明して、後世子孫への敎えとなそうとするのである。

銘文とは、先祖の美德・功勞・業績・受賞・名譽を稱揚し（反對に、缺點には目をつぶるのだが）、それを後世の子孫へと傳えるものである。そこには青銅禮器を作った作器者の名も書き加えられ、そのことによって、先祖を慕い、先祖に從っていこうとする作器者自身の孝道も後世の子孫へと傳えられる、というのである[1]。

　祭統篇は、銘文が書きとどめるべき主要な内容を先祖の美德・功勞などと考えているが、それとは別に、銘文は作器者自身の功績を書きとどめるものだという考え方もあった。春秋時代、魯の襄公十九（前554）年、魯の季武子は齊國からの戰利品である武器を鑄潰して新たに鐘を作り、そこに魯國の武功を書きしるした。魯の臧武仲はこれを非禮として、

次のように語ったと『春秋左氏傳』は記録している。

　　そもそも銘文とは、天子は德を記して（功を記さず）、諸侯は時節に合した功勞を記し、大夫は武功を記すもの。しかるに今、武功を銘文としたのは、（諸侯から）一段下っている。…それに、大國が小國を攻めて、戰利品で宗廟の祭器を作り、その功業を銘文として子孫に示すのは、明德を昭らかにし無禮を懲らしめんがため。…小國（魯）がたまたま大國（齊）に勝ったからとて、戰利品を見せびらかし大國の怒りを呼んだりすれば、それは亡國への道です[2]。

天子は德、諸侯は功勞、大夫は武功と、身分によって書きとどめられるべき事柄が區別されてはいるが、いずれにせよ、銘文とは、自らの功德を書きとどめ、それを後世の子孫に示すためのものであると認識されている。
　かたや先祖の美德・功勞、かたや自身の功德と、書きとどめる事柄に相違はあるものの、青銅禮器の銘文は後世に傳えられ、それを讀むであろう子孫への敎訓となるものだと觀念されていることにかわりはない。美德や功勞を書きとどめる媒體として、長期閒朽ちることなく、宗廟での祖先祭祀に供される青銅禮器ほどふさわしいものはないと考えられていたのである。

青銅器銘の出現

　しかしながら、文獻史料がその效用を強調する銘文は、青銅禮器にとってはじめから必須の要素であったわけではない。青銅禮器は殷王朝に先立つ二里頭期（文獻史料が傳える夏王朝に相當する）に出現したとされるが[3]、爵・斝・斚といった酒器を中心とする青銅禮器に鑄込まれた文字（記號）はいまだ確認されていない。殷代前期（二里岡期）の青銅禮器も同じく文字をもたず、殷代後期（殷墟期）に至ってようやく青銅禮器に鑄込まれた銘文が出現するのである。しかしながら、殷代後期に青銅禮器に鑄込まれるようになる銘文も、當初は父甲あるいは祖乙などといった甲乙などの十干名をともなう父祖名であったり、いわゆる圖象記號（あるいは族徽號）などと呼ばれる記號であるにすぎなかった。
　十干名をともなう父祖名は、それが鑄込まれた青銅禮器によって祀られる先祖を示しているのであろうし、圖象記號も、その意味については諸說あるのだけれども[4]、その青銅禮器が屬していた氏族を示していたものと考えて差し支えない[5]。さらに、これらの文字（記號）が鑄込まれる場所も、爵や斚ならば把手の裏（把手側の外壁）、尊や觚は外底（圈足の內側）、簋や卣は內底、鼎や甗は內腹壁といったように、青銅禮器の目立たないところが選ばれるのが一般的である。最初期の銘文は、見ようと思えば見ることができる、あるいは、所屬する氏族や祭祀對象の確認など、見る必要があるときに見ればよい、といった程度のものであったように思われる。
　殷王朝の最晚期、青銅禮器に鑄込まれた銘文は長文化する。泉屋博古館（住友コレクション）所藏の宰椃角（殷後期Ⅲ）[6]を例にとってみよう。

庚申の日、王は闌の地におられた。王はおでましになり、宰㭒が從った。貝五貫
　を賜り、父丁の青銅禮器を作った。六月。王の在位二十五年、翌祭の日のことで
　ある。

　日月年倒敍法によって紀年を記すこの銘文には、作器者である宰㭒が殷王より寶貝（子
安貝）五貫を下賜され、父丁を祀るための青銅禮器を作ったことが記錄されている。恩賞
下賜と青銅禮器製作との關係については、令方彝・尊（西周IB）銘に、作册令は明公の恩
寵にこたえ、父丁の青銅禮器を作った。それによって、明公からの恩寵を父丁にまでおよ
ぼし、父丁を光輝あらしめるのである（敢追明公賞于父丁、用光父丁）。とあり、作器者へ
の恩寵が同時にその先祖をも顯彰すると考えられていたことがわかる。しかしながら、そ
の恩寵が作器者あるいは祀られる先祖以外の第三者に對して誇示されたものであったかと
いえば、かならずしもそうではなかったように思われる。宰㭒角の銘文は把手の反對側（す
なわち青銅器の正面）の內腹壁に鑄込まれており、把手を握って酒を注ぐ儀禮執行者から
は見ることができても、青銅禮器の正面からは直接見ることができない[7]。把手の裏に26
字の銘文を鑄込んだ小臣邑斝（殷後期III）、あるいは外底（圈足の內側）に37字の銘文を鑄
込んだ二祀邲其卣（西周IA）などもこれと同樣であり[8]、これらの銘文は見ようと思えば
見ることができる、あるいは、見る必要があるときに見ればよい、という最初期の銘文の
性格を引き繼いでいるように思われる。いわば、青銅禮器の製作緣起とでもいった性質の
ものであったのだろう。
　しかしながら、かつては父祖名や圖象記號しか記さなかった銘文が、青銅禮器製作の緣
起を記錄しはじめたことは、やはり銘文の性格に大きな變化をもたらすことになった。一
つは、恩賞下賜から作器に至るいきさつが書きとどめられることによって、銘文が一種の
記錄文書としての性格を獲得したこと。そして二つ目は、そのこととも關聯するが、王（上
位者）からの恩賞下賜が祖先祭祀に供される青銅禮器製作と結びついたことによって、そ
のことを書きとどめる銘文に政治性が付與されたことである。

記錄の媒體としての青銅禮器

　殷代末期の小臣俞犧尊（殷後期III）は、殷王から小臣俞への子安貝下賜を記錄している。

　丁巳の日、王は夒且の地を巡狩された。王は小臣俞に夒の貝を下賜された。これ
　は王が人方遠征から歸還されたとき。王の在位十五年、肜祭の日のことである。

王の在位十五年の人方遠征での子安貝下賜が、この青銅犧尊製作の契機となったことは疑
いないだろう。しかしながら、犧尊の胴內壁に鑄込まれたこの銘文には、子安貝下賜の事
實とその日附が記錄されているだけであって、先の宰㭒角銘の「父丁の青銅禮器を作った」
といったような作器にかんすることばは書きしるされていない。祭祀對象である父祖名あ
るいはこの犧尊が屬する氏族の圖象記號は、失われてしまった蓋の裏側にでも鑄込まれて
いたのかもしれないが、いずれにせよ、この犧尊銘は、銘文が記錄文書としての性格をも

つようになったことをよく示しているといえる。
　記録文書としての性格をもつ銘文は、時代を降って西周期へとその系譜をたどることができる。西周中期の師旂鼎（IIB）銘、

> 三月丁卯の日、師旂の率いる衆僕が王の于方雷遠征に從わなかった。（師旂）はその僚友弘に命じてそのことを伯懋父に訴えさせた。…（伯懋父の裁定）…。弘は中に告げてそのことを記させた。旂は、その「質」を靑銅禮器に「對」した（對厥質于障彝）。

は、周王の遠征に從わなかった衆僕を師旂が伯懋父に訴えたこと、その訴えに對する伯懋父の裁定を記錄したあと、師旂がその「質」を靑銅禮器に「對」したと記している。「質」とは伯懋父のくだした裁定[9]、靑銅禮器にそれを「對」するとは、具體的にはこの師旂鼎にその裁定を書きしるすことをいうと考えられる[10]。靑銅禮器は訴えとそれに對する裁定を記錄する媒體として機能しているのである。
　師旂鼎銘と同じく、當時の訴え（訴訟）を記錄する銘文に西周中期の五祀衛鼎（IIB）がある。

> 正月第一週庚戌の日、衛（裘衛）は邦君厲とともに井伯・伯邑父・定伯・𤸫伯・伯俗父に訴え出た[11]。裘衛は云った「厲は『わたしは共王さまの土木工事を請け負い、昭大室の東北で二本の川を治めた』、また『わたしは汝に田五田を與えよう』と云いました」。そこで（井伯・伯邑父・定伯・𤸫伯・伯俗父）は厲に「あなたは、田を出すのか出さないのか」と訊問した。厲はそのことを認めて「わたしは確かに田五田を出しましょう」と答えた。井伯・伯邑父・定伯・𤸫伯・伯俗父は審議し、厲に誓いをたてさせた。
> そこで、參有司である司土の邑人逋・司馬の頮人邦・司工の附矩と、內史の僚友である寺𠁁に命じ、裘衛に移讓されることになった厲の田四田を檢分させた。またその邑には屋敷もおかれた。田四田の北の境界は厲の田に接し、東の境界は散の田に接し、南の境界は散の田と政父の田に接し、西の境界は厲の田に接している。邦君厲とともに裘衛に田を移讓したのは、厲の叔子夙と厲の役人である申季・慶癸・𣄰表・荊人敢・井人倡屖であった。衛の一族の者其が宴を催した。
> 衛はわが父の寶鼎を作った。衛よ、萬年までも、永く寶として用いるように。
> 王の在位五年のことである。

裘衛と邦君厲との土地をめぐるあらそいが、井伯・伯邑父・定伯・𤸫伯・伯俗父という當時の執政團に持ち込まれ、その裁定を經たのち、裘衛に「田四田」が移讓されることとなった。銘文後半は、その「田四田」の境界設定にかかわる記錄で、土地の四境及びその境界設定に關與した人物の名が記錄されている。銘文最後に「衛はわが父の寶鼎を作った。衛よ、萬年までも、永く寶として用いるように（衛用作朕文考寶鼎、衛、其萬年、永寶用）」という作器に關する願望のことばが書きしるされてはいるが、銘文はほぼ土地をめぐる爭いの經緯と境界設定の記錄といって差し支えない[12]。

五祀衞鼎銘は土地の移讓にかかわる記録を含んでいたが、土地の移讓について最も詳細な記録をとどめているのは西周中期の散氏盤（II）である。

　　矢が散の邑に武力を用いたので、（その償いとして）散に土地を移讓することになった。
　　眉の土地は、憲水を渉って南に進み、大沽に至って一封する。そこから登って二封し、邊柳に至る。…眉にある井邑の土地は、根木道から左に行って井邑の封道に至る。そこから東に進み一封し、…槭に降って二封する。
　　矢人の役人であって眉の土地を管理している鮮・且・微・武父・西宮襄、…の計十五人が、矢が散に移讓する眉の土地の境界設定をおこなった。司土たる逆寅、…散の役人は計十人であった。
　　王の九月の乙卯の日。矢は鮮・且・曩旅に誓いをたてさせ「われは散氏に田器をわたしました。約束を違えることがあって、散氏の心を苦しめることがあれば、罰をうけ、放逐されるでしょう」と云わせた。鮮・且・曩旅は誓った。また西宮襄・武父に誓いをたてさせ「われは散氏に濕田・牆田をわたしました。われらに違約があれば、罰をうけましょう」と云わせた。西宮襄・武父は誓った。
　　土地の地圖を手渡したのは矢王である。それは豆の新宮の東廷においてのことである。證人となったのは史正の仲農である。

　最初の第一段には矢から散氏への土地移讓の原因が記され、第二段以下には實際の移讓手續きが克明に記録されている。第二段は移讓される土地の境界設定、第三段は境界設定にかかわった移讓側矢のスタッフと受領側散のスタッフの一覧、第四段は土地移讓にともなう誓約と續いたのち、最終段で地圖の授受とその證人の名が記録される。現代の土地讓渡關係文書にも比肩しうる法的な記録文書である。
　以上、記録文書としての性格をもつ銘文をいくつか紹介してきた[13]。朽ちることのない青銅禮器に鑄込まれたこれらの記録は、青銅禮器とともに滅びさることのない永續性を獲得した。五祀衞鼎銘に「衞はわが父の寶鼎を作った。衞よ、萬年までも、永く寶として用いるように」と記されていたように、それは祖先祭祀に供されるものであったが、同時に「萬年」までも傳えられ、後世の者たちが參照すべきものとなったのである。

記録されることば

　王（上位者）からの恩賞下賜と作器を記した銘文は青銅禮器の製作緣起的なものではなかったかと推測したが、西周の中頃になると、「萬年」あるいは「子々孫々」といった言葉が用いられるようになり、青銅禮器が後世に傳えられるものであるという意識が顯在化する[14]。西周中期の虎簋は、その銘文に、

　　王の在位三十年四月第一週甲戌の日、王は周の新宮におられ、大室におでましになった。密叔は虎を介添えし、所定の場所に立った。

王は内史を呼んで云われた（王呼内史曰）、
　　　虎を册命せよ。
　　（王は）云われた（曰）、
　　　おまえの祖先は先王にお仕えし、虎臣を管轄した。今、なんじに命じて告げる（今命汝曰）。おまえの祖先の職事をつぎ、師戲をたすけ、走馬馭人と五邑走馬馭人を管轄せよ。…なんじに黒皮の膝掛け…を賜う。もって職務にはげむように。
　　虎はうやうやしくぬかづいた（虎敢拜稽首）、
　　　天子のおおいなる恩寵にこたえあげます。
　　虎は申し上げた（虎曰）、
　　　輝かしいわがご先祖は、こころを明らかにして先王にお仕えしました。それゆえ、天子はその子孫をお忘れにならず、官職をお與えくださいます。天子よ、萬年までこの命をかさねられますように。
　　虎は父日庚の青銅禮器を作った。
　　　子孫たちよ、末永くこれを寶とし、つつしんで宗廟での祭祀を執り行なうように。

とあるように、作器者虎が走馬馭人と五邑走馬馭人（先驅・御者の類）の管轄を命ぜられたこと、ならびにそれにともなう恩賞下賜を記念して製作されたものである、銘文末尾に「子孫たちよ、末永くこれを寶とし、つつしんで宗廟での祭祀を執り行なうように（子孫、其永寶、用夙夜享于宗）」と記されているように、この青銅禮器は後世へと傳えられ、末永く祖先祭祀に供されるべきものと認識されていた。

　かつて青銅禮器製作の契機となったのは、軍功などに對する子安貝の下賜であったが、西周の中頃にはそれにかわって、虎簋銘に記されているような職務任命と禮服などの下賜儀禮（册命・策命）が作器の主要な契機となる[15]。かつて青銅禮器の主流をなしていた爵などの酒器が姿を消しはじめ、圖象記號が使用されなくなるなど、西周の中頃は、殷から引き繼いだ禮制が變質し、周的な禮制が確立してくる時期にあたる[16]。「萬年」「子々孫々」といった言葉もその變化に應じて出現してくるのである。

　周的な禮制を反映し、「萬年」「子々孫々」へと傳えられるものと觀念された青銅禮器の銘文には、さらにもうひとつ顯著な特徴がある。虎簋銘を例にとれば、周の新宮大室において執り行われた册命儀禮は、「王は内史を呼んで云われた（王呼内史曰）」で導入される王のことばで始まり、册命の文もまた「曰」字を伴う王のことばとして記録されている。册命の文は、たとえば頌鼎・壺（IIIB）銘に、

　　尹氏は王に命書を手渡した。王は史虢生を呼んで、頌に册命させた。王は云われた（王曰）、頌よ、なんじに命じて…。

とあるように、おそらくは竹簡（帛書）などに書かれた命書（册書）が代讀されることで傳達されたのであろう。しかしながら、それがあくまでも王のことばとして傳達されたことは、虎簋銘の册命の文のなかにさらに「今、なんじに命じて告げる（今命汝曰）」という

一文が挿入されていることが端的に示している。青銅禮器の製作緣起は、大量のことばを含む文書へと變質しつつあった[17]。

虎簋銘はさらに、「虎は申し上げた（虎曰）」によって作器者虎のことばをも記錄している。「虎はうやうやしくぬかづいた（虎敢拜稽首）」に續く「天子のおおいなる恩寵にこたえあげます（對揚天子丕杯魯休）」もまた、たとえば盠駒尊銘（II）に「うやうやしくぬかづき申し上げた（拜稽首曰）」とあるのを參照すれば、「曰」で導かれる直接話法であった可能性がたかい[18]。また「虎は父日庚の青銅禮器を作った」と譯しておいた一文も、やはり盠駒尊銘に「盠は申し上げた。わたくしは天子の恩寵にこたえあげ、わが父大仲の青銅禮器を作ります（盠曰、余其敢對揚天子之休、余用作朕文考大仲寶障彝）」とあるように、「虎は父日庚の青銅禮器を作ります」という直接話法で譯すこともできるのである[19]。

銘文最後の一文「子孫たちよ、末永くこれを寶とし、つつしんで宗廟での祭祀を執り行なうように」もまた、ことばが書きとどめられたものであるとするならば、虎簋銘は、最初の「王の在位三十年四月第一週甲戌の日、王は周の新宮におられ、大室におでましになった。密叔は虎を介添えし、所定の場所に立った」という一節を除くすべてが、直接話法によることばの記錄ということになる。最初の一節が卜書きにあたり、以下、登場人物のせりふが記錄される演劇脚本のような構成である。

銘文に直接話法が用いられる事例は殷代に皆無というわけではないが、この體裁が多用され定着するのは、やはり西周期をまたなければならない。册命金文への過渡的形態だとされる西周前期の大盂鼎（IB）銘、

　　九月、王は宗周におられ、盂に命ぜられた。
　　王はかくのごとく云われた（王若曰）、
　　　　盂よ、輝かしい文王さまは、天のもっていた大いなる命をお受けになられた。武王さまにあっては、文王さまを嗣いで國の體制を作られ、不遇であったものを引き立て、四方の國々を領有し、民たちを正しく導かれた。…今、われはなんじ盂に命じてわれを輔弼せしめる。德を愼み、朝夕に諫めることにいそしみ、奔走して天の威義を畏れるように。
　　王は云われた（王曰）、
　　　　ああ、なんじ盂に命ずる。おまえの祖先である南公の事績を引き繼げ。
　　王は云われた（王曰）、
　　　　盂よ、われを輔弼し、軍事を掌り、裁判を取り仕切り、余一人をたすけ、四方の主とならしめよ。われに代わり、先王さまがお授かりになった民と領土とを見て回れ。なんじに香酒…を與える。なんじにおまえの祖先である南公の旗を授ける。これをたてて巡狩をおこなうように。なんじに四人の長官とその支配する御者から庶人にいたる六百五十九人の民…を與える。すみやかにその土地から移すように。
　　王は云われた（王曰）、
　　　　盂よ、なんじの正しきに從い、わが命令をすてさることのないように。
　　盂は王の恩寵にこたえ、ご先祖南公の鼎を作った（作ります）。
　　王の在位二十三年のことである。

では、盂に下された命令はすべて王のことばとして記録されている。南公を祀るために製作された青銅禮器に鑄込まれたのは、その南公の事績を引き繼ぎ、王家を輔弼せよという周王のことばであった。小南一郎は、册命儀禮などで發せられる王の命令について、「單に職務を記した册書（命書）を授かるだけでなく、その内容が王の言葉として發言されたことによって、有效性が發するとされていたものであろう」と推論している[20]。そうであるとするならば、祖先祭祀に供される青銅禮器に鑄込まれた王のことばもまた、ただ單に事實を書きしるした記録として默讀されていたのではなく、作器者の政治的地位の有效性が確認された儀禮の場を再現（再演）するものとして、何度も聲に出して讀まれたのではないだろうか。

文字と聲

　銘文が青銅禮器に鑄込まれた（刻まれた）ものである以上、それが文字として讀まれることを前提としていたことは自明である、さきに見た恩賞下賜と作器の事實を記録する青銅禮器の製作縁起や、あるいはあらそいの裁定や土地の境界線を記録する銘文などは、記録を固定し保存する文字の性格を前提としてはじめて成立しうるものである。しかしながら、その文字によって王あるいは作器者のことばが書きとどめられるとき、銘文は文字の世界とは別の世界、すなわち聲の世界との接點をもつことになる。
　先にみた五祀衞鼎銘末の「衞よ、萬年までも、永く寶として用いるように（衞、其萬年、永寶用）」、あるいは虎簋の「子孫たちよ、末永くこれを寶とし、つつしんで宗廟での祭祀を執り行なうように（子孫、其永寶、用夙夜享于宗）」など、「萬年」「永寶用」「子孫」といった作器に關する願望のことばについて、林巳奈夫が興味深い事實を指摘している[21]。すなわち、これらの願望のことばを整理してみたところ、「決り文句として幾らも種類がないと思つてゐた」のに反して、「ヴァリエイションは一二〇項目にも達し、…件數は非常に分散して」いたというのである。その理由について、林は次のように推測する。

　　銘文の文章を書いた者は、終りに聞きなれた決り文句を慣習的に記して文章を結ぶ、といふのではなく、勿論既知の語彙を使つてではあるが、心の中の願望を自らの言葉で書き綴ることが多かったからだと考へるべきである。件數の多いものも、決り文句だから多いのではなく、語呂の加減で言ひ易いために偶々件數が集中したのだと解されよう。

　林は「既知の語彙」を「書き綴る」と考えているようだが、これは青銅禮器の銘文が文字の世界に屬していることを暗默の前提としてしまったからである。しかしながら、林が同時に「語呂の加減で言ひ易い」とも書いているように、作器に關する願望のことばは「語呂」に左右されるもの、すなわち聲の世界に屬していたと考えるべきものなのである。
　「文字の文化」とは別の、「聲の文化」の存在に注目したW. J. オングは、「聲の文化にもとづく思考と表現」の特徴の一つとして「累積的であり、分析的ではない」ことを指摘している[22]。文字をもたない「聲の文化」では、すべてのことがらは聲（音）にたよって

記憶されるしかないので、「類似によって對になった竝行的な語や句や節」あるいは「對立によって對になった對比的な語や句や節」などからなるきまり文句、あるいは「知謀にゆたかなオデュッセウス」といった「あだ名のような形容句」が累積的に多用されるという。しかしながら、これら膨大に蓄積された語彙の使用は、同時に極めて融通性に富んだものでもあった。たとえば韻律にあうように作られたきまり文句は、「まったく簡單にいれかえることができた」のである。オングはさらに、儀禮的な暗誦について、次のように指摘している。

　　書くことをすでに知り、それに依存しているけれども、素樸な聲の文化ともまだ
　　生き生きとした接觸を保っている文化、つまり、まだ聲の文化の影響をつよく殘
　　している文化においても、儀禮における發話そのものが、典型的な逐語的くりか
　　えしに<u>なっていない</u>ことがしばしばある。（傍線、引用者）

册命儀禮の場で發言される王の命令、それに答える受命者（作器者）のことば。そして作器に關する願望のことば。それらのことばが「決り文句として幾らも種類がないと思ってゐた」のに反して、「ヴァリエイションは一二〇項目にも達し、…件數は非常に分散して」いたのは、「儀禮における發話そのものが、典型的な逐語的くりかえしになっていない」からである。
　青銅禮器に鑄込まれた銘文に書きとどめられたことばは、發話された實際のことばである。そして、そのことばは銘文を通して何度でも聲に出して再現することができるものでもあった。再び虎簋銘に戻ろう。銘文最後の一文「子孫たちよ、末永くこれを寶とし、つつしんで宗廟での祭祀を執り行なうように」は、作器に關する願望を述べたものであり、さしあたりはこの禮器の作器者である虎のことばであったと考えてよい。これも何度か引用した盠駒尊銘の末尾に「盠は申し上げた、それ萬年、世々の子孫に及ぶまで、永くこれを寶といたします（盠曰、其萬年、世子孫、永寶之）」とあるように、作器に關する願望のことばは、作器者自身のことばとして銘文に記錄されうるものであったからである。貝塚茂樹はこのことばを「作器者が天子、あるいは主君の策命恩賜にこたえてたてまつったことほぎの言葉、すなわちわが古代の壽詞」、あるいは「臣下たちが服從を誓う返事の返り祝詞」とみなし[23]、伊藤道治は「作器者自身とその子孫が末永くその彝器を大切にして、記錄された恩寵を忘れないことを述べたもので、誓辭」であると考えている[24]。しかしながら、たとえば頌への册命儀禮を書きとどめた頌鼎・壺銘の末尾の一文「頌、其萬年眉壽、畍臣天子、靈終、子々孫々、寶用」を作器者頌自身の壽詞・祝詞あるいは誓辭として讀むことは難しい。小南一郎が指摘しているように[25]、銘文中の「其」字の一般的な用法から考えて、この一文は、

　　頌よ、萬年までの長壽をえて、ながく天子につかえ、その終わりを全うするよう
　　に。子々孫々にいたるまで、寶として用いてゆくように。

と讀んだほうがはるかに讀みやすいのである。
　それでは、このことばは一體誰が發したことばなのか。それは「周王や受命者の上司か

ら受命者にかけられる祝辭」（小南一郎）であったかもしれないし、あるいは「他人から受命者にかけられる豫祝の言葉」（小南）であったかもしれない。あるいはさらに「作器者の饗食にあずかった朋友が、主人に對して獻じた壽詞」（貝塚茂樹）であったのかもしれない。銘文末尾の作器に關する願望のことばは、受命者自身の壽詞・祝詞あるいは誓辭であるとともに、周王や上司からの祝辭ともなりえた。そして、その青銅禮器が祖先祭祀の饗食の場で用いられるときには、再び聲として再現され、他者（朋友）からの壽詞・豫祝のことばとして再び鳴り響いたのではないだろうか。

鳴り響く聲

　ことばに對する強い執着は、西周期の銘文をつらぬく大きな特徴である。西周期でもっとも長い銘文をもつ西周後期の毛公鼎（IIIB）は、「王はかくのごとく云われた（王若曰）」で始まり、以下「王は云われた（王曰）」と四囘調子を改めることで、480 字に及ばんとする王命を書きとどめている。さらに銘文の最後には「天子の輝かしいたまものにこたえあげ、青銅禮器を作ります。子々孫々まで、永く寶として用います（對揚天子皇休、用作障鼎、子々孫々、永寶用）」という作器に關する願望のことばが記されており、儀禮の日時や場所といったト書きすらもたない、全篇ことばだけで構成される銘文となっている[26]。

　儀禮の場で發言される王命によって受命者（作器者）の政治的地位が確認され有效化されるのであれば、それをそのまま書きとどめる銘文は、作器者の地位の有效性を何度も聲をとおして再現するためのものであろう。毛公鼎の銘文は、まさにそのためにほぼ全篇をささげているのであり、先にみた大盂鼎の銘文もまた同樣の意識にささえられている。册命金文の一例として紹介した虎簋銘もまた、銘文前半に王命を、後半に作器者虎のことばを書きしるしていた。自らの政治的地位を有效にする王命を第一に書きとどめようとする意圖を讀みとることができるが、西周後期になると、これとは逆に、作器者のことばが王命に先行する銘文があらわれるようになる。

> 逨が云った（逨曰）、
> 　輝かしいわが皇高祖單公は、その德を愼み、文王・武王を輔弼して、殷王朝を征伐し、天命を受け、四方を領有されました。文王・武王とともに、その支配領域をやすんじ、上帝の御心にかなっておられます。
> 　わが皇高祖公叔は、よく成王を補佐し、天命を成就して、まつろわぬ者どもを征伐し、四國・萬邦をさだめられました。
> 　わが皇高祖新室仲は、よくその心を幽明にし、遠きを懷け近きを治め、康王を輔弼し、朝貢せぬものをあまねく懷けられました。
> 　わが皇高祖惠仲盠父は、爭いごとのない調和した統治を行い、はかりごとを成就して、昭王・穆王を佐け、政事を四方にひろめて、楚荊を征伐されました。
> 　わが皇高祖零伯は、その心を明らかにして職務を全うし、共王・懿王に仕えられました。
> 　わが皇亞祖懿仲は、つとめて孝王・夷王を補佐し、周邦に功績をのこされまし

た。
　わが父共叔は、つつしんで政事を調和させ、德を明らかにして、厲王を補佐されました。
　わたくし逨は、わが祖先の職務を引き繼ぎ、夙夜怠ることなく、その職務に愼んでおります。それ故、天子（宣王）はわたくし達に多くの恩寵をお授けくださいます。
　天子よ、それ萬年かぎりなく、長壽を全うされ、永く周邦を安定させ、四方をお治めになられますように。
王はかくのごとく云われた（王若曰）、
　逨よ、輝かしい文王・武王さまは、天の大命を受け、四方を領有された。なんじの祖先は、先王を輔弼し、よく大命につとめた。今、余はなんじの祖先を想い、なんじへの命令をかさねる。なんじに命ず、榮兌を補佐し、四方の山林藪澤を管轄し、宮廷の用をまかなえ。なんじに赤い禮服…をあたえる。
　逨は天子の恩寵にこたえあげ、わが祖先の寶盤を作り、ご先祖をお祀りいたします。ご先祖は天上におられ、下にあるものを慈しみ、逨に多くの幸い、長壽をお授けくださいますように。
　逨よ、いつまでも天子に仕えるように。子々孫々まで、永くこの盤を寶とし祭祀をおこなうように。

　逨盤と名づけられたこの青銅禮器に鑄込まれた 373 字からなる銘文は、「逨が云った（逨曰）」で導入される作器者逨のことばで始まり、次いで「王はかくのごとく云われた（王若曰）と王のことばが書きとどめられ、最後に作器に關する願望のことばが記されるという構成となっている。王のことばと作器者のことばの順序が虎簋銘とは逆になっており、銘文の主要な關心が、作器者の政治的地位の有效性を確認する王のことばから、作器者自身のことばへとうつってしまっている。
　作器者のことばで始まる銘文は自述形式と呼ばれるが、逨盤銘における逨の自述は、皇高祖單公から逨にいたる逨の家系八代が文王・武王から宣王（＝天子）までの周王十二代に仕えてきたことを語っている。この銘文が西周史研究にあたえた衝撃についてはここではふれないけれども[27]、銘文とは先祖の美德・功勞・業績・受賞・名譽を稱揚し、あわせて青銅禮器を作った作器者の名を傳えるためのものであるという『禮記』祭統篇の定義に、逨盤銘前半の內容は近づきつつある。ただし、それは單なる「事實」の記錄ではなく、「逨が云った」という自述のことばであったことは、祭統篇の考え及ばなかったところではあろう。
　逨の自述が文字どおり聲の世界に屬していたことは、それぞれの先祖の事績について用いられる語彙からもうかがいしることができる。たとえば、文王・武王に仕えたとされる初代皇高祖單公について語られる「殷王朝を征伐し、天命を受け、四方を領有されました（撻殷、膺受天魯命、匍有四方）」の「膺受天魯命」「匍有四方」といったことばは、「膺受天命」「膺受大命」などといったヴァリエイションを含めて、銘文に散見することばである。なおかつ本來、天命を受けたのは文王、殷王朝を倒して四方を領有したのは武王の事績とされていたが[28]、逨盤銘ではその區分すら意識されていない。逨の自述は歷史的事實

を語っているのではなく、きまり文句をそれなりに選び、羅列しているだけなのである。
　先に參照したオングは「聲の文化にもとづく思考と表現」の特徴として、「ことばがもっぱら聲として機能している社會」は「ほとんど現在のなかで生きており、その現在は、もはや現在との關聯がなくなった記憶をすてさる」とも述べている。逑盤が作られた宣王期は、中興の時代ともされるが、外敵からの壓力を強く受けていた時代であった。そのような軍事的緊張のなかで記憶し語られるべきは、王朝創建期の文王・武王や成王、さらに王朝の支配領域擴大期にあたる康王や昭王・穆王の時代であり、反對に册命儀禮が確立し比較的安定した時代であった共王・懿王・孝王・夷王の治世は「現在との關聯がなくなった」時代であっただろう。皇高祖零伯と皇亞祖懿仲が仕えていたとされる共王～夷王四王に關わる語りの少なさは、この語りがまさしく聲の世界に屬していたことを示しているのだと考えられる。
　銘文が作器者のことばで始まる自述形式の銘文は、西周後期のはじめ頃にほぼ形式が確立し、やがて册命金文と融合しながら、いま見てきた逑盤銘のような銘文を生みだしていった。西周後期に編年できる自述形式の青銅禮器を列擧してみると、

　　師望鼎（IIIB）・大克鼎（IIIB）・禹鼎（IIIB）・踐鼎
　　瘨簋（IIIA）・𧽼簋（IIIA）・叔向父禹簋（IIIB）
　　單伯昊生鐘・二式瘨鐘（IIIA）・井人鐘（III）・梁其鐘（III）・虢叔旅鐘（III）・逑鐘・
　　戎生鐘
　　逑盤

となり、春秋期については、

　　晉姜鼎
　　秦公簋（春秋IIB）・復公仲簋
　　晉公𥂴（春秋IIB）
　　邵鐘（春秋IIB）・秦公鐘・秦公鎛・虡巢鐘・蔡公鐘・蔡公鎛

という一覽をえることができる。もちろん、當時作られたすべての青銅禮器が殘っているわけではないが、それでもやはり、自述形式の銘文が鐘や鎛といった樂器に鑄込まれる傾向が強かったと考えることは許されるであろう。鐘や鎛の銘文は、鼎や盤などとは異なり、鉦や鼓と呼ばれる青銅禮器の正面表側に鑄込まれるのが一般的である。祭祀や饗宴の場に居合わせた參加者たちは、鐘や鎛が演奏されるたびに、その表面に鑄込まれた銘文を目にすることができたはずである。逑盤銘が鑄込まれているのは逑盤の内底であるが、平たい盥狀の盤にあっては内底こそもっとも人目につきやすい場所なのである。「聲の世界」に屬している、あるいは「聲の世界」にもっとも特化した自述形式の銘文は、鐘や鎛が演奏され、盤が使用されるたびに[29]、聲として鳴り響いていたに相違ない[30]。

おわりに―文字の世界へ

　自述形式の銘文は春秋時代へと引き繼がれたが、册命儀禮や恩賞下賜などを書きとどめる銘文はすっかり姿を消してしまった。「永寶」や「子々孫々」などの作器に關する願望のことばも、たとえば春秋中期の考叔𠂤父盤（春秋 IIA）銘、

　　正月第一週丁亥の日、考叔𠂤父は自ら盤を作った。長壽にして萬年かぎりなく、子々孫々まで、永く寶としてこれを用いんことを（其眉壽萬年無疆、子々孫々、永寶用之）。

のように使用されつづけてはいるものの、西周期のような聲とのかかわりをすでに失ってしまったように思える。この願望のことばには、たとえば「子孫たちよ、末永くこれを寶とし、つつしんで宗廟での祭祀を執り行なうように（子孫、其永寶、用夙夜享于宗）」（虎簋銘）や「頌よ、萬年までの長壽をえて、ながく天子につかえ、その終わりを全うするように。子々孫々にいたるまで、寶として用いてゆくように（頌、其萬年眉壽、畍臣天子、靈終、子々孫々、寶用）」（頌鼎・壺銘）のような、「其」字で指示される呼びかけの對象が記されていない。自ら作ったという靑銅禮器に鑄込まれたことばは、儀禮の場で發せられた聲ではなく、したがって作器者の壽詞・誓辭、あるいは上司からの祝辭ではないからである。これは聲として發せられたことのないことばであり、靑銅禮器が使用される時にもまた、聲として再現されることはないだろう。作器者の願望であることには違いないが、それは文字として靑銅禮器に書きとどめられた願望なのである。

　聲の世界との關係を失いつつあったことばは、文字の世界のなかにその居場所を見いださなければならない。それはなによりもまず、表記され讀まれるということである。春秋中頃の國差罎（春秋 IIB）の銘文は、器の外側、肩部の上に鑄込まれており、銘文を第三者に對して示そうとする意圖を感じとることができる。戰國期になると、この傾向は一層顯著となり、たとえば中山王鼎・方壺（戰國 IIA）などは器表面の文樣をあきらめ、器表面にそれぞれ 469 字・450 字の銘文を刻んでいる。さらに欒書缶（戰國 IIB）の、

　　正月季春、元日己丑の日、わたくし孝孫書は、吉金を擇んで、缶を鑄造し、わがご先祖を祀り、わたくしの長壽を祈ります。欒書の子孫は、萬世もこれを寶とするように。

という銘文にいたっては、錯金を施されたうえで、器正面のもっとも目立つ場所に書きしるされているのである。

　讀まれるべき文字となった銘文は、作器者自身の功德を書きとどめ、それを後世の子孫に示す役割を擔うことができた。最後に泉屋博古館所藏の驫氏編鐘の銘文を引こう。

　　二十二年、驫姜は君たる韓宗の□を佐け、秦を征服し、齊の長城に入るに先立ち、平陰に會した。勇猛果敢に、楚京を攻擊した。韓宗からたたえられ、晉公の恩命をうけ、周の天子に昭らかに告げられた。もってこのことを銘文に刻みしるす。

文・武ともに盛んなること、永世まで忘れることがないように。

「もってこのことを銘文に刻みしるす（用明則之于銘）」としてこの編鐘に書きとどめられたのは、おそらくは前404年の戰役における作器者自身の武功であり、それに對する韓宗・晉公・天子からの顯彰であった[31]。かつてならば、韓宗・晉公・天子のことばへの執着もありえたであろうが、この鷹氏編鐘の銘文からは、もはや上位者からのことばを書きとどめようとする意識を讀みとることはできない。「はじめに」で引いた『春秋左氏傳』に「そもそも銘文とは、天子は德を記して、諸侯は時節に合した功勞を記し、大夫は武功を記すもの」あるいは「その功業を銘文として子孫に示す」とあった。功德を記錄して書きとどめ、それを子孫に示す。この鷹氏編鐘の銘文は、もはや聲の力を利用することはなく、事實を記錄し書きとどめる文字の力に全面的に依據しているのである。

註
(1)『新釋漢文大系 28　禮記中』（竹内照夫、明治書院、1977年）を參照した。なお、祭統篇は本文引用部分に引き續き、「そもそも銘文は、一たびこれを讀めば上下の人みな敎訓を汲み取るものである。君子は器物の銘を見て、まず銘文に稱美されている人を知って襃め、次いでこの銘を作った人を知って襃める。銘を作る人は、明察にしてよく先祖の美德善行を見知し、仁愛にしてよく先祖にその善事を後世に知られる機會を與え、かつ賢知にしてよく銘を殘して子孫を利する者であるから、誠に賢者と認めて宜しく、しかもわが賢知を誇らず努めて先祖を語るのは、誠に恭敬の人と認めて宜しい」とも述べている。
(2)『春秋左氏傳』（小倉芳彦譯、岩波文庫、1989年）を參照した。
(3) 岡村秀典『中國文明　農業と禮制の考古學』（京都大學學術出版會、2008年）。
(4) たとえば、白川靜は、これらの圖象記號を殷王朝に奉仕する集團の職能を示すものと解釋している（『文字講話』1、平凡社、2002年、第一話「文字以前」など）。一方、林巳奈夫は、圖象記號を氏族に屬する精靈（＝「物」）を示すものと考えている（「殷周時代の圖象記號」、『東方學報』京都39、1968年）。
(5) これらの圖象記號が組み合わされて新たな記號が生成されることについては、岡村前揭書などに指摘がある。
(6) 以下、引用する靑銅禮器について、林巳奈夫『殷周時代靑銅器の研究　殷周靑銅器綜覽一』（吉川弘文館、1984年）の斷代案がある場合には、それを示すことにする。
(7) 宰椃角には、さらに把手の裏に2文字の圖象記號が鑄込まれている。
(8) 二祀邲其卣には、外底の銘文とは別に、蓋裏側・器内壁に「亞獲、父丁」という圖象記號・父祖名が鑄込まれている。同一人物の作器にかかる四祀邲其卣にもまた蓋裏側・器内壁に圖象記號・父祖名、外底に42字の銘文が鑄込まれているが、六祀邲其卣は、それらとは異なり、蓋裏側・器内壁に28字の銘文が鑄込まれている。銘文の鑄込まれる場所は必ずしも固定的ではなかったということだろう。
(9) 白川靜『金文通釋』67 師競鼎（『白鶴美術館誌』13、1966年。のち『白川靜著作集別卷』金文通釋一下、平凡社、2004年）。
(10) 大保盤（西周IA）「王は彔子聖を討伐された。彔子聖が反亂をおこしたとき、王は大保に討伐の命令をくだされた。大保はよくつつしみ、王命に違うことがなかった。王は大保に余の土地を

下賜された。この青銅禮器を用いて、王命に對する（用茲彝、對命）の「對命」もまた、具體的には王命及び王よりの下賜の事實をこの青銅禮器に書きしるすことである。白川靜『金文通釋』67 師旂鼎（前掲）、あるいは伊藤道治「西周金文とは何か——恩寵と忠誠」（『中國古代國家の支配構造——西周封建制度と金文』、中央公論社、1987 年）を參照。なお青銅禮器に記録することは「典」とも表現された。たとえば、井侯簋（IIA）「用て王命を典し、周公の彝を作る（用典王命、作周公彝）」など。

(11) 「衛以邦君厲告于井伯・伯邑父・定伯・𤼈伯・伯俗父」の「A 以 B 告于 C」は、當時の訴訟（あらそい訴訟）を示す定型句である。

(12) 同じく裘衛の作器にかかり、同一地から出土した九年衛鼎・三年裘衛盉も裘衛への土地移讓の經緯を記録している。松井嘉德「西周土地移讓金文の一考察」（『東洋史研究』43-1、1984 年）を參照。

(13) 記録文書としての銘文の實例については、松丸道雄・竹内康浩「西周金文中の法制史料」（『中國法制史——基本資料の研究』、東京大學出版會、1993 年）を參照。

(14) 林巳奈夫「殷—春秋前期金文の書式と常用語句の時代的變遷」（『東方學報』京都 55、1983 年）。

(15) 貝塚茂樹は、前者を寶貝賜與形式金文、後者を官職車服策命形式金文と名づける。『中國古代史學の發展』（弘文堂、1946 年。のち『貝塚茂樹著作集』4、中央公論社、1977 年）を參照。

(16) 小澤正人・谷豐信・西江淸高『中國の考古學』（同成社、1999 年）を參照。

(17) もちろんすべての銘文がそうだというのではない。さほど長くない銘文は西周中期以降になっても、なお青銅禮器の製作緣起的文書であり續けた。

(18) 「拜稽首」に「曰」字が續く事例には班簋（IIA）「班拜稽首曰」や無㝬簋（IIB）「無㝬拜手稽首曰」などの事例がある。竹内康浩は「拜稽首」に續くことばを「臣下が王に對して答えたその科白そのもの（ないしそれに近いもの）」であろうと推測している。「西周金文中の『天子』について」（『論集中國古代の文字と文化』、汲古書院、1999 年）を參照。

(19) 作器される青銅禮器が、たとえば「わが文考の（朕文考）」といった呼ばれかたをする事例は數多い。「わが（朕）」という表現は、このことばが直接話法であることを示唆する。

(20) 小南一郎『古代中國　天命と青銅器』（京都大學學術出版會、2006 年）。

(21) 林巳奈夫「殷—春秋前期金文の書式と常用語句の時代的變遷」（前掲）。

(22) W. J. オング（櫻井直文・林正寬・糟谷啟介譯）『聲の文化と文字の文化』（藤原書店、1991 年）。

(23) 貝塚茂樹「西周金文末尾の吉語について」（『塚本博士頌壽記念佛教史學論集』、1961。のち『貝塚茂樹著作集』2、中央公論社、1977 年）。

(24) 伊藤道治「西周金文とは何か——恩寵と忠誠」（前掲）。

(25) 小南一郎前掲書。

(26) 毛公鼎銘の文章は儒教の經典『尚書』諸篇との表現の近さが指摘されている。『尚書』最古層に屬する康誥篇を例にとれば、「これ、三月哉生霸のこと、周公は初めて大きな新都を東國の洛に作ることを謀った。四方の人々が盛んに洛邑に集まって來た。侯服・甸服・男服の諸侯、采服・衛服の諸君主、百官・萬民などが、相集まって周に見事した。周公はこれらの人々をことごとくねぎらったのち、大いに告げた」と場面が說明されたのち、「王若曰」のあとに「王曰」を 11 回重ね、さらに最後に「王若曰」で王言を締めくくるという、ほぼ全篇にわたって王のことばが書き聯ねられる體裁がとられている。

(27) 松井嘉德「記憶される西周史——逨盤銘の解讀」（『東洋史研究』64-3、2005 年）。

(28) たとえば、本文に引用した大盂鼎銘「王はかくのごとく云われた、盂よ、輝かしい文王さまは、天のもっていた大いなる命をお受けになられた。武王さまにあっては、文王さまを嗣いで國の體制を作られ、不遇であったものを引き立て、四方の國々を領有し、民たちを正しく導かれた」など。
(29) 盤は一般的には水器とされるが、それが叩かれて音を出していた可能性を林巳奈夫前掲書などが指摘している。
(30) ロータール・フォン・ファルケンハウゼン（吉本道雅譯）『周代中國の社會考古學』（京都大學學術出版會、2006 年）に「青銅器銘文も同樣にこうした宗教的文脈の中で機能する。…儀式の過程で青銅器が食物や飲料を盛るのに用いられ、あるいは編鐘が演奏されるときはいつでも、銘文はいわば反響しつづけ、過去の威信を現在のために活性化する」との指摘がある。聲の世界と強く關わる青銅禮器の銘文は、まさに聲として反響しつづけるのである。
(31) 佐原康夫「藏品より　鷹氏編鐘」（『泉屋博古館紀要』1、1984 年）。

（『漢字の中國文化』、昭和堂、2009 年 4 月）

西周史の時期區分について

はじめに
西周史の三期區分
青銅器銘による時期區分
周人の記憶のなかの時期區分
西周四期の概要—むすびにかえて

はじめに

　中國古代史に實年代を與えようとした「夏商周斷代工程[1]」は、武王克殷（西周王朝の創建）を前1046年と定めた後、幽王十一（前771）年の西周王朝滅亡に至る歷代周王の在位年を以下のように推定している[2]。

王	年代（紀元前）	年數
武王	1046～1043	4
成王	1042～1021	22
康王	1020～996	25
昭王	995～997	19
穆王	976～922	55（共王當年改元）
共王	922～900	23
懿王	899～892	8
孝王	891～886	6
夷王	885～878	8
厲王	877～841	37（共和當年改元）
共和	841～828	14
宣王	827～782	46
幽王	781～771	11

　『史記』が實年代を記錄し始める共和元（前841）年以前の年代・年數がプロジェクトの推定値となるが、本稿の目的はこれら數値の是非を論ずることにはない[3]。議論されるべきは、歷代周王の年數をも含んだ西周史の時期區分の問題である[4]。
　夏商周斷代工程は、炭素14測定値などの考古學的データを表示する際に西周早期・中期・晚期（日本語の語感にあわせれば、前期・中期・後期と表記するほうがよいだろうが、原著の表記に從う）の時期區分を用いており、それは上記の歷代周王にも適應され、

早期:武王・成王・康王・昭王
中期:穆王・共王・懿王・孝王・夷王
晩期:厲王・共和・宣王・幽王

との時期區分案が示されている[5]。この時期區分案は、たとえば中國社會科學院考古研究所『中國考古學—兩周卷』(中國社會科學出版社、2004年)にも採用されているように[6]、中國の學界に共有される一般的なものであると考えられる。

長年にわたって蓄積された考古學的データに基づいて西周期を早期・中期・晩期に分かつ時期區分案は、當然のことながら輕々に無視しうるものではない。しかしながら翻って考えてみるとき、歷代周王を時期區分案の早期(前期)・中期・晩期(後期)に割り振っていく作業は如何なる根據に支えられ、その妥當性はどのように擔保されているのであろうか。

西周史の三期區分

彭裕商『西周青銅器年代綜合研究』(巴蜀書社、2003年)が指摘しているように、郭沫若に始まる科學的青銅器研究にあって、西周青銅器の年代研究に體系だった方法論を導入したのは陳夢家であった[7]。陳夢家は青銅器研究において考古學的方法論を重視したことで知られるが、同時にその『西周年代考』(商務印書館、1944年[8])の「西周分期表[9]」においては、西周期を初期・中期・晩期に分かつ以下のような時期區分案を提示している。

分期	王名	紀元前	在位年數
西周初期80年	武王	1027〜1025	3年
	成王	1024〜1005	20年
	康王	1004〜967	38年
	昭王	966〜948	19年
西周中期90年	穆王	947〜928	20年
	共王	927〜908	20年
	懿王	907〜898	10年
	孝王	897〜888	10年
	夷王	887〜858	30年
西周晩期87年	厲王	857〜842	16年
	共和	841〜828	14年
	宣王	827〜782	46年
	幽王	781〜771	11年

この歷代周王の在位年數は、西周王朝が257年存續したという『竹書紀年[10]』の記事に基づき、武王克殷を前1027年としたうえで、歷代周王の在位年數にかかわりうる青銅器銘ならびに文獻史料を勘案して「擬定」されたものである。初期・中期・晩期の時期區分

は、青銅器の變化を研究するために採用された「試分」であると陳氏は述べているが[11]、この區分案は以後多くの研究者に踏襲され、ある種の「定説」としての位置を占めるようになる。

　具體的な事例を示せば、青銅器銘のもっとも完備した集成である『殷周金文集成』（中華書局、1984〜1994年）は、その「編輯凡例」において、西周期を「約公元前11世紀末〜771年」としたうえで、

　　西周早期：武王至昭王（すなわち、武王・成王・康王・昭王）
　　西周中期：穆王至夷王（すなわち、穆王・共王・懿王・孝王・夷王）
　　西周晚期：厲王至幽王（すなわち、厲王・共和・宣王・幽王）

との時期區分を採用している（14頁）、西周の始まりを前1027年と明言しないものの、この時期區分案が、陳氏のそれを踏まえていることは明白である。また馬承源主編『商周青銅器銘文選』（文物出版社、1986〜1990年）も、青銅彝器の年代決定について、(1)絶對年代を推斷できるもの、(2)該當する周王治世を推斷できるもの、(3)周王二人の治世いずれかに屬しうるもの、(4)相對的年代しか決定できないもの、の四つのレベルがあると指摘したうえで、青銅器銘を、

　　武王・成王・康王・康王或昭王・昭王・西周早期
　　穆王・共王・共王或懿王・懿王・懿王或孝王・孝王・西周中期
　　夷王・夷王或厲王・厲王・共和・宣王・幽王・西周晚期

の順に配置している。夷王が西周晚期に屬している點は陳氏と異なるものの、陳氏の區分案を踏襲し、それに若干の修正を加えたものと評價してよいだろう。

　以上の事例を踏まえるならば、夏商周斷代工程が歷代周王を、

　　早期：武王・成王・康王・昭王
　　中期：穆王・共王・懿王・孝王・夷王
　　晚期：厲王・共和・宣王・幽王

の三期に時期區分したのは、從來の學界の「定説」をほぼ無條件に援用したものとなろう。夏商周斷代工程は、陳氏以來の時期區分案を受け入れたうえで、そこに、陳氏のそれとは異なる、歷代周王の在位年の推定値を書き加えていったことになるのである。

　しかしながら、一見なんでもなさそうなこの作業は、「試分」であった陳氏の時期區分案の重要な側面をほぼ無效にしてしまう結果を招くこととなる。陳氏の「試分」は、青銅器銘の研究者のみならず、青銅彝器の研究者によっても踏襲されてきたが、その理由について、たとえば樋口隆康「西周銅器の研究」（『京都大學文學部研究紀要』7、1963年）は、

　　丁度各期を八、九十年に平均して分けていて、時代の長さを考慮するのに便利である…。(19頁)

との評價をあたえている。林巳奈夫『殷周時代青銅器の研究―殷周青銅器綜覽―』(吉川弘文館、1984年) もまた、青銅彝器の型式學的編年について、

> 西周二五七年を三つの期に分けると各期が大體八〜九〇年といふ數字になり、各期について春秋戰國時代と大凡同じ年數になる。そこで西周を大きく前・中・後の三期に分けることにした。(192頁)

と逃べ、樋口とほぼ同様のことをいっている[12]。陳氏の「試分」とは本來、青銅彝器の變化を研究するために採用された考古學的側面を強くもつ作業假說であった。そのためには各期がほぼ均分されている必要があり、青銅彝器の研究者たちは、その利點をはっきりと意識していたのである。しかしながら、夏商周斷代工程は、その時期區分案に青銅器銘や天文現象の解釋に強く依據した推定年代をあてはめてしまい、結果、西周早期70年・中期98年・晩期107年という、もはや「均分」とは言い難い時期區分案を作り出してしまったことになる[13]。

青銅器銘による時期區分

郭沫若の「群別研究法」を日本に紹介したのは貝塚茂樹『中國古代史學の發展』(弘文堂、1946[14]) であった。貝塚は、この群別研究法を採用して西周期の青銅彝器を西周前半期金文 (武王・成王・康王・昭王・穆王) と西周後半期金文 (共王・懿王・孝王・夷王・厲王・共和・宣王・幽王) とに二分したカールグレンの時期區分を紹介したあと、

> 西周の金文は二十一の群を包括する周初金文の一群と、同數の群を包括する周後期金文大群とに截然と分けられ、二大群は相互の間に全然何の關聯も認められないのである。…周初金文の一大群と西周後期金文の一大群のほかに、別に周康王末年から昭王、穆王時代にかけて製作された一類の金文があり、兩半期金文を繋ぐ過渡的な性質を多く保有しているから、西周中期金文として一項を立て得る。
> (『著作集』126頁)

として、

西周初期：武王・成王・康王
西周中期：昭王・穆王
西周後期：共王・懿王・孝王・夷王・厲王・宣王・幽王

という時期區分案を提唱した。康王末年から昭王・穆王期の中期金文をはさんで、西周金文は初期金文と後期金文の三期に區分されることとなるが、初期金文が「寶貝賜與形式金文」、後期金文が「官職車服策命形式金文」と名附けられたように、時期區分の最も重要なメルクマールとされたのは册命 (策命) 形式金文の出現であった。

日本でほぼ唯一の學術的西周通史といえる白川靜「西周史略」(『金文通釋』46・47、1977年)[15] は、西周史を「殷周の際」(文王・武王期)、「周初の經營」(成王・康王期)、「鎬京辟雍」(康王・昭王・穆王期)、「政治的秩序の成立」(共王・懿王期)、「孝夷期と淮夷の動向」(孝王・夷王期)、「貴族社會の盛衰と西周の滅亡」(厲王・宣王・幽王期) の六期に分かっている。貝塚の時期區分との對比で示せば、

　　西周初期：殷周の際・周初の經營
　　西周中期：鎬京辟雍
　　西周後期：政治的秩序の成立・孝夷期と淮夷の動向,・貴族社會の盛衰と西周の
　　　　　　滅亡

となり、西周期を三期に分かつ大枠を共有しつつ、それぞれの時代が細分されていることとなる。特に「鎬京辟雍」と「政治的秩序の成立」の關係は、貝塚が指摘した過渡的性質をもつ西周中期金文と册命形式金文の出現の關係によく重なっている。

　戰後日本の殷周史研究者はほぼ三世代に分かつことができ[16]、貝塚・白川らの第一世代を引き繼いだ第二世代として、樋口隆康・林巳奈夫や伊藤道治・松丸道雄といった研究者の名をあげることができる、樋口・林兩氏が陳氏の均分的な時期區分案を踏襲したことは先にみたが、これに對して伊藤は必ずしも明示的に時期區分を論ずることはなかったものの、たとえば『中國古代國家の支配構造—西周封建制度と金文』(中央公論社、1987年)において、西周前期 (武王・成王・康王)、中期 (昭王・穆王・共王・懿王)、後期 (孝王・夷王・厲王・宣王・幽王) といった時期區分を採用している (13頁)。前期と中期前半の金文には戰功あるいは何らかの行事に際しての功績や恩賞を記したものが多いこと、中期後半から後期の金文には王による官職への任命と車服の賜與を記錄したものが多いことが指摘されているように、銘文内容の變化、ひいてはその變化が示す時代の劃期性を重視する貝塚の考え方が踏襲されている。しかしながら、その劃期は伊藤が採用した時期區分とは必ずしもうまくは整合しておらず、結果、「中期前半」や「中期後半」といった表現が用いられることとなるのである。一方、松丸が陳夢家の時期區分をほぼ踏襲しているであろうことは、『西周青銅器とその國家』(東京大學出版會、1980年) に夷厲期を西周後期とする記述があり (316頁)、松丸道雄・竹内康浩「西周金文中の法制史料」(『中國法制史—基本資料の研究』、東京大學出版會、1993年) には「西周前期金文 (ほぼ昭王期まで)」「西周中・後期 (ほぼ穆王期以降)」といった表現があることから窺うことができるが、それが青銅器銘の内容に即した時期區分と必ずしも一致しないであろうことは、伊藤の場合と同樣である。

　小南一郎『古代中國　天命と青銅器』(京都大學學術出版會、2006年) の「あとがき」には、陳夢家の均分的時期區分案を援用する林巳奈夫の青銅彝器編年について、次のようなエピソードが紹介されている。林に宛てた禮狀のなかで、

　　西周中期の中の A 段階と B 段階との間に大きな斷絶をおいて青銅器の編年をしておられる (…册命金文をもつ青銅器を、みな、中期 B 段階以降に編年している) が、それなら、むしろ、中期という時代設定をやめ、西周時代を、前期 A・B・C、後期 A・B・C と斷代した方が解りやすいのではないかと書き送った。すぐさま、

林氏から電話がかかり、そんな考え方は絕對に認められないと斷言された…。(274頁)

その理由についての說明はなかったそうだが、この「對話」からは、銘文內容の變化から時期の劃期性を讀み取ろうとする貝塚(あるいは白川)の時期區分と、均分的な時期區分をもとめる林(樋口、ひいては陳夢家)の時期區分との基本的な差異を讀み取ることができる。そしてさらにいうならば、小南がやや挑發的に提案している西周前期・後期の二期區分の可能性は、立場の異なる二つの時期區分論が共有する「常識的」時期區分—前期(早期)・中期・後期(晚期)といった三期區分—が必ずしも絕對的なものではないことをも示唆している。

周人の記憶のなかの時期區分

筆者は拙稿「記憶される西周史—逨盤銘の解讀」(前揭)において、文王から「天子(宣王)」にいたる、『史記』周本紀の記述に從えば、十二世代十三王の治世に言及する逨盤銘を考察し、そこから西周末期の周人の「歷史認識」を讀み取ることができると主張した。文王から「天子(共王)」にいたる七王の治績を「史」の立場から記述しようとした史牆盤銘とは異なり、逨盤銘は高皇祖單公から逨にいたる一族八代の功績を宣揚するために歷代周王を利用しており、そこで語られる歷代周王の治績は西周末期の周人に共有されていた「記憶」であろうと推定したのであった。ここに、改めて逨盤銘から讀み取れる西周人の歷史認識をあげるならば、

1、王朝の始源は文王受命と武王克殷に求められ、文王・武王の役割は明確に區別されていた。しかしながら、やがてそれは「丕顯文武(あきらかなる文王・武王)」といった常套句の出現が示すように、文王・武王の統言へと變化してゆく、
2、成王と康王については、その統言を囬避しようとする意識が働いていた。三監の亂の平定、成周の造營といった成王の治績は、武王との聯續性を強く意識させるものであった。
3、「康宮問題」が示すように、康王は西周廟制(康宮諸宮)の「祖宗」の地位にあり、康王期に時代の劃期を見いだそうとする歷史認識が存在していた。
4、統言される三組六王—昭王・穆王と共王・懿王と孝王・夷王—のうち、昭王・穆王の二王は「軍事王」として記憶されていた、その記憶は文獻史料へと引き繼がれ、穆王の崑崙への大旅行を記す『穆天子傳』といった語りを生み出していくこととなる。
5、逆に、共王・懿王と孝王・夷王の二組四王については、その具體的な治績が語られることがない。文獻史料が共王・懿王・孝王についてほとんど何も語りえないのは[17]、西周末期の周人の記憶を引き繼いだものてある。
6、ただし、夷王以降の治績について文獻史料が饒舌になること、康宮諸宮についても夷王宮ならびに厲王宮の存在が確認できることなどから、夷王期は共王・懿王・孝王期と厲王期以降とを繫ぐ過渡的な時代であったと考えられる。

となるであろう。

　以上のことから、西周末期の周人には、成王から康王、穆王から共王、そして夷王から厲王という三つの時期に時代の劃期を求めようとする歴史認識が共有されていたと考えることができる。そして、この周人の歴史認識に従うならば、西周期は、

　　I、　文王・武王・成王
　　II、　康王・昭王・穆王
　　III、共王・懿王・孝王・夷王
　　IV、厲王・宣王・幽王

の四期に分かつことができるのではないかと思われる。唐代文學研究で採用される初唐・盛唐・中唐・晩唐という時期區分の命名法に倣えば、初周・盛周・中周・晩周ということになるだろうか。この試案を本稿で紹介した陳夢家（さらには夏商周斷代工程）・貝塚茂樹・白川靜・伊藤道治らの分期案と比較したのが以下の表である。

周王	松井案	陳夢家案	貝塚案	白川案	伊藤案
文王	初周			殷周の際	
武王		初期	初期		前期
成王				周初の經營	
康王	盛周			------------	
昭王			中期	萯京辟雍	
穆王		中期			中期
共王	中周		後期	政治的秩序の成立	
懿王					
孝王				孝夷期と淮夷の動向	
夷王					
厲王	晩周	晩期		貴族社會の盛衰と西周の滅亡	後期
共和					
宣王					
幽王					

　例えば貝塚のいう西周中期金文が「康王末年から昭王・穆王期」と表現されていたように、周王の代替わりが時期區分と嚴密に重なるものでないことはいうまでもないが、それをおいてもなお、松井案と白川案が最も多くの共通點をもつことは見てとれる。かたや四期區分かたや六期區分という分期數の多さにその一因を求めることもできるが、やはりなによりも、西周史の時期區分を文王から始めること、穆王期と共王期のあいだに劃期を求めようとすること、そして厲王期にもう一つの劃期を求めようとすること（これについては、陳夢家案・伊藤案も同樣）という基本的な枠組みを共有していると評價することができる。しかしながらその一方で、成王と康王の際に劃期を見いだすべきだという松井案の主張は、白川案を含む他の分期案と一致することがない、拙稿「記憶される西周史―逨盤銘

- 249 -

の解讀」(前掲)で強調したように、後世の文獻史料が成王と康王の治世を「成康之際」と統言し、その太平を賞贊するのは[18]、成王と康王の際に時代の劃期を見いだしていた西周人の記憶が忘れられてしまった結果にすぎない。康王が西周人にとって「獨尊」の王であったことは銘記されるべきであろう。

西周四期の概要—むすびにかえて

以下、松井案四期それぞれの時代の概要を述べ、本稿のむすびにかえることとしたい。

「初周」の文王・武王・成王期は、王朝の創建に費やされた時代である、西周王朝は文王の受命、武王の克殷という二つの「始源の時」をもつが、武王の死後、「克殷」の事業は成王に引き繼がれていった。三監の亂の平定、成周造營などの治績は、成王を輔佐した周公旦の記憶を強調しつつ、『尚書』などを中心とした文獻史料に保存されていくこととなる[19]。林巳奈夫の型式學的編年案においては、西周ⅠのA段階に相當する時代である。

「盛周」の康王・昭王・穆王期は、「軍事王」の時代として西周末期の周人から回顧された。小盂鼎に記録された鬼方への遠征など、康王期に始まるであろう本格的な遠征・征服活動に引き繼いで、南方の楚荊遠征などの活動が繰り廣げられる。本格的な諸侯封建(あるいは移封)が展開するのも康王期以降であったと考えられるが、それらの治績はやがて成王へと收斂し、康王は語るべき治績をもたない「安寧」な王へと變身していく。林編年案の西周ⅠB・西周ⅡAに相當する時代である、

「中周」の共王・懿王・孝王・夷王期は、册命形式金文が確立し、西周王朝の政治的秩序が完成する時代である[20]。西周末期の周人にとっては記憶されるべき治績に乏しい時代であったが、册命による職掌の分配などを契機として有力家系の分節化が進行する[21]。『史記』周本紀の記述に從うならば、この時期に懿王→孝王→夷王という世代を逆行する王位繼承の混亂があったことになるが、それを政治的に補完し(あるいは、それに關與し)たであろう有力內諸侯による執政團の形成も觀察できる。林編年案の西周ⅡB・西周ⅢAに相當する。

「晚周」の厲王・(共和)・宣王・幽王期は、過渡期としての夷王期を經て、周邊勢力の動搖・反亂、それへの遠征など軍事的緊張が高まる時代である。政權內部においても、武公・伯龢父・毛公、そして逑盤の作器者である逑といった周王權力をも凌駕する有力內諸侯が登場し、周王もそれに對抗すべく自らの正統性を再確認し強調しようとする。康王を祖宗とする康宮諸宮が整備されるとともに[22]、白川靜『詩經研究通論篇』(朋友書店、1981年)にいう「雅頌詩篇の展開」の時代が始まり、文王・武王の「始原の時」をこえて后稷・公劉・古公亶父といった先公の治績が「敘事詩」によって回顧されるようになる[23]。林編年案の西周ⅢAから西周ⅢBに相當する時代である。

註
(1)「夏商周斷代工程」については、さしあたり『夏王朝は幻ではなかった— 1200年遡った中國文明史の起源』(岳南・朱建榮、加藤優子譯、柏書房、2005年)を參照。

(2)『夏商周斷代工程 1996-2000 年階段成果報告簡本』（世界圖書出版公司、2005 年）表 22「夏商周年表」（88 頁）。

(3)「夏商周斷代工程」の方法論の問題點については、何炳棣・劉雨「夏商周斷代工程基本思路質疑」（『燕京學報』14、2003 年）、小澤賢二「『武王伐紂年』歲在鶉火說を批判する」（『中國天文學史研究』、汲古書院、2010 年）などを參照。

(4)本稿の基本的な考え方は、拙稿「記憶される西周史—逨盤銘の解讀」（『東洋史研究』64-3、2005 年）の英譯版である "Western Zhou History in the Collective Memory of the People of the Western Zhou: An Interpretation of the Inscription of the "Lai Pan""（『東洋史研究』66-4、2008 年）の 'Afterword to the English version' で示したが、本稿はそれに補訂を加え、加筆したものである。

(5)『夏商周斷代工程 1996-2000 年階段成果報告簡本』（前揭）表 9「西周金文曆譜王年與考古 ^{14}C 測年的參照」（36 頁）。なお、表 9 は表 22 と基本的に同じ年代觀を共有するが、懿王・孝王・夷王の在位年を合わせて 22 年とする點が異なる。

(6)「對兩周時期物質遺存的分期研究、是 20 世紀 50 年代在長安的豐鎬遺址和洛陽中州路墓地的發掘中展開幷取得初步成果的。1957 年在灃河西岸遺址區的發掘中對西周遺存進行的分期、最初分爲早・晚兩期。1962 年在灃河東岸的遺址發掘中、進而將西周遺存分爲早・中・晚三期。…上述分期研究的成果、在對其他兩周遺址的考古發掘中經過檢驗、證明是合理・可信的、因而成爲兩周文化分期的標尺。例如房山琉璃河・曲沃天馬—曲村等西周遺址在發掘中提出的三期六段的劃分、雖與豐鎬遺址的分期略有差違、但總體來說仍頗爲一致。同時、人們基于地層疊壓及各層出土遺物的形態學排比、結合有銘銅器中可以推斷王世的銅器、與西周文化遺存所分的早・中・晚三期對應起來、進而推定各期所涵的王世、早期遺存約當武・成・康・昭諸王世、中期約當穆・恭・懿・孝・夷諸王、晚期爲厲・宣・幽三王」（5〜6 頁）。

(7)「在郭氏以後、對西周青銅器作專門的年代研究、幷在方法上提出了系統意見的、是陳夢家先生。…陳氏的研究方法將郭氏"標準器斷代法"作了擴大和發展、但值得重視的是、他非常注重考古學的研究方法」（4 頁）。

(8)1956 年再版。『陳夢家著作集　西周銅器斷代』（中華書局、2004 年）・『陳夢家著作集　西周年代考・六國紀年』（中華書局、2005 年）に再錄。

(9)『陳夢家著作集　西周年代考・六國紀年』（前揭）51 頁。

(10)「自武王滅殷、以至〔于〕幽王、凡二百五十七年」（『史記』周本紀・集解引）など。

(11)「此表根據本書第三部的結尾而作、採取竹書紀年西周二五七年之說分配各王年數。各王相對的紀元前年數、都是擬定的。但自夷王起、已接近了絕對年代、將西周分爲三期、係作者研究西周銅器時所試分。根據此三期分法、對于研究銅器的變化、是有便利的」（『陳夢家著作集　西周年代考・六國紀年』、前揭、51〜52 頁）。

(12)しかしながら、林は同時に「このやうにして分けられた器が型式、紋樣、銘文の字體などによつて緊密な結びつきをもつた群をなし、それらが年代的に前後に繼起したことは確かとして、個々の期の繼續した時間において、長短の差があつたであらうことは疑ひない所である。しかしこのことはここに採つた期の區分の方法に特有のものではなく、考古學の層位の上下關係によつて整理された文化の期の區分についても同樣であることは改めていふまでもあるまい」との一文を添えている。

(13)李峰（Li Feng）の一聯の著作、たとえば、*Landscape and Power in Early China: The Crisis and Fall of the Western Zhou, 1045-771B.C.* Cambridge University Press, 2006.（中文譯『西周的滅亡—中國早

期國家的地理和政治危機』、上海古籍出版社、2007 年）あるいは *Bureaucracy and the State in Early China: Governing the Western Zhou.* Cambridge University Press, 2008.（中文譯『西周的政體―中國早期的官僚制度和國家』、三聯書店、2010 年）もまた、陳夢家の時期區分案に從いつつ、そこに Edward Shaughnessy, *Sources of Western Zhou History.* Universty of California Press, 1991 の推定年代をあてはめ（在位年については、B.C.省略）、

Early Western Zhou: 93（89）年

　　King Wu（武王）:1049/45-1043・Duke of Zhou（周公旦）:1042-1036・King Zheng（成王）:1042/35-1006・King Kang（康王）:1005/3-978・King Zhao（昭王）:977/75-957

Middle Western Zhou: 99 年

　　King Mu（穆王）:956-918 ・King Gong（恭王）:917/15-900・King Yih（懿王）:899/97-873・King Xiao（孝王）:872?-866 ・King Yi（夷王）: 865-858

Late Western Zhou: 87（83）年

　　King Li（厲王）:857/53-842/28・Gong He（共和）:841-828・King Xuan（宣王）:827/25-782 ・King You（幽王）:781-771

との時期區分案を示している。夏商周斷代工程の推定值に比べれば「均分」に近いが、方法論的には何ら差異はない。

(14)『貝塚茂樹著作集』第 4 卷（中央公論社、1977 年）に再錄。

(15)『白川靜著作集　別卷』（平凡社、2000 年）に再錄。

(16) 吉本道雅「書評『周代國制の研究』」（『史窓』60、2003 年）あるいはロータール・フォン・ファルケンハウゼン（吉本道雅譯）『周代中國の社會考古學』（京都大學學術出版會、2006 年）の吉本「解題」。

(17)『史記』周本紀「共王崩、子懿王囏立。懿王之時、王室遂衰、詩人作刺。懿王崩、共王弟辟方立、是爲孝王。孝王崩、諸侯復立懿王太子燮、是爲夷王」。

(18)『史記』周本紀「成康之際、天下安富、刑錯四十餘年不用」、『漢書』景帝紀「周云成康、漢言文景、美矣」など。

(19) このことは、周公旦の末裔の動向に關わる可能性がある。西周期における周公旦の末裔（『春秋左氏傳』僖公二十四に「凡・蔣・邢・茅・胙・祭、周公之胤也」とある）については、井（邢）侯：井侯簋（林 IA）・臣諫簋（林 IIA、河北省元氏縣出土）・麥關係器、柞（胙？）伯：柞伯簋（西周早期）・柞伯鼎（西周晚期）などの存在が確認できる。しかしながら、それとは對照的に、王卿士の地位にあったとされる「周公家」に關わる青銅器は、ほぼ「周公子明保」の名を記錄する令方彝／尊（林 IB）にとどまり、西周期「周公家」の活動を知ることができない。春秋期になると、『春秋』あるいは『春秋左氏傳』に、周桓公（隱六）・周公忌父（莊十六）・宰周公（僖五）・周公閱（僖三十）・周公楚（成十一）など「周公家」の王卿士が多數登場することから考えれば、「周公家」はその本據を夙に成周の地に遷していた可能性がある。『尙書』において周公旦（ならびに成王）の治績が强調されるのは、「周公家」のこのような動向と關聯する可能性があるだろう。

(20) 小澤正人・谷豐信・西江清高『中國の考古學』（同成社、1999 年）は、西周期の青銅彝器の變化を、次のように總括している。

　　やがて殷・周王朝交替後には、舊殷文化の中心地域からおそらく青銅器の技術者集團とともに殷直系の青銅器が周王朝に導入されたと考えられる。そしてそれまでほぼ鼎と簋に限られていた

器種の構成に、觚・爵・觶・罍・尊・卣などいわゆる酒器の類が加わり、多様な西周前期の青銅器が生まれる。…しかし、そのうちの觚は、西周前期の前半を過ぎるとほとんど見られなくなり、その他の酒器も西周中期の間には完全に衰退する。多くの中小墓出土の青銅器は、結局、鼎と簋中心の定型化した組み合わせに落ち着くが、このころから炊器の甗・鬲が増加し、中期後半からは、食器の盨・簠、水器の匜などが現れる。樂器の編鐘が發達をはじめるのもこの時期で、これらは西周後期を經て春秋期へと發展繼承された。（262 頁）

「西周中期」頃に、周王朝が殷文化の影響から離脱し、獨自の文化を形成していったことを示していよう。

(21) 拙稿『周代國制の研究』（汲古書院、2002 年）第三部・第二章「分節する氏族」。
(22) このことは、ロータール・フォン・ファルケンハウゼン（吉本道雅譯）『周代中國の社會考古學』（前掲）にいう「西周後期禮制改革」（53 〜 56 頁）の問題とも關係しているだろう。ファルケンハウゼンは「改革」の時期を「前 850 年頃のある時期、厲王の治世に當たる可能性が最も高くなる」（56 頁）とするが、それが遲きに失することについては吉本「解題」の「西周期の絕對年代」を參照。康宮諸宮のなかに夷王宮の存在が確認できることも想起すべきであろう。
(23) 拙稿「はじまりの記憶―銘文と詩篇のなかの祖考たち」（『史林』91-1、2008 年）

　　　　　　　　　　　　　　　　　　　　　　　　　　（『史窗』第 68 號、2011 年 2 月）

土口　史記　著
先秦時代の領域支配
（京都大學學術出版會、2011 年 6 月）

　本書は、「初々しい若い知性のデビュー作」の意味がこめられているという京都大學『プリミエ・コレクション』の第 6 冊として出版された、まさに著者土口氏のデビュー作である。本書は 2010 年までに發表された論考 4 本を中核とし、あわせて附論として、それらの概要ともいえる中央研究院歴史語言研究所での報告資料（中文）を收めている。

　「緒言」では本書の目的・方法論が述べられるが、先ずここで確認しておきたいのは、書名『先秦時代の領域支配』の「先秦時代」「領域支配」という言葉にこめられた著者の意圖である。
　「先秦時代」とは、いうまでもなく統一秦に先立つ時代、さしあたり夏王朝を除くとすれば、殷・西周・春秋・戰國時代を指し示す時期概念である。著者の當面の關心は主に春秋・戰國時代にあると思われるが、それを「先秦時代」と表現するのは、殷周史・秦漢史研究雙方の交差點ともいわれる春秋時代、さらには戰國時代にかけての通時的な歷史像を提示し、それによって各時代へと分斷されがちな研究關心を接續しようとするためであろう。「變化の面」に注目し、「歷史過程、歷史的文脈という側面を重視し、制度的な展開・發展を解明しようとする」研究態度もそこから要請されてくるだろう。
　ついで「領域支配」の「領域」についてみれば、それは「邑や縣と呼ばれた當時の地方聚落・行政組織・人々の居住地」といった「支配域の集積」として定義される。從來、先秦時代は秦漢的な郡縣制の形成過程として捉えられ、議論も郡縣制的要素の萌芽ないしは缺如といった問題系に偏りがちであったが、本書では、「縣」と表記されることのない一般的な聚落「邑」を射程に入れることで、「郡縣制形成史」とでも表現しうる議論を相對化することが目指されている。秦漢的な郡縣制は先秦時代の領域支配の唯一の歸結點ではない。先秦時代の領域支配には郡縣制に結びつかなかった多様な形態がありえたはずであり、その獨自姓を正當に評價しなければならない。しかしながら同時に、郡縣制は先秦時代の領域支配の一つの歸結點ではあった。「制度的な展開・發展」の解明が要請される所以であろう。

　第一章「春秋時代の領域支配—邑とその支配をめぐって」では、「縣」と表記されない「邑」全般に議論の射程が擴げられ、「郡縣制形成史」の相對化が圖られる。日本における「縣」制研究に劃期をもたらした增淵龍夫「先秦時代の封建と郡縣」以後、春秋時代の晉「縣」あるいは楚「縣」を中心に活潑な議論が繰り廣げられてきた。評者松井もその驥尾に附したのであるが、それらの議論を通して明らかになってきたのは、春秋「縣」の軍事的機能こそが重要な檢討課題であるということであった。しかしながら、その軍事據點

ないし軍隊供出地としての機能は、春秋「縣」にのみ限定されるものではなく、「邑」全般においてもまた檢出可能な機能である。著者はそれを「邑を以て叛く」といった事例や「邑人」の軍事動員の事例によって檢證し、

> 邑においても、軍事的要請に基づく支配強化の契機は存在していたのであり、それは縣であるか否かとは本質的に無關係なのである。春秋時代、縣において優先的に支配強化がなされたなどと捉えるべきではなく、見るべきはむしろ縣と邑の推移上の同質性であろう。春秋時代においてやはり縣・邑の區別は見出しがたいのである。(43頁)

との結論に至っている。

春秋「縣」の相對化が果たされたわけだが、しかしながら、「『縣』と表記される單位は資料上確かに存在する」こともまた嚴然たる事實である。「縣」の意味を改めて問い直す議論が要請されることとなるが、そこで著者が注目するのが「某縣」と「縣某」の用例の差異であった。「某縣」すなわち「地名+縣」の用例は、絳縣・州縣・原縣など晉の領域内において確認することができる。一方、楚の領域内では、「縣某」すなわち「某を縣とす」といった動詞句的用例は確認できるものの、「某縣」という用例を見出すことはできない。楚の領域内における動詞句「縣某」が「某縣」に直接結びつかないとすれば、「『縣某』は、その對象邑をそのまま「某縣」なる行政單位へと編成することを意味したかどうか、疑わしく思われ」、

> 「(特殊な)縣を設置した」とまで評價する必要はなく、「楚の縣鄙(＝屬邑)とした」という意味にとどまるものと捉えるべきだろう。(45頁)

と著者は主張する。支配領域に新たに編入され縣鄙となった邑は、その邊境(境界地)としての地理的條件から必然的に軍事的機能を擔うこととなる。「縣」と「邑」の同質性が擔保されるとともに、「行政單位を表」し、「一定の範圍」を示す春秋晉「縣」と、屬邑を意味する楚の「縣」との相違が強調されるのである。

第二章「『縣』の系譜─『商鞅縣制』の前提として」では、春秋時代から戰國時代に至る縣制の展開・聯續性が、商鞅變法をはさんだ秦の「縣」を檢證の對象として議論される。

商鞅以前の秦の「縣」の事例は、前688年の「伐邽・冀戎, 初縣之」から、前374年の「縣櫟陽」に至る6例が確認できる。これら6例はすべて「縣某(某を縣とす)」と表現されており、そのことから、商鞅以前の秦の「縣」に、楚「縣」と同様、「縣鄙とした」以上の意味を與えるべきではない。これに對して、行政單位としての「縣」とされるのが商鞅によって導入された「商鞅縣制」である。商鞅の縣制とは「均質な軍賦徵收單位としての機能を期待された」「制度としての『縣』制」であった。

商鞅の經歷を引くまでもなく、戰國秦が魏の影響を受けていることは夙に指摘されてきたところであり、商鞅縣制にもまた戰國魏(さらに春秋晉)からの繼承關係を想定する必要がある。戰國魏の地方統治機構を檢證した先行研究を承け、「領域支配」の觀點から著者が注目するのが魏の政治地理的狀況の沿革やその歴史的意義である。戰國前期の魏は東

西に二つの重心を有する二元的な領域構造を呈しており、安邑を中心とする領域西部では黃河西岸地域をめぐって秦と抗爭し、齊・趙や宋・衞に隣接する領域東部もまた政治的・軍事的に重要な地域であった。惠王期（前 369～319）に至って、魏は聯續的な領域形成へと向かうが、この領域の再編成を背景として、「『中央集權的』なるものとしての郡縣制」が立ち現れてくる、との見解が示される。

　なお、ここで注意しておきたいのは、戰國前期魏の二元的領域構造にかかわって、著者が、

> 戰國前・中期の諸侯國が軍事力また經濟力等の「中央」への集積ということを最終目的とみなしていたかどうか、また、戰國中期以前の「中央」とはいかなるものだったのか、そういった問題を再考する餘地すら生じてくるだろう。（86 頁）

と述べていることである。惠王期以降の魏「縣」や商鞅縣制、さらには秦漢的な縣制が「中央」の存在を前提としていたことを裏返して述べていることになるが、そのことはとりもなおさず、「中央」の屬性を理解することなく先秦時代の領域支配を語ることはできないということを示している。

　第三章「包山楚簡の宮と宮大夫──戰國楚の行政單位と『郡縣』」では、秦漢的な郡縣制に結びつかなかった領域支配の實例として戰國時代の包山楚簡にみえる「宮」「宮大夫」が檢證される。從來、包山楚簡の「宮」もまた「郡縣制形成史」の枠組みのなかで議論される傾向にあったが、春秋楚の「縣」を「縣鄙の縣」と理解する著者はそれを「結果論的」と斥ける。斷案を下すに至っていないと著者も認めるように、「宮」の實態については依然不明な部分も殘されているが、「宮大夫」は特定の官員個人を示すものではなく（「擔當者・責任者」程度の意味）、從って「宮」についても「宮大夫がそこの長官であるようなある一定の地理的範圍というものを想定することは難しい」。行政單位ではなく、「何らかの部署・施設とみなす見解の方が、方向性としてはより適切であろう」と著者は主張する。

　さらに著者は、包山楚簡以外の出土文字資料として新蔡故城出土の「蔡𠬝」封泥を取り上げ、これを「蔡縣」と解釋することに「簡單には贊同できない」としたうえで、楚の「𠬝」もまた「宮」と同樣に「地方附置の何らかの部署・施設」と解釋すべきであろうとの見通しを示している。

　第四章「先秦時代における『郡』の形成とその契機」では、「縣」に比べて研究の手薄な「郡」が取り上げられ、急激な領域擴大という戰國秦に特殊な歷史經驗が郡形成の契機となったことが主張される。『史記』や『水經注』など文獻史料の再檢討によれば、戰國秦の郡設置は前 328 年（～前 324 年）の上郡設置に始まり、六國併合時（前 221 年）の「三十六郡」に至るほぼ 100 年間に進展した。しかしながらこの間、秦郡の設置は一定のリズムを刻んでいたのではなく、前 278 年の南郡設置を境に、六國併合と並行するように加速度的に増加していく。郡の設置が領域擴大に契機づけられるという「歷史過程」が確認されたことになろうが、同樣の契機は秦最初の郡である上郡においても見出せるはずである。

　上郡設置は商鞅縣制（前 350 年）に遅れること 20 年あまり、上郡の地は、商鞅縣制による統治が實施されていた本據地（後の内史）の外に初めて獲得した大規模な土地であり、そこに「恆常的な廣域支配を施す必要が生じ、そこで郡が設置された」。さらに秦郡は上

計や兵器製造の管理など、縣の上級「行政單位」として機能したが、この點において、領土の急激な擴大という契機をもたず、從って郡の設置が「限定的」「例外的」であった魏や他の戰國諸國との相違が強調されるのである。

　以上、本書に收められた論考４篇の內容を紹介してきた。繰り返しになるが、本書の目的は「郡縣制形成史」を相對化し、先秦時代の領域支配の多樣性を歷史的文脈のなかで理解しようとすることにあった。「縣」と記されることのなかった一般的な「邑」にも軍事的機能があることを確認したうえに、「某縣」と「縣某」の差異を重ねることで、春秋時代には行政單位としての「縣」（「某縣」）と屬邑を意味する「縣鄙の縣」（「縣某」）という異なった領域支配の形態がありえたことが主張されたのであった。しかしながら、行政單位の「縣」であれ、屬邑としての「縣鄙の縣」であれ、そのいずれもが「縣」という語を用いている以上、やはり依然として「縣」とは何かという問題は殘されているのだと思う。

　評者はかつて、西周期の鄭還・豐還の「還」について、それが「中央權力」に「繫」かり軍事行政的に組織化されていること、またその地に「中央權力」を構成する氏族の分族が分散居住して「地域化」されていくことなど、春秋時代の「縣」へと聯なる屬性をもつものであると主張した。なおかつ、「還」の置かれた鄭や豐は西周期の王「都」の一つであり、同時に鄭桓公の封邑となりえた地でもあった、このことを念頭においたとき、商鞅縣制以前の秦の「縣」のリストに臣下の封邑とされた藍田や秦の都となった櫟陽が含まれていることは興味深い。あくまでも印象論にすぎないが、商鞅縣制以前の秦「縣某」も西周期の「還」に近い屬性をもっていたように思われる。とすれば、春秋楚の「縣某」もまた同樣ということになろう。複數の王「都」を經巡り、唯一絕對的な「首都」をもたなかった西周王朝と同じように、楚もまた「都」郢を頻繁に移していたことは清華大學藏戰國楚簡『楚居』が雄辯に物語っている。

　著者は新蔡故城出土の「蔡䚄」封泥の「䚄（還）」を「縣」と解釋することに懷疑的であり、「宮」と同樣に「地方附置の何らかの部署・施設」であろうと述べていたが、同時に、「宮」が軍事的施設や人員を含むものであった可能性を認めている。「縣（還）」が一つの「邑」全體とイコールであったと考える必要はなく、何らかの方法（なんらかの部署・施設の配置など）によって「中央權力」に「繫」けられたことを示していると考えるならば、春秋楚の「縣某」や商鞅縣制以前の秦の「縣某」もまた、春秋晉「縣」とは形態を異にするものの、やはり西周「還」の末裔といえるのではないだろうか。

　しかしながら、春秋晉の「某縣」と楚あるいは秦の「縣某」を辨別する著者の主張もまた重要である。春秋晉や戰國魏の「縣」が何故に「行政單位」あるいは「軍賦徵收單位」となりえたのか。評者にそれを論じる力はないが、著者が魏の聯續的な領域形成に注目したように、それは聯續的な領域を一圓的に支配しようとする「中央」の問題に關わるのではないだろうか。著者が引く宮崎市定の一文に「咸陽に都を奠めるとともに、地方に縣制を布いた」とあるように、商鞅縣制もまた「中央」たる都咸陽遷都と步調をあわせて施行されたのであった。

　商鞅縣制が戰國魏の縣制に聯なっていたという著者の主張に異論はない。しかしながら、この二つの縣制は全く同じものと考えてよいのだろうか。三晉地域のような都市をもたな

かったであろう秦に魏の縣制が導入され、「小鄉聚を幷せ、集めて大縣と爲」したとき、そのシステムはどのような變質・變形を蒙ったのであろうか。郡が秦に特有の制度であり、その設置が支配領域の急激な擴大を契機としていたことは著者の檢證したとおりであろうが、その郡が縣の上級「行政單位」とされたことの背景に縣制の變質を讀み取ることはできないのだろうか。

　以上、印象論的な書評を聯ねたのは、評者のディシプリンが先秦時代全體に及ばないからである。先秦時代を通時的に語ろうとする著者の研究のさらなる進展に期待したい。

（『古代文化』第 61 卷第 4 號、2011 年 12 月）

周王の稱號
―王・天子、あるいは天王―

はじめに
青銅器銘にみえる「天王」
「王」と「天子」
春秋期の「天子」
「天王」と「天子」
おわりに―「天王」の來し方

はじめに

　周王が「王」であると同時に「天子」とも呼ばれていたことは周知の事實に屬している。戰國時代になると、諸侯の稱「王」が一般化し、さらには「帝」號の登場を經た後、「王」號は「皇帝」號へと止揚されることとなるが、それでもなお、「王」と「天子」という二つの稱號が含意する屬性は、時代に卽した變化を遂げつつも、ラスト・エンペラーに至るまでの皇帝權力の性格を規定し續けた（小島毅1991 など）。
　しかしながら、この王號・天子號とは別に、周王にはさらに「天王」という稱號が用いられることがあった。春秋魯國の年代記の體裁をとる『春秋』は、魯隱公元（前722）年から哀公十六（前479）年に至る244年[1]の記錄を保存しており、この閒、例えば隱公元年、

　　秋七月、天王、宰咺をして來りて惠公・仲子の賵を歸らしむ。

あるいは、隱公三（前720）年「三月庚戌、天王崩ず」のように、歷代の周王は天王號を用いて記錄されるのが一般的であった。
　いますこし詳細にみるならば、『春秋』が記錄する244年閒は①平王から⑭敬王に至る東周王十四代の治世に相當し、そのうち天王號を用いて記錄されるのは①平王（在位：前770～720）・②桓王（前719～697）・⑤惠王（前676～652）・⑥襄王（前651～619）・⑧匡王（前612～607）・⑨定王（前606～586）・⑩簡王（前585～572）・⑪靈王（前571～545）・⑫景王（前544～520）・⑭敬王（前519～477）の十王となり、③莊王（前696～682）・④僖王（前681～677）・⑦頃王（前618～613）・⑬悼王（前520）[2]の四王がこの原則から外れる。『春秋』には別に、周王を「王」と記す事例が4例[3]、「天子」と記す事例が1例[4]あり、さらには桓王・襄王・匡王・簡王・景王といった謚號が記錄されることもあるが[5]、『春秋』經文が原則として天王號によって周王を指し示そうとしていたことはあきらかである[6]。
　この「天王」という稱號の含意するところについて、顧炎武『日知錄』は、

尚書の文、但だ王と稱するのみ。春秋は則ち天王と曰う。當時、楚・吳・徐・越みな王を僭稱するを以ての故に、天を加えて以てこれを別かつなり。趙子曰く、天王と稱し、以て無二の尊を表す、と。是なり。

と述べ、楚武王（前 740 ～ 690）[7]・吳王壽夢（前 585 ～ 561）・越王句踐（前 496 ～ 465）などに始まる春秋諸侯の稱「王」に對抗すべく、「天王」という稱號が採用されたとの理解を示している[8]。周王の二つの稱號のうち、王號に注目した議論ということができるだろう。

これに對して、天王號を天子號との關わりで考えようとした論考に吉永愼二郎 2006 がある。氏は『原左氏傳』から『春秋』經文が抽出されたとする「傳先經後」の立場をとるが[9]、その議論のなかで天王號の含意について、

「天王」の用語は本來は「夷狄」の王が「中國」をも兼ねる實力を示す呼稱として「中國」の「天子」の權威に對抗する意識を以て用い始めたものと見られる。したがって「中國」においてこれを用いることは周王室の側からではなく、周王の權威を實質的には相對化せんとする意圖をもつ新興の實力諸侯の側に立つ春秋テキストの編作者によって始められたのではないかと想定される。しかもその一方で、三晉を始めとする新興の實力諸侯…の立場に立つ春秋テキストの編作者は、…「中國」の王たる周王を「天王」と稱することによって、逆に「天下の王」としての「名」を復興（實は新たに「名」として獲得）させんとしたものと想定される。（11頁）

との理解を示している。『國語』吳語や越語上にみえる吳王闔閭（前 514 ～ 496）・夫差（前 495 ～ 473）の稱「天王」記事[10]に基づいて、「天子」の權威に對抗しようとする「夷狄」における天王號の成立を主張するとともに、その天王號が「中國」の『春秋』テキスト編作者によっていわば換骨奪胎され、「中國」の王たる周王を指し示すものとされたと主張するのである。

以上二つの議論は、周王の「王」と「天子」という稱號にそれぞれ對應しており、その意味において、いわば「ねじれ」の關係にある。諸侯稱「王」への對抗から天王號が導きだされるのか、周王の天子號への對抗から天王號が導きだされるのか。この「ねじれ」ともいえる議論を止揚し、天王號の含意を見定めるためには、二つの議論が專ら依據する文獻史料を一旦離れ、より廣範な史料に基づいて議論を再構築する必要があるように思われる。章を改め、青銅器銘に考察の場を移し、そこにみえる「天王」の稱號を檢討することから議論を始めることにしたい。

青銅器銘にみえる「天王」

1978 年、河南省淅川縣下寺で春秋時代の楚墓群が發見された（河南省文物研究所・河南省丹江庫區考古發掘隊・淅川縣博物館 1991。以下、『報告』）。その中、M1 の編號をあたえられた

墓葬から「敬事天王鐘」9鐘（集成00073～81）[11]が出土している。まずはその銘文を示そう[12]。

　　隹王正月初吉庚申（鉦間）□□自作永命其（鼓右）眉壽無疆敬事天（鼓左）【第1鐘】
　　王至于父兄以樂君（鉦間）子江漢之陰陽（鼓右）百歳之外以之大行（鼓左）【第2鐘】
　　これ王の正月初吉庚申、□□自ら永命を作る。それ眉壽無疆ならんことを。敬んで天王に事え、父兄に至り、以て君子を樂しません。江漢の陰陽、百歳の外、以て大行にゆかん。

「これ王の正月初吉庚申」との日附で始まる銘文は、ついで「自ら永命を作る」と編鐘の作器に言及するが、銘文に「□□」と示したように作器者の名は削り取られており、この編鐘が本來の作器者（ないしはその一族）の手を離れ、淅川下寺M1の墓主（ないしはその一族）の所有に歸したものであることを傳えている。

李零1996によれば、淅川下寺墓群は5群に分かつことができ、M1を含む墓群は主墓M2とその陪葬墓M1・M3・M4から構成されている[13]。M2からは王子午鼎7件（集成02811・近出0358～63）や王子午戟2件（近出1160～61）などの青銅器50餘件が出土しており、『報告』はこの王子午を楚康王（前559～545）期に令尹に就いた公子午（子庚）としたうえで、M2を前552年に死亡したこの公子午[14]の墓葬だと判斷した。しかしながら、王子午鼎の鼎蓋には「倗之飤鼎」との銘文があり、さらにM1・M2・M3からは「楚叔之孫倗」の名を記す鼎（近出0311～12・0313・0341）が出土し、M2からは「䣙子倗」あるいは「倗」の作器にかかる簋や缶、あるいは盤（匜）や鼎などが出土している[15]。M2の墓主を「倗」、すなわち前552年に令尹職に就き、前548年に死亡した蒍（蓮）子馮[16]とする李零の主張により說得力があるとすべきである[17]。王子午の作器にかかる青銅器は、なんらかの理由によってM2の墓主蒍（蓮）子馮の手に歸したものと考えられる[18]。このM2の陪葬墓であり、敬事天王鐘が出土したM1からはほかに孟滕姬浴缶（集成10005・近出1038～39）が出土しており、その銘文「これ正月初吉丁亥、孟滕姬その吉金を擇び、自ら浴缶を作る。永くこれを保用せん」から、この青銅器が姫姓滕國出身の孟滕姬の作器にかかるものであることがわかる。M1には兵器や車馬具は副葬されておらず、墓主は女性であると判斷でき、かつM2の墓主蒍（蓮）子馮の作器にかかる青銅器も件出することから、蒍（蓮）子馮の妻であった孟滕姬が埋葬された墓葬である可能性が高い[19]。

先に述べたように、敬事天王鐘の作器者の名は削り取られており、その本來の所有者を特定することはできない。しかしながら、蒍（蓮）子馮とさほど隔たらない時期[20]に埋葬された孟滕姬墓にこの編鐘が副葬されていることは、前6世紀中葉以前にすでに「天王」という稱號が使用されていたことの證據となる。天王號を吳王闔閭・夫差の稱「天王」とのかかわりで論ずることができないことは明らかであるが、逆にこの敬事天王鐘を楚と周が友好的な關係にあった楚成王（前671～626）治世初期の作器とする『報告』の判斷も安易にすぎるように思われる[21]。李零1996は敬事天王鐘と楚王領鐘（集成00053、林：春秋ⅡB）との作器年代の近さを主張しており、この楚王領を楚靈王（前540～529）とする說に從え

ば⁽²²⁾、敬事天王鐘を楚成王期にかけるのは早きに失するのである⁽²³⁾。
　銘文の字體や語彙から判斷して、敬事天王鐘がいわゆる楚系の青銅器に屬すことは『報告』などが指摘するとおりであろう。たとえば、「父兄に至り、以て君子を樂しません」に近い表現は、同じく下寺楚墓群 M10 出土の編鐘・鏄銘「歌樂以て饎し、凡そ君子・父兄に及ぶまで、永く保ち」（近出 0051～59・0098～0105）や子璋鐘銘「用て宴し以て饎し、用て父兄・諸士を樂しません」（集成 00113～19、林：春秋 IIB）などにみることができ、「百歲の外」の「百歲」も徐子鼎銘「百歲これを用いん」（集成 02390、林：春秋 IIIA）や河南省固始縣侯古堆一號墓出土の編鐘銘「百歲外」（近二 0038～45）などに認めることができる。また「江漢の陰陽」という表現も、この編鐘が長江・漢水流域と深いかかわりをもつことを示している。さらに「敬んで天王に事う」の「敬事」という表現も、蒍（蘾）子馮の墓葬と考えられる下寺 M2 から出土した王孫誥鐘銘「これ正月初吉丁亥、王孫誥その吉金を擇び、自ら龢鐘を作る。すでに翰くかつ揚がる。元鳴孔だ煌らかなり。有嚴穆々として、敬んで楚王に事う。…用て宴し以て饎し、以て楚王・諸侯・嘉賓、及び我が父兄・諸士を樂しません。煌々熙々として、萬年無期ならんことを。永く保ちてこれを鼓せよ」（近出 0060～85）に「敬んで楚王に事う」としてみえている。この編鐘の作器者である王孫誥が誰であるかは必ずしも明らかではないが、楚の王族の一員（王孫）であった彼の編鐘が何らかの理由で蒍（蘾）子馮の所有に歸し⁽²⁴⁾、M2 に副葬されたのであろうと考えられている⁽²⁵⁾。
　敬事天王鐘銘の「敬事天王」と王孫誥鐘銘の「敬事楚王」とを比較したとき、「天王」が楚王を指している可能性を完全に排除することはできない。しかしながら、敬事天王鐘の作器者の名が削り取られているのに對し、王孫誥の名はそのままであること、あるいは、王孫誥鐘が主墓 M2 に副葬されているのに對し、敬事天王鐘がその陪葬墓 M1 に埋葬されていることなど、敬事天王鐘銘の「天王」が、楚王ではなく、周王を指し示している可能性がより高いものと考えることはできる⁽²⁶⁾。しかしながら、この推論とて印象論的なものにすぎず、かつこれ以上の議論をささえる資料もない。章を改め、周王の稱號全般に目を轉ずることで、『春秋』經文あるいは敬事天王鐘銘にみえる「天王」という稱號の含意するところについての檢討をすすめることにしたい。

「王」と「天子」

　本稿の冒頭、周王が「王」であると同時に「天子」とも呼ばれていたことは周知の事實に屬していると述べたが、この「王」と「天子」という二つの稱號の含意するところが自明の事柄に屬しているかといえば、ことはさほど簡單ではない。
　西周期の王號と天子號の含意・機能についての明示的な議論は、我が國では豐田久 1979 を嚆矢とし、その後、田中柚美子 1989・竹内康浩 1999・谷秀樹 2008 と、ほぼ 10 年の閒隔をおきながら論考が發表されてきた。以下、これら論考の檢討を通して、王號あるいは天子號の含意するところについて考えていくこととしよう。
　たとえば、盛周期⁽²⁷⁾に屬する大盂鼎銘（集成 02837、林：西周 IB）に、

王若く曰く、丕顯なる文王、天の有する大命を受けたまへり。武王に在りては、文の作せし邦を嗣ぎ、その匿(かくれたる)を闢(ひら)き、四方を匍有し、その民を畯正したまへり。

とあるように、王朝の創建は文王の「大命（天命）受命（膺受）」と武王の「四方匍有」にかけて語られるものであった(28)。豐田1979は、天子號を「天命膺受」、王號を「四方匍有」という王朝創建の二つの側面に對應する稱號だと主張したのであったが、これに對して田中1989は、周王の正式な稱號は「政治・軍事全般にわたる主權者であるとともに、祭祀儀禮の執行者としての機能も併せもつ」王號であり、天子號は「臣下からの呼稱で、王の賜與者としての機能に關係する。現王からの命・賜與などの恩寵（休）に對し、それを德として、對揚の辭の中で現王を頌德して用いる稱號」（297頁）であると主張した。これを承けた竹内1999は、たとえば、晩周の頌鼎銘（集成02827～29、林：西周ⅢB）の、

王、周の康昭宮に在り。旦、王、大室に格り、位に卽く。宰引、頌を右け、門に入り、中廷に位す。尹氏、王に命書を授く。王、史虢生を呼び、頌に册命せしむ。王曰く、…。頌拜稽首し、命册を受け、佩びて以て出で、瑾璋を返入す。頌敢えて天子の丕顯なる魯休に對揚し、用て朕が皇考共叔・皇母共姒の寶𤔲鼎を作る。…頌よ、それ萬年眉壽(なが)く、畎く天子に臣え、靈終ならんことを。子々孫々までも、寶として用いん。

に記された「天子の丕顯なる魯休」「畎く天子に臣え」など、銘文前半で使用されていた王號が天子號に置き換えられていることについて、「一見、『天子』であることが周王に君主としての權威をあたえているかのようである」が、その用例を檢討するならば、それは「君主に對する尊稱・美稱の一に過ぎず、特に支配を正當づける權威の機能を擔っていたとは思われない」（123～4頁）との結論に至っている。

以上の論考は王號と天子號が含意する意味・機能の差異を問題としたものであったが、谷2008は先行するこれらの論考とは異なり、王號・天子號の用例に時系列の議論を持ち込み、

ようやく周王朝の陝東地域支配が安定し、「周的體制」の構築が摸索される段階（林ⅡA～ⅡB閒の劃期）になって初めて、實態として稱謂者が併存する「王」號になりかわる稱號として、また「王」號とは異なる排他的な專稱として「天子」號が選擇的に漸次導入されるようになっていったのではなかろうか。「天子」號の持つこのような性格（「王」號と異なる排他的稱謂としての性格）は、「周的君臣關係」を象徵する場である賜與儀禮等の公的儀禮の場において、特に明瞭な形で確かめられる。（30頁）

と主張した。氏のいう「西周中期改革」(29)を契機として、「周的君臣關係」を象徵する賜與儀禮等の公的儀禮の場において、天子號が王號とは異なる「排他的稱謂」として用いられるようになったとの主張である。豐田1979の主張が「『天命の膺受者』を『天子』と言

い換えたり、『四方の匍有者』を『王』と言い換える事例が一件も存在していない」と一蹴され、田中 1989 が「兩稱號の併用は異なる機能に對應するものであるとする臆說にとらわれて」おり、竹内 1999 が「殷王朝において殷王は『天子』を稱していなかったという事實一つをとってみても『天子』號の持つ革新性は明らか」であるとして斥けられるのは、その主張故に當然のことであった。

　谷 2008 が言うように、西周時代、王號が周王の獨占物ではなく、矢王・豐王・豳王などといった稱「王」事例が存在することは夙に指摘されてきたところである[30]。しかしながら、天子號について、それが「西周中期改革」以前の青銅器銘にほとんどみえないこと、あるいは「天命の膺受者」が「天子」と言い換えられていないということと、天子號そのものが「西周中期改革」以前に本格的に使用されなかったという氏の主張は自ずと別の次元に屬す問題である。「天命膺受」が天子號の根據となっていたであろうことは疑いようがなく、それが大盂鼎銘などにおいて旣に主張されていたことは前にみたとおりである[31]。盛周から中周への劃期（林：西周 IIA から IIB に相當する）とは、「軍事王」の時代が終わり、册命形式金文などが示す西周王朝の政治的秩序が確立する時代への變化であったが（松井 2011）、封建諸侯領への關心を失い、周王のオイコスにかかわる具體的・個別的な職掌分割に關心を集中させていく册命儀禮等の場において（松井 2002 第 II 部第二章）、「排他的稱謂」である天子號をあえて「導入」しなければならない契機を見出すことは難しいように思われる。

　殷代後期（殷墟期）に出現した青銅器銘は、當初、父甲あるいは祖乙といった甲・乙などの十干名をともなう父祖名であったり、いわゆる圖象記號（族徽號）などと呼ばれる記號であるにすぎず、所屬する氏族や祭祀對象の確認など、見る必要があるときに見ればよいといった程度のものであった。青銅器銘は殷代の最晩期にいたって長文化するが、それとてなお恩賞下賜と青銅器製作のいきさつや日附などを記錄したものにすぎず、いわば青銅器の製作緣起とでもいえる性格にとどまっていた。しかしながら、册命形式金文が成立し、周的な禮制が確立する盛周から中周への劃期において、青銅器銘は大量の「ことば（聲）」を含む文書へと變質していったと考えられる。先にみた頌鼎銘の「天子の丕顯なる魯休」「眈く天子に臣え」などといった文言は、田中 1989 が「臣下からの呼稱」とし、竹内 1999 が「臣下が王に對して答えたその科白そのもの（ないしそれに近いもの）」（118 頁）と考えたように、作器者頌自身の、あるいは彼に對する言祝ぎの「ことば（聲）」を記錄したものなのである（松井 2009）。

　青銅器銘が「ことば（聲）」を大量に記錄する文書へと變質することによって、天子號は青銅器銘に頻出するようになったと考えるべきであろうが[32]、そうであったとしても、ここで改めて「ことば（聲）」の世界で使用される天子號の含意するところを確認しておく必要があるように思われる。かつて述べたように、西周王朝の秩序は現身の周王を中心とする「王身―王位―王家―周邦―四方（萬邦）」と示すことができたが、王朝の全支配領域である「四方」は王家の直接的支配領域である「周邦」をも含む「萬邦」とも表現され、そこには厲王自作器の宗周鐘銘「南夷・東夷の具に見ゆるもの、廿又六邦なり」（集成 00260、林：西周 III）といった表現が示しているように、「南夷」「東夷」など夷狄の「邦」も含まれていた（松井 2002 第 I 部第一章）。「王身」から發せられた王命は、王家→周邦→四方（萬邦）へと傳達されたが[33]、「萬邦」を構成していた各「邦」はこの秩序から離脫す

ることができ（ただし、王朝の征討を招くことになるだろうが）、從って理念的にいえば、それぞれの「邦」の支配者は周王と同等の地位を主張することができたはずである。先に述べたように、周王以外の稱「王」事例が確認できるのは、このような王朝の支配秩序のあり方を前提としている。一方、天子號は周王からの恩賞下賜に感謝する對揚の辭と作器への願望を記す嘏辭のなかで用いられ、それは現身の周王による「おおいに顯らかなる恩賞（不顯休）」を契機とする靑銅器の作器、その靑銅器による祖先祭祀と、それに應える祖先の庇護を言祝ぐ「ことば（聲）」の世界で使用される稱號であった。文王に降された天命を唯一受け繼ぐ現身の「天子」からの恩賞下賜は、「天→地→天→地」という循環的な回路をひらき、天上世界に住まう作器者の祖先[34]の庇護を導きだすものであった[35]。豐田1979が主張したように、王號が王身→四方という水平的回路に關わる稱號であったのに對し、天子號は天上世界と地上世界という垂直方向の回路をひらく稱號であったと考えるべきである。

春秋期の「天子」

　晉文公（重耳）の霸業が確認された前632年の踐土の盟について、『左傳』僖公二十八年條はその次第を次のように記錄している。

> 晉師、三日館り穀し、癸酉に及びて還る。甲午、衡雍に至り、王宮を踐土に作る。…晉の欒枝入りて鄭伯に盟う。五月丙午、晉侯、鄭伯と衡雍に盟う。丁未、楚の俘を王に獻ずること、馴介百乘・徒兵千。鄭伯、王を儐くに、平禮を用うるなり。己酉、王享禮し、晉侯に宥を命ず。王、尹氏と王子虎・內史叔興父とに命じて、晉侯に策命して侯伯と爲す。これに大輅の服・戎輅の服・彤弓一・彤矢百・玈弓矢千・秬鬯一卣・虎賁三百人を賜い、曰く、王、叔父に謂う、敬しみて王命に服し、以て四國を綏んじ、王慝を糾し逖けよ、と。晉侯三たび辭して、命に從い、曰く、重耳、敢えて再拜稽首して、天子の丕顯なる休命を奉揚せん、と。策を受けて以て出で、出入し三たび覲ゆ。

　踐土につくられた「王宮」において、五月丁未の日に「王」への楚俘獻捷[36]、二日後の己酉には「王」による晉侯への饗禮ならびに策命・賜輿の儀禮が執り行われた。三度辭讓した晉文公は、最終的に「王命」に從い、「重耳敢えて再拜稽首し、天子の丕顯なる休命を奉揚せん」との「ことば（聲）」を發している。ここにみえる王號と天子號の使い分けは、西周期の靑銅器銘にみえる兩者の用例を踏襲しており、晉文公の「ことば（聲）」として發せられた「天子」は、いまだなお現身の周王を指し示していたのである[37]。
　しかしながら、その晉においても、新たな天命をめぐる言說が生まれつつあった。晉公盞銘（集成10342、林：春秋ⅡB）が記錄する晉公自述のことばに、

> これ王の正月初吉丁亥、晉公曰く、我が皇祖唐公、大命を膺受し、武王を左右し、百蠻を□□し、四方を廣嗣す。大廷に至るまで、來王せざる莫し。王、唐公に命

- 265 -

じ、京自に□宅し、□邦を□□せしむ。

とあるように、ここでは晉公の始祖唐公の「大命膺受」が主張されているのである。この晉公盨銘の主張は依然なお周武王の存在を前提とし、始祖唐公の武王輔翼さらには晉公の周王輔翼を正當化しようとしたものであったが、これとは對照的に（さらに一歩すすんで）、周王の存在を前提としない受命の言説も出現していた。春秋期秦公の作器にかかる一聯の青銅器銘を引こう(38)。

1978 年に陝西省寶雞縣平鄉太公廟村から發見された秦公編鐘（集成 00262～66）・編鎛銘（集成 00267～69）に、

> 秦公曰く、我が先祖、天命を受け、宅を賞わり國を受けらる。烈々昭たる文公・靜公・憲公、上に墜ちずして、皇天に昭合し、以て蠻方を虩事す。公及び王姫曰く、余は小子なるも、余、夙夕に朕が祀を虔敬し、以て多福を受く。克くその心を明らかにし、胤士を盭龢し、左右を咸畜す。…秦公よ、それ眛く 龢りて位に在り、大命を膺受し、眉壽無疆にして、四方を匍有せんことを。それ康く寶とせん。

とあり、やはり秦公自述の形式をとって「我が先祖」の受命が語られている。銘文中に文公・靜公・憲公とあるのは、『史記』秦始皇本紀に附された『秦記』「文公立、居西垂宮。五十年死、葬西垂。生靜公。靜公不享國而死、生憲公。憲公享國十二年、居西新邑。死、葬衙。生武公・德公・出子」の記載と一致し、文公（前 765～716）・靜公・憲公（前 715～704）三代の秦公を指している。この編鐘・鎛の作器者としては憲公の子出子（前 703～698）あるいは武公（前 697～678）の可能性が指摘されており、前 8 世紀末から 7 世紀前半の青銅器となる。銘文が主張する「天命を受け」た「我が先祖」とは周の「東遷」期に關中で自立した秦襄公（前 777～766）を指し、秦はその自立を「受命」として言説化していたのである(39)。さらに時代が降る秦景公（前 576～537）の作器にかかる秦公鎛銘「秦公曰く、丕顯なる朕が皇祖、天命を受け、下國を竈有す。十有二公、墜ちずして上に在りて、嚴として天命に恭寅み、その秦を保業し、蠻夏を虩事す」（集成 00270）、あるいは秦公簋銘「秦公曰く、丕顯なる朕が皇祖、天命を受け、禹迹に鼏宅す。十有二公、帝の坏に在りて、嚴として天命に恭寅み、その秦を保業し、蠻夏を虩事す」（集成 04315）もまた秦の「皇祖（襄公）」の受命に言及している。さらに陝西省鳳翔縣南指揮村秦公一號大墓から出土した景公四（前 573）年のものと考えられる編磬殘銘(40)に、

> 天子は匽喜したまい、恭（共公）・桓（桓公）を是れ嗣ぎ、高陽有靈にして、四方以て鼏平たり…。
> 天命を紹ぎて、曰く、蠻夏を竈敷し、秦に極事して服に卽かしめ…。

とあるが、ここにいう「天子」もまた周王ではなく、秦景公自身を指し示しているのだと考えられる(41)。西周期周王が主張し、「ことば（聲）」の世界で繰り返し確認されていた天子號は、いまや周王の獨占物ではなくなりつつあった。

目を南方に轉ずれば、蔡昭公申（前 518 ～ 491）の作器にかかる壽縣蔡侯墓出土の蔡侯
驪尊（集成 06010）・盤銘（集成 10171）に、

> 元年正月初吉辛亥、蔡侯驪、大命を虔恭し、上下陟否し、孜しみ敬して惕らず、
> 肇めて天子を佐け、用て大孟姬媵の彝盤を作る。…龢頌韵商、康虎穆好にして、
> 敬しみて吳王に配さる。不諱考壽にして、子孫蕃昌し、永くこれを保用し、終歲
> 無疆ならんことを。

とある。ここに記された「天子」もやはり周王を指しているのではなく、銘文後段にみえ
る「吳王」であろうとする白川靜 1972・吉本 2005 の理解に從ってよいであろう。春秋楚
については、その稱「天子」を示す史料を見出すことはできないが、先に紹介した淅川下
寺の M2、すなわち前 548 年に死亡した蔿（薳）子馮の墓葬から出土した倗戈銘（近出 1197）
に、

> 新たに楚王□に命じ、天命を膺受せしむ。倗用て不廷を戮め、…。

とあり、やはり楚王の「天命膺受」が主張されていたことを傳えている。周王朝にとって
かわろうとする野心を示した楚莊王（前 613 ～ 591）「問鼎」の說話[42]を想起してもよいだ
ろう。

『春秋』の經文で用いられ、敬事天王鐘銘にもみえていた「天王」の稱號とは、秦や吳
あるいは楚といった吉本 2005 のいう「邊境の王權」が「天命膺受」を主張し、自らが「天
子」であるということすら主張しはじめた時代に用いられていた稱號であった[43]。天王號
とは、諸侯稱「王」への對抗、あるいは諸侯稱「天王」の轉用といった文脈のなかで理解
すべきものではなく、文王受命に基礎づけられた天子號の動搖と分散のなかで理解すべき
ものと考えられる。

「天王」と「天子」

『左傳』の記事がより生に近い史料を保存しているであろうことは、そこに「楚王」あ
るいは「吳王」などといった春秋期に實際に使用されていた稱「王」が殘されていること
から窺うことができる[44]。これに對して、『春秋』經文はすでに「楚王」を「楚子」、「吳
王」を「吳子」と書き換えており、華夷思想による編纂を經ているものとされる（吉本 2005
第二部下篇・第一章）。

すでにみてきたように、周王は『春秋』經文では「天王」と表記されていたが、『左傳』
傳文においては、平王・桓王・惠王・襄王・頃王・定王・靈王・景王といった謚號で表記
される場合を除けば[45]、「天王」「王」「天子」などの稱號でもって示されるのが一般的で
ある。このうち、『左傳』傳文で天王號が用いられている事例をすべて示せば、

> 隱公元　　　秋七月、<u>天王</u>使宰咺來歸惠公・仲子之賵、緩、且子氏未薨、故名。

桓公十五	春、天王使家父來求車、非禮也。諸侯不貢車服、天子不私求財。
僖公十一	天王使召武公・內史過賜晉侯命、受玉惰、過歸告王曰、…。〈無經〉
僖公二十四	書曰、天王出居于鄭、辟母弟之難也。天子凶服、降名、禮也。
僖公二十八	故書曰、天王狩于河陽。言非其地也。且明德也。
襄公二十八	癸巳、天王崩。未來赴、亦未書、禮也。
襄公三十	書曰、天王殺其弟佞夫、罪在王也。
昭公元	天王使劉定公勞趙孟於潁、館於雒汭。〈無經〉
昭公二十一	春、天王將鑄無射、泠州鳩曰、…。〈無經〉
定公六	冬十二月、天王處于姑蕕、辟儋翩之亂也。〈無經〉

という一覧をえることができる。そのなかで、隱公元・桓公十五・僖公二十四・僖公二十八・襄公二十八・襄公三十の事例は、たとえば隱公元年の傳文「秋七月、天王、宰咺をして來りて惠公・仲子の賵を歸らしむとは、緩れたり。且た子氏未だ薨ぜざるなり。故に名をいいしなり」が經文「秋七月、天王、宰咺をして來りて惠公・仲子の賵を歸らしむ」に對する注釋（解經）であるように、解經の必要上、經文が引用されたものであるにすぎない(46)。これに對して、殘り四つの事例、すなわち僖公十一・昭公元・昭公二十一・定公六の記事は、〈無經〉と附記したように、對應する經文をもたない「無經の傳」（【說話】）である。このうち、僖公十一年の記事は『國語』周語上「襄王、邵公過及び內史過をして晉惠公に命を賜はしむ。呂甥・郤芮、晉侯を相くに、不敬なり。晉侯、玉を執ること卑く、拜して稽首せず。內史過歸り、以て王に告げて曰く…」に、昭公二十一年の記事は『國語』周語下「王將に無射を鑄て、これが大林を爲らんとす。單穆公曰く、不可なり、…。王聽かず。これを伶州鳩に問ふ。對えて曰く、…」にそれぞれ對應する記事をもつが、『國語』ではいずれも天王號は用いられておらず、「襄王」あるいは「王」といった表記になっている。『左傳』傳文に「楚王」「吳王」といった稱號が殘されていたのと同樣、これらの天王號もまたより生に近い史料が保存されているものと考えることができるだろう。

『左傳』傳文が春秋期の天王號の用例をいくぶんかでも保存していると考えられるのに對し、同じく『左傳』傳文の天子號は、それとは對照的に、春秋期と異なった含意をもつものへと變化している。いくつかの例を示せば、『左傳』隱公五年の、

九月、仲子の宮を考す。將に萬せんとす。公、羽數を衆仲に問ふ。對えて曰く、天子は八を用い、諸侯は六を用い、大夫は四、士は二なり。夫れ舞は八音を節して、八風を行らす所以なり。故に八自り以て下る、と。公これに從う。是において初めて六羽を獻ず。始めて六佾を用いたるなり。

あるいは、桓公二年の、

師服曰く、吾聞く、國家の立つや、本は大にして末は小なり。是を以て能く固し。故に天子は國を建て、諸侯は家を立て、卿は側室を置き、大夫に貳宗有り、士に隸子弟有り。庶人工商は、各々分親有り。皆な等衰有り。是を以て民は其の上に服事して、下、覬覦すること無し、と。

といった傳文が示しているのは、天子號が諸侯以下、卿・大夫・士、さらには庶人工商といった諸身分との對比のなかで用いられ、その最高位の稱號として位置づけられていることである。傳文における天子號は、上に引いた例がそうであるように、ほとんどの場合、說話における登場人物の「かたり」の中で用いられているが、それはかつて西周期の天子號が現身の周王をめぐる「ことば（聲）」として機能していたのとは異なり、「かたり」のかたちをとって表明される理念的な稱號へと變化しているのである。

戰國期、周王が天子號によって指し示されていたことは、前404年の戰役にかかわる驫氏編鐘銘「韓宗に賞せられ、晉公に命ぜられ、天子に卲せらる」（集成00157～70）に「天子―晉公―韓宗」といった序列が示されていることからも知ることができる(47)。また、河北省平山縣の中山王陵から出土した前4世紀の中山侯鉞銘（集成11758）、

　　天子の建つるところの邦（天子建邦）の中山侯𢖩、この軍鉞を作り、以てその衆を警（いまし）む。

は、「天子」による中山王「封建」を主張しているが(48)、盛周期の宜侯夨簋銘（集成04320、林：西周ⅠB）に「王、宜の宗社に位し、南嚮す。王、虎侯夨に命ず。曰く、ああ、宜に侯たれ」と記錄されていたように、「封建」とは本來、王家→周邦→四方（萬邦）へと傳達される「王命」によって執り行われるべき行爲であった(49)。周王の王號は戰國諸侯の相次ぐ稱「王」によって機能不全に陷り、それに代わって天子號が新たな含意を獲得しつつあったといえるだろう。秦惠文君四（前334）年にかけられる秦封宗邑瓦書銘(50)

　　四年、周天子、卿大夫辰をして來りて文武の胙を致さしむ。

もまた、「周天子」による「文武胙」の賜與を記錄しているのである(51)。

天子號は再び周王に回收されたかのようにみえるが、それはかつて「ことば（聲）」の世界で「天→地→天→地」という垂直方向の循環回路をひらいていた稱號ではなかった。戰國期周王を取り卷く現實に鑑みるならば、それは周的秩序の最後の據り所ではあったろうが、それすら、やがて秦・齊の稱「帝」によって乘り越えられていった。杉村2011が論じているように、天子―諸侯という秩序を示す稱號として言說化された天子號は、やがては周王のもとを離れ、舜や湯王さらには紂王などの古代の君主にも適用されるとともに、天地祭祀や山川祭祀の主宰者としてのより抽象的な稱號へと昇華していくのである。

おわりに―「天王」の來し方

「天王」という稱號は、文王受命を根據として「ことば（聲）」の世界で繰り返し確認されていた天子號が本來の意味を失い、秦公・楚王・吳王などの「受命」が主張された春秋期に、周王を指し示す新たな稱號として誕生したものと考えられる。しかしながら、戰國期にいたって、天子―諸侯という理念的身分秩序を示す稱號として天子號が再定義され、

周王がその天子號で指し示されるようになると、「天王」という稱號はその歷史的役割を終えて忘れ去られてゆく運命にあった。天王號が『春秋』經文に獨特のものであり、それ以外の先秦文獻にほとんどみえないのは(52)、それが右にみたように、春秋期にのみ意味をもちえた稱號であったことに由來するのだろうと考えられる。

　それでは、この「天王」という稱號はどこからきたのであろうか。『左傳』昭公二十六年正義に引く『竹書紀年』は天王號の由來について、

　　（伯盤）は幽王と俱に戲に死す。これより先、申侯・魯侯、許文公と平王を申に
　　立つ。本の大子たるを以ての故に、天王と稱す。幽王旣に死して、虢公翰また王
　　子余臣を攜に立つ。周の二王並び立つ。

と述べている。天王號の由來を說く唯一の史料ではあるが、天王號を「本大子」にかけて說明しようとするのは、同じく昭公二十六年正義に引く『竹書紀年』が攜に擁立された攜王について「二十一年、攜王、晉文公の殺すところとなる。本適に非ざるを以ての故に、攜王と稱す」と述べ、その「本非適」を主張するのと對をなすものにすぎない。「本大子」「本非適」は後代の解釋にすぎないように思われ、「本大子」から「天王」という稱號を導き出すことはできないと考えられる。『春秋』經文で平王が「天王」と記されていることをふまえたうえで(53)、平王の稱「天王」の由來を說明しようとしたのであろう(54)。

　時代をさらに遡り、再び西周期の靑銅器銘に戻ると、西周厲王の自作器である宗周鐘銘に「我隹嗣配皇天王對作宗周寶鐘」という表現がのこされていることに氣づく。この銘文の「皇天王」の讀み方については說が分かれており、唐蘭1986あるいは馬承源1988は「皇天」と「王」を分かって解釋するが(55)、白川靜1967・陳夢家2004は「皇天王」をひとつの語彙と考え、それぞれ「皇天王とは帝所にある祖靈で、猷の先世をいう」（著作集別卷270頁）(56)、あるいは「今謂作器者爲厲王胡、器銘之王爲夷王、故作器者曰"我隹嗣配皇天王"、嗣配夷王也。…皇天王、皇、美詞：天王夷王也。…天王猶天子、春秋經稱周天子爲天王」（311〜2頁）との解釋を示している。同じく厲王自作器である五祀𤼈鐘銘（集成00358）に「余小子、肇めて先王を嗣ぎ（嗣先王）、上下に配され、その王の大寶を作る」とあり、𤼈簋銘（集成04317）に「王曰く、有余は小子なりと雖も、余は晝夜を康（むな）しくするなく、先王に經雍し、用て皇天に配さる（配皇天）」とあることを參照すれば、宗周鐘銘の「嗣配皇天王」とは、「嗣先王」と「配皇天」という二つのことばが結びつけられたものであることがわかる(57)。「我隹嗣配皇天王對作宗周寶鐘」は「我これ嗣ぎて皇天王に配され、對（こた）えて宗周の寶鐘を作る」とでも讀むべきであり、「皇天王」は本來、白川・陳兩氏が主張したように、「皇天の（先）王」を意味する語彙であった。しかしながら、それと同時に、宣王期の逨盤銘「丕顯朕皇高祖單公（丕顯なる朕が皇高祖單公）」「朕皇亞祖懿仲（朕が皇亞祖懿仲）」（近20939）・逨盉銘「朕皇高祖單公」（近20834）、あるいは晩周の響鼎銘「朕皇高祖師婁」（近20324）にみえる「皇高祖（煌（あき）らかなる高祖）」「皇亞祖（煌らかなる亞祖）」を參照すれば、この「皇天王」という語彙は「煌らかなる天王」という意味に解釋しうるものでもあったと考えられる。儀禮の「ことば（聲）」のなかでうまれた「皇天王」という語彙は、「皇天の（先）王」という本來の意味から「煌らかなる天王」へとその意味を引伸させ、やがて周王自身を指し示す稱號へと變化していったのではないだろうか。「天王」

という稱號の由來についての一案として示しておきたい。

註
(1) 『公羊傳』『穀梁傳』の經文は哀公十四年の「獲麟」までの 242 年である。
(2) 悼王については、『春秋』昭公二十二に「劉子・單子以王猛居于皇」「秋、劉子・單子以王猛入于王城」「冬十月、王子猛卒」とあるように、『春秋』はその正式な卽位を認めていないように思われる。
(3) 桓公五「秋、蔡人・衛人・陳人從王（＝桓王）伐鄭」・莊公元「王（＝莊王）使榮叔來錫桓公命」・文公五「五年春、王正月、王（＝襄王）使榮叔歸含、且賵」「王使召伯來會葬」。
(4) 成公八「秋七月、天子（＝簡王）使召伯來賜公命」。
(5) 莊公三「五月、葬桓王」・文公九「二月、叔孫得臣如京師、辛丑、葬襄王」・宣公三「葬匡王」・襄公二「春、王正月、葬簡王」・昭公二十二「六月、叔鞅如京師、葬景王」。これらはすべて、それに先立つ「天王崩」の記事を承けたものである。
(6) 陸淳『春秋集傳纂例』名位例第三十二に「王者無上、故加天字、言如天也。而有不書天者三、蓋言不能法天者也。又有書天子者一、或依策命之文、以懲失禮、或轉寫誤也」との指摘がある。
(7) 楚の稱「王」が武王以前に遡りうる可能性については、吉本道雅 2005：第二部下篇・第二章「楚―西周春秋期」を參照。
(8) 『日知錄集釋』四「天王」條。ただし、『集釋』には「吳・楚之王不通於天下、顧氏之言非是」「不因諸國之僭、王者自宜法天耳」という楊氏の言葉が引用されている。
(9) 「傳先經後」の議論については、野間文史 2010：第八章「結びと參考文獻」に紹介がある。また吉永氏の「傳先經後」の議論としては、ほかに吉永 2003・同 2010・同 2011 などがある。
(10) 『國語』吳語「吳王夫差起師伐越。…越王許諾、乃命諸稽郢行成於吳、曰、昔者越國見禍、得罪於天王、天王親趨玉趾、以心孤句踐、而又宥赦之。君王之於越也。…」。省略した部分を含めて、この說話には 7 囘「天王」の稱號がみえるが、そのうちの 1 例が吳王闔閭、6 例が吳王夫差を指している。また『國語』越語上「（大夫種）曰、寡君句踐乏無所使、使其下臣種、不敢徹聲聞於天王、私於下執事。…」の「天王」は吳王夫差を指している。
(11) 以下、靑銅器銘の引用については、その初出にあたって『集成』・『近出』・『近二』の著錄番號、ならびに林巳奈夫 1984・1989 の斷代案を示す。
(12) 彭悠商 2011 に「該鐘作器名字被鏟去、因其銘文中有"敬事天王"之語、姑名。該鐘共出九枚、銘文以兩枚爲單位分鑄、完整的銘文共四篇、銘辭相同。剩餘一枚（M1:22）銘文自起始至"敬事"爲止、僅存上半段、發掘者認爲似缺一鐘」（79 頁）との指摘がある。本文では併せて一篇となる第 1 鐘銘と第 2 鐘銘を示した。
(13) ほかに李零 1981 を參照。
(14) 『春秋左氏傳』（以下、『左傳』）襄公十五（前 558）「楚公子午爲令尹、公子罷戎爲右尹、蒍子馮爲大司馬、公子橐師爲右司馬、公子成爲左司馬、屈到爲莫敖、公子追舒爲箴尹、屈蕩爲連尹、養由基爲宮廄尹、以靖國人」、『左傳』襄公二十一（前 552）「夏、楚子庚卒。楚子使蒍子馮爲令尹」。
(15) 鄔子倗簠（近出 0451）・鄔子倗尊缶（近出 1034〜35）・鄔子倗浴缶（近出 1036〜37）・倗盤（近出 1000）・倗匜（近出 1010）・倗鼎（近出 0279〜83）・倗戈（近出 1197）・倗矛（近出 1207）。
(16) 『左傳』襄公二十五（前 548）「楚蒍子馮卒、屈建爲令尹、屈蕩爲莫敖」。
(17) 山田崇仁 1997、ロータール・フォン・ファルケンハウゼン 2006：第 8 章「下寺における二つ

(18)公子午死去翌年（前551：魯襄公二十二）の公子追舒（令尹子南）誅殺などの權力抗爭による可能性もあるが、生前贈與の可能性をも含めて、その經緯の詳細を知ることができないことは、山田1997を參照。

(19)朱鳳瀚2009：1771頁にも同樣の指摘がある。

(20)『報告』には各墓葬の年代について、M4 → M1 → M2 → M3との編年案が示されている。(319頁)。

(21)「楚自公元前740年熊通自立爲武王之後、把向外擴張兼幷諸侯定爲國策。…只有在楚成王卽位之初、楚・周關係較好。… M1鉦鐘可能鑄于成王初年、卽公元前671～656年間」(434頁)。

(22)嚴志斌2011も參照。

(23)劉彬徽・劉長武2009は敬事天王鐘を東周三期（前600～530）に編年する。

(24)淅川下寺M2からは、ほかに王孫誥戟（近出1158～59）も出土している。

(25)山田崇仁1997、あるいは朱鳳瀚2009を參照。

(26)敬事天王鐘銘「隹王正月初吉庚申」のように、「王□月」という表現が周正による可能性については、白川靜1971：201晉姜鼎條に指摘がある。

(27)本稿では西周を初周・盛周・中周・晚周の四期に時期區分する。この時期區分については松井2011を參照。

(28)西周王朝の歷史がどのように記憶され語られてきたかという問題については、松井2005を參照。

(29)「西周中期改革」についての氏の議論には、ほかに谷2010a・同2010bがある。

(30)王國維「古諸侯稱王說」(『觀堂集林・別集』)など。この問題を扱った最近の論考として劉雨2010がある。

(31)初周の𣄰尊銘「王誥宗小子于京室、曰、昔在爾考公氏克逨文王、肆文王受玆大命、隹武王旣克大邑商、則廷告于天、曰…」(集成06014、林：西周IA)においても、すでに文王の受命が主張されている。

(32)谷2008は、天子號を「金文中に插入された言說中において見出される」(16頁)と認めたうえで、「まず周王朝は、王朝發足當初に旣に稱『王』していた同盟國（乃至は臣屬國）に對しては、少なくともその疆域內におけるその使用を容認していたものと見られる。しかし、もし周王朝との閒で公的な君臣儀禮が執り行われたならば、…やはり稱『王』する事は認められず、周王に對しては稱『天子』する事が求められたものと考えられるのである（儀禮後の族內祭祀の場で、父祖に對する諡號として『王』稱謂する事は容認された）」(32頁)と主張する。しかしながら、その一方で王號について「思うに、地の文において周王を稱『王』する事は一種の規範であり、金文作製上の形式として了解されていたのではなかろうか」(16頁)との理解を示すのは單なる臆測に過ぎない。

(33)同時にその回路は、それを逆流して王身へと收斂する服事貢獻の回路としても機能した。

(34)たとえば、晚周の井人妄鐘銘（集成00109～12、林：西周III）に「前文人、それ嚴として上に在り、鼓々蘂々として、余に厚き多福を降すこと無疆ならんことを」とあるように、作器者の祖先は死後、天上世界に住まうものと考えられていた。

(35)天命の機能については、小南一郎2006に示唆に富んだ議論がある。

(36)子犯鐘銘「隹王五月初吉丁未、子犯佑晉公左右、來復其邦、諸楚荊不聽命于王所、子犯及晉公

率西之六自、搏伐楚荊、孔休、大上楚荊、喪厥自、滅厥□、子犯佑晉公左右、燮諸侯卑朝、王克奠王位、王賜子犯輅車四馬・衣裳黹市・佩、諸侯羞元金于子犯之所、用爲龢鐘九堵、孔淑且碩、乃龢且鳴、用安用寧、用享用孝、用祈眉壽、萬年無疆、子々孫々、永寶用樂」（近出 0010〜0025）は、丁未の日の楚俘獻捷を記録している。ここでは周王はすべて「王」と表記され、「ことば（聲）」の世界で用いられる天子號は登場しない。子犯（狐偃）は、銘文に「子犯佑晉公左右」と記されているように、晉文公の臣―周王の陪臣―であり、周王を「天子」と呼ぶ「ことば（聲）」の世界にはかかわりえなかったのであろう。

(37)『詩經』大雅・江漢「王命召虎、來旬來宣、文武受命、召公維翰、無曰予小子、召公是似、肇敏戎公、用錫爾祉、釐爾圭瓚、秬鬯一卣、告于文人、錫山土田、于周受命、自召祖命、虎拜稽首、天子萬年。虎拜稽首、對揚王休、作召公考、天子萬壽、明明天子、令聞不已、矢其文德、洽此四國」もまた不完全ではあるが、「王」と「天子」という二つの稱號の使い分けを保存している。

(38)渡邉英幸 2010：第七章「秦公諸器銘の檢討」、陳昭容 2010 などを參照。

(39)秦襄公の自立に周王朝の介在を想定できないことは、吉本 2005：第二部下篇・第三章「秦―戰國中期以前」參照。

(40)王輝・焦南峰・馬振智 1996、王輝 2000 を參照。

(41)王輝 2000 はこの「天子」を周天子と考えるが、その主張が成立しえないことは、吉本 2005：第二部下篇・第三章を參照のこと。また、石鼓文にみえる「天子」もまた景公を指している可能性についても吉本 2005 に言及がある。

(42)『左傳』宣公三（前 606）年「楚子伐陸渾之戎、遂至於雒、觀兵于周疆。定王使王孫滿勞楚子、楚子問鼎之大小輕重焉。對曰、在德不在鼎。…成王定鼎于郟鄏、卜世三十、卜年七百、天所命也。周德雖衰、天命未改。鼎之輕重、未可問也」。

(43)小南一郎 2006 に「諸國の支配者たちが、周王を介さずに、その先王が、直接に天から命を受けたのだと主張するようになれば、天子としての周王を中核にした命の支配體制は根本的に搖らぐことになる。しかし、そうした新しい動きも、命という觀念を統治體制の基礎に置いているという點では、なお、古い要素を留めていたとも言えるであろう」（243 頁）との指摘がある。

(44)『左傳』傳文における「楚王」の事例は、僖公二十二・成公十六・襄公二十六・昭公元・昭公四・昭公五・昭公十一・昭公二十五。「吳王」の事例は、襄公二十五・定公十・哀公元・哀公七・哀公十三・哀公二十・哀公二十二。

(45)『左傳』隱公三「春王三月壬戌、平王崩、赴以庚戌、故書之」、莊公三「夏五月、葬桓王、緩也」、僖公七「閏月、惠王崩。襄王惡大叔帶之難、懼不立、不發喪、而告難于齊」、僖公八「八年、春、盟于洮、謀王室也、鄭伯乞盟、請服也、襄王定位而後發喪」、文公八「秋、襄王崩」、文公九「二月、莊叔如周葬襄王」、文公十「秋七月、及蘇子盟于女栗、頃王立故也」、文公十四「十四年、春、頃王崩」、宣公六「夏、定王使子服求后于齊」、宣公十六「冬、晉侯使士會平王室、定王享之」、成公五「十一月己酉、定王崩」、襄公二十九「葬靈王、鄭上卿有事、子展使印段往」、襄公三十「初、王儋季卒、其子括將見王、而歎、單公子愆旗爲靈王御士、過諸廷、聞其歎、而言曰」、昭公二十二「丁巳、葬景王」。

(46)平勢隆郎 1998 は、『左傳』全文を【經文引用】・【經文換言・說話】・【經解】・【說話】・【說解】・【君子曰】・【君子】・【凡例】に分類整理しており、隱公元年の傳文は【經文引用】・【經解】と示されている。

(47)佐原康夫 1984 參照。吉本 2005：第三部第一章・第二節「戰國前期」は、ここに示された秩序

について「政治地理的に外から眺めれば、晉は三〇年の軍事行動で、前五〇六年以來解體していた霸者體制を一二〇年ぶりに再現している」と評價している（462頁）。しかしながら、それはかつての「王命」による秩序とは質を異にしているものといわなければならないだろう。

(48) 渡邉 2010：第三章「鮮虞中山國の成立」參照。作器者「中山侯」についての議論は同注 (44) に整理されている。本稿では、氏が「『天子建邦』とは周王朝による中山君の地位承認＝『封建』を意味し、文獻史料の武公『初立』はこれを傳えた記事と解釋する。中山侯鉞の作器者は、武公・桓公・成公のいずれかと考えるが、なお限定する材料が不足している」（338頁）とする理解に從う。中山王陵出土の青銅器銘については小南一郎 1985 も參照のこと。

(49)『詩經』魯頌・閟宮「王曰叔父、建爾元子、俾侯于魯、大啓爾宇、爲周室輔、乃命魯公、俾侯于東、錫之山川、土田附庸」も「王命」による魯公封建を傳えている。

(50) 陳直 1957・王輝 2000。

(51)『史記』秦本紀には、それに對應する「(孝公) 二 (前360) 年、天子致胙、…惠文君元 (前337) 年、楚・韓・趙・蜀人來朝。二年、天子賀。三年、王冠。四 (前334) 年、天子致文武胙。齊魏爲王」との記錄が殘されている。「周天子」からの「文武胙」賜與の意味を考察しようとした論考に豐田久 1992 がある。

(52) 天王號がみえるのは、すでに引いた『國語』吳語・越語上以外に、『竹書紀年』、『逸周書』商誓解・太子晉解、『荀子』王制、『莊子』天道、『禮記』曲禮下・坊記・昏義、『周禮』春官司服など、ごく少數の文獻に限定される。

(53)『竹書紀年』が『春秋』に取材していることについては、山根泰志 2004 を參照。

(54)『逸周書』太子晉解「善至于四海、曰天子。達于四荒、曰天王。四荒至、莫有怨訾、乃登爲帝」、あるいは『禮記』曲禮下「君天下曰天子、朝諸侯、分職授政任功、曰予一人。踐阼臨祭祀、內事曰孝王某、外事曰嗣王某。臨諸侯、畛於鬼神、曰有天王某甫。崩曰天王崩、復曰天子復矣。告喪曰天王登假。措之廟、立之主、曰帝。天子未除喪、曰予小子。生名之、死亦名」もまた天王號の含意に言及するが、「天子」「天王」「帝」などの稱號を並べ差別化しようとすること、說明的にすぎる。

(55) 唐蘭 1986 は「王對、詩淸廟：對越在天。井侯彝：對、不敢墜」との注釋を施し、馬承源 1988 は「我繼文武之德爲天子、順應天命」との解釋を示している。

(56) ただし、白川靜は宗周鐘を厲王自作器とは認めていない。

(57) 松井 2009 で述べたように、「聲の文化」のなかで蓄積された語彙の使用は、極めて融通性に富んだものであり、韻律にあうように作られたきまり文句は、「まったく簡單にいれかえることができた」のである。

參照文獻

【青銅器著錄】
集成　『殷周金文集成』（中華書局、1984～94。増補本）
近出　『近出殷周金文集錄』（中華書局、2002）
近二　『近出殷周金文集錄二編』（中華書局、2010）

【日文】
小島毅 1991「天子と皇帝—中華帝國の祭祀體系」（『王權の位相』、弘文堂）
小南一郎 1985「中山王陵三器銘とその時代背景」（『戰國時代出土文物の研究』、京都大學人文科學

研究所)
—— 2006『古代中國　天命と靑銅器』(京都大學學術出版會)
佐原康夫 1984「藏品より　屬氏編鐘」(『泉屋博古館紀要』1)
白川靜 1967『金文通釋』18 (『白鶴美術館誌』18。『白川靜著作集別卷　金文通釋二』平凡社、2004 に再錄)
—— 1971『金文通釋』35 (『白鶴美術館誌』35。『白川靜著作集別卷　金文通釋四』平凡社、2004 に再錄)
—— 1972『金文通釋』37 (『白鶴美術館誌』37。『白川靜著作集別卷　金文通釋四』平凡社、2004 に再錄)
杉村伸二 2011「秦漢初における『皇帝』と『天子』—戰國後期～漢初の國制展開と君主號」(『福岡教育大學紀要』60 第 2 分冊)
竹内康浩 1999「西周金文中の『天子』について」(『論集　中國古代の文字と文化』、汲古書院)
田中柚美子 1989「王と天子—周王朝と四方 (一)」(『中國古代史研究』6、研文出版)
谷秀樹 2008「西周代天子考」(『立命館文學』608)
—— 2010a「西周代陝東出自者『周化』考—西周中期改革考 (一)」(『立命館文學』617)
—— 2010b「西周王權と王畿内大族の動向について—西周中期改革考 (二)」(『立命館文學』619)
豐田久 1979「周王朝の君主權の構造について—『天命の膺受』者を中心に」(『東洋文化』59「特集・西周金文とその國家」。『西周青銅器とその國家』1980 に再錄)
—— 1992「周天子と"文・武の胙"の賜與について—成周王朝とその儀禮その意味」(『史觀』127)
野間文史 2010『春秋左氏傳　その構成と基軸』(研文出版)
林巳奈夫 1984『殷周時代青銅器の研究—殷周青銅器綜覽一』(吉川弘文館)
—— 1989『春秋戰國時代青銅器の研究—殷周青銅器綜覽三』(吉川弘文館)
平勢隆郎 1998『左傳の史料批判的研究』(東京大學東洋文化研究所報告・汲古書院)
松井嘉德 2002『周代國制の研究』(汲古書院)
—— 2005「記憶される西周史—逨盤銘の解讀」(『東洋史研究』64-3)
—— 2009「鳴り響く文字—青銅禮器の銘文と聲」(『漢字の中國文化』、昭和堂)
—— 2011「西周史の時期區分について」(『史窗』68)
山田崇仁 1997「淅川下寺春秋楚墓考—二號墓の被葬者とその時代」(『史林』80-4)
山根泰志 2004「左氏述作春秋學」(『立命館文學』587)
吉永愼二郎 2003「『孟子』所說春秋と『左傳』—その經傳の先後をめぐって」(『中國研究集刊』34)
—— 2006「春秋經及び春秋左氏傳における『天王』について」(『秋田大學教育學部研究紀要人文科學・社會科學』60)
—— 2010「春秋左氏經・傳の『卒』記事の『名』と『諡』について—作經原則としての『名』」(『中國研究集刊』50)
—— 2011「『春秋左氏經』の作經メカニズムについての考察 (一)—哀公期『左氏經』の『原左氏傳』からの抽出・編作舉例とその分析を中心に」(『秋田大學教育文化學部研究紀要人文科學・社會科學』66)
吉本道雅 2005『中國先秦史の研究』(京都大學學術出版會)
ロータール・フォン・ファルケンハウゼン (吉本道雅譯) 2006『周代中國の社會考古學』(京都大學學術出版會)

渡邉英幸 2010『古代〈中華〉觀念の形成』(岩波書店)
【中文】
陳夢家 2004『陳夢家著作集　西周銅器斷代』(中華書局)
陳昭容　2010「秦公器與秦子器—兼論甘肅禮縣大堡子山秦墓的墓主」(上海博物館・香港中文大學文物館『中國古代青銅器國際研討會論文集』)
陳直　1957「秦陶券與秦陵文物、一、秦右庶長歜封邑陶券」(『西北大學學報』1957-1)
河南省文物研究所・河南省丹江庫區考古發掘隊・淅川縣博物館　1991『淅川下寺春秋楚墓』(文物出版社)
李零　1981「"楚叔之孫倗"究竟是誰—河南淅川下寺二號墓之墓主和年代問題的討論」(『中原文物』1981-4)
──　1996「再論淅川下寺楚墓—讀《淅川下寺楚墓》」(『文物』1996-1)
劉彬徽・劉長武 2009『楚系金文彙編』(湖北教育出版社)
劉雨　2010「西周金文中的王稱」(『鹿鳴集—李濟先生發掘西陰遺址八十周年・山西省考古研究所侯馬工作站五十周年紀念文集』、科學出版社)
馬承源 1988『商周青銅器銘文選』3（文物出版社)
彭悠商　2011『春秋青銅器年代綜合研究』(中華書局)
唐蘭 1986『西周青銅器銘文分代史徵』(中華書局)
王輝　2000『秦出土文獻編年』(新文豐出版公司)
王輝・焦南峰・馬振智　1996「秦公大墓石磬殘銘考釋」(『中央研究院歷史語言研究所集刊』67-2)
嚴志斌 2011「楚王領探討」(『考古』2011-8)
朱鳳瀚　2009『中國青銅器綜論』(上海古籍出版社)

(『立命館白川靜記念東洋文字文化研究所紀要』第 6 號、2012 年 7 月)

顧命の臣
―西周、成康の際―

はじめに
1　顧命の臣
2　顧命の三公：文獻史料
3　顧命の臣：青銅器銘
4　顧命の臣の言説化
おわりに

はじめに

　周公旦と成王を主役とする『尚書』周書の諸篇がようやく終わったのち、『尚書』は成王の崩御から康王の王位繼承へとその主題を轉換する。
　成王の崩御から康王の服喪、そして卽位の儀式を記錄する顧命篇は、成王の不豫を承けて顧命の臣が招集される場面から始まる[1]。

　惟れ四月哉生魄、王懌(よろこ)ばず。甲子、王乃ち洮頮し、水相し、冕服を被り、玉几に憑る。乃ち同に太保奭・芮伯・彤伯・畢公・衞侯・毛公・師氏・虎臣・百尹・御事を召す。

招集された太保奭（召公奭）・芮伯・彤伯・畢公・衞侯・毛公、さらには師氏以下の臣下たちに遺命を託した成王は、翌乙丑に崩御し、それを承けて、太保召公奭が仲桓・南宮毛、さらに齊侯呂伋とともに太子釗（康王）を翼室に迎え入れ、成王の喪に服すこととなった[2]。
　その後、康王の卽位式場の陳設ならびに卽位儀禮の次第が記された後[3]、王位繼承の儀式は、康王卽位の命を記錄する康王之誥篇へと引き繼がれる[4]。

　王出でて應門の內に在り。太保、西方の諸侯を率い、應門に入りて左し、畢公、東方の諸侯を率い、應門に入りて右す。

とあるように、太保召公奭と畢公とに率いられた西方・東方の諸侯が參列したあと、太保召公奭と芮伯が新王に祖命に違わぬようにとの奏上をおこない[5]、それを承けて「王若曰（王若く曰く）」で始まる康王卽位の命が記錄される。王命を受けた後、參列した諸侯達は互いに會釋しあって小走りに退出し、康王も冕服を脫いでもとの喪服にかえり、一聯の儀禮は完了するのである[6]。
　以上、簡單にみた『尚書』顧命・康王之誥の兩篇[7]は、成王顧命の臣：太保召公奭・芮

- 277 -

伯・肜伯・畢公・衞侯・毛公、さらには仲桓・南宮毛・齊侯呂伋といった臣下達が、成王の崩御から康王の卽位、そして卽位の命の發布に至る一聯の儀禮に關わっていたことを記錄していた。崩御する王と新たに卽位する王をつなぐ顧命の臣といえば、武王の崩御を承け、幼い成王を補佐したとされる周公旦も同樣の役割を擔っていたはずであるが[8]、武王の顧命が『尚書』の主題となることはなく、成王の崩御に至って初めてその顧命がとりあげられるのである。

　しかしながら、何故に成王の崩御から康王の王位繼承に至る一聯の儀禮が『尚書』の主題としてとりあげられたのであろうか。また、その顧命を承けて康王を輔弼する顧命の臣下たちはどのような基準でもって選ばれ、『尚書』に登場するのであろうか。成王から康王への王位繼承がどのようにして言説化され、王朝の「歷史」となっていくのか。以下、顧命に關わった臣下たちに注目し、この問題を考えてみたい。

1　顧命の臣

　成王顧命の臣：太保召公奭・芮伯・肜伯・畢公・衞侯・毛公について、僞孔傳は次のように述べている。

> 同に六卿を召す。…太保・畢・毛は公と稱すれば、則ち三公たり。

正義は、さらにこれを敷衍して、

> 太保はこれ三公の官名、畢・毛はまたまた公と稱すれば、この三人はこれ三公たるを知るなり。三人はこれ三公にして侯・伯と相次げば、六者はこれ六卿なるを知る。…三公は尊きを以ての故に、特に公と言う。其の餘の三卿は其の本爵を擧げ、其の國君を以て入りて卿となるを見すなり。

と述べる。六卿のなか、太保召公奭・畢公・毛公は「公」を稱しているので三公、それ以外の芮伯・肜伯・衞侯はそれぞれ芮・肜・衞の國君であると同時に王朝の卿の地位にあるという解釋である。
　さらに、この六卿の配列について僞孔傳は、

> この六卿の次第を先後するに、冢宰第一、召公これを領す。司徒第二、芮伯これと爲る、宗伯第三、肜伯これと爲る。司馬第四、畢公これを領す。司寇第五、衞侯これと爲る。司空第六、毛公これを領す。

との解釋を施す。正義が、

> 衞公、司寇と爲りて第五に位す、この先後はこれ六卿の次第たるを知るなり。

と述べているように、衞侯が顧命六卿の五番目に位置づけられるのは、司寇が『周禮』天官冢宰・地官司徒・春官宗伯・夏官司馬・秋官司寇・冬官司空の五番目に配列されることに照應している。衞侯を司冦とする言說は『春秋左氏傳』(以下『左傳』) 定公四年、

> 武王の母弟八人、周公は大宰たり、康叔は司寇たり、耼季は司空たり、五叔は官無かりき。

と同じであり[9]、偽孔傳の解釋はそれを六卿全員に敷衍したものとなる[10]。『周禮』と『左傳』の成立については諸說あるが、少なくともこの六卿の序列が西周期に遡ることはなく[11]、顧命の臣の配列が後世の改變を被っていることはあきらかである。

一方、顧命六卿の召・芮・彤・畢・衞・毛の各氏族についてみれば、彤についてはほとんど何の傳承も殘されていないが[12]、それ以外の氏族には周初 (あるいはそれ以前) にまで遡りうる傳承・記錄が殘されている。まず、畢・衞・毛の三氏については、『左傳』僖公二十四年に記錄された東周襄王の大夫富辰の言に、

> 昔、周公、二叔 (管叔・蔡叔) の咸からざるを弔む。故に親戚を封建して、以て周に蕃屛とす。管・蔡・郕・霍・魯・衞・毛・耼・郜・雍・曹・滕・畢・原・酆・郇は文の昭なり、邗・晉・應・韓は武の穆なり、凡・蔣・邢・茅・胙・祭は周公の胤なり。

と語られるように、ともに文王の子を始祖とする家系であるとの傳承をもっていた。

さらに、畢氏の始祖については、『史記』魏世家に、

> 魏の先は畢公高の後なり。畢公高は周と同姓。武王の紂を伐つや、高、畢に封ぜらる。是において畢姓と爲る。其の後、封を絕ち、庶人と爲り、或いは中國に在り、或いは夷狄に在り。其の苗裔を畢萬と曰う、晉の獻公に事う。

とあるように、三晉・魏の始祖として畢公高の名が傳承されている。畢公高の名は『逸周書』和寤解「王乃出圖商、至于鮮原、召邵公奭・畢公高」にみえており、さらに新出の清華大學藏戰國竹簡 (以下、清華簡)『耆夜』「武王八年、征伐耆、大戡之。還、乃飲至于文太室。畢公高爲客、召公保奭爲夾、周公叔旦爲主、辛公詎甲爲位、作策逸爲東堂之客、呂尙父命爲司正、監飲酒」にもその名を確認することができる[13]。また、周原甲骨 H11:45 に「畢公」、H11:86 に「畢」の文字がみえ[14]、さらに周公廟遺跡の祝家巷北 A2 地點 (2008QF Ⅲ A2) から「畢公」の名を刻した甲骨が發見されていることから[15]、畢氏が周初 (あるいはそれ以前) にまで遡りうる家系であったことが確認できる。

次いで衞についてみても、『史記』周本紀、

> 其の明日、道を除い社を脩めて商紂の宮に及ぶ。期に及びて、百夫、罕旗を荷ないて以て先驅す。武王の弟叔振鐸は常車を奉陳し、周公旦は大鉞を把り、畢公は小鉞を把り、以て武王を夾む。散宜生・太顚・閎夭はみな劍を執り、以て武王を

- 279 -

衞る。既に入り、社の南・大卒の左に立ち、[左]右畢く從う。毛叔鄭は明水を
　　奉じ、衞康叔封は茲を布き、召公奭は采を贊け、師尙父は犧を牽く。

に、武王の克殷直後、商紂の宮でとりおこなわれた儀式に衞康叔封が參加していることが
記録されている[16]。康叔封の封建は武王崩御後に勃發した「三監の亂」の事後處理として
傳承されており[17]、康侯簋「王朿伐商邑、誕命康侯鄙于衞（王、商邑を朿伐す、誕に康侯に
命じて衞に鄙つくらしむ）」（05020、前期・IA）[18]はそのことを記録していると考えられている。

　上に引用した『史記』周本紀に記された商紂の宮での儀式には、畢公・衞康叔封のほか、
毛叔鄭・召公奭の名もみえている。毛氏の始祖とされる毛叔鄭については、周公廟遺跡
（2008QF Ⅲ A2）から「曰、叔鄭其取妝」と刻された甲骨が發見されており、そこにみえ
る「叔鄭」がこの毛叔鄭を指していると考えられている[19]。さらに同じく周公廟遺跡から
は召公奭の名「奭」字を刻した甲骨も發見されており[20]、毛氏・召氏もまた周初（あるい
はそれ以前）にまで遡りうる家系であったと考えることができる。

　次いで芮についてみると、『尙書』の逸篇である旅巢命の書序に、

　　巢伯來朝す。芮伯、旅巢命を作る。

とあり、さらに清華簡『良臣』に、

　　文王に閎夭有り、泰顛有り、散宜生有り、南宮适有り、南宮夭有り、芮伯有り、
　　伯适有り、師尙父有り、虢叔有り。

とあるように[21]、周初の芮伯の名が記録されている。『良臣』では文王輔弼の臣として扱
われているが、文王・武王による王朝創建期の重臣とみなされていたことは、畢氏・衞叔・
毛氏・召氏と選ぶところがないだろう。

　以上、『尙書』に記録された成王顧命の臣について簡單にみてきた。肜伯のように情報
をほとんどもたない人物、あるいは衞侯のように後世の情報操作の可能性がある人物も含
まれるが、同時に、太保召公奭・畢公・毛公の三公は王朝創建時にまで遡りうる家系に屬
していた。このことは、『尙書』顧命の重層的な成立を示唆するとともに、その基層部分
の成立が西周期にまで遡りうる可能性を示しているように思われる。以下、章を改め、ま
ずは顧命三公の召氏・畢氏・毛氏についての情報を整理し、成王顧命の臣をめぐる「歷史」
の言說化を考えていきたい。

2　顧命の三公：文獻史料

　顧命三公の召氏・畢氏・毛氏については、第1章で紹介した史料以外にもその傳承を記
錄する傳世文獻・出土文獻史料が存在している。以下、召氏・毛氏・畢氏の順で、それぞ
れの氏族に關わる史料を整理しよう。

I 召氏

召氏について『史記』燕召公世家は「召公奭與周同姓、姓姫氏」と述べるが、召氏の出自あるいは匽(燕)侯の系譜の不確實さは夙に指摘されているので[22]、ここでは內諸侯の召氏のみを取り上げる[23]。

召公奭に次いで文獻史料に登場する內諸侯の召氏は、『詩經』大雅・蕩之什・崧高に、

> 亹亹たる申伯、王、之が事を纘がしむ、于に謝に邑し、南國に是れ式たらしむ。
> 王、召伯に命じて申伯の宅を定めしむ、是の南邦を登して、世々其の功を執らしむ。

とうたわれ、さらに江漢に、

> 江漢の滸、王、召虎に命ず、式て四方を辟き、我が疆土を徹めよ、疚しくするに匪ず棘やかにするに匪ず、王國をば來に極せよ、于に疆し于に理め、南海に至れ。
> 王、召虎に命ず、來に旬し來に宣す、文武、命を受け、召公維れ翰れり、予小子を曰すこと無かれ、召公を是れ似げ、肇めて戎公に敏めり、用て爾に祉いを錫う。

とうたわれる召伯(召虎)である[24]。詩序に「崧高、尹吉甫美宣王也、天下復平、能建國親諸侯、襃賞申伯焉」、「江漢、尹吉甫美宣王也、能興衰撥亂、命召公平淮夷」というように、晚周[25]・宣王期の「詩人」尹吉甫の作とされるこれらの敍事詩は、召伯(召虎)の淮夷征討などの功績を讚えたものとされる。厲王奔彘から宣王卽位に至る混亂を傳える『國語』周語上[26]、さらにそれを利用しつつ「共和」の語義を說明しようとする『史記』周本紀[27]にみえる邵公(召公)もまた、この召伯(召虎)を指しているとされる[28]。

その後、召氏は東遷期の混亂を生きのび、東周期の文獻史料にその名をとどめることとなった。以下、東周期の召氏に關わる史料を示せば、

召伯廖　　　　　：『左傳』莊二十七(前667)
召武公(召公過)：『左傳』僖十一(前649)[29]
召昭公　　　　　：『春秋』『左傳』文五(前622)
召桓公　　　　　：『左傳』宣六(前603)・『春秋』『左傳』成八(前583)[30]
召戴公　　　　　：『春秋』『左傳』宣十五(前594)
召襄　　　　　　：『左傳』宣十五(前594)
召莊公(召伯奐)：『左傳』昭二十二(前520)・『左傳』昭二十三(前519)
召簡公(召伯盈)：『左傳』昭二十四(前518)・『春秋』『左傳』昭二十六(前516)・『左傳』昭二十九(前513)

という一覽をえることができる。東周期の召氏は、前667年、齊桓公に霸者の命を傳達した召伯廖を初見とする[31]。以後、『左傳』僖公十一年「天王使召武公・內史過賜晉侯命、受玉惰」の召武公、文公五年「王使榮叔來含且賵、召昭公來會葬、禮也」の召昭公、宣公

六年「冬、召桓公逆王后于齊」の召桓公は東周王朝の卿士としてのつとめを果たしていたが、『左傳』宣公十五（前594）年に、

  王孫蘇、召氏・毛氏と政を爭う。王子捷をして召戴公及び毛伯衞を殺さしむ。卒
  に召襄を立つ。

とあるように、王孫蘇（王叔桓公）との政權鬪爭に敗れて召戴公（そして毛伯衞）が殺され、傀儡としてその子の召襄が立てられるに至った[32]。その後、召氏は前520年に勃發した王子朝の亂に卷き込まれ[33]、當初は王子朝側についたものの、『左傳』昭公二十六（前516）年に、

  召伯盈、王子朝を逐う。王子朝、召氏の族・毛伯得・尹氏固・南宮嚚と、周の典
  籍を奉じて以て楚に奔る。…召伯、王（敬王）を尸より逆えて、劉子・單子と盟
  う。

とあるように、召簡公（召伯盈）が敬王側に寝返り、他の召氏は王子朝や毛伯得らとともに楚に亡命した。しかしながら、この召簡公（召伯盈）も前513年に殺され[34]、召氏は歴史からその姿を消していった[35]。
 以上、東周期の召氏の動向を確認してきたが、前594年の王孫蘇（王叔簡公）との政爭、あるいは前516年の王子朝の亂において、召氏は毛氏と運命をともにしていた。次いでその毛氏についての文獻史料を整理しよう。

II　毛氏

 文王の子と傳えられる毛叔鄭、さらに顧命三公の毛公ののち、文獻史料に登場する毛氏は穆王に仕えたとされる毛班である。『穆天子傳』卷四に、

  丙寅、天子、鈃山之隊に至り、東のかた三道之隥に升り、すなわち二邊に宿る。
  毛班・逢固に命じて先に周に至り、以て天の命を待たしむ。

とあり[36]、清華簡『蔡公之顧命』、

  王曰く、（祭）公、丕顯の德を稱げ、余小子を以て文武の烈を揚げ、成康昭主の
  烈を揚げよ、と。王曰く、嗚呼、公、汝念わんかな。乃の心を遜措し、盡く余
  一人に付畀せん、と。公懋めて拜手稽首して曰く、允なるかな、と。乃ち畢桓・
  井利・毛班を召して曰く、三公、謀父朕の疾惟れ癒まず、…、と。

には、穆王の三公：畢桓・井利・毛班の一人として登場する[37]。穆王三公のうち、井利はたとえば『穆天子傳』卷一「辛丑、天子西征、至于䣙人。河宗之子孫䣙伯絮且逆天子于智之□。先豹皮十・良馬二六、天子使井利受之」にも登場しているが、より注目すべきは、毛班と畢桓、すなわち毛氏と畢氏の組み合わせが、顧命三公の毛公と畢公、さらには文王

の子にして王朝創建時の重臣であった毛叔鄭と畢公高の組み合わせに重なることである。
　さらに毛氏の成員として、『今本竹書紀年』、

　　（穆王）三十五年、荊人、徐に入る。毛伯遷、師を帥いて荊人を泲に敗る。
　　（共王）九年春正月丁亥、正使內史良、毛伯遷に命を錫う。

に、穆王・共王に事えたとされる毛伯遷の名が傳えられているが、この史料の典據は確認できない。
　西周期の毛氏に關わる文獻史料は以上であるが、先にみたように、毛氏は、召氏と同樣、東遷期の混亂を經て東周期へと生き延びた。以下、東周期の毛氏に關わる史料を示せば、

毛伯　　：『左傳』僖二十四（前636）
毛伯衞　：『春秋』『左傳』文元（前626）・『春秋』『左傳』文九（前618）・『春秋』『左傳』
　　　　　宣十五（前594）
毛伯過　：『左傳』昭十八（前524）
毛伯得　：『左傳』昭十八（前524）・『春秋』『左傳』昭二十六（前516）

という一覽をえることができる。東周期の毛氏は、前636年の王子帶の亂において周公忌父・原伯・富辰らとともに王子帶の捕虜となった毛伯を初見とする[38]。次いで登場する毛伯衞は、『春秋』文公元年「天王使毛伯來錫公命」や文公九年「春、毛伯來求金」のように卿士としてのつとめを果たしていたが、先にみたように、前594年に王孫蘇（王叔簡公）との政爭に敗れ、召戴公とともに殺されてしまった。のち前524年には、毛得（毛伯得）が毛伯過を殺して毛氏本宗の地位についたものの[39]、これも先にみたように、この毛伯得が王子朝の亂に卷き込まれ、前516年に召氏などとともに楚に亡命し、歷史から姿を消していった。

III　畢氏

　文獻史料に保存された畢氏の傳承はさほど多くない。第1章で述べた周初の畢公高ののち、顧命三公の畢公を除けば、文獻史料に登場する畢氏は穆王に仕えたとされる畢桓と畢矩のみである。
　先にみたように、畢桓の名は淸華簡『蔡公之顧命』にみえていたが、この淸華簡『蔡公之顧命』は『逸周書』祭公解との類似が指摘されており、『逸周書』祭公解の「祭公拜手稽首曰、允乃詔、畢桓于黎民般」の「畢桓于黎民般」もまた「畢桓・井利・毛班」の誤寫であろうと考えられるにいたった[40]。また、いま一人の畢氏である畢矩の名は『穆天子傳』卷四「西膜之人乃獻食馬三百、牛羊二千、穄米千車、天子使畢矩受之」にみえているが、この畢矩と淸華簡『蔡公之顧命』の畢桓の關係についてはよくわからない。
　さらに、畢氏の滅亡に關しても、顧棟高『春秋大事表』が「春秋前、不知爲誰所滅」と述べるように、その滅亡の經緯は傳えられていない。さらに、第1章で引用した『史記』魏世家に「其の後、封を絶ち、庶人と爲り、或いは中國に在り、或いは夷狄に在り」とあったように、晉の獻公に仕えた畢萬が登場するまでの約100年間[41]、「庶人」となった畢

氏の動向については何一つわからない。

　以上、『尚書』顧命三公の召氏・毛氏・畢氏に關わる文獻史料を確認してきた。召氏・毛氏・畢氏の三氏は、文王の子輩や王朝創建時の重臣、または成王の顧命三公や穆王三公、あるいは晩周の重臣としての傳承をもち、さらに召氏と毛氏は東周王朝の卿士として文獻史料にその姿をとどめていた。

　それら三氏の傳承・記錄を簡單な表として示せば、以下のようになる。

	文王子輩	王朝創建	成王顧命	穆王（共王）	晩周	東周
召氏		召公奭	召公奭		召伯虎	前667〜前513
毛氏	毛叔鄭	毛叔鄭	毛公	毛班・毛伯遷		前636〜前516
畢氏	畢公高	畢公高	畢公	畢桓・畢矩	（滅亡）	→畢萬（→魏）

　各文獻史料の性格、成立過程を嚴密に評價したうえでの表ではないが、三氏に關わる傳承にある程度の重なりを認めることはできるだろう。先に見たように、召氏と毛氏は成王顧命の三公であったとともに、東周期にほぼ同じような運命を辿っていたし、文王の子に出自する毛氏と畢氏は、成王顧命の三公さらに穆王三公と、ほぼ同じような傳承を共有していた。しかしながらそれと同時に、毛氏あるいは召氏が東周期にまで生き延びたのに對し、畢氏は晩周にすでに滅亡していたという相違點もある。『尚書』顧命には、太保召公奭が西方諸侯を率い、畢公が東方諸侯を率いたとの記述があったが、畢氏の滅亡後、この召公と畢公を對とする言說が生み出される必然はあるのだろうか。一族に關わる記錄・傳承の保持を擔う主體がまずはその末裔であると考えることが許されるのであるならば、顧命三公たる畢氏の「歷史」の言說化を畢氏滅亡後の東周期に求めることは難しいように思われる。そうだとすれば、召氏・毛氏を含む顧命三公の「歷史」もまた西周期に言說化されていたと考えることはできないだろうか。

　次いで章を改め、青銅器銘の整理を通して召氏・畢氏・毛氏の動向を確認し、西周期における顧命三公の言說化の過程を檢證することとしたい。

3　顧命の三公：青銅器銘

　本章では顧命三公の召氏・畢氏・毛氏に關わる青銅器銘を檢討し、西周期における各氏族の動向を確認したい。まずは太保召公奭の召氏について、その關係器を表1として示そう[42]。なお、召公奭が領したとされる「太保」にかかわる青銅器銘も數多く知られているが、この表には含めていない[43]。

　西周期の召氏の動向を示す青銅器銘は、西周前期の「召伯」「召公」、あるいは註に示した太保關係器を除けば、實はさほど多くはない。西周後期の青銅器に至って召伯毛・召伯虎・召仲あるいは召姜といった人名が確認できるようになり、すくなくとも召氏が伯・仲に分節していたこと[44]、また二代の召伯が存在していたことが確認できる。召伯の一人・召伯毛についてはよくわからないが、五年琱生簋・六年琱生簋・召伯虎盨の銘文に登場す

- 284 -

る召伯虎は、第2章で紹介した『詩經』大雅・蕩之什・崧高などにうたわれている召伯（召虎）と同一人物である。さらに、五年琱生簋・六年琱生簋ならびに新出の五年琱生尊は、召氏の「宗君（君氏）」（その妻・召姜）から召伯虎への代替わりを契機として發生した、琱生への土地・人民分與に關わる議定を記録したものと考えられている[45]。六年琱生簋に「朕烈祖召公嘗簋（朕が烈祖召公の嘗簋）」、五年琱生簋に「召公障彝」とあるように、琱生は召公を祭祀する青銅器を作っており、召氏の分族であることがわかる。この時期、召氏が土地・人民の分配を伴う分族を行いうる勢力を保持していたこととともに、召氏の構成員が召公奭を始祖とする一族の「歷史」を共有していたことが確認できる。

表1　召氏關係青銅器銘

稱謂	器名	銘文（一部）	著錄	斷代	出土地
召伯父辛	憲鼎	隹九月既生霸辛酉、在匽。侯賜憲貝・金、揚侯休、用作召伯父辛寶障彝。…太保。	02386	前期後段・IIA	山東省壽張縣梁山
	伯憲盉	伯憲作召伯父辛寶障彝。	14752	前期後段・II	山東省梁山
	伯鯀鼎	伯鯀作召伯父辛寶障鼎。	01900	前期	
	鯀爵	鯀作召伯父辛寶障彝。	08569	前期	
	束卣	公賞束、用作父辛于彝。	13236	前期	
召伯毛	召伯毛鬲	召伯毛作王母障鬲。	02793	後期	
召伯虎	五年琱生簋	隹五年正月己丑、琱生有事、召來合事、余獻婦氏、以壺、告曰、…召伯虎曰、余既訊厥我考・我母命、余弗敢亂、余或至我考・我母命。琱生則堇圭。	05340	後期・IIIA	
	六年琱生簋	隹六年四月甲子、王在莽、召伯虎告曰、余告慶、曰、…琱生對揚朕宗君其休、用作朕烈祖召公嘗簋。	05341	後期	
	召伯虎盨	召伯虎用作朕文考。	05518	後期	洛陽市
召仲	召仲卣	召仲。（器銘）七五六六六七、召仲。（蓋銘）	13201	前期	
	召仲鬲	召仲作生妣尊鬲、其子々孫々永寶用。	02911〜12	後期	
召公	小臣譴鼎	召公□匽燕、休于小臣譴貝五朋、用作寶障彝。	02102	前期前段	
	大史友甗	大史友作召公寶障彝。	03305	前期・IB	山東省梁山
	叔造尊	叔造作召公宗寶障彝。父乙。	11736	前期後段	洛陽市北窰村
	師衛簋	豐公使衛陟于厥菑臨、射于鬱	05142	前期	

		□城、召公賚衛貝廿朋・臣廿、厥牛廿・禾卅車、師衛、用作厥祖寶彝。	～43		
	五年琱生尊	隹五年九月初吉、召姜以琱生燔五尋・壺兩、以君氏命曰、…琱生對揚朕宗君休、用作召公障彝、用祈通祿得純靈終。	11886～17	後期	扶風縣五郡西村
	六年琱生簋	前掲			
召生	召生簋	召生作禧□媵鼎簋、其用佐君。	05064～65	後期	
召姜	五年琱生尊	前掲			

次いで、毛氏に關わる青銅器銘を表2として示そう。

表2　毛氏關係青銅器銘

稱謂	器銘	銘文（一部）	著錄	斷代	出土地
毛伯	毛伯戈	毛伯戈	16497	中期前段	洛陽市北窰村
	虢簋	王在宗周、格大室、卽位、毛伯入右虢、位中廷、北鄕、王命作册憲尹賜虢鑾旂。	05295	中期前段	
	班簋	隹八月初吉、在宗周、甲戌、王命毛伯更虢城公服、粤王位、作四方亟、秉繁・蜀・巢命、賜鈴勒・金勒、咸。王命毛公、以邦冢君・土馭・或人伐東國痟戎、咸。王命吳伯曰、以乃自、左比毛父。王命呂伯曰、以乃自、右比毛父。	05401	中期・IIA	
	鄂簋	隹（唯）二年正月初吉、王在周昭宮。丁亥、王格于宣榭、毛伯內門、位中廷、右祝鄂、王呼內史、册命鄂。	05342～43	後期	
	毛伯㖽父簋	毛伯㖽父作仲姚寶簋。	04970	後期	
毛叔	師湯父鼎	王在周新宮、在射廬。王呼宰雁、賜盛弓象弭、矢臺彤秋、師湯父拜稽首、作朕文考毛叔龢彝。	02431	中期後段・IIB	
	此鼎／簋	王在周康宮徲宮、旦、王格大室、卽位、嗣土毛叔右此、入門、位中廷、王呼史翏册命此、曰、…	02484～86 05354～61	後期（宣王世）・IIIA	岐山縣董家村
	毛叔盤	毛叔媵彪氏孟姬寶盤。	14489	春秋前期	

毛公	毛公方鼎	毛公旅鼎亦隹簋、我用飲厚眾我友、□其用侑、亦弘唯考、肆母有弗順、是用壽老。	02336	前期	
	班簋	前掲		中期・IIA	
	孟簋	孟曰、朕文考眔毛公・遣中征無需、毛公賜朕文考臣、自厥工、對揚朕考賜休、用宮兹彝作厥。	05174〜76	中期・IIB	西安市張家坡
	毛公鼎	王若曰、父厝、丕顯文武、皇天引厭厥德、配我有周。膺受大命、率懷不廷方、亡不閈于文・武耿光、…毛公厝對揚天子皇休、用作障鼎。	02518	後期（宣王世）・IIIB	
毛仲姬	善夫旅伯鼎	善夫旅伯作毛仲姬障鼎。	02210	後期	岐山縣董家村

　青銅器銘によって確認できる毛氏は、前期の毛公方鼎の毛公を初見とし、毛伯戈・虢簋・班簋の毛伯がこれに續く。師湯父鼎には師湯父の「文考（父）」として毛叔の名が記されていることから、毛氏は林斷代のIIBあたりから伯・（仲）・叔への分節を始めたものと考えられる。班簋の毛伯（毛公・毛父）は吳伯や呂伯を率いて東國の瘖戎を征討しており[46]、孟簋の毛公は孟の父や遣仲とともに無需を征討するなど、毛氏は王朝の軍事的活動において重要な役割を果たしていた。また、虢簋・鄘簋の毛伯、此鼎（簋）の毛叔は册命儀禮における右者（介添え）をつとめているが、毛叔のように某叔と名乗る人物が册命儀禮の右者をつとめる事例は、免簋「王在周、昧爽、王格于大廟、井叔右免、即命（王、周に在り、昧爽、王、大廟に格る、井叔、免を右け、命に卽かしむ）」（05268、中期後段）の井叔[47]や、虎簋「王在周新宮、格于大室、密叔内右虎、即位、王呼內史曰、册命虎（王、周の新宮に在り。大室に格る。密叔内りて虎を右け、位に卽かしむ。王、內史を呼びて曰く、虎に册命せよ、と）」（05399〜400、中期）の密叔[48]、あるいは次にみる畢叔などを除けば、さほど多くは知られていない。井氏は西周期の執政團を構成していた有力氏族であり[49]、それと同様、毛氏もまた王朝の權力中樞に位置する有力氏族であったことが窺える。さらに、宣王期の毛公鼎の銘文は500字になんなんとする西周期最長の長篇であり、そのほぼ全篇が周王（宣王）のことば（「王若曰」「王曰」）からなる特殊なものである[50]。そこでは毛公は周王から「父厝」との尊稱をもって呼びかけられており、當該期の毛氏の勢力を物語って餘りある。

　次いで、畢氏に關わる青銅器銘を表3として示そう。

表3　畢氏關係青銅器銘

稱謂	器銘	銘文（一部）	著錄	斷代	出土地
畢伯	畢伯碩父鬲	畢伯碩父作叔□寶鬲	02859	後期	
	畢伯克鼎	畢伯克肇作朕丕顯皇祖受命畢公彝彝、用追孝亯、子孫、永寶用。	02273	後期	韓城市梁帶村502號墓
畢仲	段簋	王在畢、烝、戊辰、曾、	05234	中期前段（穆

		王蔑段曆、念畢仲孫子、令龏䚄遣大則于段。敢對揚王休、用作簋。		王世）	
	畢仲弁簠	畢仲弁作爲其北善簠。	05912	春秋前期	山東省棗莊市小邾國墓地
畢叔	七年師兊簋	王在康昭宮、格康室、卽位、畢叔右師兊、入門、位中廷、王呼內史尹、冊錫汝師兊嚻膺。	05302	後期・[IIIB]	
畢公[51]	畢伯克鼎	前述。			
	史臨簋	王詰畢公、䞈賜史臨貝十朋、臨古于彝、其于之朝夕監。	04986～87	前期後段（康王世）・IB	岐山縣賀家村
	獻簋	楷伯于遘王、休亡尤、朕辟天子楷伯命厥臣獻金車、對朕辟休、作朕文考光父乙、十世不忘、獻身在畢公家、受天子休。	05221	前期・IIA	
	逳甗	逳作畢公寶障彝。	『賈文仲傳拓集』[52]		
	邵鐘	邵□曰、余畢公之孫、邵伯之子。	15570～82	春秋後期	山西省榮河縣
畢姬	倗伯鼎	倗伯作畢姬寶旅鼎。	01821	中期前段	山西省絳縣橫水鎭
	倗伯鼎	倗伯肇作畢姬障鼎。	考古2006-7	中期	絳縣橫水鎭
	倗伯簋	倗伯作畢姬寶旅簋。	04499	中期前段	絳縣橫水鎭
	倗伯甗	倗伯作畢姬寶旅甗。	考古2006-7		絳縣橫水鎭
	倗伯盤	倗伯作畢姬寶旅盤。	考古2006-7		絳縣橫水鎭
	伯夏父鼎	伯夏父作畢姬障鼎。	02170	後期	岐山縣賀家村
	伯夏父鬲	伯夏父作畢姬障鬲。	02995～03004	後期	
	伯夏父罐	伯夏父作畢姬障罐。	14001～02	後期	

　青銅器銘で畢氏の存在が確認できるのは、前期後段（康王世・IB）に斷代される史臨簋の畢公が最初であり、中期に畢仲、後期には冊命儀禮の右者をつとめる畢叔の存在が確認できる。また、畢姬という女性のために倗伯あるいは伯夏父が青銅器を作器していることから、畢氏が倗氏あるいは伯夏父（氏族不詳）と姻戚關係にあったこと、さらに畢氏が傳承どおり姬姓の氏族であったことがわかる。

　畢氏の滅亡に關わる傳承が殘されていないことは既に紹介したが、2007年に陝西省韓城市梁帶村の502號墓から出土した畢伯克鼎は西周期の畢氏についての重要な知見をもた

らした。

> 畢伯克、丕顯なる皇祖受命畢公の饙彝を作り、用て追享孝す。子孫、永く寶用せよ。

との銘文をもつ畢伯克鼎は、畢伯克がその「皇祖受命畢公」の祭祀をおこなうために作器したものである。「受命畢公」の「受命」とは本來、文王（あるいは文王・武王）にのみ用いられる言葉であったが(53)、のちには周王以外の人物の受命が言說化されるようになる。從來、晉公盨「晉公曰、我皇祖唐公、膺受大命、左右武王、□□百蠻、廣嗣四方（晉公曰く、我が皇祖唐公、大命を膺受し、武王を左右け、百蠻を□□し、四方を廣嗣_{たす}す）」（06274、春秋晚期・春秋 IIB）の銘文(54)によって、そのような言說が春秋期に存在していたことは知られていたが(55)、畢伯克鼎の出現によって、それが西周期にまで遡りうることがわかった。このことは、畢伯克の時代には畢氏が自らの皇祖（始祖）畢公(56)の受命を主張しうる勢力と傳承を保持していたことを示している。晚周には周王による受命の獨占がゆらぎはじめ、受命の言說が有力氏族へと擴散しつつあった(57)。

しかしながら、自らの始祖の受命を主張しえた畢氏は東周期にまで生き延びることはできなかった。『春秋大事表』が「春秋前、不知爲誰所滅」と述べるとおりであるが、畢伯克鼎が韓城市梁帶村 502 號墓から出土したという事實は畢氏の滅亡と深くかかわっていると考えられる。第 4 章で檢討を加えるように、梁帶村墓地からは「芮公」や「芮太子」といった銘文をもつ青銅器が出土しており、この地が芮國の墓地であることに異論はない(58)。宣王期に斷代される梁帶村 502 號墓の墓主についてはいくつかの解釋があるが(59)、畢伯克鼎がこの墓に副葬されたのは、第 1 章で紹介した『史記』魏世家のいう畢が「封を絕」ったことと無關係ではないと考えられる。陳穎飛が(60)、

> この器は畢氏の「絕封」によって芮國にもたらされたのであろう。「絕封」の時期は畢伯鼎の鑄造時期と 502 號墓の下葬時期の間にあるはずである。502 號墓は「宣王早期に屬しうる」墓葬であり、畢伯鼎は厲王・宣王期のものである。この間の最も重大な事件は國人の暴動が引き起こした政變である。西周前期・中期の赫々たる姬姓大族であった畢氏は、この政變に卷き込まれ、「絕封」にいたったのである(61)。

と述べ、畢の「絕封」を厲王奔彘から「共和」、あるいはその後の宣王卽位に至る政變に關聯附けようとするのは、一つの解釋として成立しうるだろう。

以上、顧命三公の召氏・毛氏・畢氏に關わる青銅器銘をみてきた。周公廟遺跡から召公奭・畢公・毛叔鄭の文字が刻まれた甲骨が出土したことは既に第 1 章で紹介したが、その後、この三氏は西周期を通じて存續しつづけていたことが確認できた。前期後段（康王世・IB）に斷代される史臨簋の畢公、前期の毛公方鼎の毛公、あるいは前期・IB の大史友甗の召公など、康王期前後に實在していた三「公」が確認できた以上、『尚書』の顧命三公が何等かの歷史的事實を踏まえたものである可能性を完全に否定することはできない。し

かしながら、『尚書』の顧命三公という「歴史」の言説化について留意すべきは、琱生諸器の召伯虎、毛公鼎の毛公、さらに始祖畢公の「受命」を主張した畢伯克など、晩周にこの三氏が強大な勢力を保持していたという事実であろう。かつて論じたように、敍事詩の時代になると、青銅器の銘文が「歴史」的な語りに傾斜し、例えば、文王以下の歴代諸王に代々の祖先が仕え續けたことを主張する逨盤（14543、晩期（宣王世））のように、王朝の有力氏族が自らの「歴史」を語りはじめるようになる[62]。顧命三公の「歴史」もまた、召氏・毛氏・畢氏の勢力を背景として、畢氏滅亡以前の晩周に言説化されていったと考えることはできないだろうか。この推測をさらに檢證するために、章を改めて他の顧命の臣についても檢討を加えよう。

4　顧命の臣の言説化

　本章では、顧命六卿の一人として『尚書』に登場する芮伯の芮、ならびに太保召公奭とともに太子釗（康王）を翼室に迎え入れた仲桓・南宮毛・齊侯呂伋などについて檢討し、『尚書』顧命の臣の言説化について考えることにする。
　まず、芮伯の芮について想起されるのは、『史記』周本紀に、

　　西伯陰に善を行う。諸侯みな來りて平ぎを決す。是において虞・芮の人、獄有りて決する能わず。乃ち周に如く。界に入るに、耕す者みな畔を讓り、民の俗はみな長に讓る。虞・芮の人、未だ西伯を見ざるに、みな慚じ相謂いて曰く、吾が爭う所は、周人の恥ずる所なり。何ぞ往くことを爲さんや、祇に辱を取らんのみ、と。遂に還り俱に讓りて去る。諸侯これを聞きて曰く、西伯は蓋し受命の君なり、と。

とある虞・芮の故事である。これは『詩經』大雅・文王之什・緜の第九章、

　　虞・芮その成を質(ただ)し、文王その生を蹶(とど)む、予曰(ここ)に疏附有り、予曰に先後有り、予曰に奔奏有り、予曰に禦侮有り。

に取材したものだが、文王の善德を示し（さらにはその受命を示唆する）傳承に、狂言まわしのような役割を擔って芮が登場している。芮氏については、その後、第1章で紹介した『尚書』周書の逸篇・旅巢命の作者、あるいは淸華簡『良臣』で文王の臣とされる芮伯の名が傳えられ、顧命六卿の芮伯にいたる。
　顧命六卿の芮伯ののち、文獻史料にその名を傳える芮氏は厲王に仕えた芮伯（芮良夫）である、『國語』周語上に、

　　厲王、榮の夷公を說ぶ。芮良夫曰く、…。旣にして、榮公、卿士と爲り、諸侯享せず、王、彘に流さる。

とあるように[63]、厲王の諫臣とされ、『詩經』大雅・蕩之什・桑柔の作者とされる[64]。
東周期に入ると、『左傳』桓公三年（前709）に、

　　芮伯萬の母・芮姜、芮伯の寵人多きを惡む。故にこれを逐う。出でて魏に居る。

とあるように、芮伯萬と彼を追放した母親芮姜の名が傳えられている。魏に出奔した芮伯萬は秦によって芮に連れ戻されたが[65]、その後、芮は『史記』秦本紀に、

　　德公元年（前677）、…梁伯・芮伯來朝す。
　　成公元年（前663）、梁伯・芮伯來朝す。
　　（繆公）二十年（前640）、秦、梁・芮を滅ぼす。

とあるように、秦の勢力下におかれ、前640年に梁とともに秦によって滅ぼされたとされる[66]。

　第3章で紹介した畢伯克鼎が出土した陝西省韓城市梁帶村遺跡からは西周後期から春秋前期にかけての1300基以上の墓葬が發見されており、M9・M26・M27からは芮公・芮太子の關係器が出土し[67]、さらにM26からは仲姜鼎「仲姜作爲桓公障鼎（仲姜、桓公の障鼎を作爲す）」（01835～38・春秋中期）などの仲姜關係器が出土している[68]。作器者である仲姜は『左傳』桓公三年に記された芮姜と考えられており[69]、さらに遺跡の近くからは大型建築の資材なども發見されているという[70]。文獻史料が傳える芮國の地望とは必ずしも一致しないが[71]、芮氏が兩周の際に居住していた采邑がこの地に存在し、梁帶村の墓葬はその族墓を主體としたものと考えられている。

　すでに指摘されているように、この韓城から黃河を渡って對岸の汾水流域へと至るルートは宗周と成周を結ぶ重要なルートであり、西周期の遺跡も數多く確認されている[72]。そのなか、山西省絳縣橫水鎭の倗國墓地[73]から出土した芮伯簋「芮伯作倗姬寶勝簋四（芮伯、倗姬の寶勝簋四を作る）」（M2158：148・149）は芮氏と倗氏の婚姻を傳え、芮伯盉「芮伯稽首、敢作王姉盉、其眔倗伯萬年、用饗王逆造（芮伯稽首し、敢て王姉の盉を作る、其れ倗伯と眔に萬年ならんことを、用て王の逆造を饗せよ）」（M2158：81）は、倗伯と周王家の王姉との婚姻を芮伯が仲介していることを傳えている[74]。また、第3章で紹介した畢氏の關係器には畢氏と倗氏の婚姻を傳える青銅器が存在していた。さらに山西省翼城縣大河口遺跡[75]から出土した霸簋「芮公舍霸馬兩・玉・金、用鑄簋（芮公、霸に馬兩・玉・金を舍う、用て簋を鑄る）」（04610～11、中期前段）には、芮國と霸國との關わりが記錄されている。芮氏がこのルート上にあって倗國・霸國、さらには晉國と周王家を仲介する役割を果たしていたことがわかる。

　晚周の時期になっても、このルートの重要性はかわらず、厲王が出奔した彘は山西省の永安に比定されている[76]。また四十二年逨鼎（02501～02、後期（宣王世））の「余肇建長父、侯于楊、余命汝奠長父、休（余は肇めて長父を建て、楊に侯たらしむ。余は汝に命じて長父を奠めしむるに、休あり）」は宣王の楊侯封建を傳えているが[77]、この楊は『國語』鄭語「當成周者、…西有虞・虢・晉・隗・霍・楊・魏・芮」に成周の西に位置する諸侯として言及されており、その所在地についてはこれを汾水流域の洪洞縣に比定する說がある[78]。芮もま

た成周の西に位置する諸侯の一つとして言及されているが、厲王に仕えた諫臣・芮良夫の説話が示唆するように、この時期、芮氏は王朝内で重要な政治的役割を果たしていたものと考えられる[79]。さらに、始祖畢公の「受命」を主張していた畢伯克鼎が梁帯村遺跡から出土したことは、晩周に芮氏が顧命三公の畢氏と何等かの關わりをもっていたことを示しているだろう[80]。前640年に芮は滅亡しており、なおかつ、王室東遷以降には韓城から黄河を渡って對岸の汾水流域へと至るルートはその重要性を失っていったはずである。顧命六卿に芮伯が含まれ、なおかつ、その芮伯が太保召公奭とともに新王（康王）に祖命に違わぬようにとの奏上をおこなったという「歴史」もやはり、芮氏が重要な政治的地位を占めていた晩周に言説化されたものと考えることができるのではないだろうか。

　次いで、『尚書』顧命で太保召公奭とともに太子釗（康王）を翼室に迎え入れた仲桓・南宮毛・齊侯呂伋についてみれば、仲桓・南宮毛の名は他にみえないが[81]、齊侯呂伋の名は『左傳』昭公十二年（前530）の楚子（靈王）の言、

　　　　昔、我が先王熊繹は、呂伋・王孫牟・燮父・禽父と並びに康王に事う。

に、康王に仕えた諸侯の一人として言及されており、康王との結びつきを主張する傳承が存在していたことがわかる[82]。さらに、南宮毛の南宮氏については、いわゆる「文王四友」の一人として南宮括の名が傳承されていることも注意を要する[83]。南宮括は第1章で引いた清華簡『良臣』の南宮适と同一人物と考えられており[84]、文王・武王による王朝創建時の重臣の一人であるとの傳承をもっていた。さらに青銅器銘に眼を轉ずれば、中方鼎「隹王命南宮伐反虎方之年（これ王、南宮に命じて反せる虎方を伐たしめたまえる年）」（02383～84、前期後段（昭王世））・彧甗「王命南宮伐虎方之年（王、南宮に命じて虎方を伐たしめたまえる年）」（03363、前期後段）の虎方を征討した南宮、あるいは柞伯簋「王大射、在周、王命南宮率王多士、師酓父率小臣（王大射するに、周に在り。王、南宮に命じて王の多士を率い、師酓父に小臣を率いしむ）」（05301、中期前段）で、周王の射禮に参加している南宮が南宮氏の最初期の構成員である。その後、晩周に至って南宮柳鼎（02463、後期（夷王世）・ⅢA）、

　　　　王、康宮に在り。武公、南宮柳を右け、位に中廷に即き、北嚮す。王、作冊尹を
　　　　呼び、柳に册命せしむ。六𠂤の牧・場・虞・□を嗣り、羲夷の場・甸・史を嗣る。
　　　　（王在康宮、武公右南宮柳、卽位中廷、北嚮、王呼作冊尹、册命柳、嗣六𠂤牧・場・虞・
　　　　□、嗣羲夷場・甸・史。）

の南宮柳、あるいは善夫山鼎（02490、後期（宣王世）・ⅢB）、

　　　　王、周に在り、圖室に格る。南宮乎入りて善夫山を右け、門に入り、中廷に位し、
　　　　北嚮す。（王在周、格圖室、南宮乎入右善夫山、入門、位中廷、北嚮。）

で、善夫山への册命の右者をつとめた南宮乎の存在が知られている。この南宮乎については、さらに南宮乎鐘（15495、後期（宣王世）・Ⅲ）、

嗣土南宮乎、大林協鐘を作る。茲の鐘の名を無斁と曰う。先祖南公・亞祖公仲、
父の家を必す。…乎拜手稽首す。敢えて天子の丕顯なる魯休に對揚し、用て朕が
皇祖南公・亞祖公仲を作る。(嗣土南宮乎作大林協鐘、茲鐘名曰無斁、先祖南公・亞祖
公仲、必父之家。…乎拜手稽首、敢對揚天子丕顯魯休、用作朕皇祖南公・亞祖公仲。)

が知られており、皇祖南公・亞祖公仲への祭祀にこの鐘が供せられたことが記されている。
この皇祖南公が康王二十三年に作器された大盂鼎「盂用對王休、用作祖南公寶鼎（盂用て
王の 休 に對え、用て祖南公の寶鼎を作る）」（02514、前期（康王世）・IB）に記された盂の祖・
南公であり、文獻史料の南宮括（南宮适）と同一人物であるならば、晩周の南宮氏もまた
王朝の創建時に遡る自らの「歴史」を言説化していたこととなる[85]。

おわりに

『尚書』顧命の臣の諸氏族についての考察を經て、その顧命の臣の「歴史」が晩周に言
説化されたのではないかと考えてきた。その『尚書』顧命が記録する康王の卽位儀禮に次
のような場面がある。

上宗は同瑁を奉じ、阼階由り隮る。…乃ち同を受く。王は三たび宿し、三たび祭
り、三たび咤く。…太保、同を受けて、降り、盥い、異なる同を以い、璋を秉り
て以て酢し、宗人に同を授け、拜す。王答拜す。太保、同を受け、祭り、嚌め、咤
く。宗人に同を授け拜す。

上宗が奉じた「同」を康王が成王の靈前に祭り、その後、その「同」を太保（召公奭）が
洗い清め、さらに別の「同」を宗人に授けて康王に拜禮し、次いでその「同」を受けとり、
再び宗人に授けて康王に拜禮する、という場面である。古來、この「同」についてはさま
ざまな解釋があったが[86]、近出の内史亳𤰞（内史亳同）「成王賜内史亳醴、祼弗敢虒、作祼
同（成王、内史亳に醴を賜う、祼するに敢て 虒 らず、祼同を作る）」（0985、前期（康王世））に
よって「同」が祼祭に用いられる禮器であることがわかり、『尚書』顧命が西周期に遡る
古層を含んでいることが明らかとなった[87]。顧命の臣の言説化が晩周に遡るだろうという
本稿での推測を支える證左となりうるだろう。

晩周、敍事詩の時代、王朝の「歴史」が言説化されることは既に述べたが、その言説化
について留意すべきは、王朝創建に關わって文王・武王が統言されることとは對照的に、
成王・康王の統言が囘避されていたことである。康王は康宮（康廟）・康昭宮・康穆宮・
康夷宮・康厲宮などの康宮諸宮の祖宗として、成王との統言を囘避されていたのであっ
た[88]。召氏・毛氏・畢氏、あるいは他の晩周の盛族たちが、自らの祖先を文王・武王の王
朝創建時の重臣としてのみならず、康王の卽位儀禮にあずかった臣下として言説化したの
は、康宮諸宮の存在が示すこの「康王獨尊」という「歴史」認識を踏まえたものであろう[89]。
しかしながら、「康王獨尊」といっても、成王から康王への王統の繼承もまた王朝の「歴
史」として言説化されなければならなかったはずである。自らの祖先を成王顧命の臣とし、

成王の崩御から康王の卽位に至る王位繼承の場面に立ち會わさせることこそ、このアンビバレントな課題への解答となりえただろう。

註
(1)『尚書』顧命・書序に「成王將崩、命召公・畢公、率諸侯相康王、作顧命」とある。『史記』周本紀「成王將崩、懼太子釗之不任、乃命召公・畢公率諸侯以相太子而立之。…」は、これを承けたものであろう。
(2)『尚書』顧命「太保命仲桓・南宮毛、俾爰齊侯呂伋、以二干戈・虎賁百人、逆子釗於南門之外、延入翼室、恤宅宗」。
(3)『尚書』顧命にみえる卽位儀禮については、松浦千春「『尚書』顧命篇を通して見た中國古代の卽位儀禮」(『一關工業高等專門學校研究紀要』41、2007年)を參照。
(4)『尚書』康王之誥・書序に「康王旣尸天子、遂誥諸侯、作康王之誥」、『史記』周本紀に「康王卽位、徧告諸侯、宣告以文・武之業以申之、作康誥」とある。
(5)『尚書』康王之誥「太保曁芮伯、咸進相揖、皆再拜稽首、曰、敢敬告天子、皇天改大邦殷之命、惟周文武、誕受羑若、克恤西土、惟新陟王、畢協賞罰、戡定厥功、用敷遺後人休、今王敬之哉、張皇六師、無壞我高祖寡命」。
(6)『尚書』康王之誥「羣公旣皆聽命、相揖趨出、王釋冕、反喪服」。
(7)『尚書』顧命・康王之誥兩篇の關係については、顧炎武『日知錄』卷二・顧命、陳夢家「尚書顧命考」(『尚書通論』、1957年。『陳夢家著作集』、2005年に再錄)などに古典的な議論がある。
(8)たとえば、『史記』周本紀には「武王病。天下未集、羣公懼、穆卜、周公乃祓齋、自爲質、欲代武王、武王有瘳。後而崩、太子誦代立、是爲成王。成王少、周初定天下、周公恐諸侯畔周、公乃攝行政當國」とある。
(9)ただし、司空については、『尚書』顧命が毛公をこれにあてるのに對して、『左傳』定公四年はこれを聃季とする相違がある。『史記』管蔡世家「其一封康叔爲衛君、是爲衛康叔。封季載於冉。冉季・康叔皆有馴行、於是周公舉康叔爲周司寇、冉季爲周司空、以佐成王治、皆有令名於天下」は『左傳』の記述を踏まえている。
(10)『尚書』顧命・正義に「定四年左傳云、康叔爲司寇、知此六人依周禮次第爲六卿也」という。
(11)衛侯が就任した司寇(䣼寇)という職名は西周期の靑銅器銘にも認められるが、それは『周禮』がイメージするような權力中樞に位置する職掌を擔ってはいない。司寇(䣼寇)の職掌については松井『周代國制の研究』(汲古書院、2002年)第Ⅱ部・第二章・第三節「西周の「䣼職」」參照。
(12)『史記』夏本紀「太史公曰、禹爲姒姓、其後分封、用國爲姓、故有夏后氏・有扈氏・有男氏・斟尋氏・彤城氏・…」の索隱が「按、周有彤伯、蓋彤城氏之後」というのがほぼ精一杯の情報である。また『尚書』顧命・正義は王肅の言「彤姒姓之國、其餘五國姬姓、畢・毛、文王庶子、衛侯、康叔所封、武王母弟」を引き、「依世本・史記爲說也」とする。
(13)『清華大學藏戰國竹簡 壹』(中西書局、2010年)。なお、清華簡『耆夜』については、竹田健二「清華簡『耆夜』の文獻的性格」(『中國研究集刊』53、2011年)を參照。
(14)曹瑋『周原甲骨文』(世界圖書出版公司、2002年)。
(15)飯島武次「渭河流域先周・西周遺跡調査報告」(『中國渭河流域の西周遺跡 Ⅱ』、同成社、2013年)參照。

(16)『逸周書』克殷解「及期、百夫荷素質之旗于王前。叔振奏拜假、又陳常車。周公把大鉞、召公把小鉞、以夾王。散宜生・泰顛・閎夭皆執輕呂以奏王。王入、卽位于社太卒之左、羣臣畢從。毛叔鄭奉明水、衛叔封傳禮、召公奭贊采、師尙父牽牲」も同様の儀式を記録しているが、ここでは召公の名が二回見えるなど記述に混亂がある。『逸周書』の校注としては、朱右曾『逸周書集訓校釋』、黃懷信『逸周書校補注譯』(三秦出版社、2006 年)などを參照。

(17)『尚書』康誥「王若曰、孟侯、朕其弟小子封、惟乃丕顯考文王、克明德愼罰、不敢侮鰥寡、…天乃大命文王、殪戎殷、誕受厥命、越厥邦厥民、惟時敍、乃寡兄勖、肆汝小子封、在茲東土」は、書序に「成王旣伐管叔・蔡叔、以殷餘民、封康叔。作康誥・酒誥・梓材」とあるように小子封(康叔)の封建を記錄している。なお、三監の亂についての最近の研究に、佐藤信彌「『三監の亂』說話の形成―淸華簡『繫年』第三章より見る」(『漢字學研究』2、2014 年)がある。

(18)靑銅器の著錄・斷代案については、吳鎭烽『商周靑銅器銘文曁圖像集成』(以下『銘文曁圖象』、上海古籍出版社、2012 年)の著錄番號と斷代案を示す(ただし、早期を前期、晚期を後期と改めた)。さらに林巳奈夫『殷周時代靑銅器の研究―殷周靑銅器綜覽一』(吉川弘文館、1984 年)に斷代案が示されている場合には、その斷代案も併記する。なお、『銘文曁圖像』に著錄されない靑銅器については、適宜その著錄・斷代案を示すこととする。

(19)飯島武次「渭河流域先周・西周遺跡調查報告」(前揭)。この「叔鄭」卜甲(2008QF Ⅲ A2G:10743)は、『赫赫宗周　西周文化特展』(國立故宮博物院、2011 年)41 頁・圖版 11 に見える。

(20)飯島武次『渭河流域先周・西周遺跡調查報告』(前揭)。

(21)『淸華大學藏戰國竹簡　參』(中西書局、2012 年)。淸華簡『良臣』については、黑田秀敎「淸華簡『良臣』初探」(『中國研究集刊』56、2013 年)を參照。

(22)最近の論考としては、落合淳思「召公再考」(『中國古代史論叢』1、2004 年)を參照。

(23)『史記』燕召公世家・索隱に「後武王封之北燕、在今幽州薊縣故城是也。亦以元子就封。而次子留周室代爲召公。至宣王時、召穆公虎其後也」とあり、召公奭の次子が內諸侯の召氏の始祖となったとする。

(24)訓讀は石川忠久『詩經』(『新釋漢文大系』、明治書院、2000 年)を參照した。なお、小雅・魚藻之什・黍苗「芃芃黍苗、陰雨膏之、悠悠南行、召伯勞之。…」もまた召伯(召虎)のことをうたっている。

(25)西周の時期區分については、松井「西周史の時期區分について」(『史窗』68、2011 年)を參照。晚周とは厲王・宣王・幽王の治世にあたり、林斷代のⅢA・ⅢB に相當する。

(26)『國語』周語上「厲王虐、國人謗王。邵公告曰、民不堪命矣。王怒、得衛巫、使監謗者、以告、則殺之。國人莫敢言、道路以目。王喜、告邵公曰、吾能弭謗矣、乃不敢言。邵公曰、…。彘之亂、宣王在邵公之宮、國人圍之。邵公曰、昔吾驟諫王、王不從、是以及此難。今殺王子、王其以我爲懟而怒乎。夫事君者險而不懟、怨而不怒、況事王乎。乃以其子代宣王、宣王長而立之」。

(27)『史記』周本紀「王行暴虐侈傲、國人謗王。召公諫曰、民不堪命矣。王怒、得衛巫、使監謗者、以告則殺之。其謗鮮矣、諸侯不朝。三十四年、王益嚴、國莫敢言、道路以目。厲王喜、告召公曰、吾能弭謗矣、乃不敢言。召公曰、是鄣之也。防民之口、甚於防水。…。王不聽、於是國莫敢出言、三年、乃相與畔、襲厲王。厲王出奔於彘。厲王太子靜匿召公之家、國人聞之、乃圍之。召公曰、…。乃以其子代王太子、太子竟得脫。召公・周公二相行政、號曰共和。共和十四年、厲王死于彘。太子靜長於召公家、二相乃共立之爲王、是爲宣王」。

(28)『國語』韋昭注に「邵公、邵康公(召公奭)之孫穆公虎(召虎)也、爲王卿士」とあり『史記』

周本紀・集解はこれを引く。

(29) 召武公（召公過）については、『史記』秦本紀に「（繆公）三十七（前 623）年、秦用由余謀伐戎王、益國十二、開地千里、遂霸西戎、天子使召公過賀繆公以金鼓」という記録が殘されている。

(30) 召桓公については、『國語』周語中に「晉既克楚于鄢、使郤至告慶于周。未將事、王叔簡公飮之酒、交酬好貨皆厚、飮酒宴語相說也。明日、王叔子譽諸朝。郤至見邵桓公、與之語。邵公以告單襄公曰、王叔子譽溫季、以爲必相晉國、相晉國、必大得諸侯、勸二三君子必先導焉、可以樹。…。郤至歸、明年死難。及伯輿之獄、王叔陳生奔晉」といった記事がある。

(31) 『左傳』莊公二十七「王使召伯廖賜齊侯命、且請伐衛、以其立子頹也」。また『史記』周本紀に「惠王十年、賜齊桓公爲伯」とある。

(32) 召戴公・毛伯衞を殺した王孫蘇（王叔簡公）は、『左傳』文公十四（前 613）年「頃王崩、周公閲與王孫蘇爭政」のように、周公閲とも政權鬪爭を繰り廣げていた。この時期、周公家・召氏・毛氏といった西周以來の古族が衰退し始め、それに代わって王叔氏（釐王→王子虎→王孫蘇…）や劉氏（頃王→劉康公…）など、東周期周王の子弟に出自する新興勢力が擡頭しつつあった。

(33) 王子朝の亂の經緯については、松井『周代國制の研究』（前揭）第 IV 部・第二章「分裂する王室」を參照。また水野卓「春秋時代の周王―その統治權と諸侯との關係に注目して」（『史學』85-1～3 文學部創設 125 年記念號（第 2 分册）、2015 年）も王子朝の亂を分析している。

(34) 『左傳』昭公二十九「三月己卯、京師殺召伯盈・尹氏固及原伯魯之子」。

(35) 陳槃『不見于春秋大事表之春秋方國稿』册二・參伍・召條に「召伯盈、子朝黨、是年敬王殺之于京師。然盈猶有諡曰簡公、是蓋其國猶有嗣君、未嘗因此而遂不祀也」というが、その「嗣君」の存在は確認できない。

(36) 『穆天子傳』卷五「見許男于洧上。祭父以天子命辭曰、去茲羔、用玉帛見。許男不敢辭、還取束帛加璧。□毛公擧幣玉」にも毛公（毛班）の名がみえる。

(37) 『清華大學藏戰國竹簡 壹』（前揭）。清華簡『祭公之顧命』については、草野友子「清華簡『祭公之顧命』釋讀」（「中國研究集刊」53、2011 年）を參照。

(38) 『左傳』僖公二十四「秋、穨叔・桃子奉大叔以狄師伐周、大敗周師、獲周公忌父・原伯・毛伯・富辰、王出適鄭、處于氾、大叔以隗氏居于溫」。

(39) 『左傳』昭公十八「王二月乙卯、周毛得殺毛伯過而代之。萇弘曰、毛得必亡。是昆吾稔之日也。侈故之以、而毛得以濟侈於王都、不亡、何待」。

(40) この部分について、たとえば朱右曾『逸周書集訓校釋』が「桓、憂也、書信如王言、君臣當悉心以憂民、使民和樂、般、樂也」との解釋をほどこしていたように、かつてはその文意をとることすら困難であった。これが「畢桓・井利・毛班」の誤寫であると考えられるようになったことについては草野友子「清華簡『祭公之顧命』釋續」（前揭）を參照。

(41) 『左傳』閔公元（前 661）に「晉侯作二軍、公將上軍、大子申生將下軍。趙夙御戎、畢萬爲右、以滅耿、滅霍、滅魏。還、爲大子城曲沃、賜趙夙耿、賜畢萬魏、以爲大夫」とある。

(42) 落合淳思「召公再考」（前揭）は、害鼎・伯害盉・伯龢鼎・龢爵の「召伯父辛」及び大史友甗の「召公」の「召」字を、召氏に屬する召伯毛・召伯虎の「召」字とは別字とするが、害鼎に太保召公奭に關わる「太保」の語がみえること、あるいは伯害盉の「召」字が召伯毛・召伯虎の「召」字と同じであることを勘案すれば、異體字の範圍内にあると考えることも可能であろう。また、伯姜鼎（02445、中期前段、陝西省長安縣花園村）に「卲伯日庚」の名が見えるが、ここでは一應別の氏族とみなし、表には入れなかった。

(43) 太保に關わる青銅器を示せば、作太保鼎（01016、前期前段）・太保方鼎（01065、前期前段 IB、山東省壽張縣梁山）・太保方鼎（01527〜30、前期後段、山東省梁山）・太保方鼎（01531、前期後段）・太保宗室方鼎（01863、前期後段・IB）・堇鼎（02290、前期前段・IB 北京市房山區琉璃河）・旅鼎（02353、前期後段、山東省黃縣）・𪘸鼎（表 1 參照）・作册大方鼎（02390〜93、前期前段・IB）・尢鼎（02420、前期後段）・太保簋（04482、前期前段）・□作父丁簋（04672、前期）・叔簋（05113〜14、前期後段）・太保簋（05139、前期・IA、山東省梁山）・御正良爵（08584、前期・IA）・□觚（09820、前期後段）・太保卣（12836〜37、前期前段、河南省濬縣辛村）・太保罍（13831、前期、北京市琉璃河）・太保□盤（14358、前期）・太保盉（14789、前期前段、北京市琉璃河）・太保戈（16494、前期後段、河南省洛陽市北窰村）・太保戟（16495、前期前段、濬縣辛村）・太保轄（19020、前期、洛陽市北窰村）。また、太保玉戈（19764、前期、陝西省岐山縣）の存在も知られている。

(44) 西周期諸氏族の分節化については、松井『周代國制の研究』（前掲）第 III 部・第二章「分節する氏族」を參照。

(45) 玥生三器に關わる考證は數多くあるが、木村秀海「玥生三器釋讀」（『漢字學研究』1、2013 年）が、それらの成果を踏まえた上での訓讀を試みている。

(46) 白川靜『金文通釋』第 15 輯（『白鶴美術館誌』、1966 年）79 孟簋附班簋は、班簋の作器者班が『穆天子傳』の毛班である可能性に言及している。（『白川靜著作集』別卷　金文通釈 2、平凡社、2004 年に再錄）。

(47) ほかに弭叔簋「王在茇、格于大室、卲位中廷、井叔内右師㝨、王呼尹氏、册命師㝨」（05291〜92、中期後段・IIIA）がある。また趞觶「王在周、格大室、咸共叔入右趞、王呼内史、册命趞」（10659、中期前段・II）では咸井叔が右者をつとめている。

(48) ほかに趞簋「王在宗周、戊寅、王格于大廟、密叔右趞、卽位」（05304、中期・IIB）がある。

(49) 井氏については、松井『周代國制の研究』（前掲）第 III 部・第二章・第二節「井氏の分節化」を參照。また陝西省西安市長安區張家坡で發見された井叔家の族墓については、中國社會科學院考古研究所『張家坡西周墓地』（中國大百科全書出版社、1999 年）を參照。

(50) 松井「鳴り響く文字―青銅禮器の銘文と聲」（『漢字の中國文化』、昭和堂、2009 年）。

(51) 「畢公左御」と刻された畢公左御玉文（19759、前期）が河南省洛陽市の戰國墓地から出土している。洛陽市文物工作隊「洛陽唐宮路小學 CIM5560 戰國墓發掘簡報」（『文物』2004-7）を參照。

(52) 賈樹『賈文忠傳拓集』（文物出版社、2012 年）、陳穎飛「清華簡畢公高・畢桓與西周畢氏」（『中國國家博物館館刊』2012-6）。

(53) たとえば、大盂鼎「丕顯文王、受天有大命」（02514、前期・IB）や詢簋「丕顯文武受命」（05378、中期・IIB）など。

(54) 吳鎮烽がこれと類似した銘文をもつ晉公盤を紹介しているが（「晉公盤與晉公盞銘文對讀」、復旦大學出土文獻與古文字研究中心・http://www.gwz.fudan.edu.cn/Web/Show/2297）、王恩田はこれを僞器ではないかと疑っている（「晉公盤辨僞」、復旦大學出土文獻與古文字研究中心・http://www.gwz.fudan.edu.cn/Web/Show/2457）。

(55) さらに、秦公簋「秦公曰、丕顯朕皇祖、受天命、鼏宅禹蹟」（05370、春秋前期・春秋 IIB）や㯱戟「新命楚王□、膺受天命」（17355、春秋後期）などは、周王に對抗しうる秦公・楚王の「受命」を主張するに至っている。松井「周王の稱號―王・天子、あるいは天王」（『立命館白川靜記念東洋文字文化研究所紀要』6、2012 年）を參照。

(56) 第1章で紹介した畢公高あるいは周原甲骨の畢公が、この「受命畢公」と同一人物である可能性は高いだろう。
(57) 晚周に文王受命による王朝創建の言説が乗り越えられていくことについては、松井「はじまりの記憶―銘文と詩篇のなかの祖考たち」(『史林』91-1、2008年) を参照。
(58) 發掘報告書としては、『梁帶村芮國墓地：2007年度發掘報告』(文物出版社、2010年) がある。梁帶村芮國墓地に言及する論考は數多いが、黃川田修「韓城梁帶村兩周銅器考―試論芮國封地之歷史背景」(『早期中國史研究』2-1、2010年)、角道亮介『西周王朝とその青銅器』(六一書房、2014年) 第2章第2節「西周期の青銅彝器分布」などを參照。
(59) 502號墓の斷代については、『梁帶村芮國墓地：2007年度發掘報告』(前掲) に「M502應屬于西周晚期、但有些方面還顯示出年代略早的特點、故有可能屬于宣王時期」(212頁) とあり、その墓主については「M502的墓主應屬于芮國國君或身份略低的貴族墓葬」(218頁) と述べる。一方、謝偉峰「陝西韓城梁帶村墓葬群的兩個問題」(『兩周封國論衡―陝西韓城出土芮國文物暨周代封國考古學研究國際學術研討會論文集』、上海古籍出版社、2014年) は「屬於畢公後裔戎化了的"戎人"」と主張している。
(60) 陳穎飛「清華簡畢公高・畢桓與西周畢氏」(前掲)。
(61) 「疑此器因畢氏"絕封"而被攜帶到芮國。"絕封"的時間應在畢伯鼎的鑄造時間與M502的下葬時間之閒。M502的年代"可能屬于宣王早期"、畢伯鼎是屬宣時期。這之閒最重大的事件是由國人暴動引發的政變。作爲西周早期・中期都很顯赫的王姓大族畢氏、很可能卷入了這場政變、導致"絕封"」。
(62) 松井「記憶される西周史―逨盤銘の解讀」(『東洋史研究』64-3、2005年)、「はじまりの記憶―銘文と詩篇のなかの祖考たち」(前掲) を參照。
(63) 『史記』周本紀に「厲王卽位三十年、好利、近榮夷公。大夫芮良夫諫厲王曰、…。厲王不聽、卒以榮公爲卿士、用事」とある。また、『逸周書』芮良夫解にも芮良夫の諫言が記錄されている。
(64) 『左傳』文公元に「秦伯曰、是孤之罪也、周芮良夫之詩曰、…」として引用されている。『詩經』大雅・蕩之什・桑柔の詩序に「桑柔、芮伯刺厲王也」という。
(65) 『左傳』桓公四 (前708)「冬、王師・秦師圍魏、執芮伯以歸」、桓公十 (前702)「秋、秦人納芮伯萬于芮」。
(66) ただし、梁の滅亡については、『春秋』僖公十九 (前641) に「梁亡」とあり、『史記』十二諸侯年表・秦穆公十九年 (前641) にも「滅梁。梁好城、不居、民罷、相驚、故亡」とある。
(67) 梁帶村M19から芮公鬲 (02884・春秋前期)・芮太子鬲 (02895～97・春秋前期)、M26から芮太子白鬲 (02980～82・春秋前期)・芮太子白鬲 (02898～99・春秋前期)、M27から芮公簋 (04386・春秋前期) が出土している。芮關係器の最新の研究としては、吳鎭烽「新見芮國青銅器及其相關問題」(『兩周封國論衡』、前掲) がある。
(68) ほかに仲姜簋「仲姜作爲桓公障簋」(04532～35・春秋前期)・仲姜方壺「仲姜作爲桓公障壺、用」(12247～48・春秋前期) が出土している。
(69) 張天恩「芮國史事與考古發現的局部整合」(『文物』2010-6)。
(70) 張天恩「西周社會結構的考古學觀察」(『考古』2013-5)。
(71) 『史記』周本紀・集解に「芮在馮翊臨晉縣」、正義に「括地志云、…故芮城在芮城縣西二十里、古芮國也」とあり、秦本紀・索隱に「芮國在馮翊臨晉」、正義に「括地志云、南芮鄉故城在同州朝邑縣南三十里、又有北芮城、皆古芮伯國」とある。

(72) Li Feng, *Landscape and Power in Early China: The Crisis and Fall of the Western Zhou, 1045-771B.C.* Cambridge University Press, 2006. (李峰『西周的滅亡』、上海古籍出版社、2007 年)。また、黃川田修「韓絨梁帶村兩周銅器考―試論芮國封地之歷史的背景」(前掲)、角道亮介『西周王朝とその青銅器』(前掲) 參照。

(73) 近年の倗國墓地の發掘については、山西省考古研究所・運城市文物工作站・絳縣文化局「山西絳縣橫水西周墓地」(『考古』2006-7)、山西省考古研究所・運城市文物工作站・絳縣文化局「山西絳縣橫水西周墓發掘簡報」(『文物』2006-8)、あるいは馬保春「山西絳縣橫水西周倗國大墓的相關歷史地理問題」(『考古與文物』2007-6) を參照。

(74) 陳昭容「兩周夷夏族群融合中的婚姻關係―以姬姓芮國與媿姓倗氏婚嫁往來爲例」(『兩周封國論衡』、前掲)には、本文に引用した芮伯簋・芮伯盉以外に芮國・倗國の婚嫁の事例が集められている。

(75) 山西省考古研究所大河口墓地聯合考古隊「山西翼城縣大河口西周墓地」(『考古』2011-7)。

(76)『史記』周本紀「厲王出奔於彘」の集解に「韋昭曰、彘、晉地、漢爲縣、屬河東、今曰永安」とあり、正義に「括地志云、晉州霍邑縣、本漢彘縣、後改彘曰永安、從鄗奔晉也」とある。

(77)『新唐書』卷七十一宰相世系表に「楊氏出自姬姓、周宣王子尚父封爲楊侯」とある。四十二年逑鼎については、馬越靖史「金文通解 四十二年逑鼎」(『漢字學研究』3、2015 年)が從來の考證を整理している。

(78)『漢書』地理志上、河東郡・楊縣の班固自注に「楊侯國」とある。なお、楊の地望に關わる諸說については、馬越靖史「金文通解 四十二年逑鼎」(前掲)を參照。

(79) 谷秀樹「西周代姬姓諸侯考―周王室系譜の再構成に關する一試論」(『立命館文學』642、2015 年)も、西周末から春秋初期にかけての「一定の強勢化」、さらに春秋期の爭亂狀況での「衰微」(19 頁)を指摘している。

(80) 吳虎鼎（02446、晚期（宣王世））は吳虎への土地の賜與にあたり、「厥北疆、□人眔疆、厥東疆、官人眔疆、厥南疆、畢人眔疆、厥西疆、荂姜眔疆、厥俱履封、豐生・雍毅・伯道・內嗣土寺奉（その北疆は、□人ともに疆し、その東疆は、官人ともに疆し、その南疆は、畢人ともに疆し、その西疆は、荂姜ともに疆す。その俱に封を履むは、豐生・雍毅・伯道・內嗣土寺奉なり）」と、その土地の境界設定に關わった人物を列記している。そのなかの「內」嗣土は「芮」嗣土と釋しうる可能性があり、そうであるならば、この境界設定には畢人と芮嗣土が關わっていることになる。畢と芮との關わりを示す史料となる可能性があるだろう。吳虎鼎については松井「吳虎鼎銘考釋―西周後期、宣王朝の實像を求めて」(『史窗』61、2004 年)を參照。

(81) 仲桓については、『詩經』小雅・節南山之什・十月之交「皇父卿士、番維司徒、家伯維宰、仲允膳夫、棸子內史、蹶維趣馬、楀維師氏、豔妻煽方處」の仲允、あるいは『論語』微子「周有八士、伯達・伯适・仲突・仲忽・叔夜・叔夏・季隨・季騧」の仲突・仲忽などとの類似を感じることができる。

(82) しかしながら、『史記』楚世家は、これを「楚子熊繹與魯公伯禽・衛康叔子牟・晉侯燮・齊太公子呂伋俱事成王」と改め、これらの諸侯が成王に事えたものとしている。本來は康王の事績であったものが成王の事績へとすり替えられていくことについては、松井「記憶される西周史―逑盤銘の解讀」(前掲)を參照。

(83)『尚書』君奭に「公曰、君奭、在昔上帝割申勸寧王之德、其集大命于厥躬、惟文王尚克修和我有夏、亦惟有若虢叔、有若閎夭、有若散宜生、有若泰顚、有若南宮括」とある。「文王四友」に

ついては、『尚書大傳』西伯戡耆に「文王以閎夭・太公望・南宮括・散宜生爲四友」とあり、『漢書』古今人表・上中仁人「大顚・閎夭・散宜生・南宮适」の注に「大顚以下、文王之四友也」とあるように、傳承にゆれがある。

(84) 黒田秀敎「清華簡『良臣』初探」（前掲）。

(85) 湖北省隨州市文峰塔から出土した春秋後期の曾侯與編鐘「曾侯與曰、伯括上庸、左右文武、撻殷之命、撫定天下、王遣命南公、營宅汭土（曾侯與曰く、伯括上庸し、文武を左右け、殷の命を撻ち、天下を撫定せり、王遣して南公に命じ、宅を汭土に營ましむ）」は、曾國の祖先として文王・武王を輔弼した伯括（南公）の存在に言及している。さらにこの南公は、湖北省隨州市葉家山曾國墓地のM111から出土した西周前期の犺簋「犺作烈考南公寶尊彝（犺、烈考南公の寶尊彝を作る）」に曾侯犺の祖として言及されている。これが歷史的事實であるならば、曾侯と南宮氏は、魯侯と周公家と同じように、共通の祖から別れた外諸侯と内諸侯という關係になる。曾侯與編鐘については、湖北省文物考古研究所・隨州市博物館「隨州文峰塔M1（曾侯與墓）・M2發掘簡報」（『江漢考古』2014-4）、及び同號所掲の關聯論文。犺簋については湖北省博物館・湖北省文物考古研究所・隨州市博物館『隨州葉家山西周早期曾國墓地』（文物出版社、2013年）などを參照。

(86) たとえば、王國維「顧命考」「書顧命同瑁說」（『觀堂集林』）などを參照。

(87) 吳鎮烽「內史亳豐同的初步研究」（『考古與文物』2010-2）、李小燕・井中偉「玉柄形器名"瓚"說—補證內史亳同與《尚書》顧命"同瑁"問題」（『考古與文物』2012-3）など。なお、李小燕・井中偉論文については、「漢字學研究」3（前掲）「古文字學研究文獻提要」に馬越靖史による紹介がある。

(88) 松井「記憶される西周史—逨盤銘の解讀」（前掲）參照。

(89) 東周に入ると康王の「獨尊」は忘れられ、ついには成王と統言されるに至ることは、松井「記憶される西周史—逨盤銘の解讀」（前掲）參照。さらに附言するならば、成王の治世は既に周公旦との「歷史」として言說化されており、そこに他の氏族が割り込むことは難しかったであろう。

Vassals Mentioned in the "Gu Ming": The Western Zhou at the Time of Kings Cheng and Kang

The two chapters "Gu ming" 顧命 (Affectionate Command) and "Kang *wang* zhi gao" 康王之誥 (Proclamation of King Kang) in the *Shangshu* 尚書 record a series of rites that were performed from the time when King Cheng (Cheng *wang* 成王) was dying to the accession of King Kang (Kang *wang* 康王), and the "Gu ming" chapter records the names of six ministers: Shi, Duke of Shao (Shao *gong* Shi 召公奭), the Duke of Bi (Bi *gong* 畢公), the Duke of Mao (Mao *gong* 毛公), the Earl of Rui (Rui ho 芮伯), the Earl of Tong (Tong *bo* 彤伯), and the Marquis of Wei (Wei hou 衛侯). On the basis of an examination of textual and inscriptional sources concerning the clans of these six vassals one can point out the following facts:

1. Sources mentioning the clans of the three dukes of Shao, Bi, and Mao can be ascertained throughout the Western Zhou, starting from its early years.

2. It is to be surmised that in the late Zhou these three clans boasted considerable power, but the Bi clan was unable to survive the upheavals of the final years of the Western Zhou and the move eastwards.

3. The route from the city of Hancheng 韓城 in Shaanxi province to the Fen 汾 River valley was an important route linking Zongzhou 宗周 and Chengzhou 成周. The tombs of the state of Rui, which have yielded vessels related to the Bi clan, are located on this route.

4. The tale about Rui Liangfu 芮良夫, who served King Li (Li *wang* 厲王), and the existence of the tombs of the state of Rui apprise us of the power of the Rui clan in the late Zhou, but this Rui clan too fell into decline and died out during the Eastern Zhou.

In the late Zhou, King Kang was regarded as the ancestor enshrined in the royal temples known as the Kang Palace (Kang *gong* 康宮) and occupied a position of "sole venerated one." It is to be surmised that the references to the six ministers in the "Gu ming" chapter, which seek to link the clans of the six ministers to the accession of King Kang, emerged against the background of a historical perception of King Kang being the "sole venerated one" and date from the late Zhou when he six ministers' clans boasted considerable power.

(『アジア史學論集』第 10 號、2016 年 1 月)

豐田　久　著
周代史の研究
― 東アジア世界における多樣性の統合 ―
（汲古書院、2015 年 5 月）

　本書は著者が 2004 年 2 月に提出した學位論文『周代史の研究―多樣牲の中の統一』を補訂し、「その後の議論や新たな知見を取り入れて檢討し、編集したものである」(370 頁)。本書の構成は以下の通り。

　　序
　　第一章　周王朝における君主權の構造について―「天命の膺受」者を中心に
　　第二章　周王朝と「成」の構造について―「成周」(「中國」) はなぜ「成」周とよば
　　　　　　れたのか
　　第三章　周王朝と彤弓考―「四方の匍有」者 (王) の性格について
　　第四章　周王朝と「上下」考―「上下の匍有」者 (天子) の性格について
　　第五章　周王朝とその儀禮―王と臣下、又は神との間の意志の傳達方法について
　　第六章　西周金文に見える、王の出自する「家」について―婦人の婚姻そして祖先
　　　　　　神、領地など
　　第七章　周王朝の君主とその位相について―豐かさと安寧
　　後書き

　第一章から第七章の元となった論文の發表年はそれぞれ、第一章：1979 (1980) 年、第二章：1989 年、第三章：1990 年、第四章：1992 年、第五章：1990 年、第六章：1999 年、第七章：1998 年となり、各章の配列は元論文の發表順をほぼ踏襲している。以下、「序」を含め、各章の概要を示そう。

　「序」において著者は、從來の周代史研究が國家形態、あるいは社會的土地所有制を主たる對象としており、「その國家形態を成立せしめ」「多樣な地域を一つにまとめて王朝というものを成り立たせている…君主自身の性格そのもの」(32 頁) への關心が弱かったことを指摘する。「近年」、周王朝開設者の性格そのものに示唆を與える青銅器銘が出現し、君主自身の性格にかかわる議論はようやく可能になってきたのである。
　次いで、西嶋定生・栗原朋信らによる中國の「内」と「外」にかかわる議論が參照され、西周期の青銅器銘にも早くから「内」と「外」、すなわち内なる「内國」あるいは「中國」(成周・洛邑) と、外なる「四方」「四國」や「萬邦」という表現がみえることが紹介される。從來強調されていた「周王朝における君主を中軸とする『天』『上天』と『民』『下民』らの上下面の關係」とともに、「『中國』(『成周』、『洛邑』) を中央の場所とするその『中國』

と『四方』『四國』との水平面」の關係を考慮する必要があること、すなわち「上下面と水平面の二つの關係の中核に、周王朝の君主がいる」(7頁)と考えるべきことが主張される。

以上の展望を踏まえたうえで、外なる「四方」「四國」や「萬邦」は、「多様な文化、風俗・習慣らをもった人々や邦々」(8頁)の領域であったが、その「多様な文化をもった異族の"枠"を超え、彼らやその邦々を一つに統合してゆくために、…この二つのこと(上下面・水平面の關係：評者補う)が一體なぜ必要と考えられた」(7頁)のか、あるいは「先秦王朝である周王朝の中核を占めている君主の君主たる條件、その性格」(10頁)を問うことが本書の課題であるとされる。

議論の根據となる史料が示されず、なおかつ、成周(洛邑)が「中國」であること、多様な文化をもった「四方」(「四國」「萬邦」)との競合が周王の條件・性格であると述べるなど、本書で展開される議論が先取りされている感がなくもない。

第一章は、先にみた本書の構成、さらに12頁から94頁までを占めるその分量においても、本書の中心的な論考と位置づけることができる、その課題は「周王室は何をもってこの周王朝が成立したと考えたのか」(15頁)ということを同時代史料である西周青銅器銘を中心に考えることである。

最初に著者は、1963年に發見された何尊銘(6014・前期、IA)[1]

> 惟れ王初めて成周に遷宅す。…王、宗小子に京室に誥げて曰く、昔、爾・何の公氏に在りては、克く文王を迷け、肆に文王は茲の大令を受く。惟れ武王は既にして大邑商に克ち、則ち天に延告して曰く、余は其れ茲の中國に宅りて、之自り民を乂めん、と[2]。

あるいは、大盂鼎銘(2837・前期、IB)

> 王若くのごとく曰く、盂よ、丕顯なる文王、天の有する大令を受く。武王に在りては、文(王)の作せし邦を嗣ぎ、厥の慝れたるを闢きて、四方を匍有し、畯く厥の民を正す。

などの銘文にもとづき、周王朝の創建が文王の受命(「茲の大令を受く」「天の有する大命を受く」)と武王の克殷(「大邑商に克ち」「四方を匍有」)の二つからなっていたことを確認する。

文王の受命は、例えば師克盨蓋(4467～68・後期)「王若くのごとく曰く、師克よ、丕顯なる文武、大令を膺受し、四方を匍有す」のように、「大(天)令を膺受す」とも表現されたが、その「大令(天命)の膺受」はさらに、史墻盤銘(10175・中期、II)

> 曰く、古の文王、初めて政を勢和し、上帝懿德・大甹を降し、上下を匍有して、迨わせて萬邦を受く。韶圉なる武王、四方を遹征し、…。

において「上下を匍有して、迨わせて萬邦を受く(匍有上下、迨受萬邦)」へと言い換えら

- 303 -

れていると著者は主張する（35頁）。

　文王の「匍有上下」は武王の「匍有四方」と對の關係になるが、この「上下」の用例を青銅器銘あるいは甲骨文・文獻史料に就いて檢討した著者は、それを「祭祀對象や神意、天（帝）や神靈と密接に關係」する「神祕的なる範疇に屬するもの」（51頁）とし、「上下の匍有」者とは「『上下』の神々の祭祀を全體的に統轄するという意味で、徧き『上下』祭祀の主體者としての地位をもつ者」（52頁）だと主張する。

　一方、「迨受萬邦」については、大盂鼎銘

　　　王曰く、…雩に我れ其れ先王の受民、受疆土を遹省せん。

が參照され、「媒介者的役割」（56頁）をもっていた周王を介して、その「民」と「疆土」が「天から周王朝の君主に渡り、更に周王朝の君主から、實際に支配する邦國に渡った」（56頁）こと、それが「萬邦を受く」の意味であると考えようとする。要するに、文王の「天命の膺受」とは、「『天』より『民』（と『疆土』）を受ける」ことと、その「前提條件として、…徧く『上下』の神々を祭る」（59頁）ことの二つの部分から成り立っていると著者は主張するのである。

　さらに著者は、井侯簋（周公簋）銘（4241・前期・ⅡA）の「帝、令を有周に終えることなし」、あるいは毛公鼎銘（2841・晩期・ⅢB）「肆に皇天敷うこと亡く、我が有周に臨保し、先王の配命を丕いに鞏くす」といった「有周」（周邦）の受命に言及する青銅器銘を示し、「この『周邦』の君が、現實に氏族的紐帶をもって世襲されていた以上、『周邦』が天命を受けたという考え方は、この血統による世襲制とむすびつけられ」（66頁）ていたと主張する。康王の即位を傳える『尚書』顧命篇に「臨君周邦」と「爕和天下」という表現がある。これについて著者は、「『周邦に臨君せよ』と『周邦』の君となることを命じられた時、『周邦』が"受命"していると考えられているのであるから、その時點で、彼は『天命の膺受』者」となり、「次いで、『天下（『四方』）を爕和せよ』と『四方』（天下）の支配者となることを命ぜられた時、『四方の匍有』者になった」と解釋する。すなわち「周王朝の君主は、『周邦』と『四方』とに對する二つの支配權を命じられ」（72頁）、それぞれが「天子」と「王」という二つの稱號に對應していたのであった。

　第二章は武王の「四方の匍有」にかかわる論考である。冋尊銘に「王初めて成周に遷宅す」とあったように、克殷後、河南洛陽の地に營まれた「新邑」はやがて成周と呼ばれるようになる。さらに冋尊銘に記錄された「余は其れ茲の中國に宅りて、之自り民を乂めん」という武王の誥命から、その地が「中國」と觀念されていたことがわかる。「中國」と觀念された地がなぜ「成」周と呼ばれるのか、これが本章の課題である。

　著者は青銅器銘にみえる「成」字の用例を整理し、それを「四方」（「四國」）の領域における國際的紛爭の收束に關係するものと、その他の裁判・契約などに關係するものに二分する。國際的紛爭の收束については、たとえば、鄂侯馭方の叛亂鎭壓を記錄した禹鼎銘（2833〜34・晩期、ⅢB）

　　　亦唯れ噩侯馭方、南淮夷・東夷を率いて、南國・東國を廣伐して、歷內に至れり。…雩に禹、武公の徒馭を以いて、噩に至り、噩を敦伐す。休にして、厥の君馭方

を獲て、肆に禹成有り。

に、南國・東國での擾亂鎭壓にかかわって「成有り（有成）」との表現があることなどを紹介し、「これらの『成』の對象となるものは、皆共通して、周王朝成立の對象となる『四方』領域（『南國』、『東國』等）に起こった、國際的紛爭の收束に對して用いられていると云えよう」（123頁）と結論づける。一方、その他の裁判・契約などについては、契約や土地爭いなどにおける利害調整・調停などを意味する「成」の事例が示されるが、それらについては「異族による紛爭と直接關係しなくても、巨視的にみれば、それ自身、紛爭の收束の成就・成功を意味する『成』と同じ範疇に屬するものであろう」（149頁）との理解が示される。

著者によれば、周王朝の成立を意味した對象は、「『四方の匍有』者（「王」）が支配した『成』周の"外"の、いわば"外國"に當たる『四方』の領域であり」、「周王朝に叛服常なき多種多樣な異族の邦々や人々が居住する領域」（108頁）であった。「成」とはその「四方」（「四國」）における叛亂・紛爭の收束にかかわる語であり、それゆえ、その「中國」であった成周は「成」周と名づけられた、との主張である。

第三章は、前章に引き續き、「四方の匍有」にかかわる論考である。宜侯夨の封建（移封）を傳える宜侯夨簋（4320・前期、IB）

　王、虔侯夨に令して曰く、繇、宜に侯たれよ。…彤弓一・彤矢百・旅弓十・旅矢千を賜う。

に、諸侯の封建に際して彤弓一・彤矢百が賜與されたことが記錄されている。本章は、青銅器銘にみえる彤弓・彤矢賜與の事例を整理し、その意味を考察することを目的とする。

著者が抽出した彤弓・彤矢賜與の事例は三つに整理される。第一は異族が引き起こす國際的紛爭を鎭定した功績への賜與。ここでは玁狁の征討を記錄する虢季子白盤銘（10173・後期）、あるいは夙夷の征討を記錄する晉侯蘇鐘銘（『銘文暨圖像』15298～313・後期厲王）などが紹介され、彤弓・彤矢が「四方」（「四國」）で方蠻諸族の邦々が引き起こす爭亂の鎭定と密接な關係をもっていたことが確認される、第二の事例は、宜侯夨簋銘とおなじ封建の場合である。ここでは伯晨鼎銘（2816・中期）が記す伯晨の嗣封が紹介され、彤弓・彤矢が賜與物のなかの「武器類の主なるもの」（184頁）であることが確認される。第三の事例は射禮の場合である、ここでは、習射の場であった射盧での射禮を記錄する趞曹鼎銘（2784・中期共王、IIB）

　王、射盧に射せしむ。史趞曹、弓矢・虎盧・胄・干・殳を賜わる。

などが紹介され、習射の場の「卒業生（貴族）」たちが、「王朝經營下の異族の邦々が引き起こす爭亂の鎭定らのために、各地域に派遣されていった」（188頁）であろうことが想定される。これら三つの事例は、「多樣な異族の邦々や人々が居住する『四方』（『萬邦』）領域を經營する」（193頁）周王朝における「四方の匍有」者（「王」）の性格にかかわるとの主張である。

第四章は文王の「上下の匍有」にかかわる考察である。第一章で紹介された史墻盤銘は、文王以下歷代周王の事績を記したあと、現天子（共王）の事績に言及する。

　　天子㿁みて文・武の長烈を屫ぎ、天子つとめて匃うこと無く、上下を寒祁して、
　　逪慕を極め熙む。昊炤にして斁うこと亡く、上帝司夒して、尤いに天子の綰命を
　　保授す。厚福豐年にして、方蠻曥見せざるものはなし。

　現天子は「上下を寒祁して、逪慕を極め熙む」わけだが、この「上下」は文王の「上下の匍有」に對應し、「克く『上下』の神々につとめ、祭祀、恭敬」（206頁）すること、さらに「逪慕」については、「その最も重要なものは、王朝經營の對象領域である『四方』（『四國』）領域の安寧秩序」（210頁）であり、それは武王の「四方の匍有」に對應する。すなわち、現天子（共王）は文王と武王の事績を受け繼いでおり、それを上帝が嘉して「厚福豐年にして、方蠻曥見せざるものはなし」という狀況がもたらされるのである。著者はこれを次のように圖式化する（216頁）。

　　文王：上下の匍有→上下を寒祁して→厚福豐年にして
　　武王：四方の匍有→逪慕を極獄す→方蠻曥見せざるものはなし

　さらに、第一章で主張されていたように、「上下の匍有」は「迨わせて萬邦を受く」の前提條件であったから、「厚福豐年」はその「萬邦」にも適用されるはずであり、そこから「"年穀の豐饒"が祈られた、その祈年の對象領域は、『南夷』、『東夷』、『淮夷』等の方蠻庶邦をも皆含めた、多樣な文化をもった、周王朝成立の對象となる『萬邦』（『四方』）領域に對してであった」（217頁）という主張が導き出される。
　著者によれば、年穀の豐饒を祈る上下の祭祀は、殷王朝のそれを引き繼ぐ。それに對して、第一章で主張されていたように、「迨わせて萬邦を受く」、すなわち「民」と「疆土」を受けることは周王朝の受命思想にもとづくものであった。周王朝の受命には「前王朝殷以來の…『上下』の神々の祭祀による『萬邦』における"年穀の豐饒"、卽ち"豐かさ"が條件」（235頁）とされていたのである。
　第五章では、最初に、典型的な册命儀禮を記錄する頌鼎銘（2827〜29・後期、ⅢB）

　　王、太室に格り位に卽く。宰の弘、頌を右けて門に入り、中廷に立つ。尹氏、王
　　に令書を受く。王、史の虢生を呼びて頌に册令せしむ。

など、人（頌鼎銘の場合は史の虢生）を介して臣下に王命が傳達される事例が示される。次いでそれとは對照的に、「親命」「親賜」という「親」字のみえる銘文が存在し、王と臣下（貴族）個人との閒の直接的接觸が「親」しくなされた事例が紹介される。仲介者ぬきでの直接的接觸には、辟雍における祭祀儀禮のほか、軍令・軍功にかかわる事例があり、「國之大事在祀與戎」（『春秋左氏傳』成公十三年）の言說によく對應する。そこに著者は「祭祀（祀）と軍事（戎）をともにする、異分子をも包み込む氏族制的貴族成員の姿」（278頁）を見出そうとする。

次いで、著者は王と神との間の意志の傳達方法を檢討する。たとえば『尚書』金縢篇には、

　　（周公は）乃ち太王・王季・文王に告す。史乃ち册祝して曰く、…。

のように、史（あるいは尹）などが册書を讀み上げることが記されている。著者は「周王朝の王は神と直接通ずることはなかったようであり」（273頁）、「唯一獨占的に神の意思を判斷することも…一般的にはなかったのではないか」（278頁）とし、殷王朝との相違を強調する。
　第六章は青銅器銘にみえる「王家」についての論考である。「周邦」と「四方」（「四國」「萬邦」）が天子と王という周王の二つの支配權にかかわることは著者の縷々説くところであるが、訣簋銘（4317・後期厲王、ⅢA）

　　王曰く、…用て我が家、朕が位、訣の身とを令保す。

には、それとは別に「我家」すなわち周王の出自する「家」（王家）が言及される。「王家」に言及する青銅器銘の一つ蔡簋銘（4340・後期）

　　王若くのごとく曰く、蔡よ、先王既にして汝に令して宰と作し、王家を司らしむ。
　　…王家を死司せしむ。外入するに敢えて聞せざる有ること毋れ。（王家の）百工
　　を司り、姜氏の令を出入せよ．

は、周王（王の比定には諸説ある）の嫡妻姜氏が「王家」にかかわりえたことを傳えている。また不壽簋銘（4060・前期）、などには王姜の賜與を周王の恩寵（王休）とみなす言説が記録されている。周王の嫡妻は周王と同一視されており、そのことを著者は「公的な『天命の膺受』者と『四方の甫有』者としての唯一人（天子、王）の周王朝の君主の行爲を、婚姻夫婦という、いわば、私的な、王の出自する『王家』、『我家』の『家』の女性の嫡妻が代行出来るという考え方」（303頁）があったと評價する。このような婦人にかかわる青銅器銘は西周後半に少なくなるが、そのことについて著者は「周王權の衰微、即ち徧き『上下』、『四方』の『甫有』の衰退らと關聯づけて考えることが出來るかもしれない」（305頁）とする。
　第七章は、第一節「『天命の膺受』と『受民、受疆土』について」、第二節「『四方の甫有』と國際的な安寧秩序」、第三節「周王朝の君位繼承禮について」との節題が示すように、本書第一章から第四章までの議論を總括するものである。これまでの議論をまとめると、周王朝の開設は文王の「天命の膺受」と武王の「四方の甫有」によるものであり、さらに文王の「天命の膺受」は「上下の甫有」と「迨わせて萬邦を受く」に分かつことができた。
　第一節は「天命の膺受」の「迨わせて萬邦を受く」にかかわる議論である。第一章で紹介した大盂鼎銘に「受民、受疆土」とあった。そのうちの「民」については「『東夷』『淮夷』等、さまざまな異族を皆一つに統合して『民』と云った」（326頁）のであり、「疆土」

についても「『東國』『南國』等、多種多樣な異族の住地をも皆含めて『疆土』『億疆』と呼ぶものであった」(337頁)。一方、「匍有上下」もまた文王の「膺受天命」の要素であったから、「受民、受疆土」は「厚福豐年」と結びつき、「『萬邦』(『四方』)の多樣な『民』と『疆土』とを文化等の違いを超えて、主に『豐年』(經濟的"豐かさ")を共通の願いとして一つに捉え」(339頁)ることができる。そのことが、「萬邦」內部の「民」と「疆土」に王朝の力が及ぶことを可能にするという。これが「多元的世界の統合」(339頁)ということであろう。

　第二節は武王による「四方の匍有」、さらにはその「中國」とされる成周についての議論である。「四方の匍有」と「成」周の關係についてはこれまでの議論が踏襲されているが、ここではさらに二つの議論が加えられる。一つは成周と天との關係で、「『四方の匍有』者の居所となる土中の『中國』(『洛邑』)は、天上の神の居所『帝廷』と垂直軸となり、周王朝成立の條件となる『上下の匍有』と『四方の匍有』、卽ち『上下』と『四方』の交わる所と解されていた」(346頁)という主張。本書で言及されることはないが、何尊銘に「復爯武王醴裸、自天(復り武王の醴裸を爯ぐるに、天よりす)」という表現があり、成周に「天」にかかわる何等かの施設があったことは、すでに先行研究の指摘するところであった。二つ目の議論は宗周との關係。宗周と成周の竝存について、これを「周王朝は、…『周邦』を中心に捉えて考えたのではなく、…大邑の『中國』(『洛邑』、『成周』)を中心場所にして、そこから王朝成立の對象となる『四方』(『四國』)の領域を考えた」(346頁)と理解する。「周邦」にかかわる宗周は、成周とは異なり、「同姓(宗法による結束)を主とする諸侯(邦君)の封建が行われた」(347頁)地であった。

　第三節は『尙書』顧命篇に記錄された周王朝の君位繼承儀禮が檢討され、そこに「『天命の膺受』者(天子)と、『四方の匍有』者(王)としての權威、權力の來源が確かに組み込まれて」(356頁)いたことが確認される。

　文王の「天命の膺受」と武王の「四方の匍有」、この二つによって周王朝が創建されたとする著者の主張は鐵案といってよいだろう。第一章でみたように、何尊銘や大盂鼎銘ではこの二つはそれぞれ文王・武王にかけて析言されていたが、やがてそれは師克盨銘のように「丕顯なる文武」の事績として統言されるようになる。宣王期の逨盤銘(『銘文曁圖像』14543・晚期宣王)に、

　　逨曰く、丕顯なる朕が皇高祖單公、趫々として克く厥の德を明哲にし、文王・武
　　王を夾召し、殷を撻ち、天の魯命を膺受し、四方を匍有せり。

とある。逨の祖先單公を宣揚する銘文だが、そこでは文王・武王の事績は「殷を撻ち、天の魯命を膺受し、四方を匍有せり」と統言され、もはや二人の事績を區別する意識すら感じさせない[3]。文王・武王の事績の析言から統言へ、史墻盤銘もまたその變化のなかで理解すべきものとなろう。

　著者は文王の「天命の膺受」が史墻盤銘では「上下を匍有して、迨わせて萬邦を受く」と言い換えられていると主張し、以後、「上下」と「萬邦」が議論の重要なタームとなっていく。しかしながら、著者も第一章の注65で引用するのだが、史墻の一世代後の癲の作器にかかる癲鐘銘(25〜56・中期、III)「曰古なる文王、初めて政に鼇龢せり。上帝、懿

- 308 -

德を降して大いに甼り、四方を匍有し、迨わせて萬邦を受く」では、文王の事績が「上下の匍有」ではなく、「四方の匍有」と記されている。著者はこの瘐鐘銘を「（史墻）盤銘、又はその祖本の寫し間違い」（86頁）と處理するが、はたしてそれだけの解釋でよいのであろうか。史墻盤銘には、「天子圀みて文・武の長烈を屬ぎ」との表現があり、既に文王・武王の事績の統言が始まりつつあったことを傳えている。事績の統言化のなかでの修辭のゆれ、あるいは二人の事績を區別する意識の稀薄化による表現のゆれと考えることができるならば、「天命の膺受」を「上下を匍有して」と「迨わせて萬邦を受く」の二つに讀み替えなければならない必然性はない。先に著者が示した圖式を紹介したが、そこには文王の「天命の匍有」及びその一要素たる「迨わせて萬邦を受く」が示されていない。本書でもたびたび「四方」が「萬邦」に言い換えられているように、「萬邦」は「四方」と同義なのであり(4)、それゆえ、「逗慕を極獄す」や「方蠻狁見せざるものはなし」を「四方の匍有」にかけてしまえば、「迨わせて萬邦を受く」にかかるものは殘らないからである。史墻盤銘の「上下を匍有して、迨わせて萬邦を受く」とは、「天命の膺受」の言い換えではなく、武王の「四方の匍有」との對句的表現を意圖した修辭と考えるべきではないだろうか。

次に「中國」とされる成周にかかわる議論である。成周が「中國」とされるのは何尊銘に記錄された「余は其れ茲の中國に宅りて、之自り民を乂めん」という武王の誥命を根據とするが、この「中國」を「外」「內」の「內國」に讀み替えてよいのであろうか。著者も引用するように「內國」という表現は彔戒卣銘（5420・中期、IIB）「王、戒に令して曰く、叔、淮夷敢えて內國を伐つ（敢伐內國）」にみえるが、他に「內國」の用例はなく、あるいは動詞句である可能性すらある(5)。たとえば『尚書』召誥「王來紹上帝、自服于土中」、『逸周書』作雒解「乃作大邑成周于土中」などの文獻史料では、成周の地は「土中」すなわち中央の地と認識されており、『史記』周本紀はこれを「此天下之中、四方入貢道里均」と表現する。成周を「中國」とする何尊銘もまた、成周が中央の地という觀念を示しているだけではないのだろうか。西周の支配領域における「內」と「外」との對比といえば、『尚書』酒誥「越在外服、侯甸男衞邦伯、越在內服、百僚庶尹、惟亞、惟服宗工、越百姓里居」の「外服」「內服」が想起されるが、この「內服」とは周王朝の直接的支配領域、『漢書』地理志下「昔周公營雒邑、以爲在于土中、…初雒邑與宗周通封畿、東西長而南北短、短長相覆爲千里」にいう雒邑（洛邑・成周）から宗周にいたる王畿を指しているのではないか(6)。

さらに成周の「成」字を「『四方』領域（『南國』、『東國』等）に起こった、國際的紛爭の收束に對して用いられている」と解釋するのは、「中國」と「四方」（「四國」）との對比を前提とした、いささか強引な解釋である。契約や土地爭いなどにおける利害調整・調停を意味する「成」について、「異族による紛爭と直接關係しなくても、巨視的に見れば、それ自身、紛爭の收束の成就・成功を意味する『成』と同じ範疇に屬するものであろう」というのであれば、逆に「成」の字義を「國際的紛爭」「異族による紛爭」にのみ求める必然性はない。かつて唐蘭は、成周とは成王の周の謂いであると主張した(7)。その主張の當否はおくとしても、成周の「成」を説明したいのならば、同時に、あるいはそれに先立って、成王の「成」の字義を考えなければならないだろう。「『王』とは…『四方』領域の公平なる裁定者・調停者という、このような「成」王としての性格を一般にもつものではなかったかと思える。『成』周建設當時の成王の『成』も、當然これと關係したであろう」（149

頁）という解釋では、成王という王名の固有性を説明できないのではないだろうか。

　紙幅も盡きようとしている。議論を技術的な問題にうつそう。まず第一に指摘したいのは、本書の書籍としての統一性である。本書第二章の注 1 は本書第一章に言及するものだが、そこで示されているのは、第一章の元となった『西周青銅器とその國家』（東京大學出版會、1980 年）所收論文の該當頁（401 頁）である。この部分は當然ながら本書第一章にも存在しているのだが（18～19 頁）、何故にあえて元論文の該當頁が指示されるのか、その編集意圖が理解できない。それぞれの論文が單行しているのならば、この形式でもかまわないだろうが、一篇の書として世にとわれた以上、參照すべきは「補訂」された本書の該當部分であろう。また、同じ書籍の略稱を指示する注記が各章ごとに繰り返し出現するのも、一篇の書としての體裁を著しくそこねている。

　次いで指摘すべきは青銅器銘の引用である。著者が主に利用する著錄は 1935 年に刊行された郭沫若『兩周金文辭大系圖錄攷釋』（以下、『兩周』）であるが、たとえば、第一章の注 46（83 頁）に「郭氏が昭王期における作器とするも、𣄰殷の出土によって厲王胡による自作器と考えられている宗周鐘（兩周錄 25 オ、集成 260）」とあるように、その斷代案にはすでに受け入れがたいものが含まれている。郭沫若は青銅器研究に群別研究法を導入し、その『兩周』は青銅器銘に斷代案を附した初めての著錄として、研究史上その價値がゆらぐことはない。しかしながら、現在、青銅器銘の引用にあたっては『集成』や鍾柏生『新收殷周青銅器銘文暨器影彙編』（藝文印書館、2006 年）、あるいは『銘文暨圖像』などの著錄番號や斷代案、さらに青銅器の型式學的研究の成果として林巳奈夫『殷周時代青銅器の研究』の斷代案などを附すのが一般的である。敢えて 1935 年の郭氏の斷代案を示すことは無用な混亂を招くだけである[8]。

　本書は、最初に紹介したように、1979（1980）年から 1999 年までに發表された論文を補訂・編集したものである。評者は著者の少しばかりの後輩として、著者の論文をリアルタイムで讀み、參照してきたが、本書での著者の主張すべてを理解できたかというと、殘念ながらその自信はない。括弧づけによる引用を多用した所以だが、逆に斷章取義に陷っていないかおそれる。評者がかつて讀んだ元論文と本書との閒にはそれなりの時間が經過しており、學界では新たな議論がいくつも提示されてきた。それら新たな議論に對する著者の見解をお示しいただければ、本書の意義はより明確になったであろう。

註
(1) 以下、青銅器銘の引用にあたっては、『殷周金文集成』（以下、『集成』、中華書局、1984～94 年。2015 年修訂增補）の著錄番號と斷代案を示す（ただし、早期を前期、晚期を後期と改めた）。さらに林巳奈夫『殷周時代青銅器の研究—殷周青銅器綜覧—』（吉川弘文館、1984 年）に斷代案が示されている場合には、その斷代案も併記する。なお、『集成』に著錄されていない青銅器については、吳鎭烽『商周青銅器銘文暨圖像集成』（以下『銘文暨圖像』、上海古籍出版社、2012 年）を利用した
(2) 銘文の訓讀は原則として著者のそれに從った。
(3) 松井「記憶される西周史—逨盤銘の解讀」（『東洋史研究』64-3、2005 年）。

(4) 嚴密にいえば、「萬邦」には「周邦」も含まれるので、「周邦」を除いた「萬邦」が「四方」と同義となろうか。
(5) 禹鼎銘に「至于歷內」とあった。四十三年逨鼎銘（『銘文暨圖像』2503〜12・後期宣王）「汝官嗣歷人（汝　歷人を官嗣す）」の「歷人」の解釋には諸說あるが、これを禹鼎銘の「歷」の「人」と解釋すれば、禹鼎銘は「歷に至り內る」と讀むことも可能である。また敔簋（4323・後期）には「內伐（內りて伐つ）」という表現も見える。
(6) 著者が參照する栗原朋信もまた、西周の「王畿」を「內」と考えている（『秦漢史の研究』、吉川弘文館、1960 年、264 頁）。
(7) 唐蘭「㝬尊銘文考釋」（『文物』1976 年第 1 期）。
(8) 本書でも各青銅器銘の引用に際して『集成』の著錄番號が示され、さらに本書末の「青銅器（金文）索引」には『集成』の斷代案が示されている。しかしながら、『兩周』の著錄・斷代案もまた常に參照されている。

（『史學雜誌』第 125 編第 9 號、2016 年 9 月）

佐藤　信彌　著
西周期における祭祀儀禮の研究
（朋友書店、2014 年 3 月）

　本書は著者が 2007 年 11 月に關西學院大學大學院文學研究科に提出した博士學位論文に加筆修正を加えたものである。その後、著者の吉林大學古籍研究所への留學、歸國後の病氣療養のために出版が遅れたが、2014 年に朋友書店より上梓され、その成果が世に問われるに至った。本書の構成は以下の通りである。

　　序論　：西周祭祀儀禮研究における二つの問題
　　第一章：獻捷儀禮の變化
　　第二章：祭祀儀禮の場の變化（一）蒡京
　　第三章：祭祀儀禮の場の變化（二）周新宮
　　第四章：祭祀儀禮の參加者と賜與品の變化
　　第五章：蔑歷の時代
　　第六章：册命儀禮の形式とその確立
　　終章　：東遷以後の周王朝とその儀禮

　序論において、著者は先行研究がかかえていた「二つの問題」を指摘する。第一の問題は、王國維が提唱し、中國古代史研究の基本的手法とされてきた二重證據法（證明法）について。從來の研究では「傳世文獻を基本史料とし、出土文字資料を傍證のために補足的に用いるという手法が採られ」（13 頁）ていたが、「それぞれの文獻のつくられた時期や背景などが考慮されずに無造作に使用されることが多く、また禮書やその注釋などからイメージされる儒教的理念を前提として立論される傾向」（12 〜 3 頁）があった。第二の問題は、「異なった地域・時代の習俗などを單純に比較」（16 頁）しようとする文化人類學的手法について。この手法を取り入れた研究は目新しいものに映るが、實際にはすでに陳腐化しており、なおかつ、それぞれの社會から「特定の文化要素のみを切り出して比較するという行爲自體への疑問」（15 頁）もある。同時代史料である出土文字資料が充分に活用できない狀況下では致し方ない面もあったであろうが、出土文字資料の著錄や工具書の整備が行き屆いた今日、「出土文字資料を中心史料とし、傳世文獻は必要に應じて傍證のための史料として使用する」「逆轉させた形での二重證據法」（13 頁）を採用し、他地域・時代との單純な比較ではなく、「西周期における文化的事象の歷史學的な研究をより綿密に進める」（17 頁）ことが可能となった。この手法によって「西周期における祭祀儀禮の變遷の有り樣を追っていき、その背景について考察していくこと」（18 頁）、それが本書の課題である。

　本書の本論は六章からなるが、そのうち第一章から第四章までの章題にはすべて「變

化」という語が含まれており、祭祀儀禮の變化ならびにその背景にある周王朝の政治的狀況の推移が檢討される。第一章「獻捷儀禮の變化」で採り上げられる獻捷儀禮とは、「戰勝後に主君や祖靈に對して俘虜・敵首などの戰果を報告し、獻上する儀禮」（24 頁）であり、その記錄は殷代の甲骨文、西周・春秋期の青銅器銘、さらには『春秋左氏傳』などの文獻史料にも殘されている。長期間にわたる記錄を殘すこの祭祀儀禮は、儀節の通時的な變化を追いやすく、以下の議論を導くには格好の素材となるだろう。

　第一章では最初に、殷周期の獻捷儀禮の復元を試みた高智群「獻俘禮研究」（1992 年）が參照され、小盂鼎銘が記錄する西周前期の獻捷儀禮の儀節——王に對する戰果の報告、神靈・祖靈に對する戰果の報告や俘馘の獻上、燎祭などの祭祀——が復元される。西周前期の獻捷儀禮とは、「主君に對する報功と、神靈・祖靈に對する祭祀の二つの部分を主要な儀節とする」（28 頁）ものであり、そのうちの神靈・祖靈に對する祭祀とは、田獵や巡察あるいは戰爭の前後に擧行された殷代の祭祀を淵源とし、周王あるいは王に近い人物が主催する大典として擧行されていた。周王朝の大典、すなわち「貴族たちが一堂に會して施行される『會同型儀禮』」（38 頁）の禘・彭・桒といった儀節もまた、殷代の甲骨文に記錄されており、周人が殷人の祭祀を取り入れて施行したものと考えることができる。このような會同型の儀節をともなった獻捷儀禮は、西周前期から中期にかけての青銅器銘に記錄されているが、後期の獻捷儀禮では神靈・祖靈に對する祭祀がみえなくなり、主君に對する報功とそれに伴う賞賜のみが記錄されるようになる。このような變化は周王朝の政治・軍事狀況の推移と對應していると考えられ、著者はそれを、

> 周王朝の勢力が強勢であった西周前期・中期には、周王の主催する祭祀への參加は貴族にとって名譽であり記念すべきこととされており、燎祭…のような祭祀も獻捷儀禮のシンボルとして機能していた。しかし西周中期後半から後期にかけておそらく王朝の勢力が衰退し、周王の政治的權力や宗教的權威が低下していくに伴い、これらの祭祀は貴族の求心力を得るための手段としては成立し得なくなり、廢れていった。（42～3 頁）

と評價する。さらに西周後期の獻捷儀禮の儀節は、介添え役（右者）による臣下の誘導など、當時盛行していた官職・職事任命の册命儀禮に沿って整備されていることが指摘され、續く第二章から第四章の議論が導かれる。

　第二章と第三章は祭祀儀禮の消長・變化に對應する儀禮の場の變遷が論ぜられる。第二章「祭祀儀禮の場の變化（一）莽京」では、宗周（陝西省豐鎬遺址一帶）・成周（河南省洛陽市）・周（陝西省扶風縣・岐山縣：岐周）とともに王朝の中心地（「都」）の一つとされる莽京が採り上げられる。莽京はその地名に「京」字が附されていること、ならびに辟雍・大池・辟池などの施設が存在していることなど、宗周・成周・周とは樣相を異にした地であった。西周前期から中期にかけて、莽京では狩獵の禮（大禮）や漁禮（漁撈の禮）といった會同型儀禮が執りおこなわれていたが、西周後期になると、この地は「周王の滯在地のひとつ、あるいは貴族の宮室の造營地」（67 頁）に過ぎなくなり、その地も「京」の字が脫落して單なる莽と呼ばれるようになる。「京」の字義については諸說あるが、著

者はこれを「周王室の祭祀の中心地を指す語」と考え、菱京とは「周王朝の新たな政治的中心地となった宗周に近い菱の地に新たな京として造營された」(73頁)祭祀の中心地であったと主張する。そうであるならば、西周後期に菱京の「京」字が脱落するのは、菱京が祭祀の中心地ではなくなったこと、すなわち西周前期から中期にかけて觀察できた狩獵の禮（大禮）や漁禮（漁撈の禮）といった會同型儀禮が執りおこなわれなくなったことに關わることとなろう。すでに第一章で示唆されていたように、この會同型儀禮に取って代わるのが官職・職事を任命する册命儀禮であり、その施行場所は周新宮や周康宮といった周（岐周）所在の諸宮であった。「康王の宮廟である康宮」(71頁)は周王家の財を集積・管理し、さらに昭宮・穆宮、あるいは夷宮・厲宮など諸王の廟宮を從屬させていたが、このような施設で册命儀禮が執りおこなわれるようになる背景について、著者は、

> 西周中期においては大禮などの儀禮の施行が貴族の歡心を得るための手段となりえていたのが、周王朝の求心力の低下により、次第に貴族の側がそのような儀禮に參加することに魅力を感じなくなり、册命儀禮のような具體的な權益の分配によってしか貴族の歡心を得られなくなったことも大きな要因であろう。(77頁)

と主張する。

　第三章「祭祀儀禮の場の變化（二）周新宮」では、西周中期の「共王の頃に儀禮の場として金文中に見られるようになり、その孫の夷王の頃までは使用されて」(95頁)いた周新宮が考察の對象となる。西周中期まで、周新宮では王朝の大典（會同型儀禮）である射禮が擧行されていたが、西周後期からはその記錄が減少し、それと入れ替わるように册命儀禮が擧行されるようになる。周新宮の場でこの二つの儀禮が併存することについて、著者はそれを、王朝が「册命儀禮を中心とする新たな支配體制の確立を試みると同時に、…射禮のような舊來の儀禮の保持をも圖ったのではないか」(101頁)と考える。そうだとすれば、周新宮とは會同型儀禮から册命儀禮への「過渡期を體現する宮であり、周王の據點として周康宮の先驅けとなる存在であった」(104〜5頁)ということになろう。

　第四章「祭祀儀禮の參加者と賜與品の變化」は、第一章から第三章で論じられた西周中後期間の儀禮の變化、ならびに儀禮の場の變遷、すなわち會同型儀禮から册命儀禮への轉換を、それぞれの儀禮の參加者と賜與品の分析を通じて確認しようとする。「廣範な身分の人々に王の恩惠を授けるための場としての性格を有」(119頁)していた會同型儀禮での賜與品は、その儀禮が盛行した時代の特性として寶貝類が壓倒的に多いが、それらの寶貝類は「產地や事件を記念し、元々の所有者である主君の宗敎的權威を象徵する性質を持つ」(133頁)ものであった。一方、册命儀禮の賜與品が車馬や禮服といった車服類へと變化するのは、車服類が「受命者側の功勞や職事を象徵する性質を持つ」(133頁)ものとして、官職や職事を任命する册命儀禮の性質に合っていたからである。

　第五章「蔑歷の時代」では、會同型儀禮から册命儀禮へと變化する西周中期が「貴族が代々周王朝に對してどのような功績をたててきたかということが政治の場で強く意識されはじめた時期であった」(133頁)との見通しのもと、その時期の青銅器銘に頻見する

蔑歷という儀節が檢討される。蔑歷という儀節については數多くの解釋があるが、著者は「蔑」字を稱美、「歷」字を經歷の意とする唐蘭の解釋を支持し、家臣本人への褒賞のみならず、「その祖先の事績もそれに附隨して回顧することにより、君臣雙方が代々に渡って君臣關係を繼續してきたことを再確認し」（158 頁）、今後の君臣關係の繼續を確認しあう儀節であるとする。西周中期後半以降に盛行する册命儀禮を記錄する靑銅器銘においては、祖先の事績の回顧、繼續的（世襲的）職事の任命、さらに車服類の賜與などが記錄されるが、祖先の事績を回顧するという點において、蔑歷という儀節はその册命儀禮の先行形態とみなすことができるとの主張である。

第六章「册命儀禮の形式とその確立」は、西周期における「儀禮變遷の要となる册命儀禮そのもの」（177 頁）が分析され、これまでの議論が總括される。西周中期後半から盛行する册命儀禮とは、それ以前に行われていた高位の貴族への任命儀禮を基礎としつつ、一段下の貴族をも任命の對象とする「史官による命書の宣讀や右者による誘導などの儀節を整備・形式化した」（204 頁）儀禮であった。これらの貴族が册命儀禮の任命對象となったのは、

> おそらくは南征を通じた周王朝の領域擴大の失敗などによる周王の權威の低下を承けて、次第に周王の權威に裏づけられた「會同型儀禮」への參加や、これらの儀禮で賜與される貝類などの物品に價値を見出さなくなり、貴族自身、更にはその臣下や屬官への官職・職事の任命を通じて、より現實的な權益を求めるようになった。（197～8 頁）

からである。會同型儀禮から册命儀禮への變化は、「周王による任命を通じた權益の獲得を志向する貴族と妥協・協調したことによって生じていった」（204 頁）と評價されているのである。また、かつて「周王の政治的權力や宗教的權威が低下」、「周王朝の求心力の低下」などと表現されていた事象が、ここでは「おそらくは南征を通じた周王朝の領域擴大の失敗などによる」ものと踏み込まれていることにも注意を拂っておきたい。

終章「東遷以後の周王朝とその儀禮」第一節「西周期における祭祀儀禮の展開とその背景」では、「西周金文より見出せる『禮制改革』」（213 頁）前後の時代、すなわち西周前期～中期前半（武王期～穆王期前後）と西周中期後半～後期（共王期前後～幽王期）兩時代の儀禮の樣相とその時代背景が總括される。そのうえで、『春秋左氏傳』僖公二十八（前 632）年に記錄された晉文公への策命、あるいは莊公十八（前 676）年の虢公・晉侯への饗禮が西周期の儀禮を引き繼ぐものであり、「晉公のような『諸侯』やその家臣たちが自らを西周期の貴族になぞらえ」、周王に一定の權威を認める反面、「それを自らの權威化に利用していた」（219 頁）との理解が示される。しかしながら、そのような中原諸侯とは異なり、邊境の秦では自らを周王、始祖を周文王・武王になぞらえる言説が確認でき、やがてそれが戰國期の人々の意識へと引き繼がれ、「『禮記』『周禮』『儀禮』といった形でまとめられることになる禮文獻」（224 頁）へと展開していく。「それぞれの文獻のつくられた時期や背景などが考慮されずに無造作に使用されることが多く、また禮書やその注釋などからイメージされる儒教的理念を前提として立論される傾向」があると批判した先行研究に對する著者の解答であろうが、それはなお「展望」（224 頁）のレベルにとどまってい

る。今後の更なる議論が期待される。

　獻捷儀禮の儀節の分析を通して見出された祭祀儀禮の變化、すなわち會同型儀禮から册命儀禮への變化をめぐる議論は、儀禮の場の變遷、參加者・賜與品の變化の議論へと變奏を繰り返し、終章第一節の總括へと收斂してゆく。これら一聯の議論は、「本來は册命儀禮の『出現』を劃期とする前半期・後半期の二期區分の方が適切なのであるが」(19頁)と著者が告白しているように、「禮制改革」によって西周期が前期～中期前半(武王期～穆王期前後)と中期後半～後期(共王期前後～幽王期)に二分されるという二期區分論的發想に貫かれている。いま、各章の議論をこの二期區分に即して圖式化すれば、

```
              前半期                  後半期
  第一章  獻捷儀禮                →獻捷儀禮
          神靈・祖靈への祭祀(會同型儀禮)
          主君への報功と賞賜       主君への報功と賞賜
  第二章  䣙京                    →䣙・周康宮
  第四章  寶貝類                  →車服類
  第六章  高位貴族の任命儀禮       →册命儀禮
```

となり、第三章の周新宮、第五章の蒐歷がこの兩半期をつなぐ過渡的性格をもつものと位置附けられる。このように西周を前半期と後半期に分かち、兩者の閒に過渡的時期を想定する構想は、册命儀禮の出現を劃期としていることが示すように、貝塚茂樹のそれを踏襲しているものと考えられる。貝塚の時期區分は、

　　西周初期：武王・成王・康王
　　西周中期：昭王・穆王
　　西周後期：共王・懿王・孝王・夷王・厲王・宣王・幽王

と示すことができるが、「周康王末年から昭王・穆王時代にかけて製作された一類の金文があり、兩半期金文を繋ぐ過渡的な性質を多く保有しているから、西周中期金文として一項を立て得る」[1]と述べているように、それは西周前半期の「寶貝賜與形式金文」と後半期の「官職車服策命形式金文」を指標とした二期區分の變形であった[2]。本書の議論は、貝塚が指摘した金文形式の變化を會同型儀禮から册命儀禮という祭祀儀禮の變化に讀み替えようとするものとなるだろう。

　終章第一節の總括において、西周の前半期は、

　　周王主催による祭祀・殷見・射禮など、下級貴族や官吏から「邦君・諸侯」・戎夷の長に至るまで幅廣い身分層の參加によって成り立つ「會同型儀禮」が盛行された時期(212頁)

と總括されている。會同型儀禮を「幅廣い身分層の参加によって成り立つ」ものと説明しているが⁽³⁾、この説明は「會同」の定義としては曖昧である。「會同」の語は『詩經』小雅・南有嘉魚之什・車攻「赤芾金舄、會同有繹」にみえ、毛傳はこれに「時見曰會、殷見曰同」との注をほどこしている。時會とは諸侯の臨時の朝會、殷見とは諸侯の大會同の謂で、『周禮』には時會・殷同の語もみえる⁽⁴⁾。青銅器銘を中心史料とする本書の立場からすれば、文獻史料の定義を無批判に用いることには愼重でなければならないだろうが、青銅器銘にも「會」や「殷」といった諸侯（四方）會同の記事が殘されていることをふまえれば⁽⁵⁾、やはり「會同」の参加者にはもう少し嚴密な規定があって然るべきであろう。「會同型」と「型」の字を附すことで「會同」の適用範圍の擴大が圖られているのであろうが、その措置は逆に、會同型儀禮の背景についての考察を不十分なものにしてしまったように思われる。

　會同型儀禮に参加することの意味について、著者は「周王朝の勢力が強勢であった西周前期・中期には、周王の主催する祭祀への参加は貴族にとって名譽であり記念すべきこととされており」、あるいは「西周中期においては大禮などの儀禮の施行が貴族の歡心を得るための手段となりえていた」と述べていた⁽⁶⁾。儀禮への参加をうながす動機が「記念」「歡心」あるいは「名譽」に求められているが、そうであるならば、その儀禮の参加者への賜與品もまた一義的には「名譽」や「記念」に關わるものと評價せざるをえないことになろう。西周前半期を特徵づける寶貝類が「産地や事件を記念し、元々の所有者である主君の宗教的權威を象徵する性質を持つ」と評價され、あるいは終章第一節に「参加者への賜與品としては、賜與する側の主君や賜與の契機となった出來事を象徵する貝類などが好まれた」（212頁）と述べるように、賜與品としての寶貝類に「記念」性や「象徵」性が求められるのは、まさにそのことを示している。しかしながら、この「記念」や「名譽」といった語彙は汎時代的なものであり、西周前半期の會同型儀禮の背景を説明する概念としてはいささか力不足である。

　思うに、著者が議論の端緒を見出した獻捷儀禮とは、征服活動の捕虜・鹵獲品あるいは領土が周王のもとへと集積される儀禮であったが、これらの捕虜・鹵獲品・領土はその後、例えば小盂鼎と同じく盂の作器にかかる大盂鼎銘「賜汝邦嗣四伯、人鬲自馭至于庶人六百又五十又九夫、賜夷嗣王臣十又三伯、人鬲千又五十夫（汝に邦嗣四伯、人鬲の馭より庶人に至る六百又五十又九夫を賜う。夷嗣王臣十又三伯、人鬲千又五十夫を賜う）」の賜與、あるいは宜侯矢簋銘が記錄する封建などを通じて周王の臣下たちに再分配されるものであった。「おそらくは南征を通じた周王朝の領域擴大の失敗などによる周王の權威の低下」と著者も述べていたように⁽⁷⁾、西周前半期の王朝權力は、征服活動による捕虜・鹵獲品・領土の集積、さらにはその再分配によって構造化されていたのであり、その征服活動は昭王の南征失敗（あるいは戰死）を象徵的出來事として收束・終焉へと向かっていく。獻捷儀禮などに含まれる燎や禘・彭・奉、あるいは蒡京での狩獵の禮（大禮）や漁禮（漁撈の禮）の多くが殷王の田獵・遠征などにかかわる儀禮を引き繼いだものであったのならば、西周王朝の遠征活動の收束・終焉はそれらの諸儀禮の必要性を減少させ、ひいてはそれらの儀禮への参加者が再分配されるべき權益（分前）に與る機會を奪っていくことになるだろう。「貴族」たちの「歡心」、あるいは彼らを惹きつけていた「魅力」とは、この權益（分前）の再分配に與る機會であったのではないだろうか。

- 317 -

西周後半期、貝塚のいう「官職車服策命形式金文」の時代に王朝の權力構造をささえたのが册命儀禮であり、その盛行の背景として、著者は「貴族自身、更にはその臣下や屬官への官職・職事の任命を通じて、より現實的な權益を求めるようになった」との理解を示していた[8]。先に述べたように、會同型儀禮をささえていたのが捕虜・鹵獲品・領土の集積・再分配の回路から引き出される權益（分前）であったのならば、この册命儀禮をささえていた「より現實的な權益」とは一體何を指しているのであろうか。受命者とその「推薦者・介添え役」（213頁）である右者との關係について、著者は「右者と受命者とが統屬關係にある、もしくは册命がきっかけで統屬關係が結ばれる」（196頁）と考えようとしており、受命者に賜與される車服類については、「受命者の職事の象徴となり、更に場合によって一族の功勞の象徴としての價値が附加されていくという性質」（128頁）があると主張している。著者の主張は必ずしも學界全體に共有されているものではないだろうが、いずれにせよ、受命者と右者との關係、あるいは受命者が賜與される「象徴」たる車服類にかかわる議論は、「より現實的な權益」と必ずしもうまく結びついていないように思われる。
　すでに說かれているように、册命とは周王朝・王家にかかわるさまざまな職掌の個別的・水平的分掌を命ずる儀禮である。しかしながら、受命者に命ぜられた職掌は、その世襲的傾向ともあいまって、受命者の管領するところとなる可能性をはらんだものであった。周王の土地にかかわる册命を取り上げたのち、伊藤道治は次のように言葉を續けている。

　　これら西周後半における册命賜與形式とよばれる金文にあらわれる官職への任命は、實は、西周王朝にとって、重大な問題をはらんでいたのである。即ち王直轄地が次第に貴族層の手に掌握される危險があったのである。…土地をはじめ、權力は有力貴族の手に歸することになるであろう[9]。

伊藤のいうように、册命儀禮によって得られる「現實的な權益」とは、受命者に命ぜられた職掌から發生し、受命者の「手に掌握される」であろう土地の管領權などの權益の謂いではないのだろうか[10]。
　いささか儀禮の背景にある權益にこだわりすぎたかもしれない。いわば上部構造たる儀禮の背景として、その儀禮をささえる權益の構造に關心を拂うべきだと考えたのであるが、それ以外にも、たとえば殷的文化要素の衰退など[11]、祭祀儀禮の變化の背景として考慮すべき問題は數多くあるだろう[12]。
　本書の議論は西周を前半期と後半期に分かとうとする二期區分論的發想を基本としていたが、それと同時に著者はこの兩半期をつなぐ過渡期にも注意をはらおうとする。第三章で議論される周新宮は、會同型儀禮が執りおこなわれた葊京と册命儀禮が執りおこなわれた周康宮諸宮をつなぐ、「過渡期を體現する宮」と評價されていた。著者は、葊京を豐鎬遺址一帶の宗周に近い葊の地に造營された祭祀の中心地、周新宮とは扶風縣・岐山縣一帶の周の地に新たに造營された祭祀施設と考えているから、葊京から周新宮（さらには周康宮諸宮）への祭祀儀禮の場の變遷は、より大局的には王朝の祭祀・政治の中心地

が宗周から西方の周へと移動したことを意味することとなろう。周新宮は「共王の頃に儀禮の場として金文中に見られるようになり、その孫の夷王の頃までは使用されて」いたとされるが、この時期は王朝の征服活動が收束・終焉する時期でもあった。征服活動の收束・終焉から册命儀禮の時代への變化は、祭祀・政治の中心地の移動とどのように關わるのであろうか(13)。一方、第五章で議論される蔑歷について、著者はこれを「儀禮の場で主君が家臣やその祖先の經歷・功績を回顧し、雙方の關係を再確認する」(213頁)ものと評價する。祖先の經歷・功績が回顧されるようになるのは、西周中期が王朝の創建から「相當の世代を經て」(170頁)いるからだとされるが、蔑歷という儀節そのものは、本書148頁の一覽が示すように、早くは殷後期・西周前期の青銅器銘にもみえており、「相當の世代」は蔑歷の意味を考えるための十分條件ではない。逆に考慮すべきは、蔑歷の語が殷後期から使い續けられていたという事實であり、それは殷代の燎や禘・肜・祊などの儀節が西周前半期の會同型儀禮へと引き繼がれていったことを想起させる。西周期の祭祀儀禮はこの會同型儀禮から後半期の册命儀禮へと變化していくが、その背景にあったのは周王臣下が獲得する權益の變化、すなわち捕虜・鹵獲品・領土の集積・再分配の回路から引き出される權益（分前）から、册命儀禮によって命ぜられた職掌から發生する管領權などへという權益の變化であり、寶貝類から車服類への賜與品の變化であった。著者は蔑歷と同じように賞賛・褒賞の意味をもつ六種の語彙を抽出し、「金文上で様々な表現が可能であるという意味で、蔑歷が修辭的な性質を帶びた語であることを示す」(167頁)と述べていたが、そうであるならば、「修辭的」な語彙へと變質した蔑歷は、その變質ゆえにさまざまな權益や賜與品を廣く指し示すことのできる汎用性の高い語彙となりえたはずである(14)。それが著者のいう「儀節や言辭を一言に集約した用語」(169頁)、あるいは「金文上での一種のテクニカルターム」(170頁)ということであろうか。會同型儀禮から册命儀禮への變化が進行しつつあった西周中期こそ、このような屬性をもつ蔑歷の語が必要とされた時代であり、やがて册命儀禮の儀節の確立とともに蔑歷の語はその役割を終えていくのだろう。

　以上、本書の議論を紹介してきた。序論で著者が述べていたように、本書の議論では出土文字資料たる青銅器銘が中心史料とされ、東周期を扱う終章を除けば、傳世文獻には補助的史料としての地位があたえられているにすぎない。青銅器銘の引用にあたっては、『殷周金文集成』（中華書局、1984～94年、2007年修訂增補）、『新收殷周青銅器銘文暨器影彙編』（藝文印書館、2006年）、あるいは『商周青銅器銘文暨圖像集成』（上海古籍出版社、2012年）といった著錄の著錄番號・斷代案、さらには林巳奈夫『殷周時代青銅器の研究　殷周青銅器綜覽一』（吉川弘文館、1984年）の斷代案が附されており、今日の西周史、青銅器銘研究での要求水準を充分にみたしている。本文中ならびに表1「西周金文に見える祭祀」、表2-1「宗周所在の儀禮の場」・表2-2「成周所在の儀禮の場」・表2-3「蒡京・蒡所在の儀禮の場」・表2-4「周所在の儀禮の場」、表4-1「周王主催による會同型儀禮」・表4-2「征伐に關わるもの」・表4-3「册命儀禮」といった諸表で提示される關係青銅器銘は網羅的であり、各青銅器銘に附されたデータを含めて、信賴がおけるものとなっている(15)。ただ、同銘複數器の扱いにばらつきがみられ、さらに表2の諸表では各青銅器銘の著錄番

號は附されているものの、斷代に關わるデータが省略されるなど、本書全體の統一性は必ずしも充分ではない。青銅器銘に關わる索引をつくり、各青銅器銘の著錄番號・斷代案、ならびに本書での引用頁數を一括して示す工夫があってもよかっただろう。

　かつて吉本道雅は戰後日本の青銅器研究者を三世代に分けて説明したことがある[16]。第一世代は貝塚茂樹や白川靜、第二世代は伊藤道治・松丸道雄・樋口隆康・林巳奈夫。そして第二世代の直接の薰陶をうけて育った第三世代には、木村秀海・吉本道雅・豐田久・平勢隆郎・武者章や評者松井らが含まれることになるだろうか。著者佐藤信彌は、關西學院大學で故木村秀海に育てられ、吉本道雅らが主催した「禮記王制友の會」「一字千金の會」に參加して研究を續けてきた。また現在は「殷周史研究會（漢字學研究會）」の中心メンバーとして『漢字學研究』の發行をささえる、まさに第四世代と呼ぶべき新たな世代を代表する研究者である。このような新たな世代の研究が世に問われ、その紹介に關わり得たことを喜ぶとともに、彼ら新世代の活躍に期待しつつ、書評子としての責をふさぐこととしたい。

註
(1)『貝塚茂樹著作集』第4卷（中央公論社、1977年）126頁。初出は『中國古代史學の發展』（弘文堂、1946年）。
(2)西周史の時期區分については、松井「西周史の時期區分について」（『史窗』68、2011年）を參照。
(3)本書38頁には「周王の主催によって貴族たちが一堂に會して施行される『會同型儀禮』」との發言もあった。
(4)『周禮』秋官・大行人「春朝諸侯而圖天下之事、秋覲以比邦國之功、夏宗以陳天下之謨、冬遇以協諸侯之慮。時會以發四方之禁、殷同以施天下之政」。
(5)保卣銘「遘于四方會王大祀祐于周（四方、王の大いに周に祀祐するに會するに遘う）」、臣辰尊銘「王命士上眔史寅殷于成周（王、士上と史寅とに命じて、成周に殷せしむ）」など。
(6)會同型儀禮衰退の原因は、これを逆轉すればよいわけで、「西周中期後半から後期にかけておそらく王朝の勢力が衰退し、周王の政治的權力や宗教的權威が低下していくに伴い、これらの祭祀は貴族の求心力を得るための手段としては成立し得なくなり、廢れていった」（42頁）、あるいは「周王朝の求心力の低下により、次第に貴族の側がそのような儀禮に參加することに魅力を感じなくなり」（77頁）ということになるだろう。
(7)終章第一節の「昭王期前後の南征の頓挫により、それまでは擴大傾向にあった周王朝の領域が現狀維持か縮小に轉じ、それによって周王の權力・權威が損なわれたため」（213頁）という發言もまた同じ趣旨である。
(8)本書77頁には「冊命儀禮のような具體的な權益」、204頁には「周王による任命を通じた權益」という表現もみえていた。
(9)伊藤道治『中國古代國家の支配構造』（中央公論社、1987年）附論二「西周王朝の構造と特色」395頁。
(10)第六章註46には、右者の選定にかかわって、「王家に關する任命は結局のところ王の家產の權

(11) 西周中頃に殷的文化を代表する青銅酒器が消滅していくことは、小澤正人・谷豐信・西江淸高『中國の考古學』（同成社、1999 年）162 頁などに指摘がある。またロータール・フォン・ファルケンハウゼン（吉本道雅譯）『周代中國の社會考古學』（京都大學學術出版會、2006 年）は、西周中期の青銅器において殷起源の動物モチーフが「純粹な文樣」へ變容することについて、「動的で狂暴でさえある身振りを中心とする『ディオニソス的な』儀禮から、新しいずっと形式化された『アポロ的』性格の儀式へという、祖先崇拜の領域における根本的な宗教的轉回を暗示する」（48 頁）と指摘している。

(12) たとえば、角道亮介『西周王朝とその青銅器』（六一書房、2014 年）第三章「西周王朝と青銅器」は、西周中期から後期にかけて青銅器窖藏が出現することを、「青銅彝器が祭禮の場での使用に強く限定されるようになったことを意味し」、それは「王朝秩序の再構築の試みであった」（178 頁）と主張する。

(13) 角道亮介前揭書・第三章第三節「周原と宗周」は、宗周と周を同一地と考え、その地望を扶風縣・岐山縣一帶の周原の地に求めている。また確言されているわけではないが、莽京の地望もまた陝西省扶風縣・岐山縣一帶に、求められている。王朝の政治・祭祀の中心地が豐鎬遺址一帶から扶風縣・岐山縣一帶へと移動したのか、あるいは周原の地の性格が變化していくのか、今後のさらなる議論が必要であろう。

(14) 殷的な「事」概念が周的な「嗣」概念に置き換えられ、「事」が普通名詞化していくこともこれと並行した現象といえるだろう。松井『周代國制の研究』（汲古書院、2002 年）第二部・第二章「西周の官制」を參照。

(15) 評者が氣づいた誤植を以下に擧げておく（ただし、銘文釋文の異同については、ここでは觸れない）。41 頁：多友鼎　集成 2853 → 2835、56 頁：十三年瘋壺　集成 9722 → 9723、68 頁：麥方鼎　集成 2607 → 2706、139 頁：斥鼎　集成 4020 → 斥簋。

(16) 吉本道雅「書評『周代國制の研究』」（『史窗』60、2003 年）。ロータール・フォン・ファルケンハウゼン（吉本道雅譯）前揭書「解說」にも同じような記述がある。

附記

　この間、佐藤信彌著『周―理想化された古代王朝』（中公新書、2016 年）が刊行された。本書は周王朝の創建前後からその終焉に至るまでの約 800 年間を扱うが、そのうちの西周期には、「創業の時代―西周前半期 I」、「周王朝の最盛期―西周前半期 II」、「變わる禮制と政治體制―西周後半期 I」、「暴君と權臣たち―西周後半期 II」の四章が割り當てられている。本書評で紹介したように、著者の議論は西周を前半期と後半期に分かつ二期區分論的構想を基本としていたが、本書の記述はまさにその時期區分に整合的なものとなっている。就いて參照されたい。

（『東洋史研究』第 75 卷第 4 號、2017 年 3 月）

伊藤道治先生をしのぶ

　伊藤道治先生が 2016 年 4 月 3 日にご逝去された。先生の學恩に對して心からの感謝を捧げるとともに、先生のご冥福をお祈りしたい。

　私が初めて先生にお會いしたのは 1981 年の春であった。大學院の入試に失敗して途方にくれ、島田虔次先生にお願いして紹介狀を書いていただき、滋賀縣石山寺のご自宅に伺った。先生と奥様は、この見知らぬ若造を暖かく迎えてくださったが、なにせ先生は寡默な方だったので會話がはずむはずもなく、緊張した時間を過ごしたことが思い出される。それでもなんとか金文を用いた卒論を提出したこと、これからも金文や甲骨文に關わる研究を續けたいことをお傳えしたが、先生は『春秋左氏傳』や『史記』『漢書』といった古典籍をしっかり勉強することが第一であり、最初から金文や甲骨文を研究對象とするのはダメだと強く諭された。
　しかしながら、當時の私はそれでも金文の研究を志したいとお願いしたのだろう。結局、先生は次年度からの講義の聽講をお許しくださり、私は聽講生の末席に聯なることができるようになった。
　講義は水曜の一限で、先生は前日から研究室に泊まっておられ、教室にはジーンズなど比較的ラフな格好で登場されていた。教室の最前列に陣取っていたのは、すでに何年か前から聽講を許されていた關西學院大學の故・木村秀海さんと、もう一人は確か佐藤さんとお呼びしていたお二人で、そこに私が加わって三人組となり、その後ろに神戸大學の學生さんたちが座るという何やら不思議な光景ではあった。
　手許に 1981 年度の講義ノートが殘っている。まだ金文をほとんど知らなかった頃のもので、先生の講義内容を本當に理解していたのか甚だ心許ないけれども、その 5 月 6 日のノートには、

　　金文は戰功、任命を祖先に告げるために作器者によって作文され、祖先に對する
　　祭祀の際に讀み上げられたと考えられてきた。
　　　↑↓
　　松丸道雄氏は、作文したのは作器者ではなく、作器者に命じた王である。王が作
　　器者に對して文章を作り與え、王が與えた恩寵を明記させて、王の權威を確認さ
　　せる。器は王直屬の工房で作られたのであろう、と主張する。

と書き記されている、松丸氏が「西周靑銅器製作の背景─周金文研究・序章─」(1977 年、のち『西周靑銅器とその國家』1980 年に再錄) や「西周靑銅器中の諸侯製作器について─周金文研究・序章その二─」(1979 年、のち『西周靑銅器とその國家』) で主張されていた金文の作文主體に關わる議論への反論が始まろうとしていた。續く 5 月 13 日の講義では、作

冊睘卣「隹十又九年、王在斥、王姜命作冊睘、安夷伯、夷伯賓睘貝・布、揚王姜休、用作文考癸寶隫器」、作冊睘尊「在斥、君命余作冊睘、安夷伯、夷伯賓用貝・布、用作朕文考日癸旅寶」兩器の器影・拓本のコピーなどが配布され、それらを根據とした松丸氏の主張が丁寧に紹介されている。

その後、西周中期以後の金文に常見するものの、慣用句とみなされ、さほど考察の對象とならなかった「對揚王休」の議論へと移り、沈文倬「對揚補釋」（1963 年）や林漢・張亞初「『對揚補釋』質疑」（1964 年）の內容などが紹介され、「對揚王休」とは王の恩寵に對する被冊命者の感謝及び記錄であり、作器者自身によって書かれなければならない、という結論が導き出されている。議論はさらに冊命金文全般に及び、善夫山鼎銘や頌簋銘などが參照され、冊命金文は被冊命者が自發的に再錄したと思われると述べておられる。冊命金文が周王側で作られたということを積極的に肯定する根據はみいだせない、という武者章「西周冊命金文分類の試み」（1979 年、のち『西周靑銅器とその國家』）の結論が紹介されたのち、

> 松丸氏が睘尊が睘側で作られたとする際、睘卣が王室側で作られたということが前提となっている．
> ←→睘卣が王室で作られたことは證明されていない。
> ↓
> 武者論文の如き結論が出ざるをえない、

と述べられ、『禮記』祭統「夫鼎有銘、銘者自名也」の一文が參照されたうえで、銘文の大半は王室によって作られた冊命文によるが、銘自體は作器者によって用意されたと考えてよい、という結論が導きだされている。

言うまでもなく、ここで紹介した講義內容は、のちに 1987 年の「西周金文とは何か―恩寵と忠誠―」（『中國古代國家の支配構造』）へと結實する議論であるが、私のノートによるならば、最終的な結論が講義されたのは 6 月 24 日であった。ほぼ二箇月にわたった講義をここで紹介したのは、先生の議論がいかに愼重で堅實なものであったかを偲びたいためであるが、それと同時に、松丸氏の主張に對して非常に早い時點で金文の本質に關わる論爭を挑まれていたことにも思いをはせたい。金文の作文主體が誰であるかという問題は、現在も未だ結論を得ていない難問であり、先生が我々に託された課題ともいえる。

先生は 1925 年 6 月 7 日にお生まれになり、京都帝國大學文学部に入學したのち、1948 年には貝塚茂樹先生のもと、「舊東方文化硏究所歷史硏究室に机を與えられ」（『中國古代國家の支配構造』あとがき「追い書き」）、中國古代史の硏究を始められた。『東方學』第 99 輯（2000 年）の「座談會　學問の思い出―白川靜博士を圍んで―」に出席された先生は、「私にとっては一番最初の驅け出しのときの仕事だった」（175 頁）『書道全集』（1954 年）の編纂について、

> 人文科學硏究所の方で貝塚先生を中心にして金文だとか甲骨を讀んで、それで『書道全集』に仕上げようという計劃になりました。(175 頁)

と回顧され、その編纂にかかわった先學として、

> 編集責任は貝塚茂樹先生、内藤戊申先生、赤塚忠先生、大島利一先生、それから『書道全集』には直接には書いておられなかったと思いますが、ときどき樋口隆康さん、それからもちろん白川先生でした。(175頁)

といった研究者の名を擧げておられる。さらに、

> ある意味で、甲骨金文の解讀方法は私の師匠よりも白川先生の著作から教えられた面が非常に多いと思います。(176頁)

と述べておられるように、先生は貝塚茂樹や白川靜といった戰後第一世代の研究者の許で研鑽をつまれた。その後、先生は人文科學研究所助手を經て、1959年に神戸大學に赴任され、1989年の退官後は關西外國語大學教授・同國際文化研究所所長を歷任された。神戸大學ご退官にあたって、江村治樹氏に「伊藤道治先生の業績紹介」(『神戸大學史學年報』第3號、1988年)の一文があり、先生の主要な研究の紹介はそれに讓りたいと思うが、先生のご研究の特徴は、先生も述べておられるように、どちらかというと白川先生に近い、甲骨文や金文あるいは文獻史料に寄り添い、それらを愼重かつ堅實に讀み解いていく點にあったように思う。『京都大學人文科學研究所藏甲骨文字』圖版册 (1959年)・本文篇 (1960年)・索引 (1968年) は言うに及ばず、藤井有鄰館・黑川古文化研究所・天理大學附屬天理參考館などの甲骨文コレクションの整理・釋讀、あるいは「永盂銘考」(1973年)・「盠彝銘考」(1977年)・「裘衞諸器考―西周期土地所有形態に關する私見―」(1978年) といった金文の考證、あるいは「左傳に見える西周封建制度について」(1967年、のち『中國古代王朝の形成』「西周『封建制度』考」1975年) や「兩周地理考」(1969年、のち『中國古代王朝の形成』「姬姓諸侯封建の歷史地理的意義」) などといった論文は先生のご研究の特徴をよく示しているように思われる。

いつのことだったかは覺えていないが、中國古代史の研究は野球選手の打率のようなものだとおっしゃったことがある。生涯打率が三割を越える選手はほとんどいない、名選手だ。中國古代史研究もそれと同じで、議論の三割が正鵠を得ていれば、それで充分に研究者としては評價できる、といった趣旨であったように思う。先生が野球をお好きであったのか、お好きならば、どの球團がご贔屓であったのか、ということを伺ったことはなかったのだが (先生は名古屋生まれだから、中日?)、このお話は驅け出しの私には隨分とありがたかった。「七割間違ってもいいんだ」という能天氣な安堵感を感じたのを覺えているが、先生のおっしゃりたかったことはそうではなかっただろう。我身は中國古代史の三割どころか、ほとんど何も理解していないのではないか。せめて三割でも事實に近づければ。そのような思いが先生の愼重かつ堅實な研究を支えていたのではなかっただろうか。

先生とご一緒に海外の學會に参加したのは、1992年10月に西安市で開催された「第二次西周史學術討論會」であった。先生のほか、日本から参加したのは私と木村秀海さん、そして成家徹郎さんであったが、先生とは別便で西安市に到着した私と木村さんに對して

先生は不思議と饒舌であった。先生によると、咸陽の飛行場から西安市に至るタクシーが「高速道路」でエンストして止まってしまった。車の修理をする運轉手にかわって、先生はタクシーが追突されないようにと旗のようなものを振り續けていたとのことであった。何やら妙に嬉しそうだったお顔を思い出す。先生にはよほど愉快な經驗だったのだろうか。

　學會において、先生はいつも中國の研究者と共にいることを心がけておられた。日本人だけでかたまっていてはいけないとおっしゃり、ホテルの朝食などでは常に中國の研究者のテーブルで食事をとられていたし、學會後のエクスカーションでも同じように振る舞っておられた。先生はごく普通に中國の人々と交わり、何の違和感もなくそこに溶けこんでおられた。今でも先生は、中國のどこか、それは安陽か西安かもしれないが、先生が研究してこられた史料の近くのどこかで、にこにこと微笑みながら佇んでおられる氣がする。

　また中國のどこかで先生にお會いできればと思います。先生、ありがとうございました。

（『漢字學研究』第 5 號、2017 年 9 月）

【編者按】「1981 年の春」は「1980 年の春」の記憶違いと思われる。一方で、1981 年 5 月 6 日・13 日・6 月 24 日は確かに水曜日である。

金文通解　吳虎鼎

キーワード　西周金文　宣王標準器　土地境界設定

器名　吳虎鼎

時代　西周後期（宣王）
　後に述べるように、銘文中に「䚄（申）刺（厲）王令（厲王の命を申ね）」とあることから、本器は厲王を繼いだ宣王あるいは幽王期のものとなる。『史記』十二諸侯年表によれば、宣王の治世は前 827 年から前 782 年の四十六年間、幽王の治世は前 781 年から前 771 年の十一年間であり、本器の紀年「十又八年」は宣王の在位十八年と確定できる。この點に關して各著錄・考證に異論はない。

出土
　1992 年、陝西省西安市長安區申店鄉徐家寨（長安縣城南約 2 キロ）で出土。黑河引水工事中に掘り出されたために、出土狀況は不詳。

收藏　長安博物館（陝西省西安市）

著錄略稱
近出：劉雨・嚴志斌『近出殷周金文集錄』（中華書局、2002 年）、364
新收：鐘柏生・陳昭容・黃銘崇・袁國華『新收殷周青銅器銘文暨器影彙編』（藝文印書館、2006 年）、709
銘圖：吳鎮烽『商周青銅器銘文暨圖像集成』（上海古籍出版社、2012 年）、2446
田曉利『長安瑰寶』（世界圖書出版公司、2002 年）（未見）

考釋
①李學勤「吳虎鼎考釋—夏商周斷代工程考古學筆記」（『考古與文物』1998 年第 3 期。のち『夏商周年代學劄記』遼寧大學出版社、1999 年。『新出青銅器研究（增訂版）』人民美術出版社、2016 年に再錄）
②穆曉軍「陝西長安縣出土西周吳虎鼎」（『考古與文物』1998 年第 3 期）
③周曉陸・穆曉軍「吳虎鼎銘錄」（『考古與文物』1998 年第 3 期）
④張培瑜・周曉陸「吳虎鼎銘紀時討論」（『考古與文物』1998 年第 3 期）
⑤『考古與文物』編集部「吳虎鼎銘座談紀要」（『考古與文物』1998 年第 3 期）王輝、張懋鎔、周曉陸、穆曉軍、曹瑋
⑥李學勤「吳虎鼎研究的擴充」（『夏商周年代學劄記』、前揭）

⑦松井嘉徳「呉虎鼎銘考釋―西周後期、宣王朝の實像を求めて」(『史窗』第 62 號、2004 年)
⑧高澤浩一『近出殷周金文考釋』第二集 (研文出版、2013 年)

參考文獻
⑨唐蘭「作册令尊及作册令彝銘文考釋」(『國立北京大學國學季刊』4 卷 1 期、1934 年。のち『唐蘭先生金文論集』紫禁城出版社、1995 年に再錄)
⑩唐蘭「西周銅器斷代中的"康宮"問題」(『考古學報』1962 年第 1 期。のち『唐蘭先生金文論集』に再錄)
⑪林巳奈夫『殷周時代靑銅器の研究―殷周靑銅器綜覽一』(吉川弘文館、1984 年)
⑫林巳奈夫『春秋戰國時代靑銅器の研究―殷周靑銅器綜覽三』(吉川弘文館、1989 年)
⑬張培瑜『中國先秦史曆表』(齊魯書社、1987 年)
⑭張培瑜『三千五百年曆日天象合朔滿月表』(河南教育出版社、1990 年。のち大象出版社、1997 年)
⑮夏商周斷代工程專家組『夏商周斷代工程 1996-2000 年階段成果報告　簡本』(世界圖書出版公司、2000 年)
⑯彭裕商『西周靑銅器年代綜合研究』(巴蜀書社、2003 年)
⑰陝西省考古研究院『梁帶村芮國墓地：2007 年度發掘報告』(文物出版社、2010 年)

器制
　通高 41cm、口徑 40cm。耳高 7.9cm、耳寬 9.5cm、足高 18cm、足徑 4 cm、壁厚 0.5cm。重 15.4kg。
　深腹半球形、立耳、平折沿、蹄足。
　⑯彭裕商は D 型 (半球形腹圓鼎) Ⅱ式に分類し、宣王期前後に流行したとする。
　口沿下に夔鳳紋に變形した竊曲紋と一道の弦紋。腹底三足の閒に二道の弦紋三組。
　一足が脱裂しているが、「早年」に鑄掛られており、その際の銅片が殘存。
　口沿下に長さ 24cm の斷裂がある。
　鼎底に分厚い煤が附着し、紋樣等にも煤の痕跡がある。この器が甞て實用に供されていたことを示しているが、その時期についての判斷は示されていない。

銘文
　1997 年の除鏽作業により發見された。內壁に 16 行、165 字 (重文 2)

隹 (唯) 十又八年十又三月既
生霸丙戌、王才 (在) 周康宮徲 (夷)
宮、衜 (道) 入右吳虎、王令 (命) 善 (膳) 夫
豐生・嗣工雝 (雍) 毅、䚂 (申) 刺 (厲) 王令 (命)、
取吳䕘舊彊 (疆)、付吳虎、厥北彊 (疆)、
涵人眾彊 (疆)、厥東彊 (疆)、官人眾
彊 (疆)、厥南彊 (疆)、畢人眾彊 (疆)、厥西
彊 (疆)、荅姜眾彊 (疆)、厥盨 (俱) 履弄 (封)、豐

生・雊（雍）毅・伯衛（遒）・内（芮）嗣土寺萊、
吳虎捧（拜）頴（稽）首天子休、賓善（膳）
夫豐生章（璋）・馬匹、賓嗣工雊（雍）
毅章（璋）・馬匹、賓内（芮）嗣土寺萊
璧・瑗、書尹友守史由、賓史
萊（貢）韋（韐）兩、虎捧（拜）手頴（稽）首、敢對
訊（揚）天子不（丕）顯魯休、用乍（作）朕皇
且（祖）考庚孟障鼎、其子々孫々、永寶。

　以下、銘文の考釋を行うが、參照する青銅器銘の引用に際しては、銘圖の著錄番號・斷代案、ならびに⑪林・⑫林の斷代案を附す。ただし、西周期の青銅器銘については「西周」を省略し、銘圖の早期は前期、晩期は後期に改めた。

銘文考釋
隹（唯）十又八年十又三月既生霸丙戌

　⑬張培瑜によれば、宣王十八（前810）年十二月は戊寅15朔、十三月は丁未44朔、十九年一月は丁丑14朔となる。本銘の「十又三月既生霸丙戌23」は⑬張培瑜の宣王十八年十三月には入らず、前月十二月あるいは十九年一月に入りうる。
　①李學勤は、同じく宣王期に屬する克鐘（15292〜15296・後期、Ⅲ）の「十又六年九月初吉庚寅27」がやはり宣王十六（前812）年の九月（庚申57朔）に入らず、その前後の八月（辛卯28朔）と十月（庚寅27朔）に入りうることを指摘し、⑬張培瑜が實際の曆譜と一箇月ずれていると主張する。
　⑮夏商周斷代工程專家組は、それを承けてか、この紀年が宣王十八年十三月（丁丑14朔、⑬張培瑜の十九年正月）の丙戌23であり、既生霸の範圍に入りうるとする。
　④張培瑜・周曉陸は、⑬張培瑜を參照しつつ、彼らが宣王期のものと考える師獸簋（5363・後期）「王元年正月初吉丁亥」、叔專父盨（5657〜5660・後期、ⅢA）「王元年…六月初吉丁亥」、鄀簋（5342〜5343・後期）「二年正月初吉……丁亥」、史頌簋（5359〜5367・後期、ⅢB）「三年五月丁巳」、頌壺（12451〜12452・後期、ⅢB）「三年五月既死霸甲戌」（頌簋（5390〜5397・後期、ⅢB）も同銘）、兮甲盤（14539・後期、ⅢB）「五年三月既死霸庚寅」、五年琱生簋（5340・後期、ⅢA）「五年正月乙丑」（實際には己丑）、六年琱生簋（5341・後期）「六年四月甲子」、師㝬簋（5381〜5382・後期、ⅢB）「十又一年九月初吉丁亥」、虢季子白盤（14538・後期）「十又二年正月初吉丁亥」、克鐘/鎛（15814・後期）「十又六年九月初吉庚寅」、此鼎/簋（2484〜2486/5354〜5361・後期（宣王世）、ⅢA）「十又七年十又二月既生霸乙卯」、趞鼎（2479・後期（厲王世））「十又九年四月既望辛卯」、鬲攸從鼎（2483・後期、ⅢB）「卅又一年三月初吉壬辰」、晉侯蘇鐘（15298〜15313・後期（厲王世））「王卅又三年…正月既生霸戊午…二月既望癸卯（實際には既死霸壬寅）…六月初吉戊寅…丁亥…庚寅」の紀年を檢討し、共和の十四年間が宣王治世に含まれうる可能性を主張する。その場合、吳虎鼎銘の「十又八年」は前825年と考え、⑬張培瑜の當該年には閏月がないために「十又三月既生霸丙戌23」は翌年・前824年一月（甲戌11朔）の十三日となると主張する。

王才（在）周康宮㽙（夷）宮、衛（道）入右吳虎、

「周康宮㽙（夷）宮」は岐周にあった夷王の宮廟。㽙王の名は仲爯父簋銘（5199〜5200・後期）、逨盤銘（14543・後期（宣王世））にみえるが、逨盤の出現によって㽙王が夷王であることが確實になった。逨盤銘については、馬越靖史「金文通解　逨盤」（『漢字學研究』第2號、2014年）を參照。「周康宮㽙宮」は此鼎／簋銘にみえているが、ほかに鬲攸從鼎／鬲從簋銘（05335・後期）に「周康宮㽙大室」、戎鐘銘（15264・後期（厲王世））に「周康㽙宮」という表現がみえる。『史記』魯周公世家に「宣王…乃立稱於夷宮、是爲孝公」とあり、集解・韋昭注は「夷宮者、宣王祖父夷王之廟。古者爵命必於祖廟」と解釋する。

①李學勤は、道入（內）を人名と考え、下文の「伯道內」と同一人物であると主張するが、同一人物の「名」が「入」と「內」に書き分けられているとの主張には無理があるだろう。右者が受命者を儀禮の場に導くことを「入右受命者（入りて受命者を右く）」と表現する事例は多數ある。本銘もまた「道入りて吳虎を右け」と讀み、道（伯道）は儀禮の右者たる人名と考えてよい。伯道が道と省略されうることは、伯龢鼎銘（1900・前期）「伯龢作召伯父辛寶障鼎（伯龢、召伯父辛の寶障鼎を作る）」の伯龢が、龢爵銘（8569・前期）「龢作召伯父辛寶障彝（龢、召伯父辛の寶障彝を作る）」では龢と記される事例と同じである。

①李學勤は作器者吳虎の「吳」を氏族名とせず、これを官名の「虞」、すなわち『周禮』地官の山虞・澤虞の類と主張する。その事例として同簋銘（5322〜5323・中期）「王命同、左右吳大父、䚡場・林・吳（虞）・牧（王、同に命ず。吳大父を左右け、場・林・虞・牧を䚡（つかさど）れ）」の吳大父を舉げるが、この銘文から吳大父の「吳」が官名であることは證明できない。虢叔大父鼎銘（1996・後期）・魯伯大父簋銘（4861〜4863・春秋前期、春秋Ⅰ）・曾仲大父螎簋銘（5228〜5229・後期）・筍伯大父盨銘（5606・後期）などの事例から考えれば、吳大父の「吳」もまた氏族名であってかまわない。「吳」を官名とする李氏は、吳虎の氏族名を本器末にみえる作器對象「朕皇祖考庚孟」の「庚」とするが、作器對象たる庚孟の名は吳夌父簋銘（4944〜4946・後期）「吳夌父作皇祖考庚孟障簋、其萬年、子々孫々、永寶用」にもみえている。⑦松井で主張したように、吳虎と吳夌父は同一人物の稱謂のバリエイションにおさまり、「吳」を氏族名とすることは可能である。

しかしながら、善夫吉父鼎銘（2078・後期）などにみえる善夫吉父の稱謂を參照すれば、①李學勤が主張するように、吳虎（吳夌父）の「吳」が官名である可能性を完全に排除することもできない。ここでは、吳夌父簋銘が一族內での祖先祭祀を念頭においた短銘であり、そこであえて官名を用いる必然性がないと考えられることから、吳虎（吳夌父）の「吳」を、官名ではなく、氏族名とみなすこととする。

王令（命）善（膳）夫豐生・䚡工䧹（雍）毅、䚡（申）刺（厲）王令（命）、取吳䪴舊彊（疆）、付吳虎、

膳夫豐生・䚡工雍毅兩名はともに初見。膳夫は、例えば大克鼎銘（2513・中期後段（孝王世）、ⅢB）「王呼尹氏、冊命膳夫克、王若曰、克、昔余既命汝、出納朕命（王、尹氏を呼び、膳夫克に冊命せしむ。王若く曰く、克よ、昔、余既に汝に命じ、朕が命を出納せしむ）」とあるように、王命の出納を掌る官。䚡工は䚡土・䚡馬とともに參有䚡の一つ。

剌王の「剌」字が「厲」字に通じることは⑬⑭唐蘭の主張するところであったが、逨盤銘に考王（孝王）・𤞷王（夷王）に續いて剌王の名が記されていることから、剌王が厲王であることが確實となった。現王が先王の命を申ねて命ずることは、たとえば師嫠簋銘「王若曰、師嫠、在昔、先王小學汝、汝敏可使、旣命汝、更乃祖考、嗣小輔、今余隹䵼乃命、命汝嗣乃祖舊官小輔眔鼓鐘（王若く曰く、師嫠よ、在昔、先王、汝を小學せしめたまうに、汝敏にして使う可し、旣に汝に命じ、乃が祖考を更ぎ、小輔を嗣らしめたり。今、余隹れ乃が命を䵼ね、汝に命じて乃が祖の舊官せる小輔と鼓鐘とを嗣らしむ）」などの事例がある。本銘は宣王が先代厲王の舊命を申ねて命ずるものである。

「取吳䕌舊疆、付吳虎」の吳䕌は人名。吳䕌の「吳」について、①李學勤は吳虎と同樣、これを官名の「虞」とし、吳䕌から吳虎へと虞官が世襲されていたのであろうと主張するが、先に述べたように、「吳」は氏族名でかまわない。吳䕌と吳虎の續柄はわからないが、同族であった可能性もあろう。

「取」字は左半分が不明瞭であり、近出・新收・①李學勤は「取」字に釋し、銘圖・③周曉陸・穆曉軍、⑤「吳虎鼎銘座談紀要」の張懋鎔、周曉陸・穆曉軍は「付」字に釋している（「取」「付」兩字の字形については『古文字類編　增訂本』上海古籍出版社、2008年を參照）。⑤「吳虎鼎銘座談紀要」張懋鎔はこの部分を、もと吳䕌に屬していた土地を吳虎に授與する（「把原屬于吳䕌的土地授予吳虎」）と解釋するが、最初の「付」字を附屬の「附」と解釋するには無理がある。また⑤「吳虎鼎銘座談紀要」周曉陸・穆曉軍は、厲王のときに與えられていた吳䕌の舊疆を宣王が「申付」したと解釋するが、銘文は「申厲王命」であって、「申付」ではない。「取」と釋してよいか必ずしも確證があるわけではないが、厲王の舊命を申ねて確認した宣王によって、吳䕌の舊領が吳虎へと賜與されたと考えてよいだろう。

厥北疆（疆）、涵人眔疆（疆）、厥東疆（疆）、官人眔疆（疆）、厥南疆（疆）、畢人眔疆（疆）、厥西疆（疆）、荅姜眔疆（疆）、

吳虎に與えられた土地の境界設定をいう。吳虎鼎銘に記錄された土地賜與の手續きについては⑦松井に專論がある。議論の詳細はそれに讓り、ここでは土地の境界設定の手續きを簡單に確認することとする。

①李學勤が指摘しているように、土地の境界が北→東→南→西の順に示されるのは、五祀衛鼎銘（2497・中期前段（共王世）、ⅡB）「井伯・伯邑父・定伯・𤕲伯・伯俗父迺講、使厲誓、迺命參有嗣、嗣土邑人逋・嗣馬頌人邦・嗣工附矩、內史友寺𠫑、帥履裘衛厲田四田、迺舍寓于厥邑、厥逆疆眔厲田、厥東疆眔散田、厥南疆眔散田眔政父田、厥西疆眔厲田、邦君厲眔付裘衛田（井伯・伯邑父・定伯・𤕲伯・伯俗父すなわち講り、厲をして誓わしむ。すなわち參有嗣：嗣土邑人逋・嗣馬頌人邦・嗣工附矩、內史の友たる寺𠫑に命じ、帥いて裘衛の厲の田四田を履ましむ。すなわち寓をその邑に舍す。その北疆は厲の田に眔び、その東疆は散の田に眔び、その南疆は散の田と政父の田とに眔び、その西疆は厲の田に眔ぶ）」が土地の境界を逆（北）→東→南→西と示すのと同じ。

五祀衛鼎銘において「眔」字は「およぶ」、すなわち土地の四周がそれぞれ厲、散、散と政父、厲の「田」と境界を接していることを示している。本銘の「眔」字についても、①李學勤は五祀衛鼎銘と同じく、土地の四周がそれぞれ涵人・官人・畢人・荅姜の土地と

境界を接していると解釈する。⑤「呉虎鼎銘座談紀要」周曉陸・穆曉軍もほぼ同様の理解を示しているが、五祀衞鼎銘を參照すれば、その場合には「厥北疆眔涵人、厥東疆眔官人、厥南疆眔畢人、厥西疆眔荅姜」と記錄されるべきである。銘文の字數に制限があるなか、あえて「厥北疆、涵人眔疆」のように「疆」字を二字重ねる必要はないだろう。また⑧高澤浩一は「『眔』は及び（立列）の意。彊は疆。境と同意で、その土地を指す」とするが、文意がとれない。本銘「涵人眔疆」・「官人眔疆」・「畢人眔疆」・「荅姜眔疆」の「眔」字は五祀衞鼎銘後段に「邦君厲眔付裘衞田、厲叔子夙、厲有嗣繇季・慶癸・邀表・荊人敢・井人倡屖（邦君厲が眔に裘衞に田を付すは、厲の叔子夙、厲の有嗣繇季・慶癸・邀表・荊人敢・井人倡屖なり）」とある「眔」字と同樣、「ともに」と訓ずべきであり、「疆」字は永盂銘（6230・中期、Ⅱ）「公迺命鄭嗣土䧹父・周人嗣工眉・亞史師氏邑人奎父・畢人師同、付永厥田、厥奉履、厥疆宋句（公すなわち鄭嗣土䧹父・周人嗣工眉・亞史師氏たる邑人奎父・畢人師同に命じて、永にその田を付せしむ。その率に履み、その疆するは宋句）」の「疆」字と同じく、境界設定を意味する動詞とすべきであろう。

本銘は、呉虎に與えられた土地の境界設定において、北側の境界設定では涵人が關與し、東側では官人、南側では畢人、西側では荅姜が關與したことを記錄したものであろう。永盂銘の周人嗣工眉や邑人奎父・畢人師同という人名を參照すれば、本銘で土地の境界設定に關わった涵人・官人・畢人・荅姜はそれぞれ「地名」に由來する可能性があるが、何故、彼らがこの土地の境界設定に關與しえたのかは不明とせざるをえない。

①李學勤は荅姜の荅を鎬京と考え、⑤「呉虎鼎銘座談紀要」王輝は、畢人の畢を文王・武王・周公旦の墓が營まれたとされる畢、荅姜の荅を荅京とし、呉虎に與えられた土地が現在の長安縣鎬京鄕から西安市阿房宮鄕一帶であろうとする。⑤「呉虎鼎銘座談紀要」周曉陸・穆曉軍もほぼ同樣に、現在の西安市と長安縣の西部あるいは西南部であろうと考えている。これらの解釋は土地の四周が涵人・官人・畢人・荅姜らの土地に接しているとの解釋を前提としたものであるが、先に述べたように、本銘は土地の境界設定にこれらの人物が關わったことを記錄するのみであり、そこから土地の所在地を推定することには議論の飛躍があろう。

厥盨（俱）履弄（封）、豐生・雍（雍）毅・伯衞（道）・內（芮）嗣土寺舂、

封は土地の境界標識。矢から散への土地移讓を記錄する散氏盤銘（14542・後期、Ⅱ）「履自瀗、涉以南、至于大沽一封、以陟二封、至于邊柳（履むに瀗自りし、涉りて以て南し、大沽に至りて一封す。以て陟りて二封し、邊柳に至る）」に土地の境界設定（「履」）に際して「一封」「二封」したことが記されている。「履」字については、橫大路綾子「古文字學研究文獻提要　裘錫圭『西周銅器銘文中的"履"』、ならびに佐藤信彌「金文學入門　裘錫圭『西周銅器銘文中的"履"』を例として」（いずれも『漢字學研究』第3號、2015年）を參照。

豐生・雍毅は先に王命を承けて呉虎に土地を賜與した膳夫豐生と嗣工雍毅、伯道は呉虎の右者をつとめた道。內（芮）嗣土寺舂について、①李學勤はこれを「伯道內」所屬の嗣徒とし、さらに膳夫豐生と嗣工雍毅もまた朝廷の膳夫・嗣工ではないと主張するが、土地の境界設定に王官が關わることは先に引いた五祀衞鼎銘の「參有嗣、嗣土邑人逋・嗣馬頜人邦・嗣工附矩、內史友寺芻」などの例がある。

內（芮）嗣土という官名は初見。永盂銘に鄭嗣土甸父という人物が登場しており、鄭嗣土とは嗣土に地名の鄭が冠せられた官名であると考えられる。芮嗣土も鄭嗣土と同様、芮の土地に關わる職掌をもつ官名であると考えてよいだろうが、何故に今回の土地賜與に關わるのかは判然としない。近年、芮國故地近郊とされる陝西省韓城市梁帶村の502號墓から、畢伯克鼎銘（2273・後期）「畢伯克肇作朕丕顯皇祖受命畢公彝彝（畢伯克、肇めて朕が丕顯なる皇祖、受命せる畢公の彝彝を作る）」が發見され、西周晚期、畢と芮に何らかの關わりがあったであろうことを示唆している。本銘に畢人と芮嗣土が同時に登場することと關係するのだろうか。

　またここで注意すべきは、土地の境界設定に關與した膳夫豐生・嗣工雍毅・伯道・芮嗣土寺莽のうち、伯道のみがその返禮の對象となっていないことである。かつて⑦松井でも指摘したが、伯道とは吳虎（吳龙父）と同樣に吳一族に屬しており、吳伯家（吳一族の大宗）として吳蓝の舊疆を吳虎に賜與する儀禮の右者をつとめ、さらにはその土地の境界設定にも關與した可能性を考えておくべきであろう。この推測が當を得ているとすれば、吳虎（吳龙父）さらには吳蓝の「吳」が氏族名である證左となろう。

吳虎捧（拜）頴（稽）首天子休、賓善（膳）夫豐生章（璋）・馬匹、賓嗣工雍（雍）毅章（璋）・馬匹、賓內（芮）嗣土寺莽璧・瑗、

　土地の賜與、ならびに境界設定に對する吳虎からの返禮品。境界設定に立ち會った人物に對して土地の受領者が返禮（「賓」）することは、大簋銘（5344〜5345・後期、ⅢB）「豕以睽履大賜里、大賓豕害璋・馬兩、賓睽害璋・帛束（豕は睽とともに大の賜わりし里を履む。大、豕に害璋・馬兩を賓り、睽に害璋・帛束を賓る）」に例がある。大簋銘では、大に賜與された土地の境界設定に關わった（膳夫）豕と睽がそれぞれ大からの返禮品を受けている。

　この部分の拓本は不明瞭で返禮品の詳細は必ずしもあきらかではないが、近出・新出・銘圖の釋文に從い、膳夫豐生と嗣工雍毅にはそれぞれ璋・馬匹が贈られたとしておく。大簋銘においても璋と馬の組み合わせが確認できる。これに對して、芮嗣土寺莽への返禮品については釋文・句讀を含めて解釋が分かれている。①李學勤は「賓內嗣土寺莽復（覆）・爰（瑗）」、③周曉陸・穆曉軍は「賓內嗣土寺莽璧、爰書尹友守史」と釋し、近出は①李學勤と同じ、新出は「賓內嗣土寺莽璧爰」とするが句讀が示されておらず、銘圖は「賓內嗣土寺莽璧、爰書尹友守史」とする。「芮嗣土寺莽」に續く二文字については、次の句をみたうえで改めて判斷する必要がある。

書尹友守史由、賓史莽（貴）韋（韐）兩、

　史による土地賜與の記錄と、それに對する返禮品をいう。格伯から倗生への土地移讓を記錄した倗生簋銘（5307〜5310・中期、ⅢA）に「厥書史戠武（その書するは史戠武）」と史が土地移讓の記錄に關與していたことが記されている。また散氏盤銘「厥左執繘、史正仲農（その繘を左執するは、史正たる仲農なり）」も史が土地移讓に關わっていたことを傳えている。

　「尹友守史由」は尹氏の同僚たる史由をいうのであろう。史由の「由」字を③周曉陸・

穆曉軍、近出・銘圖は「囦」字に釋し下句に屬さしめるが、ここでは史の名と考えておく。「友守」の語は大鼎銘（2465～2467・後期、ⅢA）「大以厥友守（大、その友守を以う）」にみえており、師晨鼎銘（2481・中期）「鄭人膳夫・官守友」の「官守友」もこれに類したものであろう。さらに膳夫克盨銘（5678・後期、ⅢB）「王命尹氏友史趛、典善夫克田人（王、尹氏友たる史趛に命じ、膳夫克の田人を典せしむ）」には、尹氏友史趛が膳夫克の「田人」の記録に關わっていたことを傳えている。

先にみたように、銘圖と③周曉陸・穆曉軍は「爰書尹友守史」と釋すが、「爰書」の語は漢代木簡史料にみえるものの、西周期の青銅器銘では確認できない。倗生簋銘「厥書史戠武」を參照すれば、「書」一字で動詞としてよいだろう。從って、「芮嗣土寺桒」に續く二文字については、これを彼への返禮品と考え、とりあえずは璧と瑗と解釋しておく。

史に贈られた「桒（貢）韋（韐）兩」は、飾りのある韎韐二枚。三年裘衞盉銘（14800・中期前段（共王世）、Ⅲ）「麀桒（貢）兩・桒（貢）韋（韐）」、あるいは河南省平頂山市應國墓地50號墓から出土した匍盉銘（14791・中期）に「束（束）麀桒（貢）韋（韐）兩」の用例がある。

虎捧（拜）手頴（稽）首、敢對魝（揚）天子不（丕）顯魯休、用乍（作）朕皇且（祖）考庚孟障鼎、其子々孫々、永寶。

銘文文末の嘏辭。先に指摘したように、作器對象たる皇祖考庚孟は吳㢭父簋銘「吳㢭父作皇祖考庚孟障簋」にもみえており、本器の吳虎と吳㢭父は同一人物であろうと考えられる。しかしながら①李學勤も指摘するように、「皇祖考」に庚孟といった「名」が接續する事例は、仲爯父簋銘「皇祖考夷王監伯」を除けば殆ど存在していない。李學勤は吳虎の祖考がともに庚孟と呼ばれていた可能性と、祖考と庚孟が別人であった可能性を考えているが、ここでは祖考いずれかの名であろうと推測するにとどめておく。

訓讀

唯れ十又八年十又三月既生霸丙戌、王、周の康宮夷宮に在り。道入りて吳虎を右（たす）く。王、膳夫豐生・嗣工雍毅に命ず。厲王の命を申ね、吳䓌の舊疆を取り、吳虎に付せ、と。その北疆は涵人眔に疆し（とも）、その東疆は官人眔に疆し、その南疆は畢人眔に疆し、その西疆は荼姜眔に疆す。その俱に封を履（ふ）むは、豐生・雍毅・伯道・芮嗣土寺桒。吳虎、天子の休に拜稽首し、膳夫豐生に璋・馬匹を賓（おく）り、嗣工雍毅に璋・馬匹を賓り、芮嗣土寺桒に璧・瑗を賓る。書すは尹友守たる史由、史に貢韐兩を賓る。虎、拜手稽首し、敢て天子の丕顯なる魯休に對揚し、用て朕が皇祖考庚孟の障鼎を作る。其れ子々孫々、永く寶とせん。

現代語譯

（宣）王の在位十八年三月既生霸丙戌の日。王は周の康宮夷宮におでましになられた。
（伯）道は吳虎を儀禮の場に先導した。王は膳夫豐生・嗣工雍毅に、吳䓌の舊領を吳虎に與えよ、と命ぜられた。
その所領の北境は涵人がともに確認し、東境は官人がともに確認し、その南境は畢人がともに確認し、その西境は荼姜がともに確認した。彼らとともに境界を確認したのは（膳

夫）豐生・（嗣工）雍毅・伯道・芮嗣土寺奉であった。
　吳虎は天子の恩寵を拜したてまつり、膳夫豐生には璋・馬を賓り、嗣工雍毅には璋・馬を賓り、芮嗣土寺奉には璧・瑗を賓った。
　ことの經緯を記錄したのは尹友守たる史由であり、史（由）には飾りのある靲輅二枚を賓った。
　（吳）虎は拜手稽首し、天子の恩寵に感謝し、わが皇祖考たる庚孟の祭祀に供する鼎を作りました。
　子々孫々まで、永く寳とするように。

（『漢字學研究』第 6 號、2018 年 10 月）

西周史稿

プロローグ―西周史の存在證明
史墻盤と逨盤
康王をめぐる諸問題
西周初期―王朝の創建

プロローグ―西周史の存在證明

『史記』に記錄された周代史

　前漢の司馬談・遷父子が著した『史記』は、中國の歷史の始めから彼らの生きた前漢武帝（在位前 141 ～前 87 年）期までの歷史を記述した通史である。紀傳體、より正確にいえば、歷代王朝の編年史である「本紀」、種々の年表などの「表」、部門別の文化史をあつかう「書」、列國史の「世家」、個人の傳記を記した「列傳」、そして司馬遷の「自序」からなる『史記』百三十卷は、『書經』『詩經』といった儒教經典や、『春秋左氏傳』『國語』（正確には原『春秋左氏傳』・原『國語』とでもいうべきもの）などの古文獻、さらに樣々な系譜や年代史料、そして司馬遷自身の取材で得た傳承記錄などをつむいで、中國古代の通史を描き出している。

　歷代王朝の編年史である本紀は、『史記』が描き出す通史の骨格とでもいうべきパートである。それは黃帝・顓頊（せんぎょく）・帝嚳（こく）・帝堯・帝舜の事績を記す「五帝本紀」に始まり、「夏本紀」「殷本紀」「周本紀」と三代の世襲王朝の歷史を記述したあと、「秦本紀」「秦始皇本紀」「項羽本紀」、そして漢の「高祖本紀」「呂太后本紀」「孝文本紀」「孝景本紀」「孝武本紀」へと續いていく。「項羽本紀」や「呂太后本紀」など、本紀に入れるべきではないと後世の批判にさらされるものも含まれているが、これが司馬談・遷父子が生きていたころに一般的に流布していた歷代帝王の系譜であった。

　周王朝の編年史である「周本紀」は、周王朝創建の祖文王あるいは武王に始まるのではなく、そのはるか昔の始祖后稷より筆を起こしている。后稷は有邰氏の女（ゆうたいのむすめ）姜原を母として生まれた。五帝の一人帝嚳の元妃（第一夫人）であった姜原は、ある時、野に出て巨人の足跡を見つける。心うきたち足跡を踏んだところ、その精に感じて身ごもり、月滿ちて后稷を生みおとした。不祥の子として何度も棄てようとするが、その度に救われたので、ついにはこの子を棄と名附けて養育することとしたのである。后稷は幼い時から農事を好み、長じては帝堯・帝舜に農官として仕え、邰（たい）に封ぜられて周一族の始祖となったのである。

　實際には巨人の精に感じて生まれたとはいえ、后稷は一應帝嚳の子であり、五帝本紀に從えば、この帝嚳は黃帝の曾孫であった。周一族は后稷・帝嚳を介して、五帝の筆頭に位置附けられた黃帝に聯なっている。そして、これとまったく同じことが「夏本紀」「殷本

紀」「秦本紀」においても觀察できる。『史記』の記述に從って系圖を作っておいたが、夏は黃帝の孫顓頊の子鯀に始まり、殷の始祖契は周の后稷と同じく帝嚳の子、秦は顓頊の孫女脩に起源をもっている。五帝に含まれる帝堯・帝舜もまた黃帝の子孫であるとされているから、結局『史記』は中國の歷史を黃帝にはじまるものと認識していたことになる。

　后稷の死後、周一族を繼いだのは不窋、しかしながら彼は父后稷の職務を捨て去り、夷狄の閒に逃げ込んでしまう。その後、公劉の時に少しは盛り返すものの、鞠・公劉・慶節・皇僕・差弗・毀隃・公非・高圉・亞圉・公叔祖類のあいだは鳴かず飛ばず、この閒の『史記』の記述も「慶節卒し、子皇僕立つ。皇僕卒し、子差弗立つ。…」と單純そのものである。系譜らしきものが傳えられていたのみで、なにも書くことがなかったに相違ないが、この周一族に明るい兆しがみえはじめるのが文王の祖父古公亶父の時代である。

　古公亶父は后稷・公劉の業をおさめ、やがて夷狄の地を離れて岐山のもと周原の地へと居を遷す。この周原こそ周王朝の名の由來するところであり、周一族はここから王朝創建への道を步み始めるのである。この古公には太伯・虞仲・季歷の三人の子供がいたが、季歷の子昌（のちの文王）に聖瑞が現れ、古公はこの昌に本宗の地位を傳えたいと願う。それを知った太伯・虞仲は荊蠻の地に逃れ去り、文身斷髮して二度と戾らないことを示す。こうして周一族の本宗は季歷から昌（文王）へと傳えられ、文王の受命、その子武王による殷征討を經て、周王朝の時代となるのである。文王・武王以降の歷史については、本書のなかで改めてふれることとなるが、一應ここまでが、『史記』が傳えた周一族の先史である。

疑古派と釋古派

　黃帝に始まる「五帝本紀」から中國の歷史を書き始めた『史記』に對して、のち唐代になって、伏羲・女媧・神農あるいは天皇・地皇・人皇の事績を記述する「三皇本紀」が附け加えられる。司馬遷自身は、黃帝に先立つ伏羲や神農を知らなかったわけではないが、すべてが黃帝から始まる古代史を構築したために、黃帝に先立つ時代を體系的に記述しよ

うとはしなかった。しかしながら、この司馬遷の意向を顧みず、『史記』冒頭に「三皇本紀」が附け加えられていった事實は、中國古代の記錄というものが、實は古い時代になればなるほど、あとから次々と加上的に附け加えられていくことを示唆している。古文獻が傳統的な價値を保っていた時代には、人々はその記述に疑いの念を懷くことは許されなかったであろうが、やがて、古代の聖帝たちや王朝の「記錄」は單なるフィクションにすぎないのではないかという疑問をもつ人々が出現してくる。疑古派の登場である。

　清朝中期の學者である崔述（1740～1816）、東壁先生は古代の傳承にまま相違があることに疑問を抱き、諸子百家や經書の注釋といった秦漢時代以降の言說に對して嚴しい資料批判の態度をつらぬいた。門人の編纂した『崔東壁遺書』に收められた『豐鎬考信錄』『洙泗考信錄』『孟子事實錄』といった諸篇【以下缺】

西周抹殺論

　甲骨文字の發見、そして殷墟の確認によって殷王朝の存在が確實になったのならば、周一族の先史はおくとしても、すくなくとも周王朝の存在はもはや自明のことといってよいはずであった。現に司馬遷自身も『史記』三代世表において、

　　五帝・三代の記錄は、その時代が古くてつまびらかでない。とくに、殷より以前
　　の諸侯は系譜づけることができない。しかし、周以後になると、それでもかなり
　　明らかにすることができる。

と述べており、殷王朝にくらべれば周王朝のほうがまだ史料狀況がよかったことを認めている。しかしながら、それでもなお、周王朝の前半、すなわち西周時代の存在を否定し抹殺しようとする主張はありえた。

　殷王朝の末期、愛妃妲己におぼれ、酒池肉林などの惡行を繰り返す紂王から民心は離れ、それに代わって西方にいた文王に民望があつまっていく。文王の子武王は、周邊諸侯をあつめて殷を討ち、殷都郊外の牧野で紂王を討ち果たし、殷王朝を滅亡へとおいやった。武王は西方の本據地に都鎬京（宗周）を築き、以後、文王から數えて十三代目の幽王までこの地に都を構える。この間を西周時代という。しかしながら、幽王は殷の紂王と同じく暗愚な支配者で、愛妃褒姒の生んだ伯服を太子宜臼にかえようとし、さらに笑わぬ褒姒を喜ばせるために敵襲を知らせる烽火をあげつづける。ついに諸侯に見限られた幽王は、異民族犬戎らの攻撃によって滅び、太子宜臼（平王）はその難を避けて東方の別都洛邑（成周）へと遷都する。以後を東周時代という。

　殷の紂王、西周の幽王はともに愛妃におぼれ、あげくのはてに王朝を滅亡させてしまうのだが、實はこれと同じような話しが夏王朝の滅亡時にも記錄されている。夏王朝最後の桀王もまた末喜におぼれ、惡行を繰り返したあげく、人心をえた殷の湯王によって滅ぼされてしまうのである。典型的な愚王と傾城の話しであるが、實はこれら三つの王朝滅亡譚は一つの本歌とその替え歌（ヴァリアント）の關係にあると考えてみよう。もっとも現實味があり、なおかつ次に續く時代とよく接合する西周幽王の滅亡譚が本歌、殷紂王のそれは第一の替え歌、夏桀王の滅亡譚は第二の替え歌として加上的により古い時代へと積み重ねられていったと考えるのである。そうすれば、殷紂王の滅亡、逆にいえば武王による西

周王朝の創建という話しは、幽王の滅亡と平王の東遷の替え歌にすぎないことになる。殷王朝の末期に西方に起こった周民族は、より未開な民族の壓迫をうけて東方への移住を開始する。その過程で殷王朝を滅亡に追いやることになるが、同時に、西方の故地を異民族に奪われてしまう。この一聯の出來事の明るい方の話題が武王による王朝創業譚となり、暗い方が幽王の滅亡譚となった、というのである。結果、西周という時代は歴史上から抹殺される。

　もちろん、以上のような「西周抹殺論」を周代史の研究者は認めるはずはなかったし、考古學的研究もまた西周時代の存在を明確に認めていた。しかしながら、周代史研究者には、それでもなお少しばかりの心許なさがあったように思われる。というのも、殷代史と比較したとき、西周史には大事なものが少なくとも二つは缺けていたからである。一つは、甲骨文から復元された殷王朝の王統譜と『史記』殷本紀のそれとの比較によって、兩者がそれぞれ正しいこと、すなわち殷王朝は確かに存在していたことを證明した王國維の二重證據法と同様の檢證を西周史はいまだ經ていなかったこと。二つめは、殷墟から多くの宮殿址や王陵が發見されているのに對し、周王の陵墓はただの一つも確認されておらず、宮殿址などの發掘成果も殷王朝に較べればきわめて貧弱であったことである。西周時代はたしかに存在しているはずなのだが、なんとなく肝腎な手應えがないという心許なさを、やはり拭い去ることができなかったのである。

西周王朝の王統譜

　『史記』周本紀が記録する周王朝の系譜に從えば、西周王朝には文王から數えて十二世代十三人の周王がいたことになる。この十三王のうち、文王・武王・成王・昭王・穆王・共王・懿王・厲王の八王の名が青銅器銘にみえていることは以前から知られていたが、それでもなお五王の記録が缺落しており、さらにこれら諸王の卽位の順序を明確に示す史料は存在していなかった。甲骨文に記録された祖先祭祀によって王統譜を復元できる殷王朝と比較すれば、やはり心許ない狀況だったといわざるをえない。

　しかしながら、1976年12月15日、陝西省扶風縣莊白で史墻盤（ししょうばん）が發見されたことで事態は一變する。史墻盤を含む總数103件の青銅器群は、西周後期の文化層を掘りこんだ南北1.95メートル、東西1.1メートル、深さ0.45メートルの人工の堅穴（窖藏（こうぞう））に埋められており、そのうち74件の青銅器には銘文が記されていた。これら有銘青銅器のほとんどは代々の微氏一族の作器にかかるもので、微氏家族青銅器群と總稱されることになる。青銅器群によって復元できる微氏一族の系譜は、

　　　　高祖 — 烈祖 — 乙祖 — 亞祖祖辛（折）— 乙公（豐）— 丁公（史墻）— 癲

の七代、埋藏されていた青銅器は、亞祖祖辛（折）が4件、乙公（豐）が6件、丁公（史墻）が3件、癲が43件という内譯になる。史墻盤の作器者史墻が「史」字を帶びるように、この一族は代々史官、すなわち記録官として周王朝に仕えていたと考えられる。おそらくはその記録に基づくと思われる史墻盤の銘文は、それまで知られていた銘文とは全く異質なものであった。史墻盤は全部で284字の銘文をもつが、ここではその前半部分を示すことにしよう。史墻盤銘は難解で意味のとりがたいところも少なくないが、一應の意譯

を示そう。

　　　☐日古なる文王☐は、初めて　政 を和合された。上帝は懿徳を降して大いにやすん
　　ぜられ、文王に上下を匍有し、萬邦を受けさせたもうた。☐翻圍なる武王☐は、四方
　　を巡狩され、殷を征討された。才智の人々はもはや恐れることなく、虐・微族を
　　とおざけ、夷狄を討伐された。☐憲聖なる成王☐は、剛強のものを柔和にし、周邦を
　　治められた。☐淵哲なる康王☐は、廣大な領土を治められた。☐弘魯なる昭王☐は、ひろ
　　く楚荊をやすんじ南行された。☐祗顯なる穆王☐は、先王の大いなるはかりごとに從
　　い、天子をやすんぜられた。☐天子☐は、つつしんで文王・武王の功烈をつがれ、末
　　永くやむことはない。上下に祈り、大いなるはかりごとを廣められ、厭くことは
　　ない。上帝は、天子に永命・幸福・豐年をお授けになり、蠻夷たちも朝見しない
　　ものはない。
　　　曰古文王、初盭龢于政、上帝降懿德、大甹、匍有上下、合受萬邦、翻圍武王、遹
　　征四方、撻殷、畯民永不恐、狄虐微、伐夷童、憲聖成王、左右柔會剛鯀、用肇徹
　　周邦、淵哲康王、䢔尹億疆、弘魯昭王、廣能楚荊、隹奐南行、祗覬穆王、型帥訏
　　誨、䚄寧天子、天子☐屖文武長剌、天子眉無匄、寒祁上下、亟獄逗慕、昊炤亡昊、
　　上帝☐嗣燕、尤保受天子綰命、厚福豐年、方蠻亡不𢍰見。

　ここには「日古」「翻圍」「憲聖」といった形容句をともなって文王・武王・成王・康王・
昭王・穆王の名が記され、さらにそれぞれの王の事績、たとえば文王ならば「上下を匍有
し、萬邦を受け」たこと、武王ならば「四方を征服され、殷を征討」したことが記録され
ている。穆王に續いて登場する「天子」は、史墻が仕えた現天子を指しており、『史記』
の系譜に從えば、それは共王であったことになる。周人が残した一次史料によって、初め
て文王から穆王（そして共王）に至る周王の名と卽位の順序を確認しえたのである。
　史墻盤の發見から約30年後、新たな世紀に入った2003年1月19日、われわれは再び
驚くべき發見の報に接することになった。陝西省寶雞市眉縣楊家村で採土作業をしていた
農民5名が黃土大地の切り立った斷崖で窖穴を發見し、そのなかから27件の青銅器が出
土したのである。窖穴は直徑1.6×1.8メートル、高さ1.1メートルのドーム狀の空間で
あったが、實際には直徑4.7×2.5メートル、深さ7メートル以上にわたって地下に掘り
込まれた豎穴の底部から橫に掘り進められたものであった。黃土大地が長年にわたって浸
食され、その結果、斷崖の中程に窖穴が口をあけることになったのである。發見された青
銅器27件にはすべて銘文が鑄込まれており、單一族に屬する青銅器群であることが確認
されたが、そのなかでも逨（虞逨）と呼ばれる人物の作器にかかる青銅器が14件とその
過半を占めていた。
　史墻盤と同じく、歷代周王の存在に言及するのは逨盤と名づけられた青銅器である。373
字の銘文は史墻盤のそれをはるかに凌いでおり、西周期青銅器のなかでも屈指の長さをほ
こっている。全文の意譯を次に示そう。

　　　逨が申し上げます。大いに 顯 かなるわが☐皇高祖單公☐は、その德を明らかにして、
　　☐文王・武王☐を補佐し、殷を征討し、天命を受け、四方を領有された。文王・武王

- 339 -

が支配された領域をおさめ、上帝のお側に配されたもうた。わが皇高祖公叔は、成王を補佐し、天命を成就し、不孝なるものを遠ざけ、四國・萬邦をお治めになった。わが皇高祖新室仲は、その心をあきらかにし、遠きを和らげ近きを安んじ、康王を補佐し、朝見せざるものを懷けたもうた。わが皇高祖惠仲盩父は、政を和合し、はかりごとを成就し、昭王・穆王にしたがって、政を四方に布きのべ、楚荊を討伐された。わが皇高祖零伯は、その心をあきらかにし、つとめを怠ることなく、共王・懿王にお仕えになった。わが皇亞祖懿仲は、よくその君考王・𤔲王を補佐し、周邦に功績をのこされた。わが皇考共叔は、政を和合し、德をあきらかにし、剌王を補佐された。わたくし逨は、祖先のつとめを引き繼ぎ、朝夕をつつしんで、わが服務につとめた。ゆえに天子は逨に多くの恩寵をお與えになられた。天子よ、萬年も末永く、周邦をやすんぜられ、四方をお治めになられんことを。王はつぎのようにおおせになった。逨よ、大いに顯かなる文王・武王は、天命を受け、四方を匍有された。なんじの祖先たちは、先王を補佐し、天命につとめてきた。今、余はなんじの先祖を思い、なんじに與えた命を重ね、なんじに命ずる、榮兌をたすけ、四方の虞と林とを管轄し、宮廷の御用に供せ。なんじに赤芾・幽黃・攸勒（禮服や馬具）を賜う、と。逨は天子の大いなる恩寵に感謝し、もってわが先祖の寶盤を作り、御先祖樣をお祀りする。御先祖樣は天上におられ、下界のものを慈しみ、敷々彙々（ほうほうへいへい）と降り來て、逨に多福・長命などの幸をお與えになられますように。逨よ、ながく天子にお仕えできますように。子々孫々までも、永く寶として祀りがとりおこなわれんことを。

逨曰、丕顯朕皇高祖單公、趩々克明哲厥德、夾召文王・武王。撻殷、膺受天魯命、匍有四方、竝宅厥勤疆土、用配上帝、雩朕皇高祖公叔、克逨匹成王、成受大命、方狄不享、用奠四國・萬邦、雩朕皇高祖新室仲、克幽明厥心、柔遠能邇、會召康王、方懷不廷、雩朕皇高祖惠仲盩父、盭和于政、有成于猷、用會昭王・穆王、延政四方、撲伐楚荊、雩朕皇高祖零伯、粦明厥心、不墜□服、用辟共王・懿王、雩朕皇亞祖懿仲、𢾭諫々、克匍保厥辟考王・𤔲王、有成于周邦、雩朕皇考共叔、穆々趩々、龢詢于政、明齊于德、享佐剌王、逨肇併朕皇祖考服、虔夙夜、敬朕死事、肆天子多賜逨休、天子、其萬年無疆、耆黃耇、保奠周邦、諫辥四方、王若曰、逨、丕顯文武、膺受大命、匍有四方、則繇隹乃能聖祖考、夾召先王、爵勤大命、今余隹經厥乃先聖祖考、䌛嘼乃命、命汝疋榮兌、䟒嗣四方虞・林、用宮御、賜汝赤芾・幽黃・攸勒、逨敢對天子丕顯魯休揚、用作朕皇祖考寶障盤、用追享孝于前文人、前文人嚴在上、翼在下、敷々彙々、降逨魯多福、眉壽綽綰、授余康娛純祐、通祿永命、靈終、逨、畍臣天子、子々孫々、永寶用享。

　銘文に下線を施したように、逨盤銘には皇高祖單公に始まり、皇高祖公叔・皇高祖新室仲・皇高祖惠仲盩父・皇高祖零伯・皇亞祖懿仲・皇考共叔、そして作器者の逨にいたる一族八代の名が記錄され、それぞれが文王・武王、成王、康王、昭王・穆王、共王・懿王、考王・𤔲王、剌王、そして現天子に仕えてきたことが誇らしげに記されている。銘文にみえる考王は『史記』の孝王に相當し、𤔲王の「𤔲」字が「夷」字、剌王の「剌」字が「厲」字に通用することは唐蘭の考證がある（唐蘭〔1962〕）。したがって、𤔲王は夷王、剌王は

- 340 -

厲王に相當し、作器者逨が仕えた現天子は宣王ということになる。この逨盤銘の出現によって、文王から厲王（そして宣王）に至る周王の名と即位の順序が確認できるようになり、青銅器銘にその名を確認できない周王は幽王一人をのこすのみとなった。

祖甲や父乙などのように、祖先の十干名に續柄を示す「祖」や「父」字をつけていた甲骨文に較べれば、西周青銅器銘に各王の續柄を示す情報は含まれていない。したがって、たとえば『史記』周本紀が記錄する共王→懿王→孝王といった世代を逆行した王位繼承が事實であったかどうかを、現時點の青銅器銘史料によって確認することは不可能である。しかしながら、文王より厲王（そして宣王）に至る周王の即位順は『史記』が記錄するそれと一致しており、最後にのこされた幽王についても、先に紹介した「西周抹殺論」もその實在を認めていたのだったから、「西周抹殺論」が成立する餘地は全くのこされていないことだけは確實である。

宮殿・宗廟建築遺址の發見

西周史の心許なさの二つめもまた、近年の發掘調査によって飛躍的に解消されつつある。西周時代の墓葬や車馬坑、あるいは史牆盤や逨盤が埋められていたような青銅器窖藏は、むかしから數多く發見されていたが、王權の存在をより明確にしめす宮殿や宗廟建築の遺跡が確認されるようになるのは、1970年代以降のことである。

周王朝の故地である岐山山麓の周原、陝西省岐山縣・扶風縣一帶で陝西省文管會・關係市縣文博單位、そして北京大學と西北大學歷史系考古專業教學實習による調査が始められたのは1976年の2月、ほどなく岐山縣鳳雛村から甲組建築基址と名づけられた宮殿・宗廟建築の基壇が發見された（『文物』1979-10）。基壇は南北45.2メートル、東西32.5メートル、總面積は1469平方メートルで、中軸線は南北方向から西に10度傾いている。建物は前堂と後室を東西の廂房が圍む「日」字形の四合院建築で、その西廂房第二室の床に穿たれた窖穴H 11から甲骨16,000片以上（有字卜骨283片）、H 31から甲骨400數片（有字卜骨10片）が出土した。周原甲骨とよばれるこれらの甲骨には、たとえば殷王帝乙（紂王の父）に對する祭祀や殷王の田獵に言及するものが含まれており、武王の克殷以前に遡りうる遺物だとされている。甲組建築は西周初期、あるいは武王の克殷以前から西周晩期に燒失するまで使用されており、甲骨が埋藏されていたことから考えて宗廟的な性格をもっていたものと思われる。さらにこの甲組建築の西鄰には乙組建築、東には廣大な宮牆遺址が發見されているというが、その詳細は明らかにされていない（尹盛平〔1981〕）。

この鳳雛村甲組建築基址とほぼ時をおなじくして、その東南約2キロに位置する扶風縣召陳村からも西周期の建築基址群が發見された（『文物』1981-3）。召陳村遺跡では6,000平方メートル以上が發掘され、少なくとも15箇所以上の建築基址が發見されている。遺跡は下層と上層に分けられ、西周初期に築かれた下層の建築（F7・F9）が廢棄されたあと、西周中期頃に上層の建築群が建造されている。召陳村の建築群の性格については諸説あるが、中國最古級の瓦葺きの屋根をもつ10數棟からなる建築群が強力な權力の存在をしめしていることはたしかである。

以上簡單にみてきた1970年代の發見をうけ、1999年からは第二次周原遺址大規模考古工作が始まり、扶風縣の雲塘村と齊鎭村で相次いで西周期の建築群が發見された。これら兩遺跡は先の鳳雛村建築基址と召陳村建築群のほぼ中間に位置しており、近くからは製骨

工房や西周期の墓地も發見されている（『考古』2002-9）。さらに 2003 年には、扶風縣で大量の鑄型や銅滓が出土した鑄銅工房址が發見され、その年の十大考古發掘の一つに数えられている。

雲塘村建築群の中心建築基址 F1 は、北邊復元長が 22 メートル、西邊は 16.5 メートルあり、それより小ぶりの二つの建物と「品」字形に配列され、全體を圍墻がとりまいている。そしてこの圍墻南門と F1 は、卵石で舗装された幅 1.2 メートル、長さ 13.1 メートルの U 字形通路でむすばれている。齊鎭村建築群もほぼこれと同構造で、中心建築基址 F4 は北邊 23.8 メートル、東邊 18.8 メートルの大きさである。雲塘村・齊鎭村建築群の建造時期は、それぞれの中心建築で代表させることができるはずで、炭素同位體 ^{14}C による年代測定値として紀元前 900 年から 820 年という年代が提唱されている。西周中期から後期にかけての時期と考えてよいだろう。品字形建築群は、かつて春秋時代の秦の都雍城（陝西省鳳翔縣）で發見されており、大量の祭祀犧牲坑をともなうことから宗廟建築であったと推定されている（ママ）。歴史のながれにそっていえば、西周期の品字形建築群が先にあり、のちにこの地を支配した春秋秦がその影響のもと、ほぼ同じ型式の建築群を建造したと考えてよいはずである。建物の型式とともにその性格までも繼承されたと斷定することはできないが、西周期の品字形建築群もまた宗廟的な性格を帯びていたと考えて大過ないだろう。

現在、周王朝の故地周原で確認されている建築群は以上の 4 箇所である。ほぼ 2 キロ四方の範圍におさまるこの四つの建築群の造營を時間軸にそって整理しなおせば、次のようになるだろう。まず西周初期、あるいはそれに先立つ時期に岐山縣鳳雛村の位置に四合院型式の宗廟が建築される（^{14}C 測定値：紀元前 1095 ± 90 年）。そしてそれに次いで、東南約 2 キロの地點に下層建築群が建造され、やがて西周中期頃には 10 數棟からなる上層建築群へとうまれかわる（^{14}C 測定値：紀元前 980 ± 95 年）。その後、数十年から百年ほどたって、兩者のほぼ中間地點に品字形建築群がごくごく接近した場所に 2 箇所造營されたのである（^{14}C 測定値：紀元前 900 年から 820 年）。もちろんこれ以外にも未だ知られていない建造物はあったはずだから、岐山縣・扶風縣を中心とした地域一帯では、西周期を通じて權力の存在を示す建造物や工房などが次々と建造され、あたり一帯は一種の都市的景觀を呈していったはずである。

さきに、文王の都豐京や武王の都鎬京がおかれた澧水一帯（陝西省長安縣西北）は、秦漢時代に禁苑造營のために相當程度破壞されてしまったと書いたが、その一角、でもまた西周期の宮殿基址が發掘されている。1983 年から 94 年にかけての調査で、建築基址 10 箇所あまりと大量の建築用材が發見された。その中で最大の 5 號建築は「工」字形の平面プランをもつ複合建築で、東西 59 メートル、南北 23 メートル、總面積は 1,357 平方メートルにおよぶという（陝西省考古研究所〔1995〕）。ただし、報告書には遺構の平面圖もそなわっておらず、復元圖を見てもいまひとつイメージがつかみづらい。かつて筆者は、1992 年 10 月に西安市（正確にはその南の長安縣）で開催された第二次西周史學術討論會に参加し、そのあとのエクスカーションでこの遺跡を訪れ、整理作業場で召陳村建築群の瓦とよく似た瓦などの出土遺物を見學したことがある。遺跡はすでに畑の下であったが、ところどころに版築基壇の痕跡を確認することはできた。報告書に従えば、この 5 號建築は西周中期の懿王・孝王期に建設され、後期の厲王期あるいは幽王滅亡期に破壞されたという。

澧水一帶もまた都市的景觀を呈していたのだろう。

周王陵の發見？

　2004年5月、さらに驚くべき發見が報ぜられた。岐山縣縣城の西北約9キロに位置する岐山縣鳳鳴鎭廟王村の周公廟附近で周王陵と考えられる墓群が發見されたのである。いまだ正式な發掘報告はないが、報道にしたがって發見の顛末と現段階でわかっていることを整理しておこう。

　2003年12月中旬、北京大學考古系の教授・學生たちが周公廟一帶の調査をおこなった際、文字の刻まれた甲骨2片を發見した。武王克殷にさきだつ遺物であろうとの鑑定結果をうけ、ただちに陝西省考古研究所・北京大學考古系合同の周公廟遺跡考古學調査隊が編成され、2004年3月から周公廟周邊約10平方キロのエリアに對する調査が始められた。緊急調査の結果は想像をはるかに凌ぐもので、確認された大墓の總數は22座、そのうち墓室の各邊に墓道が設けられ、「亞」字に似た平面形を呈する亞字形墓が10座、墓道が3本のもの、2本のもの、1本のものがそれぞれ4座、戰車やそれを牽引する馬を埋葬した車馬坑が14座確認されている。亞字形墓はすでに殷墟でも發見されており、殷王にのみ許された墓葬の型式だと考えられている。西周期の墓葬としては、墓道を2本もつ「中」字形墓はすでに知られていたが、亞字形墓の存在は今回はじめて確認された。中字形墓との對比、また殷墟王陵との比較において、周公廟遺跡發見の亞字形墓が周王の陵墓である可能性はきわめて高い。さらに、これら墓群の東・西・北では、それぞれ殘長700メートル・300メートル・500メートル、厚さ約10メートルの版築土墻が確認されたという。この土墻は本來、墓群全體を圍っていたものと考えられているが、西周期において都城の城壁を含めてこれほど長い土墻はかつて發見されたことがない。この墓群がいかに重要なものであったのかを示しているといえよう。

　墓群の考古發掘は2004年の10月17日に正式に始まり、盜掘の被害にあっている中字形墓32號墓の緊急發掘と、18號墓・35號墓と名づけられた二つの亞字形墓が發掘された。墓群の中心部に位置する18號墓の墓室はほぼ正方形で、橫6.8メートル、縱6.4メートル、深さは9メートル以上ある。4本の墓道のうち、主墓道である南墓道は幅4.5メートル、長さは17.6メートル、殘り3本の墓道はすべて幅0.9メートルで、長さは北墓道17.6メートル、東墓道12.4メートル、西墓道7.5メートルであった。出土品についての情報は現段階で一切報じられていないが、墓上に建築遺構は確認されなかったという。

　遺跡發見の契機となった甲骨は、「浩善坑（最初にこの遺構を發見した農民史浩善の名にちなむ）」や「天進坑」と名附けられた甲骨坑から發見されているらしく、その總數はすでに約760片に達し、そのうち文字が刻まれているものが84片、文字總數は約400字となった。報道によるならば、甲骨文のなかには「文王」「周公」や「新邑」といった西周初期にかかわる文字が確認できるという。周の甲骨がこれほど大量に出土するのは、さきに紹介した岐山縣鳳雛村の甲組建築基址での發見以來である。

　周公廟遺跡ではこのほかに、三つの建築物からなる總面積500平方メートル餘りの大型建築が發見され、その周邊からは空心磚（中空のレンガ）や板瓦などの建築資材が大量に出土している。これらの建築資材は、いままでに發見された西周建築では見つかっておらず、特にレンガの出土は中國におけるレンガ使用の歷史を800年も引き上げるという。權

力の存在を示す重要な建築物がこの地に建っていたことは閒違いないだろう。さらに附近一帶からは、2003 年に發見された扶風縣鑄銅工房遺址を凌ぐ大型鑄銅遺址や、製陶遺址、さらには祭祀臺遺址や 100 基を超える貴族墓なども發見されているという。

かつて周原といえば、それはもっぱら扶風縣・岐山縣一帶の窖藏群や建築群を指していたのだが、周公廟遺跡の發見によってその範圍は西北方向に 10 キロ近く引き延ばされることになった。しかしながら、それでも不充分であったようで、2004 年 12 月 31 日に、周公廟遺跡から西に約 20 キロ離れた鳳翔縣水溝村において西周初期に築かれた版築城壁が發見された。城壁の長さは東壁 1,400 メートル、北壁・西壁 1,000 メートル、南壁 800 メートルに及び、幅は約 5 メートル、高さは一番高いところで 6.5 メートルあるという。これまで西周期の城壁はほとんど確認されず、中國古代都城史の空白となっていたが、今回の發見はその空白を埋めるものとなるだろう。周公廟遺跡での亞字形墓の發見、そしてその背後に位置する王「都」クラスの都城の出現によって、扶風縣から鳳翔縣に及ぶ周原一帶（最近は「大周原」という表現も用いられ始めている）の全體像がようやく明らかになりつつある。おそらく殷墟に匹敵する、あるいはそれを凌駕する大遺跡群であり、その發掘には數十年あるいは百年を超える歳月を要することだろう。われわれは今まさに、その最初の扉が開かれるのを目撃しているのである。

史墻盤銘と逨盤銘

史墻盤銘と逨盤銘に記された系譜

史墻盤と逨盤の出現によって、西周史の實在は動かないものとなった。歷代周王の事績に言及する二つの銘文は、まさに周人自身の手になる一次史料として決定的な價値をもっている。しかしながら、それは西周王朝の實在に氣をもんでいた後世の我々にとっての價値であるにすぎないということも忘れてはならないだろう。この二つの青銅器銘は西周王朝の實在を證明するために作られたのではなく、作器者である史墻と逨それぞれの動機や目的を滿たすために青銅器に鑄込まれたはずである。そのいわば「本音」を讀みとったときはじめて、この二つの青銅器銘は西周史研究の雄辯な史料として我々にさまざまなことを語り出すだろう。史墻盤銘と逨盤銘を比較することから始めよう。

文王から穆王（そして共王）に至る周王の事績を記錄していた史墻盤銘の前半部分はすでに引用したが、ここでは、その後半部分の意譯を示すことにしよう。拓本を見ればわかるように、史墻盤銘は中閒の餘白をはさんで前段と後段に分割されており、前段は歷代周王の事績を記錄する銘文前半にほぼ當てられている。銘文の後半部分は拓本前段最後の行の下 3 字目から始まっている。

<u>靜幽</u>なる高祖は、微のよきところにおられた。武王が殷を征討したとき、<u>微の史たる烈祖</u>は、來たりて武王にまみえた。武王は周公に命じて周に居所を與え、そこにおるようにされた。<u>勇惠</u>なる乙祖は、その君王を補佐し、遠謀をめぐらせて腹心子囗（意味不詳）された。<u>鄰明なる亞祖祖辛</u>は、子孫を慈しみ育て、多くの幸いを得、大いに榮えて、祖先祭祀をおこなわれた。<u>舒遲なる文考乙公</u>は、祖先にしたがって純祐を得、農作業に怠ることなく、毎年收穫をおさめられた。<u>孝友</u>

なる史墻は、朝夕過つことなく、日々に顯彰された。墻はおろそかにすることなく、天子の大いなる恩寵に感謝し、寶隣彝を作る。烈祖・文考は、わたくし墻に幸いを授けられ、長生にして君王にお仕えできますように。それ萬年までも、永く寶として用いんことを。

靜幽高祖、在微靈處、雩武王既戈殷、微史剌祖、迺來見武王、武王則命周公、舍寓于周、卑處、甬惠乙祖、迺匹厥辟、遠猷腹心子□、辥明亞祖祖辛、毓子孫、繁餘多釐、櫅角熾光、義其禋祀、舒遲文考乙公、遽趣得純、無諫農穡、戉譽佳辟、孝友史墻、夙夜不墜、其日蔑曆、墻弗敢沮、對揚天子丕顯休命、用作寶隣彝、剌祖文考、弋寵受墻爾魯福懷餯祿、黃耇彌生、龕事厥辟、其萬年、永寶用。

史墻盤銘後半は、史墻に至る微氏一族の系譜を記している。記述の形式は、歷代周王に言及する前半部分とよく似ており、下線を附したように、「靜幽」「微史」「勇惠」といった形容句をともなって高祖 — 烈祖 — 乙祖 — 亞祖祖辛 — 文考乙公 — 史墻の微氏六代の事績が記錄されている。各人の事績はやや抽象的で、なおかつよくわからない表現も含まれているので、深く立ち入らないことにするが、ここで注目したいのは、微氏一族と歷代周王との關係である。「武王が殷を征討したとき、微の史たる烈祖は、來たりて武王にまみえた」とあるように、この一族は武王の克殷を機に周王朝に歸屬し、周すなわち周原（おそらくこの微氏家族青銅器群が出土した扶風縣莊白一帶であろう）に所領を賜ったのである。したがって、一族の高祖は武王克殷以前の人物ということになるはずで、「微のよきところ（微靈處）」がいずれの地であるかは明らかにしがたいとしても、おそらくは殷王朝に屬していた一族であったと思われる。祖先の名に辛や乙といった十干が用いられているのはそのことと無關係ではないだろう。さて、史墻の烈祖が武王と同時代であり、史墻が現天子共王に仕えていたとすれば、歷代周王と微氏一族との關係は、

```
文王－武王－成王－康王－昭王－穆王－共王
      │                      │
高祖－烈祖 － 乙祖 － 亞祖 － 文考 － 史墻
```

と示すことができる。武王から共王までの六代の周王に、烈祖から史墻まで五代の微氏一族が對應している。兩系譜には一代のズレがあるが、この程度のズレは常識的にいってもさほど不自然なことではないだろう。

文王から厲王（そして宣王）までの歷代周王と單一族との關わりを記していた逨盤銘についても、同じように兩家系の系譜を比較してみよう。「大いに顯（あきら）かなるわが皇高祖單公は、その德を明らかにして、文王・武王を補佐し、殷を征討し、天命を受け、四方を匍有された」といった表現や、「わが皇高祖公叔は、成王を補佐し、天命を成就し、不孝なるものを遠ざけ、四國・萬邦をお治めになった」といった表現が示しているように、逨盤銘は歷代周王と歷代單一族との對應關係をはっきりと記そうとする。兩系譜の對應關係を示せば、

```
文王・武王 ― 成王 ― 康王 ― 昭王・穆王 ― 共王・懿王 ― 孝王・夷王 ― 厲王 ― 宣王
   │         │      │        │             │              │        │      │
 皇高祖單公 ― 皇高祖公叔 ― 皇高祖新室仲 ― 皇高祖惠仲盠父 ― 皇高祖零伯 ― 亞祖懿仲 ― 皇考共叔 ― 逨
```

となり、十二代の周王(『史記』に從えば、十一世代)に單一族八代が對應することになる。史牆盤銘に比べれば、約2倍の長さの系譜を記しており、その分、兩系譜のズレも擴がりうるだろうが、それにしてもやはり、この兩系譜はズレすぎているという印象を受ける。周王と單一族の對應關係を逐一明記しようとする逨盤銘の表記法には、ある程度の修辭的要素を認めなくてはならないのだろうが、それにしてもやはり、かくもきれいに兩系譜は對應していたのだろうか。逨盤銘には何らかの作爲があると思えてならないのである。

逨盤銘の作爲性

　逨盤銘が記錄する周王と單一族の系譜にはいくつか不自然なところがある。まず文王に始まり厲王に至る十一代の周王についてみてみると、文王・武王、昭王・穆王、共王・懿王、孝王・夷王の四組の周王が、二王一組とされて單一族の各世代に對應している。文王から穆王(そして共王)までの各王の事績をそれぞれ書き分けていた史牆盤銘と較べたとき、この逨盤銘の記述はかなりきわだった特徴だといえよう。

　逨盤銘の後半には、「丕顯なる文・武、大命を膺受し、四方を匍有したまえり」という王言が記錄されており、文王・武王が大命(天命)をお受けになり、四方を領有された、との歷史認識が示されている。文王・武王による周王朝の創建をいうものだが、これと同じ認識は、逨盤とともに楊家村の窖藏から出土した四十二年逨鼎・四十三年逨鼎銘でも確認することができる。四十二年逨鼎銘の冒頭部分を引こう。

　　これ四十又二年五月旣生霸乙卯、王、周の康穆宮に在り。旦、王、大室に格（いた）り、位に卽く。嗣工散、虞逨を右（たす）け、門に入り、中廷に位し、北嚮す。尹氏、王に釐書を授く。王、史淢を呼び、逨に册釐せしむ。王かく曰く、逨よ、丕顯なる文・武、大命を膺受し、四方を匍有したまえり。すなわちもとこれ乃（なんじ）が先祖考、先王を夾召し、大命に爵勤し、周邦を奠む。

宣王の在位四十二年の五月、周の康穆宮で執り行われた册命儀禮の場で讀み上げられた命書(釐書)にも、逨盤銘と同樣の王言が記されている。宣王四十三年の六月に執り行われた册命儀禮を記錄する四十三年逨鼎銘の命書もこれとほぼ同文であり、さらに同時代の師克盨銘「王かく曰く、師克よ、丕顯なる文・武、大命を膺受し、四方を匍有したまえり。すなわちもとこれ乃が先祖考、周邦に爵有り。王の身を扞禦し、爪牙と作れり、と」にも同じ表現がみえている。「丕顯なる文・武、大命を膺受し、四方を匍有したまえり(丕顯文武、膺受大命、匍有四方)」という表現は、宣王期に多用された特徴的なものであったと考えられる。

　文王と武王を一組として王朝の創建を語る發想は、厲王自作器の宗周鐘銘「王、ここに文・武の勤めたまえる疆土を遹省（いつせい）す」にもみえており、さらに乖伯簋銘「王かく曰く、乖

伯よ、朕が丕顯なる祖文・武、大命を膺受したまえり」や、詢簋銘「王かく曰く、詢よ、丕顯なる文・武、命を受けたまえり」・師詢簋銘「王かく曰く、師詢よ、丕顯なる文・武、天命を俘受し、殷民を奔則したまえり」といった西周中頃の青銅器銘でも確認することができる。

　しかしながら、さらに時代をさかのぼると、この文王・武王を一組とする發想は全くみられなくなる。たとえば、史墻盤銘では文王と武王は別個に扱われ、それぞれ「曰古なる文王は、初めて政（まつりごと）を和合された。上帝は懿德を降して大いにやすんぜられ、文王に上下を匍有し、萬邦を受けさせたもうた」「䎽圉なる武王は、四方を征服され、殷を征討された」とその事績が囘顧されていた。おそらく康王期に屬する大盂鼎銘

　　これ九月、王、宗周に在り。盂に命ず。王かく曰く、丕顯なる文王、天の有する大命を受けたまえり。武王に在りては、文の作せし邦を嗣ぎ、その匿（かくれたる）を闢（ひら）き、四方を匍有し、厥の民を畯正したまえり。

もまた文王と武王の事績を區別しており、成王期の㝬尊銘「ここに文王、この大命を受けたまえり。これ武王既に大邑商に克ち、則ち天に廷告して、曰く」の記述も同樣である。文王と武王はともに王朝の創建にかかわっているが、文王は大命（天命）を受けた王、武王は殷王朝を倒した王として、二人の役割は嚴密に區別されていたのである。しかしながら、やがて西周の中頃になって、文王と武王の一體化が始まり、兩者の役割分擔が曖昧になっていく。そして西周後期、宣王期には「丕顯なる文・武、大命を膺受し、四方を匍有したまえり」といった常套句が使われるようになるのである。逨の皇高祖單公が文王・武王に對應する逨盤銘の記述は、皇高祖單公が文王・武王に仕えていたという歷史的事實を傳えているのではなく、むしろ逨盤が作成された當時の周人が共有していた、文王と武王は一組であるという歷史認識を反映していると考えるべきである。

　とするならば、逨盤銘に記されていた昭王・穆王、共王・懿王、孝王・夷王の三組もまた、これら三組の周王たちが逨の祖先一人一人に對應していたという歷史的事實を踏まえているのではなく、やはり何らかの意圖を含む作爲的なものと考えることができないだろうか。逨に至る單一族の系譜を檢討することでこの問題を考えてみよう。

單一族の系譜

　逨盤銘に記された單一族の系譜は、皇高祖單公－皇高祖公叔－皇高祖新室仲－皇高祖惠仲盩父－皇高祖零伯－皇亞祖懿仲－皇考共叔－逨と整理することができる。一見しただけで容易に氣づくことだが、この系譜には「皇高祖」と呼ばれる祖先が五人も登場しており、なにやらあやしげな系譜であるとの印象を受ける。皇高祖の「皇」字は「煌」すなわち光り輝くという意味であり、「高祖」は漢の劉邦が高祖と呼ばれたのと同じく一族の始祖を意味している。單一族の始祖が單公であるとされていたことは、逨盤と同出の逨盉に「逨、朕が皇高祖單公・聖考の隣盉を作る。それ萬年、子孫までも、永く寶用せん」とあることからも確認できるが、そうであるとすればなおさら、それに續く皇高祖公叔・皇高祖新室仲・皇高祖惠仲盩父・皇高祖零伯という四代の「皇高祖」の存在は異樣である。史墻盤銘が一族の系譜を、高祖－烈祖－乙祖－亞祖－文考と書き分けていたのと比較す

れば、逨盤銘に記された單一族の系譜の作爲性は明白である。

　逨盤銘は單一族の系譜が文王・武王期にまでさかのぼると主張しているが、靑銅器銘で確認できる單一族の歷史はせいぜい西周の中頃までである。1975 年に岐山縣董家村の窖藏から發見された三年裘衛盉は、矩伯と裘衛とのあいだに土地をめぐるもめごとがあり、裘衛がそのことを訴え出た經緯を記錄している。

　　　裘衛すなわち伯邑父・榮伯・定伯・𩛥伯・單伯に告す。伯邑父・榮伯・定伯・𩛥
　　　伯・單伯すなわち參有嗣たる嗣土微邑・嗣馬單旟・嗣工邑人服に命じ、眔に田を
　　　燹・趙に受けしむ。

とあるように、裘衛の訴えをうけて裁決を下した執政團のなかに單伯の名を確認することができる。三年裘衛盉は共王期あたりのものと考えられており、そこに登場する單伯は現在確認しうる最も早い單一族である。また揚簋銘「これ王の九月既生霸庚寅、王、周の康宮に在り。旦、大室に格り、位に卽く。嗣徒單伯內りて揚を右く。王、內史史年を呼び、揚に册命せしむ」に册命儀禮の右者として登場する嗣徒單伯や、單伯昊生鐘・單昊生豆の作器者單伯昊生（單昊生）、さらに單伯鼡父鬲を作った單伯鼡父も單一族の構成員である。單一族は西周の中頃にはそれなりの勢力を保持していたようだが、西周初期にまでさかのぼってその存在を確認することはできない。中國の學界には、眉縣楊家村近くの李家村で出土した盠方彝・盠方尊・盠駒尊などの作器者盠を、逨盤銘の皇高祖惠仲盠父に比定する意見がある。逨盤銘に記された單一族の系譜を事實とうけとめ、なんとかその實在を證明しようとする努力の一端ではあろうが、この兩者を結びつけるのは「盠」字を共有することと出土地の近さのみである。逨の祖先「皇高祖惠仲盠父」の實在を證明する確實な證據といえるものではないだろう。

　單一族は西周から東周への激動期を生きのび、文獻史料にもその名をとどめている。たとえば先に引いた三年裘衛盉銘に登場していた榮伯や定伯の末裔を春秋時代に見つけだすことはできないが、單一族は幸運にもこの激動期を生きのび、春秋時代へと命脈をたもった。周王室を二分する大反亂となった王子朝の亂（紀元前 520 ～前 516 年）において、悼王・敬王を補佐し、最終的な勝利をかちとることに貢獻した單子（單穆公）はその末裔であると考えられている。したがって、單一族についての情報は西周期に斷絕してしまった家系に較べればより充實しているはずだが、實はこの一族についての正確な情報はほとんど殘されていない。『國語』周語中に單朝という人物が登場し、「わたくし朝は不才ではあるが、周の分族である」と語っている。單一族には周王の族親であったという傳承が殘されていたのかもしれないが、いつ周王室から分かれたのかということすら判然としない。唐代に編纂された『元和姓纂』上平聲・二五寒の單氏條に「周成王は少子臻を單邑に封じて甸內侯とし、これを氏とした。襄公・穆王・靖公ら二十數代、周の卿士であった」とあり、單氏が成王の子（すなわち康王の兄弟）臻を始祖とし、以後二十數代にわたって周の卿士であったと記されているが、これが何に基づくものかは明確でなく、依據するには足らないだろう（陳〔ママ〕）。同じく東周期まで生きのびた虢一族については、『春秋左氏傳』僖公五年條に「虢仲・虢叔は王季の穆であり、文王の卿士であった」とあるように、王季の子（文王の兄弟）虢仲・虢叔を始祖とし、文王以下の諸王に仕えてきたという傳承が殘されてい

る。この虢一族の始祖傳承と比較すれば、單一族の系譜の心許なさはやはり際だっている。逨盤銘に文王・武王期にまでさかのぼる系譜を誇らしげに記していた逨そして單一族は、その系譜を文獻史料に傳えることができなかった。「皇高祖」を五代も聯ねるような作爲的な系譜ではだめだったのだろう。

　それでは逆に、なぜ逨は文王・武王期にまでさかのぼる一族の系譜を記そうとしたのだろうか。逨盤銘の後半「王はかくのごとくおっしゃった」以下に記された王言は逨の職掌にも言及し、「なんじに命ずる、榮兌をたすけ、四方の虞と林とを管轄し、宮廷の御用に供せ」と述べている。榮一族に屬する榮兌を補佐して、「四方の虞・林」を管轄せよとの命令であり、四十三年逨鼎銘や、1985年に眉縣楊家村で出土していた逨編鐘にも同様の王命が記錄されている（「眉縣出土一批西周窖藏靑銅樂器」『文博』1987-2）。虞や林といった官名は他の靑銅器銘にもみえており、山林藪澤をつかさどる職掌を擔っていたと考えられるが、問題はこの虞・林に附された「四方」という語彙である。のちに改めて檢討することになるが、この四方という觀念は王朝の支配領域全體を指し示しており、戰國時代以降には「天下」という觀念がこれに取って代わる。「四方の虞・林」とは、文字通りに解釋すれば、王朝の全支配領域の山林藪澤を意味することになり、その管轄を指示する宣王の命令はほとんど全權委任と變わるところがない。西周王朝中興の祖とも稱される宣王がそう易々と全權を委任するはずはなく、この「四方の虞・林」とは修辭的な表現にすぎないと考えるべきであろうが、それでもやはり、逨の有する權力は並々ならぬものであったと思われる。楊家村の窖藏から出土した單一族の靑銅器群27件のうち、確實に逨の作器にかかるものは過半の14件を占めていたが、その内譯は逨盤1件、四十二年逨鼎2件、四十三年逨鼎10件、逨盉1件となる。四十二年逨鼎の第1器は通高51センチ、重さは35.5キロ、第2器は通高57.8センチ、重さは46キロに達し、四十三年逨鼎も通高58センチ、重さ44.5キロの第1器を筆頭に10器が聯ねられている。逨盉も通高が48センチあり、おそらく西周期で最大級の大きさをほこっている。さらに眉縣楊家村出土の逨編鐘4件の第1器は通高65.5センチ、重さは50.5キロに達している。周王の自作器はほとんど殘されていないが、その數少ない實例の一つである厲王自作器の㝬簋が通高59センチ、重さ60キロであるのと比較しても、さして遜色のない靑銅器群である。おそらく一個人が作りえた靑銅器群としては最大級のものであり、逨の有していた權力の大きさを示してあまりある。

　いかなる理由によってこのような權力を保持するに至ったのかは判然としないが、逨は宣王朝を支える最有力者の一人であったはずである。そして、「四方の虞・林」を管轄せよと宣王に言わしめ、巨大な靑銅器群を聯ねて自らの權力を誇示した逨が最後にしなければならなかったのが、自らの家系の始まりを文王・武王期にまで引き上げ、王朝創業という重大事件に單一族をかかわらせることではなかったのだろうか。おそらくは西周初期にさかのぼらない實際の系譜を引き延ばし、皇高祖單公を文王・武王に對應させた結果生じるであろう空白を、皇高祖公叔・皇高祖新室仲・皇高祖惠仲盠父・皇高祖零伯という四代の「皇高祖」で埋める。しかしながら、それもやはり、四代程度が限界であり、周王一人一人に單一族の祖先を對應させることはできなかった。文王と武王が一組なのだから、それ以後の周王も二人一組にすることで、逨は祖先の數を節約できたはずである。

文王・武王期にさかのぼる系譜

　さきほど引いた虢一族もそうなのだが、周王室から分かれたとされる諸氏族の系譜のほとんどは文王・武王期にまでさかのぼる。『春秋左氏傳』僖公二十四年條の、

> 昔、周公は二叔（管叔・蔡叔）が終わりを全うしなかったのを傷まれ、親戚を封建して周の藩屏とされた。管・蔡・郕・霍・魯・衞・毛・聃・郜・雍・曹・滕・畢・原・酆・郇の諸國は文王の昭（子供）、邘・晉・應・韓の諸國は武王の穆（子供）、凡・蔣・邢・茅・胙・祭の諸國は周公の胤（後裔）である。

といった一文や、『春秋左氏傳』昭公二十八年條の、

> 昔、武王が商（殷）に克ち、あまねく天下を領有されたとき、その兄弟で諸侯となったものは十五人、姬姓で諸侯となったものは四十人。すべて親戚からの選抜であった。

といった記事が示すように、ほとんどの諸侯の始祖は、文王の子（したがって武王の兄弟）、あるいは武王の子（したがって成王の兄弟）、そして武王の弟とされる周公旦の子とされている。逆に、『春秋左氏傳』昭公九年條に「文王・武王・成王・康王は母弟を封建し、周の藩屏とされた」という周王朝の主張が記録され、同じく昭公二十六年條に王子朝の發言として「昔、武王が殷に克ち、成王が四方を安定させ、康王が民を息わせられた際には、みんな母弟たちを封建して、周の藩屏とされた」と記されているにもかかわらず、康王の兄弟（成王の子）を始祖とする諸侯の確實な事例を見つけだすことができない。さらに康王以下の周王についてみても、西周の終わり頃に宣王の母弟とされる鄭桓公の封建が記録されるまで、だれ一人としてその兄弟・子供を封建していない。たしかに、殷王朝を倒し支配領域を擴大していった西周初期には數多くの封建がおこなわれ、文王・武王・周公旦・成王の子供らが諸侯の始祖となって封地へと赴いていったことは事實だろう。しかしながら、それでもなお、康王以降の周王の兄弟・子供らの痕跡すら見出すことができないのは不可思議である。

　春秋時代の霸者として強大な力を有していた晉は、さきに引いた『春秋左氏傳』僖公二十四年條に「邘・晉・應・韓の諸國は武王の穆（子供）である」とあったように、武王の子唐叔を始祖とすると一般的に考えられている。『春秋左氏傳』昭公十五年條に記録された「叔父唐叔は、成王の母弟である」という景王の言葉も、唐叔を成王の弟、すなわち武王の子だとみなしている。しかしながら、春秋中期の晉公盎銘に、

> これ王の正月初吉丁亥、晉公曰く、我が皇祖唐公、大命を膺受し、武王を左右け、百蠻を□□し、四方を廣嗣す。大廷に至るまで、來王せざるは莫し。

とあるように、春秋中期頃の晉の公室では、始祖唐公（唐叔）は武王を補佐していたと考えられていたらしい。子供が父親を補佐することがないとはいえないが、文王の卿士だとされる虢一族の始祖虢仲・虢叔が文王の父王季の子とされていたことを思い出してみれば、この晉公盎銘の表現は唐公（唐叔）が武王の父文王の子、すなわち武王の兄弟である

という認識を前提としているように思われる（陳槃・吉本）。春秋の霸者となった晉ですらその始祖傳承にゆらぎがみられるのだから、他の諸侯の始祖傳承は推して知るべしである。現在の北京近郊に封建された燕などは、西周時代の系譜すらまともに傳えることができなかったのである。

一體、西周後期の宣王朝頃は復古的雰圍氣が濃厚で、王朝創建を歌う「說話詩」や古傳承をもつ有力氏族の「傳承詩」が成立してくるのもこのあたりの時代だとされている（白川靜 1981）。「大いに顯かなる文王・武王は、大命を受け、四方を匍有された」という常套句が多用されていたのもやはり宣王朝であった。文王・武王の創業を強調する宣王朝前後の言說のなかで、康王以下の周王に起源をもっていたであろう諸氏族の系譜は引き延ばされ、文王・武王に接續されていったのではないだろうか。逨が盤銘に一族の系譜を誇らしげに記していた時代には、このような復古的雰圍氣がただよっていたのである。

再び逨盤銘

文王・武王を二人一組として王朝の創業を語るのは、西周中期頃から現れ始め、後期の宣王朝において顯著となる時代性の強い言說であること、そしてその文王・武王期に一族の始點を求めようとした逨盤銘は、皇高祖公叔・皇高祖新室仲・皇高祖惠仲盠父・皇高祖零伯という四代の「皇高祖」を系譜に挿入し、その引き延ばされた系譜の空白を埋めようとしたのではないか。すなわち、逨盤銘に記錄された單一族の系譜、ならびに單一族と歷代周王との對應關係は歷史的な事實ではなく、作爲的に作り上げられたものにすぎないのではないか、と疑っているのである。ここで改めて逨盤銘に記された周王と單一族との對應關係を示しておこう。

```
文王・武王 − 成王 − 康王 − 昭王・穆王 − 共王・懿王 − 孝王・夷王 ― 厲王 − 宣王
    |         |      |        |              |              |          |    |
皇高祖單公 ― 皇高祖公叔 − 皇高祖新室仲 − 皇高祖惠仲盠父 − 皇高祖零伯 − 亞祖懿仲 − 皇考共叔 − 逨
```

もし右に示した解釋が正しいとするならば、今度は逆に、二王一組の作爲的な王統譜を記す逨盤銘にあって、なにゆえに成王・康王・厲王の三王だけが單獨で登場するのかという疑問に答えなければならないだろう。厲王は文王から數えて十一代目にあたるので、宣王の在世中にはペアとなるべき先王は存在しない。したがって、厲王は單獨で銘文に登場せざるをえなかったはずである。とすれば、殘る問題は、なぜ成王と康王が一組とされなかったのかということになる。成王と康王を一組とすれば、逨はさらに祖先を一人節約できたにもかかわらずである。

成王と康王を一組とする言說は、實は文獻史料のなかに保存されている。『詩經』周頌・執競には、

強めてやまぬわが武王、ああつとめたまいしその烈（いさお）、げに顯（あきら）かなり成王・康王、上帝こそ皇（おお）なれ、かの成王・康王のおん時より、四方の國を奄い有ちて、その德いよいよ明らかなり。

とあり、成王と康王を一組とする發想があったことを傳えている（『詩集傳』）。また『史記』周本紀の、

> 成王・康王の時代、天下は安寧であり、刑罰はすておかれて四十餘年も用いられなかった。

は、成王・康王期を理想的な時代とみなす有名な一文である。これと同じ文章が『文選』賢良詔の注に引く『竹書紀年』にもみられることから、成王・康王を一組とする言説は後の時代にはかなり一般的なものとなっていたと考えられる。さきに引いた『春秋左氏傳』昭公九年條に「文王・武王・成王・康王は母弟を封建し、周の蕃屏とされた」とあったが、「文・武・成・康」四王を一括する發想もまた、文王・武王と成王・康王の二組の組み合わせを前提としているだろう。

　成王と康王を一組とする發想があるにもかかわらず、逨盤銘は二人を別々に扱っている。だからこそ、逨盤銘に記された單一族の系譜は事實なのだという主張が聞こえてきそうだが、それでもなお私は逨盤銘の系譜を信じることができない。文王と武王を一組とし、さらに昭王・穆王、共王・懿王、孝王・夷王といった三組の周王の組み合わせまで許容しえた逨盤銘においてもなお、成王と康王を一組にできない理由があったと考えるからである。

康王をめぐる諸問題

文獻史料にみえる康王

　文王から數えて四代目の康王は不思議な王である。先にもふれたように、西周初期の封建について、たとえば『春秋左氏傳』昭公九年條に「文王・武王・成王・康王は母弟を封建し、周の蕃屏とされた」とあり、同じく昭公二十六年條に王子朝の發言として「昔、武王が殷に克ち、成王が四方を安定させ、康王が民を息わせられた際には、みんな母弟たちを封建して、周の蕃屏とされた」と記されているにもかかわらず、康王の兄弟を始祖とする諸侯國を見つけだすことはできなかった。文王・武王・成王については饒舌であった『史記』もまた、康王については急に寡默になり、

> 成王が崩御するにあたり、太子釗がその任にたえないことを恐れ、召公・畢公に諸侯をひきいて太子を助けて王位に卽かせるように命じた。成王が崩御したのち、二公は諸侯をひきいて太子釗を廟見させ、文王・武王の王業が容易ではなかったこと、節儉につとめて多欲であるべきではないこと、篤信をもって政に臨むべきことなどを告げて、「顧命」を作った。太子釗が卽位して康王となったが、康王は卽位にあたり、諸侯に文王・武王の業の繼承を宣告して、「康誥」を作った。故に成王・康王の時代、天下は安寧であり、刑罰はすておかれて四十餘年も用いられなかったのである。康王は策書を作って畢公に命じ、人民の居里を分かち、周の境界を定めて、「畢命」を作った。

とあるのが周本紀の康王關係記事のすべてである。文中にみえる顧命・康誥（康王之誥）・

畢命はすべて『尚書』周書の篇名であり、そのうち畢命は後世の偽作すなわち偽古文尚書で、『史記』の時代にはその本文は失われていた。要するに『史記』は顧命・康誥（康王之誥）の内容を掻い摘んで記し、そこに「成王・康王の時代、天下は安寧であり、刑罰はすておかれて四十餘年も用いられなかった」の一文と畢命の「概要」を加えているにすぎないのである。顧命・康誥（康王之誥）は、成王の臨終・崩御、そして康王の即位という一聯の出來事に關わるものであるから、『史記』周本紀には康王獨自の記録は殘されていないことになる。

それでは、康王は影の薄い王であったのかというと必ずしもそうではなく、『春秋左氏傳』昭公四年條には、楚臣椒擧が楚君を戒めた言葉に、

> 霸業の成否はこの會にあります。夏の啟には鈞臺の享があり、商の湯王には景亳の命があり、周の武王には孟津の誓いがあり、成王には岐陽の蒐があり、康王には酆宮の朝があり、穆王には塗山の會があり、齊の桓公には召陵の師があり、晉の文公には踐土の盟があります。君はそのいずれを用いられますか。

とあり、夏啟（禹の子）・湯王・武王・成王、そして齊の桓公・晉の文公とならんで、康王と穆王への言及がある。穆王は、のちに『穆天子傳』の主人公となり西王母のもとにまで旅行することになる、歴代周王のなかでも異色の存在であるが、その穆王と併記される康王もまた、なにかしら特別な王であったのではないかと思われる。

歴代周王のなかで武王・成王・康王・穆王の四王が特別視される現象は、『史記』が參照する『尚書』周書全體においても確認することができる。いま、周王と『尚書』百篇序の周書部分との關係を示せば、

　　武王：泰誓・牧誓・武成・洪範・分器・旅獒・旅巢命・金縢
　　成王：大誥・微子之命・歸禾・嘉禾・康誥・酒誥・梓材・召誥・洛誥・多士・無逸・君奭・蔡仲之命・成王政・將蒲姑・多方・立政・周官・賄肅慎之命・亳姑・君陳
　　康王：顧命・康王之誥・畢命
　　穆王：君牙・冏命・呂刑
　　平王：文侯之命
　　魯侯伯禽：費誓
　　秦穆公：秦誓

と整理することができる。文侯之命には、これを東周の襄王の時のものとする説もあるが、いずれにせよ、最後の文侯之命・費誓・秦誓の三篇を除けば、殘る周書各篇は武王・成王・康王・穆王のいずれかの王にかけられているのである。周書全體の成立をいつにとるかという問題は殘るにせよ、先の『春秋左氏傳』の記事と考え合わせれば、武王・成王・康王・穆王の四王を特別視する言説が存在していたことは確かだろう。

そもそも、成王の臨終・崩御、そして康王の即位という一聯の出來事を記録する顧命・康王之誥が、周書のなかで唯一周王の即位儀禮に言及することの意味を考えておく必要が

あるだろう。武王はしかたないとしても、何故、成王の卽位儀禮ではなく、成王から康王への王位繼承が記錄されなければならないのだろうか。

> 太史は成王の遺命の文書をもって賓階から堂に上り、康王に向かってその文書を、次のように傳達した。「皇いなる君は、玉の几によりかかって、臨終の際の命令をお述べになり、『そなたにこの訓えを繼承して、周國に君臨し、大法を遵守し、天下の人々を和合させ、そうして文王・武王の偉大な訓えにこたえよ』とおおせられました」。康王は再拜したのち、立ち上がって、その遺命に次のように答えられた。「微々として數えるにも足りない予小子は、四方を治めて天威を敬い畏れることが、果たしてできましょうか。自分から危ぶむ次第でございます」。そして、上宗から酒を滿たした同（勹）を受け取って、康王は三度靜かに成王の靈前に進み出て、三度とも酒をしたらして祭り、また三度とも同をそこに供えた。そこで、上宗が「前王の靈がお受けになった」と告げた。

といった顧命の一文や、康王之誥の

> 太保と芮伯とが、ともに進み出、互いに會釋して讓りあったのち、王の前に立ち、ふかぶかと敬禮して、次のように申し上げた。「あえて愼んで天子にお告げします。皇いなる天は、大國殷の天下統治の大命を改められました。されば、わが周の文王・武王はその大命をお受けになって、よく從いなされ、よく西方の諸國を安定なされました。されば、新たに昇天された王は、ことごとく賞罰を整え治められ、文王・武王の功業をお定めになって、子孫に偉業をのこしおかれました。今王はどうかこれを愼んで繼がれますように、わが六軍の威を大いに廣めて、わが皇祖以來の遺命を破ることがないように」。

という記述は、成王を介して文王・武王に聯なる康王の正統性を強く主張している。周書は康王の事績に關心があるのではなく、康王の正統性そのものに關心があるかのごとくである。それでは康王の正統性とはなにか。

西周青銅器銘中の「康宮問題」

青銅器銘研究の立場からいえば、康王は最も難しい問題の一つをかかえている王である。西周時代の青銅器銘には、册命儀禮をはじめとするさまざまな儀禮の次第が記錄されるが、そのような儀禮が執行される場所として康宮・康昭宮・康穆宮・康剌宮といった「宮」の名が記錄される。たとえば、先に引いた四十二年逨鼎銘、

> これ四十又二年五月既生霸乙卯、王、周の康穆宮に在り。且、王、大室に格り、位に卽く。嗣工散、虞逨を右け、門に入り、中廷に位し、北嚮す。尹氏、王に釐書を授く。王、史淢を呼び、逨に册釐せしむ。王若く曰く、…。

には、「周の康穆宮（周康穆宮）」の名がみえているし、四十三年逨鼎銘には「周の康宮穆

宮（周康宮穆宮）」の名がみえる。このようにさまざまなヴァリエイションをもつ「康宮」諸宮と康王の關係をどう考えるべきか、これが數十年にわたって學界を惱ませてきた「康宮問題」である。

西周前期の令方尊（方彝）銘は、康宮が登場する最古期の青銅器銘である。

> これ八月、辰は甲申に在り。王、周公の子明保に命じ、三事・四方を尹（おさ）めしめ、卿事寮を授（あづ）く。丁亥、矢に命じて周公の宮に告げしむ。公命じ、徣（い）でて卿事寮を同めしむ。隹（こ）れ十月月吉癸未、明公朝に成周に至り、命を徣（い）だす。三事の命を舍くに、卿事寮と諸尹と里君と百工とともにし、諸侯：侯・甸・男とともに、四方の命を舍く。既に咸（ことごと）く命ず。甲申、明公、牲を京宮に用い、乙酉、牲を康宮に用う。咸く既（お）り、牲を王に用う。

八月甲申の日、周王は周公の子である明保（明公）に命じて、三事（王室行政）と四方（封建諸侯）を治めさせるため、卿事寮の總攬を命じられた。王命を受けた明公は、その60日後の十月癸未の日に成周に至り、三事の命令と四方の命令を傳達しおえた。その後、明公は甲申の日に犧牲を京宮に用い、その翌日に犧牲を康宮に用い、さらに王（王宮？）にも犧牲をもちいたのである。成周には少なくとも京宮と康宮の二つの建物があったことになるが、唐蘭〔1934〕は、この京宮を太王（古公亶父）・王季・文王・武王・成王の宗廟、康宮を康王の宗廟だと考え、令方尊（方彝）は康王期以降の青銅器だと主張した。さらに氏は、康昭宮は昭王、康穆宮は穆王、康剌宮は厲王の宗廟であり、康宮大室は康宮の大室、周穆大室は穆王廟の大室、周康宮𢙱大室は夷王廟の大室と考えられること、すなわち康王以降の歷代周王の宗廟は康宮の存在を前提として秩序づけられているとの考えを示したのである。

この唐氏の主張に對して異を唱えたのが、令方尊（方彝）を成王期のものと考える郭沫若や陳夢家であった。令方尊（方彝）の年代觀は、成王を補佐した周公旦と銘文に登場する「周公の子明保（周公子明保）」との關係如何という問題にも關わるが、これを成王期のものと考える兩氏にとって、その銘文中に成王の子康王の宗廟が登場することを認めることはできなかった。兩氏の反論は多岐に渉るが、郭氏はこれらの諸宮の名は「孤證單文」の嫌いがあり、唐氏の解釋を支える傍證に缺けること、とりわけ周康宮𢙱大室の「𢙱」字は動詞であり、「大室に𢙱（いた）る」とでも讀むべきこと、歷代周王のなかで何故に康王が尊ばれ、「康□宮」といった宮名が發生するのかわからないこと、といった問題點を主張した（郭沫若〔1957〕）。一方、陳氏は、宮・寢・室・家といった語は生人居住の施設を指しており、先祖鬼神のための施設は廟や宗と呼ばれていたこと、「王、周の康穆宮に在り」のように「王在□宮」という表現はあるが、「王在□廟」という表現はないこと、要するに宮と廟とは區別されるべきことを主張した（陳夢家〔ママ〕）。そしてこれらの反論に對して、唐氏が再反論を試みたのが、唐蘭〔1962〕「西周銅器斷代中的"康宮"問題」である。

『考古學報』に掲載された唐蘭〔1962〕は四つの章からなる、總ページ數　ページに及ぶ長大な論考である。第一章「分岐點の所在と問題の重要性」は、學說整理的に自說と郭・陳兩氏の主張の相違點を整理している。第二章「なぜ康宮は康王の廟だといえるのか」では、康宮を康王の廟だとする自說を再確認し、令方尊（方彝）銘の康宮はやはり康王の廟

であること、康宮に言及する他の青銅器銘の檢討によっても康宮を康王の廟と考えてよい
こと、古文獻の記載からも康宮が康王の廟であることが證明できること、周代の宗法制度
においては昭と穆とを區別することから、康宮は康王の廟であり、昭・穆兩宮は昭王・穆
王の廟だといえること、といった主張が展開されている。第三章「宮と廟との分別に關す
る討論」は、陳夢家〔ママ〕に對する反論。宮は建築群の總名であり、その内部に廟や寝・
大室を含みうること、康宮は康廟と呼ばれることがあり、康王の生前に建築された可能性
があること、などを主張している。第四章「一部の西周青銅器の斷代問題」は、康宮諸宮
の記載に基づいて青銅器の制作年代を確定していこうという試みである。康宮の名が記さ
れた青銅器は康王以前に遡ることはありえないし、以下、康昭宮・康穆宮・康剌宮といっ
た康宮諸宮の名がみえる青銅器も同樣である。この試みは、最終的には唐蘭〔1986〕『西
周青銅器銘文分代史徵』としてまとめられ、中華書局より上梓されている。

「康宮問題」の現狀

　康宮＝康王廟說の提唱、郭・陳兩氏の反論、唐氏の再反論と展開した康宮問題は、その
後も贊成者・反對者をそれぞれ産み出しながら、最終的な決着をみないまま今日にいたっ
ている（劉正〔2004〕）。しかしながら、この間も青銅器銘史料は確實に增加しており、唐
氏あるいは郭・陳兩氏の主張を檢證する狀況は整いつつある。まず、現在知られている康
宮諸宮關係の青銅器銘を整理することにするが、史料は宮名で區分し、その宮名に言及す
る青銅器名をほぼ時代順に擧げることにする。なお青銅器名の後に附した＊印は、唐蘭
〔1962〕がその青銅器銘を引用していること、すなわち唐氏や郭・陳兩氏がその青銅器銘
を知っていたことを示している。

　　　康宮　　　：令方尊（彝）＊・令鼎＊・卯簋・敔簋・康鼎＊・楚簋・衞簋・宰獸
　　　　　　　　　簋・伊簋＊
　　　康宮大室　：君夫簋＊
　　　周康宮　　：輔師嫠簋・申簋・夾簋・休盤＊・揚簋＊・師穎簋・伊簋＊
　　　周康宮新宮：望簋＊
　　　周康昭宮　：頌鼎（簋・壺）＊・趞鼎
　　　周康穆宮　：善夫克盨＊・裘盤（鼎）＊・四十二年逨鼎
　　　周康宮穆宮：四十三年逨鼎
　　　周康釐宮　：成鐘
　　　周康宮釐宮：此鼎（簋）・吳虎鼎
　　　周康宮釐大室：禹從鼎（簋）＊
　　　周康宮剌宮：克鐘（鎛）＊
　　　康廟　　　：南宮柳鼎＊・元年師兌簋＊
　　　周康寢　　：師遽方彝＊

　＊印の割合をみればわかるが、康宮諸宮に言及する青銅器銘の數は唐蘭〔1962〕の時代
に較べてほぼ倍增している。宮名についてみれば、唐蘭の時代に較べて周康宮穆宮・周康
釐宮・周康宮釐宮の三つが新たに加わり、既知の宮名についても關係青銅器銘が增加し、

「孤證單文」の狀況を脱しつつある。まずは新たに加わった宮名を檢討し、彼等の反論・再反論が現狀でも通用するか確認することにしよう。

注目すべきは、周康𥁕宮・周康宮𥁕宮の二つの宮名である。かつて郭沫若は、鬲從鼎（簋）銘「王在周康宮𥁕大室」を「王、周の康宮に在り、大室に𥁕（いた）る」と讀むべきだと主張していた。しかしながら、たとえば新出の此鼎（簋）銘「王在周康宮𥁕宮、旦、王格大室、卽位」では、「王在周康宮𥁕宮」の後に改めて「王格大室（王、大室に格（いた）る）」と記されており、周康宮𥁕宮の「𥁕」字を強いて動詞に讀む必要はないし、そもそも「王、周の康宮に在り、宮に𥁕（いた）る」という釋讀では文意をなさない。周康宮𥁕宮は、周康宮新宮や周康宮刺宮といった既知の宮名と同じく、「周康宮□宮」という形式をもつ宮名であったと考えるべきである。四十三年逨鼎銘にみえる周康宮穆宮もまたそれらと同じ形式の宮名であるが、同出の四十二年逨鼎銘には周康穆宮という宮名がみえており、兩者は同一の宮を指しているものと考えられる。もしそうだとすれば、此鼎（簋）銘の周康宮𥁕宮もまた、成鐘銘の周康𥁕宮と同一の宮を指していることになるだろう。すなわち、

　　周康宮穆宮＝周康穆宮
　　周康宮𥁕宮＝周康𥁕宮

という關係に整理でき、正式名稱と略稱のような關係を想定することができる。とすれば同樣に、周康昭宮は周康宮昭宮とも呼ばれえただろうし、周康宮刺宮は周康刺宮とも呼ばれたと考えてよいだろう。

鬲從鼎（簋）銘の「周康宮𥁕大室」は「周の康宮の𥁕大室」と讀むべきだが、その場合、「宮」と「大室（室）」の關係はどのように考えればよいだろうか。西周中期の師𩵥簋銘、

　　これ二月初吉戊寅、王、周の師嗣馬宮に在り。大室に格り、位に卽く。嗣馬井伯
　　□、師𩵥を右け、門に入り、中廷に位す。王、内史吳を呼び、師𩵥に册命せしむ。

は、師𩵥への册命に際して、王の所在を「王、周の師嗣馬宮に在り。大室に格（いた）る（王在周師嗣馬宮、格大室）」と表記している。「在□宮、格大室」という表現は册命金文においてもっとも一般的なものだが、おそらくは師𩵥への册命と同時期に執り行われた儀禮を記録する救簋銘は、王の所在を「王、師嗣馬宮の大室に在り（王在師嗣馬宮大室）」と記している。「大室（室）」は「宮」を構成する要素の一つであり、それ故、「在□宮、格大室」と記すべきところを、「在□宮大室」と省略することができたのであろう。

時代は降り宣王期に屬する袁盤（鼎）銘「王、周の康穆宮に在り。旦、王、大室に格り、位に卽く」は、王の所在を「在周康穆宮」「格大室」と記している。この周康穆宮と大室から「周康穆宮大室」という表記がありえたと考えることができる。さらに同じく宣王期に屬する伊簋銘「王、周の康宮に在り。旦、王、穆大室に格り、位に卽く」の周康宮・穆大室から「周康宮穆大室」という表記も想定できるだろう。さらに、前述のように周康宮穆宮＝周康穆宮と考えてよいとすれば、兩銘に記錄された周王所在地の表記には、

　　袁盤（鼎）：周康穆宮・大室→周康穆宮大室＝周康宮穆宮大室

伊簋　　：周康宮・穆大室→ 周康宮穆大室

といったヴァリエイションを想定することができる。伊簋銘から導き出せる「周康宮穆大室」は、鬲從鼎（簋）銘の周康宮𢑥宮大室と同じ形式をもち、それぞれ「周康宮穆宮大室」「周康宮𢑥宮大室」の省略なのであろう。此鼎（簋）銘「王、周の康宮𢑥宮に在り、旦、王、大室に格る」の周康宮𢑥宮・大室からは「周康宮𢑥宮大室」という表記を導き出すことができるのである。

　議論が少し複雑になったが、要は、康宮諸宮の命名法には法則性があるということである。いうまでもなく、最も基本となるのは康宮（周康宮）であり、それに昭宮・穆宮・𢑥宮・剌宮が繼ぎたされて康宮昭宮（康昭宮）・康宮穆宮（康穆宮）・康宮𢑥宮（康𢑥宮）・康宮剌宮（康剌宮）という宮名が成立する。望簋銘にみえる周康宮新宮という宮名は、康宮に新たな宮が繼ぎたされていく過程を示しているのだろう。「宮」には「大室（室）」が含まれており、通常「在□宮、格大室」といった表現によってその大室の存在は示されるが、これには「在□宮大室」という省略形もありえた。したがって、たとえば康宮穆宮の大室は「康宮穆宮大室」、康宮𢑥宮の大室は「康宮𢑥宮大室」と表記され、さらに「康宮穆大室」「康宮𢑥大室」と省略されることもあったと考えられる。

　四十二年逨鼎や四十三年逨鼎とともに歴代周王の名を記録した逨盤が出土したことを思い出そう。そこに記されていた周王は、文王・武王、成王、康王、昭王・穆王、共王・懿王、考王・𢑥王、剌王と現天子（宣王）の計十一（十二）王であったが、𢑥王すなわち夷王の「𢑥」字は周康𢑥宮・周康宮𢑥宮・周康宮𢑥大室の「𢑥」字と一致し、剌王すなわち厲王の「剌」字は周康宮剌宮の「剌」字と一致している。周康昭宮や周康宮穆宮（周康穆宮）の存在を考えあわせたとき、これら康宮諸宮は昭王・穆王・夷王・厲王という四代の周王とそれぞれ同じ文字を共有していることになる。これら康宮諸宮が昭王・穆王・夷王・厲王にかかわる施設であるという唐蘭の主張は、逨盤銘の出現によってほぼ完全に證明されたといえる。そして、これら康宮諸宮の基礎となる康宮が、昭王の父、穆王の祖父とされる康王にかかわる施設であることもまた、鐵案として今後動くことはないだろう。歴代周王の「宮」は康宮の存在を前提として秩序づけられており、康王はその「始祖」の地位を占めているのである。

康王の歴史的位置と西周史の時代區分

　康宮諸宮にかかわる青銅器銘史料が「孤證單文」であった時代は終わったが、それでは歴代周王のなかで何故に康王にかかわる康宮が尊ばれ、「康□宮」といった宮名が派生するのかわからないといった郭沫若の疑問は解決されたのだろうか。まずは唐蘭〔1962〕の説明を聞こう。

　先に引いたように、康宮にかかわる最古期の史料は令方尊（方彝）銘であった。成周における王命傳達のあと、

　　　甲申、明公、牲を京宮に用い、乙酉、牲を康宮に用う。咸く既（おわ）り、牲を王に用う。

とあるように、明公（周公子明保）は犧牲を京宮・康宮・王（宮？）に用いた。成周には

少なくとも京宮と康宮の二つの宮があったことになるが、唐蘭はこの京宮を太王（古公亶父）・王季・文王・武王・成王の宗廟、康宮を康王の宗廟だと考え、「康王廟獨尊」の理由を次のように説明する。

> 西周初年、武王・成王と康王は多くの諸侯を封建した。『春秋左氏傳』昭公二十六年條に「昔、武王が殷に克ち、成王が四方を安定させ、康王が民を息わせられた際には、みんな母弟たちを封建して、周の蕃屛とされた」とあるから、武王の母弟は文王を祀り、成王の母弟は武王を祀り、康王の母弟は成王を祀った。文王・武王・成王は京宮で祀られているので、京宮は周王室と同姓諸侯共通の宗廟となる。ところが、康王以後になると、領土の分配はほぼ完了し、諸侯の封建を行うことができなくなった。その結果、康王以後の宗廟は周王室のみのものとなり、「康王廟獨尊」の狀況が出現する。ただし、康宮諸宮の制度は最初から完成していたのではなく、西周後期の厲王・宣王期に整理され、最終的には康王を始祖（宗主）として、昭王・穆王・夷王・厲王をそれに配する五廟制度となった。

西周初期の諸侯封建とその終焉という政治狀況のなかに「康王廟獨尊」の原因を求める發想そのものは惡くないだろう。ただし、すでに指摘したことだが、『春秋左氏傳』昭公二十八年條などに記された康王母弟の封建を確實に證明する史料は存在していない。康王が確實に母弟を封建しており、成王までが周王室・同姓諸侯共通の祖と仰がれていたことが證明されないかぎり、唐氏の主張は假定の域をでないのである。これが康宮問題を難しくしていた理由の一つであることは疑いない。

文獻史料において、武王・成王・康王・穆王の四王が特別視されていたことはすでに述べたが、それとは別に歷代周王の名を記錄した逨盤銘において康王が特別な存在であることも前章で指摘した。すなわち、逨盤銘は文王・武王の組み合わせを筆頭に、以下、昭王・穆王、共王・懿王、孝王・夷王という三組六王の組み合わせを記し、彼らを單一族の祖先に對應させていた。これは單一族が代々歷代周王に仕えてきたという歷史的事實を記錄したのではなく、文王・武王を組み合わせる當時の言說を利用しつつ、單一族の系譜を王朝の創建時にまで遡らせるための作爲的な記述であった。しかしながら、そのなかにおいて、成王と康王だけは一組にされることなく、それぞれ單一族の祖先に對應させられていたのである。成王と康王を一組にできない理由を想定すべきだと考えたわけだが、この現象は、いままで述べてきた「康宮問題」、すなわち「康王廟獨尊」現象とパラレルな現象だと推定できないだろうか。すくなくとも西周後期の周人にとって、康宮諸宮の宗主（始祖）とみなされていた康王は時代を劃する王であった。だからこそ、宣王期の逨盤銘もまた、その康王を成王と一組にすることをためらい、「皇高祖」をそれぞれの王に當てざるをえなかったのだろう。

本書においては、この周人の「歷史觀」を採用することにしたい。王朝の創建にかけられていた文王と武王、そしてそれに續く成王の治世を一つの時代とし、康王以下の時代と區別することにしよう。いわゆる「康王廟獨尊」の理由、あるいは令方尊（方彝）の時代をめぐる議論など、現段階ではいまだ解答を示していない問題も殘されているが、文王・武王・成王の治世をたどるなかで、それらの問題を解く端緒を見出すこともできるだろう。

王朝の創建時に遡ろう。

西周初期―王朝の創建

文王にはじまる周代史
　帝嚳の子后稷に始まるとされる周一族の歴史については、「プロローグ」冒頭で簡單に紹介した。后稷ののち、夷狄の閒に逃げ込んでしまった周一族に再び明るい兆しがみえはじめるのは、文王の祖父古公亶父の時代である。古公亶父は后稷や公劉の業をおさめ、やがて夷狄の地を離れて岐山のもと周原の地へと居を遷し、ここから王朝創建への道を歩み始める。この古公には太伯・虞仲・季歷の三人の子供がいたが、季歷の子昌（のちの文王）に聖瑞が現れ、古公はこの昌に本宗の地位を傳えたいと願う。それを知った太伯・虞仲は荊蠻の地に逃れ去り、文身斷髮して二度と戻らないことを示す。こうして周一族の本宗は季歷から昌（文王）へと傳えられ、文王の受命、その子武王による殷征討を經て、周王朝の時代となるのであった。『史記』周本紀が傳える周王朝の前史、特に古公亶父－季歷－文王三代の事蹟は、主に『詩經』大雅・文王之什の文王・大明・緜・思齊・皇矣などに取材したもので、緜篇の、

　　古公亶父は、ある朝馬を走らせて、西の流れの岸にそい、岐山の下にやって來て、
　　ここで姜女と、共に住んだ。

大明篇の、

　　摯國の仲女姓は任、殷の國から、來たり嫁し、周の京に婦となり、王季と共に、
　　德を行い、この大任がみごもって、文王を生み給うた。

あるいは、思齊篇の、

　　それつつしみ深き大任は、文王のおん母、それいつくしみ深き周姜は、周室の婦、
　　大姒このよきほまれをつぎ、百の男子を生みませり。

といった詩句からは、古公亶父・周姜、王季（季歷）・大任、文王・大姒三代の理想化された夫婦・親子關係まで知ることができる。
　『詩經』は古公亶父－王季－文王三代の理想的な繼承關係を強調し、そこに王朝の始まり、或いは正統性を求めようとするがごときであるが、これと同じような發想は、たとえば『尚書』金縢篇の、

　　商に克った年から二年目のこと、武王が病にかかり病狀思わしくなかった。…周
　　公は北向きの壇の上に立ち、大きな圓い璧を壇上におき、圭を手に持った。そこ
　　で、次のように、大王・王季・文王の靈に告げて卜うことになった。

にも認めることができる。武王の病狀を案じた周公が、自らの命と引き替えにその治癒を祈った對象は、大王（古公亶父）・王季・文王三人の御靈である。武王の回復、王朝の安寧はこの三柱の庇護にかかっていたのであろう。しかしながら、このような古文獻とは對照的に、西周期の一次史料である青銅器銘は古公亶父（大王）・王季（季歷）に全く言及しようとしない。

すでに引用したように、歷代周王の事績に言及する史墻盤銘は王朝の創建を、

> 曰古なる文王は、初めて 政_{まつりごと} を和合された。上帝は懿德を降しておおいにやすんぜられ、文王に上下を匍有し、萬邦を受けさせたもうた。鬩圉なる武王は、四方を巡狩され、殷を征討された。才智の人々はもはや恐れることなく、虘・微族をとおざけ、夷狄を討伐された。

と記錄していたし、逨盤銘は、

> おおいに 顯_{あきら} かなるわが皇高祖單公は、その德を明らかにして、文王・武王を補佐し、殷を征討し、天命を受け、四方を領有された。

と記していた。西周中期の共王期と西周後期の宣王期という時代の隔たりがあり、なおかつ、すでに指摘してきたように兩者の言說のあり方にも相當なひらきがあるにもかかわらず、この二つの青銅器銘はともに王朝の創建を文王にかけ、それ以前の時代に言及しようとはしない。西周中期の班簋銘、

> 班、拜稽首して曰く、丕顯なるわが皇公、京宗の懿釐を受け、文王・王姒の聖孫に毓せられたまう。大服に登り、廣くその工を成せり。

は、作器者班の「皇公」が「文王・王姒の聖孫」の恩寵を受け、大いなる功績を擧げたことを記している。「皇公」あるいは「文王・王姒の聖孫」が誰を指すのかについて意見は分かれるが、ここで重要なことは、班簋銘もまた文王そしてその妃王姒（大姒）に起源をもとめる歷史觀を共有していることである。西周人にとって、自らの王朝の歷史は文王から始まっていたのである。

文王と武王

「丕顯なる文・武は、大命を膺受し、四方を匍有したまえり」とは、逨盤銘や四十二年逨鼎銘など、宣王期の青銅器銘に特徵的に用いられた表現であった。先に述べたように、文王と武王を一組として王朝の創建を回顧する語り口は、西周の中頃から現れ始め、西周後期になって一種の常套句となっていくのだが、逆に時代を遡って西周前期の青銅器銘をみてみると、文王と武王の果たした役割は明確に區別されていたのであった。たとえば、大盂鼎銘

> 王かく曰く、丕顯なる文王は、天の有する大命を受けたまえり。武王に在りては、

文の作せし邦を嗣ぎ、その 匿(かくれたる) を闢(ひら)き、四方を匍有し、その民を畯正したまえり。

がはっきりと記しているように、文王は天の大命（天命）を受けた王、武王はそれを引き繼いで「四方」を領有した王と認識されていたのである。
　このように、周王朝の創建にかかわった文王と武王がそれぞれ別個の役割を擔っていたことは、周王朝の正統性が二つの原理によって支えられていたことを意味している。一つは天命を介して天と地とが結びつけられる垂直方向の原理であり、天の子を意味する「天子」號はこの原理に對應している。そして今一つは、「四方」の領有という觀念によって示される水平方向の正統性であり、具體的には殷王朝の征討といった軍事的な征服活動を意味していた。軍事權を象徴する鉞の象形文字であった「王」は、この水平方向の原理を示そうとする稱號である（豐田〔1979〕）。
　殷人もおそらくは「天」という觀念をもっていたのだろうが、それが殷王朝の正統性を支えることはなかった。卜骨にみえる祭祀對象は、上帝や河・嶽などの自然現象に作用する神靈と、血縁原理で結ばれる先王・先公などの祖先神であり、殷王はそれらに對する祭祀を執り行うことで自らの正統性を主張していた（伊藤〔1975〕）。紂王が帝辛とも呼ばれたように、殷王はみずからを上帝になぞらえることはあったが、天の子として天子と名乗ることはなかった。したがって、天命や天子はすぐれて周的な觀念であり、周人は殷から周への王朝交代と周王朝の正統性をこの「天」觀念によって支えようとした。大盂鼎にしるされた、

　我聞くに、殷の命を墜(おと)せしは、これ殷の邊侯甸（諸侯）と殷の正百辟（役人）と、率(ひき)いて酒に肆い、故に㠯(な)らい(軍隊)を喪いたればなり。

という周王の言葉は、殷人は酒に溺れ、天命を失ったのだという周王朝側の主張をはっきりと示している。そして、この殷王朝が失ってしまった天命を新たに授かったのが文王であり、その受命の時が「文の作せし邦」すなわち周王朝の成立した瞬閒であったはずである。
　文王の受命に引き繼いで、實際に殷王朝を滅ぼしたのが武王である。利簋銘、

　武、商を征す。これ甲子、朝に歳して鼎す。よく聞して、商を夙有す。辛未、王、闌㠯に在り、有事利に金を賜う。もって□公の寶䵼彝を作る。

は、武王が商（殷王朝）を征服し、その征服活動の途中、闌㠯という軍隊の駐屯地で利に金（青銅）を賜ったことを記録している。この利簋は現在確認できる西周最古の青銅器といえるが、銘文に記されている甲子の日附は、實は『尚書』牧誓篇「これ甲子の日の未明に、武王は商の郊外牧野に到着し、誓われた」という一文や『逸周書』世俘解に保存されている。

周王朝創建の實年代
【以下缺】

附錄1

陳夢家〔ママ〕は、宮・寢・室・家といった語は生人居住の施設を指しており、先祖鬼神のための施設は廟や宗と呼ばれていたこと、「王、周の康穆宮に在り」のように「王在□宮」という表現はあるが、「王在□廟」という表現はないこと、要するに宮と廟とは區別されるべきことを主張していた。まず「王在□廟」という表現についていえば、南宮柳鼎銘に、

> これ王の五月初吉甲寅、王、康廟に在り（王在康廟）。武公、南宮柳を右け、位に中廷に卽き、北嚮す。王、作册尹を呼び、柳に册命せしむ。

とあり、陳氏の主張が成立しないことはあきらかである。もしこれが「孤證單文」であるというのならば、周王の事例ではないが、陝西省永壽縣好時河村から出土した逆鐘銘「これ王の元年三月旣生霸庚申、叔氏、大廟に在り（叔氏在大廟）。叔氏 史䲒に命じ、逆を召さしむ。叔氏かく曰く」にも「在□廟」という表現がみえることを附け加えておこう（「咸陽地區出土西周青銅器」『考古與文物』1981-1）。南宮柳鼎銘や元年師兌簋銘「これ元年五月初吉甲寅、王、周に在り。康廟に格り、位に卽く。同仲、師兌を右け、門に入り、中廷に位す。王、内史尹を呼び、師兌に册命せしむ」が示すように、周王は「廟」においても、「宮」と同じように册命儀禮を執り行っていたのであり、この點に關して「廟」と「宮」のあいだに質的な差異を見出すことはできない。

殷末期から西周時代にかけて青銅器銘は長文化し、君王（ほとんどが殷王・周王）からの恩寵を受け、それを記念して祖先祭祀に供する青銅器が作られた經緯が記録されるようになる。たとえば、西周中期の豆閉簋銘

> これ王の二月旣生霸、辰は戊寅に在り。王、師戯の大室に格る。井伯入りて豆閉を右く。王、内史を呼び、豆閉に册命せしむ。王曰く、閉よ、…と。閉、拜稽首し、敢えて天子の丕顯なる休命を對揚し、もってわが文考釐叔の寶簋を作る。もって疇壽を賜らんことを。萬年までも永く寶とし、宗室に用いん。

には、豆閉が周王の恩寵を受け、亡父釐叔の青銅器を作った次第が記録されている。銘文最後に「宗室に用いん」とあるように、亡父釐叔の青銅器は「宗室」での祭祀に供されたのである。宗室を含む「室」が祖先祭祀に關わりうる施設であったことは、穆王期のものと考えられる剌鼎銘に「これ五月、王、初に在り。辰は丁卯に在り。王禘し、牡を大室に用い、昭王を禘す」とあり、昭王の禘祭に際して「大室」で犧牲が用いられたことからも明らかである。陳説のように、強いて「室」を生人居住の施設に限定する必要はないだろう。

附録 2

　康宮をはじめとした諸宮にはさまざまな臣民や財が所屬していた。近年、坂本コレクションの一部として奈良國立博物館の所藏に歸した伊簋には、

> 王は令尹封を呼び、伊に册命された。康宮の王臣・妾・百工をつかさどれ、なんじに赤帀・幽黃・鑾旂・攸勒（禮服や車馬具）を賜う、もってつかえよ。
> 王呼令尹封、册命伊、퀨官嗣康宮王臣・妾・百工、賜汝赤帀・幽黃・鑾旂・攸勒、用事。

とあり、康宮に「王臣・妾・百工」と呼ばれる臣民が屬していたことは從來から知られていた。さらに 1997 年に發見された宰獸簋には、

> 王は內史尹仲を呼び、宰獸に册命され、次のようにいわれた、…なんじの祖先を嗣ぎ、康宮の王家の臣・妾・奠・庸をつかさどり、きちんと報告するように。なんじに赤帀・幽亢・攸勒を賜う、もっていましめよ、と。
> 王呼內史尹仲、册命宰獸、曰、昔先王旣命汝、今余唯或䛫䛫乃命、更乃祖考事、퀨嗣康宮王家臣・妾・奠・庸、外入母敢無聞智、賜汝赤帀・幽亢・攸勒、用革、

とあり、伊簋銘の「王」が「王家」の省略であることが確認できるようになった。

附録 3

　周康昭宮で執り行われた册命儀禮を記錄する頌鼎（簋・壺）銘

> 頌は天子の大いに顯かなる恩寵に感謝し、わが皇考共叔・皇母共姒の寶障鼎を作る。これでもってお祀りし、多福・長命などの幸をお與えいただくことを祈る。頌よ、長命にしてながく天子にお仕えせんことを。子々孫々までも、寶として用いんことを。
> 頌敢對揚天子丕顯魯休、用作朕皇考共叔・皇母共姒寶障鼎、用追孝、祈匃康䰁純祐・通祿永命、頌、其萬年眉壽、畯臣天子、霝終、子々孫々、寶用。

は、周王より禮服や車馬具などの恩寵を賜った頌が、亡き父共叔と母共姒をお祀りする青銅器を作った經緯を記錄している。亡き父母をはじめとした祖先祭祀に供された青銅器は、この頌鼎銘のように「□□の寶障彞」などと表記されることが一般的だが、それとは別に召尊（卣）銘「もって團宮の旅彞を作る（用作團宮旅彞）」などのように、「宮」と結びつけられる表記法も存在している。

　伯晨鼎銘の「朕文考瀨公宮障鼎」は兩者の折衷的表現であり、亡き父瀨公をお祀りする青銅器である。「用作朕文考瀨公宮障鼎」の「文考瀨公宮障鼎」は、召尊（卣）銘「用作團宮旅彞（もって團宮の旅彞を作る）」を參照すれば、亡き父瀨公の「宮障鼎」と讀むのではなく、亡き父瀨公の宮の障鼎と讀むべきである。この場合、「朕文考瀨公宮」や「團宮」は青銅器の所屬を表していると考えてよいだろう。亡き父瀨公の宮に所屬する青銅器は、

もちろん亡き父瀬公を祀るためのものであり、それは亡き父瀬公の障鼎でもあったはずである。

【編者按】2019 年 3 月、著者の PC から「白帝社」と題するフォルダーが發見され、①「プロローグ　西周史の存在證明」、②「史墻盤と逑盤」、③「康王獨尊」、④「西周初期　王朝の創建」、⑤「西周史の年代學」、⑥「雜」、⑦「目次案」のファイル 7 件が收められていた。著者の遺稿である。本篇はすでに文章化されていた①～④に基づく。無題であったので「西周史稿」と假題した。⑤・⑦は各 2 頁のメモで、⑤には「西周史の年代學」の章題のもと、「西周史の始まり—武王克殷」「歴代周王の在位年數」「靑銅器銘による年代研究」「靑銅彝器による斷代研究」「夏商周斷代工程」の 5 つの節題が箇條書きされ、⑦は早い時期のものらしく、「はじめに」「第 1 章　西周史の時期區分」「むすび—封建制と郡縣制」の章題とそれぞれの節題が記されている。「むすび」の節題は「郡縣制と封建制」「皇帝支配と共和制」「官僚制のわな」「非中央集權的社會」であった。⑥「雜」は③④の下書きである。うち③に用いられていない康宮關聯の考證三則を附録しておく。

著作年譜
(＊本書收録)

1984.03 ＊「井人人妄鐘」『泉屋博古館紀要』1
1984.06 ＊「西周土地移讓金文の一考察」『東洋史研究』43-1（特集：中國古代史の諸問題）
1986.03＊「（書評）松丸道雄著「西周後期社會にみえる變革の萌芽―曶鼎銘解釋問題の初歩的解決―」（『東アジア史における國家と農民』所收）」『法制史研究』35
1986.07 「西周期鄭(奠)の考察」『史林』69-4
1988.10 ＊「圖版解説・釋文」（䵻叔簋・㝬方尊・魯司徒仲齊盤・伯車父盨乙・衞盉・召卣・衞簋・衞盉・頌鼎・師衰簋・史墻盤）『中國書道全集第1卷 殷・周・秦・漢』平凡社
1988.11 「解説」（吳昌碩臨石鼓文等）『歷代名家臨書集成』柳原書店
1989.06 「考古學」『中國年鑑』1989年版、大修館書店
1989.07 「周王子弟の封建―鄭の始封・東遷をめぐって―」『史林』72-4
1989.07＊「泰山刻石・琅邪臺刻石譯注」『書論』25（特集：秦の刻石）
1990.02 「周王朝の王畿について」『古史春秋』6
1990.06 「考古學」『中國年鑑』1990年版
1991.10 『書道基本用語詞典』（楷書・蝌蚪文字・行書・古文・章草・秦時代の書・草書・篆書・八體・六書・八分・飛白・隸書）中教出版
1992.01＊「鄭の七穆―春秋世族論の一環として―」『古代文化』44-1
1993.03 「「縣」制遡及に關する議論及びその關聯問題」『泉屋博古館紀要』9
1993.03＊「邑人考」『中國出土文字資料の基礎的研究』科研費報告書
1993.05 「東アジア：中國：殷・周・春秋」『史學雜誌』102-5（一九九二年の歷史學界：囘顧と展望）
1993.06＊「西周時期的"國"」『西周史論文集』陝西人民教育出版社
1994.02 『漢代石刻集成』（史晨前後碑・蒼頡廟碑・□郡太守殘碑）京都大學人文科學研究所
1994　　"Shigaku Zasshi Summary of Japenese Scholarship for 1992 (Shang, Zhou, Spring and Autumns)" *Early China* Vol.19
1995.06 「1992年日本的中國史研究囘顧與展望（殷、周、春秋）」『中國史研究動態』1995-6
1995.09 「宰の研究」『東洋史研究』54-2
1995.12 「西周鄭（奠）考」『日本中青年學者論中國史　上古秦漢卷』上海古籍出版社
1996.12 「西周官制研究序説」『社會システム論集：島根大學法文學部紀要』1
1996.12＊「『史記』そして司馬遷」『東方』189
1999.03 「仲山父の時代」『東洋史研究』57-4
1999.12 「周の領域とその支配」『中國史學』9
2000.03＊「解説」『中國文明の歷史2 春秋戰國』中央公論新社

- 366 -

2000.10 「埋めることの意味―東洋におけるそのコンテクスト―」『國際シンポジウム「近代文明とタイムカプセル」報告書』實行委員會
2001.06 「周の國制―封建制と官制を中心として―」『殷周秦漢時代史の基本問題』汲古書院
2001.07*「たった一行の記錄」『週刊朝日百科　世界の文學』103
2001.10 『世界史辭典』(アンダーソン・殷・殷墟・禹・謚・夏・灰陶・河姆渡文化・顔回・桓公・干支・漢字・堯・仰韶・桀王・犬戎・鎬京・后稷・黄帝・黒陶・彩陶・三皇五帝・社稷・周(西・東)・周公旦・舜・殉死・召公・城子崖・上洞人・神農・スタイン・井田制・『說文解字』・磚・太公望・泰山・紂王・鼎・鄭州・天子・天命・湯王・銅鼓・伯夷叔齊・白陶・盤庚・半坡遺跡・貔子窩・封泥・武王・伏羲・北京原人・明器・龍山文化・良渚文化・鬲) 角川書店
2002.02 『周代國制の研究』汲古書院
2003.01*「經巡る王」『古代王權の誕生Ⅰ　東アジア編』角川書店
2004.01 「周王朝的王畿」『西周文明論集』朝華出版社
2004.02*「吳虎鼎銘考釋―西周後期、宣王朝の實像を求めて―」『史窗』61
2005.12 「記憶される西周史―逨盤銘の解讀―」『東洋史研究』64-3
2008.01*「はじまりの記憶―銘文と詩篇のなかの祖考たち―」『史林』91-1（特集：モニュメント）
2008.03*"Western Zhou History in the Collective Memory of the People of the Western Zhou"『東洋史研究』66-4
2008.9 「周的國制―以封建制與官制爲中心―」『殷周秦漢史學的基本問題』中華書局
2009.04*「鳴り響く文字―青銅禮器の銘文と聲―」『漢字の中國文化』昭和堂
2011.02 「西周史の時期區分について」『史窗』68
2011.12*「(書評) 土口史記著『先秦時代の領域支配』」『古代文化』63-3
2012.07 「周王の稱號―王・天子、あるいは天王―」『立命館白川靜記念東洋文字文化研究所紀要』6
2013.04 『中國文化史大辭典』(伊尹・殷・衛・邶・夏・岐山・許由・后稷・三公・社稷・周・商丘・齊・井田法・太公望・妲己・武王・武經七書・六卿・六韜、三略) 大修館書店
2016.01*「顧命の臣―西周、成康の際―」『アジア史學論集』10
2016.09*「(書評) 豐田久著『周代史の研究―東アジア世界における多樣性の統合―』」『史學雜誌』125-9
2017.03*「(書評) 佐藤信彌著『西周期における祭祀儀禮の研究』」『東洋史研究』75-4
2017.09 「伊藤道治先生をしのぶ」『漢字學研究』5
2018.10*「金文通解　吳虎鼎」『漢字學研究』6

後　記

吉本　道雅

　2018年11月13日（火）、松井嘉德さんが逝去された。

　殷・西周史研究は今日の日本では必ずしも盛んではないが、それでも1980〜90年代には一定の活氣があった。戰後半世紀あまり、今世紀初頭までの殷・西周史研究は、おおむね三世代に區分される。第一世代は、貝塚茂樹らの世代である。貝塚が『孔子』において都市國家論を提唱した1951年には、『甲骨學』が創刊され、1962年には、白川靜『金文通釋』が聯載を開始している。第二世代を代表するのは、伊藤道治・松丸道雄らである。70年代前半に、松丸「殷周國家の構造」(1970)や伊藤『中國古代王朝の形成』(1975)などが公刊され、考古學の分野でも、林巳奈夫『中國殷周時代の武器』(1972)が公刊された。

　殷・西周史研究にとって劃期的であったことは、1972年に中國との國交が回復し、また1966年以來停刊されていた『文物』『考古』『考古學報』などが復刊されて、中國における新出資料が續々紹介されるようになったことである。あわせて、1976年には貝塚『著作集』が刊行され、1980年には白川『金文通釋』が第6冊を以て完結し、第一世代の業績が利用しやすくなった。1980年代には、質量ともに飛躍的に向上した資料條件を踏まえ、松丸『西周青銅器とその國家』(1980)・伊藤『中國古代國家の支配構造』(1987)、あるいは林『殷周時代青銅器の研究』(1984)など、第二世代の大著が次々に公刊された。

　松井さんなど第三世代が研究を開始したのは、これら第二世代の大著が公刊されつつあった1980年前後。松井さんは伊藤の講義を聽講すべく、神戸大學に通っていた。神戸では木村秀海さんがご一緒だった。

　1983年は樋口隆康（京大考古）の定年退官の年であった。樋口は1963年に「西周銅器の研究」を公刊した第二世代の大先達。大學院演習で「金文研究」を開講していた。樋口は退官後、泉屋博古館の館長に就任し、「金文研究會」を開催した。なにしろ雜誌が届くごとに新しい金文が紹介される。應接に暇の無い、疾風怒濤の時代であった。「金文研究會」は、毎週水曜日の午後いっぱい、新出金文を素材に擔當者が研究發表を行う。二箇月に一囘くらいは順番が囘ってくるので忙しいことであった。

　當時のメンバーは、松井さん・わたくしのほか、出入りはあったが、籾山明・淺原達郎・間瀨收芳・佐原康夫・岡村秀典・宮本一夫・Lothar von Falkenhausen・角谷常子・藤田高夫。木村さんもひところ參加されていた。樋口は『泉屋博古館紀要』を創刊し、まずは研究會のメンバーが泉屋藏品の解題を執筆した。松井さんの最初の學術的著作である「井人𡚼鐘」が創刊號に掲載されたのが、1984年の3月である。

　松井さんは博士後期課程に進學した1983年4月から人文研の研究班にも參加するようになった。林巳奈夫が主催する「中國文明の諸源流」、ついで1986年からは「古史新證」

である。こちらは隔週金曜日の午後いっぱいである。研究成果報告書として、朋友書店を版元に『古史春秋』が創刊され、松井さんも最終號である6號（1990年2月）に「周王子弟の封建」を寄稿している。1988年からは永田英正「漢代出土文字資料の研究」、1989年からは小南一郎「中國古代禮制研究」が始まり、これにも参加した。

このほか、マックス・ウェーバー『支配の社會學』の讀書會もやった。籾山さんがテューターよろしく色々教えて下さった。松井さんは理念型を驅使した社會學の議論の進め方が好きで、また自身でもお得意であった。作品に散見する「オイコス οἶκος」はウェーバー仕込みである。

松井さんは、1983年1月に修士論文を提出した。この修論が1984年6月に「西周土地移讓金文の一考察」として『東洋史研究』に掲載された。松井さんの第1論文である。ついで1986年7月には第2論文「西周期鄭（奠）の考察」が『史林』に掲載された。

わたくしどもはものを書くのがなりわいだが、のちの仕事の種子を豐かに孕んだような作品はそうそう書けるものではない。それでも一生に一度か二度はクリオの女神がほほえんでくれる。「西周期鄭（奠）の考察」こそは、そうした作品にほかならない。この論文に孕まれた種子は、それから十數年のうちに、「周王子弟の封建—鄭の始封・東遷をめぐって—」(1989)・「周王朝の王畿について」(1990)・「鄭の七穆—春秋世族論の一環として—」(1992)・「「縣」制遡及に關する議論及びその關聯問題」(1993)・「宰の研究」(1995)・「西周官制研究序説」(1996)・「周の國制—封建制と官制を中心として—」(1997。2001公刊)・「仲山父の時代」(1999)・「周の領域とその支配」(1999) に實を結ぶことになる。

松井さんは、2000年11月、これらをとりまとめた『周代國制の研究』を以て京都大學博士（文學）の學位を取得し、2002年2月に公刊した。「周王をめぐる問題を議論することによって、都市國家論・邑制國家論あるいは官制研究の成果を取り込みつつ、それらを接合するための新たな地平を見いだす」という問題設定のもとに、西周王朝の國制を「職事命令（「行政」）の秩序」と「氏族制の秩序」の二つの秩序に支えられたものと結論する。

ほどなく、書評を依頼された。『史窗』60（2003年2月）に掲載されたが、わたくしの本書に感じた「物足りない點」は次の二つであった。

（一）本書に提示された「周代國制」には極めてスタティックな印象を受ける。250年續いた西周期に變化がなかったはずはない。確かに著者も西周中期の劃期性を隨所で指摘するが、第Ⅰ部の「王身—王位—王家—周邦—四方」なる秩序に關わる記述では、「西周の全時代（時期）」が繰り返される。「王身—王位—王家—周邦—四方」を構成する個々の語彙に相當する觀念は西周前期に遡るとしても、語彙そのものが出揃うのは中期、複數を組み合わせて用いることは後期に降る。西周中期以降「周的な支配機構が整備」されたのは、それを要するだけの政治社會的矛盾が顯著になったためではないか。「整備」の一環として「文王受命・武王克殷につらなる正統性を體現した現し身の周王」に收斂される秩序の觀念が、後期に至ってようやくその表現を得ることで完成したのではないか。この秩序の觀念を典型的に表現するのが、追放の憂き目に遭った厲王の作器であることは偶然ではない。現實の秩序が解體しつつあったからこそ、秩序の觀念を獅子吼せねばならなかったのではないか。

（二）西周後期を問題にする場合、『竹書紀年』や『國語』『史記』など少なからぬ文獻が存在し、政治史の編年的復元が一定程度可能である。さらに秩序の觀念については、金文

とは視點を異にし、かつ豐富な內容を擁する『詩』がある。文獻の後代性を警戒し、安易な使用を避けることは一つの見識には相違ないが、消極的な見識というべきである。一方で、金文がその資料的性格からして、やはり時代の全てを語り得ないことも容易に推測される。金文の秩序觀念を『詩』のそれと對照し、あるいは政治史的推移に位置附けるなど、金文とは性格の異なった多樣な文獻を積極的に活用することで、少なくとも後期については、金文という一つの「場」を相對化し、金文だけでは描ききれない、より立體的かつダイナミックな「國制史」が描けたのではなかったか。

　わたくしも四十牛ばで血氣盛ん。ずいぶん重たい注文を出したものである。

　『周代國制の研究』公刊ののち、最初の作品が「經巡る王」(2003)。『古代王權の誕生　Ⅰ　東アジア編』(角川書店) に收められ、一般向けなだけに、平易な文體で殷から秦までを通觀した好論。

　ついで「吳虎鼎銘考釋—西周後期、宣王朝の實像を求めて—」(2004) を經て、「記憶される西周史—逨盤銘の解讀—」(2005) が公刊される。以後の「はじまりの記憶—銘文と詩篇のなかの祖考たち—」(2008)・「鳴り響く文字—靑銅禮器の銘文と聲—」(2009)・「西周史の時代區分について」(2011)・「周王の稱號—王、天子、あるいは天王—」(2012)・「顧命の臣—西周、成康の際—」(2016) といった作品は、「記憶される西周史」に孕まれた種子が實を結んだものといってよい。クリオの女神が再びほほえんだのである。この論文を契機に松井さんは學者として一皮剝けたようだ。「記憶される西周史」もそうだが、それ以後の作品の表題、妙に艷っぽいものばかりである。一聯の作品では、(一) 西周時代の歷史的變化、(二) 西周史の新しい時代區分、(三) 金文の資料的性格、が追究され、また (四)『詩經』をはじめとする文獻が驅使されている。『周代國制の研究』に對し、わたくしが弄した苦言にものの見事に應答されたものにほかならない。

　松井さんの訃報を聞いたその日のうちに遺作集の刊行を思いついた。「定年で暇になってからでええから」と、東洋史研究叢刊への寄稿をお願いしていた。その代わりにもなるまいが、松井さんのために何かしたかった。

　そうした次第で、本書は、『周代國制の研究』に改訂收錄されなかった松井さんの作品のほぼ全てを收めている。いずれも示唆に富んだ作品である。第四世代以降の方々が、松井さんの作品をてがかりに新しい仕事を進めていただければ何よりの幸いである。

（2019 年 2 月 17 日）

　3 月下旬になって、松井さんの PC から「白帝社」と題するフォルダーに入った未完の遺稿が發見された。「經巡る王」以降の主要な作品を素材にアジア史選書の一冊として一般向きの西周あるいは先秦通史を準備されていたようだ。「西周史稿」と假題して本書に收めたが、松井さんならもっと洒落た題になっていたはずだ。無念である。

（2019 年 4 月 7 日）

松井 嘉德（まつい よしのり）

1956年	7月18日奈良県北葛城郡河合村（現・河合町）に生まれる
1975年	東大寺学園高等学校卒業
1980年	京都大学文学部卒業
1983年	京都大学大学院文学研究科修士課程修了
1986年	京都大学大学院文学研究科単位取得認定退学・京都大学文学部研修員
1988年	日本学術振興会特別研究員・京都大学人文科学研究所研究員
1990年	島根大学法文学部助教授
1997年	同教授
2000年	京都大学博士（文学）
2002年	京都女子大学文学部教授
2018年	11月13日逝去
2019年	京都女子大学名誉教授

記憶される西周史

2019年7月18日　初版第一刷発行

定価（本体 4,500円＋税）

著　者　松井嘉德
発行者　土江洋宇
発行所　朋友書店
〒606-8311 京都市左京区吉田神楽岡町8
電話(075)761-1285　FAX(075)761-8150
E-mail : hoyu@hoyubook.co.jp

印刷・製本　株式会社 図書印刷 同朋舎

ISBN978-4-89281-177-7 C3022